에듀윌과 함께 시작하면,
당신도 합격할 수 있습니다!

에듀윌 IT자격증은 학문을 연구하지 않습니다.
가장 효율적이고 빠른 합격의 길을 연구합니다.

IT자격증은 '사회에 내딛을 첫발'을 준비하는 사회 초년생을 포함하여
새로운 준비를 하는 모든 분들의
'시작'을 위한 도구일 것입니다.

에듀윌은
IT자격증이 여러분의 최종 목표를 앞당기는 도구가 될 수 있도록
빠른 합격을 지원하겠습니다.

누구나 합격할 수 있습니다.
시작하겠다는 '다짐', 이루겠다는 '목표'면 충분합니다.

마지막 페이지를 덮으면,

**에듀윌과 함께
IT자격증 합격이 시작됩니다.**

출제패턴+기출 연습으로 단기 합격!
에듀윌 EXIT GTQ 포토샵 1급

합격을 위한 모든 것!
EXIT "무료" 합격 서비스

GTQ 포토샵 1급 ver.CC

이론 없이 실기시험 한 번으로 자격증 취득!
합격의 열쇠는 출제패턴 반복에 있다!

#포토샵_사용미숙
#시험에_꼭_나오는_기능위주로_똑똑하게_합격
#시간부족_불합격방지

에듀윌 IT자격증

IT자격증 단기 합격!
에듀윌 EXIT 시리즈

컴퓨터활용능력

- **필기 초단기끝장(1/2급)**
  문제은행 최적화, 이론은 가볍게 기출은 무한반복!
- **필기 기본서(1/2급)**
  기초부터 제대로, 한권으로 한번에 합격!
- **실기 기본서(1/2급)**
  출제패턴 집중훈련으로 한번에 확실한 합격!

ADsP

- **데이터분석 준전문가 ADsP**
  이론부터 탄탄하게! 한번에 확실한 합격!

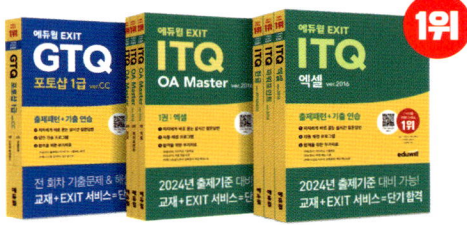

ITQ/GTQ

- **ITQ 엑셀/파워포인트/한글 ver.2016**
  독학러도 초단기 A등급 보장!
- **ITQ OA Master ver.2016**
  한번에 확실하게 OA Master 합격!
- **GTQ 포토샵 1급 ver.CC**
  노베이스 포토샵 합격 A to Z

정보처리기사/기능사

- **필기/실기 기본서(기사)**
  한번에 확실하게 기초부터 합격까지 4주완성!
- **실기 기출동형 총정리 모의고사(기사)**
  싱크로율 100% 모의고사로 실력진단+개념총정리!
- **필기 한권끝장(기능사)**
  기출 기반 이론&문제 반복학습으로 초단기 합격!

*2024 에듀윌 EXIT 컴퓨터활용능력 1급 필기 초단기끝장: YES24 수험서 자격증 > 컴퓨터수험서 > 컴퓨터활용능력 베스트셀러 1위(2023년 10월 3주 주별 베스트)
*에듀윌 EXIT ITQ OA Master: YES24 수험서 자격증 > 컴퓨터수험서 > ITQ 베스트셀러 1위(2023년 11월 월별 베스트)
*2024 에듀윌 데이터분석 준전문가 ADsP 2주끝장: YES24 > 수험서 자격증 > 기타/신규 자격증 > 베스트셀러 1위
*2023 에듀윌 EXIT 정보처리기사 필기 기본서: YES24 eBook > IT 모바일 > 컴퓨터 수험서 베스트셀러 1위(2023년 2월 월별 베스트)

매달 선물이 팡팡!
독자참여 이벤트

교재 후기 이벤트
나만 알고 있기 아까운!
에듀윌 교재의 장단점, 더 필요한 서비스 등을 자유롭게 제안해주세요..

 이벤트 참여

오타 제보 이벤트
더 나은 콘텐츠 제작을 돕는 일등 공신!
사소한 오타, 오류도 제보만 하면 매월 사은품이 팡팡 터집니다.

 이벤트 참여

IT자격증 A~Z 이벤트
모르고 지나치기엔 아쉬운!
에듀윌 IT자격증에서 제공 중인 무료 이벤트를 확인해보세요.

 이벤트 참여

참여 방법 | 각 이벤트의 QR 코드 스캔
당첨자 발표 | 매월 5일, EXIT 합격 서비스(exit.eduwill.net) 공지사항
사은품 | 매월 상이하며, 당첨자 발표 후 순차 발송

※ 이벤트는 공지 없이 변경되거나 종료될 수 있습니다.

따라만 하면 합격 뚝딱! 스터디 플래너

스파르타 플랜
기출문제 위주로 합격을 해보자구요!

1일	2일	3일	4일	5일	6일	7일
Step Ⅱ Unit 01~02	Step Ⅱ Unit 03~04	제1회~제2회 GTQ 기출문제	제3회~제4회 GTQ 기출문제	제5회~제6회 GTQ 기출문제	제7회~제8회 GTQ 기출문제	제9회~제10회 GTQ 기출문제
✓	✓	✓	✓	✓	✓	✓

자유도 최상 플랜
완벽하게 놓치는 부분 없이 합격! 플래너에 **자신의 성과를 기록**해봅시다!

3주 플랜 Start!!

				Step I			
	1일	2일	3일	4일	5일	6일	7일
	Unit 01 완료!						

2주 플랜 Start!!

	Step Ⅱ				Step Ⅲ		
	8일	9일	10일	11일	12일	13일	14일
					제1회 GTQ 기출문제	제2회 GTQ 기출문제	제3회 GTQ 기출문제

	Step Ⅲ						
	15일	16일	17일	18일	19일	20일	21일
	제4회 GTQ 기출문제	제5회 GTQ 기출문제	제6회 GTQ 기출문제	제7회 GTQ 기출문제	제8회 GTQ 기출문제	제9회 GTQ 기출문제	제10회 GTQ 기출문제

Step Ⅲ 타이머 가이드
자신의 **실력**을 **테스트** 해봅시다!

회차	제1회	제2회	제3회	제4회	제5회	제6회	제7회	제8회	제9회	제10회
제한 시간	제한 없음 완벽하게!			100분 슬슬 시간 체크!		90분 실전 돌입!		85분 어떤 상황에서도 OK!		
나의 시간	___분	___분	___분	___분	___분	___분	___분	___분	___분	___분

시간 절약하는 필수 암기장 ①

필수 단축키 모음
효율성과 **시간절약**을 한번에!

단축키	내용	단축키	내용
Ctrl + N	새로 만들기	Ctrl + 0	창에 맞추기
Ctrl + S	저장하기	Ctrl + Alt + 0	100% 맞추기
Ctrl + Alt + S	사본으로 저장	Ctrl + +	단계별 작업 화면 확대
Ctrl + O	파일 열기	Ctrl + −	단계별 작업 화면 축소
Ctrl + R	눈금자 표시/숨기기	Ctrl + A	전체 선택
Ctrl + ;	안내선 표시/숨기기	Ctrl + Shift + I	선택 영역 반전
Alt + V, D	안내선 지우기	Shift + 클릭, 드래그	선택 영역 추가
Ctrl + T	자유 변형	Alt + 클릭, 드래그	선택 영역 삭제
Ctrl + C	복사	Ctrl + D	선택 영역 취소
Ctrl + V	붙여넣기	Esc	패스 선택 해제
Alt + Delete	전경색 채우기	Ctrl + J	레이어 복사
Ctrl + Delete	배경색 채우기	Ctrl + E	레이어 병합
Ctrl + Z	이전 작업 취소	Ctrl + Z	이전 작업 취소
Ctrl + K	환경 설정	Ctrl + Shift + N	새 레이어 추가
Ctrl + U	색조/채도	Ctrl + Alt + I	이미지 사이즈 조절

시간 절약하는 필수 암기장 ②

Custom Shape Tool(사용자 정의 모양 도구)

빨간색은 빈출!

▶ Animal(동물)

▶ Arrows(화살표)

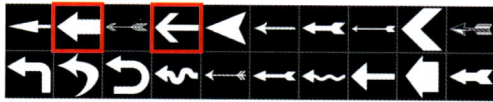

▶ Banners and Awards(배너 및 상장)

▶ Music(음악)

▶ Nature(자연)

▶ Objects(물건)

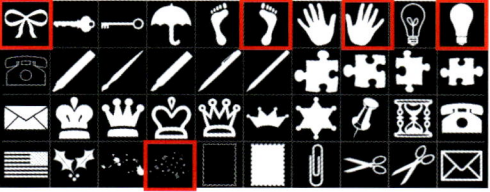

▶ Ornaments(장식)

▶ Shapes(모양)

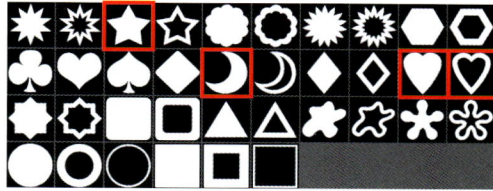

▶ Symbols(기호)

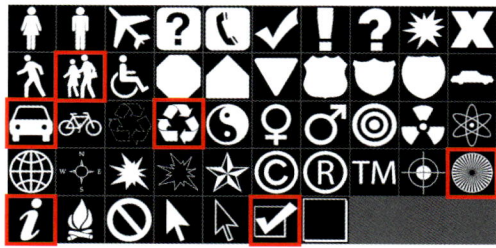

▶ Talk Bubbles(말 풍선)

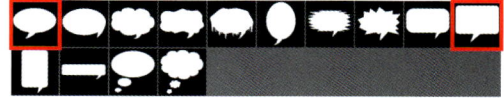

▶ Web(웹)

시간 절약하는 필수 암기장 ③

Filter Gallery(필터 갤러리)

빨간색은 빈출!

▶ Artistic(예술 효과)

▶ Brush Strokes(브러시 획)

▶ Distort(왜곡)

▶ Sketch(스케치 효과)

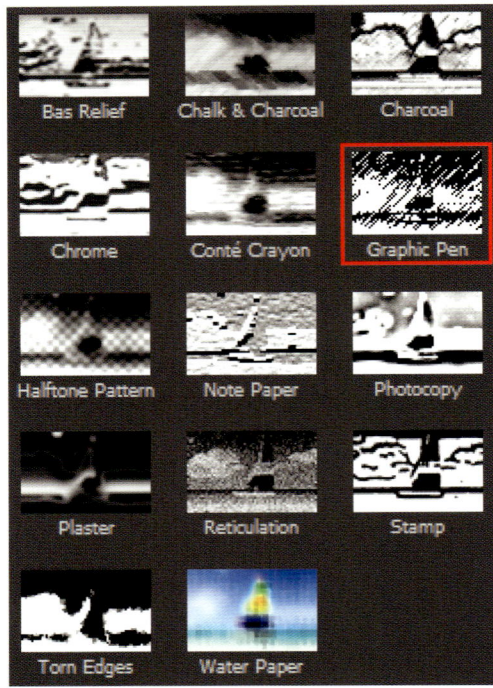

▶ Stylize(스타일화)

▶ Texture(텍스처)

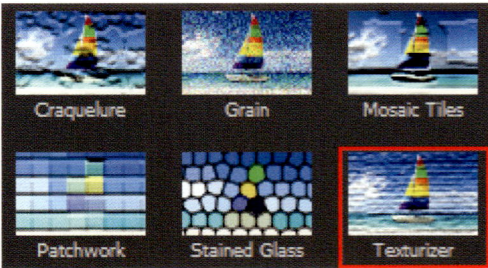

에듀윌 EXIT
GTQ 포토샵 1급 ver.CC

1권 | 포토샵 따라하기

Step I 포토샵 주요기능 배워보기

포토샵 노베이스를 위한 A to Z!

포토샵을 모르면? 처음부터! 기초 기능부터 배워보는 **포토샵 구성 알아보기**

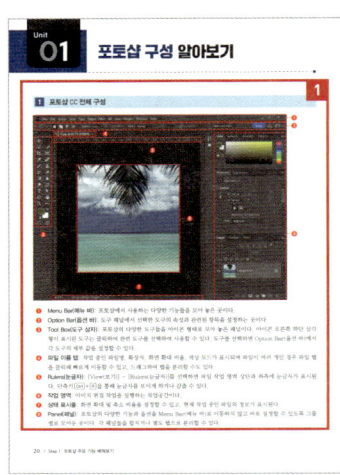 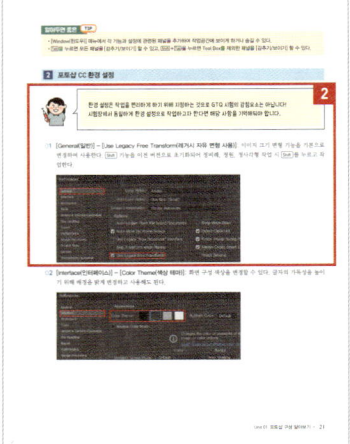

포토샵 노베이스도 처음부터 천천히,
포토샵과 먼저 친해지는 상세한 구성
포토샵 구성 알아보기

시험에 꼭 나오는 기능만 배워 GTQ의 이해도를 높이는 **시험에 꼭 나오는 주요기능 따라하기**

 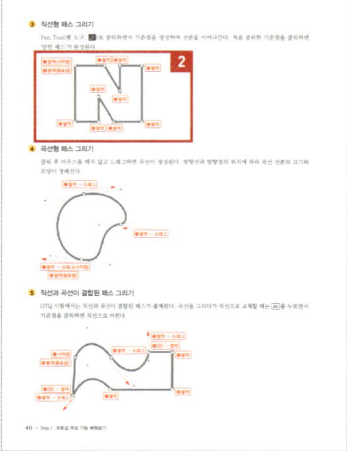

1 어떻게 출제되는지 짚어주는
선생님의 한마디

2 시험에 꼭 나오는
주요기능만 빠르게!
왕초보도 쉽게 따라할 수 있는
단계별 해설!

Step Ⅱ 출제패턴 분석 & 따라하기

처음 접하는 GTQ가 낯설다면? 출제패턴의 모든 것

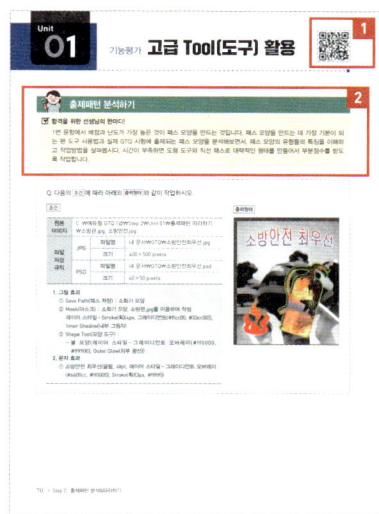
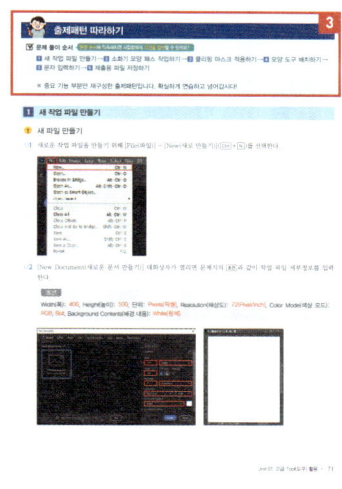
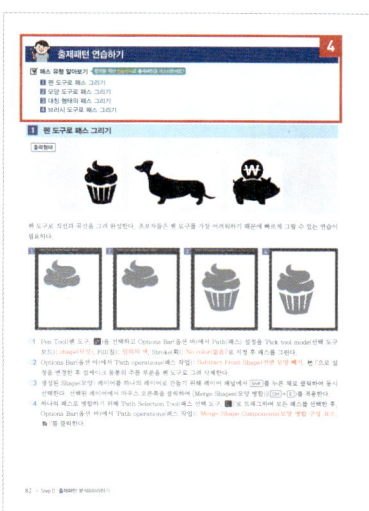

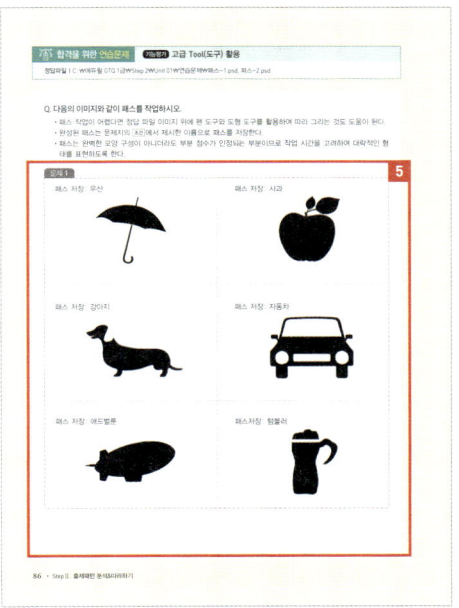

1 Step Ⅱ 전 **범위 무료강의**
2 문항별 출제유형을 한눈에!
   출제패턴 분석하기
3 출제패턴을 알아야 공부 시간이 단축된다!
   출제패턴 따라하기
4 실전으로 가기 전 필수코스
   출제패턴 연습하기
5 문항별 주요기능을 한 번 더 짚어주는
   합격을 위한 연습문제

교재의 구성과 특징 · 3

Step Ⅲ 기출문제 반복으로 실력 키우기

GTQ 합격의 열쇠는 시간 내 문제풀이

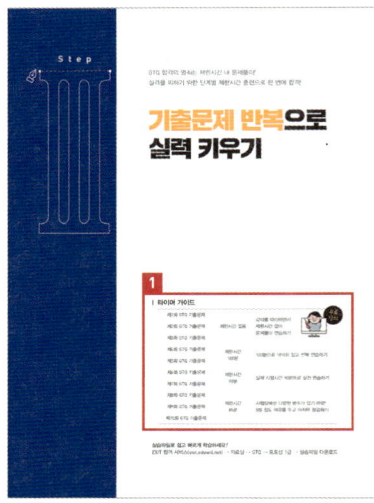
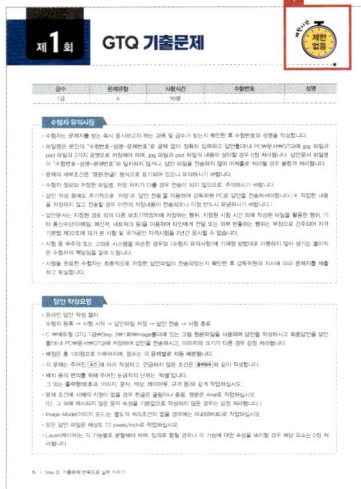

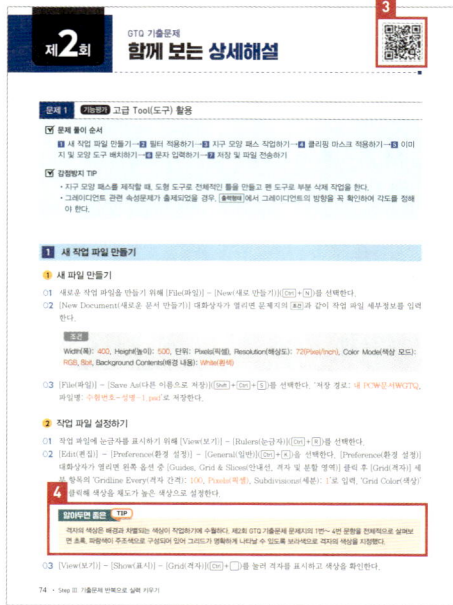

1 회차별·문항별로 제시해 체계적인 문제풀이 훈련이 가능한 **타이머 가이드**

2 실격을 피하는 **선생님의 조언**

3 독학 최적화!
왕초보를 위한 **무료강의 3회분**

4 포토샵에 정답은 없다!
다양한 방법의 문제풀이를 알려주는
알아두면 좋은 TIP

교재에서 추가로 드려요!

학습기간별 스터디 플래너+타이머 가이드

❶ 자신의 실력에 따라 스터디 플래너를 활용해 보세요.
❷ Step Ⅲ에서 제공되는 기출문제를 타이머 가이드와 함께 풀어보세요. 실전감각이 올라갈 거예요.

시간 절약하는 필수 암기장

모든 문제에 출제돼서 더 중요한
❶ 사용자 정의 모양 도구
❷ 필터 갤러리
❸ 필수 단축키 필수 암기장

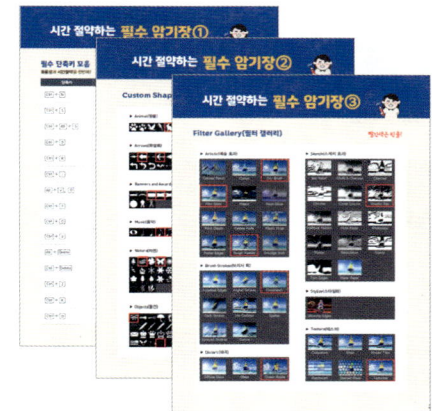

EXIT 합격 서비스에서 드려요!

❶ 저자에게 묻는 실시간 질문답변
❷ 또 하나의 과외 선생님 무료강의
❸ 각 Step별 필수 학습/이미지/정답 파일
❹ 시험장을 미리 경험하는 답안 전송 프로그램
❺ 바로 확인하는 정오표

EXIT 합격 서비스
바로 가기

정오표
바로 가기

- EXIT 합격 서비스(exit.eduwill.net) 접속 후 로그인만 하면 **다양한 혜택**을 받을 수 있습니다.
  ① EXIT 합격 서비스 접속 → ② 로그인 → ③ 교재 구매인증 → ④ 각 게시판에서 혜택받기
- 교재 구매인증 방법
  ① EXIT 합격 서비스 접속 → ② 로그인 → ③ 우측 구매도서 인증 아이콘 클릭 → ④ 정답은 교재에서 확인

학습/이미지/정답 파일 설치방법

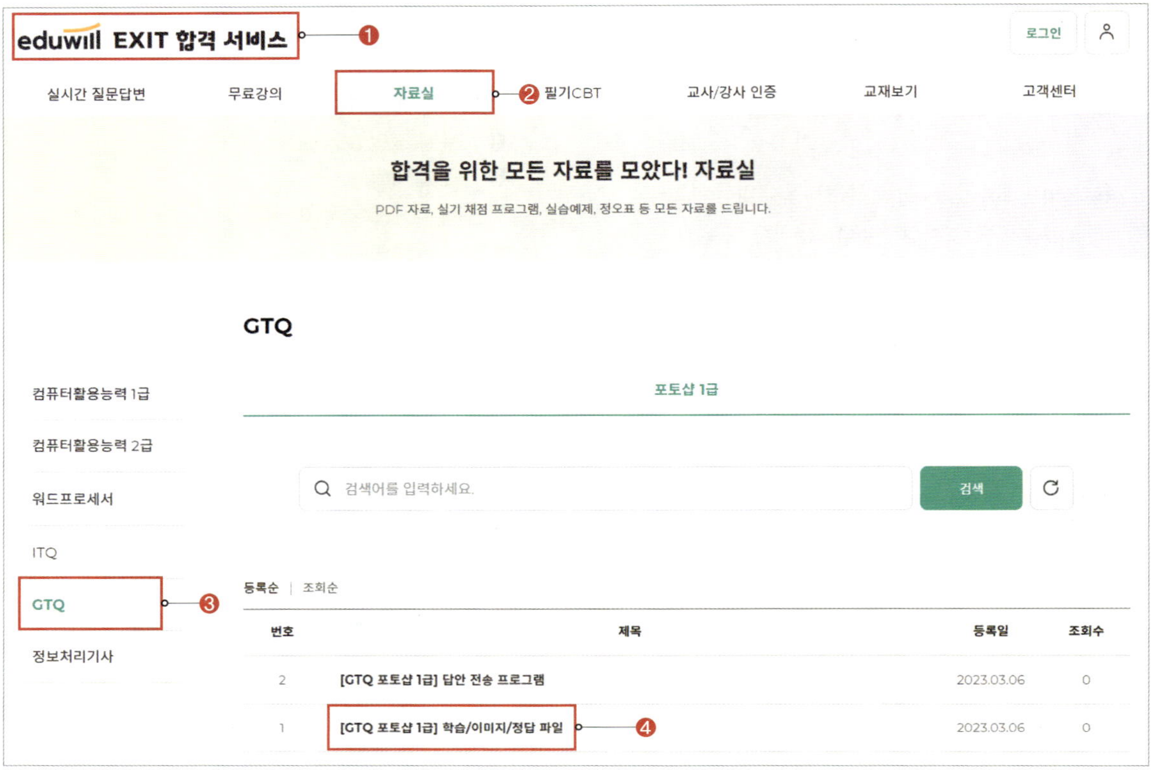

❶ EXIT 합격 서비스(exit.eduwill.net) 접속
❷~❸ [자료실] – [GTQ] – [포토샵 1급] 클릭
❹ '[GTQ 포토샵 1급] 학습/이미지/정답 파일' 게시글 클릭 – 첨부파일 다운로드 – '에듀윌 GTQ 포토샵 1급 ver.CC.exe' 실행

Step별로 부록파일은 이렇게 구성되어 있어요!

Step I	Step II	Step III
• GTQ에서 꼭 출제되는 기능들만 넣었습니다. • Unit 03~05에서 사용됩니다.	• GTQ의 시험 흐름을 알기 위해 이미지 파일을 넣었습니다. • 다양한 출제패턴을 익히기 위해 각 기출문제뿐만 아니라 '합격을 위한 연습문제'를 수록했어요. 각 Unit마다 사용됩니다.	• 완벽한 학습을 위해 선생님이 엄선한 이미지 파일을 넣었습니다. • 반복 학습 후 완벽한 채점을 위해 선생님의 정답 파일을 넣었습니다.

학습/이미지/정답 파일 사용방법

1 학습 파일

• 사용되는 Step

Step I	Step II	Step III
✓	✓	

중간 중간 복습을 위한 학습 파일입니다.
GTQ 기출문제 풀이 전에 풀고 가면 더욱
이해가 쉬워집니다.

2 이미지 파일

• 사용되는 Step

Step I	Step II	Step III
✓	✓	✓

연습 문제와 기출문제에서 사용되는 이미지
파일입니다. 실제 기출에서 사용되는 이미지
파일로 실전감각을 높여봅시다.

3 정답 파일

• 사용되는 Step

Step I	Step II	Step III
	✓	✓

GTQ는 최대한 문제지와 비슷하게 만드는 게
중요합니다. 선생님의 정답 파일과 비교해가며
결과물을 비교합니다.

답안 전송 프로그램 설치방법

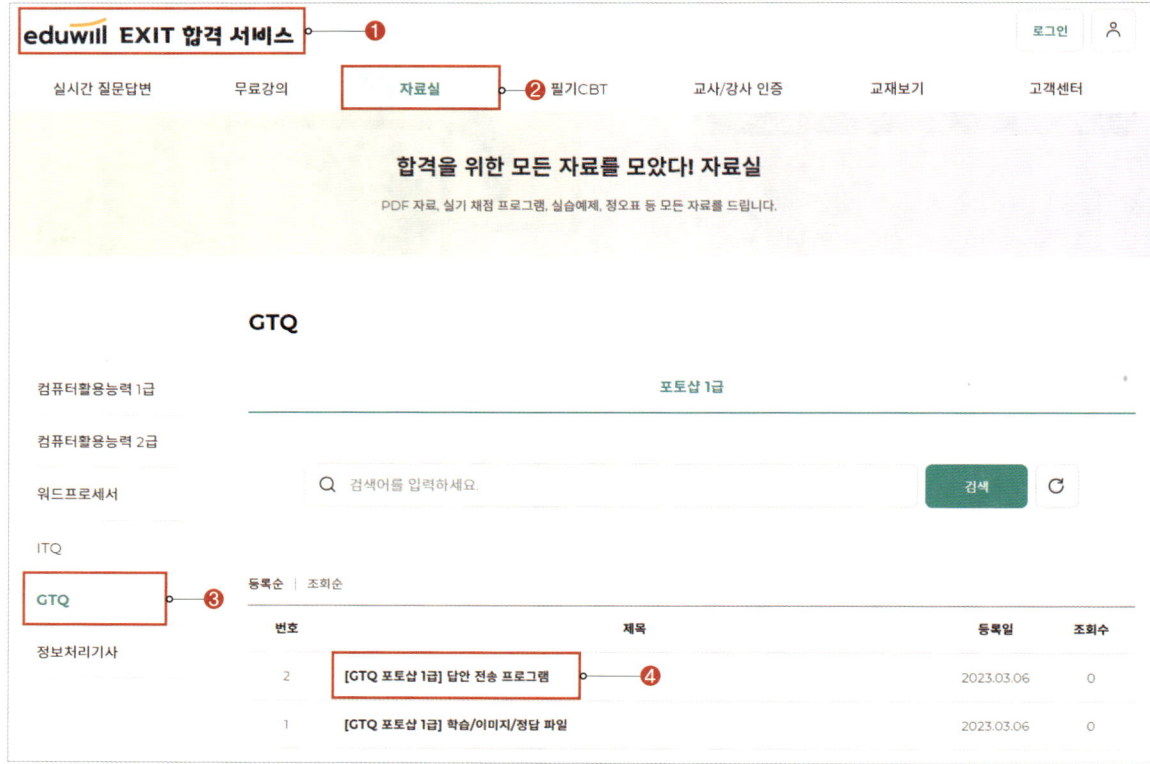

❶ EXIT 합격 서비스(exit.eduwill.net) 접속
❷~❸ [자료실] – [GTQ] – [포토샵 1급] 클릭
❹ '[GTQ 포토샵 1급] 답안 전송 프로그램' 게시글 클릭 – 첨부파일 다운로드 – '에듀윌 2023 답안 전송 프로그램' 실행하여 설치
❺ 설치 완료 후 바탕화면의 바로 가기로 실행하여 사용

 오류가 나타나면 따라해보세요!

설치 시 339 런타임 오류메시지가 나타날 때!	컴퓨터 부팅 시 반드시 관리자 모드로 부팅해주시고, '관리자 권한으로 실행'을 선택하여 설치해주세요.
'vb6ko.dll' 파일 오류메시지가 나타날 때!	에듀윌 EXIT 홈페이지의 고객센터 → 공지사항 게시판을 확인 후 첨부파일을 다운로드 받아 아래 폴더에 넣어주세요. • 윈도우 XP: C:₩Windows₩System • 윈도우7,10 32bit: C:₩Windows₩System32, 64bit C:₩Windows\System32, C:₩Windows₩Syswow64

답안 전송 프로그램 사용방법

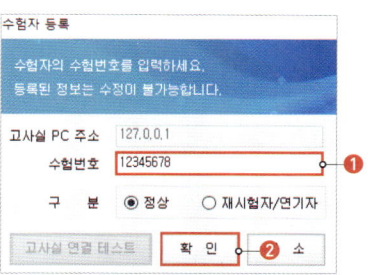

❶ 임의의 수험번호를 입력한다.
   (실제 시험에서는 주어지는 수험번호가 있음)
❷ [확인]을 클릭한다.

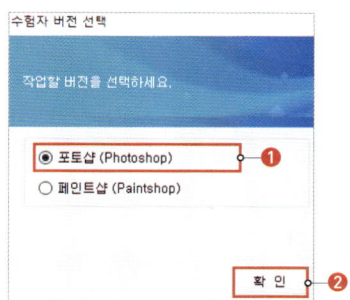

❶ 시험 작업 버전을 '포토샵'으로 선택한다.
❷ [확인]을 클릭한다.

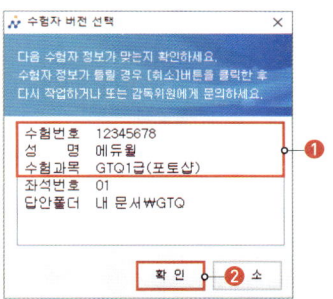

❶ 본인이 입력한 수험자 정보가 맞는지 확인한다.
❷ [확인]을 클릭한다.

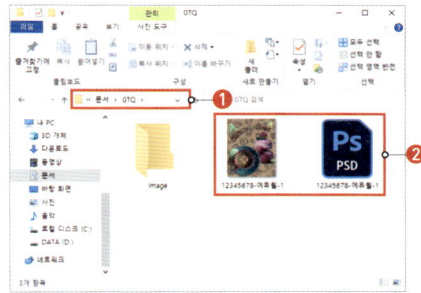

❶ 문제를 '내 PC₩문서₩GTQ' 폴더에 저장한다.
❷ '수험번호-성명-문제번호'로 저장한다.

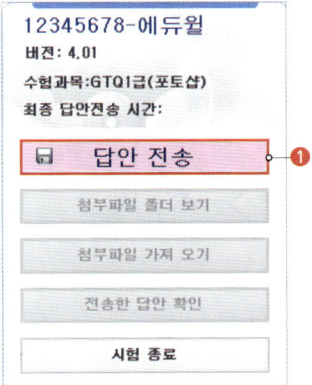

❶ 문제를 다 풀었다면 [답안 전송] 버튼을 클릭한다.

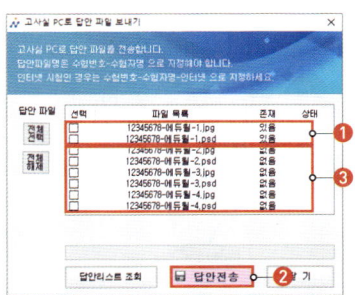

❶ 답안 전송 대화상자가 열리면 '존재'에 '있음' 표시를 확인한다.
❷ [답안 전송]을 클릭한다.
❸ '존재'에 '없음'이 뜬다면 저장명을 확인한다.

시험의 모든 것

GTQ(그래픽기술자격) 시험은?

1 특징

- 국내 최초 국가공인 자격을 받은 그래픽기술자격이다.
- 이론 시험 없이 진행되는 "실기" 시험방식으로 이루어진다.
- 국내 디자인 자격증 중 가장 많은 인원이 응시한다.

2 응시 절차

1. 응시 자격 확인
- 제한 없음

2. 원서 접수
- 한국생산성본부(license.kpc.or.kr)에서 접수
- 접수 시 고사장, 시험 응시 버전 선택 가능

3. 시험 응시
- 실무 작업형 PBT 시험
- 제한시간 내 작업 후 답안 전송

4. 합격자 발표 & 자격증 발급
- 한국생산성본부 홈페이지를 통해 합격 확인
- 자격증 인터넷 신청

3 응시 정보

등급	1급	2급	3급
문항 수	4문항	4문항	3문항
시험 시간	90분	90분	60분
합격 기준(100점 만점)	70점 이상	60점 이상	60점 이상
응시료	31,000원	22,000원	15,000원
S/W Version	Photoshop CS4, CS6, CC(한글, 영문)		
시험일정	1~12월 정기 시험(매월 넷째주 토요일)		
합격자 발표	약 3주 소요(한국생산성본부 홈페이지 확인)		

그래픽 Master 소개

그래픽기술자격(GTQ) 시험에서 우수한 성적을 거둔 응시자는 그래픽 Master로 인정된다.
한국생산성본부에서 시행되는 그래픽자격시험 3가지를 모두 응시해야 한다.

1. 그래픽 Master 신청요건
- 신청 요건: GTQ(포토샵), GTQi(일러스트), GTQid(인디자인) 3과목 모두 취득해야 함
- 급수 기준: 과목에 관계 없이 1급 2과목, 2급 1과목 이상이면 신청 가능

2. 그래픽 Master 승인절차

신청하기 → 접수신청 및 결제 → 접수신청 검토 → 인증서 발급 → 인증서 배송

출제패턴의 모든 것

GTQ의 출제패턴을 알아봅시다!

출제패턴을 알고 학습하는 것과 아닌 것은 천지차이!
간단하게 출제패턴을 살펴볼까요?

문제 1　**기능평가**　고급 Tool(도구) 활용

20점

- 필터 적용
- 패스 작업 후 패스 저장
- 클리핑 마스크 적용
- 문자 입력
- 사용자 정의 모양 도구 배치
- 이미지 선택 영역 지정 후 배치

문제 2　**기능평가**　사진편집 응용

20점

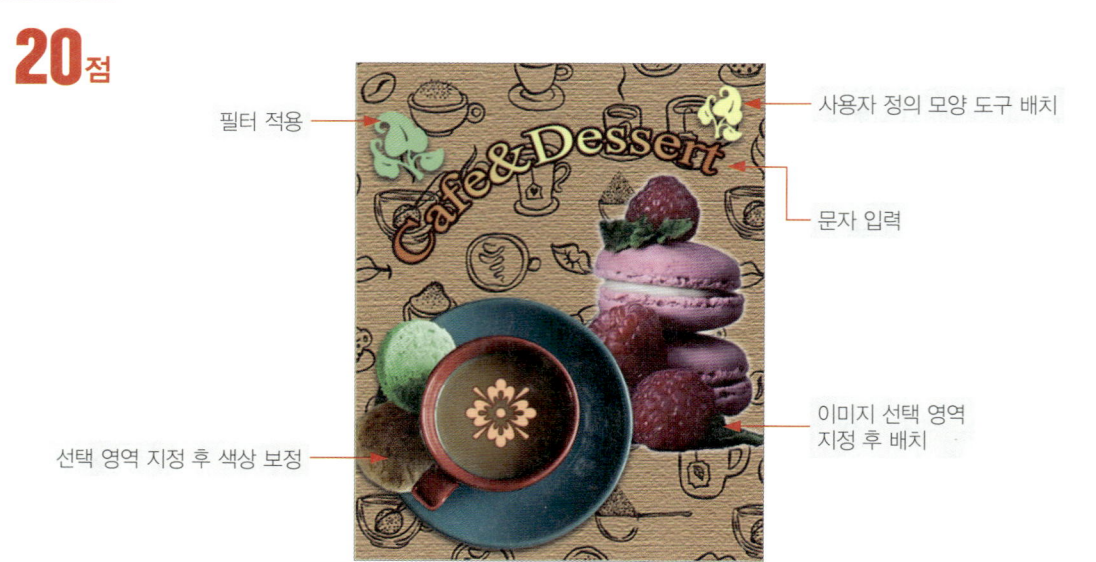

- 필터 적용
- 선택 영역 지정 후 색상 보정
- 사용자 정의 모양 도구 배치
- 문자 입력
- 이미지 선택 영역 지정 후 배치

문제 3 [실무응용] 포스터 제작

25점

- 전경색 칠하기
- 혼합 모드, 레이어 마스크 적용

문자 입력

사용자 정의 모양 도구 배치

선택 영역 지정 후 색상 보정

필터 적용 후 클리핑 마스크 적용

문제 4 [실무응용] 웹 페이지 제작

35점

- 전경색 칠하기
- 혼합 모드, 레이어 마스크 적용

문자 입력

필터 적용 후 레이어 마스크 적용

- 패스 작업
- 패턴 제작 후 클리핑 마스크 적용

사용자 정의 모양 도구 배치

선택 영역 지정 후 색상 보정

사용자 정의 모양 도구 배치 후 복사

Q&A

수험생이 가장 궁금해하는 Q&A

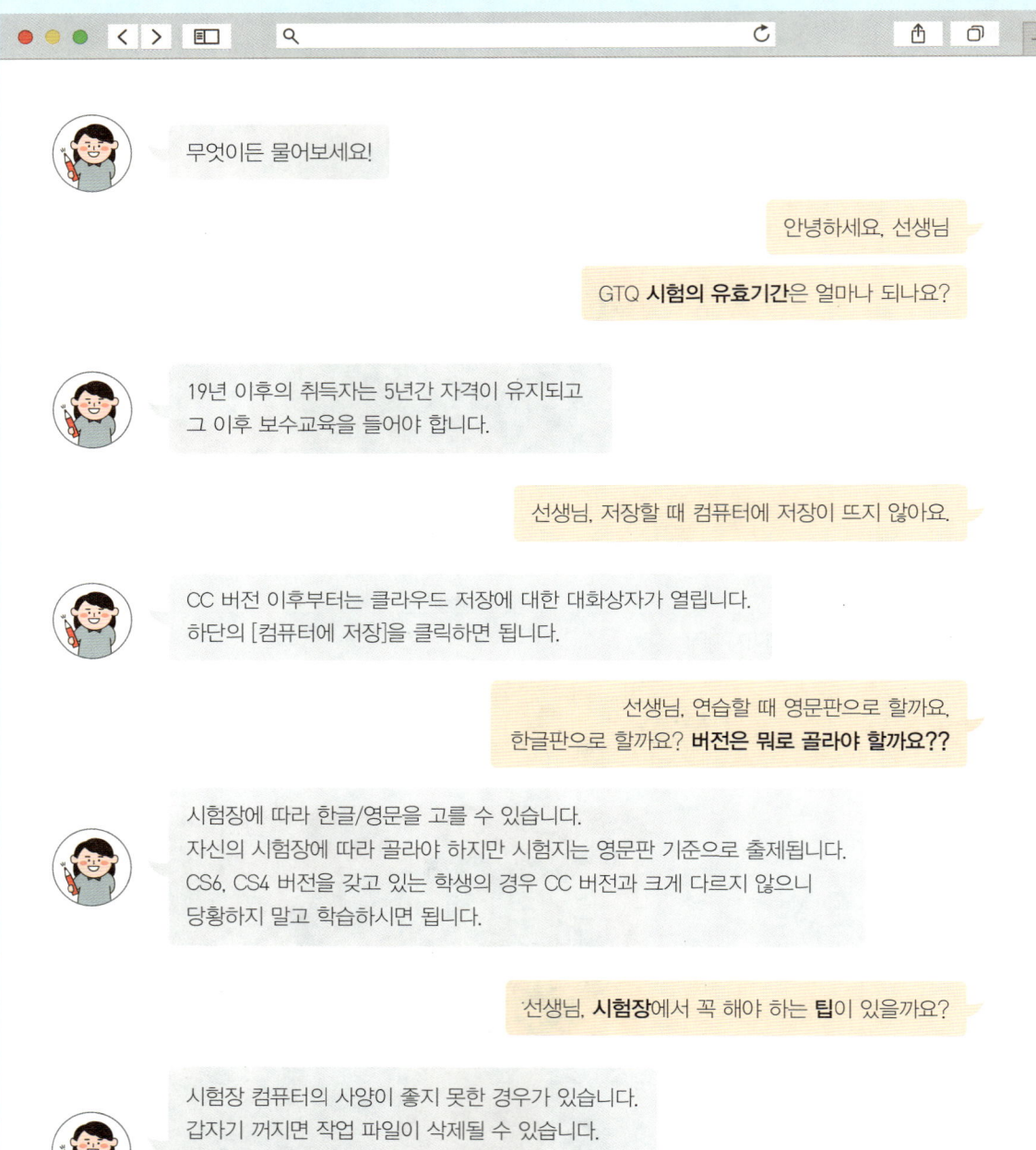

무엇이든 물어보세요!

안녕하세요, 선생님

GTQ **시험의 유효기간**은 얼마나 되나요?

19년 이후의 취득자는 5년간 자격이 유지되고
그 이후 보수교육을 들어야 합니다.

선생님, 저장할 때 컴퓨터에 저장이 뜨지 않아요.

CC 버전 이후부터는 클라우드 저장에 대한 대화상자가 열립니다.
하단의 [컴퓨터에 저장]을 클릭하면 됩니다.

선생님, 연습할 때 영문판으로 할까요,
한글판으로 할까요? **버전은 뭐로 골라야 할까요??**

시험장에 따라 한글/영문을 고를 수 있습니다.
자신의 시험장에 따라 골라야 하지만 시험지는 영문판 기준으로 출제됩니다.
CS6, CS4 버전을 갖고 있는 학생의 경우 CC 버전과 크게 다르지 않으니
당황하지 말고 학습하시면 됩니다.

선생님, **시험장**에서 꼭 해야 하는 **팁**이 있을까요?

시험장 컴퓨터의 사양이 좋지 못한 경우가 있습니다.
갑자기 꺼지면 작업 파일이 삭제될 수 있습니다.
중간 중간 꼭!! 저장을 해두셔야 합니다!!
실격이 된다면 매우 아쉬울 테니까요!

저자의 말

꼭 필요한 기능만을
한 권에 담았습니다.

안녕하세요.
〈에듀윌 GTQ 포토샵 1급 ver.CC〉 저자 김봄봄입니다.
GTQ 시험은 개인의 컴퓨터그래픽 능력을 평가하는 국가공인자격시험으로, 포토샵를 활용하여 이미지 편집, 웹 디자인 등 디자인의 기본수행능력을 평가하는 시험입니다.
〈에듀윌 GTQ 포토샵 1급 ver.CC〉 교재는 GTQ 시험에서 출제빈도가 높은 핵심 포토샵 기능 중심으로 집필되어 있습니다.
출제패턴 분석, 기출문제 해설, 알아두면 좋은 Tip으로 여러분에게 빠른 자격증 취득을 도와드릴 것입니다.
여러분 모두의 합격을 응원합니다.

저자 l 김봄봄
- '디자인봄 연구소' 대표
- 서울사이버대학교 멀티미디어학과 대우교수
- 대학 GTQ 특강 강사

에듀윌 GTQ 전문 검수진

김은정	• 단국대학교 정보융합기술 창업대학원 인공지능공학과 석사과정 • 現) 프리랜서 IT 강사(컴활, MOS, ITQ, SW코딩, GTQ포토샵 O/S 및 OA 등) • 前) 삼성전자, 삼보컴퓨터, 신세계 I&C 직원 대상 교육 등
박은영	• 안산시 평생학습관 ITQ, 이모티콘 제작 강사 • 안산시 여성 비전센터 OA, 그래픽, 영상편집 강사 • 유튜브 GTQ 강의 '은나쌤' 채널 운영 중
이소정	• 서울과학기술대학교 전문대학원 디자인 석사 • 現) 남양주시 평생학습센터 그래픽 실무활용/ GTQ 자격증 강사 • 前) 경복대 겸임교수, 인천대, 청운대 그래픽 디자인 강사역임

이 책의 흐름

본격적인 학습에 앞서

- [플래너] 스터디 플래너 + 타이머 가이드
- [특별 부록] 시간 절약하는 필수 암기장
- 교재의 구성과 특징
- 합격을 위한 모든 것
- 학습/이미지/정답 파일
- 답안 전송 프로그램
- 시험의 모든 것
- 출제패턴의 모든 것
- 수험생이 가장 궁금해하는 Q&A
- 저자의 말

이 책의 흐름

1권 포토샵 따라하기

Step I 포토샵 주요기능 배워보기	Unit 01	포토샵 구성 알아보기	20
	Unit 02	Tool Box(도구 상자) 알아보기	24
	Unit 03	Tool Box(도구 상자) 따라하기	33
	Unit 04	Menu Bar(메뉴 바) 따라하기	50
	Unit 05	레이어 패널 따라하기	59
Step II 출제패턴 분석 & 따라하기	Unit 00	수험자 유의사항	68
	Unit 01	[기능평가] 고급 Tool(도구) 활용	70
	Unit 02	[기능평가] 사진편집 응용	88
	Unit 03	[실무응용] 포스터 제작	104
	Unit 04	[실무응용] 웹 페이지 제작	128

2권 기출문제

Step Ⅲ
기출문제 반복으로 실력 키우기

제1회 GTQ 기출문제+함께 보는 상세해설	6
제2회 GTQ 기출문제+함께 보는 상세해설	70
제3회 GTQ 기출문제+함께 보는 상세해설	124
제4회 GTQ 기출문제+함께 보는 간단해설	172
제5회 GTQ 기출문제+함께 보는 간단해설	210
제6회 GTQ 기출문제+함께 보는 간단해설	244
제7회 GTQ 기출문제+함께 보는 간단해설	276
제8회 GTQ 기출문제+함께 보는 간단해설	308
제9회 GTQ 기출문제+함께 보는 간단해설	336
제10회 GTQ 기출문제+함께 보는 간단해설	366

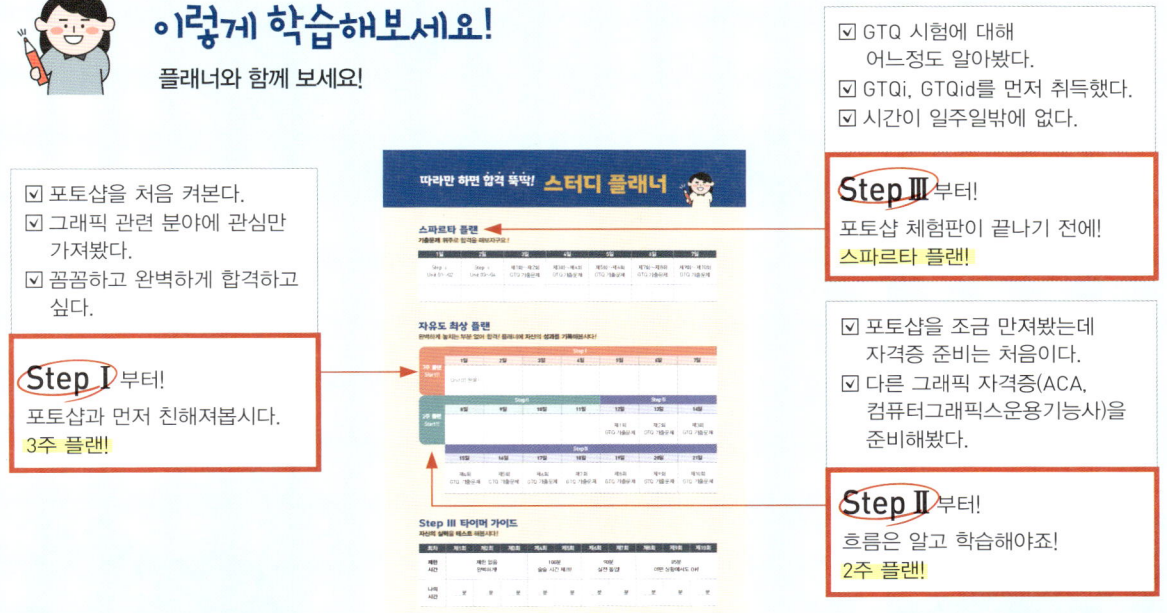

이렇게 학습해보세요!
플래너와 함께 보세요!

에듀윌이
너를
지지할게

ENERGY

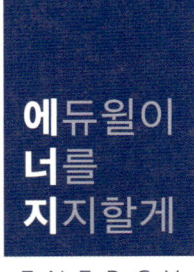

시작하라.

그 자체가 천재성이고,
힘이며, 마력이다.

– 요한 볼프강 폰 괴테(Johann Wolfgang von Goethe)

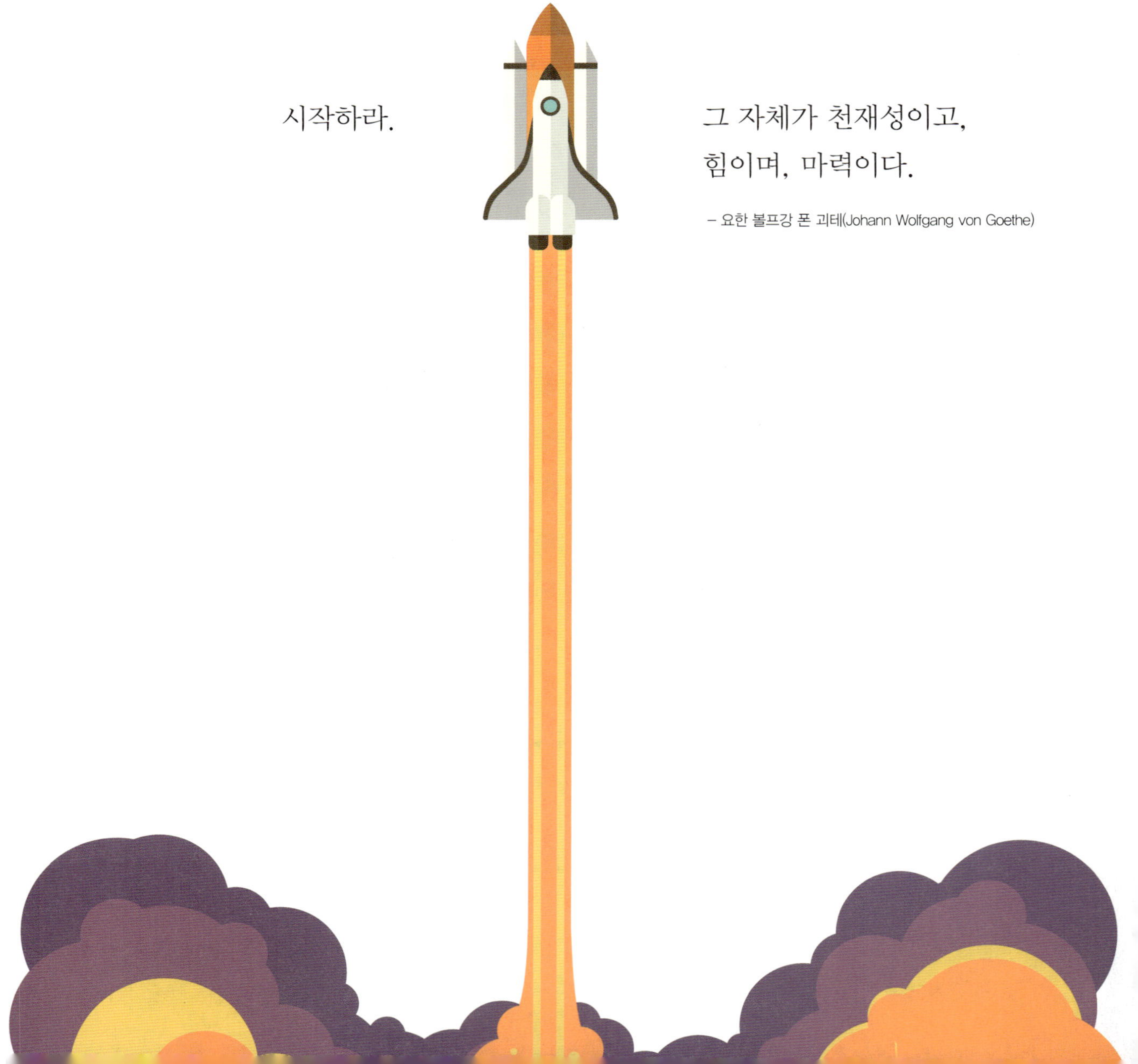

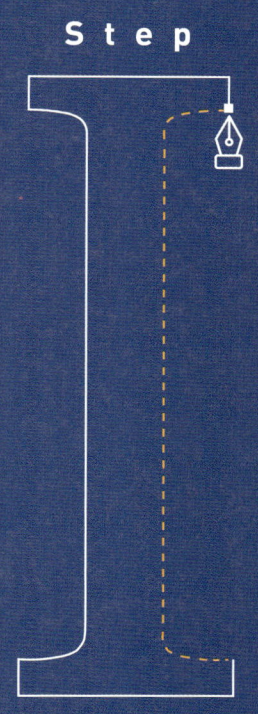

Step 1

Photoshop 노베이스의 필수 코스!
포토샵의 기본기를 다진다!

포토샵 주요 기능 배워보기

Unit 01	포토샵 구성 알아보기
Unit 02	Tool Box(도구 상자) 알아보기
Unit 03	Tool Box(도구 상자) 따라하기
Unit 04	Menu Bar(메뉴 바) 따라하기
Unit 05	레이어 패널 따라하기

학습파일로 쉽고 빠르게 학습하세요!
EXIT 합격 서비스(exit.eduwill.net) → 자료실 → GTQ → 포토샵 1급 → 학습파일 다운로드

포토샵 구성 알아보기

1 포토샵 CC 전체 구성

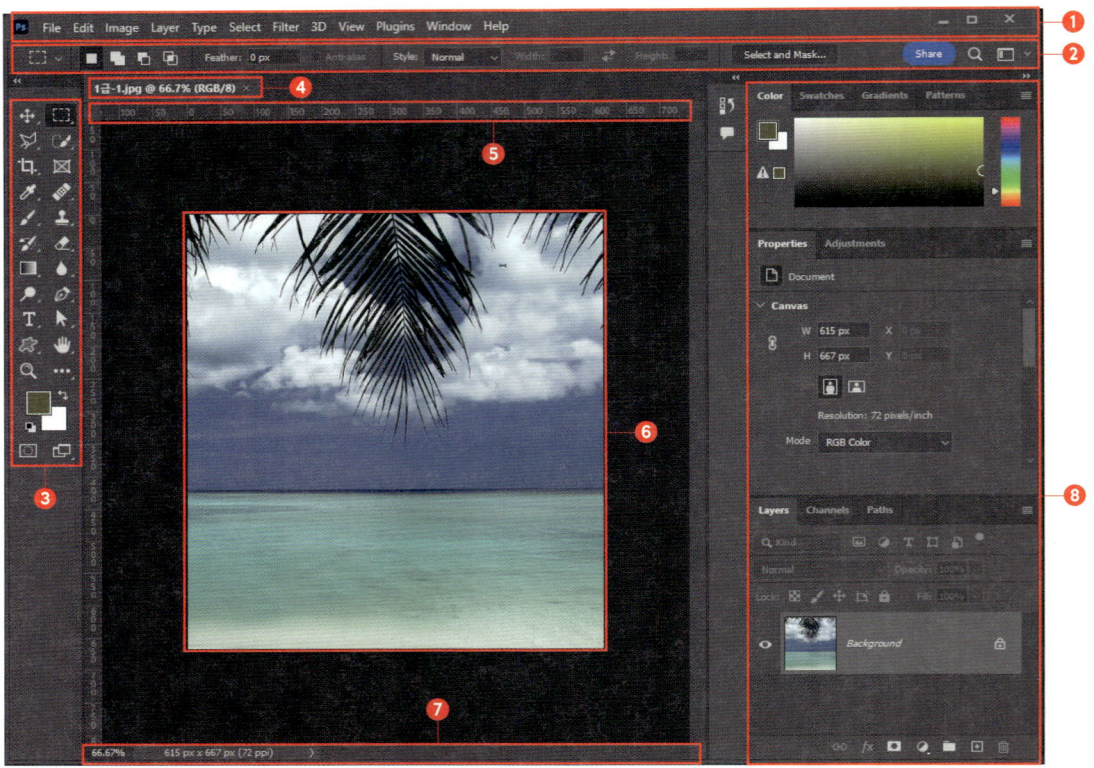

① **Menu Bar(메뉴 바)**: 포토샵에서 사용하는 다양한 기능들을 모아 놓은 곳이다.
② **Option Bar(옵션 바)**: 도구 패널에서 선택한 도구의 속성과 관련된 항목을 설정하는 곳이다.
③ **Tool Box(도구 상자)**: 포토샵의 다양한 도구들을 아이콘 형태로 모아 놓은 패널이다. 아이콘 오른쪽 하단 삼각형이 표시된 도구는 클릭하여 관련 도구를 선택하여 사용할 수 있다. 도구를 선택하면 Option Bar(옵션 바)에서 각 도구의 세부 값을 설정할 수 있다.
④ **파일 이름 탭**: 작업 중인 파일명, 확장자, 화면 확대 비율, 색상 모드가 표시되며 파일이 여러 개인 경우 파일 탭을 클릭해 빠르게 이동할 수 있고, 드래그하여 탭을 분리할 수도 있다.
⑤ **Rulers(눈금자)**: [View(보기)] - [Rulers(눈금자)]를 선택하면 파일 작업 영역 상단과 좌측에 눈금자가 표시된다. 단축키 Ctrl+R을 통해 눈금자를 보이게 하거나 감출 수 있다.
⑥ **작업 영역**: 이미지 편집 작업을 실행하는 작업공간이다.
⑦ **상태 표시줄**: 화면 확대 및 축소 비율을 설정할 수 있고, 현재 작업 중인 파일의 정보가 표시된다.
⑧ **Panel(패널)**: 포토샵의 다양한 기능과 옵션을 Menu Bar(메뉴 바)로 이동하지 않고 바로 설정할 수 있도록 그룹별로 모아둔 곳이다. 각 패널들을 합치거나 별도 탭으로 분리할 수 있다.

 **알아두면 좋은 TIP**

- [Window(윈도우)] 메뉴에서 각 기능과 설정에 관련된 패널을 추가하여 작업공간에 보이게 하거나 숨길 수 있다.
- Tab을 누르면 모든 패널을 [감추기/보이기] 할 수 있고, Shift + Tab을 누르면 Tool Box를 제외한 패널을 [감추기/보이기] 할 수 있다.

2 포토샵 CC 환경 설정

 환경 설정은 작업을 편리하게 하기 위해 지정하는 것으로 GTQ 시험의 감점요소는 아닙니다!
시험장에서 동일하게 환경 설정으로 작업하고자 한다면 해당 사항을 기억해둬야 합니다.

01 [General(일반)] – [Use Legacy Free Transform(레거시 자유 변형 사용)]: 이미지 크기 변형 기능을 기본으로 변경하여 사용한다. Shift 기능을 이전 버전으로 초기화되어 정비례, 정원, 정사각형 작업 시 Shift 를 누르고 작업한다.

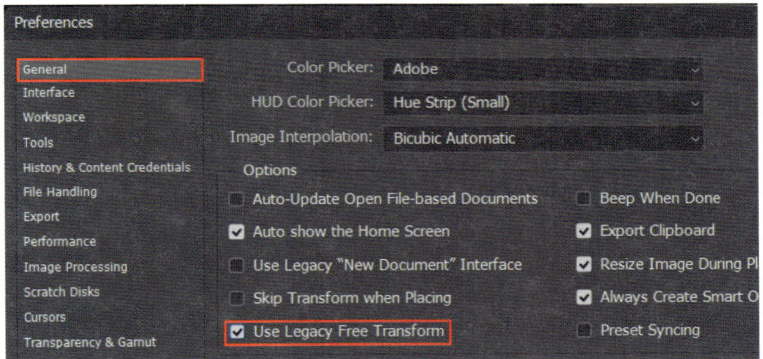

02 [Interface(인터페이스)] – [Color Theme(색상 테마)]: 화면 구성 색상을 변경할 수 있다. 글자의 가독성을 높이기 위해 배경을 밝게 변경하고 사용해도 된다.

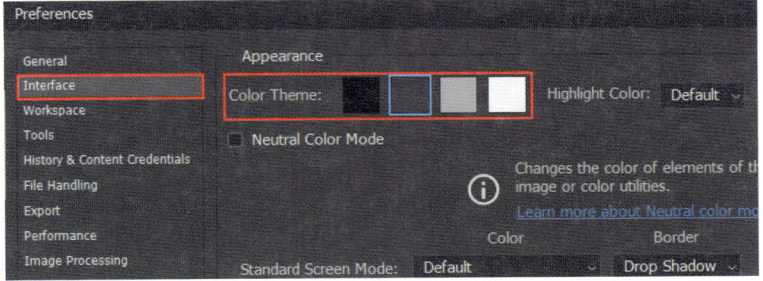

03 [Workspace(작업 영역)] – [Enable Floating Document Window Docking(유동 문서 창 및 도킹 사용)]: 파일 탭을 각각 별개로 화면에 띄울 수 있다.

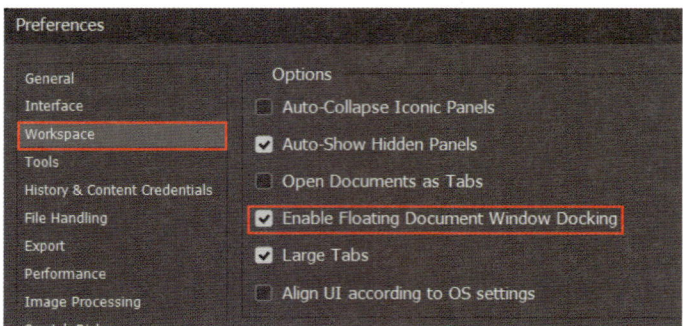

04 [Units & Rulers(단위와 눈금자)] – [Units(단위)]: 필수 변경 사항으로 'Rulers(눈금자): Pixels(픽셀), Type(문자): Points(포인트)'로 설정한다.

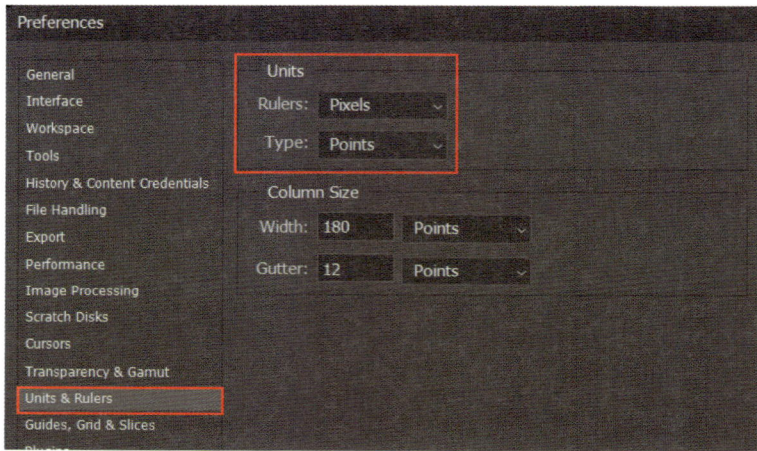

05 [Guide, Grid & Ruler(안내선, 격자 및 분할 영역)] – [Grid(격자)]: 작업 화면에 격자 표시 간격과 색상을 설정한다. GTQ 문제풀이에서는 일반적으로 100px당 1개의 선으로 표시되도록 옵션을 설정한다.

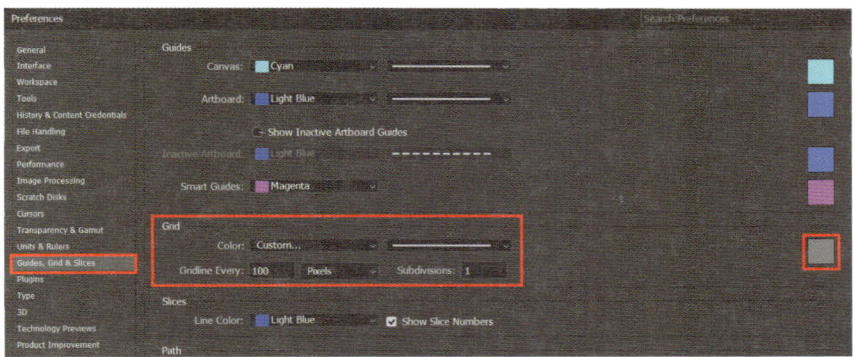

06 [Type(문자)] – [Type Options(문자 옵션)]: 필수 변경 사항으로 한글 폰트명이 한글로 표기되도록 'Show Font Names in English(글꼴 이름을 영어로 표시)'를 체크 해제한다.

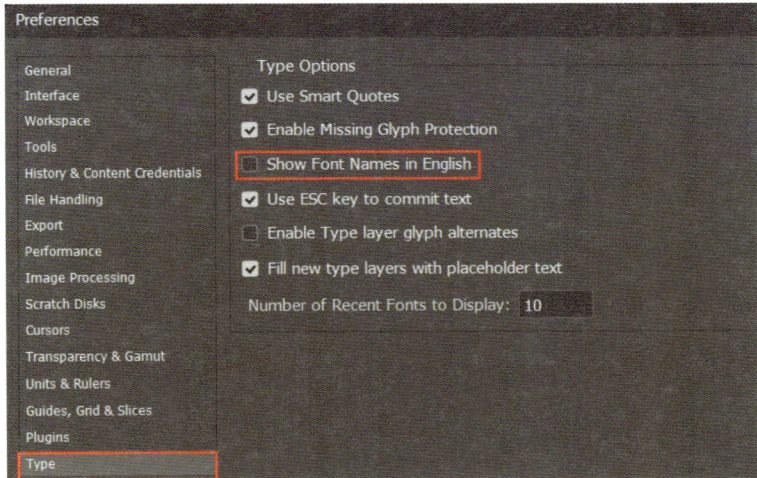

Unit 02 Tool Box(도구 상자) 알아보기

포토샵에서 가장 중요한 Tool Box(도구 상자)에 대해 알아봅시다.
도구 상자만 알아도 포토샵에 대한 이해도가 달라집니다!!

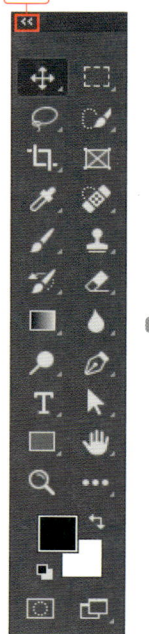

- Move Tool(이동 도구)
- Rectangular Marquee Tool(사각형 선택 윤곽 도구)
- Lasso Tool(올가미 도구)
- Quick Selection Tool(빠른 선택 도구)
- Crop Tool(자르기 도구)
- Frame Tool(프레임 도구)
- Eyedropper Tool(스포이드 도구)
- Spot Healing Brush Tool(스팟 복구 브러시 도구)
- Brush Tool(브러시 도구)
- Clone Stamp Tool(복제 도장 도구)
- History Brush Tool(작업 내역 브러시 도구)
- Eraser Tool(지우개 도구)
- Gradient Tool(그레이디언트 도구)
- Blur Tool(흐림 효과 도구)
- Dodge Tool(닷지 도구)
- Pen Tool(펜 도구)
- Type Tool(수평 문자 도구)
- Path Selection Tool(패스 선택 도구)
- Rectangle Tool(사각형 도구)
- Hand Tool(손 도구)
- Zoom Tool(돋보기 도구)
- ForegroundColor(전경색 설정)
- BackgroundColor(배경색 설정)
- Quick Mask Mode(빠른 마스크 도구)

1 이동 도구

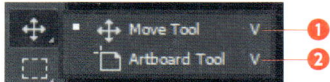

❶ **Move Tool(이동 도구, ✥)**: 선택 영역을 드래그나 키보드 방향키로 이동시킨다. 다른 도구로 작업 중에 Ctrl 을 누르면 이동 도구로 전환되어 이미지를 이동시킬 수 있다.

❷ Artboard Tool(대지 도구, ▢): 드래그하여 대지(새 작업 화면)를 만든다.

2 선택 영역 도구

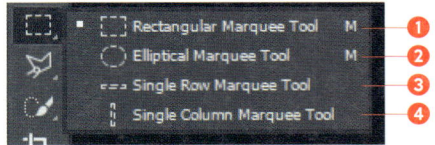

❶ **Rectangular Marquee Tool(사각형 선택 윤곽 도구, ▢)**: 드래그하여 사각형 모양으로 선택 영역을 만든다. Shift 를 누르면서 드래그하면 정사각형, Alt 를 누르면서 드래그하면 클릭 지점을 중심으로 사각 형태로 선택된다.

❷ **Elliptical Marquee Tool(원형 선택 윤곽 도구, ◯)**: 드래그하여 원형 모양으로 선택 영역을 만든다. Shift 를 누르면서 드래그하면 정원형, Alt 를 누르면서 드래그하면 클릭 지점을 중심으로 원형으로 선택된다.

❸ Single Row Marquee Tool(단일 행 선택 윤곽 도구, ▬): 1Pixel의 가로선 형태로 선택한다.

❹ Single Column Marquee Tool(단일 열 선택 윤곽 도구, ▮) : 1Pixel 세로선 형태로 선택한다.

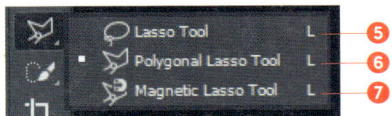

❺ **Lasso Tool(올가미 도구, ◯)**: 드래그로 자유롭게 영역을 선택한다.

❻ Polygonal Lasso Tool(다각형 올가미 도구, ▽): 다각형 형태로 클릭하면서 자유롭게 영역을 선택한다.

❼ Magnetic Lasso Tool(자석 올가미 도구, ▽): 드래그하여 이미지의 경계선을 따라 자유롭게 영역을 선택한다.

> **알아두면 좋은 TIP**
>
> 영역이 설정된 상태에서 선택 영역 설정 도구로 Shift 를 누르며 클릭 또는 드래그하면 선택 영역이 추가되고, Alt 를 누르고 클릭 또는 드래그하면 영역 삭제가 이뤄진다.

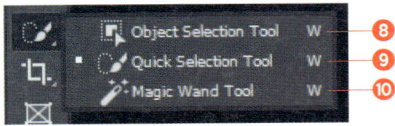

❽ **Objection Selection Tool(개체 선택 도구, ▣)**: 옵션 바의 'Mode(모드)'에 따라 선택하고자 하는 영역 부분을 선택하면 자동으로 개체를 추출하여 선택한다.

❾ **Quick Selection Tool(빠른 선택 도구, ✎)**: 클릭 또는 드래그한 부분을 기준으로 색상이 유사한 영역을 빠르게 선택한다. 옵션 바의 브러시 크기를 조정하여 기준 선택 영역을 조절할 수 있다.

⑩ **Magic Wand Tool(자동 선택 도구,)**: 클릭 지점의 색상과 비슷한 색상 영역을 선택한다. 옵션 바의 Tolerance(허용치)가 크면 색상 범위를 넓게 선택한다.

> **알아두면 좋은 TIP**
>
> 〈Magic Wand Tool(자동 선택 도구,) 옵션 바〉
> Magic Wand Tool(자동 선택 도구,)은 다른 선택 도구와 다르게 옵션 바의 설정에 따라 선택 영역이 달라진다. 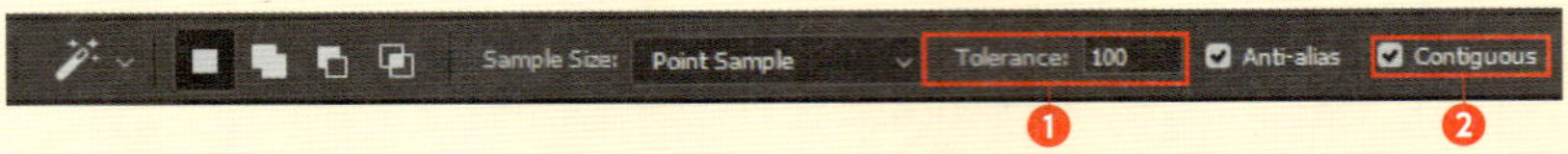
>
> ❶ Tolerance(허용치): 선택 영역의 범위를 지정하는 옵션으로 기본 값은 32로 설정되어 있다. 수치가 높을수록 선택 범위가 넓어진다.
>
> Tolerance(허용치): 32    Tolerance(허용치): 100 
>
> ❷ Contiguous(인접): 이 항목에 체크했을 경우에는 클릭한 지점에 해당하는 이미지의 동일 색상만 선택하지만, 체크를 해제했을 경우에는 이미지 전체에서 클릭한 지점과 동일한 색상을 모두 선택한다.
>
> Contiguous(인접): 체크    Contiguous(인접): 해제 

③ **자르기 도구/프레임 도구**

❶ **Crop Tool(자르기 도구,)**: 영역을 선택하여 이미지를 자르는 기능으로, 원본 영역보다 크게 조정해 작업 영역의 크기를 키울 수 있다. 영역 지정 후 Enter 또는 더블클릭하여 적용한다.
❷ **Perspective Crop Tool(원근 자르기 도구,)**: 원근감이 표현되도록 이미지나 아트보드를 자른다.
❸ **Slice Tool(분할 영역 도구,)**: 웹 이미지를 작업하면서 이미지나 아트보드를 분할한다.
❹ **Slice Select Tool(분할 영역 선택 도구,)**: 분할된 이미지나 아트보드를 선택한다.
❺ **Frame Tool(프레임 도구,)**: 사각형과 원형의 프레임을 만들어 클리핑 마스크가 적용된 것처럼 이미지를 배치한다.

❹ 색상 추출 및 기타 도구

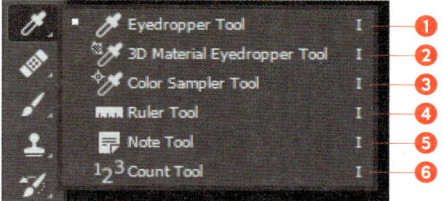

- ❶ Eyedropper Tool(스포이드 도구, ✐): 클릭한 지점의 색상을 추출하고, 해당 색상을 전경색으로 지정한다.
- ❷ 3D Material Eyedropper Tool(3D 재질 스포이드 도구, ✐): 3D 입체 개체에서 색상을 추출한다.
- ❸ Color Sampler Tool(색상 샘플러 도구, ✐): Info 패널에서 선택한 색상 정보를 표시한다.
- ❹ Ruler Tool(눈금자 도구, ▬): 드래그하여 이미지 길이와 각도를 측정한다.
- ❺ Note Tool(메모 도구, 📝): 이미지나 대지에 메모를 추가한다.
- ❻ Count Tool(카운트 도구, 1₂³): 클릭하여 개체 수를 표시한다.

❺ 이미지 보정 및 수정 도구

- ❶ Spot Healing Brush Tool(스팟 복구 브러시 도구, ✐): 클릭 또는 드래그하여 비교적 작은 범위의 특정 부분을 수정한다.
- ❷ Healing Brush Tool(복구 브러시 도구, ✐): Alt를 누르면서 특정 영역을 클릭한 후, 수정하고자 하는 영역에 드래그하여 선택 영역의 주변 이미지와 같은 색상으로 자연스럽게 보정한다.
- ❸ Patch Tool(패치 도구, ▣): 드래그하여 수정하고자 하는 영역을 선택한 후 특정 영역으로 드래그하여 수정한다.
- ❹ Content-Aware Move Tool(내용 인식 이동 도구, ✂): 드래그하여 영역을 선택한 후 특정 영역으로 드래그하여 주변 이미지에 맞춰 자연스럽게 수정한다.
- ❺ Red Eye Tool(적목 현상 도구, 👁): 사진 촬영 시 플래시 사용으로 생긴 눈동자의 적목 현상을 제거한다.

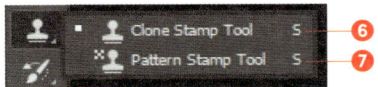

- ❻ Clone Stamp Tool(복제 도장 도구, 🖋): Alt를 누르면서 클릭하여 특정 영역을 복사할 소스로 추출하고, 드래그하면 도장 찍듯이 추출 이미지가 복제되어 나타난다.
- ❼ Pattern Stamp Tool(패턴 도장 도구, 🖋): 옵션 바에서 지정한 패턴을 클릭하고 작업문서에 드래그하면 반복되는 패턴이 복제되어 나타난다.

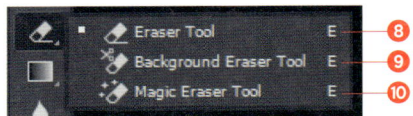

⑧ **Eraser Tool(지우개 도구,)**: 클릭 또는 드래그하여 이미지를 지운다.
⑨ Background Eraser Tool(배경 지우개 도구,): Background 레이어의 이미지를 클릭 또는 드래그하여 지운 영역을 투명하게 만든다.
⑩ Magic Eraser Tool(자동 지우개 도구,): 클릭한 부분을 기준으로 비슷한 색상 영역을 지운다.

⑪ Blur Tool(흐림 효과 도구,) : 이미지를 드래그한 지점을 흐릿하게 만든다.
⑫ Sharpen Tool(선명 효과 도구,) : 이미지를 드래그한 지점을 선명하게 만든다.
⑬ Smudge Tool(손가락 도구,) : 이미지를 드래그하여 손가락으로 문지른 듯한 표현을 만든다.

⑭ Dodge Tool(닷지 도구,): 특정 영역을 클릭 또는 드래그하여 이미지를 밝게 만든다.
⑮ Burn Tool(번 도구,): 특정 영역을 클릭 또는 드래그하여 어둡게 만든다.
⑯ Sponge Tool(스폰지 도구,): 특정 영역을 클릭 또는 드래그하여 채도를 조정한다.

6 페인팅 도구

❶ **Brush Tool(브러시 도구,)**: 옵션 바와 브러시 패널에서 설정을 다양하게 변경할 수 있으며, 붓의 드로잉과 페인팅 표현이 가능하다.
❷ Pencil Tool(연필 도구,): 연필로 그린 듯한 표현으로 Anti Alias가 적용되지 않아 단색 픽셀로 나타난다.
❸ Color Replacement Tool(색상 대체 도구,): 전경색으로 이미지를 변경시킨다.
❹ Mixer Brush Tool(혼합 브러시 도구,): 색상을 혼합하여 칠하는 도구이다.

브러시의 크기는 옵션 바에서 설정할 수 있고, 도구 사용 중 키보드의 []로 확대, []로 축소하여 조정할 수도 있다.

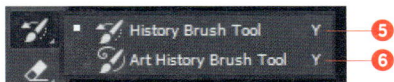

❺ History Brush Tool(작업 내역 브러시 도구,): 작업한 이미지의 일부분을 원본 이미지로 복구한다.
❻ Art History Brush Tool(미술 작업 내역 브러시 도구,): 원본 이미지를 회화적인 느낌으로 표현한다.

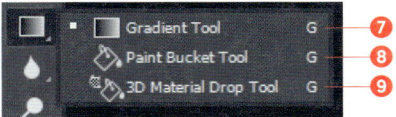

❼ Gradient Tool(그레이디언트 도구,): 두 가지 이상의 색상을 점층적 색상 변화(그라데이션)로 나타낸다.
❽ Paint Bucket Tool(페인트 통 도구,): 특정 영역을 색이나 패턴으로 채운다.
❾ 3D Material Drop Tool(3D 재질 놓기 도구,): 3D 입체 개체를 색이나 패턴으로 채운다.

7 문자 도구

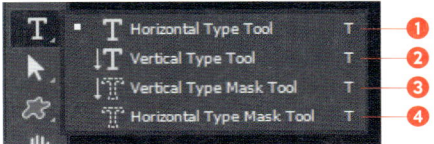

❶ Horizontal Type Tool(수평 문자 도구,): 가로 방향으로 글자를 입력하기 위한 도구이다.
❷ Vertical Type Tool(세로 문자 도구,): 세로 방향으로 글자를 입력하기 위한 도구이다.
❸ Vertical Type Mask Tool(세로 문자 마스크 도구,): 세로 방향으로 문자의 선택 영역을 만들 때 사용한다.
❹ Horizontal Type Mask Tool(수평 문자 마스크 도구,): 가로 방향으로 문자의 선택 영역을 만들 때 사용한다.

8 패스 도구

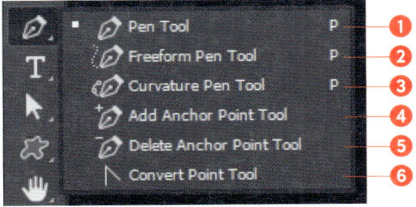

❶ Pen Tool(펜 도구,): 클릭 또는 드래그하여 직선과 곡선으로 구성된 패스 또는 모양을 그린다.
❷ Freeform Pen Tool(자유 형태 펜 도구,): 드래그하는 방향대로 패스를 그린다.
❸ Curvature Pen Tool(곡률 펜 도구,): 클릭만으로 곡선 패스를 그린다.
❹ Add Anchor Point Tool(기준점 추가 도구,): 패스에 기준점을 추가한다.
❺ Delete Anchor Point Tool(기준점 삭제 도구,): 패스에 기준점을 삭제한다.
❻ Convert Point Tool(기준점 변환 도구,): 직선 패스를 클릭하여 곡선 패스로 바꾸거나, 곡선 패스를 클릭하여 직선 패스로 바꾼다.

- ❼ Rectangle Tool(사각형 도구, ▢): 드래그하여 사각형 모양 및 패스를 만든다.
- ❽ Ellipse Tool(타원 도구, ◯): 드래그하여 타원 모양 및 패스를 만든다.
- ❾ Triangle Tool(삼각형 도구, △): 드래그하여 삼각형 모양 및 패스를 만든다.
- ❿ Polygon Tool(다각형 도구, ◯): 드래그하여 다각형 모양 및 패스를 만든다.
- ⓫ Line Tool(선 도구, ╱): 드래그하여 선을 만든다.
- ⓬ **Custom Shape Tool(사용자 정의 모양 도구, ✦)**: 쉐이프 라이브러리의 모양이나 사용자가 등록한 모양을 만들 때 사용한다.

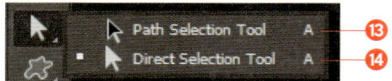

- ⓭ Path Selection Tool(패스 선택 도구, ▶): 패스 전체를 선택하여 이동하거나 크기를 변형할 때 사용한다. 드래그하면 그 영역 안에 있는 모든 패스를 선택할 수 있다.

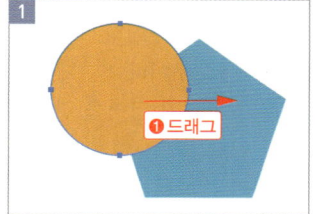
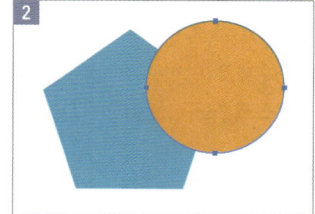

- ⓮ Direct Selection Tool(직접 선택 도구, ▶): 패스의 일부 기준점 또는 방향점을 선택하여 부분적으로 수정할 때 사용한다.

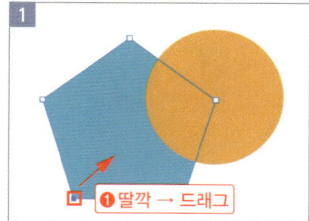
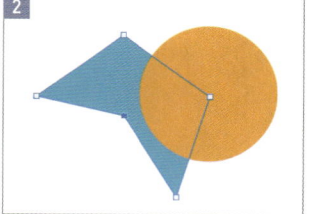

9 이미지 보기 도구

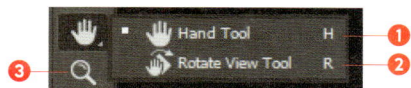

- ① **Hand Tool**(손 도구,): 이미지가 한 화면에 표시되지 않을 경우 드래그하여 영역을 이동할 수 있다. `Space Bar`를 누른 채 드래그하는 방법과 동일하다.
- ② **Rotate View Tool**(회전 보기 도구,): 작업 이미지를 드래그하여 캔버스를 회전시킨다. 도구 아이콘을 더블클릭하면 원상태로 배치된다.
- ③ **Zoom Tool**(돋보기 도구,): 이미지의 특정 부분을 확대 또는 축소시킨다. 도구 아이콘을 더블클릭하면 100% 상태로 보여준다.

10 색상 지정 및 편집모드

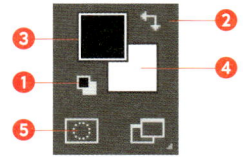

- ① **Default Foreground and Background Colors**(기본 전경색과 배경색,): 전경색은 검은색(#000000), 배경색은 흰색(#ffffff)으로 초기화할 수 있다.
- ② **Switch Foreground and Background Colors**(전경색과 배경색 전환,): 현재 설정된 전경색과 배경색을 서로 바꾼다.
- ③ **Set Foreground Color**(전경색 설정,): 더블클릭한 후 [Color Picker(색상 피커)] 대화상자가 나타나면 원하는 전경색을 지정할 수 있다.
- ④ **Set Background Color**(배경색 설정,): 더블클릭한 후 [Color Picker(색상 피커)] 대화상자가 나타나면 원하는 배경색을 지정할 수 있다.
- ⑤ **Edit in Quick Mask Mode**(빠른 마스크 모드로 편집 / 표준 모드로 편집,): 아이콘을 클릭하면 빠른 마스크 모드와 표준 모드로 전환할 수 있다. 세밀한 선택 작업이나 불투명도를 조절하여 영역을 선택하는 것이 가능하다.

알아두면 좋은 TIP

〈Quick Mask Mode(빠른 마스크 모드)〉
- 다른 선택 도구 외에도 영역을 선택할 수 있는 기능이다. 마우스 드래그로 영역을 잡는 것이 아닌 화면 모드에서 브러시로 색칠하듯이 영역을 선택할 수 있다.
- 빠른 마스크 모드에서는 색상을 사용할 수 없고 명도만 사용할 수 있다.
- 브러시로 검은색을 칠하면 칠한 부분이 영역으로 선택되고 흰색으로 검은색을 지우면 영역이 없어지는 개념이다.

① 대략적으로 영역을 선택한다.

② 빠른 마스크 모드로 변환하고 브러시 도구와 지우개 도구로 선택 영역을 수정한다.

 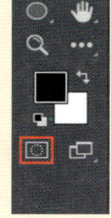  

③ 빠른 마스크 모드 아이콘을 클릭하여 표준 모드로 돌아오면 수정된 선택 영역이 나타난다.

④ 색상 보정이나 이미지 자르기 기능을 사용한다.

〈Quick Mask Options(빠른 마스크 옵션)〉

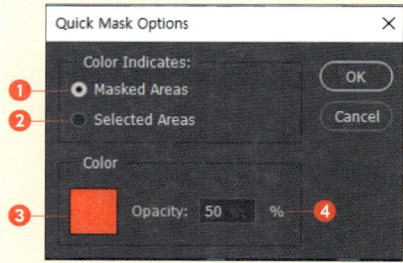

❶ Masked Areas(마스크 영역): 채색한 영역 이외의 배경을 영역으로 설정한다.
❷ Selected Areas(선택 영역): 채색한 부분을 영역으로 설정한다.
❸ Color(색상): 채색되는 영역의 색상이며, 색상을 변경하거나 투명도를 조절한다.
❹ Opacity(불투명도): 색상의 투명한 정도를 의미하며, 불투명도가 50% 이상이 되어야만 영역이 채색되고 있는지 알 수 있으므로 기본값을 유지한다.

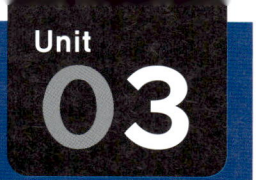

Tool Box(도구 상자) 따라하기

1 Move Tool(이동 도구, ✥)

Move Tool(이동 도구, ✥)은 이미지를 원하는 위치로 이동시키거나 선택 영역의 이미지를 복사, 이동시킬 때 사용합니다. 다른 도구를 사용하는 중에 Ctrl 을 누르면 이동 도구로 자동 변환되어 빠르게 작업을 할 수 있습니다.

1 Move Tool(이동 도구, ✥)의 옵션 바

❶ **Auto Select Layer/Groups(자동 선택)**: 마우스가 그룹 또는 레이어에서 어느 것을 자동으로 인식할지 결정하는 옵션이다. 원하는 이미지를 클릭하면 해당 이미지가 위치한 그룹 또는 레이어로 자동 선택된다.
❷ **Show Transform Controls(변형 컨트롤 표시)**: 선택된 레이어의 이미지를 쉽게 변형할 수 있도록 조절 박스를 표시한다.
❸ **Align Linked(맞춤)**: 두 개 이상의 레이어가 링크되어 있을 경우에만 활성화되는 옵션으로, 선택된 레이어를 기준으로 정렬시킨다.
❹ **Distribute Linked(분포)**: 세 개 이상의 레이어가 링크되어 있을 경우에만 활성화되는 옵션으로, 링크시킨 레이어 이미지들이 일정한 간격으로 정렬되는 방식을 지정한다.

2 Move Tool(이동 도구, ✥) 활용

01 이동 도구로 이미지를 이동시킬 때 Alt 를 누르면서 드래그하면 이미지를 복사할 수 있다.

02 이동 도구로 이미지를 이동시킬 때 Shift 를 누르면서 드래그하면 가로, 세로, 45° 각도로 정확하게 이동할 수 있다.

03 GTQ 4번 문항의 메뉴 버튼을 복제할 때 Shift 를 누르면서 드래그하면 수직, 수평을 유지하며 이동·복사되기 때문에 작업이 수월하다.

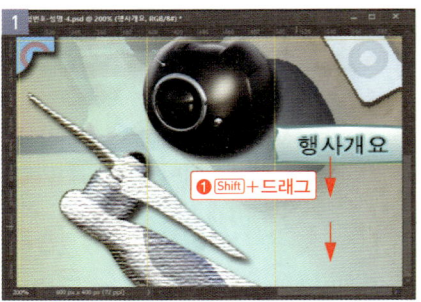 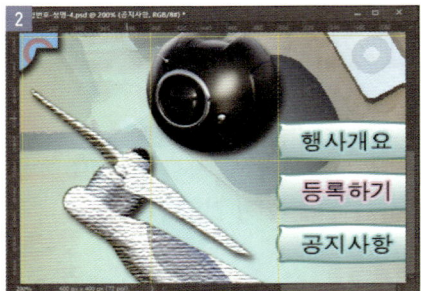

2 Type Tool(문자 도구, T)

Type Tool(문자 도구, T)은 가로로 문자를 입력하는 도구입니다. 문자를 입력하면 자동으로 새로운 레이어가 생성됩니다. GTQ 시험에서는 수평 문자 도구를 주로 사용하여 문자 관련 작업을 합니다.

❶ GTQ 출제 폰트

GTQ 시험에는 한글 폰트 4종(굴림, 궁서, 바탕, 돋움)과 영문 폰트 2종(Arial, Times New Roman)이 사용된다. 영문 폰트는 폰트 지정 외에 추가로 스타일(Regular, Bold)을 설정해야 한다.

굴림	Arial(Regular)
궁서	**Arial(Bold)**
바탕	Times New Roman(Regular)
돋움	**Times New Roman(Bold)**

알아두면 좋은 TIP

한글 폰트명이 한글로 나타나도록 하기 위해 Ctrl+K를 눌러 [Preferences(환경 설정)] – [Type(문자)] 대화상자에서 'Show Font Names in English(글꼴 이름을 영어로 표시)'를 '체크 해제'한다.

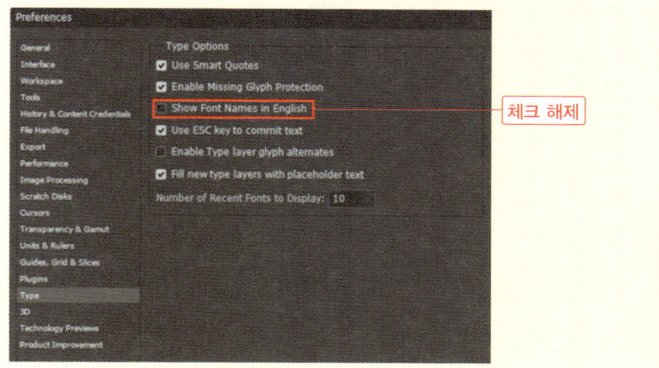

2 Type Tool(문자 도구, T)의 옵션 바

① Change the text orientation(텍스트 방향 켜기/끄기): 입력한 문자의 방향을 변경한다.
② Set the font family(글꼴 검색 및 선택): 입력된 문자의 서체를 변경하거나 새로 입력될 문자의 서체를 지정한다.
③ Set the font style(글꼴 스타일 설정): 입력된 문자의 스타일을 지정한다.
④ Set the font size(글꼴 크기 설정): 문자의 크기를 지정한다.
⑤ Set the anti-aliasing method(안티 앨리어싱 방법 설정): 문자의 경계선 처리 방식을 지정한다.
⑥ Align Text(문자 정렬): 문자의 정렬 방식을 지정한다.
⑦ Set the text color(텍스트 색상 설정): 문자의 색상을 지정한다.
⑧ Create warped text(뒤틀어진 텍스트 만들기): 문자를 왜곡시켜 변형한다.

3 Character(문자) 패널

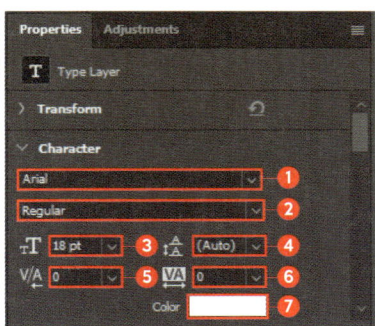

① Set the font family(글꼴 검색 및 선택): 입력된 문자의 서체를 변경하거나 새로 입력될 문자의 서체를 지정한다.
② Set the font style(글꼴 스타일 설정): 각 폰트에 따른 스타일(굵기, 기울임)을 선택한다.
③ Set the font size(글꼴 크기 설정): 문자의 크기를 조절한다.

❹ **Set the leading(행간 설정)**: 행과 행 사이의 간격(행간)을 조절한다.
❺ **Set the kerning between two character(두 문자간 커닝 설정)**: 커서가 위치한 좌우에 있는 문자 사이의 간격을 조절한다.
❻ **Set the tracking for the selected characters(선택 문자의 자간 설정)**: 문자들 사이의 간격(자간)을 조절한다.
❼ **Set the text color(텍스트 색상 설정)**: 문자의 색상을 조절한다.

❹ Warp Text(텍스트 뒤틀기) 대화상자

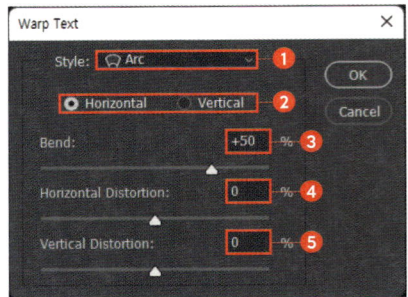

❶ **Style(스타일)**: 뒤틀기 효과의 종류를 지정한다.

원본 문자	Arc(부채꼴)	Arc Lower(아래 부채꼴)	Arc Upper(위 부채꼴)
Arch(아치)	Bulge(돌출)	Shell Lower(아래가 넓은 조개)	Shell Upper(위가 넓은 조개)
Flag(깃발)	Wave(파형)	Fish(물고기)	Rise(상승)
Fisheye(어안)	Inflate(부풀리기)	Squeeze(양쪽 누르기)	Twist(비틀기)

❷ Horizontal/Vertical(가로/세로): 굴절 방향을 가로 또는 세로로 지정한다.
❸ Bend(구부리기): 휘어지는 정도를 조절한다.

Arch(아치) [Bend]: +50　　Arch(아치) [Bend]: −50

Rise(상승) [Bend]: +50　　Rise(상승) [Bend]: −50

❹ Horizontal Distortion(가로 왜곡): 좌우로 굴절되는 정도를 조절한다.
❺ Vertical Distortion(세로 왜곡): 상하로 굴절되는 정도를 조절한다.

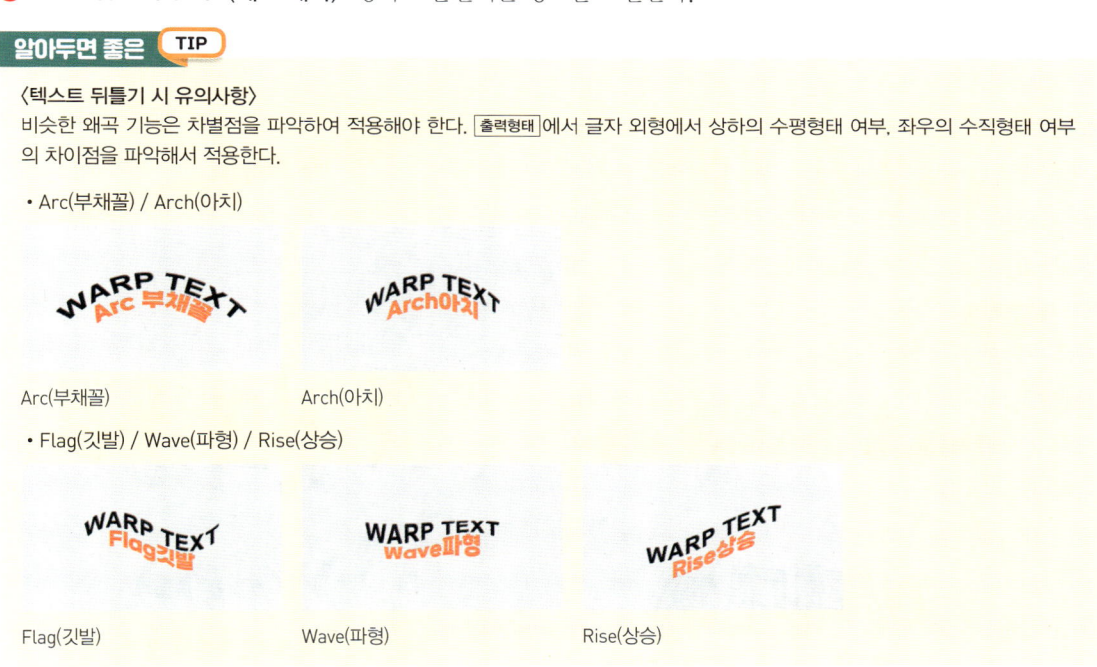

알아두면 좋은 TIP

〈텍스트 뒤틀기 시 유의사항〉
비슷한 왜곡 기능은 차별점을 파악하여 적용해야 한다. 출력형태 에서 글자 외형에서 상하의 수평형태 여부, 좌우의 수직형태 여부의 차이점을 파악해서 적용한다.

• Arc(부채꼴) / Arch(아치)

Arc(부채꼴)　　Arch(아치)

• Flag(깃발) / Wave(파형) / Rise(상승)

Flag(깃발)　　Wave(파형)　　Rise(상승)

기본을 다지는 연습문제 — Type Tool(문자 도구, T)

학습파일 | C:₩에듀윌 GTQ 1급₩Step 1₩연습문제₩문자 도구 1.psd, 문자 도구 2.psd

Q. 다음 텍스트에 적합한 워프 텍스트를 적용하시오.

문제 1

문제 2

3 Pen Tool(펜 도구, ✐) / 패스 작업

Pen Tool(펜 도구, ✐)은 GTQ에서 1번과 4번 문항에 출제되며, 수험생들이 가장 어려워해 시간을 많이 잡아먹는 도구입니다. 펜 도구 사용법만 잘 숙지하면 나중에 실무에서도 쓸 수 있으니 잘 배워봅시다.

❶ 패스의 구성

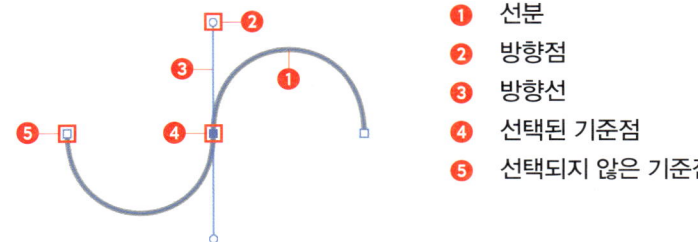

❶ 선분
❷ 방향점
❸ 방향선
❹ 선택된 기준점
❺ 선택되지 않은 기준점

❷ Path Operations(패스 작업 설정)

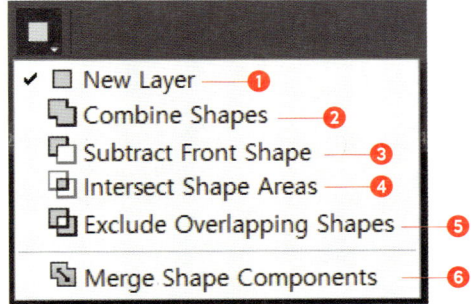

❶ **New Layer(새 레이어)**: 새로운 레이어를 생성한다.
❷ **Combine Shapes(모양 결합)**: 겹치는 패스 영역에 새 영역을 추가한다.
❸ **Subtract Font Shape(전면 모양 빼기)**: 겹치는 패스 영역에서 새 영역을 제거한다.
❹ **Intersect Shape Areas(모양 영역 교차)**: 패스를 새 영역과 기존 영역의 교차 부분으로 제한한다.
❺ **Exclude Overlapping Shapes(모양 오버랩 제외)**: 병합된 패스에서 겹치는 영역을 제외한다.
❻ **Merge Shape Components(모양 병합 구성 요소)**: 여러 개의 패스를 하나의 도형으로 병합한다.

3 직선형 패스 그리기

Pen Tool(펜 도구,)로 클릭하면서 기준점을 생성하여 선분을 이어나간다. 처음 클릭한 기준점을 클릭하면 '닫힌 패스'가 완성된다.

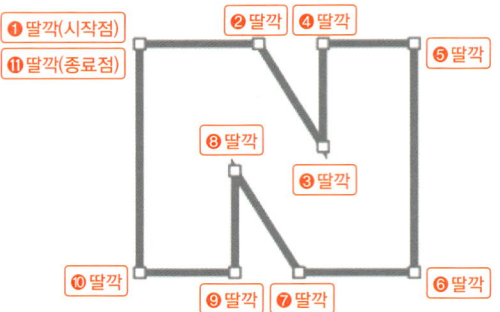

4 곡선형 패스 그리기

클릭 후 마우스를 떼지 않고 드래그하면 곡선이 생성된다. 방향선과 방향점의 위치에 따라 곡선 선분의 크기와 모양이 정해진다.

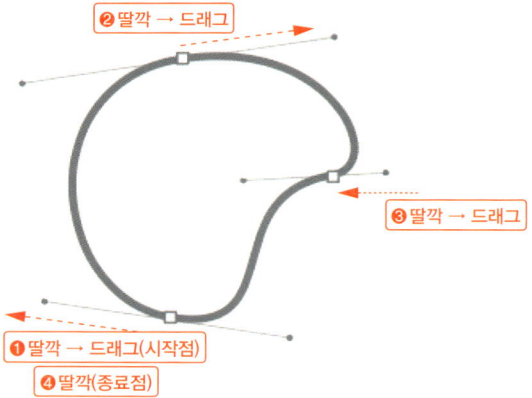

5 직선과 곡선이 결합된 패스 그리기

GTQ 시험에서는 직선과 곡선이 결합된 패스가 출제된다. 곡선을 그리다가 직선으로 교체할 때는 Alt 를 누르면서 기준점을 클릭하면 직선으로 바뀐다.

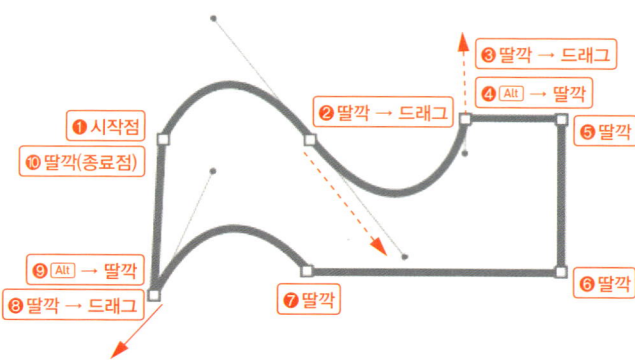

6 방향이 전환되는 곡선 패스 그리기

클릭하고 생성된 기준점에서 마우스를 떼지 않고 Alt 를 누르면서 드래그하면 방향선이 변경된다. 이 다음 그려지는 곡선은 방향이 전환되어 생성된다.

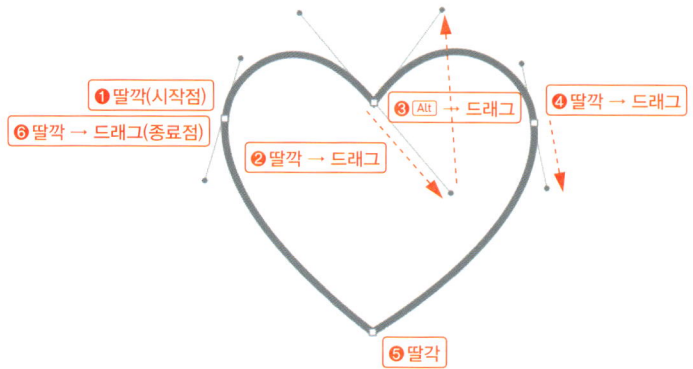

7 Convert Point Tool(기준점 변환 도구, ▶)로 직선, 곡선 패스 속성 변경하기

01 곡선 패스 기준점을 Convert Point Tool(기준점 변환 도구, ▶)로 클릭하면 직선 패스로 변경된다.

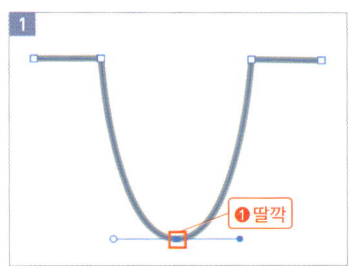 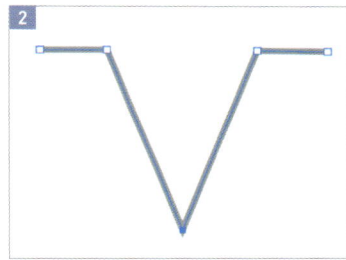

02 직선 패스 기준점을 Convert Point Tool(기준점 변환 도구, ▶)로 클릭한 후 드래그하면 곡선으로 변경된다. 방향선으로 곡선의 위치와 방향을 변경할 수 있다.

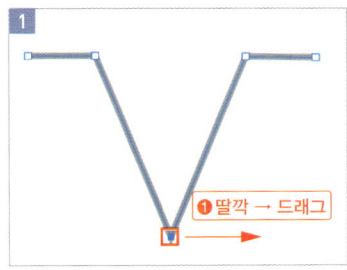 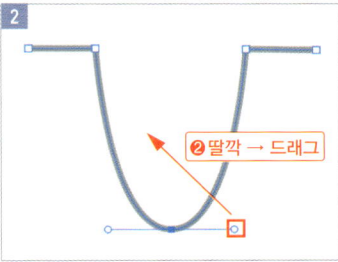 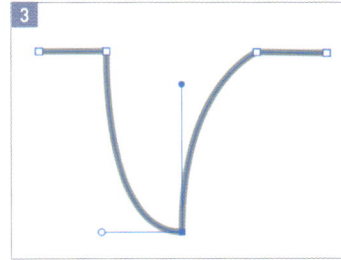

⑧ Paths(패스) 패널

Paths(패스) 패널은 Pen Tool(펜 도구,)과 Custom Shape Tool(사용자 정의 모양 도구,)을 이용해 만든 패스를 관리하는 패널이다. 작업화면에 Paths(패스) 패널이 없으면 [Window(윈도우)] – [Paths(패스)]를 선택한다.

❶ Fill Path with Foreground Color(전경색으로 패스 채우기): 선택 영역을 전경색으로 채운다.
❷ Stroke Path with Brush(브러시로 획 패스 만들기): 패스 영역에 테두리가 칠해진다.
❸ Load Path as a Selection(패스를 선택 영역으로 불러오기): 패스 영역을 선택 영역으로 설정해준다.
❹ Make Work Path from selection(선택 영역으로부터 작업 패스 생성): 선택 영역을 패스로 만든다.
❺ Add layer mask(레이어 마스크 추가): 패스를 레이어 마스크로 추가시킨다.
❻ Create new path(새 패스 생성): 새로운 패스를 만드는 패스 레이어가 생성된다.
❼ Delete Path(패스 삭제): 패스를 삭제한다.

기본을 다지는 연습문제 — Pen Tool(펜 도구,) / 패스 작업

학습파일 | C:₩에듀윌 GTQ 1급₩Step 1₩연습문제₩펜 도구.psd, 패스 작업.psd

Q. 펜 도구를 사용하여 아래의 패스들을 완성하시오.

조건

Fill(칠): 없음, Stroke(획): Black(검정)

문제 1

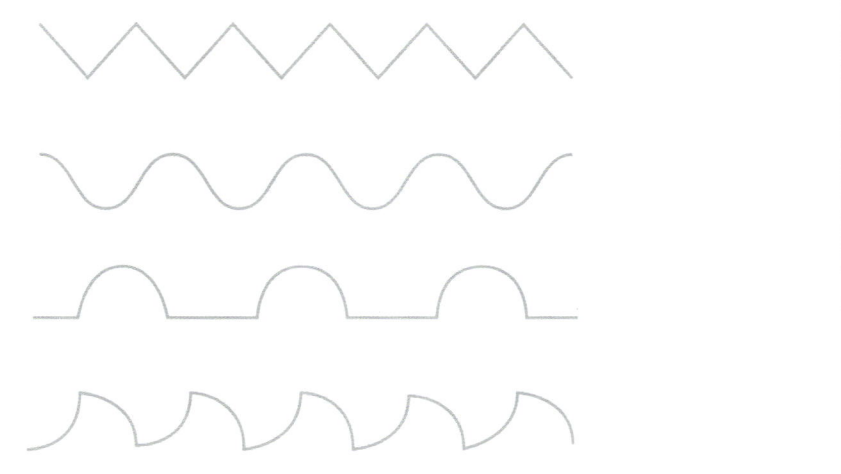

문제 2

4 Custom Shape Tool(사용자 정의 모양 도구, ✈)

Custom Shape Tool(사용자 정의 모양 도구, ✈)은 GTQ 시험의 모든 문항에 출제됩니다. 시간을 절약하기 위해서는 출력형태를 보고 빠르게 원하는 모양을 찾아야 합니다. 포토샵 CC에서는 GTQ 시험에서 출제되는 모양은 보이지 않으니, 이를 추가하는 방법도 알아둬야 합니다.

❶ [All Legacy Default Shapes(모든 레거시 기본 모양)] 추가하기

01 [Window(창)] – [Shapes(모양)]를 선택한다. Shapes(모양) 패널이 열리면 오른쪽 상단에서 메뉴 아이콘(☰)을 클릭하고 [Legacy Shapes and More(레거시 모양 및 기타)]를 선택하여 추가한다.

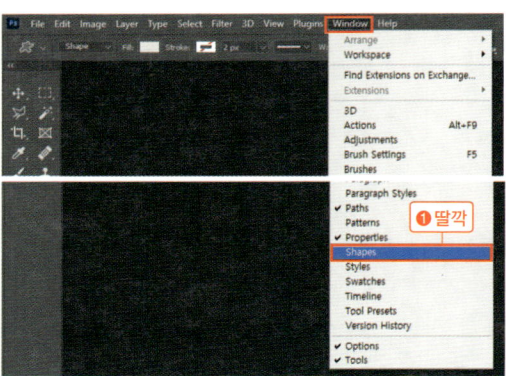 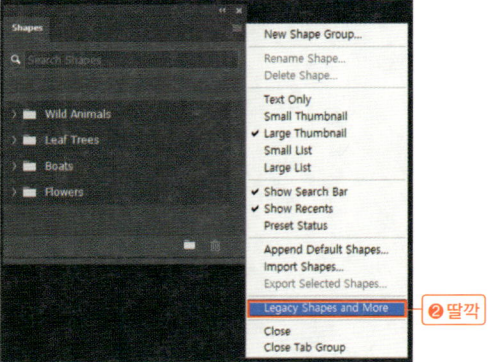

02 Shapes(모양) 패널에 [Legacy Shapes and More(레거시 모양 및 기타)] 폴더를 확인하고, 하위 폴더에서 [All Legacy Default Shapes(모든 레거시 기본 모양)] 폴더를 확인한다.

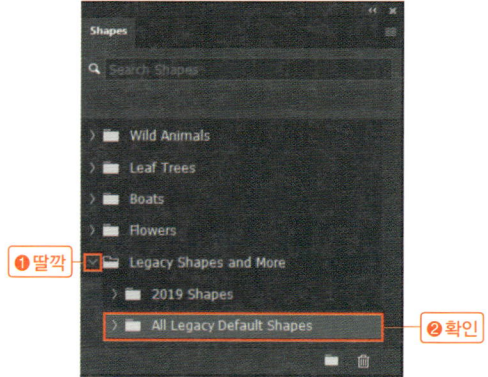

03 Custom Shape Tool(사용자 정의 모양 도구, ✦)을 선택하고, Options Bar(옵션 바)에서 Shape(모양) 항목의 [Legacy Shapes and More(레거시 모양 및 기타)] 폴더를 확인한다.

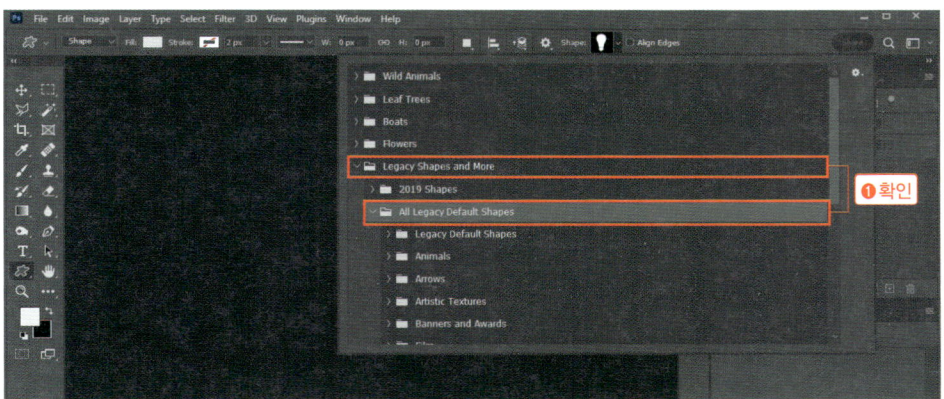

② Custom Shape Tool(사용자 정의 모양 도구, ✦) 옵션 바

❶ **Mode(선택 도구 모드)**: 모양 도구(모양, 패스 및 픽셀)의 모드를 설정한다.
❷ **Fill(칠)**: 모양을 채울 색상을 선택한다.
❸ **Stroke(획)**: 모양 선의 색상, 폭 및 유형을 선택한다.
❹ **Path Operation(패스 작업)**: 패스 정렬을 사용하여 모양 구성 요소를 정렬하고 분배한다.
❺ **Path Alignment(패스 맞춤)**: 패스 배열을 사용하여 만드는 모양의 스택 순서를 설정한다.
❻ **Shape(모양)**: 사용자 정의 모양 도구의 종류를 고를 수 있다.

> **알아두면 좋은 TIP**
>
> 사용자 정의 모양 도구를 쉽게 찾기 위해 보기 설정을 [Large Thumbnail(큰 축소판)]로 변경한다.

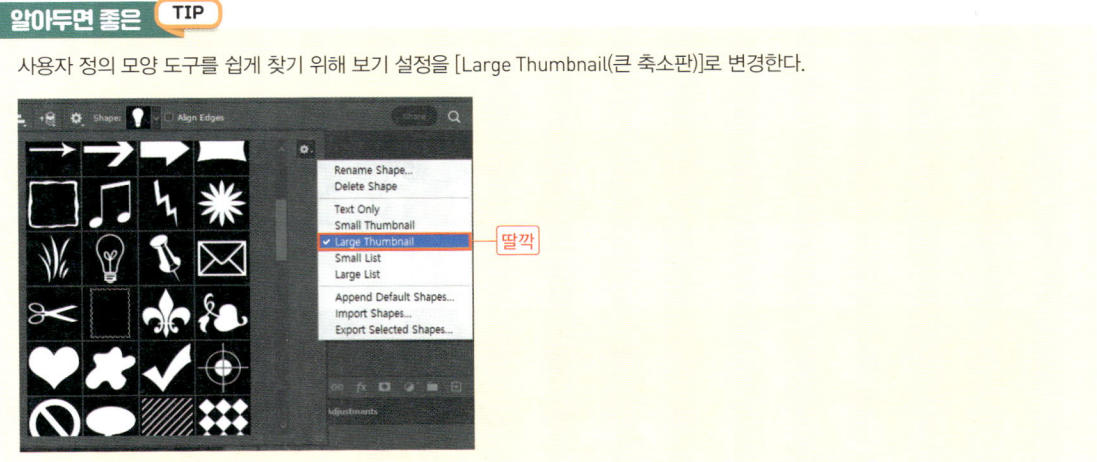

❸ Custom Shape Tool(사용자 정의 모양 도구,) 종류

01 Animals(동물)

02 Arrows(화살표)

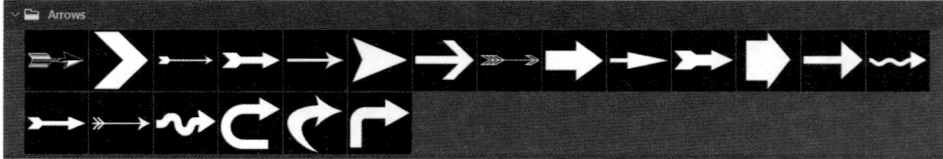

03 Banners and Awards(배너 및 상장)

04 Film(필름)

05 Frames(프레임)

06 Music(음악)

07 Nature(자연)

08 Objects(물건)

09 Ornaments(장식)

10 Shapes(모양)

11 Symbols(기호)

12 Talk Bubbles(말 풍선)

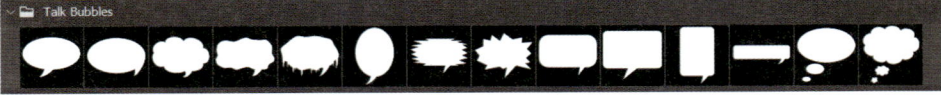

13 Tiles(타일)

14 Web(웹)

④ Custom Shape Tool(사용자 정의 모양 도구,) 선택 주의사항

01 꽃의 줄기와 잎 방향 확인

02 잎 모양과 줄기의 모양 확인

03 체크 모양의 직각/곡면 확인

04 발바닥의 발톱 여부 확인

05 지구본의 가로선의 직선/곡선 확인

06 모양 칠하기 영역의 면/선 확인

⑤ 모양 도구 색상 지정 방법

01 **Option Bar(옵션 바) 이용**: 작업 영역에 Shape(모양)를 추가하기 전에 Custom Shape Tool(사용자 정의 모양 도구)을 클릭하고 Option Bar(옵션 바)의 Fill Color(칠)에서 색상을 지정할 수 있다.

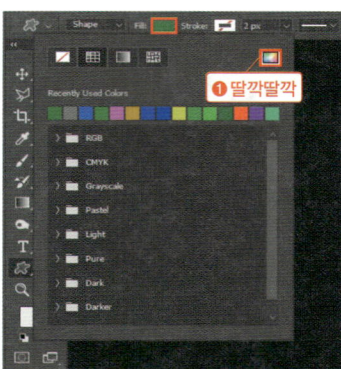
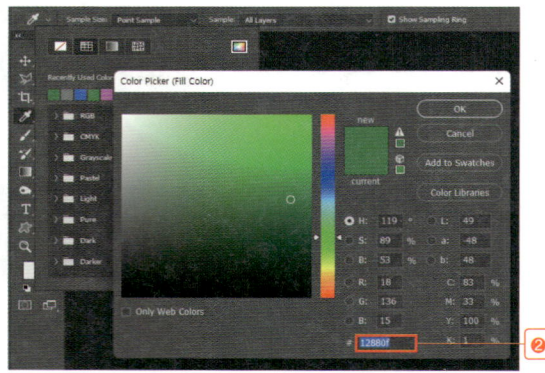

02 Layer(레이어) 패널 이용: 작업 영역에 Shape(모양)를 그린 후, 레이어 패널의 썸네일을 더블클릭하여 [Color Picker(색상 피커)] 대화상자가 나타나면 문제지에서 지시하는 색상 값을 설정한 후 [OK(확인)]를 클릭한다.

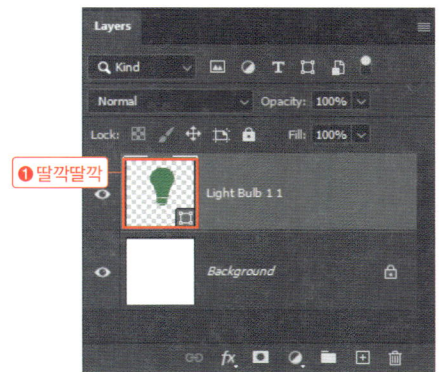
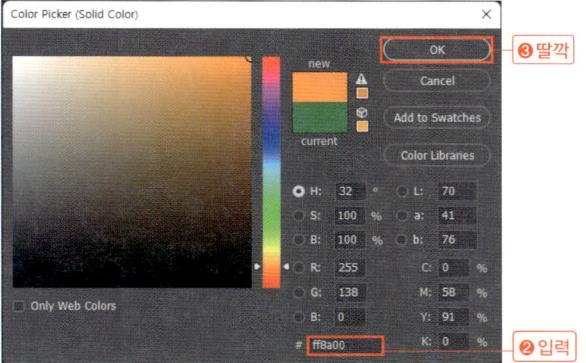

03 Properties(속성) 패널 이용: Shape(모양) 레이어가 선택된 상태로 Properties(속성) 패널의 [Appearance(모양)] – [Fill(칠)]을 클릭하면 색상 값을 지정할 수 있다.

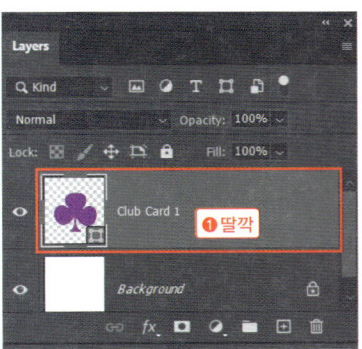
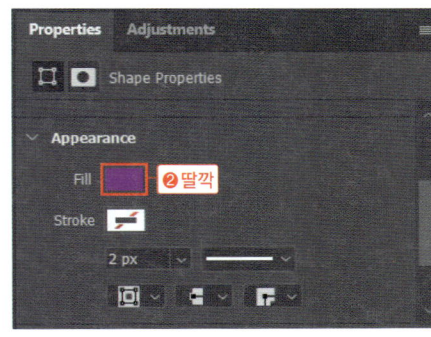
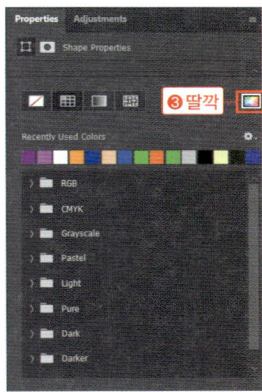

알아두면 좋은 TIP

- Alt + Del : Foreground Color(전경색) 칠하기 단축키
- 색상값은 2자리씩 같은 숫자와 알파벳으로 구성되어 있어, 각 한자리씩 입력해도 색상이 적용된다.
  예) #ffcccc → fcc

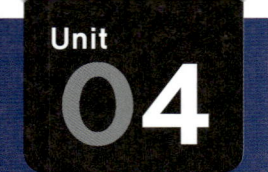

Unit 04. Menu Bar(메뉴 바) 따라하기

1 File(파일) 메뉴

File(파일) 메뉴는 주로 새로운 작업 파일을 만들거나 저장할 때 많이 사용합니다.
GTQ는 제출용 파일을 두 가지 유형으로 제출해야 하니 저장 방법을 잘 알아둬야 합니다.

01 **New(새로 만들기)**: 문서를 새로 만든다. GTQ 1번과 2번 문제는 400×500px, 3번과 4번 문제는 600×400px 로 설정한다. 해상도는 72ppi, Color Mode(색상 모드)는 RGB-8bit, Background Contents(배경 내용)는 White(흰색)로 설정하여 만든다.

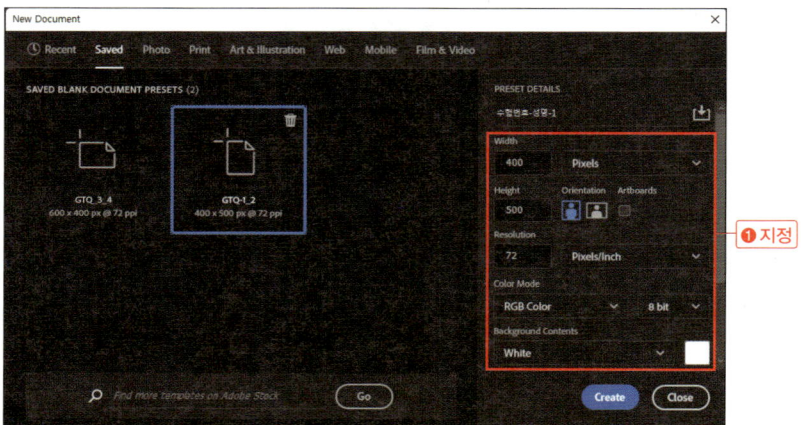

1번, 2번 문제 새 문서 설정

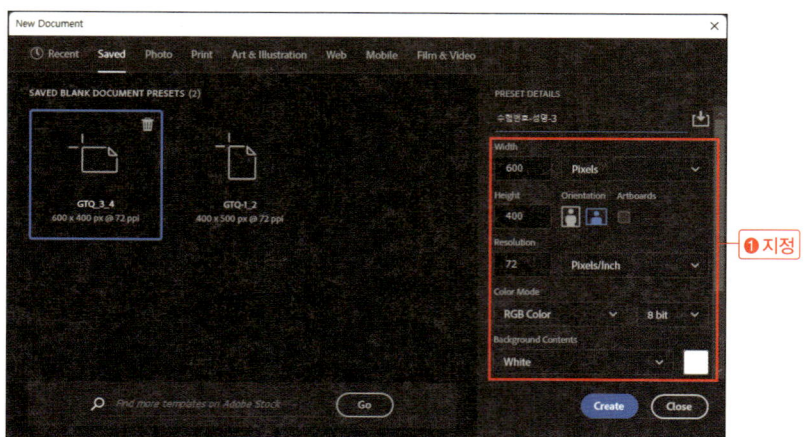

3번, 4번 문제 새 문서 설정

02 **Open(열기)**: 이미지 파일을 연다.
03 **Save(저장)**: 문서를 저장한다.
04 **Save As(다른 이름으로 저장)**: 기존 파일명과 다른 파일명으로 저장한다.
05 **Save a Copy(사본 저장)**: 다양한 그래픽 확장자로 저장할 수 있다.
06 **Place Embedded(포함 가져오기)**: 이미지를 문서에 포함한 상태로 가져온다. Place Embedded(포함 가져오기)로 불러온 이미지의 썸네일에는 스마트 오브젝트 아이콘이 생성된다. 일반 이미지 레이어처럼 활용하고자 할 경우, 마우스 오른쪽을 클릭하여 [Rasterize Layer(레이어 레스터화)]를 선택한다.

> **알아두면 좋은 TIP**
>
> 〈JPG 확장자로 저장하기〉
> - GTQ 작업문서를 JPG 확장자로 저장할 때, Save As(다른 이름으로 저장) 대화상자에서 기본으로 제공되는 확장자에 JPG가 없으므로 Save a Copy(사본 저장)를 눌러 확장자를 JPG로 설정해야 한다.
> - Save a Copy(사본 저장)로 저장하면 파일명 뒤에 'Copy(복사)'라는 글자가 생성되는데, 이 부분은 삭제하고 저장한다.

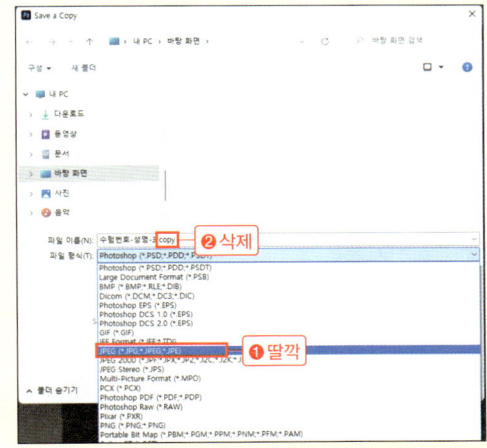 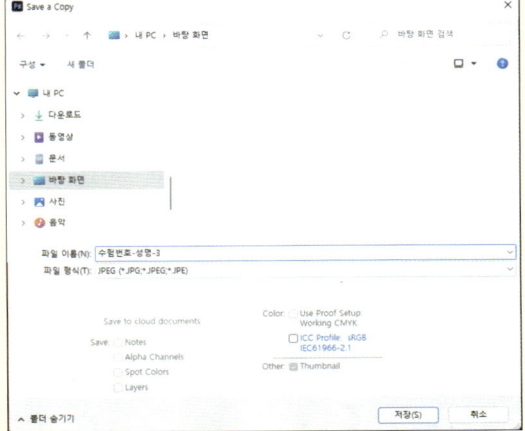

〈Save As(다른 이름으로 저장) 옵션 설정으로 JPG 설정하기〉
환경 설정(Ctrl+K) 대화상자에서 [File handling(파일 처리)] – [File Saving options(파일 저장 옵션)]에서 'Enable legacy "Save As"(기존 "다른 이름으로 저장" 활성화): 체크'로 설정하면, 이전 버전 환경으로 JPG 확장자를 선택할 수 있도록 설정된다.

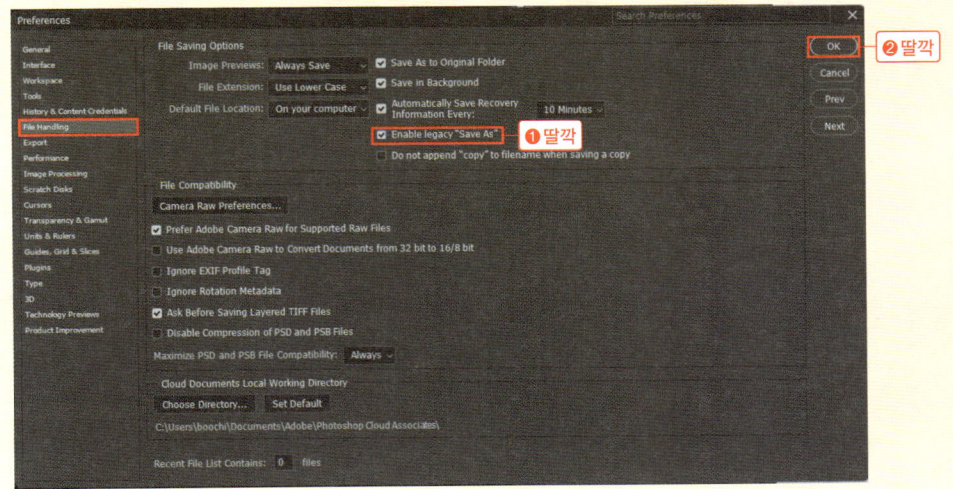

2 Edit(편집) 메뉴

Edit(편집) 메뉴는 패턴 적용, 이미지 편집을 할 때 주로 사용됩니다. 이미지 편집은 주로 Ctrl + T 를 누르고 마우스 오른쪽을 클릭하여 사용합니다. 패턴 적용은 주로 4번 문항에서만 사용되므로 Fill(칠) 기능은 필수로 알아둬야 합니다.

01 Free Transform(자유 변형)

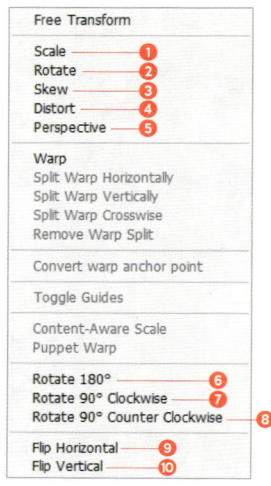

❶ Scale(비율): 이미지의 크기를 조절한다.
❷ Rotate(회전): 이미지를 회전시킨다.
❸ Skew(기울이기): 이미지의 기울기를 조절한다.
❹ Distort(왜곡): 핸들의 꼭짓점을 이동시켜 이미지를 자유롭게 변형한다.
❺ Perspective(원근): 이미지의 원근감을 조절한다.
❻ Rotate 180°(180도 회전): 이미지를 180° 회전시킨다.
❼ Rotate 90° Clockwise(시계 방향으로 90° 회전): 이미지를 시계 방향으로 90° 회전시킨다.
❽ Rotate 90° Counter Clockwise(시계 반대 방향으로 90° 회전): 이미지를 시계 반대 방향으로 90° 회전시킨다.
❾ Flip Horizontal(가로로 뒤집기): 이미지를 가로로 뒤집는다.
❿ Flip Vertical(세로로 뒤집기): 이미지를 세로로 뒤집는다.

원본

Scale(비율)

Rotate(회전)

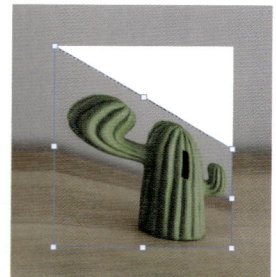
Skew(기울이기)

Distort(왜곡)

Perspective(원근)

Rotate 180°(180도 회전)

Rotate 90° CW(시계 방향으로 90° 회전)

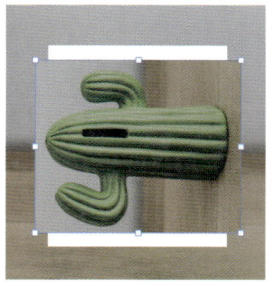
Rotate 90° CCW(시계 반대 방향으로 90° 회전)

Flip Horizontal(가로 뒤집기)

Flip Vertical(세로 뒤집기)

02 **Define Pattern(패턴 정의)**: 투명배경 문서에 패턴 유닛을 만든 후, [Edit(편집)] – [Define Pattern…(패턴 정의)]으로 패턴을 등록한다. 패턴 이름을 입력하면 [Edit(편집)] – [Fill(칠)]의 Custom Pattern(사용자 정의 패턴) 항목에 등록한 패턴이 생성된 것을 확인할 수 있다.

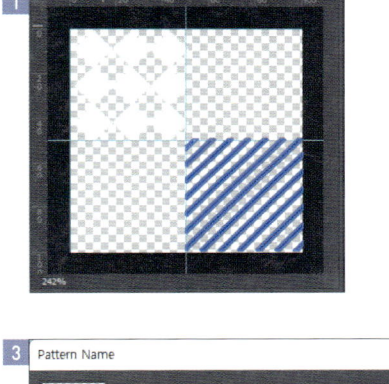
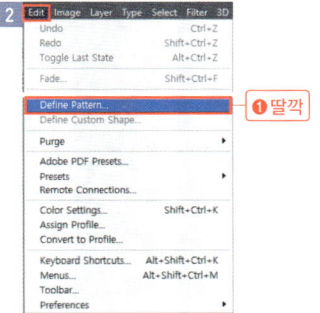
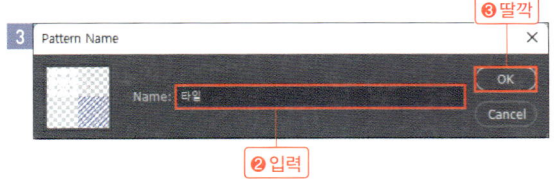

03 **Fill(칠)**: 이 기능은 단순히 색을 채우는 기능 뿐만 아니라 세부 옵션을 통해 다양한 작업을 할 수 있다. GTQ에서는 Pattern(패턴) 작업에 주로 사용된다. [Fill(칠)] 대화상자에서 Custom Pattern(사용자 정의 패턴)을 선택하고, 사전에 등록해 둔 패턴을 선택한 뒤 [OK(확인)]를 눌러 레이어에 패턴을 채울 수 있다.

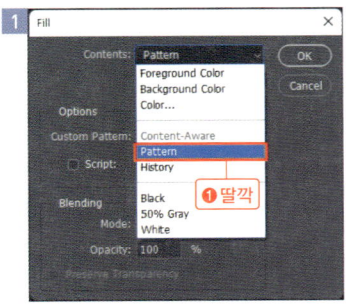
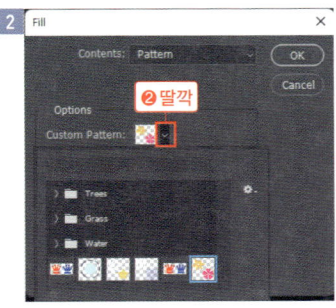
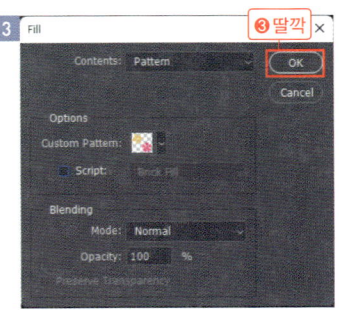

3 Select(선택) 메뉴

Select(선택) 메뉴는 이미지 선택 영역을 지정한 후 많이 사용됩니다.
단축키를 외워두면 시간 절약에 큰 도움이 됩니다.

01 **All(모두)**(Ctrl+A): 현재 작업문서의 이미지 전체를 선택한다.
02 **Deselect(선택 해제)**(Ctrl+D): 현재 선택한 영역을 선택 해제한다.
03 **Inverse(반전)**(Ctrl+Shift+I): 선택 영역을 반전한다. 배경이 단색인 이미지에서 특정 부분을 선택하고자 할 때 단색을 선택한 후 [Select(선택)] – [Inverse(반전)]를 선택하면 선택 영역을 쉽게 지정할 수 있다.

04 **Transform Selection(선택 영역 변형)**: 선택 영역의 위치, 크기를 조절한다.

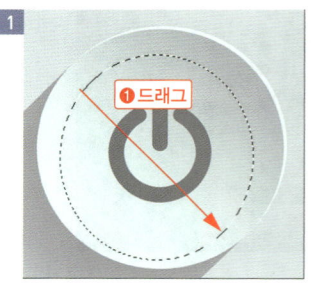

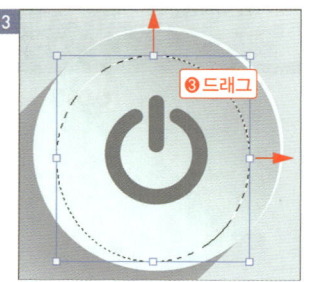
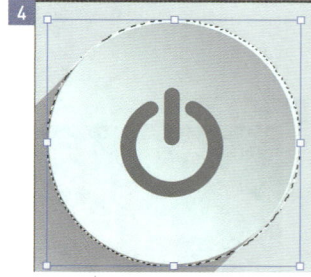

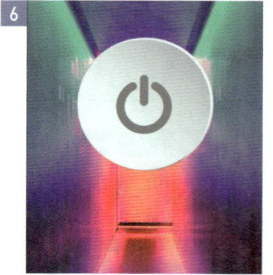

4 Filter(필터) 메뉴

Filter(필터)는 모든 문항에서 출제됩니다. 주로 [Filter Gallery(필터 갤러리)]에 있는 필터가 출제되지만, 때때로 Filter(필터) 메뉴에 있는 필터가 출제되기도 하니 유의해야 합니다.

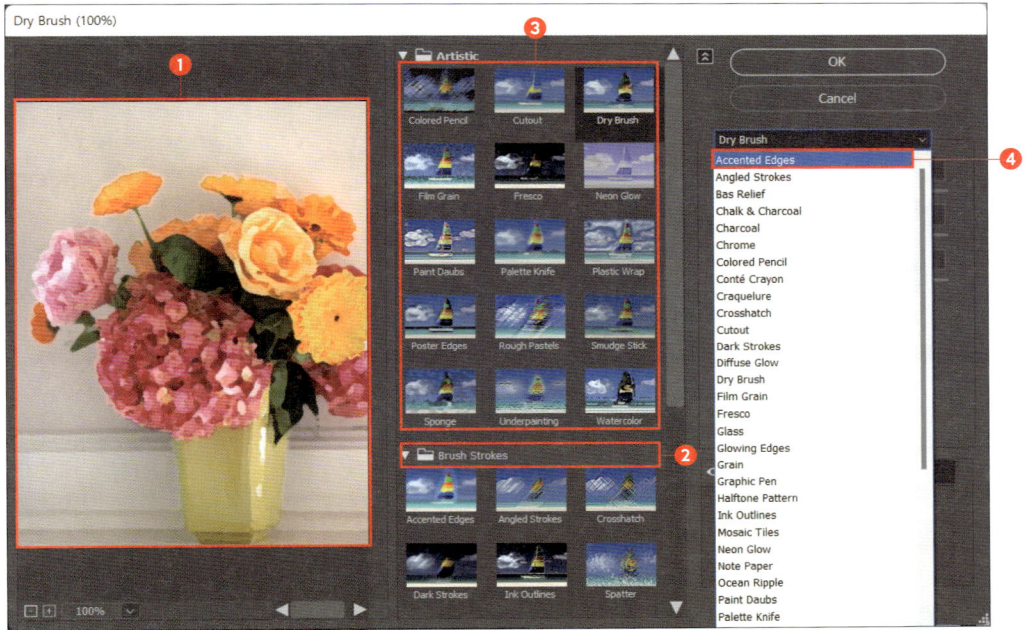

① **미리 보기 창**: 미리보기 창에서 적용 효과를 바로 확인할 수 있어 필터 선택과 옵션값 변경이 수월하다. GTQ 시험에서는 주로 기본값으로 적용한다.
② **필터 효과 카테고리**: 필터의 종류에 따라 분류한 카테고리이다. 주로 [Artistic(예술효과)]와 [Texture(텍스처)] 효과가 출제된다.
③ **필터 효과 썸네일**
④ **필터 목록**: 알파벳 순으로 나열되어 필터를 쉽게 찾을 수 있다. 한글 버전에서는 자음 순으로 나열된다.

01 Artistic(예술 효과) 주요 필터

Cutout(오려내기)

Dry Brush(드라이 브러시)

Film Grain(필름 그레인)

Paint Daubs(페인트 바르기)

Poster Edges(포스터 가장자리)

Rough Pastels(거친 파스텔 효과)

Sponge(스폰지)

Watercolor(수채화 효과)

02 Brush Strokes(브러시 획) 주요 필터

Crosshatch(그물눈)

03 Texture(텍스처) 주요 필터

Mosaic Tiles(모자이크 타일)

Patchwork(이어붙이기)

Stained Glass(채색 유리)

Texturizer(텍스처화)

04 필터 갤러리 이외의 주요 필터

원본 이미지

[Blur(흐림 효과)] – [Gaussian Blur(가우시안 흐림 효과)]

[Noise(노이즈)] – [Add Noise(노이즈 추가)]

[Pixelate(픽셀화)] – [Crystallize(수정화)]

[Pixelate(픽셀화)] – [Facet(단면화)]

[Render(렌더)] – [Lens Flare(렌즈 플레어)]

[Stylize(스타일화)] – [Wind(바람)]

기본을 다지는 연습문제 — Filter Gallery(필터 갤러리)

학습파일 | C:₩에듀윌 GTQ 1급₩Step 1₩연습문제₩오렌지.png, 필터갤러리.psd

Q. 필터 갤러리를 사용하여 아래의 출력형태 에 맞게 필터를 적용하시오.

문제 1

조건

출력형태

Film Grain(필름 그레인)
Cutout(오려내기)
Crosshatch(그물눈)
Texturizer(텍스처화)
Dry Brush(드라이 브러시)
Paint Daubs(페인트 바르기)
Rough Pastels (거친 파스텔 효과)
Lens Flare(렌즈 플레어)
Wind(바람)
Poster Edges (포스터 가장자리)
Patchwork(이어붙이기)
Facet(단면화)
Gaussian Blur (가우시안 흐림 효과)
Glass(유리)
Watercolor(수채화 효과)

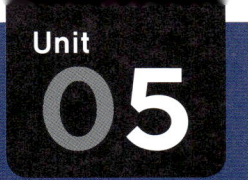

Unit 05 레이어 패널 따라하기

1 Layers(레이어) 패널 상단

레이어 패널의 경우 Menu Bar(메뉴 바)에서도 사용이 가능하지만 레이어 패널을 사용하는 것이 더 효율적입니다. Menu Bar(메뉴 바)에서 [Window(윈도우)] - [Layers(레이어)]를 선택하면 화면에서 Layers(레이어) 패널이 나타납니다.

① **Blending Mode(혼합 모드)**: 선택된 레이어와 아래 레이어를 다양하게 합성할 수 있다. 주로 3번 문항과 4번 문항에서 출제된다.
② **Opacity(불투명도)**: 선택된 레이어의 불투명도를 조절할 수 있다. 레이어는 값이 낮을수록 투명해지며 0~100%까지 값을 설정할 수 있다.
③ **Indicates Layer Visibility(레이어 보기)**: 레이어의 눈 아이콘을 클릭하면 해당 레이어 이미지를 작업 영역에서 숨기거나 나타나게 설정할 수 있다.
④ **Layer Thumbnail(레이어 썸네일)**: 레이어의 미리보기 화면으로 썸네일이라고도 한다. Ctrl 을 누른 상태로 레이어 썸네일을 클릭하면 해당 레이어의 오브젝트만큼 영역이 설정된다.
⑤ **Layer Name(레이어 이름)**: 레이어를 더블클릭하면 이름을 변경할 수 있다.

01 Blending Mode(혼합 모드) 따라하기

 Normal(표준)
 Dissolve(디졸브)
 Darken(어둡게 하기)
 Multiply(곱하기)

 Color Burn(색상 번)
 Linear Burn(선형 번)
 Darker Color(어두운 색상)
 Lighten(밝게 하기)

 Screen(스크린)
 Color Dodge(색상 닷지)
 Linear Dodge(Add)(선형 닷지(추가))
 Lighter Color(밝은 색상)

 Overlay(오버레이)
 Soft Light(소프트 라이트)
 Hard Light(하드 라이트)
 Vivid Light(선명한 라이트)

 Linear Light(선형 라이트)
 Pin Light(핀 라이트)
 Hard Mix(하드 혼합)
 Difference(차이)

 Exclusion(제외)
 Subtract(빼기)
 Divide(나누기)
 Hue(색조)

Saturation(채도)　　　　　　　Color(색상)　　　　　　　Luminosity(광도)

02 Opacity(불투명도) 따라하기

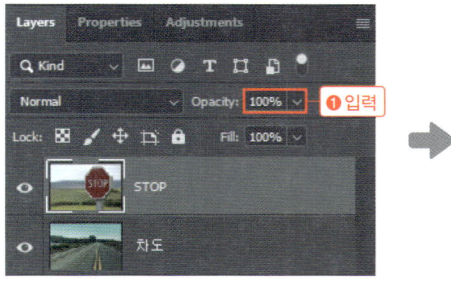

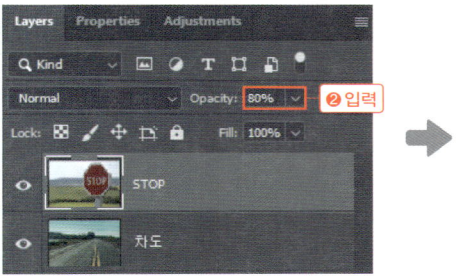

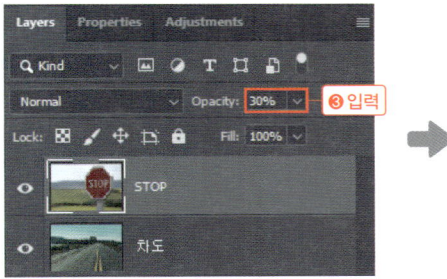

2 Layers(레이어) 패널 하단

 Layers(레이어) 패널 하단의 기능을 통해 레이어 생성, 삭제, 레이어 마스크, 레이어 스타일 등의 작업을 할 수 있습니다. 레이어 스타일의 경우 모든 문항에 출제되므로 꼭 알아두어야 합니다.

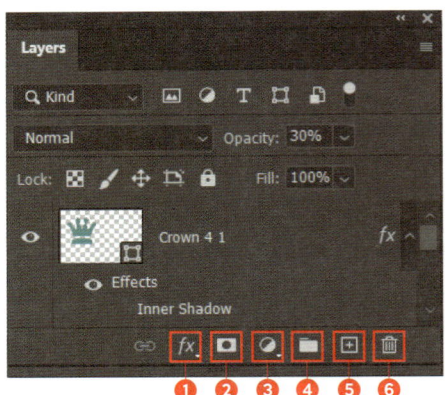

❶ **Add a Layer Style(레이어 스타일)**: 선택된 레이어에 스타일을 적용한다. GTQ 시험에서는 세부적인 조건이 제시되지 않으므로 유의해야 한다.

❷ **Add a Layer Mask(레이어 마스크 추가)**: 레이어 마스크를 추가한다.

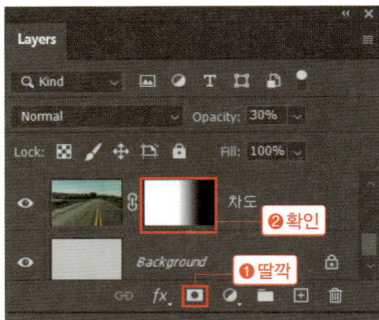

❸ **Create New Fill or Adjustment Layer(새 칠 또는 조정 레이어 생성)**: 보정 필터 레이어를 추가한다.

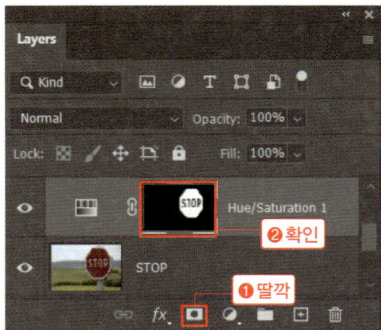

❹ Create a New Group(새 그룹 생성)(Ctrl+G): 그룹 폴더를 생성한다.

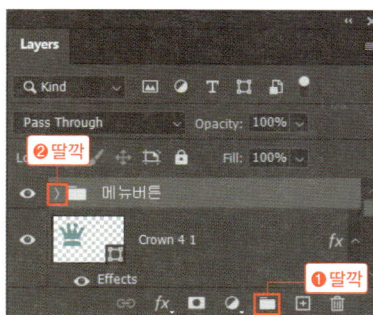
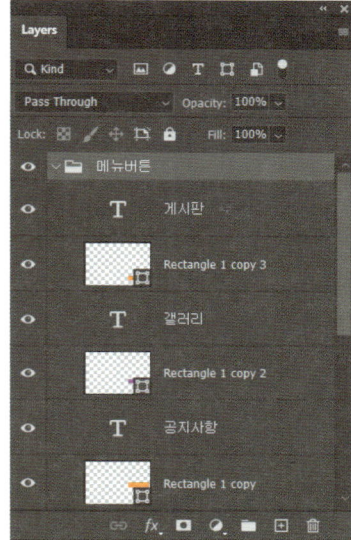

❺ Create a New Layer(새 레이어 생성): 새 투명 레이어를 생성한다.

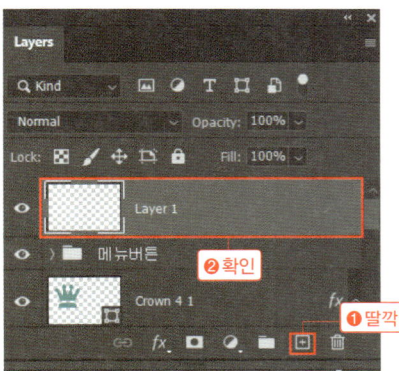

❻ Delete Layer(레이어 삭제): 레이어를 삭제한다.

01 Layer Style(레이어 스타일) 따라하기

원본 이미지

Bevel & Emboss(경사와 엠보스)

Stroke(획) : Fill type 확인

Inner Shadow(내부 그림자)

Inner Grow(내부 광선)

Satin(새틴)

Color Overlay(색상 오버레이)

Gradient Overlay(그레이디언트 오버레이) : 색상, 방향 조정

Pattern Overlay(패턴 오버레이)

Outer Glow(외부 광선)

Drop Shadow(드롭 섀도)

알아두면 좋은 TIP

레이어 스타일 적용 시 Stroke(획), Gradient Overlay(그레이디언트 오버레이), Color Overlay(색상 오버레이)는 세부조건을 입력해야 한다.

- Stroke(획)

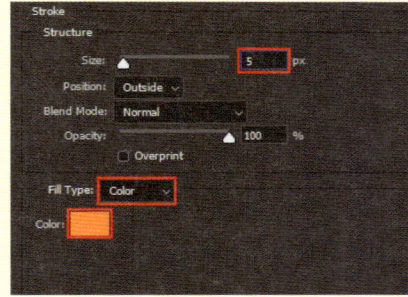 

- Gradient Overlay(그레이디언트 오버레이)

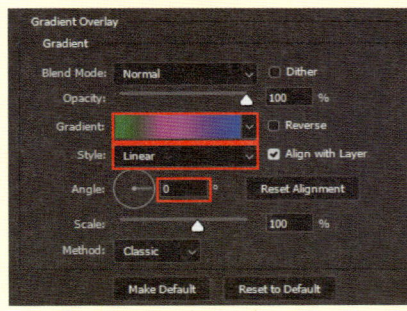 

- Color Overlay(색상 오버레이)

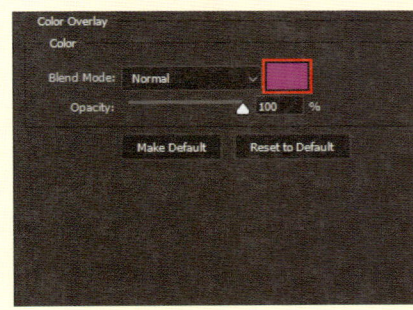 

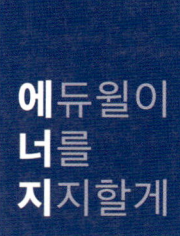

낙관주의는 성공으로 인도하는 믿음이다.
희망과 자신감이 없으면 아무것도 이루어질 수 없다.

– 헬렌 켈러(Helen Keller)

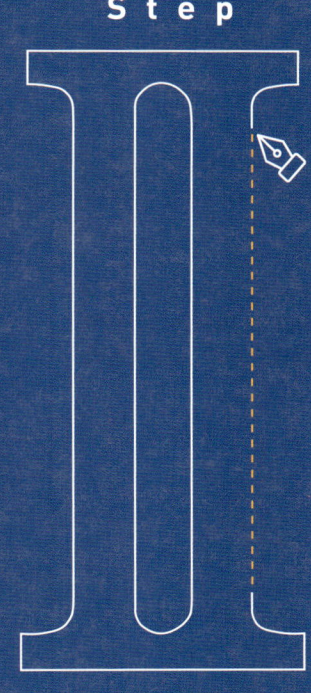

Step II

GTQ 출제패턴 완벽 분석!
출제패턴을 알면 합격이 빨라진다!

출제패턴
분석 & 따라하기

Unit 00		수험자 유의사항
Unit 01	기능평가	고급 Tool(도구) 활용
Unit 02	기능평가	사진편집 응용
Unit 03	실무응용	포스터 제작
Unit 04	실무응용	웹 페이지 제작

학습파일로 쉽고 빠르게 학습하세요!
EXIT 합격 서비스(exit.eduwill.net) → 자료실 → GTQ → 포토샵 1급 → 학습파일 다운로드

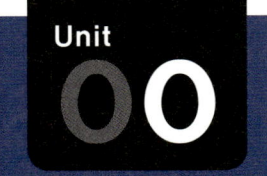

수험자 유의사항

수험자 유의사항

- 수험자는 문제지를 받는 즉시 응시하고자 하는 과목 및 급수가 맞는지 확인한 후 수험번호와 성명을 작성합니다.
- **파일명은 본인의 "수험번호-성명-문제번호"로 공백 없이 정확히 입력하고 답안폴더(내 PC 문서 GTQ)에 jpg 파일과 psd 파일의 2가지 포맷으로 저장해야 하며, jpg 파일과 psd 파일의 내용이 상이할 경우 0점 처리됩니다. 답안 문서 파일명이 "수험번호-성명-문제번호"와 일치하지 않거나, 답안 파일을 전송하지 않아 미제출로 처리될 경우 불합격 처리됩니다.**
- 문제의 세부조건은 '영문(한글)' 형식으로 표기되어 있으니 유의하시기 바랍니다.
- 수험자 정보와 저장한 파일명, 저장 위치가 다를 경우 전송이 되지 않으므로, 주의하시기 바랍니다.
- 답안 작성 중에도 주기적으로 '저장'과 '답안 전송'을 이용하여 감독위원 PC로 답안을 전송하셔야합니다.
  (※ 작업한 내용을 저장하지 않고 전송할 경우 이전의 저장내용이 전송되오니 이점 반드시 유념하시기 바랍니다.)
- 답안문서는 지정된 경로 외의 다른 보조기억장치에 저장하는 행위, 지정된 시험 시간 외에 작성된 파일을 활용한 행위, 기타 통신수단(이메일, 메신저, 네트워크 등)을 이용하여 타인에게 전달 또는 외부 반출하는 행위는 부정으로 간주되어 자격기본법 제32조에 의거 본 시험 및 국가공인 자격시험을 2년간 응시할 수 없습니다.
- 시험 중 부주의 또는 고의로 시스템을 파손한 경우와 〈수험자 유의사항〉에 기재된 방법대로 이행하지 않아 생기는 불이익은 수험자의 책임임을 알려 드립니다.
- **시험을 완료한 수험자는 최종적으로 저장한 답안파일이 전송되었는지 확인한 후 감독위원의 지시에 따라 문제지를 제출하고 퇴실합니다.**

01 파일명을 반드시 "수험번호-성명-문제번호"로 저장해야 한다. 각문제 당 JPG, PSD의 2가지 형식으로 저장하여 총 8개의 답안파일을 바탕화면의 답안 전송 프로그램을 통해 시간 내에 전송해야 한다.
02 파일명이 올바르지 않으면 답안 전송 프로그램에 "없음"으로 표기된다. 메모장에 파일명을 작성해 두는 것도 시간절약과 정확도를 위한 방법이다.
03 문제풀이가 끝난 후 수정사항을 발견하여 추가 작업을 하기 위한 원본 PSD파일을 별도로 저장하는 것을 권장한다.
04 답안 전송은 시험시간동안 수시로 전송할 수 있으며, 최종 전송한 파일로 채점된다.
05 본책에서 사용되는 이미지 파일들은 시험장에서의 이미지 폴더와 다르게 설정되어 있으니 이 점을 숙지해야 한다.

답안 작성요령

- 온라인 답안 작성 절차
  수험자 등록→시험 시작→답안파일 저장→답안 전송→시험 종료
- 내 PC\문서\GTQ Image폴더에 있는 그림 원본파일을 사용하여 답안을 작성하시고 최종답안을 답안폴더(내 PC\문서\GTQ)에 저장하여 답안을 전송하시고, 이미지의 크기가 다른 경우 감점 처리됩니다.
- 총 100점으로 이루어지며, 점수는 각 문제별로 차등 배분됩니다.
- 각 문제는 주어진 조건 에 따라 작성하고, 언급하지 않은 조건은 출력형태 와 같이 작성합니다.
- 배치 등의 편의를 위해 주어진 눈금자의 단위는 '픽셀'입니다.
  그 외는 출력형태(효과, 이미지, 문자, 색상, 레이아웃, 규격 등)와 같게 작업하십시오.
- 문제 조건에 서체의 지정이 없을 경우 한글은 굴림이나 돋움, 영문은 Arial로 작업하십시오.
  (단, 그 외에 제시되지 않은 문자 속성을 기본값으로 작성하지 않은 경우는 감점 처리됩니다.)
- Image Mode(이미지 모드)는 별도의 처리조건이 없을 경우에는 RGB(8비트)로 작업하십시오.
- 모든 답안 파일은 해상도 72 pixels/inch로 작업하십시오.
- Layer(레이어)는 각 기능별로 분할해야 하며, 임의로 합칠 경우나 각 기능에 대한 속성을 해지할 경우 해당 요소는 0점 처리됩니다.

01 새로운 작업 파일의 공통사항은 '단위: Pixels(픽셀), Resolution(해상도): 72(Pixel/Inch), Color Mode(색상 모드): RGB, 8bit, Background Contents(배경 내용): White(흰색)'로 설정해야 한다.

02 문제지의 출력형태 는 Pixel로 설정되어 있다. [Edit(편집)] – [Preference(환경 설정)] – [Unit & Ruler(단위와 눈금자)] – [Units(단위)]에서 격자 단위는 Pixels(픽셀)로 변경하고, Ctrl + R 을 눌러 눈금자를 표시한다.

03 점수는 문제의 난이도 별로 분배되어 있다. 배점이 높은 순서대로 4번 → 3번 → 2번 → 1번 순으로 작업하거나, 4번 → 2번 → 3번 → 1번 순으로 작업하는 것을 권장한다.

04 채점 시 레이어에 조건 에서 제시한 기능이 적용되어야 감점이 되지 않으므로 레이어 삭제, 병합을 하지 않도록 주의해야 한다.

- 저장 가이드

시험 중 저장	• 시험 중 수시로 저장하는 파일 • Ctrl + S 를 눌러 수시로 저장해야 한다. • 저장경로: 임의의 경로
제출용 JPG	• 제출용 필수 파일 • [Flie(파일)]−[Save As(다른 이름으로 저장)]으로 저장해야 한다. • 저장경로: 내 PC\문서\GTQ
제출용 PSD	• 제출용 필수 파일 • [Flie(파일)]−[Save As a Copy(사본 저장)]으로 저장해야 한다. • 저장경로: 내 PC\문서\GTQ

Unit 01 기능평가 고급 Tool(도구) 활용

출제패턴 분석하기

☑ **합격을 위한 선생님의 한마디!**

1번 문항에서 배점과 난도가 가장 높은 것이 패스 모양을 만드는 것입니다. 패스 모양을 만드는 데 가장 기본이 되는 펜 도구 사용법과 실제 GTQ 시험에 출제되는 패스 모양을 분석해보면서, 패스 모양의 유형들의 특징을 이해하고 작업방법을 살펴봅시다. 시간이 부족하면 도형 도구와 직선 패스로 대략적인 형태를 만들어서 부분점수를 받도록 작업합니다.

Q. 다음의 조건에 따라 아래의 출력형태와 같이 작업하시오.

조건

원본 이미지	C:₩에듀윌 GTQ 1급₩Step 2₩Unit 01₩출제패턴 따라하기 ₩소방관.jpg, 소방안전.jpg		
파일 저장 규칙	JPG	파일명	내 문서₩GTQ₩소방안전최우선.jpg
		크기	400×500 pixels
	PSD	파일명	내 문서₩GTQ₩소방안전최우선.psd
		크기	40×50 pixels

출력형태

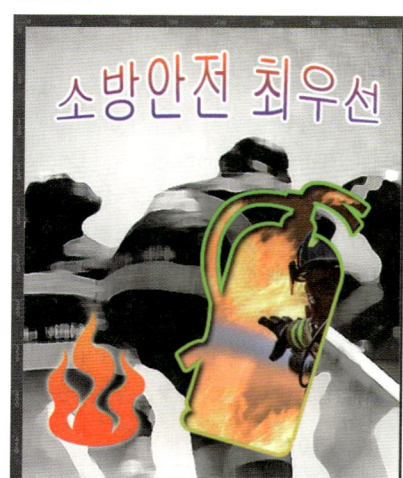

1. 그림 효과
   ① Save Path(패스 저장) : 소화기 모양
   ② Mask(마스크) : 소화기 모양, 소방관.jpg를 이용하여 작성
      레이어 스타일 – Stroke(획)(4px, 그레이디언트(#ffcc00, #33cc00)),
      Inner Shadow(내부 그림자)
   ③ Shape Tool(모양 도구) :
      – 불 모양(레이어 스타일 – 그레이디언트 오버레이(#ff0000, #ff9900), Outer Glow(외부 광선))
2. 문자 효과
   ① 소방안전 최우선(굴림, 48pt, 레이어 스타일 – 그레이디언트 오버레이(#6600cc, #ff0000), Stroke(획)(3px, #ffffff))

출제패턴 따라하기

☑ **문제 풀이 순서** — 문풀 순서에 익숙해지면 시험장에서 시간을 절약할 수 있어요!

1 새 작업 파일 만들기 → **2** 소화기 모양 패스 작업하기 → **3** 클리핑 마스크 적용하기 → **4** 모양 도구 배치하기 → **5** 문자 입력하기 → **6** 제출용 파일 저장하기

※ 중요 기능 부분만 재구성한 출제패턴입니다. 확실하게 연습하고 넘어갑시다!

1 새 작업 파일 만들기

① 새 파일 만들기

01 새로운 작업 파일을 만들기 위해 [File(파일)] − [New(새로 만들기)]([Ctrl]+[N])를 선택한다.

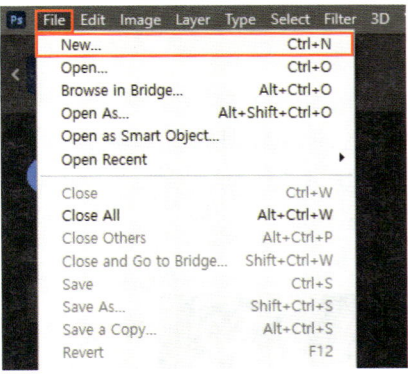

02 [New Document(새로운 문서 만들기)] 대화상자가 열리면 문제지의 조건과 같이 작업 파일 세부정보를 입력한다.

> **조건**
> Width(폭): 400, Height(높이): 500, 단위: Pixels(픽셀), Resolution(해상도): 72(Pixel/Inch), Color Mode(색상 모드): RGB, 8bit, Background Contents(배경 내용): White(흰색)

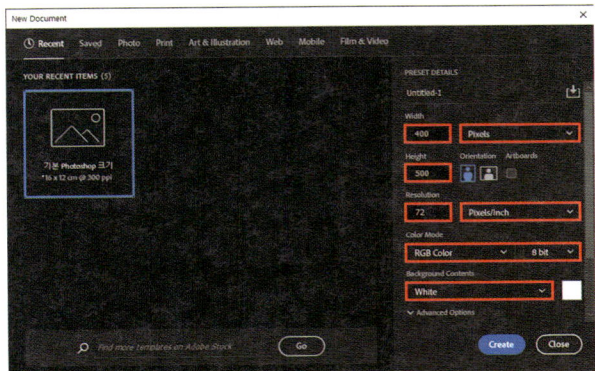

03 [File(파일)] - [Save As(다른 이름으로 저장)]([Shift]+[Ctrl]+[S])를 선택한다. '저장 경로: 내 PC₩문서₩GTQ, 파일명: 소방안전최우선.psd'로 저장한다.

❷ 작업 파일 설정하기

01 작업 파일에 눈금자를 표시하기 위해 [View(보기)] - [Rulers(눈금자)]([Ctrl]+[R])를 선택한다.

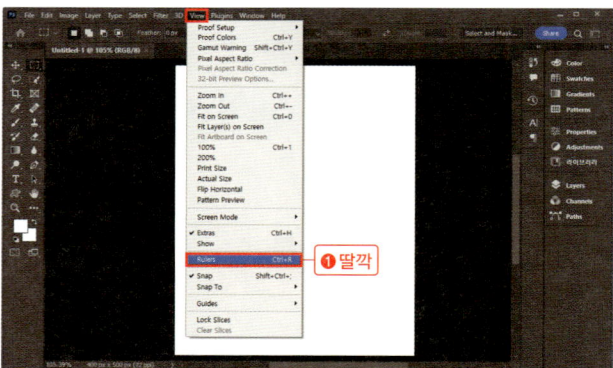

02 [Edit(편집)] - [Preference(환경 설정)] - [General(일반)]([Ctrl]+[K])을 선택한다. [Preference(환경 설정)] 대화상자가 열리면 왼쪽 옵션 중 [Guides, Grid & Slices(안내선, 격자 및 분할 영역)] 클릭 후 [Grid(격자)] 세부 항목의 'Gridline Every(격자 간격): 100, Pixels(픽셀), Subdivisions(세분): 1'로 입력, 'Grid Color(색상)'을 클릭해 색상을 채도가 높은 색상으로 설정한다.

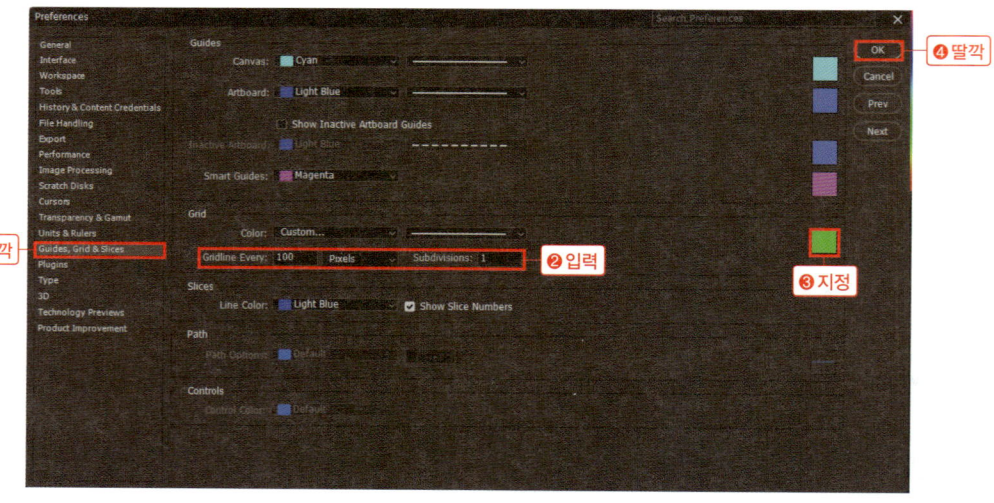

알아두면 좋은 TIP

- 격자를 눈에 띄는 색상으로 변경하면 효율적으로 시간을 분배할 수 있다.
- 격자 색상 설정의 경우 채점 대상이 아니므로 생략해도 된다.

03 [View(보기)] – [Show(표시)] – [Grid(격자)]([Ctrl]+[`])를 눌러 격자를 표시하고 색상을 확인한다.

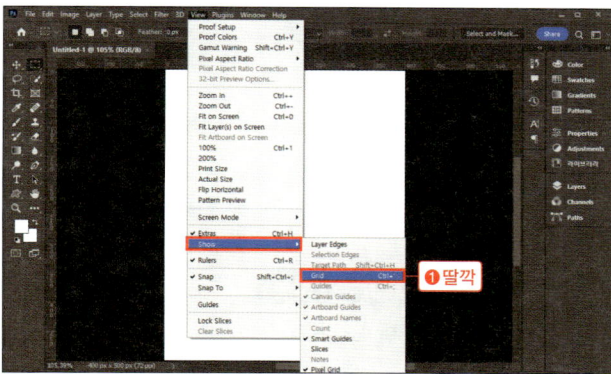 

③ 이미지 불러오기

01 [File(파일)] – [Open(열기)]([Ctrl]+[O])을 선택하여 소방안전.jpg을 불러온다. [Ctrl]+[A]를 눌러 전체 이미지를 선택하여 복사([Ctrl]+[C])하고, 작업 파일에 붙여넣기([Ctrl]+[V]) 한다.

02 [Edit(편집)] – [Free Transform(자유 변형)]([Ctrl]+[T])을 누르고 이미지 크기를 출력형태와 같이 배치한 후 [Enter]를 누른다.

2 소화기 모양 패스 작업하기

① 소화기 모양 패스 그리기

01 원활한 패스 작업을 위해 소방안전 이미지 레이어의 보이기 버튼을 클릭하여 감춰둔다.

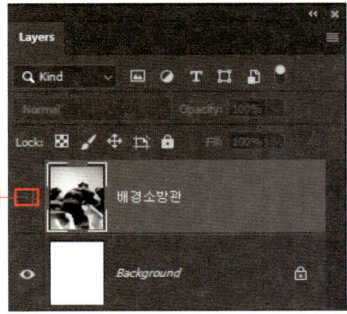

Unit 01. 고급 Tool(도구) 활용 · 73

02 Rectangle Tool(사각형 도구, ▭)을 선택하고 Options Bar(옵션 바)에서 Path(패스) 설정을 'Pick tool mode(선택 도구 모드): Path(패스), Fill(칠): 임의의 색, Stroke(획): No color(색상 없음)'로 지정 후 드래그하여 직사각형을 그린다.

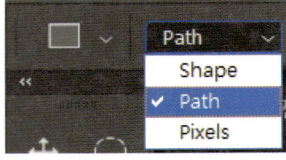
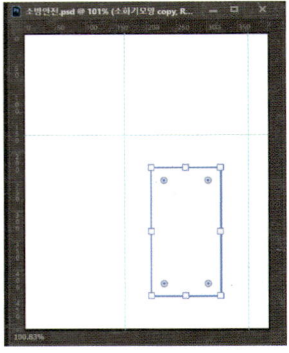

> **알아두면 좋은 TIP**
> Options Bar(옵션 바)에서 'Shape(모양)'로 설정하고 작업해도 무방하다. Shape(모양)로 설정하면 레이어에 작업한 패스가 모양 레이어로 생성된다.

03 Properties(속성) 패널에서 Appearance(모양) 항목에서 모서리 옵션의 링크 버튼을 해제한 후, '모서리 상단: 40px, 40px, 모서리 하단: 10px, 10px'로 입력한다.

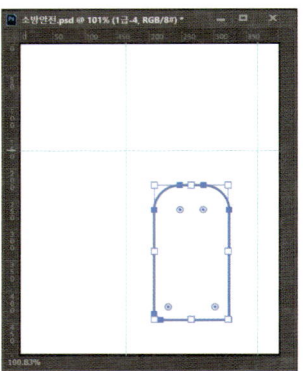

04 Rectangle Tool(사각형 도구, ▭)로 그려놓은 직사각형 하단에 가로로 긴 사각형을 그리고 라이브 코너(◉)를 드래그해 둥근 모서리 사각형을 그리고, 같은 방법으로 직사각형과 둥근 모서리 사각형을 추가로 그려준다.

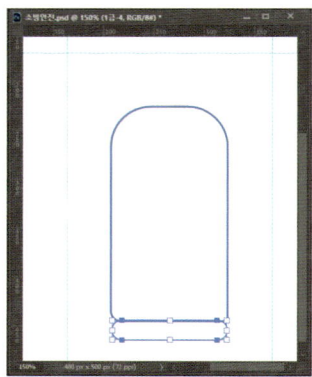
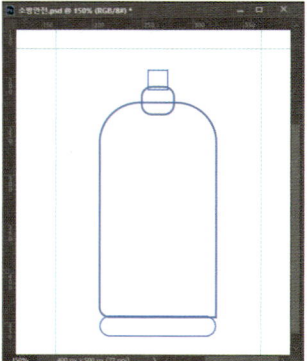

05 Path Selection Tool(패스 선택 도구,)로 드래그하여 모든 패스를 선택한다. Options Bar(옵션 바)의 Path alignment(패스 맞춤)에서 'Align(맞춤): Align horizontal center(수평 중앙 맞춤,)'를 선택해 정렬한다.

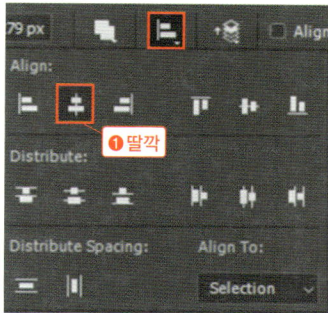

06 Pen Tool(펜 도구,)로 소화기의 손잡이와 호스 부분을 그린다. 마지막으로 처음 시작한 기준점을 클릭하여 닫힌 패스로 완성시킨다.

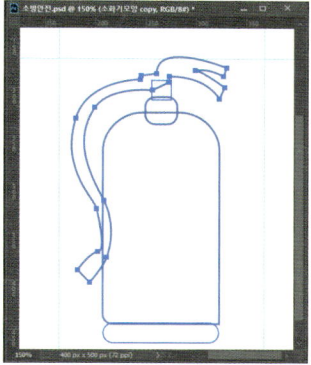

07 Path Selection Tool(패스 선택 도구,)로 드래그하여 모든 패스를 선택한다. 드래그하여 모든 패스를 선택한 후, Options Bar(옵션 바)에서 'Path operations(패스 작업): Merge Shape Components(모양 병합 구성 요소,)'를 클릭한다.

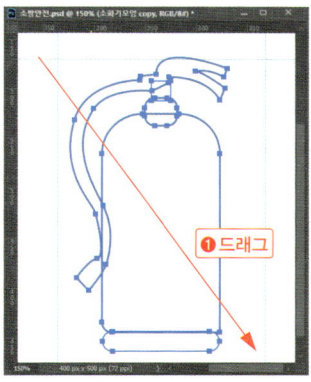 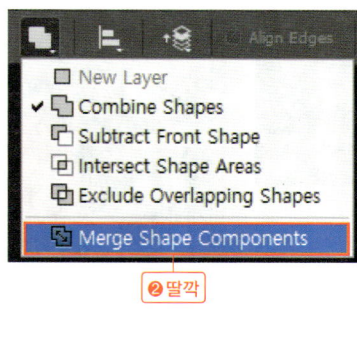 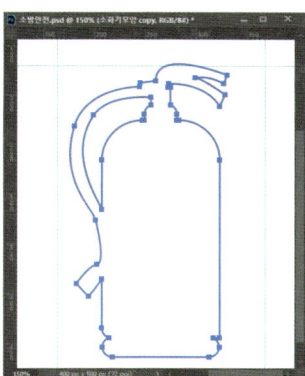

Unit 01. 고급 Tool(도구) 활용 · 75

08 `Ctrl`+`T`를 누르고 `출력형태`와 같이 회전 및 배치한 후 `Enter`를 누른다.

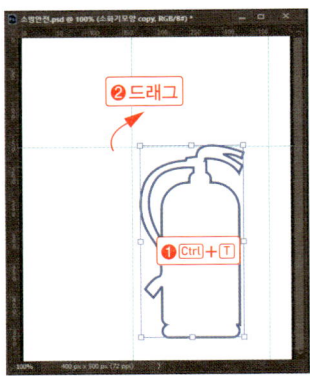 

2 패스 저장하기

01 화면 오른쪽의 Paths(패스) 패널에서 'Work Path(작업 패스)'를 더블클릭한 후, [Save Path(패스 저장)] 대화상자가 열리면 소화기를 입력하고 저장한다.

02 레이어 패널 하단의 [Create a new layer(새 레이어 생성), ▣]를 클릭하여 투명한 새 레이어를 추가한다.

03 Options Bar(옵션 바)에서 'Fill(칠): 임의의 색'을 지정하고, Paths(패스) 패널에서 'Fill Path with Foreground Color(패스에 전경색 채우기, ●)'를 클릭하여 소화기 패스 모양을 칠한다.

3 클리핑 마스크 적용하기

① 클리핑 마스크 적용하기

01 [File(파일)] – [Open(열기)]([Ctrl]+[O])을 선택하여 소방관.jpg 이미지를 불러온다. [Ctrl]+[A]를 눌러 전체 이미지를 선택하여 복사([Ctrl]+[C])하고, 작업 파일에 붙여넣기([Ctrl]+[V]) 한다. [Ctrl]+[T]를 누르고 출력형태와 같이 소화기 모양 패스 레이어 위에 배치한 후 [Enter]를 누른다.

02 소화기 모양 패스 레이어와 소방관 이미지 레이어 사이에 마우스 커서를 놓고 [Alt]를 누른 상태로 클릭하여 Clipping Mask(클리핑 마스크)를 적용한다.

② 스타일 적용하기

01 클리핑 마스크가 적용된 소화기 레이어를 선택하고 레이어 패널 하단의 [Add a Layer style(레이어 스타일 추가, *fx*)] – [Stroke(획)]를 클릭한다. [Layer Style(레이어 스타일)] 대화상자가 열리면 문제지의 조건과 같이 세부정보를 입력한다.

> 조건
> - Stroke(획) ▶ Size(크기): 4px, Fill Type(칠 유형): Gradient(그레이디언트) – 시작점: #ffcc00, 끝점: #33cc00, Style(스타일): Linear(선형), Angle(각도): 120°
> - Inner Shadow(내부 그림자) ▶ 체크

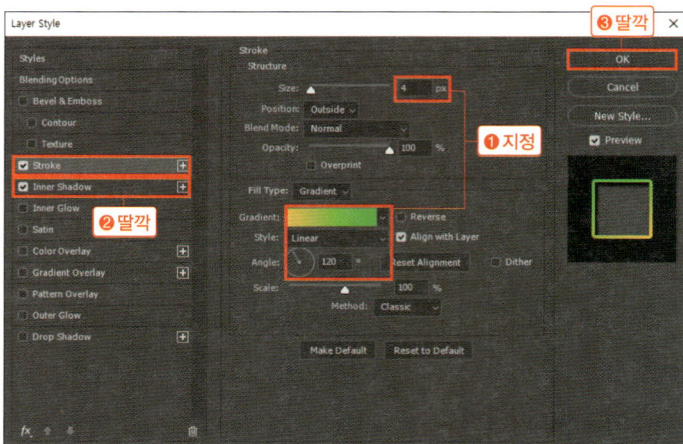
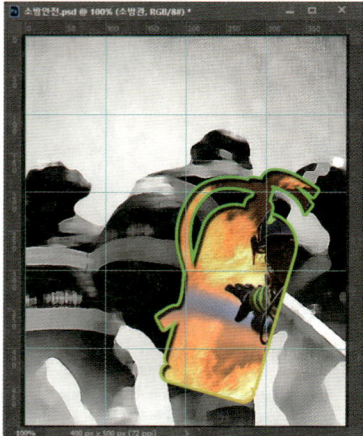

4 모양 도구 배치하기

① 불 모양 배치하기

01 Custom Shape Tool(사용자 정의 모양 도구, 🔷)을 클릭하고, Options Bar(옵션 바)에서 'Fill(칠): 임의의 색, Stroke(획): No color(없음)'로 지정한 후, 불 모양을 찾아 드래그하여 그린 후 Enter 를 눌러 Shape 레이어를 생성한다.

> 조건
> 불 모양: [All Legacy Default Shapes(모든 레거시 기본 모양)] – [Nature(자연)] – [Fire(불)]

알아두면 좋은  TIP

CC 버전 이후 Custom Shape Tool(사용자 정의 모양 도구)에서 사라진 도구들은 [Window(창)] − [Shape(모양)]을 선택하여 사용할 수 있다.

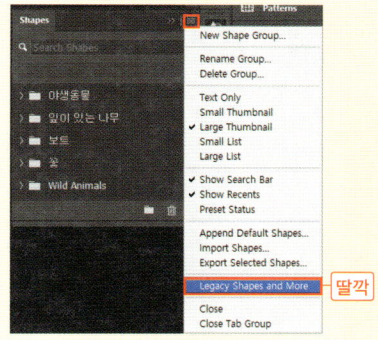

02 레이어 패널 하단의 [Add a Layer style(레이어 스타일 추가, fx)] − [Gradient Overlay(그레이디언트 오버레이)]를 클릭한다. [Layer Style(레이어 스타일)] 대화상자가 열리면 문제지의 조건과 같이 세부정보를 입력한다.

> 조건
> - Gradient Overlay(그레이디언트 오버레이) ▶ Gradient(그레이디언트) − 시작점: #ff0000, 끝점: #ff9900, Style(스타일): Linear(선형), Angle(각도): 90°
> - Outer Glow(외부 광선) ▶ 체크

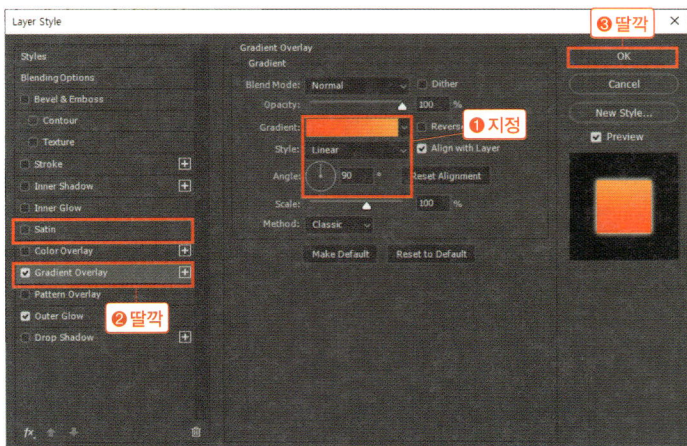 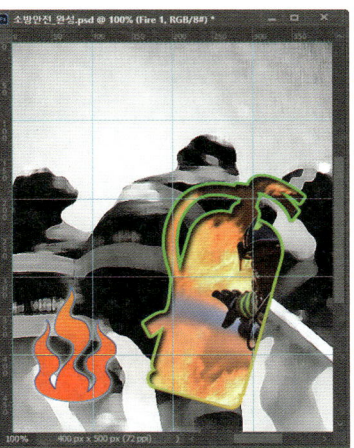

Unit 01. 고급 Tool(도구) 활용 • 79

5 문자 입력하기

1 제목 입력하기

01 Type Tool(수평 문자 도구, T)을 클릭하고 출력형태 의 문자 부분과 같은 지점을 클릭한다. 소방안전 최우선을 입력하고 Options Bar(옵션 바) 또는 Properties(속성) 패널에서 조건 과 같이 세부정보를 입력한다.

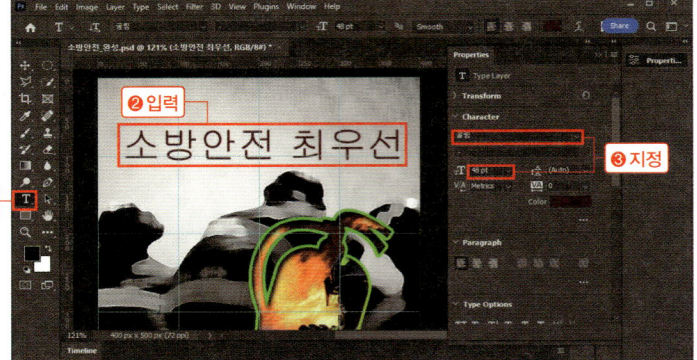

조건

Font(글꼴): 굴림, Size(크기): 48pt

2 문자 효과 적용하기

01 문자에 그레이디언트 효과를 주기 위해 레이어 패널 하단의 [Add a Layer style(레이어 스타일 추가, fx)] – [Gradient Overlay(그레이디언트 오버레이)]를 클릭한다. [Layer Style(레이어 스타일)] 대화상자가 열리면 문제지의 조건 과 같이 세부정보를 입력한다.

조건

- Gradient Overlay(그레이디언트 오버레이) ▶ Gradient(그레이디언트) – 시작점: #6600cc, 끝점: #ff0000, Style(스타일): Linear(선형), Angle(각도): 90°
- Stroke(획) ▶ Size(크기): 3px, Color(색상): #ffffff

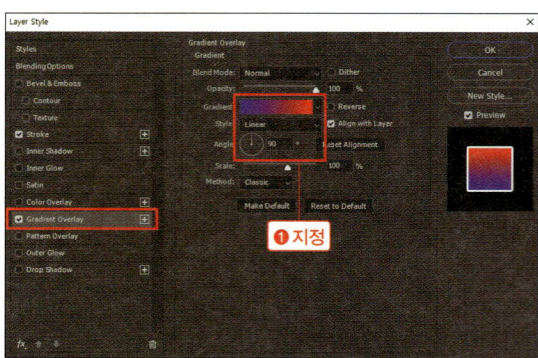 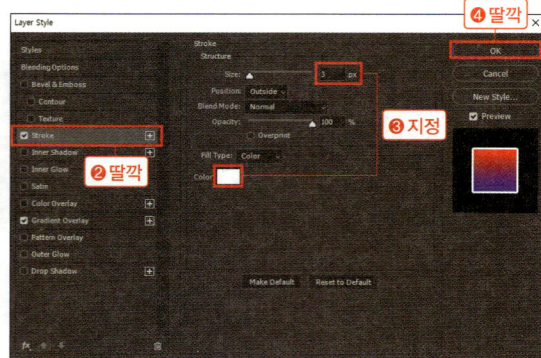

> **알아두면 좋은 TIP**
>
> 레이어 스타일 중 Stroke(획) 효과를 적용할 시 출력형태 와 다르게 적용된다면 [Layer Style(레이어 스타일)] 대화상자에서 'Position(위치): Outside(바깥쪽)'로 설정되어 있는지 확인한다.

02 Options Bar(옵션 바)에서 Create Warped text(뒤틀어진 텍스트 만들기, ⬚)를 클릭한다. [Warped text(텍스트 뒤틀기)] 대화상자에 문제지의 `출력형태`와 같이 세부정보를 입력한다. Ctrl + T 를 누르고 `출력형태`와 같이 배치한 후 Enter 를 누른다.

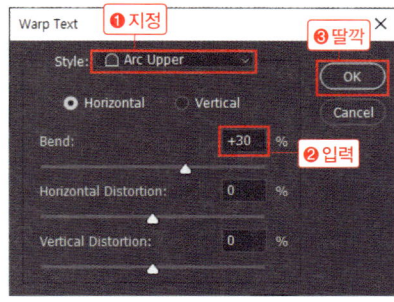

`조건`
Style(스타일): Arc Upper(위 부채꼴),
Bend(구부리기): 30%

6 제출용 파일 저장하기

01 작업이 완료되면 문제지의 `출력형태`와 작업 파일을 비교하여 레이어의 순서, 이미지 위치를 최종 점검한다.
02 [File(파일)] - [Save As a Copy(사본 저장)](Alt + Ctrl + S)를 선택하고, '저장 경로: 내 PC₩문서₩GTQ, 파일형식: JPEG, 파일이름: 소방안전최우선'으로 저장한다.

> **알아두면 좋은 TIP**
> - Abobe CC버전에서는 [Save As] 설정에서 jpg 저장 설정이 리스트에 나타나지 않는다. [Save As] 설정에서 jpg로 저장하려면 대화창 하단의 'save a copy(사본 저장)' 버튼을 눌러 jpg 설정으로 저장할 수 있다. 파일명 뒤에 자동으로 'copy(복사)' 글자가 생성되므로 글자를 지워줘야 한다.
> - jpg 파일 저장 방법으로 [File(파일)] - [Export(내보내기)] - [Export As(내보내기 형식)](Alt + Shift + Ctrl + W)을 이용하는 방법도 있다. 또한 GTQ 시험은 72dpi 작업이어서 [Save for Web(웹 용으로 저장)](Alt + Shift + Ctrl + S)도 가능하다. 본인이 편한 방법을 찾아서 활용하면 된다.

03 제출용 PSD 파일을 만들기 위해 [Image(이미지)] - [Image Size(이미지 크기)](Alt + Ctrl + I)를 클릭한다. [Image Size(이미지 크기)] 대화상자가 열리면 문제지의 `조건`을 확인하여 세부정보를 입력하여 작업 사이즈의 1/10 사이즈로 축소한다.

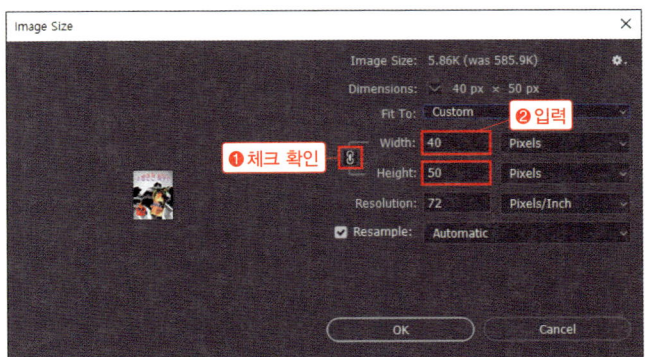

`조건`
Constrain as pect ratio(종횡비 제한): 체크,
Width(폭): 40px, Height(높이): 50px

04 [File(파일)] - [Save As(다른 이름으로 저장)](Shift + Ctrl + S)를 선택하고, '저장 경로: 내 PC₩문서₩GTQ, 파일형식: PSD, 파일이름: 소방안전최우선'으로 저장한다.

출제패턴 연습하기

패스 유형 알아보기 — 합격을 위한 연습문제로 출제패턴을 마스터하세요!
1. 펜 도구로 패스 그리기
2. 모양 도구로 패스 그리기
3. 대칭 형태의 패스 그리기
4. 브러시 도구로 패스 그리기

1 펜 도구로 패스 그리기

출력형태

펜 도구로 직선과 곡선을 그려 완성한다. 초보자들은 펜 도구를 가장 어려워하기 때문에 빠르게 그릴 수 있는 연습이 필요하다.

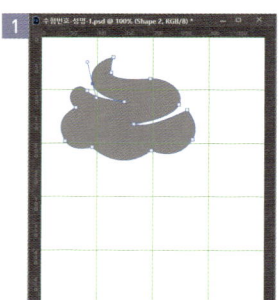 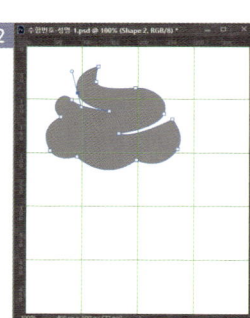  

01 Pen Tool(펜 도구, ✎)을 선택하고 Options Bar(옵션 바)에서 Path(패스) 설정을 'Pick tool mode(선택 도구 모드): shape(모양), Fill(칠): 임의의 색, Stroke(획): No color(없음)'로 지정 후 패스를 그린다.

02 Options Bar(옵션 바)에서 'Path operations(패스 작업): Subtract Front Shape(전면 모양 빼기, ▣)'으로 설정을 변경한 후 컵케이크 몸통의 주름 부분을 펜 도구로 그려 삭제한다.

03 생성된 Shape(모양) 레이어를 하나의 레이어로 만들기 위해 레이어 패널에서 Shift 를 누른 채로 클릭하여 동시 선택한다. 선택된 레이어에서 마우스 오른쪽을 클릭하여 [Merge Shapes(모양 병합)](Ctrl + E)를 적용한다.

04 하나의 패스로 병합하기 위해 'Path Selection Tool(패스 선택 도구, ▶)'로 드래그하여 모든 패스를 선택한 후, Options Bar(옵션 바)에서 'Path operations(패스 작업): Merge Shape Components(모양 병합 구성 요소, ▣)'를 클릭한다.

2 모양 도구로 패스 그리기

출력형태

Rectangle Tool(사각형 도구, ▢), Ellipse Tool(타원 도구, ◯), Custom Shape Tool(사용자 정의 모양 도구, ✿) 등을 이용하여 패스를 완성한다. 패스를 보고 어떠한 도형이 쓰였는지 빠르게 파악하는 연습이 필요하다.

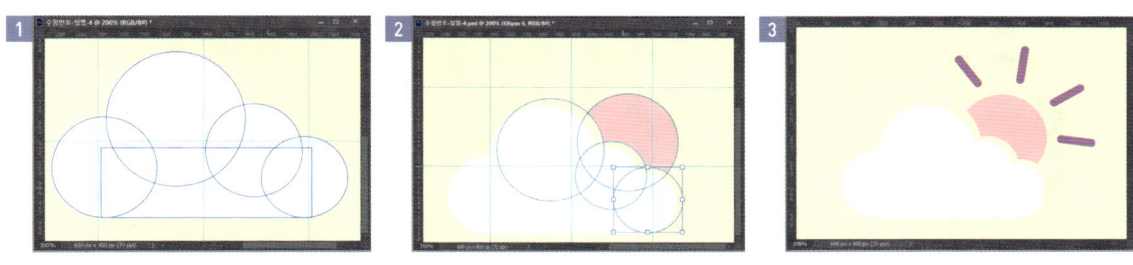

01 Ellipse Tool(타원 도구, ◯)을 선택하고 Options Bar(옵션 바)에서 Path(패스) 설정을 'Pick tool mode(선택 도구 모드): shape(모양), Fill(칠): 임의의 색, Stroke(획): No color(없음)'로 지정 후 구름 모양처럼 원을 그린다. 이어서 Rectangle Tool(사각형 도구, ▢)로 아래의 빈 공간을 채워준다.

02 Ellipse Tool(타원 도구, ◯)로 태양을 그린 후, Options Bar(옵션 바)에서 'Path operations(패스 작업): Subtract Front Shape(전면 모양 빼기, ▣)'으로 설정을 변경하고 Ellipse Tool(타원 도구, ◯)로 태양을 구름 모양대로 삭제한다.

03 Rectangle Tool(사각형 도구, ▢)로 둥근 모서리 사각형을 그린 뒤 3개를 복사하고 배치한다.

04 하나의 패스로 병합하기 위해 'Path Selection Tool(패스 선택 도구, ▶)'를 선택한다. 드래그하여 모든 패스를 선택한 후, Options Bar(옵션 바)에서 'Path operations(패스 작업): Merge Shape Components(모양 병합 구성 요소, ▣)'를 클릭한다.

3 대칭 형태의 패스 그리기

출력형태

펜 도구나 모양 도구를 이용해 패스의 절반 형태를 완성하고, 패스를 복제하여 대칭 형태의 패스를 만든다. 대칭이 아닐 경우 감점 요인이 된다.

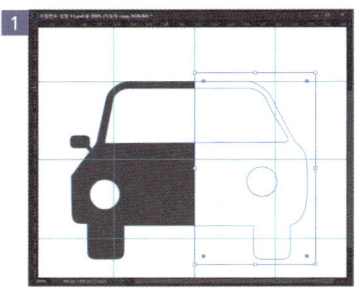
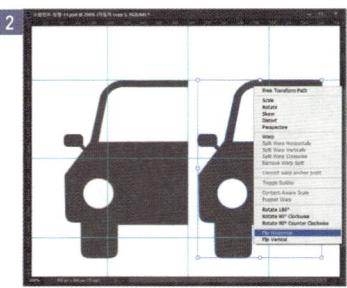

01 Custom Shape Tool(사용자 정의 모양 도구, ▧)의 목록 중 가장 비슷한 모양의 자동차 패스를 한쪽 부분만 수정한다. Options Bar(옵션 바)에서 'Path operations(패스 작업): Subtract Front Shape(전면 모양 빼기, ▧)'로 설정을 변경한 후 Rectangle Tool(사각형 도구, ▧)로 절반을 삭제한다.
02 Ctrl+J를 눌러 자동차 반쪽을 복제하고 Ctrl+T를 누르고 마우스 오른쪽을 클릭해 [Flip Horizontal(가로로 뒤집기)]을 선택한다.
03 자동차를 형성하는 레이어를 다중 선택하고 Ctrl+E로 레이어를 병합한다. 옵션 바에서 'Merge Shape Components(모양 병합 구성 요소, ▧)'를 클릭한다.

4 브러시 도구로 패스 그리기

패스 작업은 GTQ 시험 중 가장 난도가 높은 기능으로 펜 도구 사용이 어렵다고 판단되면 Brush Tool(브러시 도구, ▧)과 Eraser Tool(지우개 도구, ▧)을 이용하여 비트맵으로 형태를 그린 후, 패스 패널에서 패스로 변환시키는 방법을 사용해도 된다.

01 새로운 레이어를 생성한 후, Brush Tool(브러시 도구, ▧)로 드래그하여 강아지 모양을 그린다. 강아지 몸통 부분은 Ellipse Tool(타원 도구, ▧)로 타원을 그리면 수월하다.

02 Eraser Tool(지우개 도구, ♦)로 강아지의 귀와 입 부분을 지운다. 키보드의 [,] 를 눌러 지우개 크기를 조정하여 세밀하게 지운다.

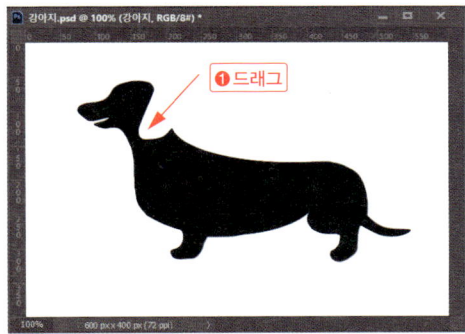

03 Ctrl 를 누른 상태로 레이어 썸네일을 클릭해 강아지 영역을 선택한다.

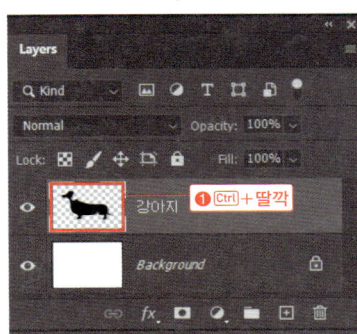 

04 Paths(패스) 패널에서 Make Work Path from Selection(선택 영역으로 패스 만들기, ◇)를 눌러 선택 영역 모양으로 패스를 만든다.

 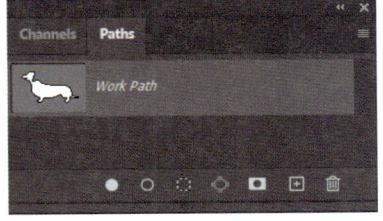 

합격을 위한 연습문제 — 기능평가 고급 Tool(도구) 활용

정답파일 | C:₩에듀윌 GTQ 1급₩Step 2₩Unit 01₩연습문제₩패스-1.psd, 패스-2.psd

Q. 다음의 이미지와 같이 패스를 작업하시오.

- 패스 작업이 어렵다면 정답 파일 이미지 위에 펜 도구와 도형 도구를 활용하여 따라 그리는 것도 도움이 된다.
- 완성된 패스는 문제지의 조건에서 제시한 이름으로 패스를 저장한다.
- 패스는 완벽한 모양 구성이 아니더라도 부분 점수가 인정되는 부분이므로 작업 시간을 고려하여 대략적인 형태를 표현하도록 한다.

문제 1

패스 저장: 우산

패스 저장: 사과

패스 저장: 강아지

패스 저장: 자동차

패스 저장: 애드벌룬

패스저장: 텀블러

문제 2

패스 저장: 모자

패스 저장: 무한대

패스 저장: 건축 아이콘

패스 저장: GPS 아이콘

패스 저장: 드론

패스 저장: 햄버거

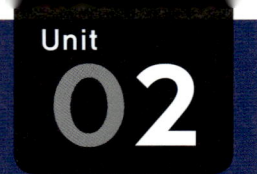

Unit 02 기능평가 **사진편집 응용**

 출제패턴 분석하기

☑ **합격을 위한 선생님의 한마디!**

2번 문항은 전반적으로 난도가 낮은 편으로 빠른 시간 내에 작업을 마무리할 수 있습니다. 2번 문항의 핵심 기능은 이미지를 정확하게 선택하고, 이미지를 제시된 색상으로 보정하는 것입니다. 색상 보정의 경우 정확한 조건이 없으므로 빠르게 색상을 파악하는 것이 중요합니다.

Q. 다음의 조건 에 따라 아래의 출력형태 와 같이 작업하시오.

조건

원본 이미지	C:\에듀윌 GTQ 1급\Step 2\Unit 02\출제패턴 따라하기\꽃.jpg, 해바라기.jpg, 잎.jpg, 단풍잎.jpg, 초록단풍.jpg		
파일 저장 규칙	JPG	파일명	내 문서\GTQ\꽃.jpg
		크기	400×500 pixels
	PSD	파일명	내 문서\GTQ\꽃.psd
		크기	40×50 pixels

1. 그림 효과
   ① 해바라기.jpg : 레이어 스타일 – Outer Glow(외부 광선)
   ② 잎.jpg : 레이어 스타일 – Drop Shadow(드롭 섀도)
   ③ 색상 보정
      – 단풍잎.jpg : 녹색, 보라색 계열로 보정,
        레이어 스타일 – Drop Shadow(드롭 섀도)
      – 초록단풍.jpg : 빨간색 계열로 보정

출력형태

출제패턴 따라하기

☑ **문제 풀이 순서** — 문풀 순서에 익숙해지면 시험장에서 시간을 절약 할 수 있어요!

1 새 작업 파일 만들기 → **2** 이미지 보정하기 → **3** 색상 보정하기 → **4** 제출용 파일 저장하기

※ 중요 기능 부분만 재구성한 출제패턴입니다. 확실하게 연습하고 넘어갑시다!

1 새 작업 파일 만들기

① 새 파일 만들기

01 새로운 작업 파일을 만들기 위해 [File(파일)] – [New(새로 만들기)](Ctrl + N)를 선택한다.

02 [New Document(새로운 문서 만들기)] 대화상자가 열리면 문제지의 조건 과 같이 작업 파일 세부정보를 입력한다.

> 조건
>
> Width(폭): 400, Height(높이): 500, 단위: Pixels(픽셀), Resolution(해상도): 72(Pixel/Inch), Color Mode(색상 모드): RGB, 8bit, Background Contents(배경 내용): White(흰색)

03 [File(파일)] – [Save As(다른 이름으로 저장)](Shift + Ctrl + S)를 선택한다. '저장 경로: 내 PC₩문서₩GTQ, 파일명: 꽃.psd'로 저장한다.

② 작업 파일 설정하기

01 작업 파일에 눈금자를 표시하기 위해 [View(보기)] – [Rulers(눈금자)](Ctrl + R)를 선택한다.

02 [View(보기)] – [Show(표시)] – [Grid(격자)](Ctrl + ')를 눌러 격자를 표시하고 색상을 확인한다.

③ 이미지 불러오기

01 [File(파일)] – [Open(열기)](Ctrl + O)을 선택하여 꽃.jpg을 불러온다. Ctrl + A 를 눌러 전체 이미지를 선택하여 복사(Ctrl + C)하고, 작업 파일에 붙여넣기(Ctrl + V)한다.

02 [Edit(편집)] – [Free Transform(자유 변형)](Ctrl + T)을 누르고 이미지 크기를 출력형태 와 같이 배치한 후 Enter 를 누른다.

2 이미지 보정하기

1 이미지 보정하기 1

01 [File(파일)] - [Open(열기)](Ctrl+O)을 선택하여 해바라기.jpg를 불러온다. Quick Selection Tool(빠른 선택 도구,)로 해바라기를 드래그하여 선택 영역으로 지정한다.

02 해바라기를 복사(Ctrl+C)한 후, 작업 파일로 돌아와 붙여넣기(Ctrl+V)한다. Ctrl+T를 누르고 마우스 오른쪽을 클릭하여 [Flip Horizontal(가로로 뒤집기)]을 선택하고 출력형태와 같이 배치한 후 Enter를 누른다.

03 레이어 패널 하단의 [Add a Layer style(레이어 스타일 추가, fx)] - [Outer Glow(외부 광선)]를 클릭한다.

❷ 이미지 보정하기 2

01 [File(파일)] - [Open(열기)]([Ctrl]+[O])을 선택하여 잎.jpg을 불러온다. Magic Wand Tool(자동 선택 도구,)로 Option Bar(옵션 바)에서 'Tolerance(허용치): 32, Contiguous(인접): 체크 해제'로 설정한 후, 이미지의 하얀 배경 부분을 선택한다.

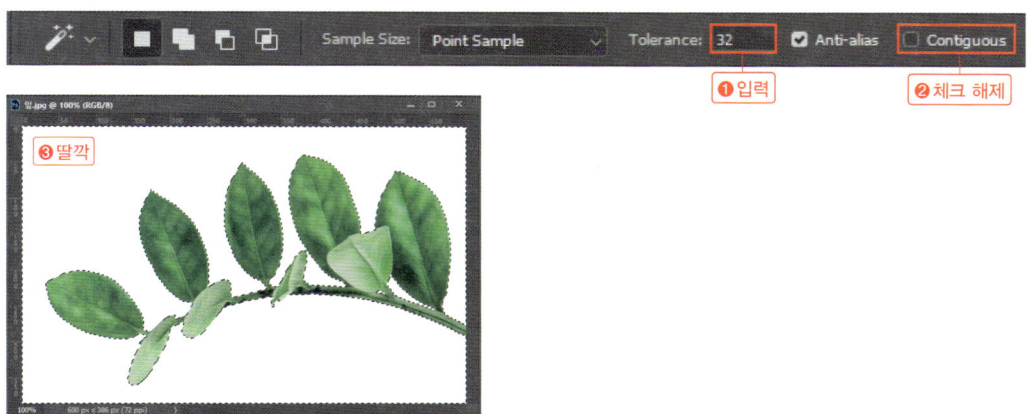

02 [Select(선택)] - [Inverse(반전)]([Shift]+[Ctrl]+[I])를 선택해 선택 영역을 반전시켜 잎사귀가 선택 영역으로 지정되도록 한다.

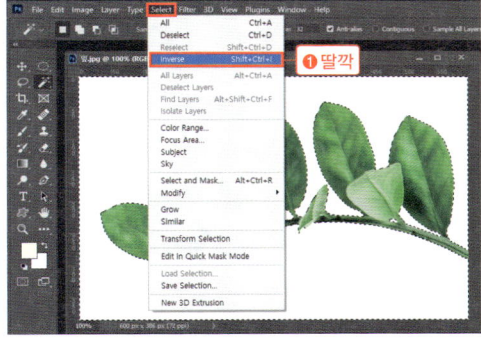

03 잎을 복사([Ctrl]+[C])한 후, 작업 파일로 돌아와 붙여넣기([Ctrl]+[V]) 한다. [Ctrl]+[T]를 누르고 출력형태와 같이 배치한 후 [Enter]를 누른다. 레이어 패널 하단의 [Add a Layer style(레이어 스타일 추가,)] - [Drop Shadow(드롭 섀도)]를 클릭한다.

 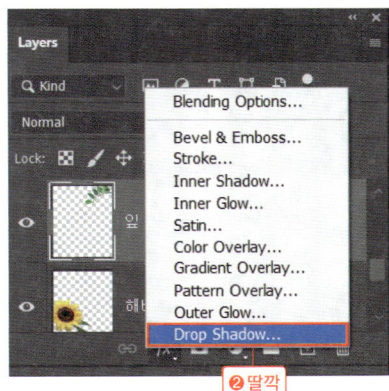 

3 색상 보정하기

❶ 색상 보정하기 1

01 [File(파일)] - [Open(열기)]([Ctrl]+[O])을 선택하여 단풍잎.jpg을 불러온다. Magnetic Lasso Tool(자석 올가미 도구,)로 단풍잎의 외곽 부분을 드래그하면서 영역을 선택한다.

알아두면 좋은 TIP

Magnetic Lasso Tool(자석 올가미 도구)은 한 번 클릭 후 마우스를 계속 누르지 않아도 된다. 선택 영역 지정이 끝나갈 때쯤 처음 기준점만 다시 클릭하면 선택 영역이 지정된다.

02 단풍잎을 복사([Ctrl]+[C])한 후, 작업 파일로 돌아와 붙여넣기([Ctrl]+[V]) 한다. [Ctrl]+[T]를 누르고 출력형태와 같이 배치한 후 [Enter]를 누른다.

03 문제지의 출력형태와 같이 녹색으로 변경할 부분을 Quick Selection Tool(빠른 선택 도구,)로 드래그하여 선택 영역으로 지정한다. 레이어 패널 하단의 [Create new fill or adjustment layer(새 칠 또는 조정 레이어 생성,)] - [Hue/Saturation(색조/채도)]을 선택한다.

04 Properties(속성) 패널에서 'Colorize(색상화): 체크, Hue(색조): 120, Saturation(채도): 50, Lightness(명도): 0'으로 입력하여 녹색 계열로 변경한다.

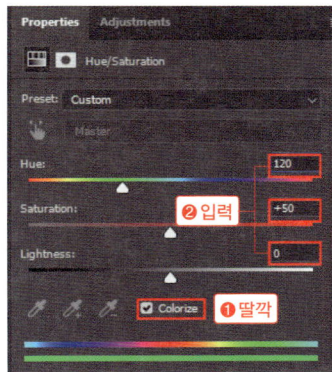 

05 이어서 보라색으로 변경할 부분을 Quick Selection Tool(빠른 선택 도구,)로 드래그하여 선택 영역으로 지정한다. 레이어 패널 하단의 [Create new fill or adjustment layer(새 칠 또는 조정 레이어 생성,)] – [Hue/Saturation(색조/채도)]을 선택한다.

06 Properties(속성) 패널에서 'Colorize(색상화): 체크, Hue(색조): 310, Saturation(채도): 50, Lightness(명도): -10'으로 입력하여 보라색 계열로 변경한다.

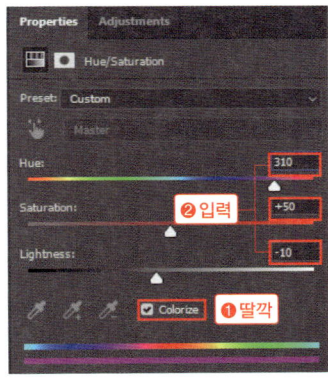 

실제 시험에서는 Properties(속성) 패널의 슬라이드 바를 드래그하여 빠르게 찾는 연습을 해야 한다.

② 색상 보정하기 2

01 [File(파일)] – [Open(열기)]([Ctrl]+[O])을 선택하여 초록단풍.jpg을 불러온다. Object Selection Tool(개체 선택 도구,)로 초록단풍 이미지 위에 드래그한다. 로딩이 끝나면 초록단풍이 선택 영역으로 지정된다.

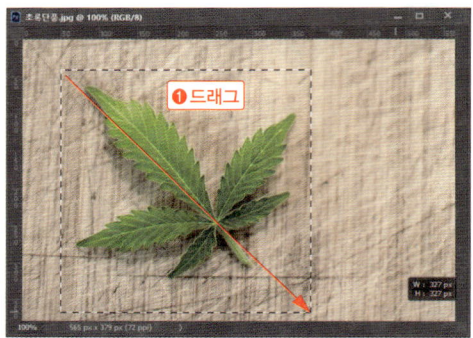

02 단풍잎을 복사([Ctrl]+[C])한 후, 작업 파일로 돌아와 붙여넣기([Ctrl]+[V])한다. [Ctrl]+[T]를 누르고 마우스 오른쪽 버튼을 클릭하여 [Flip Horizontal(가로로 뒤집기)]을 선택하고 출력형태와 같이 배치한 후 [Enter]를 누른다.

03 초록단풍 레이어를 선택하고 [Image(이미지)] – [Adjustments(조정)] – [Hue/Saturation(색조/채도)]을 선택한다. [Hue/Saturation(색조/채도)] 대화상자가 열리면 'Hue(색조): −75'로 입력하여 빨간색 계열로 변경한다.

04 레이어 패널에서 초록단풍 레이어를 해바라기 레이어 아래로 드래그하여 이동시킨다.

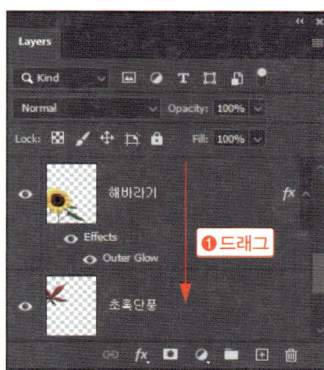 

4 제출용 파일 저장하기

01 작업이 완료되면 문제지의 [출력형태]와 작업 파일을 비교하여 레이어의 순서, 이미지 위치를 최종 점검한다.
02 [File(파일)] - [Save As a Copy(사본 저장)]([Alt]+[Ctrl]+[S])를 선택하고, '저장 경로: 내 PC₩문서₩GTQ, 파일형식: JPEG, 파일이름: 꽃'으로 저장한다.
03 제출용 PSD 파일을 만들기 위해 [Image(이미지)] - [Image Size(이미지 크기)]([Alt]+[Ctrl]+[I])를 클릭한다. [Image Size(이미지 크기)] 대화상자가 열리면 문제지의 [조건]과 같이 세부정보를 입력하여 작업 사이즈의 1/10 사이즈로 축소한다.

> **조건**
> Constrain as pect ratio(종횡비 제한): 체크, Width(폭): 40px, Height(높이): 50px

04 [File(파일)] - [Save As(다른 이름으로 저장)]([Shift]+[Ctrl]+[S])를 선택하고, '저장 경로: 내 PC₩문서₩GTQ, 파일형식: PSD, 파일이름: 꽃'으로 저장한다.

출제패턴 연습하기

☑ **색상 보정 알아보기** — 합격을 위한 연습문제로 출제패턴을 마스터하세요!
1. 이미지 선택 영역 지정하기
2. Image(이미지) 메뉴에서 색상 보정하기
3. 레이어 패널에서 색상 보정하기

1 이미지 선택 영역 지정하기

① 이미지 선택 영역의 특징과 유의점
01 선택해야 하는 이미지의 형태, 배경과의 색상 차이를 고려하여 선택방법을 정한다.
02 레이어 스타일 중 Stroke(획)가 적용되는 경우, 선택 영역 외곽 처리를 매끄럽게 해야 한다.
03 한 개의 도구만으로 이미지를 선택할 수 있으나, 주어진 이미지의 특성상 2, 3개의 도구를 이용하여 선택 영역을 지정하는 경우도 있다.

② 이미지 선택 영역 도구 종류
01 Rectangular Marquee Tool(사각형 선택 윤곽 도구, ▭): 정사각형이나 직사각형으로 형성된 이미지를 선택할 때 사용한다.

02 Elliptical Marquee Tool(원형 선택 윤곽 도구, ◯): 원형, 타원 이미지를 선택할 때 사용한다. 원형 영역을 수정해야 하는 경우 [Select(선택)] – [Transform Selection(선택 영역 변형)]을 선택하면 크기와 위치를 편리하게 조정할 수 있다.

03 **Polygonal Lasso Tool(다각형 올가미 도구,)**: 직선으로 되어 있는 형태의 이미지를 선택할 때 사용한다.

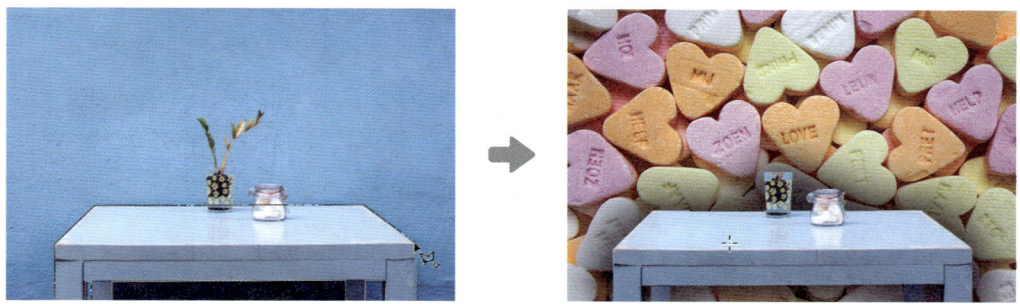

04 **Magnetic Lasso Tool(자석 올가미 도구,)**: 선택하고자 하는 오브젝트와 배경의 색상 차이가 클 때 사용한다. 한 번 클릭 후 드래그하면 원하는 오브젝트를 쉽게 지정할 수 있다.

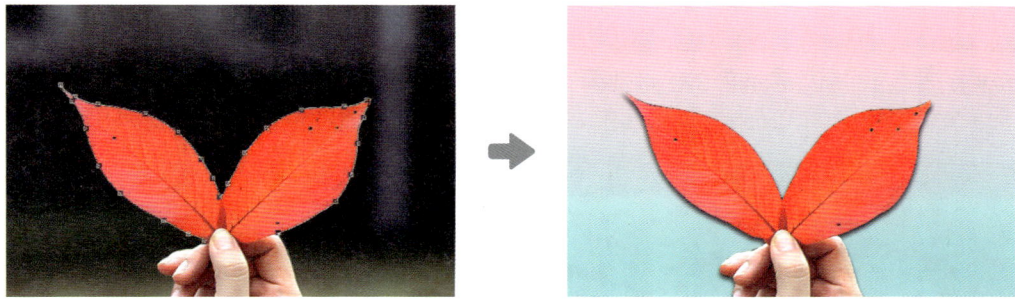

05 **Object Selection Tool(개체 선택 도구,)**: 드래그하여 영역의 범위를 설정하면 해당 공간 내의 필요 영역을 자동으로 인식하여 지정할 수 있다.

06 **Quick Selection Tool(빠른 선택 도구,)**: 빠르게 이미지를 선택할 수 있어 일반적으로 가장 많이 활용되는 선택 도구이다. 선택하고자 하는 오브젝트와 배경의 색상 차이가 클 때 효율적이다. 다만 외곽 처리가 매끄럽지 않아 픽셀의 계단현상이 나타나는 경우가 있어 레이어 스타일 'Stroke(획)'를 적용해야 하는 경우 외곽 부분을 다듬어야 한다.

07 **Magic Wand Tool(자동 선택 도구, ⚡)**: 클릭한 부분을 기준으로 유사한 색상 영역을 선택한다. 주로 배경이 단색으로만 이루어진 경우, 배경을 선택하고 [Select(선택)] - [Inverse(반전)]로 선택 영역 반전을 하여 활용한다. Options Bar(옵션 바)에서 'Tolerance(허용치), Contiguous(인접)' 항목에 따라 설정 범위가 달라지는 점을 유의해야 한다.

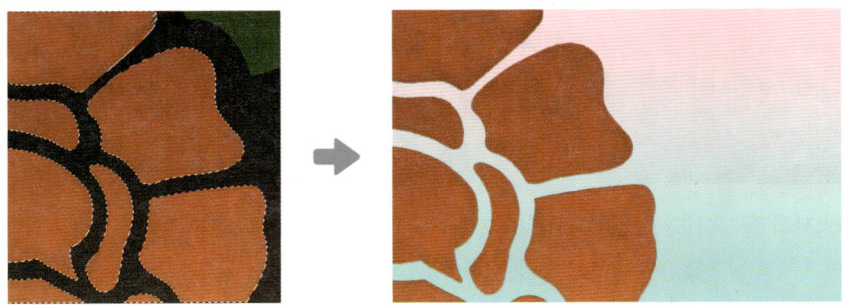

08 **Quick Mask Mode(빠른 마스크 모드, ▣)**: 선택하고자 하는 이미지의 오브젝트와 배경의 색상 차이가 적어 선택 영역을 지정하기 어려운 경우 또는 미세한 영역을 추가하거나 삭제해야 하는 경우에 사용하면 효율적이다. 빠른 마스크 모드를 켜고 Brush Tool(브러시 도구, 🖌)과 Eraser Tool(지우개 도구, 🧽)을 이용하여 선택한다.

2 Image(이미지) 메뉴에서 색상 보정하기

① Image(이미지) 메뉴에서의 색상 보정 특징과 유의점

01 [Image(이미지)] - [Adjustments(조정)] - [Hue/Saturation(색조/채도)]을 선택하여 색상을 보정한다.
02 색상 보정하려는 레이어에 직접적으로 영향을 주는 보정으로 일회성 색상 보정에 적합하다.
03 여러 색이 혼합된 이미지 영역을 하나의 톤으로 변경할 경우, [Hue/Saturation(색조/채도)] 대화상자에서 'Colorize(색상화): 체크'로 설정해야 한다.
04 흰색이나 검은색을 보정하는 경우, Lightness(명도) 항목을 필수적으로 먼저 보정해야 색상 보정이 원활해진다.

② **[Hue/Saturation(색조/채도)] 대화상자**

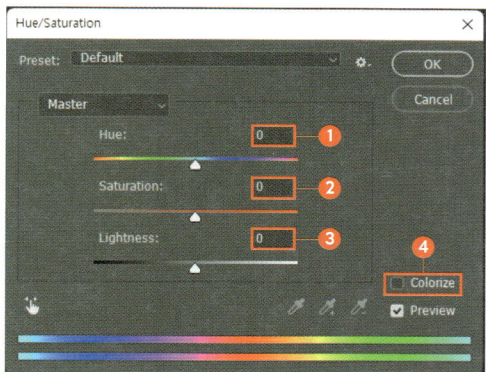

① **Hue(색조)**: GTQ 색상 보정 문제는 대부분 Hue(색조) 항목을 조정하여 색상 보정을 한다.
② **Saturation(채도)**: Hue(색조)에서 정한 색상의 진한 정도와 연한 정도를 조절한다.
③ **Ligntness(명도)**: 색의 밝고 어두운 정도를 조절한다. 어두운 이미지의 색상이나 밝은 색상 이미지를 보정하는 경우, Ligntness(명도)를 조절하여야 한다.
④ **Colorize(색상화)**: 선택 영역의 색상들을 한 가지 색상 톤으로 보정한다.

③ **Colorize(색상화) 기능을 사용하여 단색으로 색상 보정하기**

◀ 원본 이미지

01 **Colorize(색상화) 체크한 경우**: 선택된 모든 색상을 한 가지 톤으로 변경하여 색이 보정된다. Colorize(색상화) 항목을 체크하면 기본값이 '35'로 변경되어 채도가 낮게 설정되기 때문에, Saturation(채도) 조절을 보통 '+50'으로 입력해야 순색 계열로 보정이 가능하다.

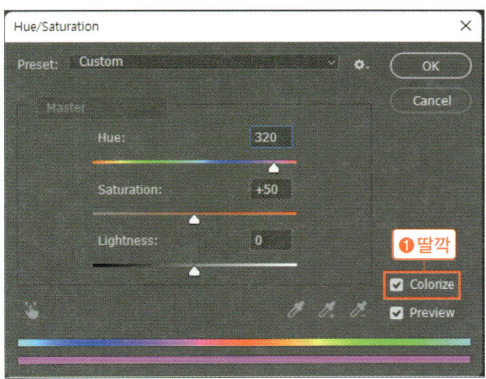

02 Colorize(색상화)를 해제한 경우: 선택 영역의 기존 색상에 수치를 변경한 색상, 명도, 채도 조절 값이 비례적으로 보정된다.

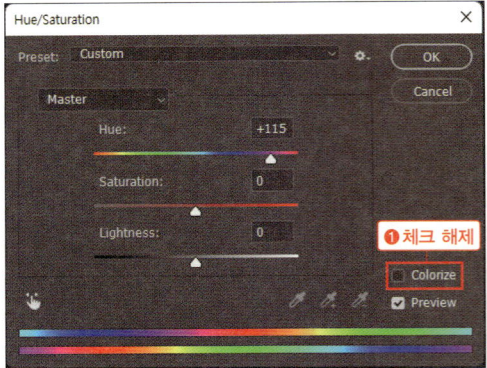 

4 밝거나 어두운 이미지 색상 보정하기

◀ 원본 이미지

01 어두운 부분을 빨간색 계열로 보정하기: Colorize(색상화)를 체크하고 Lightness(명도) 값을 올려 이미지를 밝게 보정해야 색상 보정이 가능하다. Hue(색조) 항목을 알맞게 입력한 후 Saturation(채도) 값을 '50'으로 변경해야 순색 계열로 보정된다.

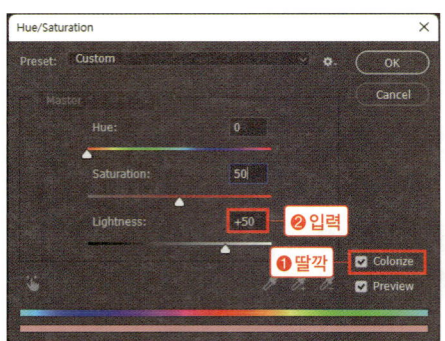 

02 밝은 부분을 파란색 계열로 보정하기: Colorize(색상화)를 체크하고 Ligntness(명도) 값을 낮춰 이미지를 어둡게 보정해야 색상 보정이 가능하다. Hue(색조) 항목을 알맞게 입력한 후 Saturation(채도) 값을 '50'으로 변경해야 순색 계열로 보정된다.

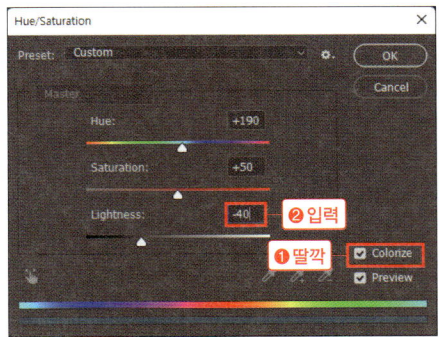

3 레이어 패널에서 색상 보정하기

1 레이어 패널에서의 색상 보정 특징과 유의점

01 레이어 패널 하단의 [Create new fill or adjustment layer(새 칠 또는 조정 레이어 생성, ⬤)] – [Hue/Saturation(색조/채도)]을 선택하여 색상을 보정한다.

02 색상 보정하려는 레이어 위에 조정 레이어를 추가하여 색상을 보정하는 방법으로, 수정·보완을 계속해서 할 수 있다.

03 이미지의 색조·채도·명도 조절은 Properties(속성) 패널에서 가능하다. [Image(이미지)] 메뉴의 [Hue/Saturation(색조/채도)] 대화상자와 동일한 기능을 한다.

2 Properties(속성) 패널 – Hue/Saturation(색조/채도)

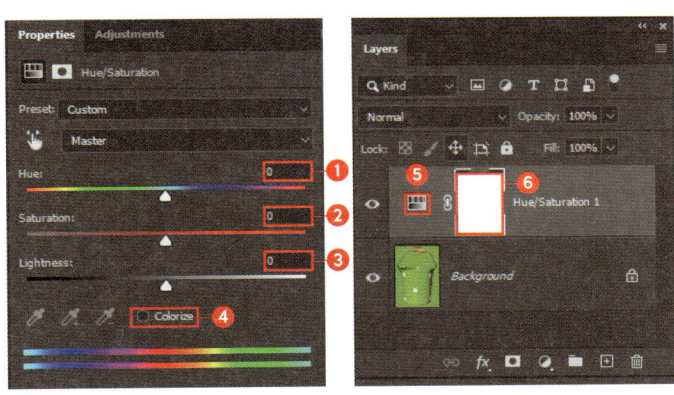

❶ Hue(색조): 색상 조절
❷ Saturation(채도): 채도 조절
❸ Ligntness(명도): 명도 조절
❹ Colorize(색상화): 한 가지 색상 톤으로 보정
❺ Layer Thumbnail(레이어 썸네일): 수정·보완할 때 클릭하여 색상 조정 패널을 활성화할 수 있다.
❻ Layer Mask Thumbnail(레이어 마스크 썸네일): 색상 보정이 된 선택 영역을 나타낸다.

③ **레이어 패널에서 색상 보정하기**

◀ 원본 이미지

01 **선택 영역을 지정하지 않고 색상을 보정한 경우:** 레이어 전체가 색상 보정이 된다. 이때 레이어 마스크 레이어에는 하얀색으로 표시된다.

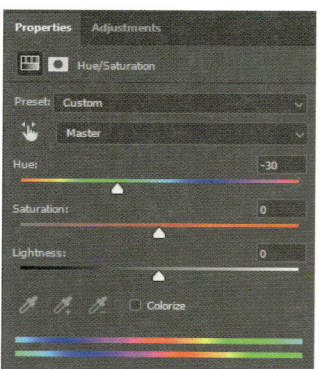  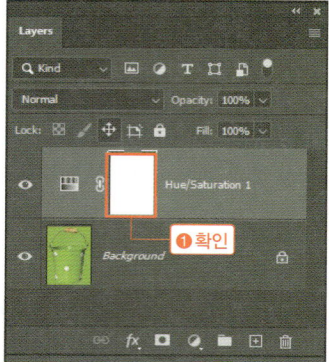

02 **선택 영역이 지정된 상태에서 색상을 보정한 경우:** 선택 영역에만 색상 보정이 된다. 이때 레이어 마스크 레이어에는 선택 영역으로 지정된 부분만 하얀색으로 표시된다.

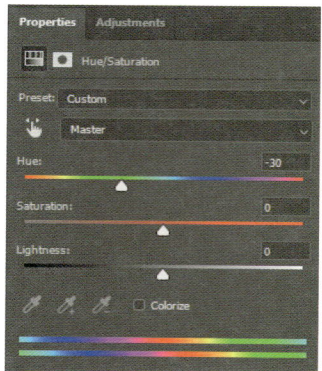  

합격을 위한 연습문제 — 기능평가 사진편집 응용

정답파일 | C:₩에듀윌 GTQ 1급₩Step 2₩Unit 02₩연습문제₩candy.psd, 권총.psd, 커피잔.psd, 덤벨.psd

Q. 다음의 조건 에 따라 출력형태 와 같이 작업하시오.

문제 1

조건

candy.jpg : 색상 보정 – 파란색, 초록색 계열로 보정

문제 2

조건

권총.jpg : 색상 보정 – 초록색, 노란색 계열로 보정

문제 3

조건

커피잔.jpg : 색상 보정 – 주황색 계열로 보정, 레이어 스타일 – Drop Shadow(드롭 섀도)

문제 4

조건

덤벨.jpg : 색상 보정 – 파란색, 보라색 계열로 보정, 레이어 스타일 – Stroke(선/획)(5px, 그레이디언트(#ff9900, #0000ff)

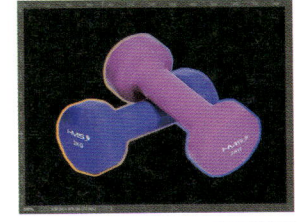

실무응용 **포스터 제작**

출제패턴 분석하기 – 1

☑ **합격을 위한 선생님의 한마디!**

3번 문항은 배점 25점의 문항으로 배경 색상, 혼합 모드, 클리핑 마스크, 레이어 마스크 등이 출제됩니다. 1~2번 문제와 다르게 배경색 칠하기, 레이어 마스크, 그레이디언트 적용 등 난도가 올라가니 문제풀이 순서에 유의해야 합니다.

Q. 다음의 조건에 따라 아래의 출력형태와 같이 작업하시오.

조건

원본 이미지	C:₩에듀윌 GTQ 1급₩Step 2₩Unit 03₩출제패턴 따라하기 ₩부둣가.jpg, 숲.jpg, 강아지.jpg		
파일 저장 규칙	JPG	파일명	내 문서₩GTQ₩반려동물.jpg
		크기	600×400 pixels
	PSD	파일명	내 문서₩GTQ₩반려동물.psd
		크기	60×40 pixels

출력형태

① 배경 : #ffcc99
② 부둣가.jpg : Blending Mode(혼합 모드) – Difference(차이), 레이어 마스크 – 가로 방향으로 흐릿하게
③ 숲.jpg : 필터 – Dry Brush(드라이 브러시), 레이어 마스크 – 세로 방향으로 흐릿하게
④ 강아지.jpg : 레이어 마스크 – 대각선 방향으로 흐릿하게

출제패턴 따라하기 – 1

☑ **문제 풀이 순서** — 문풀 순서에 익숙해지면 시험장에서 시간을 절약 할 수 있어요!

1 새 작업 파일 만들기 → **2** 배경색 칠하고 혼합 모드 적용하기 → **3** 레이어 마스크 적용하기 → **4** 제출용 파일 저장하기

※ 중요 기능 부분만 재구성한 출제패턴입니다. 확실하게 연습하고 넘어갑시다!

1 새 작업 파일 만들기

01 새로운 작업 파일을 만들기 위해 [File(파일)] – [New(새로 만들기)]([Ctrl]+[N])를 선택한다.
02 [New Document(새로운 문서 만들기)] 대화상자가 열리면 문제지의 조건과 같이 작업 파일 세부정보를 입력한다.

> **조건**
> Width(폭): 600, Height(높이): 400, 단위: Pixels(픽셀), Resolution(해상도): 72(Pixel/Inch), Color Mode(색상 모드): RGB, 8bit, Background Contents(배경 내용): White(흰색)

03 [File(파일)] – [Save As(다른 이름으로 저장)]([Shift]+[Ctrl]+[S])를 선택한다. '저장 경로: 내 PC₩문서₩GTQ, 파일명: 반려동물.psd'로 저장한다.

2 배경색 칠하고 혼합 모드 적용하기

1 배경색 칠하기

01 Tool Box(도구 상자) 패널 하단의 전경색을 더블클릭한다. [Color Picker(색상 피커)] 대화상자가 열리면 #ffcc99를 입력하고 [OK(확인)]를 클릭한다. 작업 영역을 전경색으로 채우기 위해 [Alt]+[Delete]를 누른다.

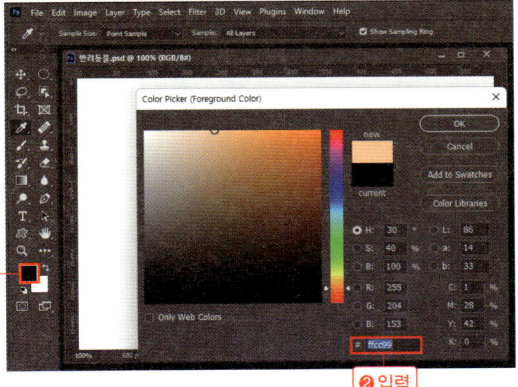

❷ 혼합 모드 적용하기

01 [File(파일)] – [Open(열기)]([Ctrl]+[O])을 선택하여 부둣가.jpg를 불러온다. [Ctrl]+[A]를 눌러 전체 이미지를 선택하여 복사([Ctrl]+[C])하고, 작업 파일에 붙여넣기([Ctrl]+[V])한다.

02 레이어 패널 상단에서 'Blending Mode(혼합 모드): Difference(차이)'로 설정한다.

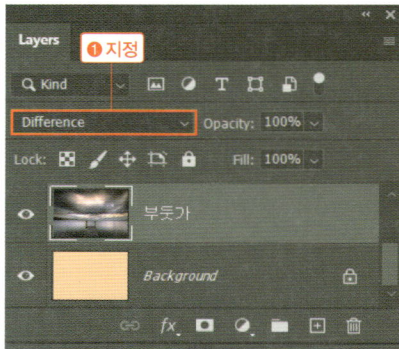 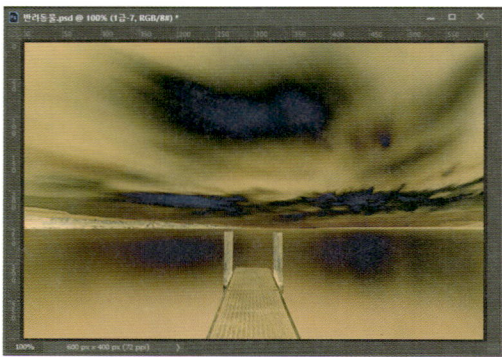

3 레이어 마스크 적용하기

❶ 레이어 마스크 적용하기 1

01 부둣가 이미지 레이어가 선택된 상태로 레이어 패널 하단의 [Add a Layer Mask(레이어 마스크 추가, ▢)]를 클릭한다.

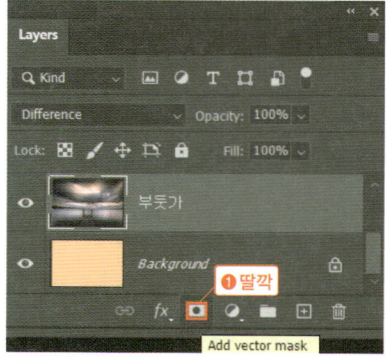 

02 Gradient Tool(그레이디언트 도구)을 선택하고, Options Bar(옵션 바)에서 'Black, White(검정, 흰색)', 'Linear Gradient(선형 그레이디언트)'로 지정하고 출력형태와 같이 오른쪽에서 왼쪽으로 드래그한다.

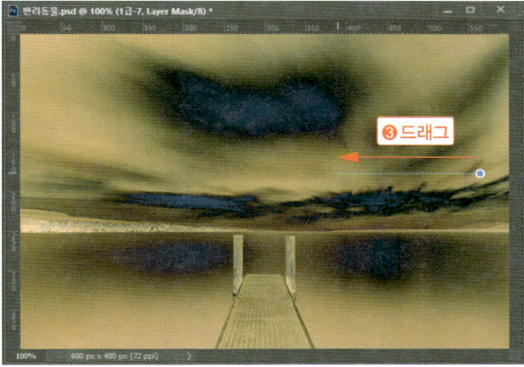

03 부둣가 이미지 레이어의 마스크 영역에 그레이디언트가 적용되어 있고, 이미지 오른쪽 부분이 서서히 흐릿하게 감춰진 것을 확인한다.

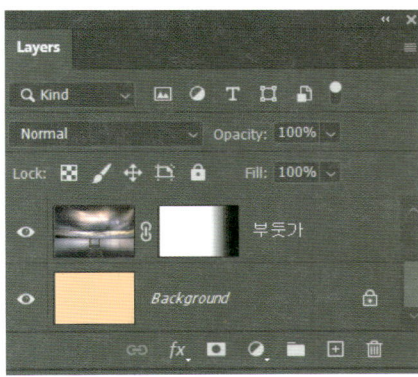
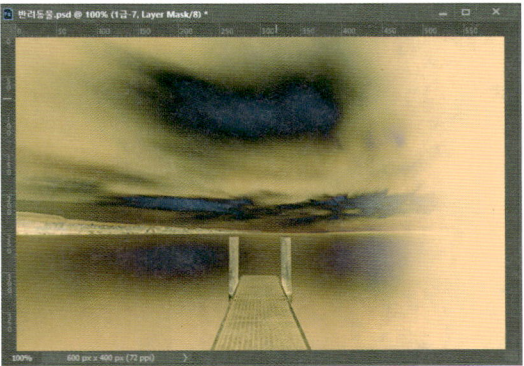

2 레이어 마스크 적용하기 2

01 [File(파일)] - [Open(열기)](Ctrl+O)을 선택하여 숲.jpg을 불러온다. Ctrl+A를 눌러 전체 이미지를 선택하여 복사(Ctrl+C)하고, 작업 파일에 붙여넣기(Ctrl+V)한다.

02 필터 효과를 적용하기 위해 [Filter(필터)] – [Filter Gallery(필터 갤러리)]를 선택한다. [Filter Gallery(필터 갤러리)] 대화상자가 열리면 [Artistic(예술 효과)] – [Dry Brush(드라이 브러시)]를 선택한다.

 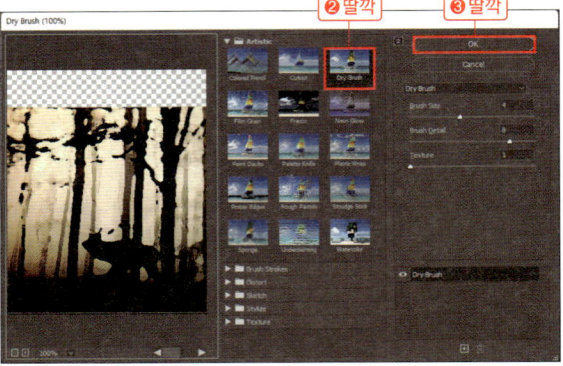

03 숲 이미지 레이어가 선택된 상태로 레이어 패널 하단의 [Add a Layer Mask(레이어 마스크 추가, ▢)]를 클릭한다.

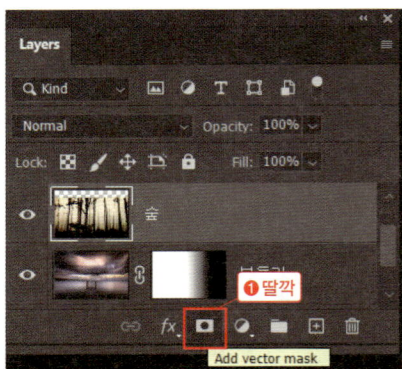 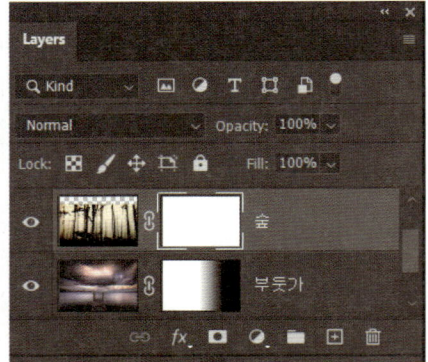

04 Gradient Tool(그레이디언트 도구)을 선택하고, Options Bar(옵션 바)에서 'Black, White(검정, 흰색)', 'Linear Gradient(선형 그레이디언트)'로 지정하고 출력형태와 같이 상단에서 하단으로 드래그한다.

 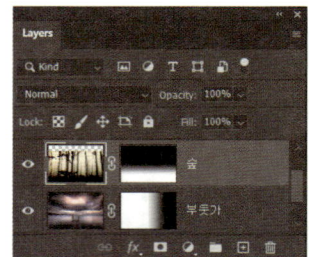 

③ 레이어 마스크 적용하기 3

01 [File(파일)] – [Open(열기)]([Ctrl]+[O])을 선택하여 강아지.jpg를 불러온다. [Ctrl]+[A]를 눌러 전체 이미지를 선택하여 복사([Ctrl]+[C])하고, 작업 파일에 붙여넣기([Ctrl]+[V])한다. [Ctrl]+[T]를 누른 후 마우스 오른쪽을 클릭하여 [Flip Horizontal(가로로 뒤집기)]을 선택하고 출력형태와 같이 배치한 후 [Enter]를 누른다.

02 강아지 이미지 레이어가 선택된 상태로 레이어 패널 하단의 [Add a Layer Mask(레이어 마스크 추가, ◻)]를 클릭한다.

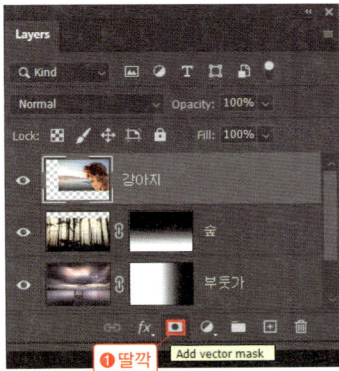 

03 Gradient Tool(그레이디언트 도구)을 선택하고, Option Bar(옵션 바)에서 'Black, White(검정, 흰색)', 'Linear Gradient(선형 그레이디언트)'로 지정하고 출력형태 와 같이 왼쪽 하단에서 오른쪽 상단으로 드래그한다.

> **알아두면 좋은 TIP**
>
> 이미지의 경계 부분이 나타나지 않도록 유의한다. 마스크 영역을 수정하고자 한다면 레이어 마스크의 썸네일을 클릭하고 다시 그 레이디언트 작업을 실행하면 된다.

4 제출용 파일 저장하기

01 작업이 완료되면 문제지의 출력형태와 작업 파일을 비교하여 레이어의 순서, 이미지 위치를 최종 점검한다.
02 [File(파일)] – [Save As a Copy(사본 저장)](Alt+Ctrl+S)를 선택하고, '저장 경로: 내 PC\문서\GTQ, 파일형식: JPEG, 파일이름: 반려동물'로 저장한다.
03 제출용 PSD 파일을 만들기 위해 [Image(이미지)] – [Image Size(이미지 크기)](Alt+Ctrl+I)를 클릭한다. [Image Size(이미지 크기)] 대화상자가 열리면 문제지의 조건와 같이 세부정보를 입력하여 작업 사이즈의 1/10 사이즈로 축소한다.

> **조건**
> Constrain as pect ratio(종횡비 제한): 체크, Width(폭): 60px, Height(높이): 40px

04 [File(파일)] – [Save As(다른 이름으로 저장)](Shift+Ctrl+S)를 선택하고, '저장 경로: 내 PC\문서\GTQ, 파일형식: PSD, 파일이름: 반려동물'로 저장한다.

출제패턴 분석하기 - 2

☑ **합격을 위한 선생님의 한마디!**

3번 문항은 다양한 클리핑 마스크 유형이 출제됩니다. 사용자 모양 도구를 이용한 클리핑 마스크 문제는 어떤 모양 도구인지 문제지에 표기되어 있지 않기 때문에 출력형태를 보고 빠르게 찾아야 합니다.

Q. 다음의 조건에 따라 아래의 출력형태와 같이 작업하시오.

조건

원본 이미지	C:₩에듀윌 GTQ 1급₩Step 2₩Unit 03₩출제패턴 따라하기₩걷는여자.jpg		
파일 저장 규칙	JPG	파일명	내 문서₩GTQ₩여행길.jpg
		크기	300×300 pixels
	PSD	파일명	내 문서₩GTQ₩여행길.psd
		크기	30×30 pixels

① 배경 : #006666
② 걷는여자.jpg : 필터 - Wind(바람), 레이어 스타일 - Stroke(획)(5px, 그레이디언트(#003366, 투명으로))

출력형태

출제패턴 따라하기 - 2

☑ **문제 풀이 순서** — 문풀 순서에 익숙해지면 시험장에서 시간을 절약할 수 있어요!

1 새 작업 파일 만들기 → **2** 배경색 칠하고 모양 도구 배치하기 → **3** 클리핑 마스크 적용하기 → **4** 제출용 파일 저장하기

※ 중요 기능 부분만 재구성한 출제패턴입니다. 확실하게 연습하고 넘어갑시다!

1 새 작업 파일 만들기

01 새로운 작업 파일을 만들기 위해 [File(파일)] - [New(새로 만들기)]([Ctrl]+[N])를 선택한다.

02 [New Document(새로운 문서 만들기)] 대화상자가 열리면 문제지의 조건과 같이 작업 파일 세부정보를 입력한다.

조건

Width(폭): 300, Height(높이): 300, 단위: Pixels(픽셀), Resolution(해상도): 72(Pixel/Inch), Color Mode(색상 모드): RGB, 8bit, Background Contents(배경 내용): White(흰색)

03 [File(파일)] – [Save As(다른 이름으로 저장)]([Shift]+[Ctrl]+[S])를 선택한다. '저장 경로: 내 PC\문서\GTQ, 파일명: 여행길.psd'로 저장한다.

2 배경색 칠하고 모양 도구 배치하기

❶ 배경색 칠하기

01 Tool Box(도구 상자) 패널 하단의 전경색을 더블클릭한다. [Color Picker(색상 피커)] 대화상자가 열리면 #006666을 입력하고 [OK(확인)]를 클릭한다. 작업 영역을 전경색으로 채우기 위해 [Alt]+[Delete]를 누른다.

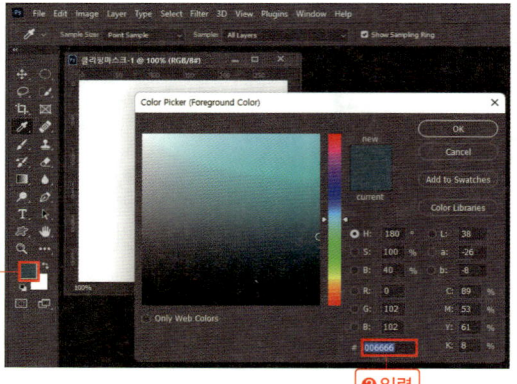
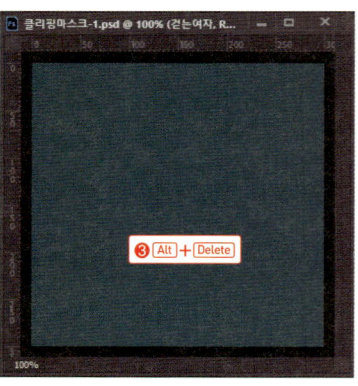

❷ 모양 도구 배치하기

01 Custom Shape Tool(사용자 정의 모양 도구,)을 클릭하고, 출력형태의 '꽃' 모양을 찾아 드래그하여 그린 후 Options Bar(옵션 바)에서 'Pick tool mode(선택 도구 모드): Shape(모양), Fill(칠): 임의의 색, Stroke(획): No color(색상 없음)'로 지정 후 [Enter]를 눌러 Shape 레이어를 생성한다.

> **조건**
> 꽃 모양: [All Legacy Default Shapes(모든 레거시 기본 모양)] – [Nature(자연)] – [Flower 6(꽃 6)]

02 꽃 모양에 외곽선 효과를 주기 위해 레이어 패널 하단의 [Add a Layer style(레이어 스타일 추가,)] – [Stroke(획)]를 클릭한다. [Layer Style(레이어 스타일)] 대화상자가 열리면 문제지의 조건과 같이 세부정보를 입력한다.

> **조건**
> Stroke(획) ▶ Size(크기): 5px, Fill Type(칠 유형): Gradient(그레이디언트) – 시작점: #003366, 끝점 – Opacity(불투명도): 0%, Style(스타일): Linear(선형), Angle(각도): 0°

3 클리핑 마스크 적용하기

1 이미지 보정하기

01 [File(파일)] - [Open(열기)]([Ctrl]+[O])을 선택하여 걷는여자.jpg를 불러온다. [Ctrl]+[A]를 눌러 전체 이미지를 선택하여 복사([Ctrl]+[C])하고, 작업 파일에 붙여넣기([Ctrl]+[V])한다.

02 필터 효과를 적용하기 위해 [Filter(필터)] - [Styleize(스타일화)] - [Wind(바람)]을 선택한다. [Wind(바람)] 대화상자가 열리면 [OK(확인)]를 클릭한다.

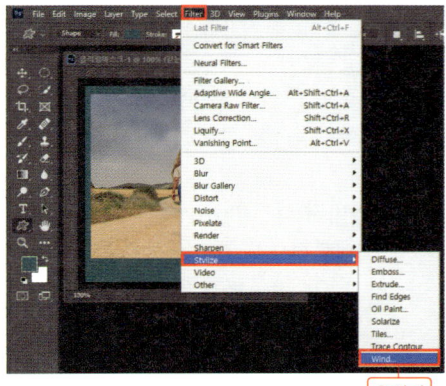 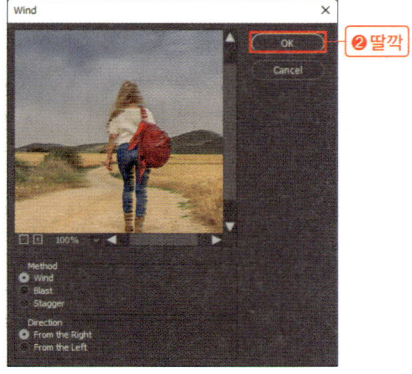

Unit 03. 포스터 제작 • 113

❷ 클리핑 마스크 적용하기

01 꽃 모양 레이어와 걷는여자 이미지 레이어 사이에 마우스 커서를 놓고 Alt 를 누른 상태로 마우스 클릭하여 Clipping Mask(클리핑 마스크)를 적용한다. 클리핑 마스크가 적용되면 Move Tool(이동 도구, ✥)로 이미지 위치를 출력형태 와 같이 배치한다.

알아두면 좋은 TIP

- 이미지 위치를 바꿀 때 Move Tool(이동 도구, ✥) 대신 Ctrl 을 누르며 드래그해도 된다.
- 레이어 패널에서 '걷는여자' 레이어를 선택한 상태에서 마우스 오른쪽을 누르고 [Create Clipping Mask(클리핑 마스크 만들기)]를 선택해도 클리핑 마스크가 적용된다.

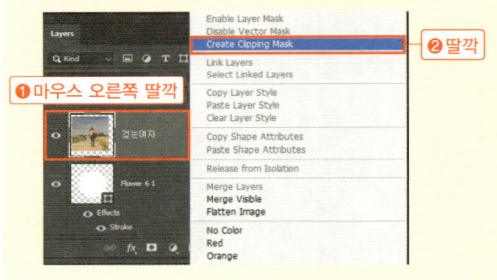

4 제출용 파일 저장하기

01 작업이 완료되면 문제지의 출력형태 와 작업 파일을 비교하여 레이어의 순서, 이미지 위치를 최종 점검한다.

02 [File(파일)] - [Save As a Copy(사본 저장)](Alt + Ctrl + S)를 선택하고, '저장 경로: 내 PC\문서\GTQ, 파일형식: JPEG, 파일이름: 여행길'로 저장한다.

03 제출용 PSD 파일을 만들기 위해 [Image(이미지)] - [Image Size(이미지 크기)](Alt + Ctrl + I)를 클릭한다. [Image Size(이미지 크기)] 대화상자가 열리면 문제지의 조건 과 같이 세부정보를 입력하여 작업 사이즈의 1/10 사이즈로 축소한다.

> **조건**
> Constrain as pect ratio(종횡비 제한): 체크, Width(폭): 30px, Height(높이): 30px

04 [File(파일)] - [Save As(다른 이름으로 저장)](Shift + Ctrl + S)를 선택하고, '저장 경로: 내 PC\문서\GTQ, 파일형식: PSD, 파일이름: 여행길'로 저장한다.

출제패턴 분석하기 – 3

☑ **합격을 위한 선생님의 한마디!**

3번 문항은 다양한 클리핑 마스크 유형이 출제됩니다. 이미지에 클리핑 마스크가 적용되는 경우, 이미지 전체가 클리핑 영역으로 사용되거나 일부분만 클리핑 마스크가 적용되는 경우가 있습니다. 일부분만 적용될 경우, 클리핑 마스크 영역을 선택 영역으로 지정 후 복사하여 별도 레이어를 생성하여 적용하면 됩니다.

Q. 다음의 조건에 따라 아래의 출력형태와 같이 작업하시오.

조건			
원본 이미지	C:₩에듀윌 GTQ 1급₩Step 2₩Unit 03₩출제패턴 따라하기 ₩꽃그림.jpg, 화병.jpg		
파일 저장 규칙	JPG	파일명	내 문서₩GTQ₩꽃무늬화병.jpg
		크기	300×300 pixels
	PSD	파일명	내 문서₩GTQ₩꽃무늬화병.psd
		크기	30×30 pixels

① 배경 : #99cccc
② 화병.jpg : 레이어 스타일 – Drop Shadow(드롭 섀도)
③ 꽃그림.jpg : Blending Mode(혼합 모드) – Multiply(곱하기), 필터 – Rough Pastels(거친 파스텔 효과)

출력형태

출제패턴 따라하기 – 3

☑ **문제 풀이 순서** ─ 문풀 순서에 익숙해지면 시험장에서 시간을 절약 할 수 있어요!

1 새 작업 파일 만들기→**2** 배경색 칠하고 이미지 불러오기→**3** 이미지 보정 및 클리핑 마스크 적용하기→**4** 제출용 파일 저장하기

※ 중요 기능 부분만 재구성한 출제패턴입니다. 확실하게 연습하고 넘어갑시다!

1 새 작업 파일 만들기

01 새로운 작업 파일을 만들기 위해 [File(파일)] – [New(새로 만들기)]([Ctrl]+[N])를 선택한다.
02 [New Document(새로운 문서 만들기)] 대화상자가 열리면 문제지의 조건을 참고하여 작업 파일 세부정보를 입력한다.

조건
Width(폭): 300, Height(높이): 300, 단위: Pixels(픽셀), Resolution(해상도): 72(Pixel/Inch), Color Mode(색상 모드): RGB, 8bit, Background Contents(배경 내용): White(흰색)

03 [File(파일)] – [Save As(다른 이름으로 저장)]($Shift$+$Ctrl$+S)를 선택한다. '저장 경로: 내 PC₩문서₩GTQ, 파일명: 꽃무늬화병.psd'로 저장한다.

2 배경색 칠하고 이미지 불러오기

1 배경색 칠하기

01 Tool Box(도구 상자) 하단의 전경색을 더블클릭한다. [Color Picker(색상 피커)] 대화상자가 열리면 #99cccc를 입력하고 [OK(확인)]를 클릭한다. 작업 영역을 전경색으로 채우기 위해 Alt+$Delete$를 누른다.

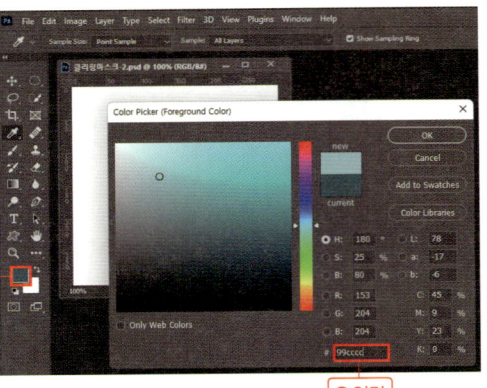

2 이미지 불러오기

01 [File(파일)] – [Open(열기)]($Ctrl$+O)을 선택하여 화병.jpg을 불러온다. Quick Selection Tool(빠른 선택 도구,)로 하얀 화병을 드래그하여 선택한다. 선택 영역을 복사($Ctrl$+C)한 후, 작업 파일에 붙여넣기 ($Ctrl$+V)한다.

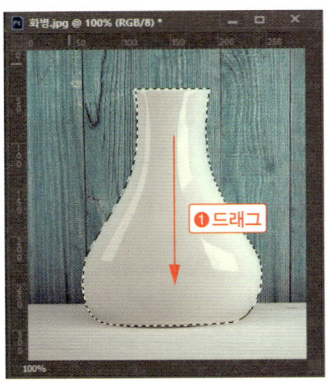
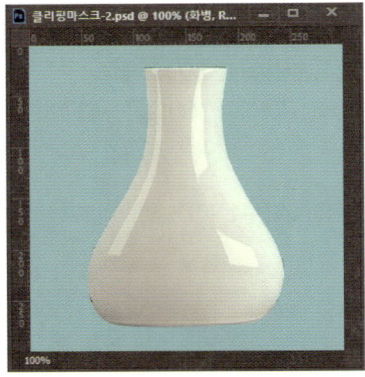

02 화병에 그림자 효과를 주기 위해 레이어 패널 하단의 [Add a Layer style(레이어 스타일 추가, fx)] – [Drop Shadow(드롭 섀도)]를 클릭한다.

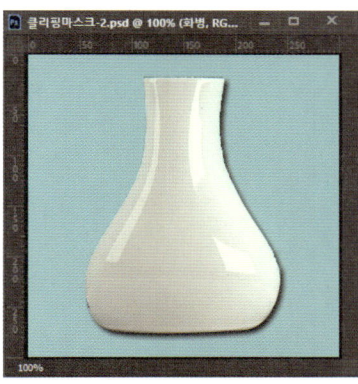

3 이미지 보정 및 클리핑 마스크 적용하기

1 이미지 보정하기

01 [File(파일)] – [Open(열기)]([Ctrl]+[O])을 선택하여 꽃그림.jpg을 불러온다. [Ctrl]+[A]를 눌러 전체 이미지를 선택하여 복사([Ctrl]+[C])하고, 작업 파일에 붙여넣기([Ctrl]+[V])한다. [Ctrl]+[T]를 누르고 마우스 오른쪽을 클릭하여 [Flip Horizontal(가로로 뒤집기)]을 선택하고 출력형태와 같이 배치한 후 [Enter]를 누른다.

02 [Filter(필터)] – [Filter Gallery(필터 갤러리)]를 선택한다. [Filter Gallery(필터 갤러리)] 대화상자가 열리면 [Artistic(예술 효과)] – [Rough Pastels(거친 파스텔 효과)]를 선택한다.

03 레이어 패널 상단에서 'Blending Mode(혼합 모드): Multiply(곱하기)'로 변경한다.

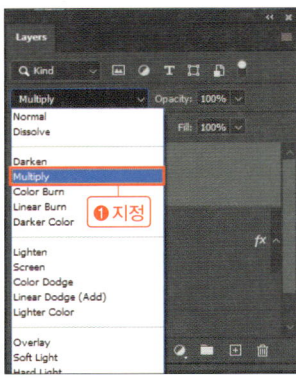

2 클리핑 마스크 적용하기

01 '화병' 레이어와 '꽃 그림' 이미지 레이어 사이에 마우스 커서를 놓고 Alt 를 누른 상태로 클릭하여 Clipping Mask(클리핑 마스크)를 적용한다. 클리핑 마스크가 적용되면 Move Tool(이동 도구, ✥)로 이미지 위치를 출력형태 와 같이 배치한다.

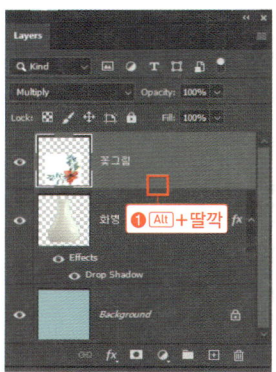
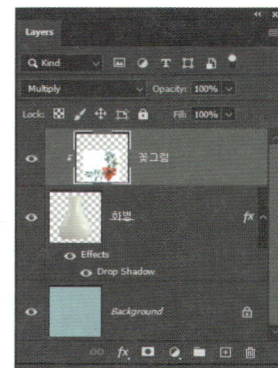

4 제출용 파일 저장하기

01 작업이 완료되면 문제지의 출력형태 와 작업 파일을 비교하여 레이어의 순서, 이미지 위치를 최종 점검한다.
02 [File(파일)] - [Save As a Copy(사본 저장)](Alt + Ctrl + S)를 선택하고, '저장 경로: 내 PC₩문서₩GTQ, 파일형식: JPEG, 파일이름: 꽃무늬화병'으로 저장한다.
03 제출용 PSD 파일을 만들기 위해 [Image(이미지)] - [Image Size(이미지 크기)](Alt + Ctrl + I)를 클릭한다. [Image Size(이미지 크기)] 대화상자가 열리면 문제지의 조건 과 같이 세부정보를 입력하여 작업 사이즈의 1/10 사이즈로 축소한다.

> 조건
> Constrain as pect ratio(종횡비 제한): 체크, Width(폭): 30px, Height(높이): 30px

04 [File(파일)] - [Save As(다른 이름으로 저장)](Shift + Ctrl + S)를 선택하고, '저장 경로: 내 PC₩문서₩GTQ, 파일형식: PSD, 파일이름: 꽃무늬화병'으로 저장한다.

출제패턴 연습하기

☑ 포스터 제작 알아보기 ─ 합격을 위한 연습문제로 출제패턴을 마스터하세요!
  1 배경색 칠하기
  2 레이어 마스크 적용하기
  3 클리핑 마스크 적용하기

1 배경색 칠하기

1 배경색 칠하기의 특징과 유의점

01 3번 문항의 배경색상 지정은 단색 또는 그레이디언트로 색상을 칠하는 문제가 제시된다.
02 단색 지정으로 문제가 제시되면 Foreground Color(전경색)를 변경하고 단축키 Alt + Delete 를 누르면 쉽게 전경색으로 채워진다.
03 그레이디언트로 배경색 지정 문제가 제시되면 Foreground Color(전경색)와 Background Color(배경색)를 모두 지정해준다.
04 그레이디언트로 배경을 칠할 때 방향에 대한 조건이 없으므로 출력형태를 보고 빠르게 파악해야 한다.

2 배경색 칠하기의 기출문제 유형

01 단색 배경 지정 기출문제 유형

배경: #ffcccc   배경: #99cc99   배경: #006666

02 그레이디언트 배경 지정 기출문제 유형

배경: 그레이디언트(#0033cc, #ffcc33)   배경: 그레이디언트(#ccffff, #ff9966)   배경: 그레이디언트(#cccccc, #003399)

③ 단색으로 배경 색상 칠하기

조건

출력형태

01 새로운 작업 파일을 만들기 위해 [File(파일)] – [New(새로 만들기)]([Ctrl]+[N])를 선택한다. [New Document(새로 만들기)] 대화상자가 열리면 문제지의 조건과 같이 작업 파일 세부정보를 입력한다.

> 조건
>
> Width(폭): 600, Height(높이): 400, 단위: Pixels(픽셀), Resolution(해상도): 72(Pixel/Inch), Color Mode(색상 모드): RGB, 8bit, Background Contents(배경 내용): White(흰색)

02 Tool Box(도구 상자) 하단의 전경색을 더블클릭한다. [Color Picker(색상 피커)] 대화상자가 열리면 #ffcccc를 입력하고 [OK(확인)]를 클릭한다.

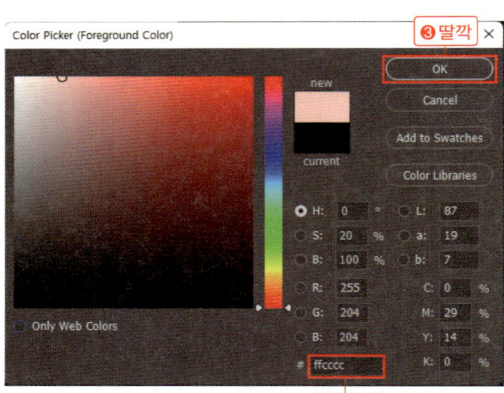

03 [Edit(편집)] – [Fill(칠)]을 선택한다. [Fill(칠)] 대화상자가 열리면 'Contents(내용): Foreground Color(전경색)'로 지정하여 배경 레이어를 조건과 같이 칠한다.

 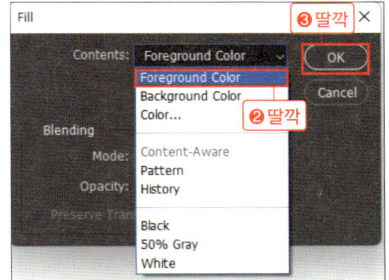 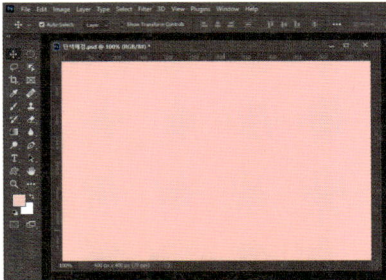

알아두면 좋은 TIP

- Alt + Del : Foreground Color(전경색) 칠하기 단축키
- 색상값은 2자리씩 같은 숫자와 알파벳으로 구성되어 있어, 각 한자리씩 입력해도 색상이 적용된다.
  예) #ffcccc → fcc

4 그레이디언트로 배경 색상 칠하기

조건   출력형태

01 새로운 작업 파일을 만들기 위해 [File(파일)] – [New(새로 만들기)](Ctrl + N)를 선택한다. [New Document(새로 만들기)] 대화상자가 열리면 문제지의 조건과 같이 작업 파일 세부정보를 입력한다.

조건

Width(폭): 600, Height(높이): 400, 단위: Pixels(픽셀), Resolution(해상도): 72(Pixel/Inch), Color Mode(색상 모드): RGB, 8bit, Background Contents(배경 내용): White(흰색)

02 Tool Box(도구 상자) 하단의 전경색을 더블클릭한다. [Color Picker(색상 피커)] 대화상자가 열리면 #0033cc를 입력하고 [OK(확인)]를 클릭한다.

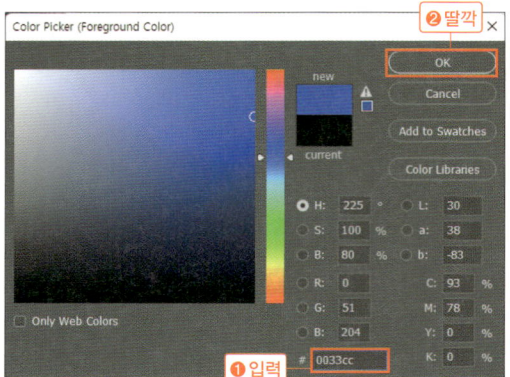

03 Tool Box(도구 상자) 하단의 배경색을 더블클릭한다. [Color Picker(색상 피커)] 대화상자가 열리면 #ffcc33을 입력하고 [OK(확인)]를 클릭한다.

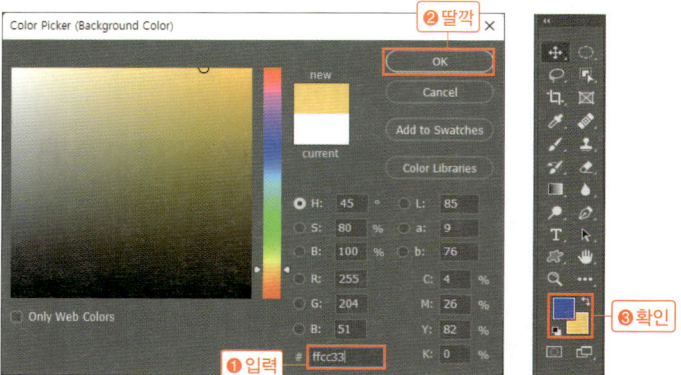

04 Gradient Tool(그레이디언트 도구, ■)을 선택하고, Options Bar(옵션 바)에서 'Foreground to Background(전경색부터 배경색), Linear Gradient(선형 그레이디언트)'로 지정한다.

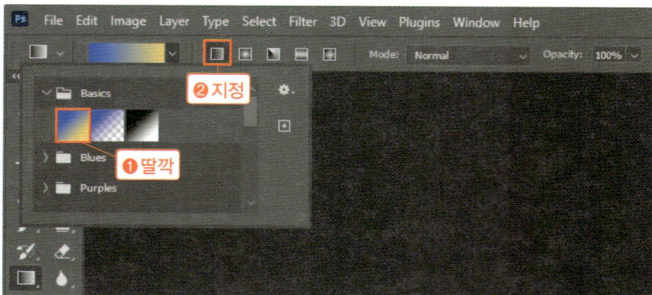

알아두면 좋은 TIP

Foreground to Background(전경색부터 배경색) 그레이디언트는 [Basic(기본)] 항목에 첫 번째로 위치가 고정되어 있다.

05 하얀 배경 레이어가 선택된 상태에서 Shift 를 누르고 상단에서 하단으로 드래그한다.

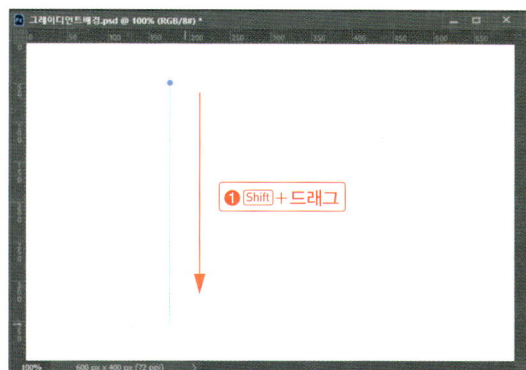 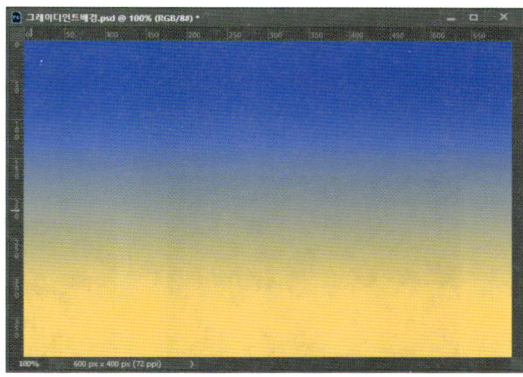

알아두면 좋은 TIP

조건 에는 그레이디언트 방향이 제시되어 있지 않으므로 출력형태 를 보고 설정해야 한다. 대부분 가로 방향 또는 세로 방향으로 출제된다. 그레이디언트를 적용하기 위해 드래그할 때, Shift 를 눌러 수평, 수직을 유지하면 그레이디언트 적용이 수월하다.

2 레이어 마스크 적용하기

1 레이어 마스크의 출제 특징과 유의점

01 레이어 마스크 기능 적용 문제는 3번 문항에서 1~2개의 이미지에 적용하도록 출제되고 있으며, 레이어 혼합 모드와 필터 등을 같이 적용하는 형식이다.

02 혼합 모드는 레이어 패널에서 속성을 변경하고, 투명도에 대한 사항이 있는지 확인 후, Opacity(불투명도) 설정도 변경해야 한다.

03 레이어 마스크는 '가로방향으로 흐릿하게', '세로방향으로 흐릿하게', '대각선 방향으로 흐릿하게'로 제시되어 있으며 출력형태 를 참고하여 그라디언트의 적용 폭을 조절한다.

② 레이어 마스크의 기출문제 유형

01 가로 방향으로 흐릿하게

조건
① 배경 : #cc9933
② 1급-7.jpg : Blending Mode(혼합 모드) – Screen(스크린), Opacity(불투명도)(70%)
③ 1급-8.jpg : 필터– Facet(단면화), 레이어 마스크 – 가로 방향으로 흐릿하게

02 세로 방향으로 흐릿하게

조건
① 배경 : #6699cc
② 1급 –7.jpg : Blending Mode(혼합 모드) – Overlay(오버레이), 레이어 마스크 – 가로 방향으로 흐릿하게
③ 1급 –8.jpg : 필터 – Texturizer(텍스처화), 레이어 마스크 – 세로 방향으로 흐릿하게

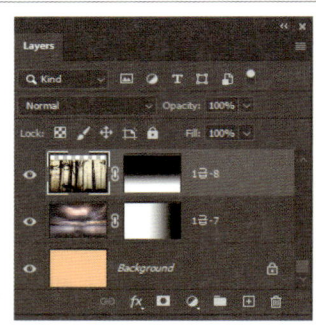

03 대각선 방향으로 흐릿하게

조건
① 배경 : #996666
② 1급 –7.jpg : Blending Mode(혼합 모드) – Overlay(오버레이), 레이어 마스크 – 세로 방향으로 흐릿하게
③ 1급 –8.jpg : 필터 – Rough Pastels(거친 파스텔 효과), 레이어 마스크 – 대각선 방향으로 흐릿하게

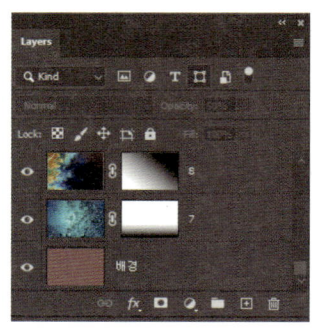

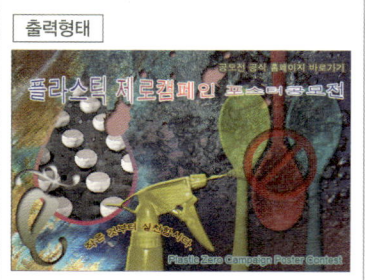

3 클리핑 마스크 적용하기

❶ 클리핑 마스크 출제 특징과 유의점

01 3번 문항에서 클리핑 마스크는 '사용자 모양 도구로 클리핑 마스크 적용', '주어진 이미지에 클리핑 마스크 적용' 두 가지 유형으로 출제된다.

02 클리핑 마스크 관련 문제에서 레이어 스타일 적용은 이미지 항목에 제시되어 있지만, 클리핑 마스크가 적용되는 레이어에 적용해야 한다.

❷ 클리핑 마스크 사용 방법

01 **레이어 패널 옵션을 이용한 클리핑 마스크**: 클리핑 마스크를 적용하려는 레이어를 선택하고 마우스 오른쪽을 클릭하고, [Create Clipping Mask(클리핑 마스크 만들기)]를 선택한다.

02 **단축키를 이용한 클리핑 마스크**: 클리핑 마스크를 적용하려는 두 레이어 사이에 마우스 커서를 놓고 Alt 를 누른 상태로 클릭하여 Clipping Mask(클리핑 마스크)를 적용한다.

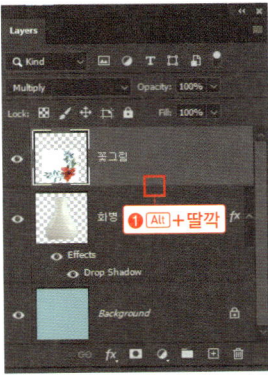 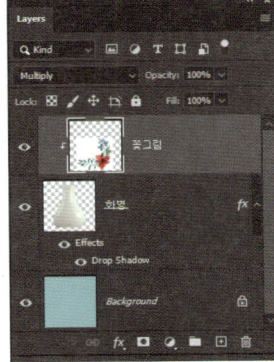

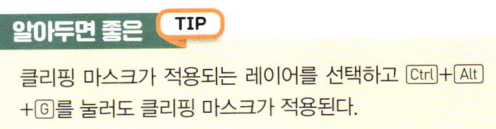

알아두면 좋은 **TIP**
클리핑 마스크가 적용되는 레이어를 선택하고 Ctrl + Alt + G 를 눌러도 클리핑 마스크가 적용된다.

합격을 위한 연습문제 　실무응용　포스터 제작

정답파일 | C:\에듀윌 GTQ 1급\Step 2\Unit 03\연습문제\레이어 마스크 1.psd, 레이어 마스크 2.psd, 클리핑 마스크 1.psd, 클리핑 마스크 2.psd, 클리핑 마스크 3.psd

Q. 다음의 조건 에 따라 출력형태 와 같이 작업하시오.

1 레이어 마스크 적용하기

문제 1

조건
① 배경: #ffcc99
② 지하철.jpg: Blending Mode(혼합 모드) – Hard Light(하드 라이트), Opacity(불투명도)(70%)
③ 소방관.jpg: 필터 – Film Grain(필름 그레인), 레이어 마스크 – 가로 방향으로 흐릿하게

출력형태

문제 2

조건
① 배경 : #cc9966
② 새.jpg : Blending Mode(혼합 모드) – Difference(차이), 레이어 마스크 – 가로 방향으로 흐릿하게
③ 바다.jpg : 필터 – Texturizer(텍스처화), 레이어 마스크 – 세로 방향으로 흐릿하게

출력형태

2 클리핑 마스크 적용하기

문제 1

조건
① 배경 : #009933
② 도시.jpg : 필터 – Texturizer(텍스처화),
   레이어 스타일 – Inner Shadow(내부 그림자)

출력형태

문제 2

조건
① 배경 : #996600
② 등대.jpg : 필터 – Dry Brush(드라이 브러시), 레이어 스타일 – Stroke(획)(3px, 그레이디언트(#993333,투명으로))

출력형태

문제 3

조건
① 배경 : #99cccc
② 손.jpg : 레이어 스타일 – Inner Shadow(내부 그림자), Stroke(획)(5px, 그레이디언트(#ffcc00, #ccffcc))
③ 숲.jpg : 필터 – Rough Pastels(거친 파스텔 효과)

출력형태

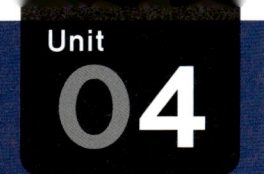

실무응용 웹 페이지 제작

출제패턴 분석하기 – 1

☑ **합격을 위한 선생님의 한마디!**

4번 문항은 배점 35점의 문항입니다. 4개의 문항 중 배점이 가장 높고 수행 작업도 많아 숙련도가 요구되고, 패스 제작과 더불어 패턴을 제작하고 적용까지 하기 때문에 시간이 오래 걸리는 작업이기도 합니다. 패턴 적용은 '패스 일부분에 적용'과 '패스 전체에 적용' 두 가지 유형으로 출제됩니다.

Q. 다음의 조건에 따라 아래의 출력형태와 같이 작업하시오.

조건

원본 이미지	C:₩에듀윌 GTQ 1급₩Step 2₩Unit 04₩출제패턴 따라하기₩방.jpg, 거실.jpg		
파일 저장 규칙	JPG	파일명	내 문서₩GTQ₩조명.jpg
		크기	600×400 pixels
	PSD	파일명	내 문서₩GTQ₩조명.psd
		크기	60×40 pixels

① 배경 : #666600
② 패턴(원 모양) : #333366, #ccffff, Opacity(불투명도)(70%)
③ 방.jpg : Blending Mode(혼합 모드) – Hard Light(하드 라이트),
   레이어 마스크 – 가로 방향으로 흐릿하게
④ 거실.jpg : 필터 – Texturizer(텍스처화),
   레이어 마스크 – 가로 방향으로 흐릿하게
⑤ Pen Tool(펜 도구) : #ff9966, #cc6666, #ffffff,
   레이어 스타일 – Drop Shadow(드롭 섀도)

출력형태

출제패턴 따라하기 - 1

☑ **문제 풀이 순서** 〈문풀 순서에 익숙해지면 시험장에서 시간을 절약할 수 있어요!〉

1 새 작업 파일 만들기→**2** 혼합 모드 및 레이어 마스크 적용하기→**3** 패스 및 패턴 제작하기→**4** 제출용 파일 저장하기

※ 중요 기능 부분만 재구성한 출제패턴입니다. 확실하게 연습하고 넘어갑시다!

1 새 작업 파일 만들기

01 새로운 작업 파일을 만들기 위해 [File(파일)] - [New(새로 만들기)](Ctrl+N)를 선택한다.
02 [New Document(새로운 문서 만들기)] 대화상자가 열리면 문제지의 조건과 같이 작업 파일 세부정보를 입력한다.

> **조건**
> Width(폭): 600, Height(높이): 400, 단위: Pixels(픽셀), Resolution(해상도): 72(Pixel/Inch), Color Mode(색상 모드): RGB, 8bit, Background Contents(배경 내용): White(흰색)

03 [File(파일)] - [Save As(다른 이름으로 저장)](Shift+Ctrl+S)를 선택한다. '저장 경로: 내 PC\문서\GTQ, 파일명: 조명.psd'로 저장한다.

2 혼합 모드 및 레이어 마스크 적용하기

① 혼합 모드 적용하기

01 Tool Box(도구 상자) 하단의 전경색을 더블클릭한다. [Color Picker(색상 피커)] 대화상자가 열리면 #666600을 입력하고 [OK(확인)]를 클릭한다. 작업 영역을 전경색으로 채우기 위해 Alt+Delete를 누른다.

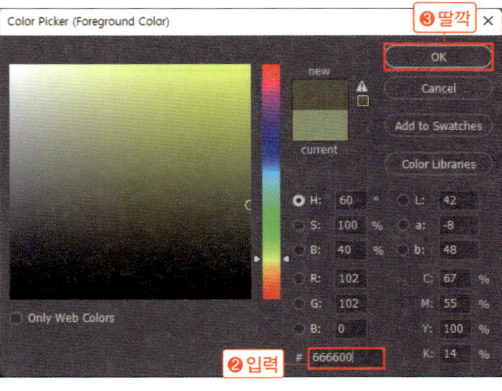

02 [File(파일)] – [Open(열기)]([Ctrl]+[O])을 선택하여 방.jpg을 불러온다. [Ctrl]+[A]를 눌러 전체 이미지를 선택하여 복사([Ctrl]+[C])하고, 작업 파일에 붙여넣기([Ctrl]+[V])한다. 레이어 패널 상단에서 'Blending Mode(혼합 모드) : Hard Light(하드 라이트)'로 설정한다.

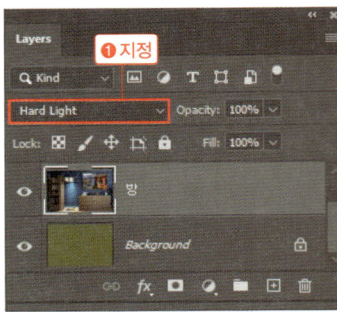

2 레이어 마스크 적용하기

01 방 이미지 레이어가 선택된 상태로 레이어 패널 하단에 [Add a Layer Mask(레이어 마스크 추가, ▢)]를 클릭한다. Gradient Tool(그레이디언트 도구, ▢)을 선택하고, Option Bar(옵션 바)에서 'Black, White(검정, 흰색)', 'Linear Gradient(선형 그레이디언트)'로 지정하고 출력형태와 같이 오른쪽에서 왼쪽으로 드래그한다.

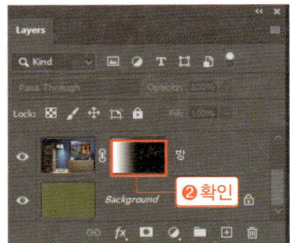

02 [File(파일)] – [Open(열기)]([Ctrl]+[O])을 선택하여 거실.jpg을 불러온다. [Ctrl]+[A]를 눌러 전체 이미지를 선택하여 복사([Ctrl]+[C])하고, 작업 파일에 붙여넣기([Ctrl]+[V])한다. 필터 효과를 적용하기 위해 [Filter(필터)] – [Filter Gallery(필터 갤러리)]를 선택한다. [Filter Gallery(필터 갤러리)] 대화상자가 열리면 [Texture(텍스처)] – [Texturizer(텍스처화)]를 선택한다.

03 방 이미지 레이어가 선택된 상태로 레이어 패널 하단의 [Add a Layer Mask(레이어 마스크 추가, ▢)]를 클릭한다. Gradient Tool(그레이디언트 도구, ▢)을 선택하고, Options Bar(옵션 바)에서 'Black, White(검정, 흰색)', 'Linear Gradient(선형 그레이디언트)'로 지정하고 출력형태 와 같이 왼쪽에서 오른쪽으로 드래그한다.

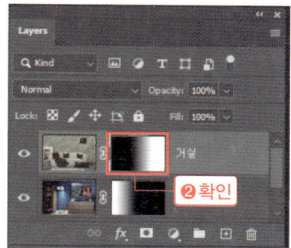

3 패스 및 패턴 제작하기

① 패스 제작하기

01 Ellipse Tool(타원 도구, ⬭)을 선택하고 Options Bar(옵션 바)에서 Path(패스) 설정을 'Pick tool mode(선택 도구 모드): shape(모양), Fill(칠): 임의의 색, Stroke(획): No color(색상 없음)'로 지정한 후 작은 원을 그린다.

02 Options Bar(옵션 바)에서 'Path operations(패스 작업): Subtract Front Shape(전면 모양 빼기, ▢)'로 변경하고, Ellipse Tool(타원 도구, ⬭)로 그려놓은 원 가운데에 삭제될 부분을 그린다.

> **알아두면 좋은 TIP**
>
> **패스 작업 단축키**
> - [Alt]+도형 그리기: Subtract Front Shape(전면 모양 빼기, ▢)
> - [Shift]+도형 그리기: Combine Shapes(모양 결합, ▢)

03 Rectangle Tool(사각형 도구, ■)로 둥근 모서리 사각형을 그린 후, 출력형태와 같이 사각형을 그린다. Ctrl+T를 누르고 출력형태와 같이 배치한 후 Enter를 누른다.

04 오른쪽 레이어 패널에서 Shift를 누른 채로 그려놓은 패스들을 클릭하여 동시 선택한다. 선택된 레이어에서 마우스 오른쪽을 클릭하여 [Merge Shapes(모양 병합)](Ctrl+E)를 적용한다. Path Selection Tool(패스 선택 도구, ▶)로 드래그하여 모든 패스를 선택한 후, Options Bar(옵션 바)에서 'Merge Shape Components(모양 병합 구성 요소, ▣)'를 클릭한다.

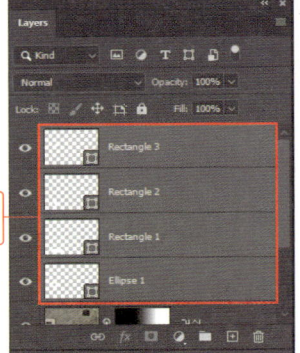 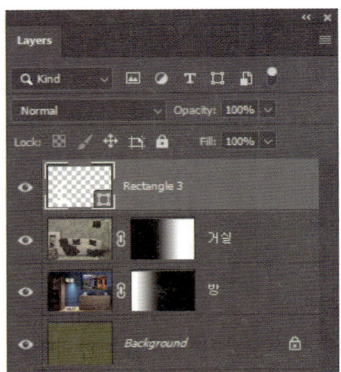 

05 Ellipse Tool(타원 도구, ●)로 큰 원을 그린다. Rectangle Tool(사각형 도구, ■)를 선택하고 Alt를 누르면서 드래그하여 원의 일부분을 삭제한다. 이어서 Shift를 누르면서 반원 아래에 둥근 모서리 사각형을 그린다.

06 그려놓은 사각형 모양을 선택된 상태로 Ctrl+T를 누르고 마우스 오른쪽 버튼을 클릭하여 'Perspective(원근)' 를 선택한다. 오른쪽 아래 바운딩 박스 모서리를 왼쪽으로 드래그하여 사다리꼴 모양으로 변형하여 스탠드갓 모양을 완성한다.

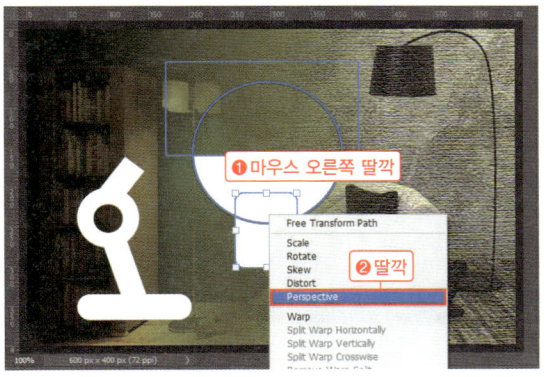 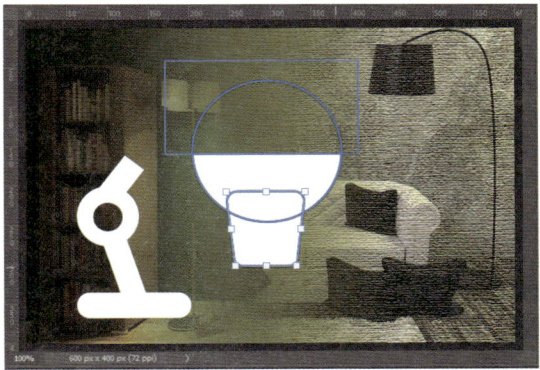

07 Path Selection Tool(패스 선택 도구,)로 드래그하여 모든 패스를 선택한 후, Options Bar(옵션 바)에서 'Merge Shape Components(모양 병합 구성 요소,)'를 클릭한다. Ctrl+T를 누르고 출력형태 와 같이 배치한 후 Enter 를 누른다.

08 스탠드의 전구를 그리기 위해 Ellipse Tool(타원 도구,)로 작은 원을 그린다. Rectangle Tool(사각형 도구,)을 선택하고 Alt 를 누르면서 드래그하여 원의 일부분을 삭제한다. Path Selection Tool(패스 선택 도구,)로 드래그하여 모든 패스를 선택한 후, Options Bar(옵션 바)에서 'Merge Shape Components(모양 병합 구성 요소,)'를 클릭한다. Ctrl+T를 누르고 출력형태 와 같이 배치한 후 Enter 를 누른다.

09 스탠드받침 레이어 썸네일을 더블클릭하여 'Color(색상): #ff9966', 스탠드갓 레이어 썸네일을 더블클릭하여 'Color(색상): #cc6666', 전구 레이어 썸네일을 더블클릭하여 'Color(색상): #ffffff'로 변경한다.

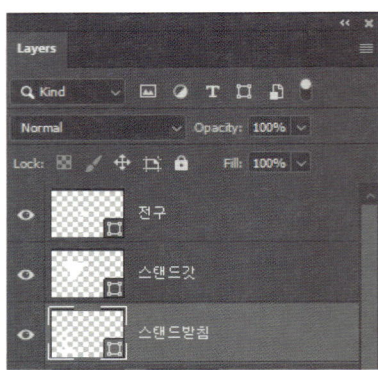 

10 스탠드받침, 스탠드갓, 전구 레이어에 각각 [Add a Layer style(레이어 스타일 추가, fx)] - [Drop Shadow(드롭 섀도)]를 클릭하여 효과를 적용한다.

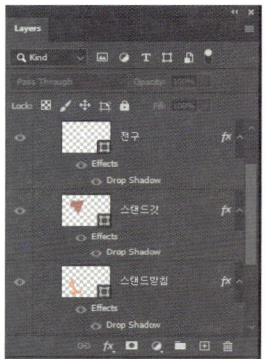 

2 패턴 제작하기

01 패턴을 만들기 위해 [File(파일)] - [New(새로 만들기)]([Ctrl]+[N])를 선택한다. [New Document(새로 만들기)] 대화상자가 열리면 문제지의 조건을 참고하여 작업 파일 세부정보를 입력한다.

> **조건**
>
> Width(폭): 30, Height(높이): 30, 단위: Pixels(픽셀), Resolution(해상도): 72(Pixel/Inch), Color Mode(색상 모드): RGB, 8bit, Background Contents(배경): Transparent(투명)

02 문서의 눈금자를 클릭한 후 드래그하여 격자를 만들어놓은 화면의 가로 중간, 세로 중간에 배치한다.

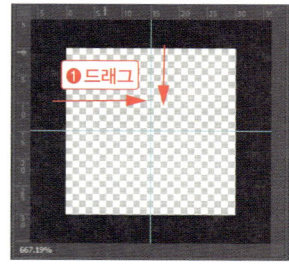

> **알아두면 좋은 TIP**
>
> 화면을 확대하려면 [Alt]를 누르면서 마우스 스크롤을 위로 올리면 된다.

03 Custom Shape Tool(사용자 정의 모양 도구,)을 클릭하고, 원 틀 모양을 찾아 작업 영역 중앙에 드래그하여 그린 후 Options Bar(옵션 바)에서 'Fill(칠): #336666'으로 지정하고 Enter를 눌러 Shape 레이어를 생성한다.

> 조건
>
> 원 틀 모양: [All Legacy Default Shapes(모든 레거시 기본 모양)] – [Shapes(모양)] – [Circle Frame(얇은 원형 프레임)]

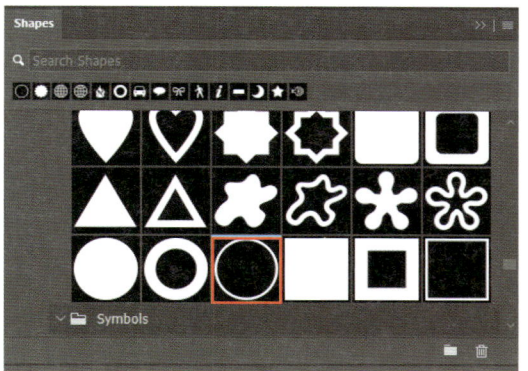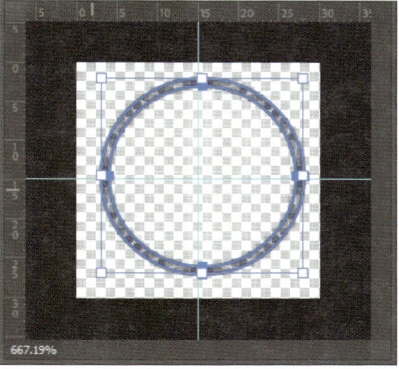

04 Custom Shape Tool(사용자 정의 모양 도구,)을 클릭하고, 원 모양을 찾아 작업 영역 중앙에 드래그하여 그린 후 Options Bar(옵션 바)에서 'Fill(칠): #ccffff'로 지정하고 Enter를 눌러 Shape 레이어를 생성한다.

> 조건
>
> 원 모양: [All Legacy Default Shapes(모든 레거시 기본 모양)] – [Shapes(모양)] – [Circle(원)]

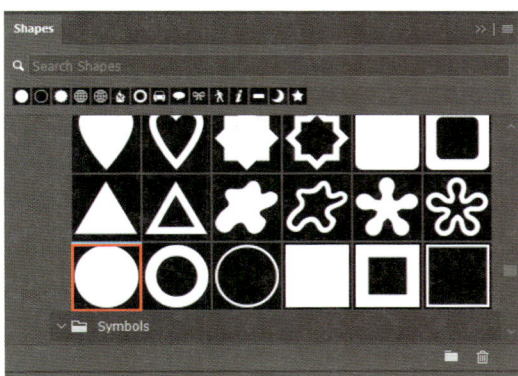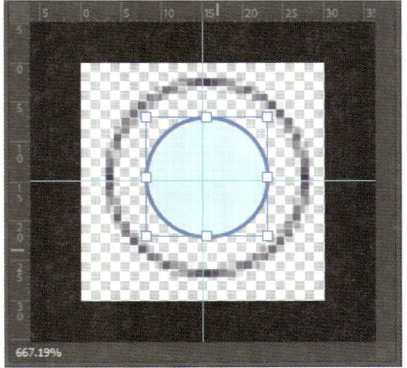

05 [Edit(편집)] – [Define Pattern(사용자 패턴 정의)]을 클릭한다. 'Pattern Name(패턴 이름): 원'으로 입력하고 [OK(확인)]를 클릭한 후 '조명' 작업 문서로 돌아간다.

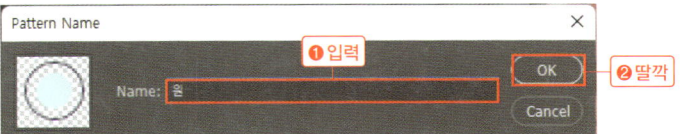

③ 패스에 패턴 적용하기

01 레이어 패널 하단의 [Create a new layer(새 레이어 생성, ▣)]를 클릭한다. 새 레이어가 선택된 상태로 Ctrl를 누르면서 전구 모양 레이어의 썸네일을 클릭한다. Ctrl + Shift 를 누르고 스탠드갓, 스탠드받침 레이어의 썸네일을 각각 클릭하여 모든 패스를 선택 영역으로 지정한다.

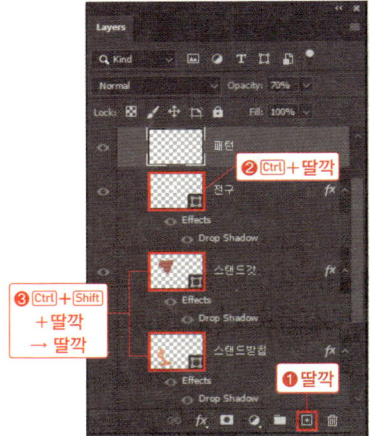

02 [Edit(편집)] – [Fill(칠)]을 선택한다. [Fill(칠)] 대화상자가 열리면 'Contents(내용): Pattern(패턴)'으로 변경하고 Custom Pattern(사용자 정의 패턴) 항목에서 등록한 '원' 패턴을 찾아 선택한 후 [OK(확인)]를 눌러 적용한다. 레이어 패널 상단에 'Opacity(불투명도): 70%'로 입력한다.

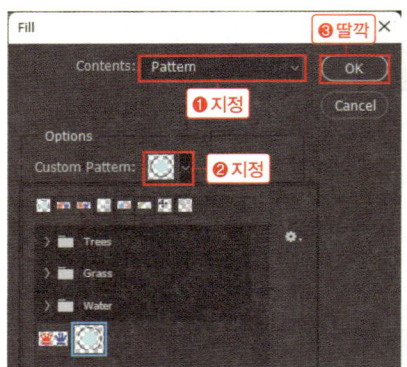

03 레이어 패널에서 패턴 레이어와 모든 스탠드를 구성하는 패스 레이어를 Ctrl 을 누르면서 클릭하여 선택한다. 레이어 패널 하단의 [Create a new group(새 그룹 만들기, 🗀)]을 클릭한다.

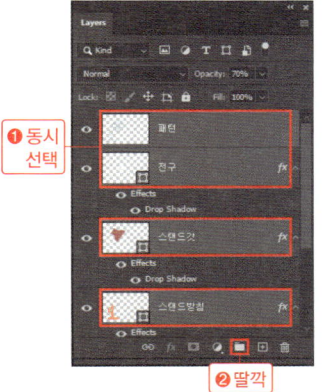
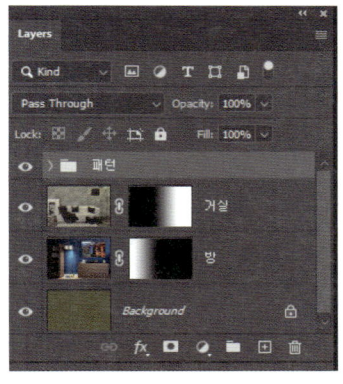

04 폴더 레이어를 선택하고 Ctrl + T 를 누르고 출력형태 와 같이 배치한 후 Enter 를 누른다.

4 제출용 파일 저장하기

01 작업이 완료되면 문제지의 출력형태 와 작업 파일을 비교하여 레이어의 순서, 이미지 위치를 최종 점검한다.
02 [File(파일)] - [Save As a Copy(사본 저장)](Alt + Ctrl + S)를 선택하고, '저장 경로: 내 PC₩문서₩GTQ, 파일형식: JPEG, 파일이름: 조명'으로 저장한다.
03 제출용 PSD 파일을 만들기 위해 [Image(이미지)] - [Image Size(이미지 크기)](Alt + Ctrl + I)를 클릭한다. [Image Size(이미지 크기)] 대화상자가 열리면 문제지의 조건 과 같이 세부정보를 입력하여 작업 사이즈의 1/10 사이즈로 축소한다.

> 조건
>
> Constrain as pect ratio(종횡비 제한): 체크, Width(폭): 60px, Height(높이): 40px

04 [File(파일)] - [Save As(다른 이름으로 저장)](Shift + Ctrl + S)를 선택하고, '저장 경로: 내 PC₩문서₩GTQ, 파일형식: PSD, 파일이름: 조명'으로 저장한다.

출제패턴 분석하기 – 2

☑ 합격을 위한 선생님의 한마디!

4번 문항은 일반적으로 패스 제작 후 패턴을 적용하며, 제작한 모든 패스에 적용하는지, 일부분에만 적용하는지로 나뉩니다. 일부분에만 패턴을 적용하는 유형은 출력형태 와 다르면 감점이 되기 때문에 유의해야 합니다.

Q. 다음의 조건 에 따라 아래의 출력형태 와 같이 작업하시오.

조건

원본 이미지	C:₩에듀윌 GTQ 1급₩Step 2₩Unit 04₩출제패턴 따라하기 ₩꽃.jpg, 시계.jpg		
파일 저장 규칙	JPG	파일명	내 문서₩GTQ₩식물가꾸기.jpg
		크기	600×400 pixels
	PSD	파일명	내 문서₩GTQ₩식물가꾸기.psd
		크기	60×40 pixels

① 배경 : #ffff00
② 패턴(왕관 모양) : #ff0000, #0066ff, Opacity(불투명도)(40%)
③ 꽃.jpg : Blending Mode(혼합 모드) – Linear Burn(선형 번),
   Opacity(불투명도)(80%)
④ 시계.jpg : 필터 – Rough Pastels(거친 파스텔 효과),
   레이어 마스크 – 가로 방향으로 흐릿하게
⑤ Pen Tool(펜 도구) : #ffcc00, #99cc66,
   레이어 스타일 – Drop Shadow(드롭 섀도)

출력형태

출제패턴 따라하기 – 2

☑ 문제 풀이 순서 — 문풀 순서에 익숙해지면 시험장에서 시간을 절약할 수 있어요!

1 새 작업 파일 만들기 → 2 혼합 모드 및 레이어 마스크 적용하기 → 3 패스 및 패턴 제작하기 → 4 제출용 파일 저장하기

※ 중요 기능 부분만 재구성한 출제패턴입니다. 확실하게 연습하고 넘어갑시다!

1 새 작업 파일 만들기

01 새로운 작업 파일을 만들기 위해 [File(파일)] – [New(새로 만들기)](Ctrl + N)를 선택한다.

02 [New Document(새로운 문서 만들기)] 대화상자가 열리면 문제지의 조건과 같이 작업 파일 세부정보를 입력한다.

> 조건
>
> Width(폭): 600, Height(높이): 400, 단위: Pixels(픽셀), Resolution(해상도): 72(Pixel/Inch), Color Mode(색상 모드): RGB, 8bit, Background Contents(배경 내용): White(흰색)

03 [File(파일)] - [Save As(다른 이름으로 저장)](Shift + Ctrl + S)를 선택한다. '저장 경로: 내 PC\문서\GTQ, 파일명: 식물가꾸기.psd'로 저장한다.

2 혼합 모드 및 레이어 마스크 적용하기

1 혼합 모드 적용하기

01 Tool Box(도구 상자) 하단의 전경색을 더블클릭한다. [Color Picker(색상 피커)] 대화상자가 열리면 #ffff00을 입력하고 [OK(확인)]를 클릭한다. 작업 영역을 전경색으로 채우기 위해 Alt + Delete 를 누른다.

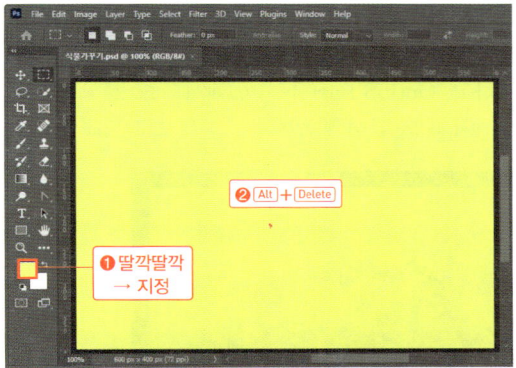

02 [File(파일)] - [Open(열기)](Ctrl + O)을 선택하여 꽃.jpg을 불러온다. Ctrl + A 를 눌러 전체 이미지를 선택하여 복사(Ctrl + C)하고, 작업 파일에 붙여넣기(Ctrl + V) 한다. 레이어 패널 상단에서 'Blending Mode(혼합 모드): Linear Burn(선형 번), Opacity(불투명도): 80%'으로 설정한다.

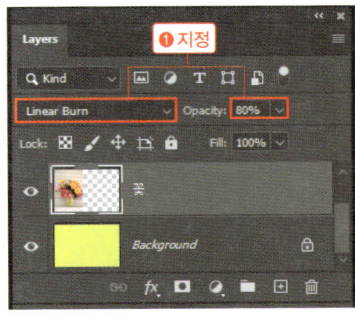 

② 레이어 마스크 적용하기

01 [File(파일)] – [Open(열기)]([Ctrl]+[O])을 선택하여 시계.jpg를 불러온다. [Ctrl]+[A]를 눌러 전체 이미지를 선택하여 복사([Ctrl]+[C])하고, 작업 파일에 붙여넣기([Ctrl]+[V])한다. 필터 효과를 적용하기 위해 [Filter(필터)] – [Filter Gallery(필터 갤러리)]를 선택한다. [Filter Gallery(필터 갤러리)] 대화상자가 열리면 [Artistic(예술 효과)] – [Rough Pastels(거친 파스텔 효과)]를 선택한다.

02 시계 이미지 레이어가 선택된 상태로 레이어 패널 하단에 [Add a Layer Mask(레이어 마스크 추가, ▢)]를 클릭한다. Gradient Tool(그레이디언트 도구, ▢)을 선택하고, Option Bar(옵션 바)에서 'Black, White(검정, 흰색)', 'Linear Gradient(선형 그레이디언트)'로 지정하고 출력형태와 같이 왼쪽에서 오른쪽으로 드래그한다.

3 패스 및 패턴 제작하기

① 패스 제작하기

01 Pen Tool(펜 도구, ▢)을 선택하고 Options Bar(옵션 바)에서 Path(패스) 설정을 'Pick tool mode(선택 도구 모드): shape(모양), Fill(칠): #ffcc00, Stroke(획): No color(없음)'으로 지정한다.

02 작업 영역 외부를 클릭하여 시작점을 만든다. 클릭 후 드래그를 하여 곡선을 만들고, [Alt]를 누르고 기준점을 클릭하여 방향선을 제거한다. 다음 위치를 클릭하여 직선을 그린 후 같은 방법으로 곡선을 그려 클릭한 시작점을 클릭한다.

알아두면 좋은 TIP

패스 영역을 문서 외곽 부분까지 작업해야 레이어 스타일 중 그림자 효과, 내부 광선 효과, 테두리 효과 등이 자연스럽게 처리된다.

03 완성된 패스에 그림자 효과를 주기 위해 레이어 패널 하단의 [Add a Layer style(레이어 스타일 추가, fx)] − [Drop Shadow(드롭 섀도)]를 클릭하여 효과를 적용한다.

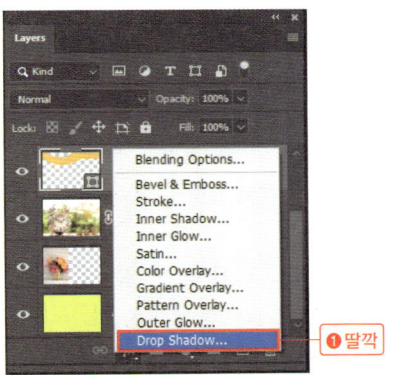

04 완성된 물결 모양 레이어를 선택하고 [Ctrl]+[J]를 눌러 복사한 후, 원본 패스 레이어 아래로 드래그한다. 복사한 레이어의 썸네일을 더블클릭하여 'Color(색상): #99cc66'을 입력한다. [Ctrl]+[T]를 누르고 출력형태와 같이 배치한 후 [Enter]를 누른다.

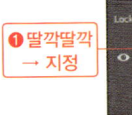 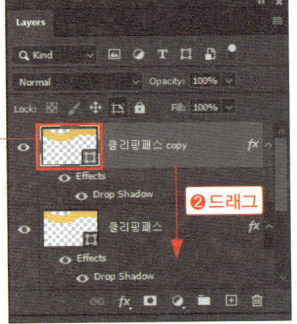  

Unit 04. 웹 페이지 제작 · 141

❷ 패턴 제작하기

01 패턴을 만들기 위해 [File(파일)] – [New(새로 만들기)]([Ctrl]+[N])를 선택한다. [New Document(새로 만들기)] 대화상자가 열리면 문제지의 조건을 참고하여 작업 파일 세부정보를 입력한다.

> 조건
>
> Width(폭): 50, Height(높이): 25, 단위: Pixels(픽셀), Resolution(해상도): 72(Pixel/Inch), Color Mode(색상 모드): RGB, 8bit, Background Contents(배경): Transparent(투명)

02 문서의 눈금자를 클릭한 후 드래그하여 격자를 만들어놓은 화면의 가로 중간에 배치한다.

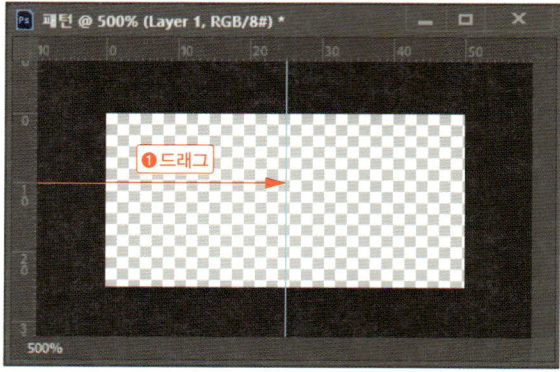

03 Custom Shape Tool(사용자 정의 모양 도구,)을 클릭하고, 왕관 모양을 찾아 작업 영역 왼쪽에 드래그하여 그린 후 Options Bar(옵션 바)에서 'Fill(칠): #ff0000'으로 지정하고 [Enter]를 눌러 Shape 레이어를 생성한다.

> 조건
>
> 왕관 모양: [All Legacy Default Shapes(모든 레거시 기본 모양)] – [Objects(물건)] – [Crown 4(왕관 4)]

04 Crown 4(왕관 4) 레이어를 선택하고 Ctrl+J를 눌러 복사한다. 복사된 'Crown 4(왕관 4) copy' 레이어를 선택하고 Ctrl+T를 눌러 출력형태와 같이 배치한 후, 레이어의 썸네일을 더블클릭하여 'Color(색상): #0066ff'로 지정한다.

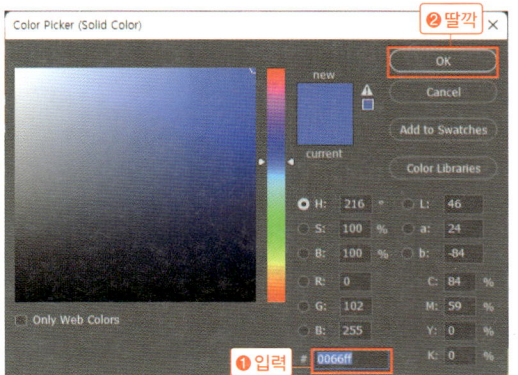 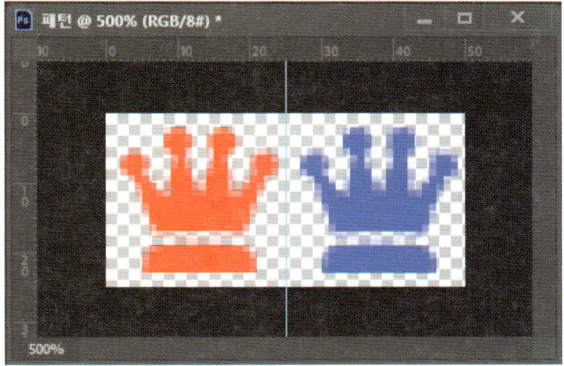

05 [Edit(편집)] – [Define Pattern(사용자 패턴 정의)]을 클릭한다. 'Pattern Name(패턴 이름): 왕관'으로 입력하고 [OK(확인)]를 클릭한 후 '식물가꾸기' 작업 문서로 돌아간다.

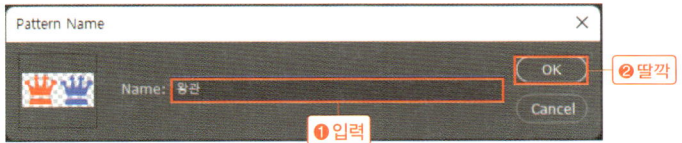

3 패스에 패턴 적용하기

01 레이어 패널 하단의 [Create a new layer(새 레이어 생성, ⊕)]를 클릭한다.
02 [Edit(편집)] – [Fill(칠)]을 선택한다. [Fill(칠)] 대화상자가 열리면 'Contents(내용): Pattern(패턴)'으로 변경하고 Custom Pattern(사용자 정의 패턴) 항목에서 등록한 '왕관' 패턴을 찾아 선택하고 [OK(확인)]를 눌러 적용한다. 레이어 패널 상단에 'Opacity(불투명도): 40%'를 입력한다.

 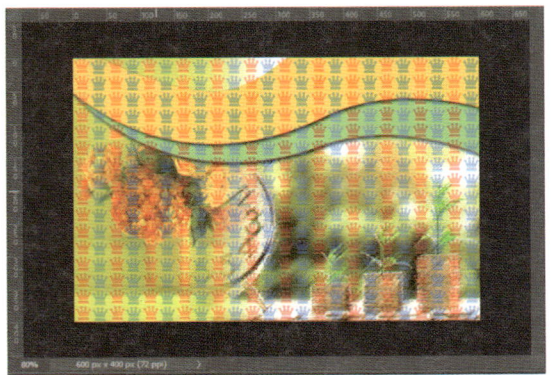

03 '패턴' 레이어와 '노란색 물결' 패스 레이어 사이에 마우스 커서를 놓고 Alt 를 누른 상태로 마우스를 클릭하여 Clipping Mask(클리핑 마스크)를 적용한다.

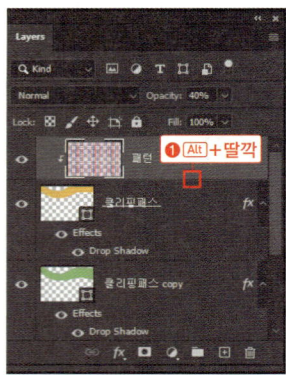 

4 제출용 파일 저장하기

01 작업이 완료되면 문제지의 출력형태 와 작업 파일을 비교하여 레이어의 순서, 이미지 위치를 최종 점검한다.
02 [File(파일)] – [Save As a Copy(사본 저장)](Alt+Ctrl+S)를 선택하고, '저장 경로: 내 PC\문서\GTQ, 파일형식: JPEG, 파일이름: 식물가꾸기'로 저장한다.
03 제출용 PSD 파일을 만들기 위해 [Image(이미지)] – [Image Size(이미지 크기)](Alt+Ctrl+I)를 클릭한다. [Image Size(이미지 크기)] 대화상자가 열리면 문제지의 조건 과 같이 세부정보를 입력하여 작업 사이즈의 1/10 사이즈로 축소한다.

> 조건
>
> Constrain as pect ratio(종횡비 제한): 체크, Width(폭): 60px, Height(높이): 40px

04 [File(파일)] – [Save As(다른 이름으로 저장)](Shift+Ctrl+S)를 선택하고, '저장 경로: 내 PC\문서\GTQ, 파일형식: PSD, 파일이름: 식물가꾸기'로 저장한다.

출제패턴 연습하기

☑ 웹 페이지 제작 알아보기 ─ 합격을 위한 연습문제로 출제패턴을 마스터하세요!
  1 패턴 제작하기
  2 패스 제작하기
  3 패스에 패턴 적용하기

1 패턴 제작하기

① 패턴 제작의 특징과 유의점

01 패턴은 패스 작업과 클리핑 마스크, 레이어 스타일 등이 복합적으로 결합된 형태로 출제된다.
02 패턴 제작에 사용되는 구성 요소는 두 개의 사용자 모양 도구를 이용하여 패턴을 구성한다. 출력형태와 같이 패턴을 구성하는 배열 방식을 고려하여 제작해야 한다.
03 패턴이 패스 일부분에만 적용되는 경우, 패스 영역은 '패턴 적용 영역'과 '일반 영역'을 별도의 레이어로 작업한다.

② 패턴 제작의 구성 유형

01 가로 배열의 패턴

조건

출력형태
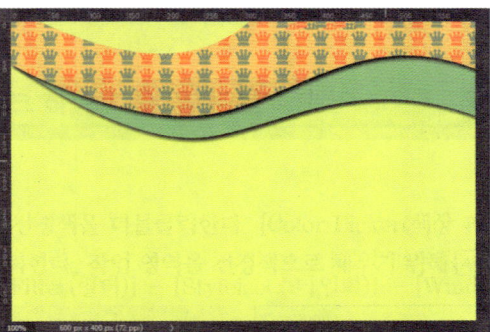

02 세로 배열의 패턴

조건

출력형태
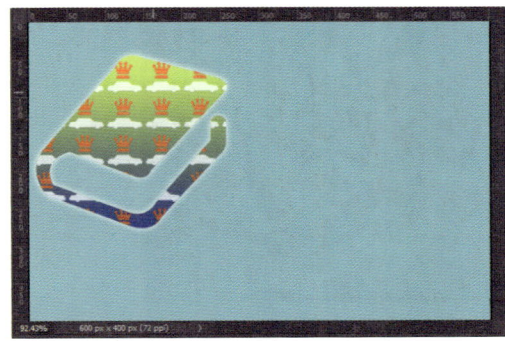

03 대각선 배열의 패턴

조건

출력형태

04 조합 배열의 패턴

조건

출력형태

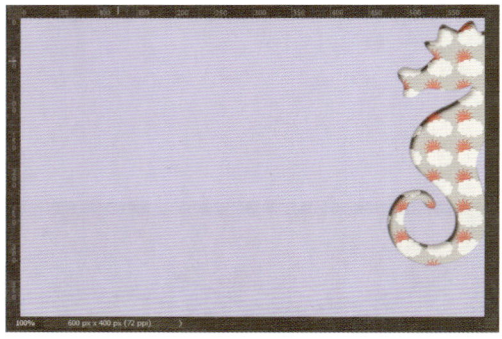

3 패턴 유닛 사이즈 설정

01 시험지의 출력형태 에서 패턴 구성을 살펴본다.

출력형태

02 패턴 유닛을 찾아 사각형을 그린다. 자를 이용하여 수직, 수평선을 그린다. 격자에 표기된 단위를 보고 '가로×세로' 사이즈를 측정한다.

03 [File(파일)] - [New(새로 만들기)]([Ctrl]+[N])로 새 문서를 만든다. 유닛의 크기로 가로, 세로 수치를 입력하고, 'Background Contents(배경 내용): Transparent(투명)'로 지정한다. 문제지의 조건과 같이 모양 도구와 색상으로 패턴을 제작한다.

 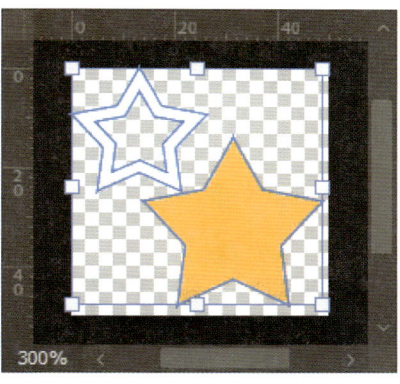

④ 가로 배열 패턴 유닛 만들기

조건   출력형태

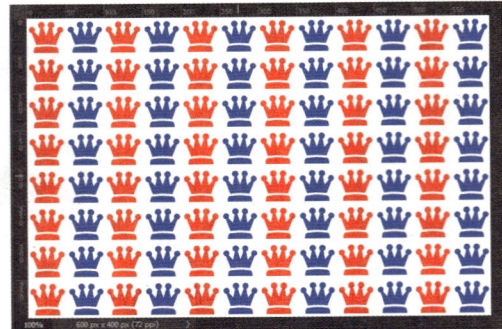

01 패턴을 만들기 위해 [File(파일)] – [New(새로 만들기)]([Ctrl]+[N])를 선택한다. [New Document(새로 만들기)] 대화상자가 열리면 문제지의 조건을 참고하여 작업 파일 세부정보를 입력한다.

> 조건
>
> Width(폭): 100, Height(높이): 50, 단위: Pixels(픽셀), Resolution(해상도): 72(Pixel/Inch), Color Mode(색상 모드): RGB, 8bit, Background Contents(배경): Transparent(투명)

02 Custom Shape Tool(사용자 정의 모양 도구, ⬚)을 클릭하고, 왕관 모양을 찾아 작업 영역 왼쪽에 드래그하여 그린 후 Options Bar(옵션 바)에서 'Fill(칠): #ff0000'으로 지정하고 [Enter]를 눌러 Shape 레이어를 생성한다.

> 조건
>
> 왕관 모양: [All Legacy Default Shapes(모든 레거시 기본 모양)] – [Objects(물건)] – [Crown 4(왕관 4)]

 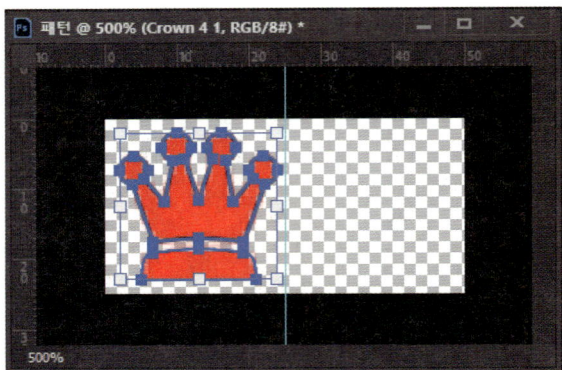

03 'Crown 4(왕관 4)' 레이어를 선택하고 Ctrl + J 를 눌러 복사한다. 복사된 'Crown 4(왕관 4) copy' 레이어를 선택하고 Ctrl + T 를 눌러 출력형태 와 같이 배치한 후, 레이어의 썸네일을 더블클릭하여 'Color(색상): #0066ff'로 지정한다.

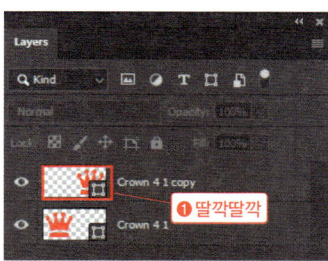 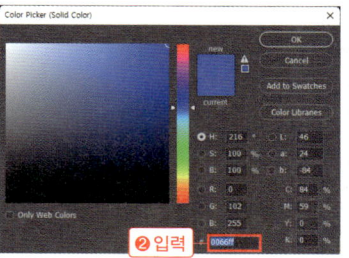 

04 [Edit(편집)] – [Define Pattern(사용자 패턴 정의)]을 클릭한다. 'Pattern Name(패턴 이름): 왕관'으로 입력하고 [OK(확인)]를 클릭하여 패턴을 저장한다.

5 대각선 배열 패턴 유닛 만들기

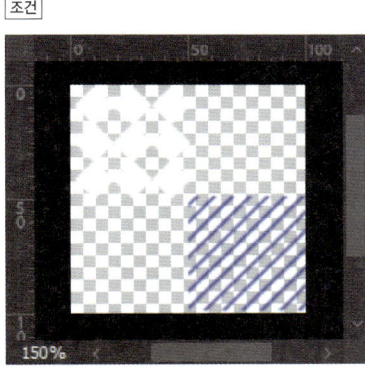 

01 패턴을 만들기 위해 [File(파일)] – [New(새로 만들기)](Ctrl + N)를 선택한다. [New Document(새로 만들기)] 대화상자가 열리면 문제지의 조건 을 참고하여 작업 파일 세부정보를 입력한다.

조건

Width(폭): 100, Height(높이): 100, 단위: Pixels(픽셀), Resolution(해상도): 72(Pixel/Inch), Color Mode(색상 모드): RGB, 8bit, Background Contents(배경): Transparent(투명)

02 문서의 눈금자를 클릭 후 드래그하여 격자를 만들어놓은 화면의 가로 중간, 세로 중간에 배치한다.

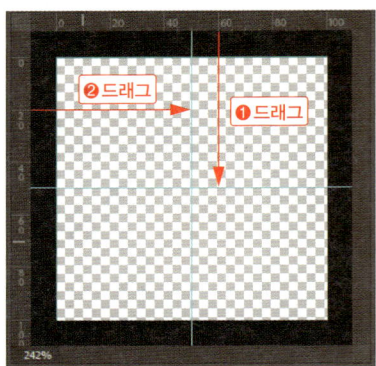

03 Custom Shape Tool(사용자 정의 모양 도구,)을 클릭하고, 타일 모양을 찾아 작업 영역 왼쪽 상단에 드래그 하여 그린 후 Options Bar(옵션 바)에서 'Fill(칠): #ffffff'로 지정하고 Enter 를 눌러 Shape 레이어를 생성한다.

> 조건
>
> 타일 모양: [All Legacy Default Shapes(모든 레거시 기본 모양)] – [Tiles(타일)] – [Tile 4(타일 4)]

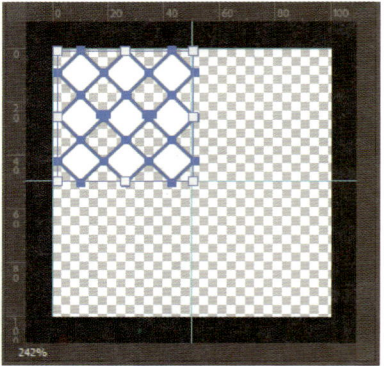

04 Custom Shape Tool(사용자 정의 모양 도구,)을 클릭하고, 타일 모양을 찾아 작업 영역 오른쪽 하단에 드래그하여 그린 후 Options Bar(옵션 바)에서 'Fill(칠): #0033cc'로 지정하고 Enter 를 눌러 Shape 레이어를 생성한다.

> **조건**
> 타일 모양: [All Legacy Default Shapes(모든 레거시 기본 모양)] – [Tiles(타일)] – [Tile 2(타일 2)]

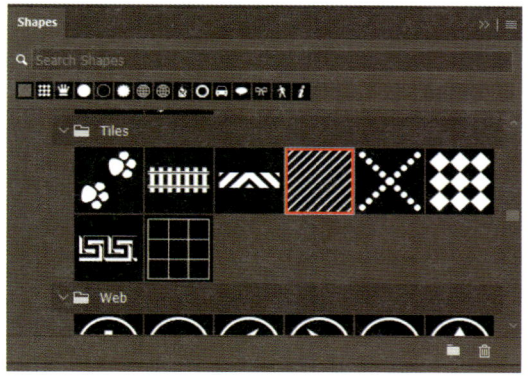
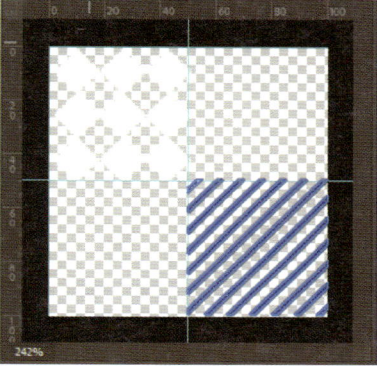

05 [Edit(편집)] – [Define Pattern(사용자 패턴 정의)]을 클릭한다. 'Pattern Name(패턴 이름): 타일'로 입력하고 [OK(확인)]를 클릭하여 패턴을 저장한다.

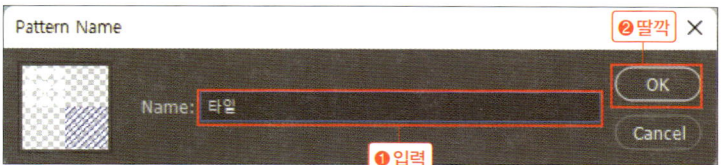

2 패스 제작하기

① 패스 제작의 특징과 유의점

01 패스 작업에서 '패턴 적용 영역'과 '일반 영역'으로 구분된다. 문제에 따라 패스 전체가 패턴 적용 영역인 경우와 일부분만 패턴 적용인 경우로 나뉜다. 출력형태 를 보고 패스의 병합 유무를 선택해야 한다.

02 패스를 제작하는 작업은 1번 문항과 4번 문항에서 출제된다. 4번 문항은 1번 문항과 다르게 저장하지 않는다.

② 패스의 형태 유형

01 유선형 모양 패스: Pen Tool(펜 도구, ✐)을 사용하여 유연한 곡선형으로 패스를 제작한다. 기준점을 적게 사용해야 부드러운 곡선이 만들어진다. 문서 외부 영역에서 시작하여 패스를 만들어야 레이어 스타일을 적용할 때 자연스럽게 표현된다.

02 Pen Tool(펜 도구, ✐) 작업 유형의 패스: Pen Tool(펜 도구, ✐)로 구체적인 모양의 패스를 제작한다. 대략적인 크기를 가이드 선으로 설정한 후 작업하면 전체적인 비율을 유지하면서 패스를 작업하기 수월하다.

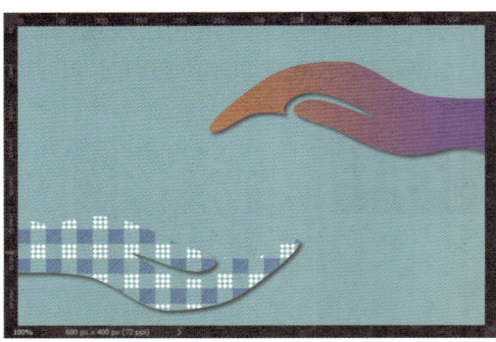

03 도형 도구 작업 유형의 패스: Rectangle Tool(사각형 도구, ▢)과 Ellipse Tool(타원 도구, ⬤)을 조합하여 패스 영역을 만든다. Pen Tool(펜 도구, ✐)로 추가적인 세밀한 작업을 한다.

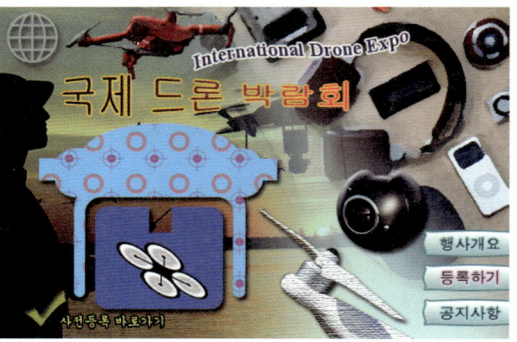

04 **같은 패스를 복사한 구성의 패스**: 한 개의 패스를 만든 후, 레이어를 복사(Ctrl+J)하여 크기나 위치를 조정하여 제작한다.

조건

출력형태

3 패스에 패턴 적용하기

① 단독 패스 영역에 패턴 적용

조건
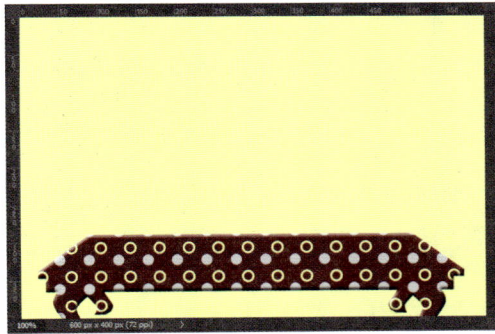

출력형태

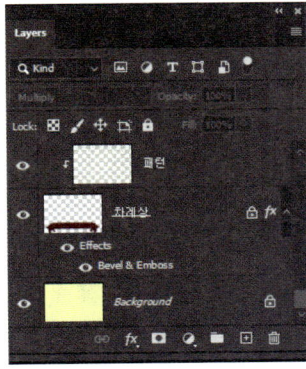

01 패턴이 적용될 패스를 만든다.
02 레이어 패널 하단의 [Create a new layer(새 레이어 생성, 🔲)]를 클릭한다.
03 새 레이어를 선택하고 [Edit(편집)] – [Fill(칠)] – [Pattern(패턴)]을 클릭해 패턴을 적용한다.
04 패턴 레이어와 패스 레이어 사이에 마우스 커서를 놓고 Alt 를 누른 상태로 클릭하여 Clipping Mask(클리핑 마스크)를 적용한다.

② **일부 패스 영역에 패턴 적용**

조건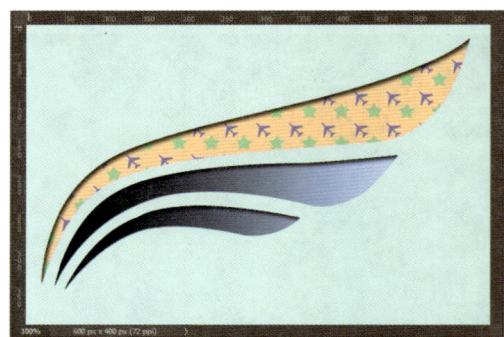

출력형태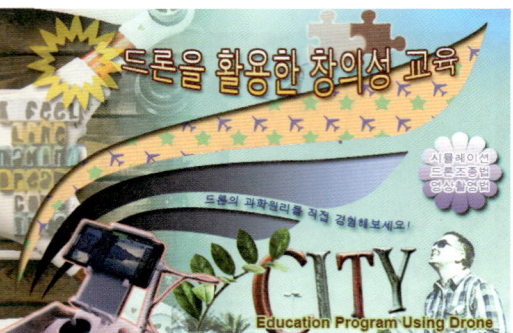

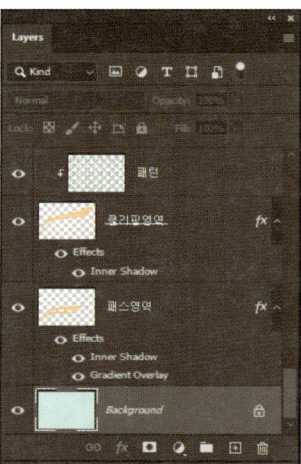

01 패턴이 적용될 패스의 일부분을 만든다.
02 패스를 복사(Ctrl+J)하고, 패스의 각각의 사이즈와 위치, 레이어 스타일, 색상을 조정한다. 이때 만들어 놓은 패스를 병합하지 말아야 한다.
03 레이어 패널 하단의 [Create a new layer(새 레이어 생성, ⊞)]를 클릭한다.
04 새 레이어를 선택하고 [Edit(편집)] - [Fill(칠)] - [Pattern(패턴)]을 클릭해 패턴을 적용한다.
05 패턴 레이어와 패스 레이어 사이에 마우스 커서를 놓고 Alt 를 누른 상태로 클릭하여 Clipping Mask(클리핑 마스크)를 적용한다.

③ **여러 개의 패스에 패턴 적용 – 두 개의 패스에 각각 적용하기**

조건

출력형태

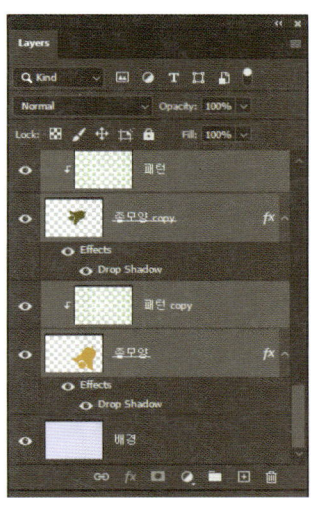

01 패턴이 적용될 패스의 일부분을 만든다.
02 패스를 복사([Ctrl]+[J])하고, 각 패스의 사이즈와 위치, 레이어 스타일, 색상을 조정한다.
03 레이어 패널 하단의 [Create a new layer(새 레이어 생성, □)]를 클릭한다.
04 새 레이어를 선택하고 [Edit(편집)] - [Fill(칠)] - [Pattern(패턴)]을 눌러 패턴을 적용한다.
05 패턴 레이어와 패스 레이어 사이에 마우스 커서를 놓고 [Alt]를 누른 상태로 클릭하여 Clipping Mask(클리핑 마스크)를 적용한다.
06 클리핑 마스크가 적용된 패턴 레이어를 복사(⟨Ctrl⟩+⟨J⟩)하여 다른 패스에도 클리필 마스크를 적용한다.

④ **여러 개의 패스에 패턴 적용 - 스마트 오브젝트로 적용하기**

01 패턴이 적용될 패스의 일부분을 만든다.
02 패스를 복사([Ctrl]+[J])하고, 각 패스의 사이즈와 위치, 레이어 스타일, 색상을 조정한다.
03 패턴이 적용될 2개의 레이어를 [Ctrl]을 누르며 동시 선택하고 마우스 오른쪽 버튼을 눌러 [Convert to Smart Object(스마트 오브젝트 변환)]를 선택하여 하나의 레이어로 병합한다.
04 레이어 패널 하단의 [Create a new layer(새 레이어 생성, □)]를 클릭한다.
05 새 레이어를 선택하고 [Edit(편집)] - [Fill(칠)] - [Pattern(패턴)]을 눌러 패턴을 적용한다.
06 패턴 레이어와 패스 레이어 사이에 마우스 커서를 놓고 [Alt]를 누른 상태로 클릭하여 Clipping Mask(클리핑 마스크)를 적용한다.

5 여러 개의 패스에 패턴 적용 – 선택 영역 지정하여 적용하기

조건

출력형태

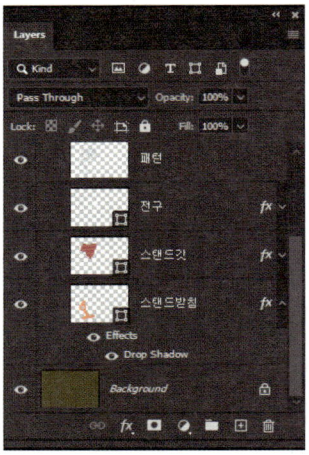

01 패턴이 적용될 패스를 각각 만든다.
02 레이어 패널 하단의 [Create a new layer(새 레이어 생성, ⊞)]를 클릭한다.
03 새 레이어를 선택하고, Ctrl을 누르면서 레이어 패널에서 전구 패스의 썸네일을 클릭한 후, Shift + Ctrl을 누르면서 스탠드갓, 스탠드받침 레이어를 클릭한다.
04 패스 모양대로 선택 영역이 지정된 것을 확인한다.
05 [Edit(편집)] – [Fill(칠)] – [Pattern(패턴)]을 눌러 패턴을 적용한다.

알아두면 좋은 TIP

여러 개의 패스에 패턴 적용 시 위에서 제시한 방법 중 본인에게 맞는 방법을 선택하여 작업한다.

합격을 위한 연습문제 / 실무응용 웹 페이지 제작

정답파일 | C:\에듀윌 GTQ 1급\Step 2\Unit 04\연습문제\문제 1.psd, 문제 2.psd, 문제 3.psd, 문제 4.psd

Q. 다음의 조건에 따라 출력형태와 같이 작업하시오.

공통조건

파일 크기	600×400 pixels
패턴 크기	50×50 pixels

문제 1

조건
① 배경 : #6699cc
② 패턴 (별 모양) : #ffffff, #ffcc00
③ Pen Tool(펜 도구) : #00ffcc, #ff9900,
  레이어 스타일 – Drop Shadow(드롭 섀도)

출력형태

문제 2

조건
① 배경 : #99ffff
② 패턴 (별, 비행기 모양) : #00ff99, #3333ff,
  Opacity(불투명도)(60%)
③ Pen Tool(펜 도구) : #ffcc99,
  레이어 스타일 – 그레이디언트 오버레이(#000000,
  #99ccff), Inner Shadow(내부 그림자)

출력형태

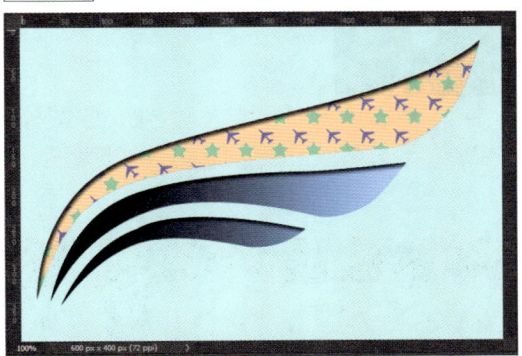

공통조건	
파일 크기	600×400 pixels
패턴 크기	30×30 pixels

문제 3

조건

① 배경 : #ccccff
② 패턴(구름, 해 모양) : #ffffff, #ff3333, Opacity(불투명도)(60%)
③ Pen Tool(펜 도구) : #cccccc, 레이어 스타일 − 그레이디언트 오버레이(#000000, #99ccff), Inner Shadow(내부 그림자)

출력형태

문제 4

조건

① 배경 : #ccffff
② 패턴 (발바닥 모양) : #ffffff, #99cccc
③ Pen Tool(펜 도구) : #666600, #999900, 레이어 스타일 − Drop Shadow(드롭 섀도)

출력형태

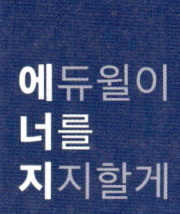

끝이 좋아야 시작이 빛난다.

– 마리아노 리베라(Mariano Rivera)

여러분의 작은 소리 에듀윌은 크게 듣겠습니다.

본 교재에 대한 여러분의 목소리를 들려주세요.
공부하시면서 어려웠던 점, 궁금한 점,
칭찬하고 싶은 점, 개선할 점, 어떤 것이라도 좋습니다.

에듀윌은 여러분께서 나누어 주신 의견을
통해 끊임없이 발전하고 있습니다.

EXIT 합격 서비스 exit.eduwill.net
- 부가학습자료 및 정오표: EXIT 합격 서비스 → 자료실 / 정오표 게시판
- 교재문의: EXIT 합격 서비스 → 실시간 질문답변 게시판(내용)/
  Q&A 게시판(내용 외)

에듀윌 EXIT GTQ 포토샵 1급 ver.CC

발 행 일	2023년 3월 16일 초판 | 2024년 8월 6일 2쇄
편 저 자	김봄봄
펴 낸 이	양형남
펴 낸 곳	(주)에듀윌
등록번호	제25100-2002-000052호
주 소	08378 서울특별시 구로구 디지털로34길 55 코오롱싸이언스밸리 2차 3층

* 이 책의 무단 인용·전재·복제를 금합니다.

www.eduwill.net
대표전화 1600-6700

베스트셀러 1위 2,420회 달성
에듀윌 취업 교재 시리즈

공기업 NCS | 100% 찐기출 수록!

NCS 통합 기본서/봉투모의고사 피듈형	행과연형	휴노형 봉투모의고사 PSAT형 NCS 수문끝	매1N 매1N Ver.2	한국철도공사	부산교통공사 서울교통공사	국민건강보험공단 한국전력공사	한국가스공사	한국수력원자력+5대 발전회사 한국수자원공사	한국수력원자력 한국토지주택공사	한국도로공사	NCS 6대 출제사 찐기출문제집 NCS 10개 영역 기출 600제

대기업 인적성 | 온라인 시험도 완벽 대비!

대기업 인적성 통합 기본서	GSAT 삼성직무적성검사 통합 기본서	실전모의고사	봉투모의고사	LG그룹 온라인 인적성검사	SKCT SK그룹 종합역량검사 포스코	현대자동차/기아	농협은행 지역농협

영역별 & 전공   ## 취업상식 1위!

이해황 독해력 강화의 기술 석치수/박준범/이나우 기본서	공기업 사무직 통합전공 800제 전기끝장 시리즈 ❶, ❷	다통하는 일반상식	공기업기출 일반상식	기출 금융경제 상식

* 에듀윌 취업 교재 누적 판매량 합산 기준(2012.05.14~2023.10.31)
* 온라인 4대 서점(YES24, 교보문고, 알라딘, 인터파크) 일간/주간/월간 13개 베스트셀러 합산 기준(2016.01.01~2023.11.07 공기업 NCS/직무적성/일반상식/시사상식 교재, e-book 포함)
* YES24 각 카테고리별 일간/주간/월간 베스트셀러 기록

더 많은
에듀윌 취업 교재

꿈을 현실로 만드는
에듀윌

DREAM

공무원 교육
- 선호도 1위, 신뢰도 1위!
  브랜드만족도 1위!
- 합격자 수 2,100% 폭등시킨
  독한 커리큘럼

자격증 교육
- 8년간 아무도 깨지 못한 기록
  합격자 수 1위
- 가장 많은 합격자를 배출한
  최고의 합격 시스템

직영학원
- 직영학원 수 1위
- 표준화된 커리큘럼과 호텔급 시설
  자랑하는 전국 22개 학원

종합출판
- 온라인서점 베스트셀러 1위!
- 출제위원급 전문 교수진이
  직접 집필한 합격 교재

어학 교육
- 토익 베스트셀러 1위
- 토익 동영상 강의 무료 제공

콘텐츠 제휴 · B2B 교육
- 고객 맞춤형 위탁 교육 서비스 제공
- 기업, 기관, 대학 등 각 단체에 최적화된
  고객 맞춤형 교육 및 제휴 서비스

부동산 아카데미
- 부동산 실무 교육 1위!
- 상위 1% 고소득 창업/취업 비법
- 부동산 실전 재테크 성공 비법

학점은행제
- 99%의 과목이수율
- 16년 연속 교육부 평가 인정 기관 선정

대학 편입
- 편입 교육 1위!
- 최대 200% 환급 상품 서비스

국비무료 교육
- '5년우수훈련기관' 선정
- K-디지털, 산대특 등 특화 훈련과정
- 원격국비교육원 오픈

에듀윌 교육서비스 **공무원 교육** 9급공무원/7급공무원/소방공무원/계리직공무원 **자격증 교육** 공인중개사/주택관리사/감정평가사/노무사/전기기사/ 경비지도사/검정고시/소방설비기사/소방시설관리사/사회복지사1급/건축기사/토목기사/직업상담사/전기기능사/산업안전기사/위험물산업기사/위험물기능사/유통관리사/물류관리사/ 행정사/한국사능력검정/한경TESAT/매경TEST/KBS한국어능력시험/실용글쓰기/IT자격증/국제무역사/무역영어 **어학 교육** 토익 교재/토익 동영상 강의 **세무/회계** 회계사/세무사/전산세무회계/ERP정보관리사/재경관리사 **대학 편입** 편입 교재/편입 영어·수학/경찰대/의치대/편입 컨설팅·면접 **직영학원** 공무원학원/소방학원/공인중개사 학원/ 주택관리사 학원/전기기사학원/세무사·회계사 학원/편입학원 **종합출판** 공무원·자격증 수험교재 및 단행본 **학점은행제** 교육부 평가인정기관 원격평생교육원(사회복지사2급/경영학/CPA)/교육부 평가인정기관 원격 사회교육원(사회복지사2급/심리학) **콘텐츠 제휴·B2B 교육** 교육 콘텐츠 제휴/기업 맞춤 자격증 교육/대학 취업역량 강화 교육 **부동산 아카데미** 부동산 창업CEO/부동산 경매 마스터/부동산 컨설팅 **국비무료 교육 (국비교육원)** 전기기능사/전기(산업)기사/소방설비(산업)기사/IT(빅데이터/자바프로그램/파이썬)/게임그래픽/3D프린터/실내건축디자인/웹퍼블리셔/그래픽디자인/영상편집(유튜브)디자인/온라인 쇼핑몰광고 및 제작(쿠팡, 스마트스토어)/전산세무회계/컴퓨터활용능력/ITQ/GTQ/직업상담사

교육
문의 **1600-6700** www.eduwill.net

• 2022 소비자가 선택한 최고의 브랜드 공무원·자격증 교육 1위 (조선일보) • 2023 대한민국 브랜드만족도 공무원·자격증·취업·학원·편입·부동산 실무 교육 1위 (한경비즈니스) • 2017/2022 에듀윌 공무원 과정 최종 환급자 수 기준 • 2023년 성인 자격증, 공무원 직영학원 기준 • YES24 공인중개사 부문, 2024 에듀윌 공인중개사 심정욱 합격패스 암기노트 : 1차 민법 및 민사특별법(2024년 6월 월별 베스트) 그 외 다수 교보문고 취업/수험서 부문, 2020 에듀윌 농협은행 6급 NCS 직무능력평가+실전모의고사 4회 (2020년 1월 27일~2월 5일, 인터넷 주간 베스트) 그 외 다수 YES24 컴퓨터활용능력 부문, 2024 컴퓨터활용능력 1급 필기 초단기끝장 (2023년 10월 3~4주 월별 베스트) 그 외 다수 인터파크 자격서/수험서 부문, 에듀윌 한국사능력검정시험 2주끝장 심화 (1, 2, 3급) (2020년 6~8월 월간 베스트) 그 외 다수 • YES24 국어 외국어사전 영어 토익/TOEIC 기출문제/모의고사 분야 베스트셀러 1위 (에듀윌 토익 READING RC 4주끝장 리딩 종합서, 2022년 9월 4주 주별 베스트) • 에듀윌 토익 교재 입문~실전 인강 무료 제공 (2022년 최신 강좌 기준/109강) • 2023년 종강반 중 모든 평가항목 정상 참여자 기준, 99% (평생교육원 사회교육원 기준) • 2008년~2023년까지 약 220만 누적수강학점으로 과목 운영 (평생교육원 기준) • 에듀윌 국비교육원 구로센터 고용노동부 지정 "5년우수훈련기관" 선정 (2023~2027) • KRI 한국기록원 2016, 2017, 2019년 공인중개사 최다 합격자 배출 공식 인증 (2024년 현재까지 업계 최고 기록)

업계 최초 대통령상 3관왕, 정부기관상 19관왕 달성!

2010 대통령상 / 2019 대통령상 / 2019 대통령상

대한민국 브랜드대상 국무총리상 / 국무총리상 / 문화체육관광부 장관상 / 농림축산식품부 장관상 / 과학기술정보통신부 장관상 / 여성가족부장관상

서울특별시장상 / 과학기술부장관상 / 정보통신부장관상 / 산업자원부장관상 / 고용노동부장관상 / 미래창조과학부장관상 / 법무부장관상

- **2004**
  서울특별시장상 우수벤처기업 대상
- **2006**
  부총리 겸 과학기술부장관 표창 국가 과학 기술 발전 유공
- **2007**
  정보통신부장관상 디지털콘텐츠 대상
  산업자원부장관 표창 대한민국 e비즈니스대상
- **2010**
  대통령 표창 대한민국 IT 이노베이션 대상
- **2013**
  고용노동부장관 표창 일자리 창출 공로
- **2014**
  미래창조과학부장관 표창 ICT Innovation 대상
- **2015**
  법무부장관 표창 사회공헌 유공
- **2017**
  여성가족부장관상 사회공헌 유공
  2016 합격자 수 최고 기록 KRI 한국기록원 공식 인증
- **2018**
  2017 합격자 수 최고 기록 KRI 한국기록원 공식 인증
- **2019**
  대통령 표창 범죄예방대상
  대통령 표창 일자리 창출 유공
  과학기술정보통신부장관상 대한민국 ICT 대상
- **2020**
  국무총리상 대한민국 브랜드대상
  2019 합격자 수 최고 기록 KRI 한국기록원 공식 인증
- **2021**
  고용노동부장관상 일·생활 균형 우수 기업 공모전 대상
  문화체육관광부장관 표창 근로자휴가지원사업 우수 참여 기업
  농림축산식품부장관상 대한민국 사회공헌 대상
  문화체육관광부장관 표창 여가친화기업 인증 우수 기업
- **2022**
  국무총리 표창 일자리 창출 유공
  농림축산식품부장관상 대한민국 ESG 대상

에듀윌 EXIT
GTQ
포토샵 1급 ver.CC

Eduwill X IT
에듀윌은 가장 빠른 IT자격증 합격출구입니다.

합격을 위한 지원사격! EXIT 무료 합격 서비스!

저자에게 바로 묻는
실시간 질문답변

핵심만 모은
무료강의

더 공부하고 싶다면?
PDF 학습자료

직접 따라하며 공부하는
실습파일

시험장처럼 연습하는
답안 전송 프로그램

바로 확인하는
정오표

베스트셀러 1위

YES24 IT 모바일 컴퓨터 수험서 그래픽 관련 GTQ 베스트셀러 1위
(2023년 12월 월별 베스트)

고객의 꿈, 직원의 꿈, 지역사회의 꿈을 실현한다

EXIT 합격 서비스 exit.eduwill.net
- 부가학습자료 및 정오표: EXIT 합격 서비스 → 자료실/정오표 게시판
- 교재문의: EXIT 합격 서비스 → 실시간 질문답변 게시판(내용)/Q&A 게시판(내용 외)

에듀윌 EXIT
GTQ
포토샵 1급 ver.CC

2권 | 기출문제

❶ 저자에게 바로 묻는 실시간 질문답변
❷ 답안 전송 프로그램
❸ 합격을 위한 부가자료

[무료강의] 출제패턴 따라하기 + 기출해설 3회분
[부록] 시간을 절약하는 필수 암기장

EXIT 무료 합격 서비스

YES24 23년 12월 월별 베스트 기준
베스트셀러 1위

YES24 IT 모바일
컴퓨터 수험서 GTQ
베스트셀러 1위

전 회차 기출문제 & 해설 수록
교재+EXIT 서비스=단기 합격

최고의 콘텐츠를 만드는 집필진

김봄봄　'디자인봄 연구소' 대표
　　　　　서울사이버대학교 멀티미디어학과 대우교수
　　　　　대학 GTQ 특강 강사

에듀윌 EXIT GTQ 포토샵 1급 ver.CC

펴낸곳　(주)에듀윌
펴낸이　양형남
출판총괄　오용철
주소　서울시 구로구 디지털로34길 55 코오롱싸이언스밸리 2차 3층
대표번호　1600-6700
등록번호　제25100-2002-000052호
협의 없는 무단 복제는 법으로 금지되어 있습니다.

에듀윌이 너를 지지할게

ENERGY

처음에는 당신이 원하는 곳으로
갈 수는 없겠지만,
당신이 지금 있는 곳에서
출발할 수는 있을 것이다.

– 작자 미상

에듀윌 EXIT
GTQ 포토샵 1급 ver.CC

2권 | 기출문제

이 책의 흐름

2권 기출문제 따라하기

Step Ⅲ
기출문제 반복으로 실력 키우기

제1회 GTQ 기출문제+함께 보는 상세해설	6
제2회 GTQ 기출문제+함께 보는 상세해설	70
제3회 GTQ 기출문제+함께 보는 상세해설	124
제4회 GTQ 기출문제+함께 보는 간단해설	172
제5회 GTQ 기출문제+함께 보는 간단해설	210
제6회 GTQ 기출문제+함께 보는 간단해설	244
제7회 GTQ 기출문제+함께 보는 간단해설	276
제8회 GTQ 기출문제+함께 보는 간단해설	308
제9회 GTQ 기출문제+함께 보는 간단해설	336
제10회 GTQ 기출문제+함께 보는 간단해설	366

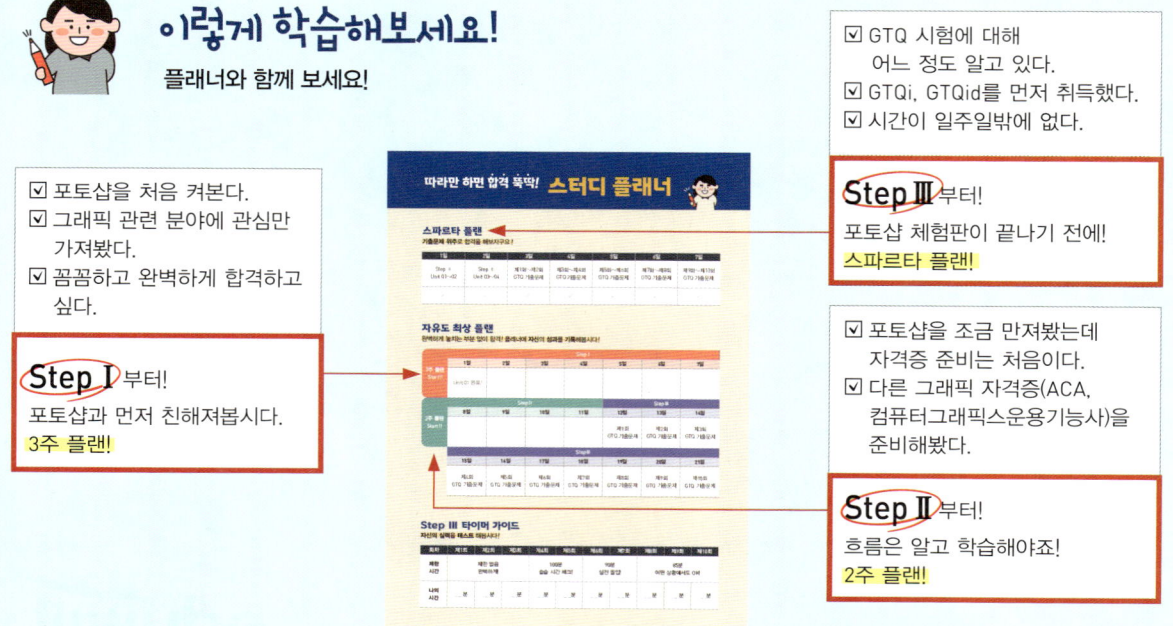

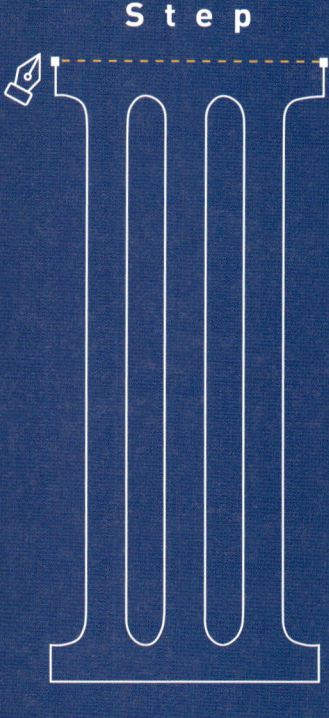

Step III

GTQ 합격의 열쇠는 제한시간 내 문제풀이!
실격을 피하기 위한 단계별 제한시간 훈련으로 한 번에 합격!

기출문제 반복으로 실력 키우기

│ 타이머 가이드

제1회 GTQ 기출문제	제한시간 없음	강의를 따라하면서 제한시간 없이 문제풀이 연습하기
제2회 GTQ 기출문제		
제3회 GTQ 기출문제		
제4회 GTQ 기출문제	제한시간 100분	100분으로 넉넉히 잡고 반복 연습하기
제5회 GTQ 기출문제		
제6회 GTQ 기출문제	제한시간 90분	실제 시험시간 90분으로 실전 연습하기
제7회 GTQ 기출문제		
제8회 GTQ 기출문제	제한시간 85분	시험장에선 다양한 변수가 있기 마련! 5분 정도 여유를 두고 마지막 점검하기
제9회 GTQ 기출문제		
제10회 GTQ 기출문제		

무료 강의

학습파일로 쉽고 빠르게 학습하세요!
EXIT 합격 서비스(exit.eduwill.net) → 자료실 → GTQ → 포토샵 1급 → 학습파일 다운로드

제1회 GTQ 기출문제

급수	문제유형	시험시간	수험번호	성명
1급	A	90분		

수험자 유의사항

- 수험자는 문제지를 받는 즉시 응시하고자 하는 과목 및 급수가 맞는지 확인한 후 수험번호와 성명을 작성합니다.
- 파일명은 본인의 "수험번호-성명-문제번호"로 공백 없이 정확히 입력하고 답안폴더(내 PC\문서\GTQ)에 jpg 파일과 psd 파일의 2가지 포맷으로 저장해야 하며, jpg 파일과 psd 파일의 내용이 상이할 경우 0점 처리됩니다. 답안문서 파일명이 "수험번호-성명-문제번호"와 일치하지 않거나, 답안 파일을 전송하지 않아 미제출로 처리될 경우 불합격 처리됩니다.
- 문제의 세부조건은 '영문(한글)' 형식으로 표기되어 있으니 유의하시기 바랍니다.
- 수험자 정보와 저장한 파일명, 저장 위치가 다를 경우 전송이 되지 않으므로, 주의하시기 바랍니다.
- 답안 작성 중에도 주기적으로 '저장'과 '답안 전송'을 이용하여 감독위원 PC로 답안을 전송하셔야합니다.(※ 작업한 내용을 저장하지 않고 전송할 경우 이전의 저장내용이 전송되오니 이점 반드시 유념하시기 바랍니다.)
- 답안문서는 지정된 경로 외의 다른 보조기억장치에 저장하는 행위, 지정된 시험 시간 외에 작성된 파일을 활용한 행위, 기타 통신수단(이메일, 메신저, 네트워크 등)을 이용하여 타인에게 전달 또는 외부 반출하는 행위는 부정으로 간주되어 자격기본법 제32조에 의거 본 시험 및 국가공인 자격시험을 2년간 응시할 수 없습니다.
- 시험 중 부주의 또는 고의로 시스템을 파손한 경우와 〈수험자 유의사항〉에 기재된 방법대로 이행하지 않아 생기는 불이익은 수험자의 책임임을 알려 드립니다.
- 시험을 완료한 수험자는 최종적으로 저장한 답안파일이 전송되었는지 확인한 후 감독위원의 지시에 따라 문제지를 제출하고 퇴실합니다.

답안 작성요령

- 온라인 답안 작성 절차
  수험자 등록 ⇒ 시험 시작 ⇒ 답안파일 저장 ⇒ 답안 전송 ⇒ 시험 종료
- C:\에듀윌 GTQ 1급\Step 3\1회\Image폴더에 있는 그림 원본파일을 사용하여 답안을 작성하시고 최종답안을 답안폴더(내 PC\문서\GTQ)에 저장하여 답안을 전송하시고, 이미지의 크기가 다른 경우 감점 처리됩니다.
- 배점은 총 100점으로 이루어지며, 점수는 각 문제별로 차등 배분됩니다.
- 각 문제는 주어진 조건 에 따라 작성하고, 언급하지 않은 조건은 출력형태 와 같이 작성합니다.
- 배치 등의 편의를 위해 주어진 눈금자의 단위는 '픽셀'입니다.
  그 외는 출력형태(효과, 이미지, 문자, 색상, 레이아웃, 규격 등)와 같게 작업하십시오.
- 문제 조건에 서체의 지정이 없을 경우 한글은 굴림이나 돋움, 영문은 Arial로 작업하십시오.
  (단, 그 외에 제시되지 않은 문자 속성을 기본값으로 작성하지 않은 경우는 감점 처리됩니다.)
- Image Mode(이미지 모드)는 별도의 처리조건이 없을 경우에는 RGB(8비트)로 작업하십시오.
- 모든 답안 파일은 해상도 72 pixels/inch로 작업하십시오.
- Layer(레이어)는 각 기능별로 분할해야 하며, 임의로 합칠 경우나 각 기능에 대한 속성을 해지할 경우 해당 요소는 0점 처리됩니다.

문제 1 기능평가 고급 Tool(도구) 활용 [20점]

다음의 조건에 따라 아래의 출력형태와 같이 작업하시오.

[조건]

원본 이미지	C:₩에듀윌 GTQ 1급₩Step 3₩1회₩Image₩1급-1.jpg, 1급-2.jpg, 1급-3.jpg		
파일 저장 규칙	JPG	파일명	문서₩GTQ₩수험번호-성명-1.jpg
		크기	400×500 pixels
	PSD	파일명	문서₩GTQ₩수험번호-성명-1.psd
		크기	40×50 pixels

[출력형태]

1. 그림 효과
   ① 1급-1.jpg : 필터 - Paint Daubs(페인트 덥스/페인트 바르기)
   ② Save Path(패스 저장) : 컵케이크 모양
   ③ Mask(마스크) : 컵케이크 모양, 1급-2.jpg를 이용하여 작성
      레이어 스타일 - Stroke(선/획)(4px, 그라디언트(#663333, #66ff66)),
      Inner Shadow(내부 그림자)
   ④ 1급-3.jpg : 레이어 스타일 - Bevel and Emboss(경사와 엠보스)
   ⑤ Shape Tool(모양 도구) :
      - 음표 모양(#ffff66, #6699cc, 레이어 스타일 - Bevel and Emboss(경사와 엠보스))
      - 잎 모양(#66ffcc, 레이어 스타일 - Drop Shadow(그림자 효과))

2. 문자 효과
   ① 디저트 세상(돋움, 38pt, 레이어 스타일 - 그라디언트 오버레이
      (#ff0066, #3366ff), Stroke(선/획)(2px, #ccccff))

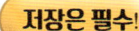

문제 2 기능평가 사진편집 응용 [20점]

다음의 조건에 따라 아래의 출력형태와 같이 작업하시오.

[조건]

원본 이미지	C:₩에듀윌 GTQ 1급₩Step 3₩1회₩Image₩1급-4.jpg, 1급-5.jpg, 1급-6.jpg		
파일 저장 규칙	JPG	파일명	문서₩GTQ₩수험번호-성명-2.jpg
		크기	400×500 pixels
	PSD	파일명	문서₩GTQ₩수험번호-성명-2.psd
		크기	40×50 pixels

[출력형태]

1. 그림 효과
   ① 1급-4.jpg : 필터 - Texturizer(텍스처화)
   ② 색상 보정 : 1급-5.jpg - 녹색, 빨간색 계열로 보정
   ③ 1급-5.jpg : 레이어 스타일 - Drop Shadow(그림자 효과)
   ④ 1급-6.jpg : 레이어 스타일 - Outer Glow(외부 광선)
   ⑤ Shape Tool(모양 도구) :
      - 꽃 장식 모양 (#ffcc99, 레이어 스타일 - Stroke(선/획)(1px, #660000))
      - 잎 장식 모양 (#99ff99, #ffff99, 레이어 스타일 - Drop Shadow(그림자 효과))

2. 문자 효과
   ① Cafe&Dessert (Times New Roman, Regular, 50pt, 레이어 스타일 -
      그라디언트 오버레이(#cc6633, #ffff99), Stroke(선/획)(3px, #330000))

문제 3 실무응용 포스터 제작 [25점]

다음의 조건 에 따라 아래의 출력형태 와 같이 작업하시오.

조건

원본 이미지		C:₩에듀윌 GTQ 1급₩Step 3₩1회₩Image₩1급-7.jpg, 1급-8.jpg, 1급-9.jpg, 1급-10.jpg, 1급-11.jpg
파일 저장 규칙	JPG	파일명	문서₩GTQ₩수험번호-성명-3.jpg
		크기	600×400 pixels
	PSD	파일명	문서₩GTQ₩수험번호-성명-3.psd
		크기	60×40 pixels

1. 그림 효과
① 배경 : #ff6600
② 1급-7.jpg : Blending Mode(혼합 모드) – Luminosity(광도), Opacity(불투명도)(80%)
③ 1급-8.jpg : 필터 – Paint Daubs(페인트 덥스/페인트 바르기), 레이어 마스크 – 가로 방향으로 흐릿하게
④ 1급-9.jpg : 필터 – Wind(바람), 레이어 스타일 – Bevel and Emboss(경사와 엠보스)
⑤ 1급-10.jpg : 레이어 스타일 – Stroke(선/획)(3px, 그라디언트(#ffff33, #00cc33))
⑥ 1급-11.jpg : 색상 보정 – 녹색 계열로 보정, 레이어 스타일 – Drop Shadow(그림자 효과)
⑦ 그 외 출력형태 참조

2. 문자 효과
① 세계 디저트 여행 (궁서, 42pt, 60pt, 레이어 스타일 – 그라디언트 오버레이(#ff9900, #9966cc, #339933), Stroke(선/획)(2px, #ccffcc), Drop Shadow(그림자 효과))
② Introducing Various Dessert (Arial, Regular, 18pt, #993300, 레이어 스타일 – Stroke(선/획)(2px, #ffffcc))
③ 다양한 디저트의 향연(돋움, 18pt, 레이어 스타일 – 그라디언트 오버레이(#ff99ff, #ffff00), Stroke(선/획)(2px, #333333))
④ 창작 부문 | 플레이팅 부문 (돋움, 16pt, #99ff99, #ffff66, 레이어 스타일 – Stroke(선/획)(2px, #663300))

출력형태

Shape Tool(모양 도구) 사용
#ff6600, #ffff33,
레이어 스타일 –
Drop Shadow(그림자 효과),
Opacity(불투명도)(80%)

Shape Tool(모양 도구) 사용
레이어 스타일 – 그라디언트
오버레이(#ff0000, #6666ff),
Outer Glow(외부 광선)

Shape Tool(모양 도구) 사용
#66cc66, 레이어 스타일 –
Stroke(선/획)(3px, #ccffcc),
Opacity(불투명도)(50%)

문제 4　실무응용　웹 페이지 제작 [35점]

다음의 조건에 따라 아래의 출력형태와 같이 작업하시오.

조건

원본 이미지	C:\에듀윌 GTQ 1급\Step 3\1회\Image\1급-12.jpg, 1급-13.jpg, 1급-14.jpg, 1급-15.jpg, 1급-16.jpg, 1급-17.jpg		
파일 저장 규칙	JPG	파일명	문서\GTQ\수험번호-성명-4.jpg
		크기	600×400 pixels
	PSD	파일명	문서\GTQ\수험번호-성명-4.psd
		크기	60×40 pixels

1. 그림 효과
① 배경 : #ff6633
② 패턴(꽃 모양) : #ffcc00, #ff0099
③ 1급-12.jpg : Blending Mode(혼합 모드) - Screen(스크린), 레이어 마스크 - 대각선 방향으로 흐릿하게
④ 1급-13.jpg : 필터 - Dry Brush(드라이 브러시), 레이어 마스크 - 가로 방향으로 흐릿하게
⑤ 1급-14.jpg : 레이어 스타일 - Bevel and Emboss(경사와 엠보스), Outer Glow(외부 광선)
⑥ 1급-15.jpg : 필터 - Poster Edges(포스터 가장자리), 레이어 스타일 - Drop Shadow(그림자 효과)
⑦ 1급-16.jpg : 색상 보정 - 빨간색 계열로 보정, 레이어 스타일 - Drop Shadow(그림자 효과)
⑧ 그 외 출력형태 참조

2. 문자 효과
① World Dessert Cooking Contest (Times New Roman, Bold, 20pt, 30pt, #ff66cc, 레이어 스타일 - Stroke(선/획)(2px, 그라디언트(#ccffff, #ffff00)))
② 세계 디저트 요리대회 (굴림, 45pt, 레이어 스타일 - 그라디언트 오버레이(#0000cc, #006600, #ff6600), Stroke(선/획)(2px, #ccffff))
③ 대회 방청권 신청 (궁서, 18pt, #993333, 레이어 스타일 - Stroke(선/획)(2px, #ffffff))
④ 한과 디저트 플레이팅 (바탕, 18pt, #000000, 레이어 스타일 - Stroke(선/획)(2px, #ffffff))

출력형태

Shape Tool(모양 도구) 사용
#cc6600, 레이어 스타일 -
Inner Shadow(내부 그림자),
Opacity(불투명도)(70%)

Pen Tool(펜 도구) 사용
#003300, 레이어 스타일 -
그라디언트 오버레이
(#006633, #ffff99),
Drop Shadow(그림자 효과)

Shape Tool(모양 도구) 사용
#993333, 레이어 스타일 -
Stroke(선/획)(2px, #ffffff)

Shape Tool(모양 도구) 사용
레이어 스타일 - 그라디언트 오버레이
(#996699, #669966, #ffffff), Stroke(선/획)(2px, #663366, #336633)

제1회 GTQ 기출문제 함께 보는 상세해설

문제 1 [기능평가] 고급 Tool(도구) 활용

☑ **문제 풀이 순서**

① 새 작업 파일 만들기 → ② 필터 적용하기 → ③ 컵케이크 모양 패스 작업하기 → ④ 클리핑 마스크 적용하기 → ⑤ 이미지 및 모양 도구 배치하기 → ⑥ 문자 입력하기 → ⑦ 저장 및 파일 전송하기

☑ **감점방지 TIP**

- '컵케이크 모양' 레이어 스타일의 Stroke(획)는 그레이디언트 속성으로 설정하고, 그레이디언트의 방향을 [출력형태]와 동일하도록 조정한다.
- '디저트 세상' 문자 효과는 워프 텍스트 'Arc(부채꼴)'로 적용하고 'Bend(구부리기)' 값을 '-%'로 조절해야 한다.

---

1 새 작업 파일 만들기

① 새 파일 만들기

01 새로운 작업 파일을 만들기 위해 [File(파일)] – [New(새로 만들기)]([Ctrl]+[N])를 선택한다.

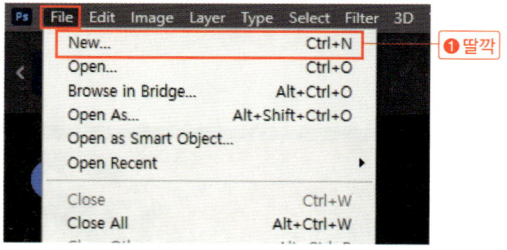

02 [New Document(새로운 문서 만들기)] 대화상자가 열리면 문제지의 [조건]과 같이 작업 파일 세부정보를 입력한다.

> **조건**
> Width(폭): 400, Height(높이): 500, 단위: Pixels(픽셀), Resolution(해상도): 72(Pixel/Inch), Color Mode(색상 모드): RGB, 8bit, Background Contents(배경 내용): White(흰색)

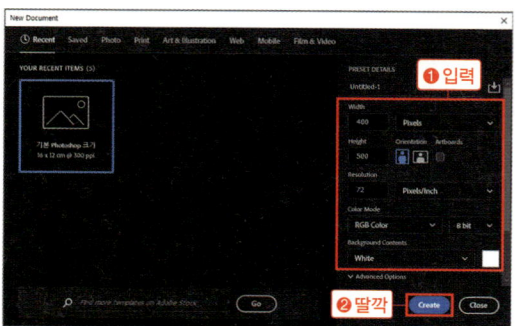

03 [File(파일)] - [Save As(다른 이름으로 저장)](Shift+Ctrl+S)를 선택한다. '저장 경로: 내 PC\문서\GTQ, 파일명: 수험번호-성명-1.psd'로 저장한다.

2 작업 파일 설정하기

01 작업 파일에 눈금자를 표시하기 위해 [View(보기)] - [Rulers(눈금자)](Ctrl+R)를 선택한다.

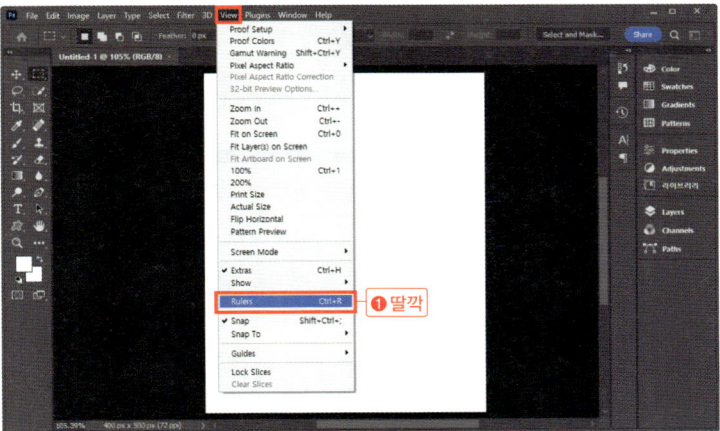

02 [Edit(편집)] - [Preference(환경 설정)] - [General(일반)](Ctrl+K)을 선택한다. [Preference(환경 설정)] 대화상자가 열리면 왼쪽 옵션 중 [Guides, Grid & Slices(안내선, 격자 및 분할 영역)] 클릭 후 [Grid(격자)] 세부 항목의 'Gridline Every(격자 간격): 100, Pixels(픽셀), Subdivisions(세분): 1'로 입력, 'Grid Color(색상)'를 클릭해 색상을 채도가 높은 색상으로 설정한다.

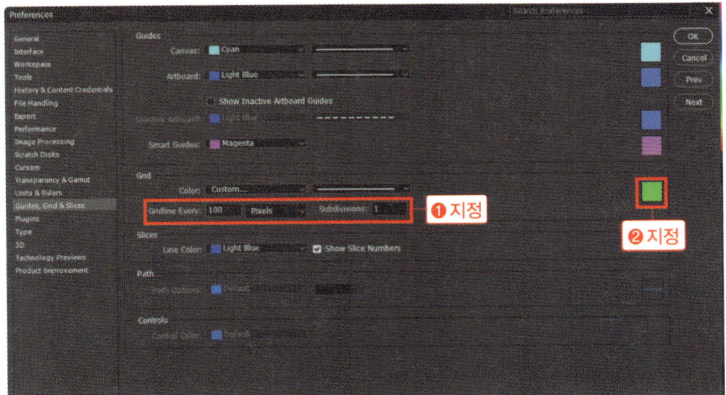

> **알아두면 좋은 TIP**
> - 격자를 눈에 띄는 색상으로 변경하게 되면 효율적으로 시간을 분배할 수 있다.
> - 격자 색상 설정의 경우 채점대상이 아니므로 생략해도 된다.

03 [View(보기)] − [Show(표시)] − [Grid(격자)]([Ctrl]+[`])를 눌러 격자를 표시하고 색상을 확인한다.

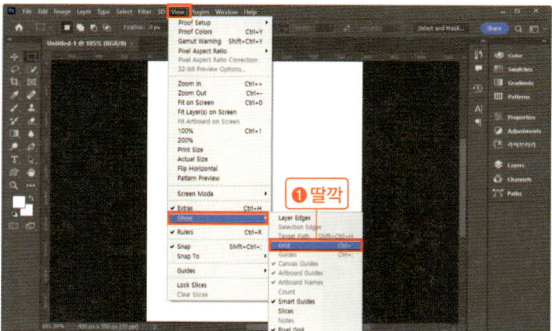 

2 필터 적용하기

① 이미지 불러오기

01 [File(파일)] − [Open(열기)]([Ctrl]+[O])을 선택하여 1급-1.jpg를 불러온다. [Ctrl]+[A]를 눌러 전체 이미지를 선택하여 복사([Ctrl]+[C])하고, 작업 파일에 붙여넣기([Ctrl]+[V])한다.

02 [Edit(편집)] − [Free Transform(자유변형)]([Ctrl]+[T])을 누르고 이미지 크기를 출력형태와 같이 배치한 후 [Enter]를 누른다.

> **알아두면 좋은 TIP**
> - 시험장에서는 Shift를 누르지 않아도 자동 정비례 작업이 되도록 설정된 경우도 있으니 확인 후 작업 설정에 맞게 수행한다.
> - 이미지 크기를 조절할 때는 Shift를 누르고 조정해야 정비례로 확대, 축소가 된다. 비례가 맞지 않으면 감점될 수 있으니 꼭 정비례로 작업해야 한다.

❷ 필터 적용하기

01 필터 효과를 적용하기 위해 [Filter(필터)] - [Filter Gallery(필터 갤러리)]를 선택한다.

02 [Filter Gallery(필터 갤러리)] 대화상자가 열리면 [Artistic(예술 효과)] - [Paint Daubs(페인트 바르기)]를 선택한다.

3 컵케이크 모양 패스 작업하기

① 컵케이크 모양 패스 그리기

01 Pen Tool(펜 도구)을 선택하고 Options Bar(옵션 바)에서 Path(패스) 설정을 'Pick tool mode(선택 도구 모드): Shape(모양), Fill(칠): 임의의 색, Stroke(획): No color(없음)'로 지정 후 출력형태 에서 제시한 컵케이크 모양을 그린다.

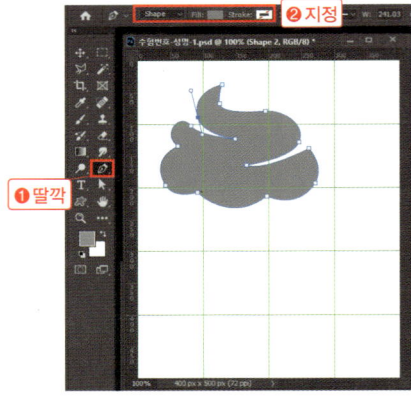 

알아두면 좋은 TIP

- 패스를 그리기 어렵다면 교재 이미지의 기준점을 참고하여 그리면 쉽게 그릴 수 있다.
- Pen Tool(펜 도구)로 패스를 그릴 때 배경의 레이어를 '감추기' 버튼을 눌러 그리면 보다 쉽게 그릴 수 있다.

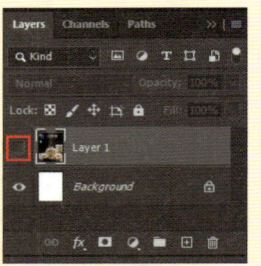

02 레이어 패널에서 컵케이크 하단 패스 레이어를 다시 클릭하고, Options Bar(옵션 바)에서 'Path operations(패스 작업): Subtract Front Shape(전면 모양 빼기, ▣)'으로 설정을 변경한 후 컵케이크 하단 삭제할 부분을 출력형태 를 참고하여 펜 도구로 그린다.

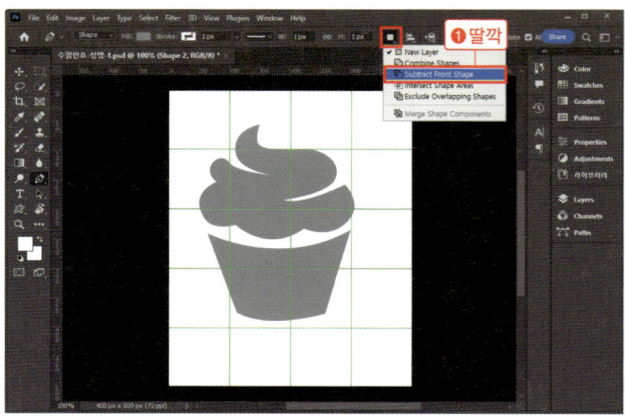 

03 생성된 Shape(모양) 레이어를 하나의 레이어로 만들기 위해 오른쪽 레이어 패널에서 Shift 를 누른 채로 클릭하여 동시 선택한다. 선택된 레이어에서 마우스 오른쪽을 클릭하여 [Merge Shapes(모양 병합)](Ctrl + E)를 선택한다.

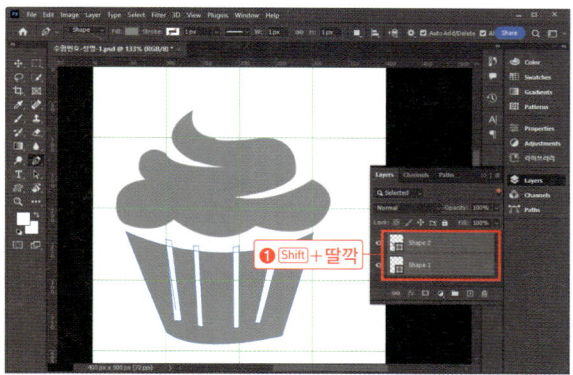 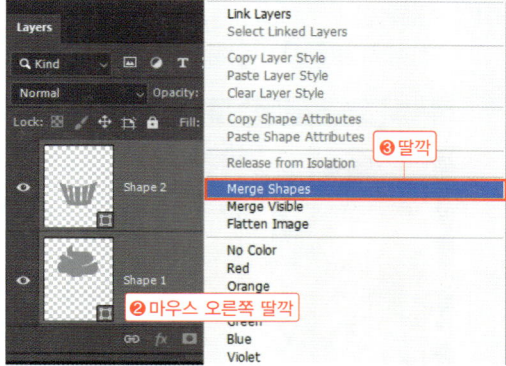

04 하나의 패스로 병합하기 위해 Path Selection Tool(패스 선택 도구,)로 드래그하여 모든 패스를 선택한 후, Options Bar(옵션 바)에서 'Merge Shape Components(모양 병합 구성 요소,)'를 클릭한다.

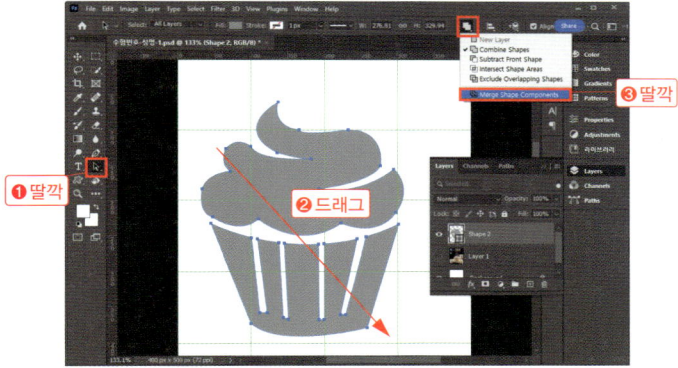

2 패스 저장하기

01 화면 오른쪽의 Paths(패스) 패널에서 'Work Path(작업 패스)'를 더블클릭한 후, [Save Path(패스 저장하기)] 대화상자가 열리면 컵케이크 모양을 입력하여 저장한다.

 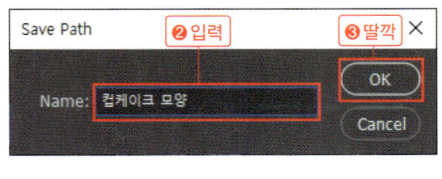 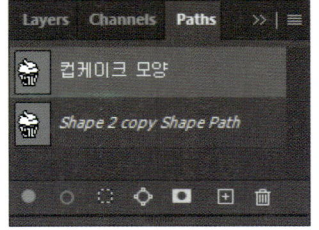

알아두면 좋은 TIP

패스 작업을 완료했다면 꼭 검정색 배경을 클릭하여 '패스 선택'을 풀어야 한다. 패스 선택을 풀지 않으면 다음 작업 시 패스 라인이 계속 보이게 되므로 이 부분은 유의해야 한다.

4 클리핑 마스크 적용하기

1 클리핑 마스크 적용하기

01 [File(파일)] - [Open(열기)](Ctrl+O)을 선택하여 1급-2.jpg를 불러온다. Ctrl+A를 눌러 전체 이미지를 선택하여 복사(Ctrl+C)하고, 작업 파일에 붙여넣기(Ctrl+V) 한다.

02 Ctrl+T를 누르고 출력형태와 같이 이미지를 컵케이크 모양 패스 레이어 위에 배치한 후 Enter를 누른다.

03 컵케이크 모양 패스 레이어와 1급-2 레이어 사이에 마우스 커서를 놓고 Alt를 누른 상태로 클릭하여 Clipping Mask(클리핑 마스크)를 적용한다.

> **알아두면 좋은 TIP**
>
> 클리핑 마스크의 단축키나 적용 방법이 기억나지 않을 때에는 해당 이미지 레이어를 클릭한 후 마우스 오른쪽을 누르면 적용시킬 수 있다. 메뉴에서 'Clipping Mask(클리핑 마스크)'를 클릭하면 클리핑 마스크를 적용시킬 수 있다.

❷ 스타일 적용하기

01 Clipping Mask(클리핑 마스크)가 적용된 컵케이크 레이어를 선택하고 레이어 패널 하단의 [Add a Layer style(레이어 스타일 추가, fx)] - [Stroke(획)]를 클릭한다. [Layer Style(레이어 스타일)] 대화상자가 열리면 문제지의 조건을 확인하여 세부정보를 입력한다.

> 조건
>
> Stroke(획) ▶ Size(크기): 4px, Fill Type(칠 유형): Gradient(그레이디언트) - 시작점: #663333, 끝점: #66ff66, Style(스타일): Linear(선형), Angle(각도): 90°

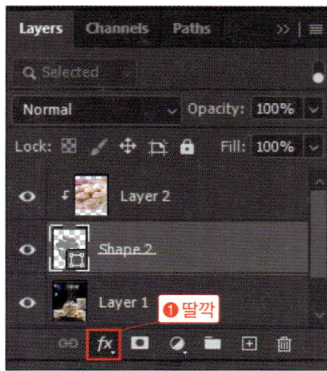
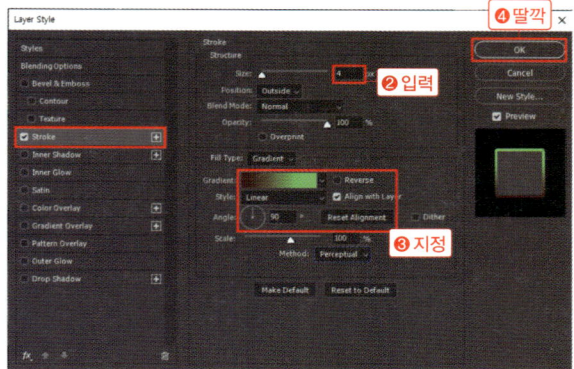

알아두면 좋은 TIP

- Gradient(그레이디언트) 적용 시 색상 조절은 시작점과 끝점을 더블클릭 후 조건의 색상을 입력하면 된다.

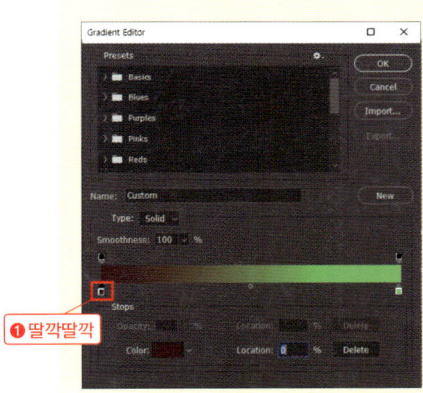
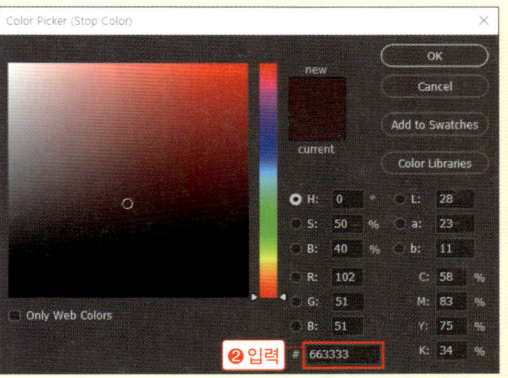

- 색상값은 2자리씩 같은 숫자와 알파벳으로 구성되어 있어, 각 한 자리씩 입력해도 색상이 적용된다. 예 #ffcccc → fcc

02 [Layer Style(레이어 스타일)] 대화상자 왼쪽 목록에서 Inner Shadow(내부 그림자) 스타일에 체크하여 내부 그림자를 적용한다.

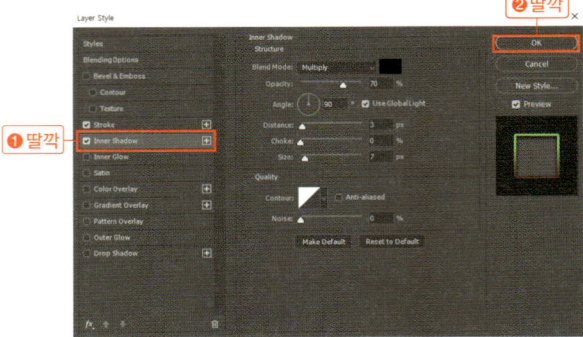

5 이미지 및 모양 도구 배치하기

1 이미지 배치하기

01 [File(파일)] - [Open(열기)]([Ctrl]+[O])을 선택하여 1급-3.jpg를 불러온다. Quick Selection Tool(빠른 선택 도구,)로 '1급-3.jpg' 이미지의 컵케이크를 드래그하여 선택한다.

알아두면 좋은 TIP

이미지를 확대하여 선택되지 않은 부분이나 삭제해야 하는 부분은 빠른 마스크 모드 또는 Lasso Tool(올가미 도구,)을 함께 사용하여 정밀하게 선택할 수 있다.

02 선택한 컵케이크를 복사([Ctrl]+[C])한 후, 작업 파일에 붙여넣기([Ctrl]+[V])한다. [Ctrl]+[T]를 누르고 이미지 크기를 출력형태와 같이 배치한 후 [Enter]를 누른다.

03 레이어 패널 하단의 [Add a Layer style(레이어 스타일 추가, fx)] – [Bevel and Emboss(경사와 엠보스)]를 클릭한다.

② 모양도구 배치하기

01 Custom Shape Tool(사용자 정의 모양 도구,)을 클릭하고, Options Bar(옵션 바)에서 'Fill(칠): #ffff66, Stroke(획): No color(없음)'로 지정한다. '음표 모양'을 찾아 드래그하여 그린 후 Enter 를 눌러 Shape 레이어를 생성한다. 레이어 패널 하단의 [Add a Layer style(레이어 스타일 추가, fx)] – [Bevel and Emboss(경사와 엠보스)]를 클릭한다.

> 조건
>
> 음표 모양: [All Legacy Default Shapes(모든 레거시 기본 모양)] – [Music(음악)] – [Sixteenth Note(16분 음표)]

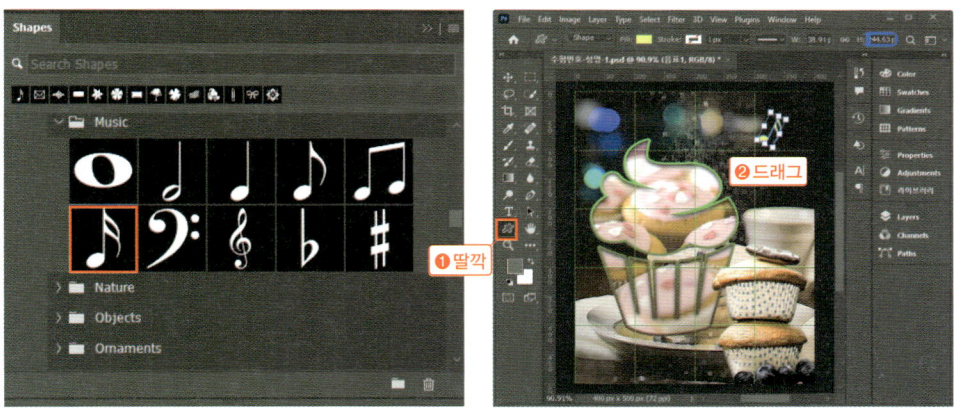

02 'Sixteenth Note(16분 음표)' 레이어를 선택하고 Ctrl + J 를 눌러 복사한다. 복사된 'Sixteenth Note(16분 음표) copy' 레이어를 선택하고 Ctrl + T 를 눌러 출력형태 와 같이 배치한 후, 레이어의 썸네일을 더블클릭하여 'Color(색상): #6699cc'로 지정한다.

03 다시 Custom Shape Tool(사용자 정의 모양 도구, ✦)을 클릭하고, Options Bar(옵션 바)에서 'Fill(칠): #66ffcc, Stroke(획): No color(없음)'로 지정한다. '나뭇잎' 모양을 그린 후 Enter 를 눌러 Shape 레이어를 생성한다. 레이어 패널 하단의 [Add a Layer style(레이어 스타일 추가, fx)] – [Drop Shadow(드롭 섀도)]를 클릭한다.

> 조건
>
> 나뭇잎 모양: [All Legacy Default Shapes(모든 레거시 기본 모양)] – [Nature(자연)] – [Leaf 1(나뭇잎 1)]

6 문자 입력하기

1 문자 입력하기

01 Type Tool(문자 도구, T)을 클릭하고 출력형태 문자 부분과 같은 지점을 클릭한다. 디저트 세상을 2줄로 입력하고 Options Bar(옵션 바) 또는 Properties(속성) 패널에서 조건 과 같이 세부정보를 입력한다.

> 조건
>
> Font(글꼴): 돋움, Size(크기): 38pt, Paragraph(단락): Center Text(텍스트 중앙 정렬)

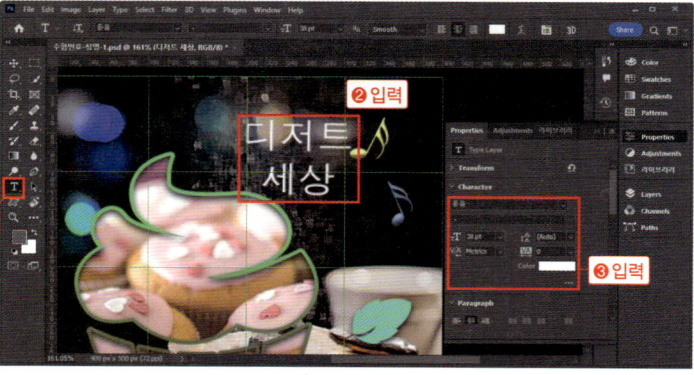

② 문자 효과 적용하기

01 문자에 그레이디언트 효과를 주기 위해 레이어 패널 하단의 [Add a Layer style(레이어 스타일 추가, fx)] - [Gradient Overlay(그레이디언트 오버레이)]를 클릭한다. [Layer Style(레이어 스타일)] 대화상자가 열리면 문제지의 조건과 같이 세부정보를 입력한다.

> **조건**
> - Gradient Overlay(그레이디언트 오버레이) ▶ Gradient(그레이디언트) - 시작점: #ff0066, 끝점: #3366ff, Style(스타일): Linear(선형), Angle(각도): 90°
> - Stroke(획) ▶ Size(크기): 2px, Color(색상): #ccccff

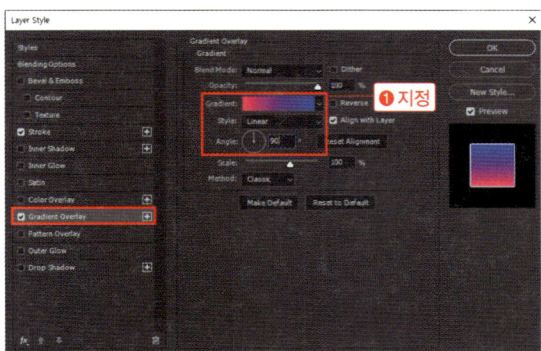 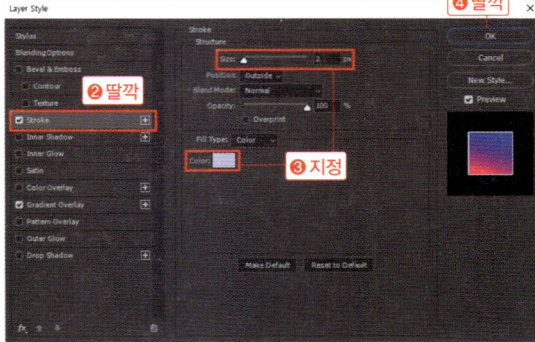

02 Options Bar(옵션 바)에서 Create Warped text(뒤틀어진 텍스트 만들기, ⌶)를 클릭한다. [Warped text(텍스트 뒤틀기)] 대화상자가 열리면 문제지의 출력형태와 같이 세부정보를 입력한다. Ctrl + T를 누르고 출력형태와 같이 배치한 후 Enter를 누른다.

> **조건**
> Style(스타일): Arc(부채꼴), Vertical(세로): 체크, Bend(구부리기): -17%

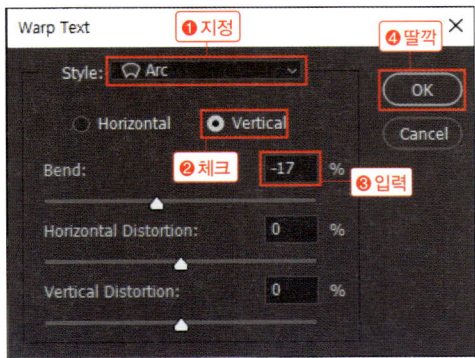 

7 저장 및 파일 전송하기

01 작업이 완료되면 문제지의 [출력형태]와 작업 파일을 비교하여 레이어의 순서, 이미지 위치를 최종 점검한다.
02 [File(파일)] – [Save As a Copy(사본 저장)]([Alt]+[Ctrl]+[S])를 선택하고, '저장 경로: 내 PC₩문서₩GTQ, 파일형식: JPEG, 파일이름: 수험번호-성명-1'로 저장한다.
03 제출용 PSD 파일을 만들기 위해 [Image(이미지)] – [Image Size(이미지 크기)]([Alt]+[Ctrl]+[I])를 클릭한다. [Image Size(이미지 크기)] 대화상자가 열리면 문제지의 [조건]을 확인하여 세부정보를 입력하여 작업 사이즈의 1/10 사이즈로 축소한다.

> 조건
> Constrain as pect ratio(종횡비 제한): 체크, Width(폭): 40px, Height(높이): 50px

04 [File(파일)] – [Save As(다른 이름으로 저장)]([Shift]+[Ctrl]+[S])를 선택하고, '저장 경로: 내 PC₩문서₩GTQ, 파일형식: PSD, 파일이름: 수험번호-성명-1'로 저장한다.
05 답안 전송 프로그램을 이용하여 저장된 jpg, psd 파일을 감독관 컴퓨터로 전송한다.

문제 2　[기능평가]　사진편집 응용

☑ 문제 풀이 순서

1 새 작업 파일 만들기 → **2** 필터 적용하기 → **3** 색상 보정하기 → **4** 이미지 배치하기 → **5** 문자 입력하기 → **6** 모양 도구 배치하기 → **7** 저장 및 파일 전송하기

☑ 감점방지 TIP

- Transform Selection(선택 영역 변형) 기능과 가이드 선을 활용하여 원형을 정확하게 선택한다.
- 출력형태를 보고 레이어 순서를 재배치하여 감점이 없도록 작업한다.

---

1 새 작업 파일 만들기

① 새 파일 만들기

01 새로운 작업 파일을 만들기 위해 [File(파일)] - [New(새로 만들기)]([Ctrl]+[N])를 선택한다.

02 [New Document(새로운 문서 만들기)] 대화상자가 열리면 문제지의 조건과 같이 작업 파일 세부정보를 입력한다.

> **조건**
>
> Width(폭): 400, Height(높이): 500, 단위: Pixels(픽셀), Resolution(해상도): 72(Pixel/Inch), Color Mode(색상 모드): RGB, 8bit, Background Contents(배경 내용): White(흰색)

03 [File(파일)] - [Save As(다른 이름으로 저장)]([Ctrl]+[Shift]+[S])를 선택한다. '저장 경로: 내 PC\문서\GTQ, 파일명: 수험번호-성명-2.psd'로 저장한다.

② 작업 파일 설정하기

01 작업 파일에 눈금자를 표시하기 위해 [View(보기)] - [Rulers(눈금자)]([Ctrl]+[R])를 선택한다.
02 [View(보기)] - [Show(표시)] - [Grid(격자)]([Ctrl]+[˝])를 눌러 격자를 표시하고 색상을 확인한다.

2 필터 적용하기

① 이미지 불러오기

01 [File(파일)] - [Place Embedded(포함 가져오기)]를 선택하여 1급-4.jpg를 불러온다. Ctrl+T를 누르고 출력형태와 같이 배치한 후 Enter를 누른다.

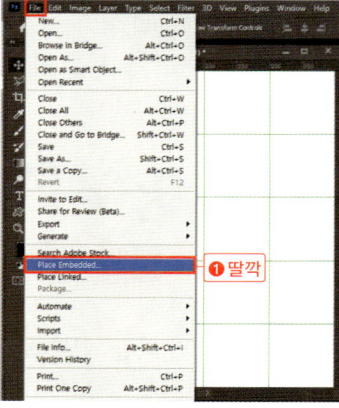 

알아두면 좋은 TIP

⟨Place(가져오기) 기능으로 이미지 붙여넣기⟩
- Place(가져오기)로 이미지를 불러오면 레이어의 이름이 파일의 이름으로 자동 표기가 되어 문제풀이가 좀 더 편리하다. 특히 배경으로 활용되는 이미지의 경우 Place(가져오기)로 부르면 작업 파일 사이즈에 맞게 조정되어 크기 조절 작업이 간소화되기도 한다.
- [File(파일)] 메뉴에는 [Place Embedded(포함 가져오기)], [Place Linked(연결 가져오기)] 두 가지가 있다. 작업의 편리함을 위해 [Place Embedded(포함 가져오기)]를 사용하고, 변형 작업이 필요한 경우 레이어를 [Rasterize Layer(레이어 레스터화)] 설정으로 일반 레이어 모드로 변경하여 사용한다.

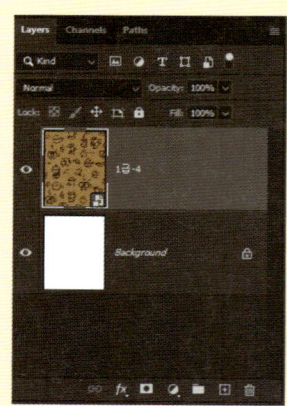  

2 필터 적용하기

01 필터 효과를 적용하기 위해 [Filter(필터)] - [Filter Gallery(필터 갤러리)]를 선택한다. [Filter Gallery(필터 갤러리)] 대화상자가 열리면 [Texture(텍스처)] - Texturizer(텍스처화)를 선택한다.

3 색상 보정하기

1 이미지 불러오기

01 [File(파일)] - [Open(열기)]([Ctrl]+[O])을 선택하여 1급-5.jpg를 불러온다. Elliptical Marquee Tool(원형 선택 윤곽 도구, ◯)로 커피잔 받침의 모양대로 선택 영역을 지정한다. [Select(선택)] - [Transform Selection(선택 영역 변형)]을 선택하고, 출력형태에 제시된 커피 받침에 맞춰 크기 조절점을 드래그하여 선택 영역을 지정한다.

 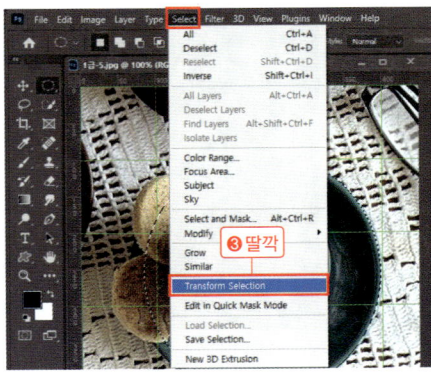 

02 Quick Selection Tool(빠른 선택 도구,)로 쿠키까지 선택 영역으로 지정하기 위해 쿠키 부분에서 지정이 되지 않은 부분을 드래그하여 지정한다. 복사(Ctrl+C)한 후, 작업 파일로 돌아와 붙여넣기(Ctrl+V)한다. Ctrl+T를 눌러 출력형태와 같이 배치한 후 Enter를 누른다.

❷ 색상 보정하기

01 Quick Selection Tool(빠른 선택 도구,)로 쿠키 부분을 선택하고, 레이어 패널 하단의 [Create new fill or adjustment layer(새 칠 또는 조정 레이어 생성,)] – [Hue/Saturation(색조/채도)]을 선택한다. Properties(속성) 패널에서 'Colorize(색상화): 체크, Hue(색조): 105, Saturation(채도): 45'로 입력하여 초록색 계열로 변경한다.

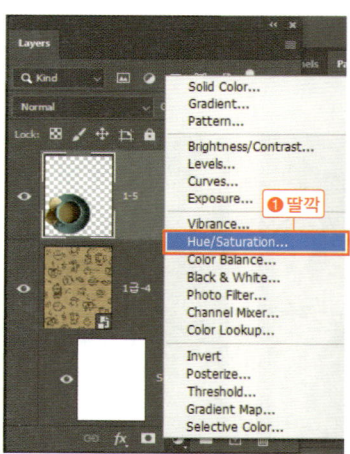

알아두면 좋은 TIP

이미지의 색상 보정의 경우, 문제지에서 정확한 수치가 제시되지 않는다. Properties Panel(속성 패널)의 스크롤 바를 드래그하여 원하는 색상을 빠르게 찾는 연습이 필요하다.

02 컵을 선택하기 위해 작업 문서의 Ruler(눈금자)를 드래그하여 컵의 상단과 왼쪽에 맞춰 가이드 선을 그린다.

알아두면 좋은 TIP

- 수험생의 편의성을 위해 격자를 삭제하여 설명하고 있다. 학습 시 혼돈하지 않고 학습하면 된다.
- Elliptical Marquee Tool(원형 선택 윤곽 도구, ◯)로 원을 선택 영역으로 지정할 때 정확한 지점을 찾기 어렵다면 가이드 선을 이용하면 쉽게 지정할 수 있다.

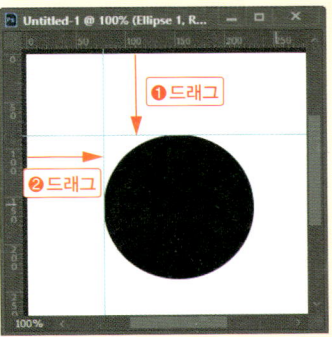 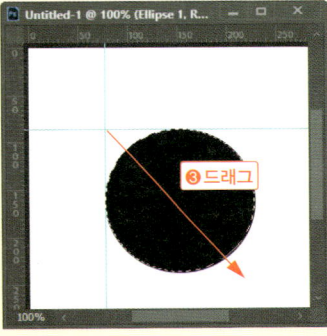

03 Elliptical Marquee Tool(원형 선택 윤곽 도구, ◯)로 그려놓은 가이드 선에 맞춰 커피잔을 선택 영역으로 지정한다. Options Bar(옵션 바)에서 'Subtract from selection(전면 모양 빼기, ▣)'를 선택한 후, 가이드 선에 맞춰 커피 부분을 제외시킨다. Quick Selection Tool(빠른 선택 도구, ✒)로 손잡이 부분까지 선택 영역으로 지정한다.

알아두면 좋은 TIP

패스 작업 단축키
- [Alt]+도형 그리기: Subtract Front Shape(전면 모양 빼기, ▣)
- [Shift]+도형 그리기: Combine Shapes(모양 결합, ▣)

04 레이어 패널 하단의 [Create new fill or adjustment layer(새 칠 또는 조정 레이어 생성,)] – [Hue/Saturation(색조/채도)]을 선택한다. Properties(속성) 패널에서 'Colorize(색상화): 체크, Hue(색조): 0, Saturation(채도): 55'로 입력하여 빨간색 계열로 변경한다.

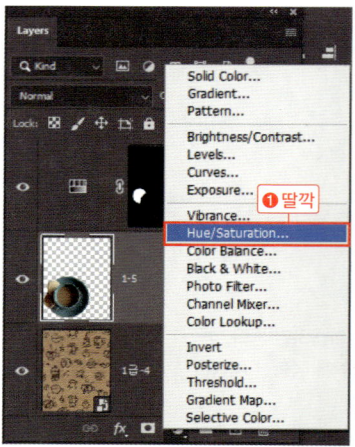

3 스타일 적용하기

01 '1급-5' 레이어가 선택된 상태에서 레이어 패널 하단의 [Add a Layer style(레이어 스타일 추가, fx)] – [Drop Shadow(드롭 섀도)]를 클릭한다.

> **알아두면 좋은 TIP**
>
> • Opacity(불투명도), Angle(각도) 등 레이어 스타일의 세부내용은 문제지에 제시되지 않는다. 출력형태와 같게 빠르게 설정하는 법을 익혀야 한다.
> • 레이어 이름은 채점 대상이 아니므로, 이름 변경을 하지 않아도 된다.

28 · Step Ⅲ. 기출문제 반복으로 실력 키우기

4 이미지 배치하기

1 이미지 불러오고 편집하기

01 [File(파일)] – [Open(열기)]([Ctrl]+[O])을 선택하여 1급-6.jpg를 불러온다. Quick Selection Tool(빠른 선택 도구,)로 이미지 내의 마카롱과 딸기를 드래그하여 선택 영역으로 지정한 후 선택한 마카롱과 딸기를 복사([Ctrl]+[C])한다.

02 작업 파일로 돌아와 붙여넣기([Ctrl]+[V])를 한다. [Ctrl]+[T]를 누른 후, 마우스 오른쪽을 클릭한다. [Flip Horizontal(가로로 뒤집기)]을 선택하고 출력형태와 같이 배치한 후 [Enter]를 누른다.

❷ 스타일 적용하기

01 레이어 패널 하단의 [Add a Layer style(레이어 스타일 추가, fx)] - [Outer Glow(외부 광선)]를 클릭한다. 레이어 패널에서 출력형태와 같이 배치되도록 마카롱과 딸기 레이어를 커피잔 레이어 아래로 드래그한다.

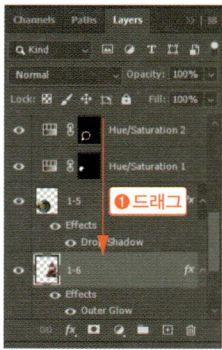

> **알아두면 좋은 TIP**
> 레이어 패널에서 색상 보정을 하면 '조정 레이어'가 생성되기 때문에 레이어 순서 변경에 대한 부분에 유의해야 한다.

5 문자 입력하기

❶ 문자 입력하기

01 Type Tool(수평 문자 도구, T)을 클릭하고 출력형태의 문자 부분과 같은 지점을 클릭한다. Cafe&Dessert를 입력하고 Options Bar(옵션 바) 또는 Properties(속성) 패널에서 조건과 같이 세부정보를 입력한다.

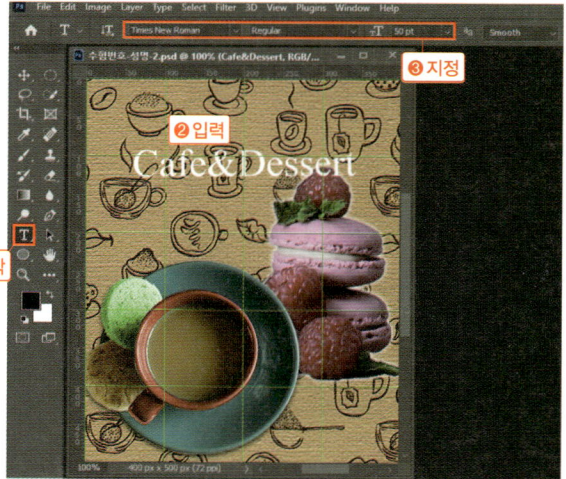

조건
Font(글꼴): Times New Roman, Style(스타일): Regular, Size(크기): 50pt

> **알아두면 좋은 TIP**
> • 문제풀이 순서는 문제지에 제공된 순서대로 하는 것이 일반적이지만 텍스트를 먼저 작업해 두는 것도 좋은 방법이다.
> • 텍스트는 정확한 사이즈를 제시하고 있기 때문에 설정된 격자에 맞춰 미리 배치해 두면 이미지 오브젝트, 모양 도구의 배치와 크기, 비율 맞추기가 수월해진다.

② 문자 효과 적용하기

01 문자에 그레이디언트 효과를 주기 위해 레이어 패널 하단의 [Add a Layer style(레이어 스타일 추가, fx)] – [Gradient Overlay(그레이디언트 오버레이)]를 클릭한다. [Layer Style(레이어 스타일)] 대화상자가 열리면 문제지의 조건과 같이 세부정보를 입력한다.

> **조건**
> - Gradient Overlay(그레이디언트 오버레이) ▶ Gradient(그레이디언트) – 시작점: #cc6633, 중간점: #ffff99, 끝점: #cc6633, Style(스타일): Linear(선형), Angle(각도): 0°
> - Stroke(획) ▶ Size(크기): 3px, Color(색상): #330000

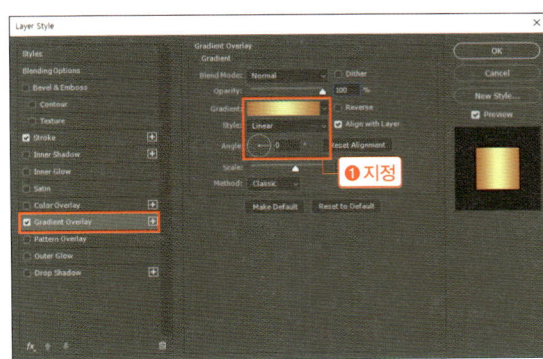
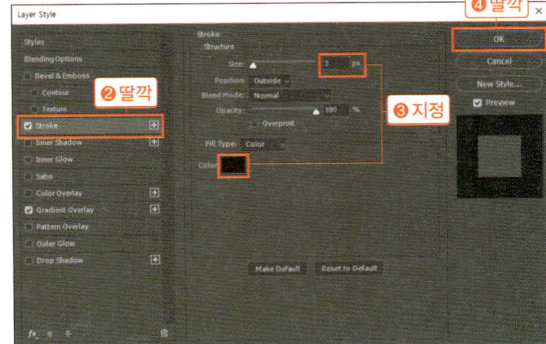

알아두면 좋은 TIP

- Gradient(그레이디언트) 설정 시 중간 색상 조절점을 추가하고 싶다면 컬러 바 아래를 클릭하면 된다.
- 색상 조절점을 삭제하고 싶다면 색상 조절점을 대화상자 밖으로 드래그하거나, 대화상자 하단의 [Delete(삭제)]를 클릭한다.

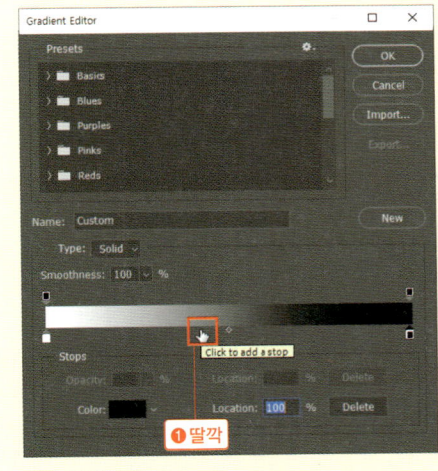

색상 조절점 추가

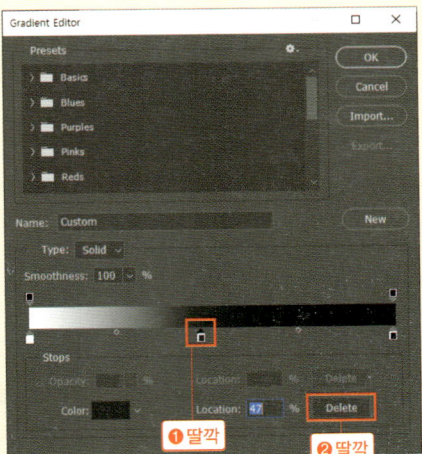

색상 조절점 삭제

02 Options Bar(옵션 바)에서 Create Warped text(뒤틀어진 텍스트 만들기, ⬚)를 클릭한다. [Warped text(텍스트 뒤틀기)] 대화상자가 열리면 문제지의 출력형태와 같이 세부정보를 입력한다. Ctrl + T 를 누르고 바운딩 박스를 이용하여 텍스트를 회전하고 출력형태와 같이 배치한 후 Enter 를 누른다.

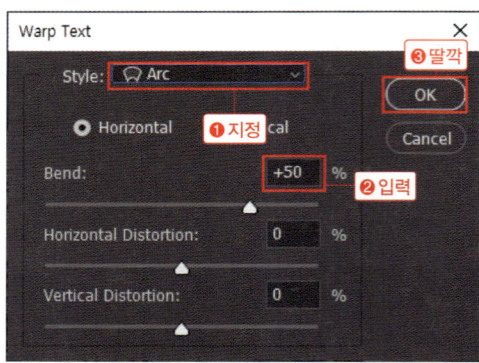

조건

Style(스타일): Arc(부채꼴),
Bend(구부리기): 50%

6 모양 도구 배치하기

1 모양 도구 배치하기 1

01 Custom Shape Tool(사용자 정의 모양 도구, ⬚)을 클릭하고, '꽃 장식' 모양을 찾아 드래그하여 그린 후 Options Bar(옵션 바)에서 'Fill(칠): #ffcc99'로 지정하고 Enter 를 눌러 Shape 레이어를 생성한다. 레이어 패널 하단의 [Add a Layer style(레이어 스타일 추가, fx)] - [Stroke(획)]를 클릭한다. [Layer Style(레이어 스타일)] 대화상자가 열리면 문제지의 조건과 같이 세부정보를 입력한다.

조건

- 꽃 장식 모양: [All Legacy Default Shapes(모든 레거시 기본 모양)] - [Ornaments(장식)] - [Floral Ornament 2(꽃 장식 2)]
- Stroke(획) ▶ Size(크기): 1px, Color(색상): #660000

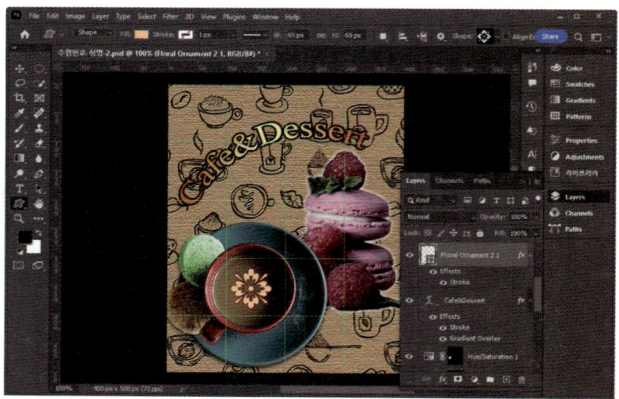

알아두면 좋은 TIP

Custom Shape Tool(사용자 정의 모양 도구)로 모양 배치 시 Shift 를 누르면서 드래그하면 비율을 유지한 채로 그릴 수 있다.

② 모양 도구 배치하기 2

01 Custom Shape Tool(사용자 정의 모양 도구,)을 클릭하고, '잎 장식' 모양을 찾아 드래그하여 그린 후 Options Bar(옵션 바)에서 'Fill(칠): #99ff99'로 지정하고 Enter를 눌러 Shape 레이어를 생성한다. 레이어 패널 하단의 [Add a Layer style(레이어 스타일 추가, fx)] – [Drop Shadow(드롭 섀도)]를 클릭한다.

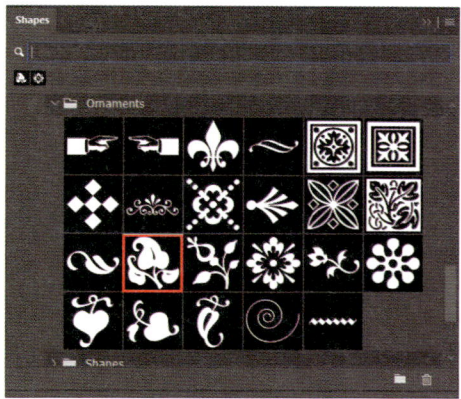

조건
- 잎 장식 모양: [All Legacy Default Shapes(모든 레거시 기본 모양)] – [Ornaments(장식)] – [Leaf Ornament 3(나뭇잎 장식 3)]
- Drop Shadow(드롭 섀도) ▶ 체크

02 'Leaf Ornament 3(나뭇잎 장식 3)' 레이어를 선택하고 Ctrl+J를 눌러 복사한다. 복사된 'Leaf Ornament 3(잎 장식 3) copy' 레이어를 선택하고 Ctrl+T를 눌러 출력형태와 같이 배치한 후, 레이어의 썸네일을 더블클릭하여 'Color(색상): #ffff99'로 지정한다.

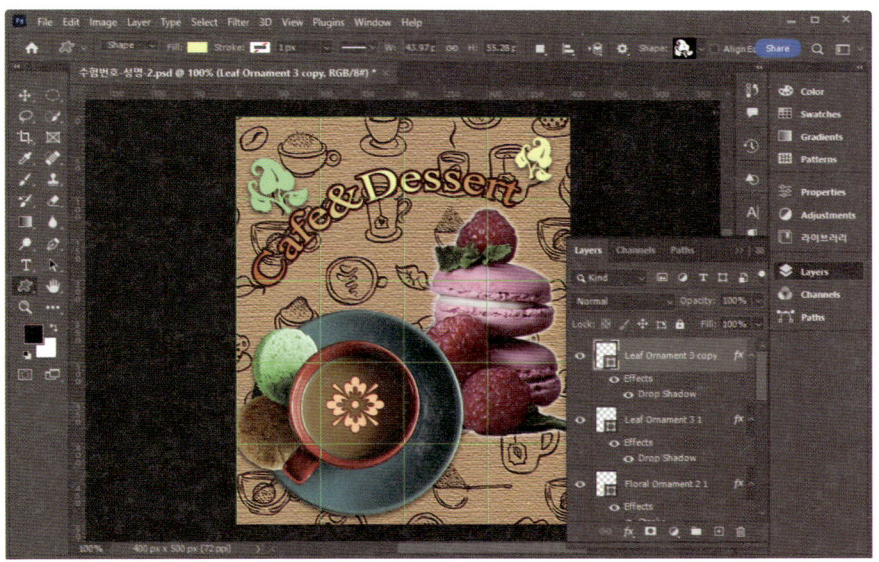

7 저장 및 파일 전송하기

01 작업이 완료되면 문제지의 [출력형태]와 작업 파일을 비교하여 레이어의 순서, 이미지 위치를 최종 점검한다.
02 [File(파일)] – [Save As a Copy(사본 저장)]([Alt]+[Ctrl]+[S])를 선택하고, '저장 경로: 내 PC\문서\GTQ, 파일형식: JPEG, 파일이름: 수험번호-성명-2'로 저장한다.
03 제출용 PSD 파일을 만들기 위해 [Image(이미지)] – [Image Size(이미지 크기)]([Alt]+[Ctrl]+[I])를 클릭한다. [Image Size(이미지 크기)] 대화상자가 열리면 문제지의 [조건]과 같이 세부정보를 입력하여 작업 사이즈의 1/10 사이즈로 축소한다.

> **조건**
> Constrain as pect ratio(종횡비 제한): 체크, Width(폭): 40px, Height(높이): 50px

04 [File(파일)] – [Save As(다른 이름으로 저장)]([Shift]+[Ctrl]+[S])를 선택하고, '저장 경로: 내 PC\문서\GTQ, 파일형식: PSD, 파일이름: 수험번호-성명-2'로 저장한다.
05 답안 전송 프로그램을 이용하여 저장된 jpg, psd 파일을 감독관 컴퓨터로 전송한다.

문제 3 실무응용 포스터 제작

✓ 문제 풀이 순서
1 새 작업 파일 만들기→**2** 혼합모드와 레이어 마스크 적용하기→**3** 클리핑 마스크 적용하기→**4** 이미지 보정하기→**5** 문자 입력하기→**6** 모양 도구 배치하기→**7** 저장 및 파일 전송하기

✓ 감점방지 TIP
- 문제에 제시된 'Wind(바람)' 필터는 Filter Gallery(필터 갤러리)에 포함되어 있지 않으니 Filter(필터) 메뉴에서 별도로 찾아 적용해야 한다.
- 문제지 작업순서와 레이어 순서가 일치하지 않으니 레이어 순서를 출력형태로 검토해야 한다.
- 문자 효과 중에 크기와 색상이 이중으로 제시된 경우, 출력형태를 분석하여 어느 부분에 크기와 색상이 적용되어야 하는지 판단하여 적용해야 한다.

1 새 작업 파일 만들기

① 새 파일 만들기

01 새로운 작업 파일을 만들기 위해 [File(파일)] – [New(새로 만들기)](Ctrl + N)를 선택한다.
02 [New Document(새로 만들기)] 대화상자가 열리면 문제지의 조건과 같이 작업 파일 세부정보를 입력한다.

> **조건**
> Width(폭): 600, Height(높이): 400, 단위: Pixels(픽셀), Resolution(해상도): 72(Pixel/Inch), Color Mode(색상 모드): RGB, 8bit, Background Contents(배경 내용): White(흰색)

03 [File(파일)] – [Save As(다른 이름으로 저장)](Ctrl + Shift + S)를 선택한다. '저장 경로: 내 PC₩문서₩GTQ, 파일명: 수험번호-성명-3.psd'로 저장한다.

② 작업 파일 설정하기

01 작업 파일에 눈금자를 표시하기 위해 [View(보기)] – [Rulers(눈금자)](Ctrl + R)를 선택한다.
02 [View(보기)] – [Show(표시)] – [Grid(격자)](Ctrl + ')를 눌러 격자를 표시한다.

2 혼합 모드와 레이어 마스크 적용하기

① 혼합 모드 적용하기

01 Tool Box(도구 상자) 패널 하단의 전경색을 더블클릭한다. [Color Picker(색상 피커)] 대화상자가 열리면 #ff6600을 입력하고 [OK(확인)]를 클릭한다. 작업영역을 전경색으로 채우기 위해 Alt + Delete 를 누른다.

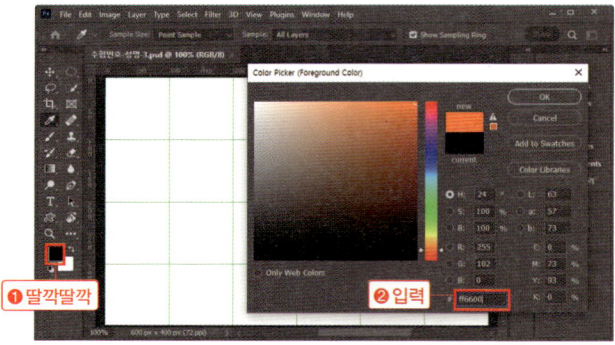 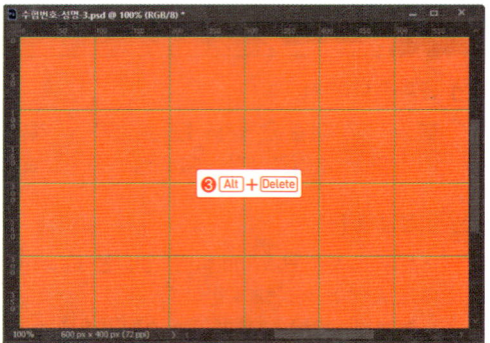

02 [File(파일)] – [Place Embedded(포함 가져오기)]를 선택하여 1급-7.jpg를 불러온다. 이미지를 출력형태를 참고하여 조절한 후, Enter를 눌러 작업영역에 배치한다.

03 레이어 패널에서 'Blending Mode(혼합 모드): Luminosity(광도), Opacity(불투명도): 80%'로 입력한다.

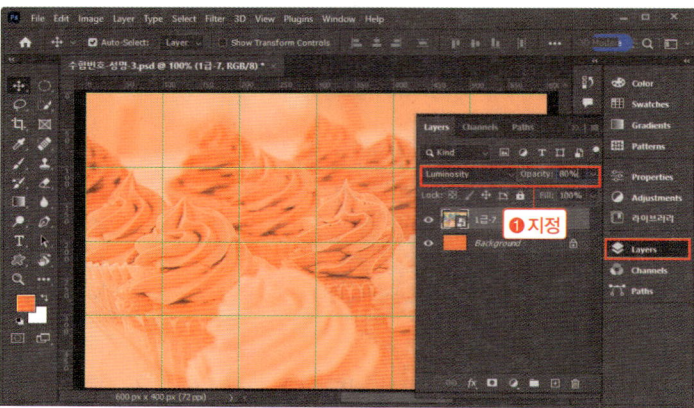

2 레이어 마스크 적용하기

01 [File(파일)] – [Open(열기)](Ctrl+O)을 선택하여 1급-8.jpg를 불러온다. Magic Wand Tool(자동 선택 도구,)로 선택할 오브젝트의 외곽을 누른다. 선택이 되지 않은 부분은 Shift를 누르며 추가로 클릭하며 선택하고, [Select(선택)] – [Inverse(반전)](Shift+Ctrl+I)를 선택해 선택 영역을 반전시킨다.

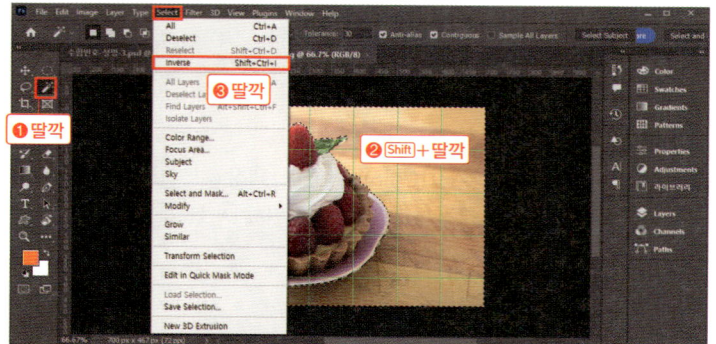

알아두면 좋은 TIP

배경이 단순하고 선택하고자 하는 이미지의 색상이나 형태가 복잡한 경우에는 외부영역을 선택한 후 영역을 반전시키는 것이 보다 효율적인 선택 방법이다.

02 선택된 오브젝트를 복사(Ctrl+C)한 후, 작업 영역에 붙여넣기(Ctrl+V)한다. Ctrl+T를 눌러 출력형태와 같이 배치한 후 Enter를 누른다.

03 필터 효과를 적용하기 위해 [Filter(필터)] – [Filter Gallery(필터 갤러리)]를 선택한다. [Filter Gallery(필터 갤러리)] 대화상자가 열리면 [Artistic(예술 효과)] – [Paint Daubs(페인트 바르기)]를 선택한다.

04 레이어 패널 하단에 [Add a Layer Mask(마스크 추가,)]를 클릭한다. Gradient Tool(그레이디언트 도구,)을 선택하고, Option Bar(옵션 바)에서 'Black, White(검정, 흰색)', 'Linear Gradient(선형 그레이디언트)'로 지정하고 출력형태를 참고하여 오른쪽에서 왼쪽으로 드래그한다.

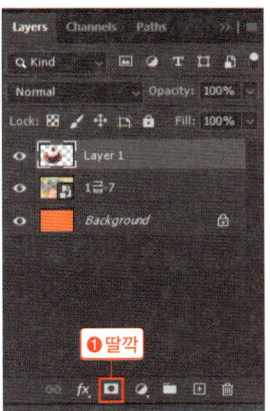 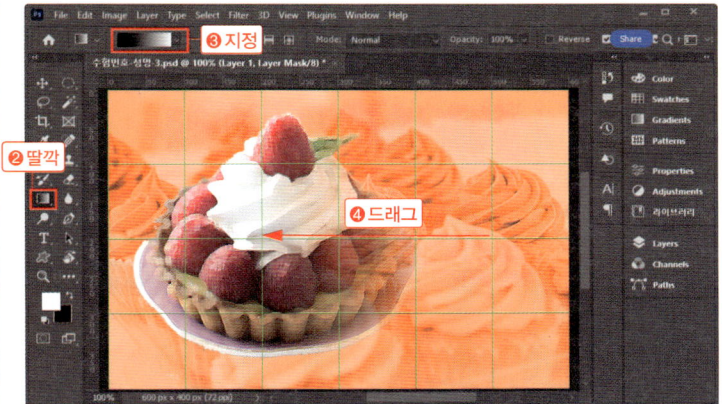

3 클리핑 마스크 적용하기

① 클리핑 마스크 작업 1

01 [File(파일)] - [Open(열기)]([Ctrl]+[O])을 선택하여 1급-10.jpg를 불러온다. Magic Wand Tool(자동 선택 도구,)로 선택할 오브젝트의 외곽을 누른다. 선택이 되지 않은 그림자 부분은 [Shift]를 누르며 추가로 선택하고, [Select(선택)] - [Inverse(반전)]([Shift]+[Ctrl]+[I])를 선택해 선택 영역을 반전시킨다.

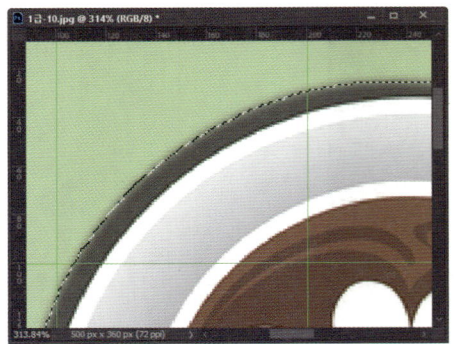

02 선택된 오브젝트를 복사([Ctrl]+[C])한 후, 작업 영역에 붙여넣기([Ctrl]+[V])한다. [Ctrl]+[T]를 눌러 출력형태와 같이 배치한 후 [Enter]를 누른다.

03 '1급-10.jpg' 레이어가 선택된 상태에서 레이어 패널 하단의 [Add a Layer style(레이어 스타일 추가,)] - [Stroke(획)]를 클릭한다. [Layer Style(레이어 스타일)] 대화상자가 열리면 문제지의 조건과 같이 세부정보를 입력한다.

조건

Stroke(획) ▶ Size(크기): 3px, Fill Type(칠 유형): Gradient(그레이디언트) - 시작점: #ffff33, 끝점: #00cc33, Style(스타일): Linear(선형), Angle(각도): 0°

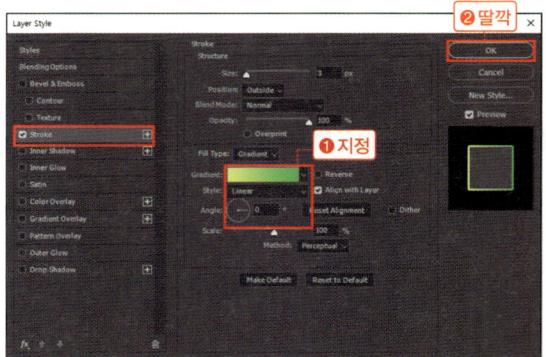

04 Quick Selection Tool(빠른 선택 도구,)로 클리핑 마스크를 적용할 영역을 선택 영역으로 지정한다. 클리핑 마스크를 적용할 영역이 선택되면 복사([Ctrl]+[C])한 후, 붙여넣기([Ctrl]+[V])를 하여 클리핑 마스크가 적용될 새로운 레이어를 만든다.

알아두면 좋은 TIP

- 클리핑 마스크 작업은 두 개의 레이어가 서로 상호 작업에 의해 나타난다. 이번 문제에서 시험지에서 1급-9.jpg → 1급-10.jpg 순서로 제시되어 있으나 레이어의 순서는 1급-10.jpg → 1급-9.jpg로 형성되므로 1급-10.jpg부터 작업하는 것을 권장한다.
- 시험지의 순서대로 작업하다 보면 레이어의 순서나 클리핑 작업이 모호한 경우가 발생하는 경우가 있으니 꼭 출력형태 와 함께 작업 순서를 조정하여 작업한다.

❷ 클리핑 마스크 작업 2

01 [File(파일)] - [Open(열기)]([Ctrl]+[O])을 선택하여 1급-9.jpg를 불러온다. [Ctrl]+[A]를 눌러 전체 이미지를 선택하여 복사([Ctrl]+[C])하고, 작업 파일에 붙여넣기([Ctrl]+[V])한다. [Ctrl]+[T]를 눌러 출력형태 와 같이 배치한 후 [Enter]를 누른다.

02 필터 효과를 적용하기 위해 [Filter(필터)] - [Stylize(스타일화)] - [Wind(바람)]를 선택한다.

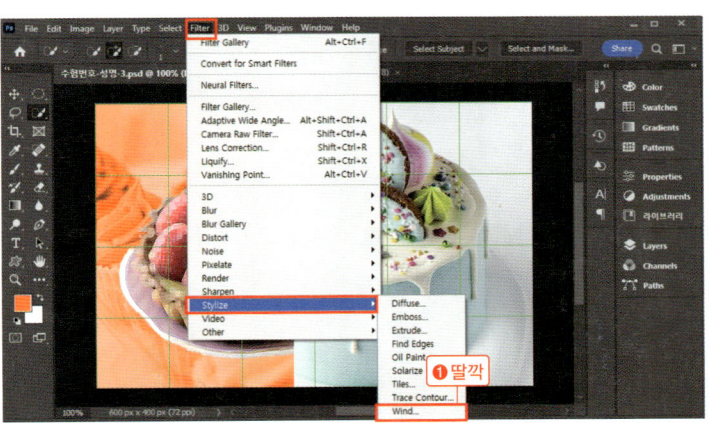

03 '1급-9.jpg' 레이어를 선택하고 클리핑 마스크 영역으로 설정한 레이어 사이에 마우스를 놓고 Alt 를 누른 채 클릭(Ctrl + Alt + G)한다. 클리핑 마스크 영역 레이어가 선택된 상태에서, 레이어 패널 하단의 [Add a Layer style(레이어 스타일 추가, fx)] - [Bevel and Emboss(경사와 엠보스)]를 클릭한다.

 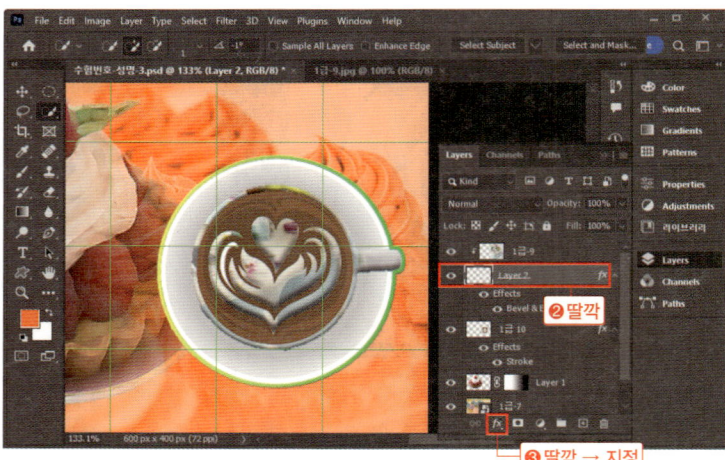

4 색상 보정하기

1 이미지 불러오기

01 [File(파일)] - [Open(열기)](Ctrl + O)을 선택하여 1급-11.jpg를 불러온다. Quick Selection Tool(빠른 선택 도구,)로 '1급-11.jpg' 이미지 내의 마카롱을 드래그하여 선택한 후, 마카롱을 복사(Ctrl + C)한다.

02 작업 파일로 돌아와 붙여넣기(Ctrl + V)한다. Ctrl + T를 누르고 이미지 크기를 출력형태 와 같이 배치한 후 Enter 를 누른다.

03 마카롱 이미지에 그림자 효과를 주기 위해 레이어 패널 하단의 [Add a Layer style(레이어 스타일 추가, fx)] – [Drop Shadow(드롭 섀도)]를 클릭한다.

② 색상 보정하기

01 Quick Selection Tool(빠른 선택 도구,)로 주황색 마카롱 부분을 선택하고, 레이어 패널 하단의 [Create new fill or adjustment layer(새 칠 또는 조정 레이어 생성,)] – [Hue/Saturation(색조/채도)]을 선택한다. Properties(속성) 패널에서 'Hue(색조): 90, Saturation(채도): −60'으로 입력하여 초록색 계열로 변경한다.

5 문자 입력하기

① 제목 문자 입력하기

01 Type Tool(수평 문자 도구, T)을 클릭하고 출력형태의 문자 부분과 같은 지점을 클릭한다. 세계 디저트 여행을 입력하고 Options Bar(옵션 바) 또는 Properties(속성) 패널에서 조건과 같이 세부정보를 입력한다.

조건
Font(글꼴): 궁서, Size(크기) – 세계, 여행: 42pt, 디저트: 60pt

02 문자에 그레이디언트 효과를 주기 위해 레이어 패널 하단의 [Add a Layer style(레이어 스타일 추가, fx)] – [Gradient Overlay(그레이디언트 오버레이)]를 클릭한다. [Layer Style(레이어 스타일)] 대화상자가 열리면 문제지의 조건과 같이 세부정보를 입력한다.

> 조건
>
> Gradient Overlay(그레이디언트 오버레이) ▶ Gradient(그레이디언트) – 시작점: #ff9900, 중간점: #9966cc, 끝점: #339933, Style(스타일): Linear(선형), Angle(각도): 0°,

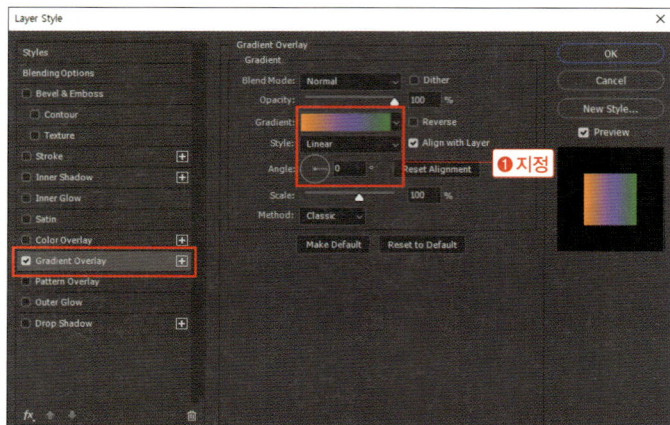
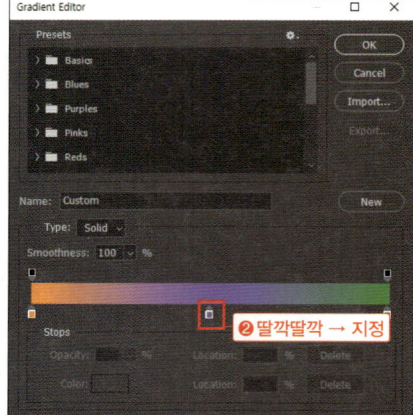

03 [Layer Style(레이어 스타일)] 대화상자 왼쪽 목록에서 Drop Shadow(드롭 섀도), Stroke(획) 스타일에 체크한 후 문제지의 조건을 확인하여 세부정보를 입력한다.

> 조건
>
> • Stroke(획) ▶ Size(크기): 2px, Color(색상): #ccffcc
> • Drop Shadow(드롭 섀도) ▶ 체크

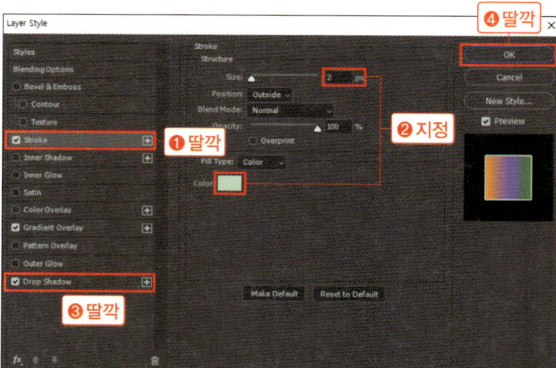

04 Options Bar(옵션 바)에서 Create Warped text(뒤틀어진 텍스트 만들기,)를 클릭한다. [Warped text(텍스트 뒤틀기)] 대화상자가 열리면 문제지의 출력형태 와 같이 세부정보를 입력한다.

조건

Style(스타일): Flag(깃발), Bend(구부리기): −35%

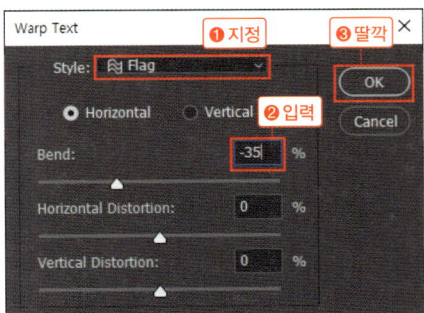

2 소제목 문자 입력하기

01 Type Tool(수평 문자 도구,)을 클릭하고 출력형태 의 문자 부분과 같은 지점을 클릭한다. Introducing Various Dessert를 입력하고 Options Bar(옵션 바) 또는 Properties(속성) 패널에서 조건 과 같이 세부정보를 입력한다.

조건

Font(글꼴): Arial, Style(스타일): Regular, Size(크기): 18pt, Color(색상): #993300

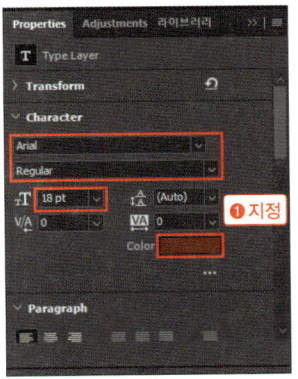
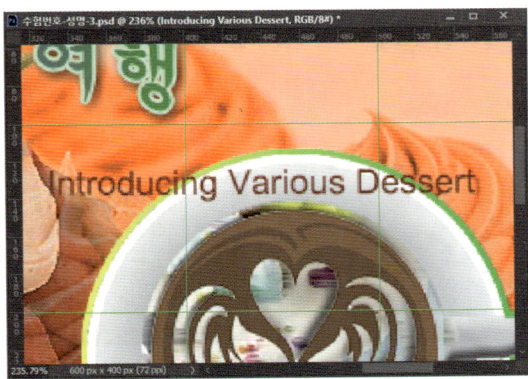

02 문자에 외곽선 효과를 주기 위해 레이어 패널 하단의 [Add a Layer style(레이어 스타일 추가, fx)] - [Stroke(획)]를 클릭한다. [Layer Style(레이어 스타일)] 대화상자가 열리면 문제지의 조건과 같이 세부정보를 입력한다.

조건

Stroke(획) ▶ Size(크기): 2px, Color(색상): #ffffcc

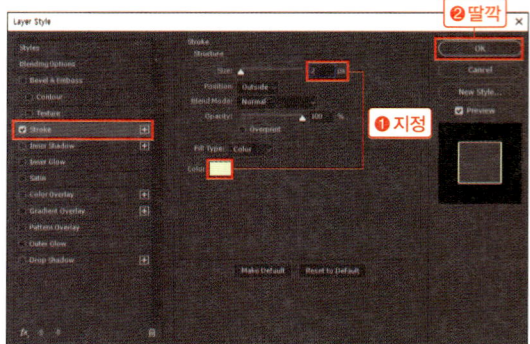 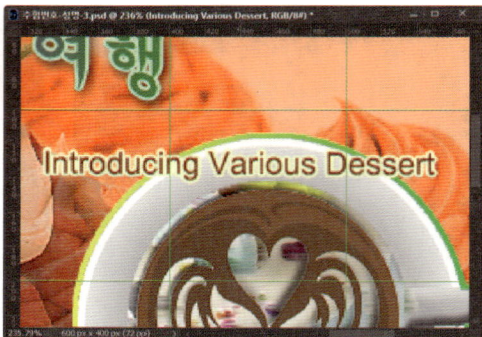

03 Options Bar(옵션 바)에서 Create Warped text(뒤틀어진 텍스트 만들기, T)를 클릭한다. [Warped text(텍스트 뒤틀기)] 대화상자가 열리면 문제지의 출력형태와 같이 세부정보를 입력한다. Ctrl + T를 눌러 출력형태와 같이 배치한 후 Enter를 누른다.

조건

Style(스타일): Arc(부채꼴), Bend(구부리기): 80%

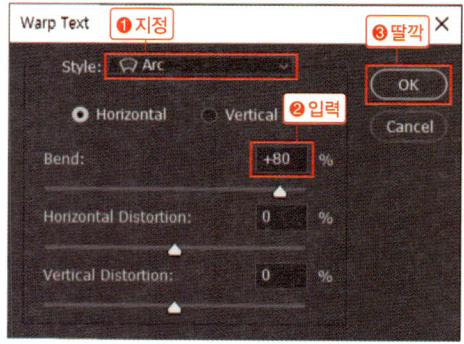 

③ 기타 문자 입력하기

01 Type Tool(수평 문자 도구, T.)을 클릭하고 출력형태의 문자 부분과 같은 지점을 클릭한다. 다양한 디저트의 향연을 입력하고 Options Bar(옵션 바) 또는 Properties(속성) 패널에서 조건과 같이 세부정보를 입력한다.

  조건

  Font(글꼴): 돋움, Size(크기): 18pt

02 문자에 그레이디언트 효과와 외곽선 효과를 주기 위해 레이어 패널 하단의 [Add a Layer style(레이어 스타일 추가, fx.)] – [Gradient Overlay(그레이디언트 오버레이)]를 클릭한다. [Layer Style(레이어 스타일)] 대화상자가 열리면 문제지의 조건과 같이 세부정보를 입력한다.

  조건

  • Gradient Overlay(그레이디언트 오버레이) ▶ Gradient(그레이디언트) – 시작점: #ff99ff, 끝점: #ffff00, Style(스타일): Linear(선형), Angle(각도): 0°
  • Stroke(획) ▶ Size(크기): 2px, Color(색상): #333333

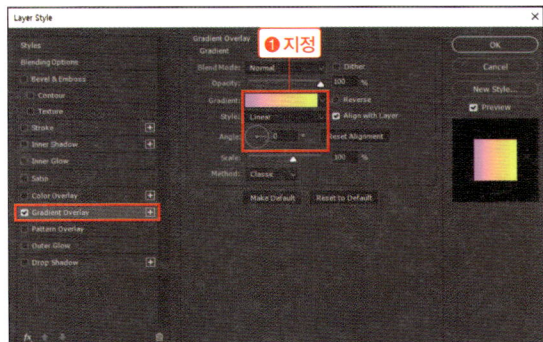 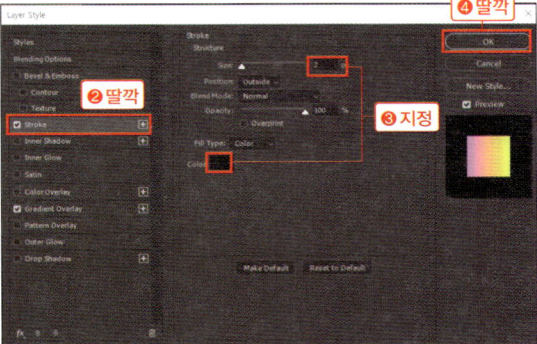

03 Type Tool(수평 문자 도구, T.)을 클릭하고 출력형태의 문자 부분과 같은 지점을 클릭한다. 창작 부문 | 플레이팅 부문을 입력하고 Options Bar(옵션 바) 또는 Properties(속성) 패널에서 조건과 같이 세부정보를 입력한다.

  조건

  Font(글꼴): 돋움, Size(크기): 16pt, Color(색상) – 창작 부문: #99ff99, | 플레이팅 부문: #ffff66

04 문자에 외곽선 효과를 주기 위해 레이어 패널 하단의 [Add a Layer style(레이어 스타일 추가, fx)] – [Stroke(획)]를 클릭한다. [Layer Style(레이어 스타일)] 대화상자가 열리면 문제지의 조건과 같이 세부정보를 입력한다.

> **조건**
>
> Size(크기): 2px, Color(색상): #663300

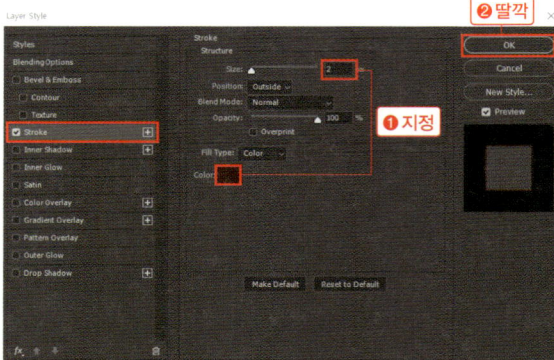

6 모양 도구 배치하기

❶ 리본 모양 도구 배치하기

01 Custom Shape Tool(사용자 정의 모양 도구, ▨)을 클릭하고, '리본' 모양을 찾아 드래그하여 그린 후 Options Bar(옵션 바)에서 'Fill(칠): #ff6600'으로 지정하고 Enter를 눌러 Shape 레이어를 생성한다. 레이어 패널 하단의 [Add a Layer style(레이어 스타일 추가, fx)] – [Drop Shadow(드롭 섀도)]를 클릭한다.

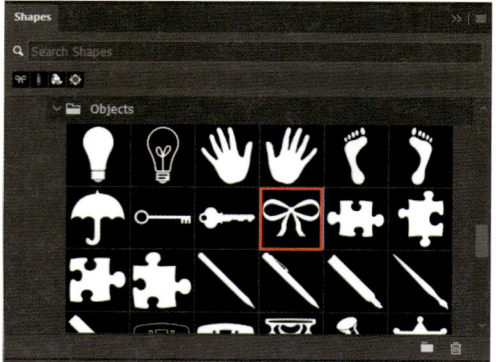

> **조건**
>
> • 리본 모양: [All Legacy Default Shapes(모든 레거시 기본 모양)] – [Objects(물건)] – [Bow(나비매듭 모양)]
> • Drop Shadow(드롭 섀도) ▶ 체크

02 나비매듭 리본 모양 레이어에 불투명도 효과를 주기 위해 레이어 패널 상단의 'Opacity(불투명도): 80%'를 입력한다. Ctrl + T 를 눌러 출력형태 와 같이 배치한 후 Enter 를 누른다.

03 'Bow(나비매듭 리본)' 레이어를 선택하고 Ctrl + J 를 눌러 복사한다. 복사된 'Bow(나비매듭 리본) copy' 레이어를 선택하고 Ctrl + T 를 눌러 출력형태 와 같이 배치한 후, 레이어의 썸네일을 더블클릭하여 'Color(색상): #ffff33'으로 지정한다.

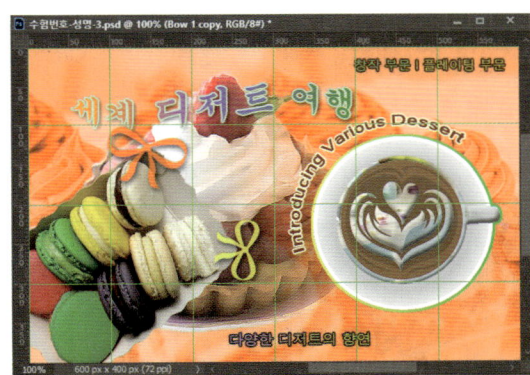

2 기타 모양 도구 배치하기

01 Custom Shape Tool(사용자 정의 모양 도구,)을 클릭하고, '클립' 모양을 찾아 드래그하여 그린 후 Enter 를 눌러 Shape 레이어를 생성한다.

> **조건**
>
> 클립 모양: [All Legacy Default Shapes(모든 레거시 기본 모양)] – [Objects(물건)] – [Paper Clip(색종이 조각)]

02 클립 모양에 그레이디언트 효과와 외부 광선 효과를 주기 위해 레이어 패널 하단의 [Add a Layer style(레이어 스타일 추가, ⓕⓧ)] – [Gradient Overlay(그레이디언트 오버레이)]를 선택한다. [Layer Style(레이어 스타일)] 대화상자가 열리면 문제지의 조건과 같이 세부정보를 입력한다. Ctrl + T 를 눌러 출력형태 와 같이 배치한 후 Enter 를 누른다.

> **조건**
> - Gradient Overlay(그레이디언트 오버레이) ▶ Gradient(그레이디언트) – 시작점: #ff0000, 끝점: #6666ff, Style(스타일): Linear(선형), Angle(각도): 45°
> - Outer Glow(외부 광선) ▶ 체크

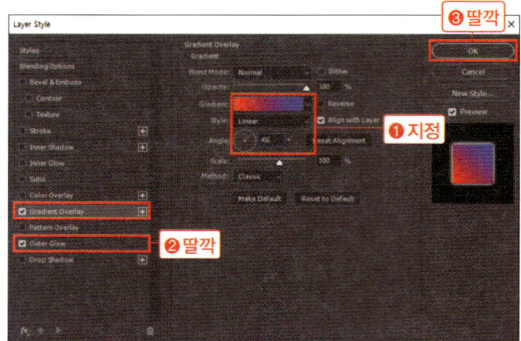 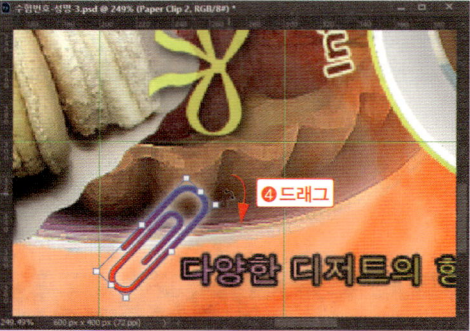

03 Custom Shape Tool(사용자 정의 모양 도구, ⬧)을 클릭하고, '잎 장식' 모양을 찾아 드래그하여 그린 후 Options Bar(옵션 바)에서 'Fill(칠) : #66cc66'으로 지정하고 Enter 를 눌러 Shape 레이어를 생성한다.

> **조건**
> 잎 장식 모양: [All Legacy Default Shapes(모든 레거시 기본 모양)] – [Ornaments(장식)] – [Leaf Ornament 3(나뭇잎 장식 3)]

04 잎 장식 모양에 외곽선 효과를 주기 위해 레이어 패널 하단의 [Add a Layer style(레이어 스타일 추가, fx)] – [Stroke(획)]를 클릭한다. [Layer Style(레이어 스타일)] 대화상자가 열리면 문제지의 조건과 같이 세부정보를 입력하고, 레이어 패널 상단에 'Opacity(불투명도): 50%'를 입력한다.

조건

Size(크기): 3px, Color(색상): #ccffcc

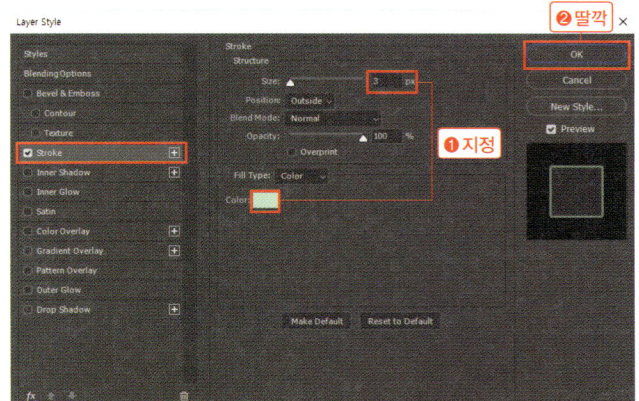
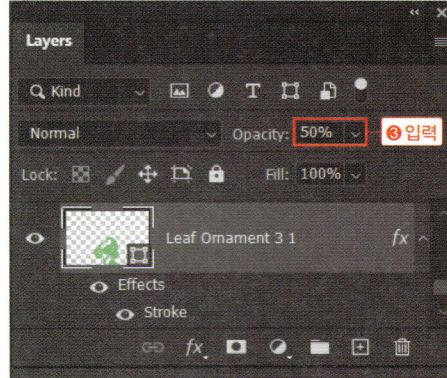

05 Ctrl + T 를 눌러 출력형태와 같이 배치한 후, 레이어 패널에서 나뭇잎 모양 레이어를 출력형태와 같이 마카롱 레이어 아래로 드래그한다.

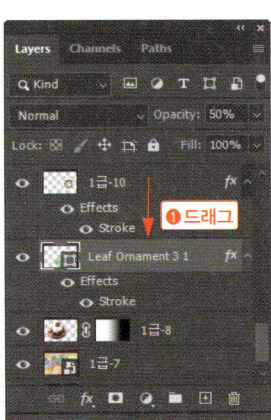

알아두면 좋은 TIP

책에서의 레이어 배치는 해설 순서대로 배치되어 설명되어 있다. 책에서의 결과와 본인의 레이어 순서가 다르다면 꼭 출력형태를 참고하여 레이어 배치를 해야한다.

7 저장 및 파일 전송하기

01 작업이 완료되면 문제지의 출력형태와 작업 파일을 비교하여 레이어의 순서, 이미지 위치를 최종 점검한다.
02 [File(파일)] – [Save As a Copy(사본 저장)](Alt+Ctrl+S)를 선택하고, '저장 경로: 내 PC₩문서₩GTQ, 파일형식: JPEG, 파일이름: 수험번호-성명-3'으로 저장한다.
03 제출용 PSD 파일을 만들기 위해 [Image(이미지)] – [Image Size(이미지 크기)](Alt+Ctrl+I)를 클릭한다. [Image Size(이미지 크기)] 대화상자가 열리면 문제지의 조건과 같이 세부정보를 입력하여 작업 사이즈의 1/10 사이즈로 축소한다.

> **조건**
>
> Constrain as pect ratio(종횡비 제한): 체크, Width(폭): 60px, Height(높이): 40px

04 [File(파일)] – [Save As(다른 이름으로 저장)](Shift+Ctrl+S)를 선택하고, '저장 경로: 내 PC₩문서₩GTQ, 파일형식: PSD, 파일이름: 수험번호-성명-3'으로 저장한다.
05 답안 전송 프로그램을 이용하여 저장된 jpg, psd 파일을 감독관 컴퓨터로 전송한다.

문제 4 실무응용 웹 페이지 제작

☑ 문제 풀이 순서

1 새 작업 파일 만들기→**2** 이미지 불러오고 패턴 만들기→**3** 레이어 마스크 적용하기→**4** 이미지 보정하기
→**5** 패스 작업과 패턴 적용하기→**6** 문자 입력하기→**7** 모양 도구 배치하기→**8** 저장 및 파일 전송하기

☑ 감점방지 TIP

- 이미지를 많이 사용하는 문제는 Place Embedded(포함 가져오기) 기능으로 작업한다. 불러온 이미지에 여러 기능을 주기 위해 Rasterize Layer(레이어 레스터화)를 적용해 일반 레이어로 변환해 준다.
- 패턴은 출력형태를 보고 기본유닛 구성 사이즈를 분석 후 새 작업 파일에 크기 설정을 한다. 패턴 문서는 배경을 투명으로 설정해야 한다.
- 메뉴 버튼은 대표 버튼 하나를 선정하여 모양, 텍스트, 스타일 등 모두 작업한 후에 복사하여 사용한다.

1 새 작업 파일 만들기

1 새 파일 만들기

01 새로운 작업 파일을 만들기 위해 [File(파일)] - [New(새로 만들기)]([Ctrl]+[N])를 선택한다.
02 [New Document(새로운 문서 만들기)] 대화상자가 열리면 문제지의 조건과 같이 작업 파일 세부정보를 입력한다.

> **조건**
>
> Width(폭): 600, Height(높이): 400, 단위: Pixels(픽셀), Resolution(해상도): 72(Pixel/Inch), Color Mode(색상 모드): RGB, 8bit, Background Contents(배경): White(흰색)

03 [File(파일)] - [Save As(다른 이름으로 저장)]([Shift]+[Ctrl]+[S])를 선택한다. '저장 경로: 내 PC₩문서₩GTQ, 파일명: 수험번호-성명-4.psd'로 저장한다.

2 작업 파일 설정하기

01 작업 파일에 눈금자를 표시하기 위해 [View(보기)] - [Rulers(눈금자)]([Ctrl]+[R])를 선택한다.
02 [View(보기)] - [Show(표시)] - [Grid(격자)]([Ctrl]+['])를 눌러 격자를 표시한다.

2 이미지 불러오고 패턴 만들기

1 이미지 불러오기

01 Tool Box(도구 상자) 하단의 전경색을 더블클릭한다. [Color Picker(색상 피커)] 대화상자가 열리면 #ff6633을 입력하고 [OK(확인)]를 클릭한다. 작업 영역을 전경색으로 채우기 위해 [Alt]+[Delete]를 누른다.

02 [File(파일)] – [Place Embedded(포함 가져오기)]를 선택하여 1급-12.jpg부터 1급-17.jpg까지 불러온다.

> **알아두면 좋은 TIP**
> - 이미지를 불러온 다음 Enter 를 눌러 이미지를 고정시켜야 다음 이미지를 불러올 수 있다.
> - 폴더 안의 불러올 이미지를 동시 선택하여 작업 파일에 드래그하면 한 번에 불러올 수 있다.

03 Shift 를 누르고 1급-12.jpg, 1급-17.jpg를 클릭하여 불러온 모든 이미지를 선택한 후, 마우스 오른쪽을 클릭하여 [Rasterize Layers(레이어 레스터화)]를 눌러 일반 레이어로 변환한다. 불러온 모든 이미지를 감추기 상태로 만든다.

> **알아두면 좋은 TIP**
> - 문제 3번, 4번은 이미지를 많이 첨부해서 작업해야 하는 문항으로 구성되어 있어 파일명과 조건 이 일치하는지 꼼꼼하게 살펴봐야 한다. 문항에 사용되는 이미지를 작업 초기에 모두 Place(가져오기)로 불러온 후 Rasterize Layers(레이어 레스터화)로 변환 작업을 하면 레이어 이름이 파일명으로 표기되고, 실수로 이미지가 누락되는 경우도 없어 작업이 훨씬 수월해진다.
> - 레이어에서 '보이기/감추기' 기능으로 잠시 '감추기' 상태로 두었다가 하나씩 레이어를 '보이기' 상태로 전환하여 작업하면 수월하다.

② 패턴 만들기

01 패턴을 만들기 위해 [File(파일)] – [New(새로 만들기)](Ctrl+N)를 선택한다. [New Document(새로 만들기)] 대화상자가 열리면 문제지의 조건을 참고하여 작업 파일 세부정보를 입력한다.

> 조건
>
> Width(폭): 50, Height(높이): 50, 단위: Pixels(픽셀), Resolution(해상도): 72(Pixel/Inch), Color Mode(색상 모드): RGB, 8bit, Background Contents(배경): Transparent(투명)

02 Custom Shape Tool(사용자 정의 모양 도구,)을 클릭하고, '꽃 1' 모양을 찾아 작업 영역 왼쪽 상단에 드래그하여 그린 후 Options Bar(옵션 바)에서 'Fill(칠) : #ffcc00'으로 지정하고 Enter를 눌러 Shape 레이어를 생성한다.

> 조건
>
> 꽃 모양: [All Legacy Default Shapes(모든 레거시 기본 모양)] – [Nature(자연)] – [Flower 1(꽃 1)]

03 이어서 패턴의 다른 꽃 모양을 그리기 위해, Options Bar(옵션 바)에서 '꽃 4' 모양을 찾아 작업 영역 오른쪽 하단에 드래그하여 그린 후 Options Bar(옵션 바)에서 'Fill(칠) : #ff0099'로 지정하고 Enter를 눌러 Shape 레이어를 생성한다.

조건

꽃 모양 : [All Legacy Default Shapes(모든 레거시 기본 모양)] – [Nature(자연)] – [Flower 4(꽃 4)]

04 [Edit(편집)] – [Define Pattern(패턴 정의)]을 클릭한다. 'Pattern Name(패턴 이름) : 꽃모양'으로 입력하고 [OK(확인)]를 클릭한 후 '4번 문제 작업 파일'로 돌아간다.

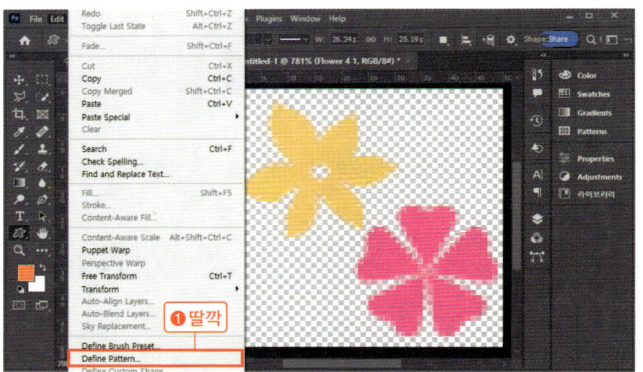

3 레이어 마스크 적용하기

1 배경 이미지 보정하기 1

01 '1급-12' 레이어의 보이기 버튼만 활성화시키고, 레이어 패널의 'Blending Mode(혼합 모드): Screen(스크린)'으로 변경한 후, 레이어 패널 하단에 [Add a Layer Mask(레이어 마스크 추가, ◻)]를 클릭한다. Gradient Tool(그레이디언트 도구, ▨)을 선택하고, Option Bar(옵션 바)에서 'Black, White(검정, 흰색)', 'Linear Gradient(선형 그레이디언트)'로 지정하고 출력형태와 같이 오른쪽 상단에서 왼쪽 하단으로 드래그한다.

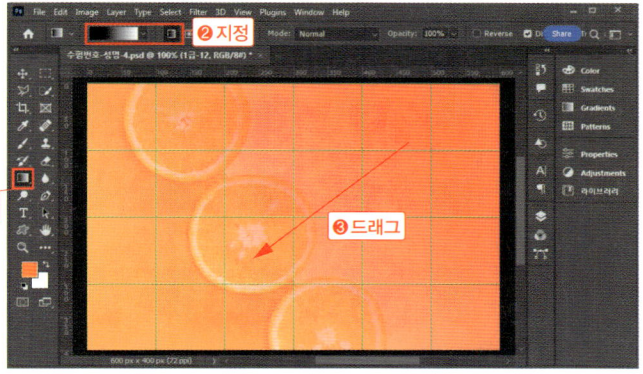

2 배경 이미지 보정하기 2

01 '1급-13' 레이어의 보이기 버튼을 활성화시키고, [Filter(필터)] - [Filter Gallery(필터 갤러리)]를 선택한다. [Filter Gallery(필터 갤러리)] 대화상자가 열리면 [Artistic(예술 효과)] - [Dry Brush(드라이 브러시)]를 선택한다.

02 레이어 패널 하단에 [Add a Layer Mask(레이어 마스크 추가, ◻)]를 클릭한다. Gradient Tool(그레이디언트 도구, ▭)로 출력형태와 같이 왼쪽에서 오른쪽으로 드래그한다.

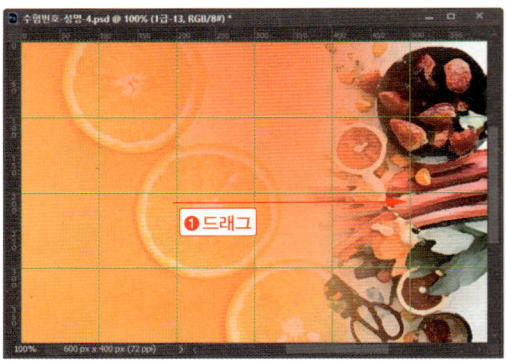

4 이미지 보정하기

1 이미지 보정하기

01 '1급-14' 레이어의 보이기 버튼만 활성화시키고, Polygonal Lasso Tool(다각형 올가미 도구, ▱)로 이미지 내의 구절판 모양대로 클릭하며 구절판을 선택 영역으로 선택한다. [Select(선택)]-[Inverse(반전)]([Shift]+[Ctrl]+[I])를 선택해 선택 영역을 반전시킨 후, [Delete]를 눌러 구절판 이미지만 남긴다.

02 '1급-14' 이미지에 레이어 스타일을 적용하기 위해 레이어 패널 하단의 [Add a Layer style(레이어 스타일 추가, fx)] - [Bevel and Emboss(경사와 엠보스)]를 클릭한다. [Layer Style(레이어 스타일)] 대화상자가 열리면 왼쪽 목록에서 Outer Glow(외부 광선) 스타일에 체크한 후, Ctrl+T를 눌러 출력형태와 같이 배치한 후 Enter를 누른다.

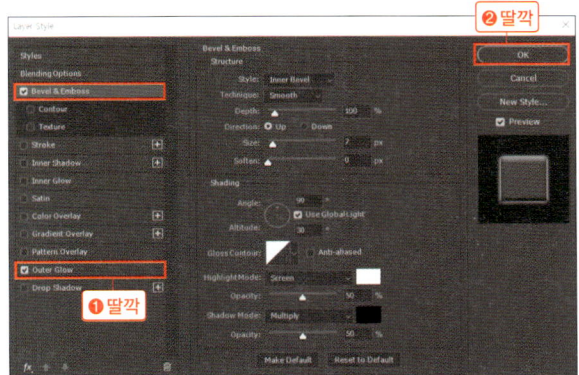
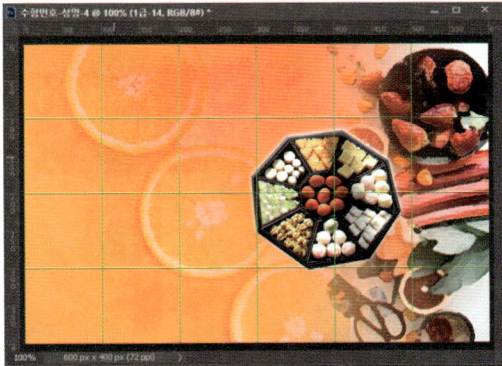

03 '1급-15' 레이어의 보이기 버튼만 활성화시키고, Quick Selection Tool(빠른 선택 도구,)로 컵과 과일들의 외곽 부분을 선택하고 Delete를 눌러 삭제한 후 Ctrl+D를 눌러 선택 영역을 해제한다. 필터 효과를 적용하기 위해 [Filter(필터)] - [Filter Gallery(필터 갤러리)]를 선택한다. [Filter Gallery(필터 갤러리)] 대화상자가 열리면 [Artistic(예술 효과)] - [Poster Edges(포스터 가장자리)]를 선택한다.

04 레이어 패널 하단의 [Add a Layer style(레이어 스타일 추가, fx)]-[Drop Shadow(드롭 섀도)]를 클릭한다. Ctrl+T를 눌러 출력형태와 같이 배치한 후 Enter를 누른다.

❷ 색상 보정하기

01 '1급-16' 레이어의 보이기 버튼만 활성화시키고, Quick Selection Tool(빠른 선택 도구,)로 하얀 배경을 선택하고 Delete 를 눌러 삭제한다.

02 레이어 패널 하단의 [Add a Layer style(레이어 스타일 추가,)] – [Drop Shadow(드롭 섀도)]를 클릭한다.

03 색상 보정이 필요한 영역을 Selection Tool(빠른 선택 도구,)로 선택 영역으로 지정하고, 레이어 패널 하단의 [Create new fill or adjustment layer(새 칠 또는 조정 레이어 생성,)] – [Hue/Saturation(색조/채도)]을 선택한다. Properties(속성) 패널에서 'Colorize(색상화): 체크, Hue(색조): 0, Saturation(채도): 50'으로 입력하여 빨간색 계열로 변경한다.

04 '1급-17' 레이어의 보이기 버튼만 활성화시키고, Quick Selection Tool(빠른 선택 도구,)로 배경을 드래그하여 선택하고 Delete 를 눌러 삭제한 후, Ctrl + T 를 눌러 출력형태 와 같이 배치한 후 Enter 를 누른다.

> **알아두면 좋은 TIP**
>
> 1급-17.jpg는 문제지에서 언급되어 있지 않지만, 출력형태 에 표기되어 있는 부분으로 수험자가 제시된 이미지를 참고하여 작업해야 한다.

5 패스 작업과 패턴 적용하기

① 펜 도구로 열매 모양 그리기

01 Pen Tool(펜 도구, ✒️)을 선택하고 Options Bar(옵션 바)에서 Path(패스) 설정을 'Pick tool mode(선택 도구 모드): Shape(모양), Fill(칠): 임의의 색, Stroke(획): No color(없음)'로 지정 후 출력형태 에서 제시한 열매 모양의 잎부분만 그린다.

02 생성된 잎 모양의 Shape(모양) 레이어를 하나의 레이어로 만들기 위해 레이어 패널에서 Shift 를 눌러 동시 선택한다. 선택된 레이어에서 마우스 오른쪽을 클릭하여 [Merge Shapes(모양 병합)](Ctrl + E)를 적용한다.

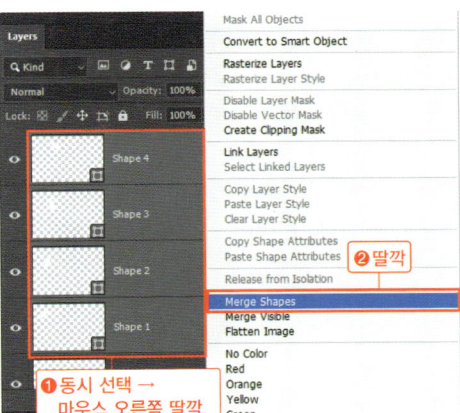

03 병합된 잎 모양 레이어에 그레이디언트 효과를 주기 위해 레이어 패널 하단의 [Add a Layer style(레이어 스타일 추가, fx)] - [Gradient Overlay(그레이디언트 오버레이)]를 클릭한다. [Layer Style(레이어 스타일)] 대화상자가 열리면 문제지의 조건과 같이 세부정보를 입력한다.

> 조건
> - Gradient Overlay(그레이디언트 오버레이) ▶ Gradient(그레이디언트) - 시작점: #006633, 중간점: #ffff99, 끝점: #006633, Style(스타일): Linear(선형), Angle(각도): 90°
> - Drop Shadow(드롭 섀도) ▶ 체크

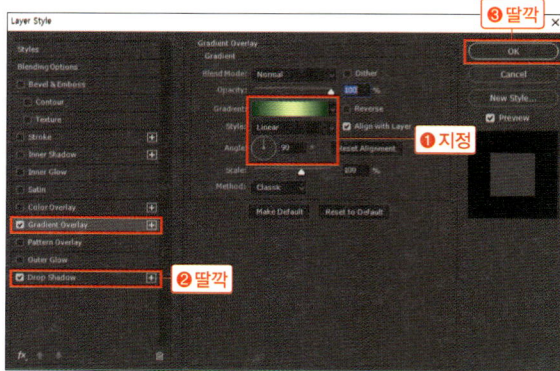
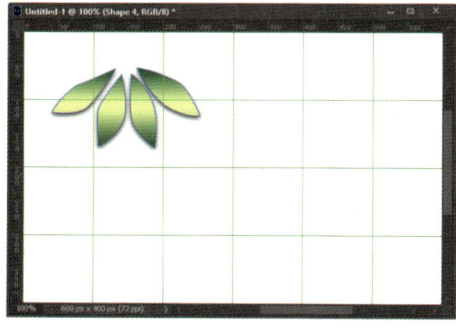

> **알아두면 좋은 TIP**
> 본 책의 이미지는 빠른 이해를 돕기 위해 하얀 배경에서 그리고 있다. 배경 이미지를 감추지 않고 빠르게 그리는 연습을 해야 한다.

04 다시 Pen Tool(펜 도구,)을 선택하고 Options Bar(옵션 바)에서 Path(패스) 설정을 'Pick tool mode(선택 도구 모드): Shape(모양), Fill(칠): #003300, Stroke(획): No Color(없음)'으로 지정한다. 출력형태에서 제시한 열매 모양의 나머지를 그린다. 레이어 패널 하단의 [Add a Layer style(레이어 스타일 추가, fx)] - [Drop Shadow(드롭 섀도)]를 클릭한다.

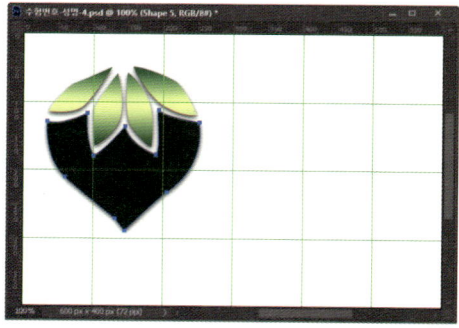

> 조건
> Drop Shadow(드롭 섀도) ▶ 체크

② 패턴 적용하기

01 패턴을 넣을 새로운 레이어를 만들기 위해 레이어 패널 하단의 [Create a new layer(새 레이어 생성, ⊞)]를 클릭한다. 새 레이어가 선택된 상태로 Rectangular Marquee Tool(사각형 선택 윤곽 도구, ▭)로 그려놓은 열매 부분이 덮힐만한 크기의 사각형 선택 영역을 드래그하여 그린다.

02 [Edit(편집)] – [Fill(칠)]을 선택하고 [Fill(칠)] 대화상자가 열리면 'Contents(내용) : Pattern(패턴)'으로 변경한다. Custom Pattern(사용자 정의 패턴) 항목에서 등록한 '꽃 모양' 패턴을 찾아 선택하고 [OK(확인)]를 눌러 적용한다.

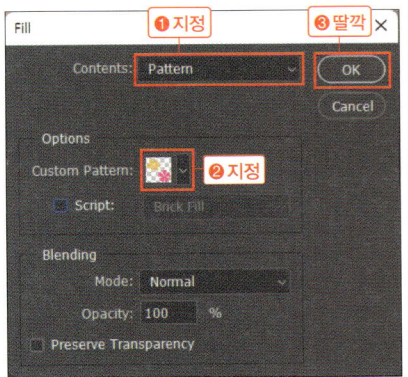 

03 열매 모양 레이어를 선택하고 패턴 영역으로 설정한 레이어 사이에 마우스를 놓고 Alt 를 누른 채 클릭 (Ctrl + Alt + G)한다.

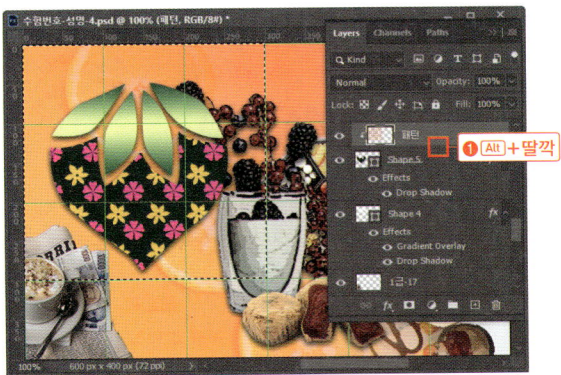

6 문자 입력하기

❶ 제목 문자 입력하기

01 Type Tool(수평 문자 도구, T)을 클릭하고 출력형태 의 문자 부분과 같은 지점을 클릭한다. World Dessert Cooking Contest를 입력하고 Options Bar(옵션 바) 또는 Properties(속성) 패널에서 조건 과 같이 세부정보를 입력한다. 레이어 패널 하단의 [Add a Layer style(레이어 스타일 추가, fx)] - [Stroke(획)]를 클릭한다. [Layer Style(레이어 스타일)] 대화상자가 열리면 문제지의 조건 과 같이 세부정보를 입력한다.

> **조건**
> - Font(글꼴): Times New Roman, Style(스타일): Bold, Size(크기) - World Dessert: 20pt, Cooking Contest: 30pt, Color(색상): #ff66cc
> - Stroke(획) ▶ Size(크기): 2px, Fill Type(칠 유형): Gradient(그레이디언트) - 시작점: #ccffff, 끝점: #ffff00, Style(스타일): Linear(선형), Angle(각도): 0°

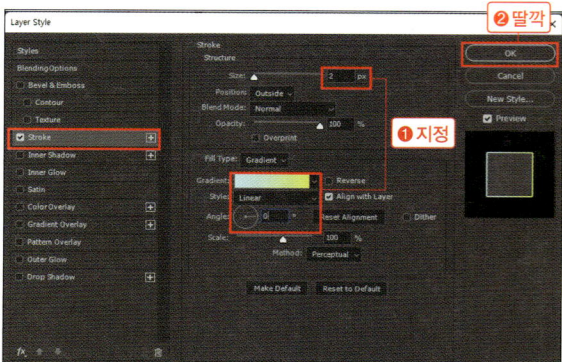

02 Options Bar(옵션 바)에서 Create Warped text(뒤틀어진 텍스트 만들기, ⏉)를 클릭한다. [Warped text(텍스트 뒤틀기)] 대화상자가 열리면 문제지의 출력형태 와 같이 세부정보를 입력한다. Ctrl + T 를 눌러 출력형태 와 같이 배치한 후 Enter 를 누른다.

> **조건**
> Style(스타일): Flag(깃발), Bend(구부리기): 50%

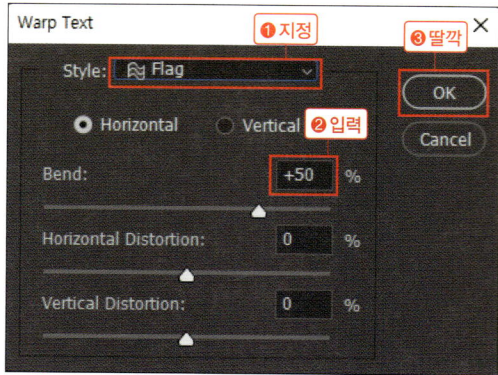

03 Type Tool(수평 문자 도구, T)을 클릭하고 출력형태 의 문자 부분과 같은 지점을 클릭한다. 세계 디저트 요리대회를 입력하고 Options Bar(옵션 바) 또는 Properties(속성) 패널에서 조건 과 같이 세부정보를 입력한다. 레이어 패널 하단의 [Add a Layer style(레이어 스타일 추가, fx)] − [Gradient Overlay(그레이디언트 오버레이)]를 클릭한다. [Layer Style(레이어 스타일)] 대화상자가 열리면 문제지의 조건 과 같이 세부정보를 입력한다.

> 조건
> - Font(글꼴): 굴림, Size(크기): 45pt
> - Gradient Overlay(그레이디언트 오버레이) ▶ Gradient(그레이디언트) − 시작점: #0000cc, 중간점: #006600, 끝점: #ff6600, Style(스타일): Linear(선형), Angle(각도): 0°.
> - Stroke(획) ▶ Size(크기): 2px, Color(색상): #ccffff

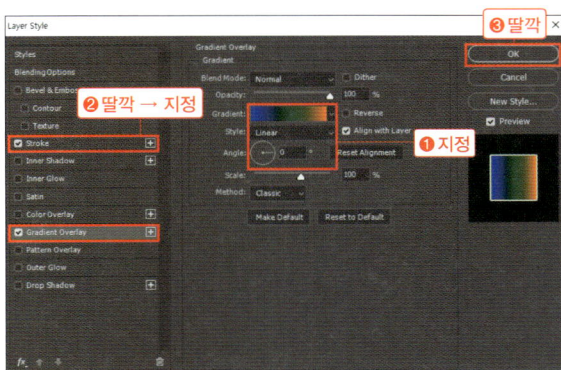

04 Options Bar(옵션 바)에서 Create Warped text(뒤틀어진 텍스트 만들기, ⊥)를 클릭한다. [Warped text(텍스트 뒤틀기)] 대화상자가 열리면 문제지의 출력형태 와 같이 세부정보를 입력한다. Ctrl + T 를 눌러 출력형태 와 같이 배치한 후 Enter 를 누른다.

> 조건
> Style(스타일): Fish(물고기), Bend(구부리기): 50%

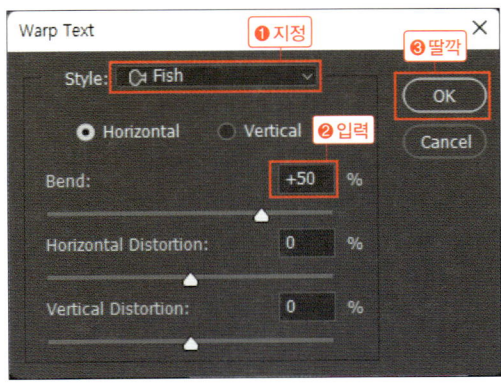

❷ 기타 문자 입력하기

01 Type Tool(수평 문자 도구, T)을 클릭하고 출력형태의 문자 부분과 같은 지점을 클릭한다. 대회 방청권 신청을 입력하고 Options Bar(옵션 바) 또는 Properties(속성) 패널에서 조건과 같이 세부정보를 입력한다. 레이어 패널 하단의 [Add a Layer style(레이어 스타일 추가, fx)] – [Stroke(획)]를 클릭한다. [Layer Style(레이어 스타일)] 대화상자가 열리면 문제지의 조건과 같이 세부정보를 입력한다.

> **조건**
> - Font(글꼴): 궁서, Size(크기): 18pt, Color(색상): #993333
> - Stroke(획) ▶ Size(크기): 2px, Color(색상): #ffffff

7 모양 도구 배치하기

❶ 메뉴 버튼 만들기

01 Custom Shape Tool(사용자 정의 모양 도구, ✦)을 클릭하고, 출력형태의 '배너' 모양을 찾아 드래그하여 그린 후 Enter 를 눌러 Shape 레이어를 생성한다.

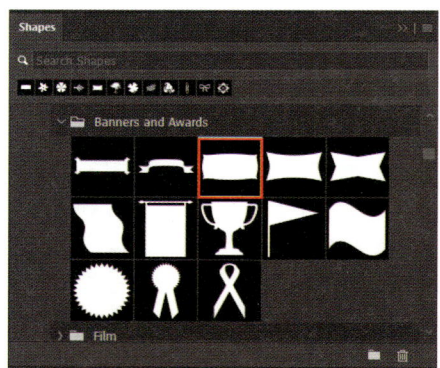

> **조건**
> 배너 모양: [All Legacy Default Shapes(모든 레거시 기본 모양)] – [Banners and Awards(배너 및 상장)] – [Banner 3(배너 3)]

> **알아두면 좋은 TIP**
> 메뉴 버튼은 대표 버튼 하나를 선정하여 모양, 텍스트, 스타일 등 모두 작업한 후에 복사하여 사용하면 시간을 절약할 수 있다.

02 배너 모양 레이어에 그레이디언트 효과를 주기 위해 레이어 패널 하단의 [Add a Layer style(레이어 스타일 추가, fx)] - [Gradient Overlay(그레이디언트 오버레이)]를 클릭한다. [Layer Style(레이어 스타일)] 대화상자가 열리면 문제지의 조건과 같이 세부정보를 입력한다.

조건

- Gradient Overlay(그레이디언트 오버레이) ▶ Gradient(그레이디언트) - 시작점: #996699, 중간점: #ffffff, 끝점: #996699, Style(스타일): Linear(선형), Angle(각도): 90°
- Stroke(획) ▶ Size(크기): 2px, Color(색상): #663366

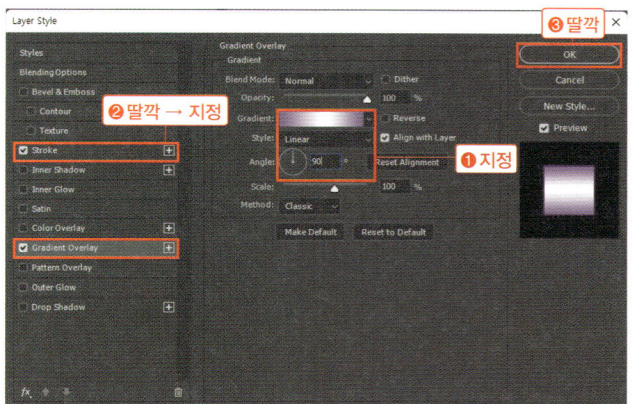

03 Type Tool(수평 문자 도구, T)을 클릭하고 출력형태의 문자 부분과 같은 지점을 클릭한다. 플레이팅을 입력하고 Options Bar(옵션 바) 또는 Properties(속성) 패널에서 조건과 같이 세부정보를 입력한다. 레이어 패널 하단의 [Add a Layer style(레이어 스타일 추가, fx)] - [Stroke(획)]를 클릭한다. [Layer Style(레이어 스타일)] 대화상자가 열리면 문제지의 조건과 같이 세부정보를 입력한다.

조건

- Font(글꼴): 바탕, Size(크기): 18pt, Color(색상): #000000
- Stroke(획) ▶ Size(크기): 2px, Color(색상): #ffffff

04 완성된 메뉴 버튼을 구성하는 배너 모양 레이어와 문자 레이어를 Ctrl을 누르면서 클릭하여 동시에 선택한다. 선택된 레이어를 Ctrl + J를 눌러 복사한다. Move Tool(이동 도구, ✥)로 복사된 메뉴 버튼을 드래그하여 오른쪽 상단으로 복사하여 출력형태와 같이 배치한다. 같은 방법으로 한 번 더 복사하여 출력형태와 같이 배치한다.

 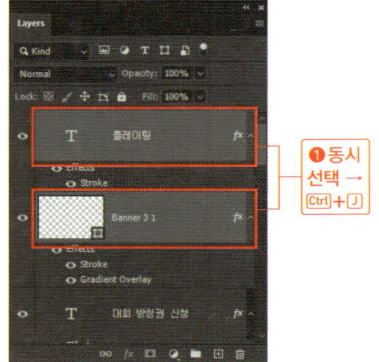

05 Type Tool(수평 문자 도구, T)을 선택 후 드래그하여 한과, 디저트로 수정한다.

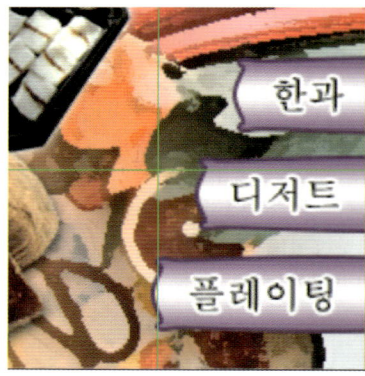

06 레이어 패널에서 '디저트' 문자 아래에 있는 배너 모양 레이어의 [Gradient Overlay(그레이디언트 오버레이)] 효과를 더블클릭하여 대화상자가 열리면 문제지의 조건과 같이 세부정보를 수정한다.

> 조건
> • Gradient Overlay(그레이디언트 오버레이) ▶ Gradient(그레이디언트) – 시작점: #669966, 중간점: #ffffff, 끝점: #669966, Style(스타일): Linear(선형), Angle(각도): 90°
> • Stroke(획) ▶ Size(크기): 2px, Color(색상): #336633

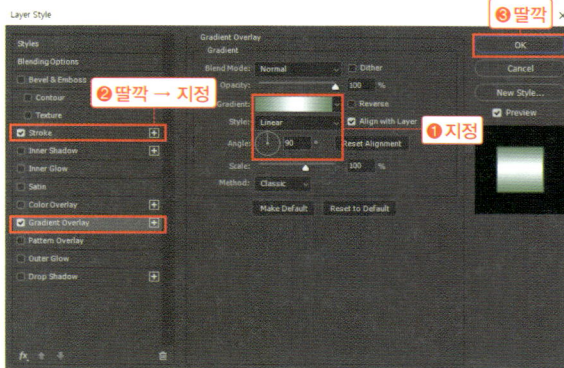 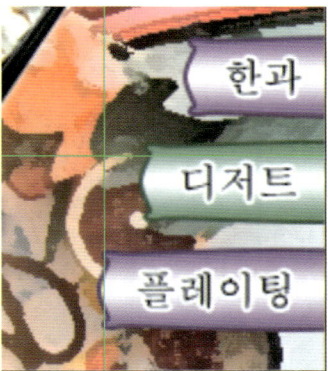

② 기타 모양 배치하기

01 Custom Shape Tool(사용자 정의 모양 도구, ✦)을 클릭하고, 출력형태 의 장식 모양을 찾아 드래그하여 그린 후 Enter 를 눌러 Shape 레이어를 생성한다. Ctrl + T 를 눌러 출력형태 와 같이 배치한 후 Enter 를 누른다.

> 조건
>
> 장식 모양: [All Legacy Default Shapes(모든 레거시 기본 모양)] – [Ornament(장식)] – [Ornament 7(장식 7)]

02 Ornament 7 레이어의 썸네일을 더블클릭하여 'Color(색상): #cc6600'으로 지정한 후, 레이어 패널 상단의 'Opacity(불투명도): 70%'를 입력한다. 레이어 패널 하단의 [Add a Layer style(레이어 스타일 추가, fx)] – [Inner Shadow(내부 그림자)]를 클릭한다.

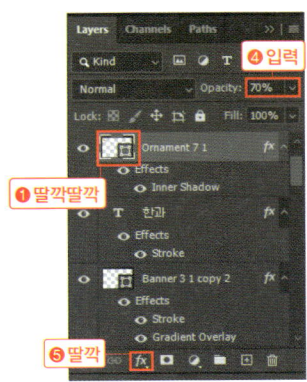 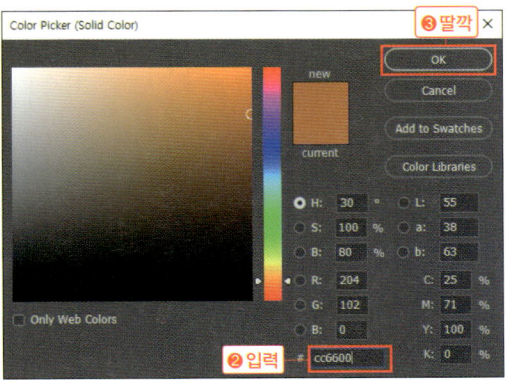

03 Custom Shape Tool(사용자 정의 모양 도구, ![star])을 클릭하고, 출력형태의 편지 봉투 모양을 찾아 드래그하여 그린 후 Enter를 눌러 Shape 레이어를 생성한다. Ctrl+T를 눌러 출력형태와 같이 배치한 후 Enter를 누른다.

> 조건
>
> 편지 봉투 모양: [All Legacy Default Shapes(모든 레거시 기본 모양)] – [Objects(물건)] – [Envelope 2(편지 봉투 2)]

04 편지 봉투 레이어의 썸네일을 더블클릭하여 'Color(색상): #993333'으로 지정한 후, 레이어 패널 하단의 [Add a Layer style(레이어 스타일 추가, fx)] – [Stroke(획)]를 클릭한다. [Layer Style(레이어 스타일)] 대화상자가 열리면 문제지의 조건과 같이 세부정보를 입력한다.

> 조건
>
> Stroke(획) ▶ Size(크기): 2px, Color(색상): #ffffff

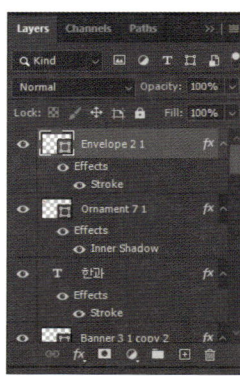 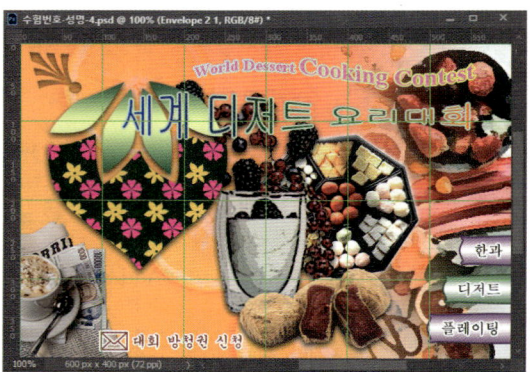

8 저장 및 파일 전송하기

01 작업이 완료되면 문제지의 출력형태와 작업 파일을 비교하여 레이어의 순서, 이미지 위치를 최종 점검한다.
02 [File(파일)] – [Save As a Copy(사본 저장)](Alt+Ctrl+S)를 선택하고, '저장 경로: 내 PC₩문서₩GTQ, 파일형식: JPEG, 파일이름: 수험번호-성명-4'로 저장한다.
03 제출용 PSD 파일을 만들기 위해 [Image(이미지)] – [Image Size(이미지 크기)](Alt+Ctrl+I)를 클릭한다. [Image Size(이미지 크기)] 대화상자가 열리면 문제지의 조건과 같이 세부정보를 입력하여 작업 사이즈의 1/10 사이즈로 축소한다.

> 조건
>
> Constrain as pect ratio(종횡비 제한): 체크, Width(폭): 60px, Height(높이): 40px

04 [File(파일)] – [Save As(다른 이름으로 저장)](Shift+Ctrl+S)를 선택하고, '저장 경로: 내 PC₩문서₩GTQ, 파일형식: PSD, 파일이름: 수험번호-성명-4'로 저장한다.
05 답안 전송 프로그램을 이용하여 저장된 jpg, psd 파일을 감독관 컴퓨터로 전송한다.

제2회 GTQ 기출문제

급수	문제유형	시험시간	수험번호	성명
1급	A	90분		

수험자 유의사항

- 수험자는 문제지를 받는 즉시 응시하고자 하는 과목 및 급수가 맞는지 확인한 후 수험번호와 성명을 작성합니다.
- 파일명은 본인의 "수험번호-성명-문제번호"로 공백 없이 정확히 입력하고 답안폴더(내 PC\문서\GTQ)에 jpg 파일과 psd 파일의 2가지 포맷으로 저장해야 하며, jpg 파일과 psd 파일의 내용이 상이할 경우 0점 처리됩니다. 답안문서 파일명이 "수험번호-성명-문제번호"와 일치하지 않거나, 답안 파일을 전송하지 않아 미제출로 처리될 경우 불합격 처리됩니다.
- 문제의 세부조건은 '영문(한글)' 형식으로 표기되어 있으니 유의하시기 바랍니다.
- 수험자 정보와 저장한 파일명, 저장 위치가 다를 경우 전송이 되지 않으므로, 주의하시기 바랍니다.
- 답안 작성 중에도 주기적으로 '저장'과 '답안 전송'을 이용하여 감독위원 PC로 답안을 전송하셔야합니다.(※ 작업한 내용을 저장하지 않고 전송할 경우 이전의 저장내용이 전송되오니 이점 반드시 유념하시기 바랍니다.)
- 답안문서는 지정된 경로 외의 다른 보조기억장치에 저장하는 행위, 지정된 시험 시간 외에 작성된 파일을 활용한 행위, 기타 통신수단(이메일, 메신저, 네트워크 등)을 이용하여 타인에게 전달 또는 외부 반출하는 행위는 부정으로 간주되어 자격기본법 제32조에 의거 본 시험 및 국가공인 자격시험을 2년간 응시할 수 없습니다.
- 시험 중 부주의 또는 고의로 시스템을 파손한 경우와 〈수험자 유의사항〉에 기재된 방법대로 이행하지 않아 생기는 불이익은 수험자의 책임임을 알려 드립니다.
- 시험을 완료한 수험자는 최종적으로 저장한 답안파일이 전송되었는지 확인한 후 감독위원의 지시에 따라 문제지를 제출하고 퇴실합니다.

답안 작성요령

- 온라인 답안 작성 절차
  수험자 등록 ⇒ 시험 시작 ⇒ 답안파일 저장 ⇒ 답안 전송 ⇒ 시험 종료
- C:\에듀윌 GTQ 1급\Step 3\2회\Image폴더에 있는 그림 원본파일을 사용하여 답안을 작성하시고 최종답안을 답안 폴더(내 PC\문서\GTQ)에 저장하여 답안을 전송하시고, 이미지의 크기가 다른 경우 감점 처리됩니다.
- 배점은 총 100점으로 이루어지며, 점수는 각 문제별로 차등 배분됩니다.
- 각 문제는 주어진 조건 에 따라 작성하고, 언급하지 않은 조건은 출력형태 와 같이 작성합니다.
- 배치 등의 편의를 위해 주어진 눈금자의 단위는 '픽셀'입니다.
  그 외는 출력형태(효과, 이미지, 문자, 색상, 레이아웃, 규격 등)와 같게 작업하십시오.
- 문제 조건에 서체의 지정이 없을 경우 한글은 굴림이나 돋움, 영문은 Arial로 작업하십시오.
  (단, 그 외에 제시되지 않은 문자 속성을 기본값으로 작성하지 않은 경우는 감점 처리됩니다.)
- Image Mode(이미지 모드)는 별도의 처리조건이 없을 경우에는 RGB(8비트)로 작업하십시오.
- 모든 답안 파일은 해상도 72 pixels/inch로 작업하십시오.
- Layer(레이어)는 각 기능별로 분할해야 하며, 임의로 합칠 경우나 각 기능에 대한 속성을 해지할 경우 해당 요소는 0점 처리됩니다.

문제 1 〔기능평가〕 고급 Tool(도구) 활용 [20점]

다음의 조건에 따라 아래의 출력형태와 같이 작업하시오.

조건

원본 이미지	C:\에듀윌 GTQ 1급\Step 3\2회\Image\1급-1.jpg, 1급-2.jpg, 1급-3.jpg		
파일 저장 규칙	JPG	파일명	문서\GTQ\수험번호-성명-1.jpg
		크기	400×500 pixels
	PSD	파일명	문서\GTQ\수험번호-성명-1.psd
		크기	40×50 pixels

출력형태

1. 그림 효과
   ① 1급-1.jpg : 필터 – Texturizer(텍스처화)
   ② Save Path(패스 저장) : 지구 모양
   ③ Mask(마스크) : 지구 모양, 1급-2.jpg를 이용하여 작성
      레이어 스타일 – Inner Glow(내부 광선),
      Stroke(선/획)(3px, 그라디언트(#cc33cc, #006633))
   ④ 1급-3.jpg : 레이어 스타일 – Outer Glow(외부 광선)
   ⑤ Shape Tool(모양 도구) :
      – 불 모양 (#cc9999, 레이어 스타일 – Drop Shadow(그림자 효과))
      – 열쇠 모양 (#ffcc99, #99cccc, 레이어 스타일 – Bevel and Emboss(경사와 엠보스))

2. 문자 효과
   ① Serious Global Warming (Arial, Regular, 35pt, 레이어 스타일 –
      그라디언트 오버레이(#33ccff, #ffff00), Stroke(선/획)(2px, #990000))

문제 2 〔기능평가〕 사진편집 응용 [20점]

다음의 조건에 따라 아래의 출력형태와 같이 작업하시오.

조건

원본 이미지	C:\에듀윌 GTQ 1급\Step 3\2회\Image\1급-4.jpg, 1급-5.jpg, 1급-6.jpg		
파일 저장 규칙	JPG	파일명	문서\GTQ\수험번호-성명-2.jpg
		크기	400×500 pixels
	PSD	파일명	문서\GTQ\수험번호-성명-2.psd
		크기	40×50 pixels

출력형태

1. 그림 효과
   ① 1급-4.jpg : 필터 – Poster Edges(포스터 가장자리)
   ② 색상 보정 : 1급-5.jpg – 빨간색, 주황색 계열로 보정
   ③ 1급-5.jpg : 레이어 스타일 – Outer Glow(외부 광선)
   ④ 1급-6.jpg : 레이어 스타일 – Inner Glow(내부 광선)
   ⑤ Shape Tool(모양 도구) :
      – 압핀 모양 (#999900, #993300, 레이어 스타일 – Inner Glow(내부 광선))
      – 나침반 모양 (#ff0000, 레이어 스타일 – Stroke(선/획)(2px, #ffcc99),
        Opacity(불투명도)(50%))

2. 문자 효과
   ① 온실가스 감축 로드맵 (바탕, 37pt, 레이어 스타일 – 그라디언트 오버레이
      (#ffcc00, #ffffff, #cc66cc), Stroke(선/획)(2px, #996633))

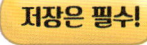

문제 3 [실무응용] 포스터 제작 [25점]

다음의 조건 에 따라 아래의 출력형태 와 같이 작업하시오.

조건

원본 이미지		C:₩에듀윌 GTQ 1급₩Step 3₩2회₩Image₩1급-7.jpg, 1급-8.jpg, 1급-9.jpg, 1급-10.jpg, 1급-11.jpg
파일 저장 규칙	JPG	파일명	문서₩GTQ₩수험번호-성명-3.jpg
		크기	600×400 pixels
	PSD	파일명	문서₩GTQ₩수험번호-성명-3.psd
		크기	60×40 pixels

1. 그림 효과
   ① 배경 : #99cccc
   ② 1급-7.jpg : 필터 – Texturizer(텍스처화), 레이어 마스크 – 세로 방향으로 흐릿하게
   ③ 1급-8.jpg : Blending Mode(혼합 모드) – Overlay(오버레이), 레이어 마스크 – 가로 방향으로 흐릿하게
   ④ 1급-9.jpg : 필터 – Rough Pastels(거친 파스텔 효과)
   ⑤ 1급-10.jpg : 레이어 스타일 – Inner Shadow(내부 그림자), Stroke(선/획)(5px, 그라디언트(#ffcc00, #ccffcc))
   ⑥ 1급-11.jpg : 색상 보정 – 파란색 계열로 보정, 레이어 스타일 – Drop Shadow(그림자 효과)
   ⑦ 그 외 출력형태 참조

2. 문자 효과
   ① 생활 속 온실가스 줄이기 실천 (굴림, 35pt, 50pt, 레이어 스타일 – 그라디언트 오버레이(#00ccff, #ffffff, #ff9900), Stroke(선/획)(2px, #660099))
   ② Practice to reduce greenhouse gas in daily life (Times New Roman, Regular, 18pt, #ffffff, 레이어 스타일 – Stroke(선/획)(2px, #996633))
   ③ 우리의 미래가 더 행복해집니다 (돋움, 18pt, #ffff99, 레이어 스타일 – Stroke(선/획)(2px, 그라디언트(#333333, #990000)))
   ④ 경제 / 안전 / 건강 (굴림, 16pt, #cc00cc, #000066, 레이어 스타일 – Stroke(선/획)(2px, #ffffff))

출력형태

Shape Tool(모양 도구) 사용
#333333, #996600,
레이어 스타일 –
Outer Glow(외부 광선)

Shape Tool(모양 도구) 사용
레이어 스타일 – 그라디언트
오버레이(#000033, #ffcccc),
Opacity(불투명도)(60%)

Shape Tool(모양 도구) 사용
#ff9999, 레이어 스타일 –
Inner Shadow(내부 그림자),
Stroke(선/획)(2px, #ffffcc)

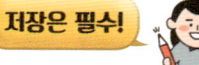

문제 4 [실무응용] 웹 페이지 제작 [35점]

다음의 조건에 따라 아래의 출력형태와 같이 작업하시오.

조건

원본 이미지		C:₩에듀윌 GTQ 1급₩Step 3₩2회₩Image₩1급-12.jpg, 1급-13.jpg, 1급-14.jpg, 1급-15.jpg, 1급-16.jpg, 1급-17.jpg
파일 저장 규칙	JPG	파일명 : 문서 GTQ 수험번호-성명-4.jpg
		크기 : 600×400 pixels
	PSD	파일명 : 문서 GTQ 수험번호-성명-4.psd
		크기 : 60×40 pixels

1. 그림 효과
   ① 배경 : #ffffcc
   ② 패턴(물방울, 손 모양) : #66cccc, #ff6600
   ③ 1급-12.jpg : Blending Mode(혼합 모드) – Hard Light(하드 라이트), 레이어 마스크 – 대각선 방향으로 흐릿하게
   ④ 1급-13.jpg : 필터 – Crosshatch(그물눈), 레이어 마스크 – 세로 방향으로 흐릿하게
   ⑤ 1급-14.jpg : 레이어 스타일 – Drop Shadow(그림자 효과), Inner Shadow(내부 그림자)
   ⑥ 1급-15.jpg : 필터 – Texturizer(텍스처화), 레이어 스타일 – Outer Glow(외부 광선)
   ⑦ 1급-16.jpg : 색상 보정 – 노란색 계열로 보정, 레이어 스타일 – Stroke(선/획)(2px, #999933)
   ⑧ 그 외 출력형태 참조

2. 문자 효과
   ① 온실가스 1인 1톤 줄이기 캠페인 (돋움, 23pt, 레이어 스타일 – 그라디언트 오버레이(#00cccc, #ffffff), Stroke(선/획)(2px, #666699))
   ② https://www.kcen.kr (Arial, Regular, 16pt, #006666, 레이어 스타일 – Stroke(선/획)(2px, #cccc99))
   ③ 생활 속 온실가스 함께 줄여요~ (돋움, 26pt, 20pt, #99ff33, #ffffff, 레이어 스타일 – Stroke(선/획)(2px, #996666))
   ④ 장바구니 분리배출 절수기기 (돋움, 15pt, #000000, 레이어 스타일 – Stroke(선/획)(2px, #ccff00, #ff9900))

출력형태

Shape Tool(모양 도구) 사용
#993333, 레이어 스타일 –
Drop Shadow(그림자 효과)

Shape Tool(모양 도구) 사용
레이어 스타일 – 그라디언트
오버레이(#66cc66, #ff9900,
#ffffff), Stroke(선/획)(2px,
#336633, #663300)

Pen Tool(펜 도구) 사용
#ffffcc, #66cc66,
레이어 스타일 –
Inner Shadow(내부 그림자)

Shape Tool(모양 도구) 사용
#ffcc00, 레이어 스타일 – Drop Shadow(그림자 효과),
Opacity(불투명도)(60%)

제2회 GTQ 기출문제

함께 보는 상세해설

문제 1 기능평가 고급 Tool(도구) 활용

☑ **문제 풀이 순서**

①새 작업 파일 만들기→②필터 적용하기→③지구 모양 패스 작업하기→④클리핑 마스크 적용하기→⑤이미지 및 모양 도구 배치하기→⑥문자 입력하기→⑦저장 및 파일 전송하기

☑ **감점방지 TIP**

- 지구 모양 패스를 제작할 때, 도형 도구로 전체적인 틀을 만들고 펜 도구로 부분 삭제 작업을 한다.
- 그레이디언트 관련 속성문제가 출제되었을 경우, 출력형태 에서 그레이디언트의 방향을 꼭 확인하여 각도를 정해야 한다.

---

1 새 작업 파일 만들기

① 새 파일 만들기

01 새로운 작업 파일을 만들기 위해 [File(파일)] − [New(새로 만들기)](Ctrl + N)를 선택한다.
02 [New Document(새로운 문서 만들기)] 대화상자가 열리면 문제지의 조건 과 같이 작업 파일 세부정보를 입력한다.

> **조건**
> Width(폭): 400, Height(높이): 500, 단위: Pixels(픽셀), Resolution(해상도): 72(Pixel/Inch), Color Mode(색상 모드): RGB, 8bit, Background Contents(배경 내용): White(흰색)

03 [File(파일)] − [Save As(다른 이름으로 저장)](Shift + Ctrl + S)를 선택한다. '저장 경로: 내 PC₩문서₩GTQ, 파일명: 수험번호-성명-1.psd'로 저장한다.

② 작업 파일 설정하기

01 작업 파일에 눈금자를 표시하기 위해 [View(보기)] − [Rulers(눈금자)](Ctrl + R)를 선택한다.
02 [Edit(편집)] − [Preference(환경 설정)] − [General(일반)](Ctrl + K)을 선택한다. [Preference(환경 설정)] 대화상자가 열리면 왼쪽 옵션 중 [Guides, Grid & Slices(안내선, 격자 및 분할 영역)] 클릭 후 [Grid(격자)] 세부 항목의 'Gridline Every(격자 간격): 100, Pixels(픽셀), Subdivisions(세분): 1'로 입력, 'Grid Color(색상)'를 클릭해 색상을 채도가 높은 색상으로 설정한다.

> **알아두면 좋은 TIP**
> 격자의 색상은 배경과 차별되는 색상이 작업하기에 수월하다. 제2회 GTQ 기출문제 문제지의 1번~ 4번 문항을 전체적으로 살펴보면 초록, 파랑색이 주조색으로 구성되어 있어 그리드가 명확하게 나타날 수 있도록 보라색으로 격자의 색상을 지정했다.

03 [View(보기)] − [Show(표시)] − [Grid(격자)](Ctrl + ˊ)를 눌러 격자를 표시하고 색상을 확인한다.

2 필터 적용하기

1 이미지 불러오기

01 [File(파일)] – [Open(열기)]([Ctrl]+[O])을 선택하여 1급-1.jpg를 불러온다. [Ctrl]+[A]를 눌러 전체 이미지를 선택하여 복사([Ctrl]+[C])하고, 작업 파일에 붙여넣기([Ctrl]+[V])한다.

02 [Ctrl]+[T]를 누르고 이미지 크기를 출력형태와 같이 배치한 후 [Enter]를 누른다.

> **알아두면 좋은 TIP**
> - CC버전은 [Ctrl]+[T]를 누르면 자동으로 정비례로 이미지가 조정된다. 시험장에 따라 기본 옵션이 다르니 [Ctrl]+[T]를 누르고 옵션 바에 정비례 링크를 확인한 뒤 [Shift]를 누를지 말지 결정해야 한다.
> - 시험장 기본 소프트웨어 세팅이 [Shift]를 누르지 않아도 자동 정비례 작업이 되도록 설정된 경우도 있으니 확인 후 작업 설정에 맞게 수행한다.

2 필터 적용하기

01 필터 효과를 적용하기 위해 [Filter(필터)] – [Filter Gallery(필터 갤러리)]를 선택한다.

02 [Filter Gallery(필터 갤러리)] 대화상자가 열리면 [Texture(텍스처)] – [Texturizer(텍스처화)]를 선택한다.

3 지구 모양 패스 작업하기

① 지구 모양 패스 그리기

01 Ellipse Tool(타원 도구, ◯)을 선택하고 Options Bar(옵션 바)에서 Path(패스) 설정을 'Pick tool mode(선택 도구 모드): Shape(모양), Fill(칠): 임의의 색, Stroke(획): No color(없음)'로 지정 후 출력형태 에서 제시한 지구 모양을 그린다. 이어서 Rectangle Tool(사각형 도구, ▭)로 그린 원 위에 추가로 겹쳐지게 그린다.

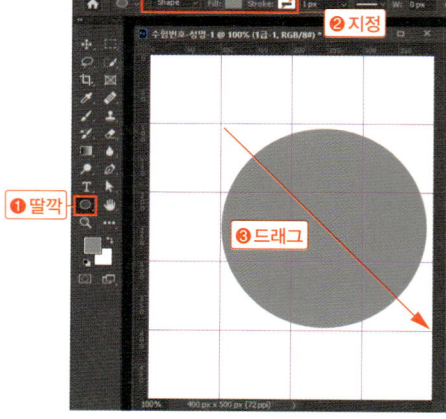

알아두면 좋은 TIP
Pen Tool(펜 도구)로 패스를 그릴 때 배경의 레이어를 '감추기' 버튼을 눌러 그리면 보다 쉽게 그릴 수 있다.

02 Pen Tool(펜 도구, ✒)로 출력형태 와 같은 모양의 잎사귀를 그린다. Ctrl + Alt 를 누르면서 잎사귀를 드래그하여 복사한다. 복사된 잎사귀가 선택된 채로 Ctrl + T 를 누르고 마우스 오른쪽을 클릭하여 [Flip Horizontal(가로로 뒤집기)]을 클릭한다.

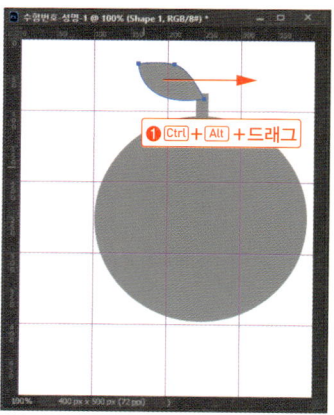 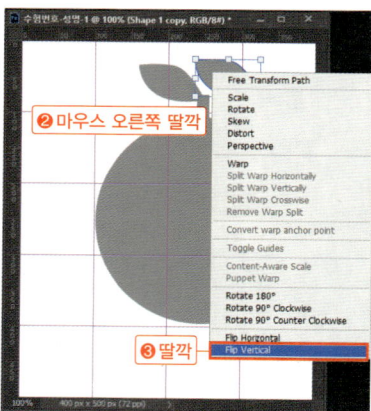 

03 생성된 원, 사각형, 잎사귀 Shape(모양) 레이어를 하나의 레이어로 만들기 위해 레이어 패널에서 Shift 를 누른 채로 클릭하여 동시 선택한다. 선택된 레이어에서 마우스 오른쪽을 클릭하여 [Merge Shapes(모양 병합)] (Ctrl + E)를 적용한다.

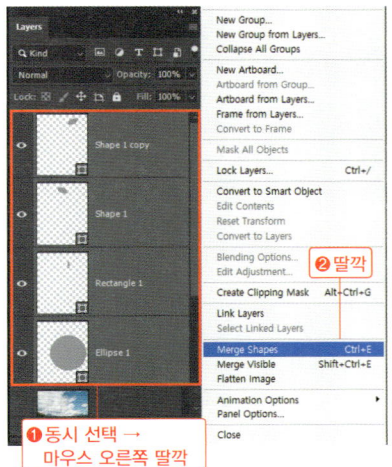

04 하나의 패스로 병합하기 위해 Path Selection Tool(패스 선택 도구, ▶)로 드래그하여 모든 패스를 선택한 후, Options Bar(옵션 바)에서 'Path operations(패스 작업): Merge Shape Components(모양 병합 구성 요소, ▣)'를 클릭한다.

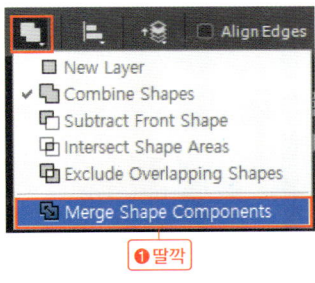

05 Pen Tool(펜 도구, ◈)을 선택하고 Options Bar(옵션 바)에서 Path(패스) 설정을 'Pick tool mode(선택 도구 모드): Shape(모양), Fill(칠): 임의의 색, Stroke(획): No color(없음)'로 지정 후 출력형태 의 지구 모양에서 삭제 해야 할 부분을 그린다.

06 지구 모양 레이어와 삭제할 부분의 레이어들을 Shift 를 누른 채로 클릭하여 동시 선택한다. 선택된 레이어에서 마우스 오른쪽 클릭을 하여 [Merge Shapes(모양 병합)](Ctrl + E)를 적용한다.
07 Path Selection Tool(패스 선택 도구, ▶)로 삭제해야 할 패스의 한 부분을 선택한다. Options Bar(옵션 바)에서 'Path operations(패스 작업): Subtract Front Shape(전면 모양 빼기, ◳)'으로 설정을 변경하여 삭제한다. 같은 방법으로 출력형태 와 같이 삭제한다.

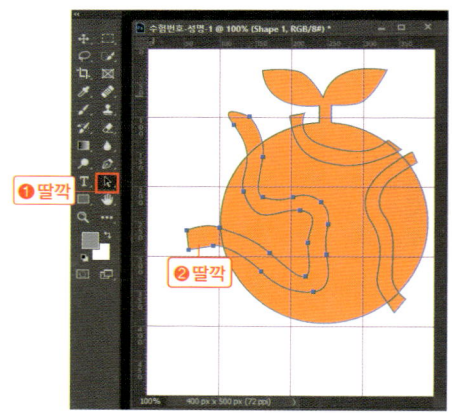 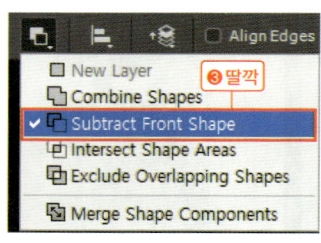 

알아두면 좋은 TIP

모든 패스 영역을 그려놓은 뒤 Path Selection Tool(패스 선택 도구)로 삭제할 패스를 선택하고 Subtract Front Shape(전면 모양 빼기)를 클릭하여 삭제해도 된다.

08 Path Selection Tool(패스 선택 도구, ▶)로 드래그하여 모든 패스를 선택한 후, Options Bar(옵션 바)에서 'Path operations(패스 작업): Merge Shape Components(모양 병합 구성 요소, ◈)'를 클릭한다.

❷ 패스 저장하기

01 화면 오른쪽의 Paths(패스) 패널에서 'Work Path(작업 패스)'를 더블클릭한 후, [Save Path(패스 저장)] 대화상자가 열리면 지구 모양을 입력하여 저장한다.

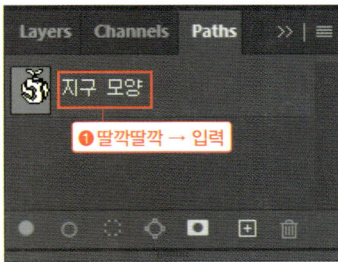

4 클리핑 마스크 적용하기

❶ 클리핑 마스크 적용하기

01 [File(파일)] - [Open(열기)]([Ctrl]+[O])을 선택하여 1급-2.jpg를 불러온다. [Ctrl]+[A]를 눌러 전체 이미지를 선택하여 복사([Ctrl]+[C])하고, 작업 파일에 붙여넣기([Ctrl]+[V])한다.
02 [Ctrl]+[T]를 누르고 출력형태와 같이 지구 모양 패스 레이어 위에 배치한 후 [Enter]를 누른다.
03 지구 모양 패스 레이어와 1급-2 레이어 사이에 마우스 커서를 놓고 [Alt]를 누른 상태로 마우스 클릭하여 Create Clipping Mask(클리핑 마스크 만들기)를 적용한다.

클리핑 마스크 단축키나 방법이 기억이 나지 않는 경우, 해당 레이어를 클릭한 후 마우스 오른쪽을 눌러 적용할 수 있다. 메뉴에서 'Create Clipping Mask(클리핑 마스크 만들기)'를 클릭해도 클리핑 마스크를 적용시킬 수 있다.

❷ 스타일 적용하기

01 Clipping Mask(클리핑 마스크)가 적용된 지구 모양 레이어를 선택하고 레이어 패널 하단의 [Add a Layer style(레이어 스타일 추가, fx)] - [Stroke(획)]를 클릭한다. [Layer Style(레이어 스타일)] 대화상자가 열리면 문제지의 조건과 같이 세부정보를 입력한다.

> **조건**
> - Stroke(획) ▶ Size(크기): 3px, Fill Type(칠 유형): Gradient(그레이디언트) - 시작점: #cc33cc, 끝점: #006633, Style(스타일): Linear(선형), Angle(각도): 90°
> - Inner Glow(내부 광선) ▶ 체크

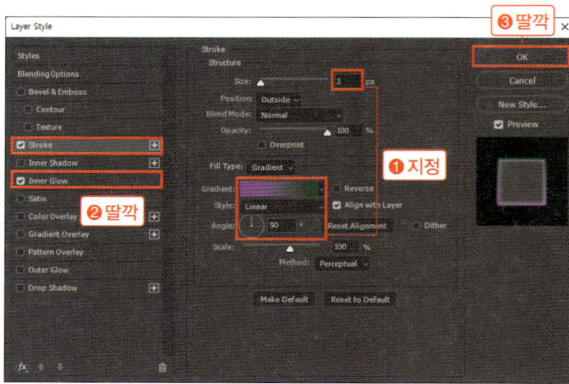

5 이미지 및 모양 도구 배치하기

❶ 이미지 배치하기

01 [File(파일)] - [Open(열기)]([Ctrl]+[O])을 선택하여 1급-3.jpg를 불러온다. Quick Selection Tool(빠른 선택 도구,)로 '1급-3.jpg' 이미지 내의 손바닥을 드래그하여 선택한다.

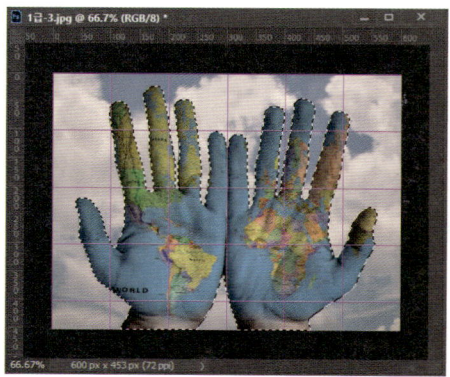

> **알아두면 좋은 TIP**
> 이미지를 확대하여 선택되지 않은 부분이나 삭제해야 하는 부분은 빠른 마스크 모드 또는 Lasso Tool(올가미 도구,)을 병행하여 완벽하게 선택한다.

02 선택한 손바닥을 복사(Ctrl+C)한 후, 작업 파일에 붙여넣기(Ctrl+V)한다. Ctrl+T를 누르고 Shift를 누르면서 이미지 크기를 출력형태와 같이 배치한 후 Enter를 누른다.

> **알아두면 좋은 TIP**
>
> 클리핑 마스크 기능 다음에 이미지를 추가하는 작업을 하면 이미지가 클리핑 마스크로 자동 설정되는 경우가 있다. 그런 경우 해당 레이어에서 마우스 오른쪽을 누르고 'Release Clipping Mask(클리핑 마스크 해제)'를 선택하여 일반 레이어 상태로 변환하면 된다.

03 레이어 패널 하단의 [Add a Layer style(레이어 스타일 추가, fx)] – [Outer Glow(외부 광선)]를 클릭한다.

> **조건**
>
> Outer Glow(외부 광선) ▶ 체크

2 모양 도구 배치하기

01 Custom Shape Tool(사용자 정의 모양 도구,)을 클릭하고, Options Bar(옵션 바)에서 'Fill(칠): #cc9999'로 지정한 후, 불 모양을 찾아 드래그하여 그린 후 Enter를 눌러 Shape 레이어를 생성한다. 레이어 패널 하단의 [Add a Layer style(레이어 스타일 추가, fx)] – [Drop Shadow(드롭 섀도)]를 클릭한다.

> **조건**
>
> - 불 모양: [All Legacy Default Shapes(모든 레거시 기본 모양)] – [Nature(자연)] – [Fire(불)]
> - Drop Shadow(드롭 섀도) ▶ 체크

02 Custom Shape Tool(사용자 정의 모양 도구,)을 클릭하고, Options Bar(옵션 바)에서 'Fill(칠): #ffcc99'로 지정한 후, 열쇠 모양을 찾아 드래그하여 그린 후 Enter를 눌러 Shape 레이어를 생성한다. 레이어 패널 하단의 [Add a Layer style(레이어 스타일 추가,)] – [Bevel and Emboss(경사와 엠보스)]를 클릭한다.

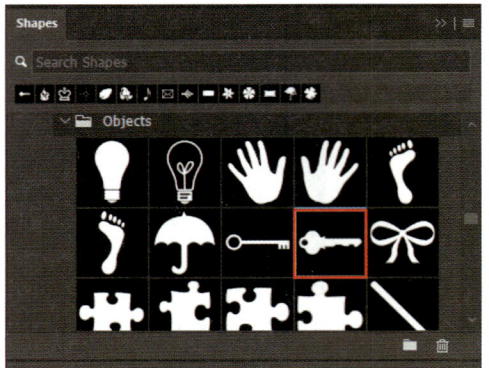

조건
- 열쇠 모양: [All Legacy Default Shapes(모든 레거시 기본 모양)] – [Object(물건)] – [key 2(열쇠 2)]
- Bevel and Emboss(경사와 엠보스) ▶ 체크

03 'key 2(열쇠 2)' 레이어를 선택하고 Ctrl+J를 눌러 복사한다. 복사된 'key 2(열쇠 2) copy' 레이어를 선택하고 Ctrl+T를 눌러 출력형태와 같이 배치한 후, 레이어의 썸네일을 더블클릭하여 'Color(색상): #99cccc'로 지정한다.

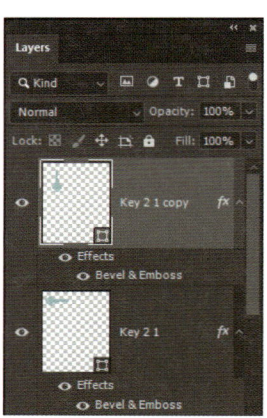 

6 문자 입력하기

1 문자 입력하기

01 Type Tool(수평 문자 도구,)을 클릭하고 출력형태의 문자 부분과 같은 지점을 클릭한다. Serious Global Warming을 입력하고 Options Bar(옵션 바) 또는 Properties(속성) 패널에서 조건과 같이 세부정보를 입력한다.

조건
Font(글꼴): Arial, Style(스타일): Regular, Size(크기): 35pt

❷ 문자 효과 적용하기

01 문자에 그레이디언트 효과를 주기 위해 레이어 패널 하단의 [Add a Layer style(레이어 스타일 추가, fx)] - [Gradient Overlay(그레이디언트 오버레이)]를 클릭한다. [Layer Style(레이어 스타일)] 대화상자가 열리면 문제지의 조건과 같이 세부정보를 입력한다.

> **조건**
> - Gradient Overlay(그레이디언트 오버레이) ▶ Gradient(그레이디언트) – 시작점: #33ccff, 끝점: #ffff00, Style(스타일): Linear(선형), Angle(각도): 90°
> - Stroke(획) ▶ Size(크기): 2px, Color(색상): #990000

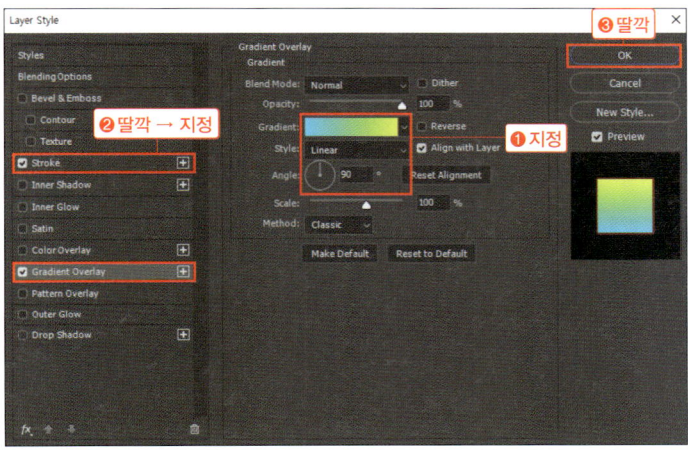

02 Options Bar(옵션 바)에서 Create Warped text(뒤틀어진 텍스트 만들기, T)를 클릭한다. [Warped text(텍스트 뒤틀기)] 대화상자가 열리면 문제지의 출력형태와 같이 세부정보를 입력한다. Ctrl+T를 눌러 출력형태와 같이 배치한다.

> **조건**
> Style(스타일): Flag(깃발), Bend(구부리기): –50%

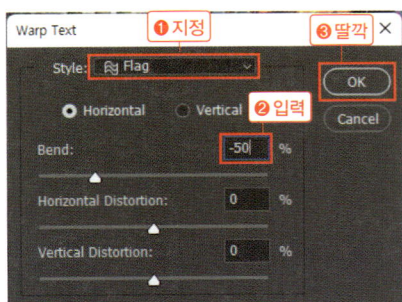

7 저장 및 파일 전송하기

01 작업이 완료되면 문제지의 출력형태와 작업 파일을 비교하여 레이어의 순서, 이미지 위치를 최종 점검한다.
02 [File(파일)] – [Save As a Copy(사본 저장)](Alt+Ctrl+S)를 선택하고, '저장 경로: 내 PC₩문서₩GTQ, 파일형식: JPEG, 파일이름: 수험번호-성명-1'로 저장한다.
03 제출용 PSD 파일을 만들기 위해 [Image(이미지)] – [Image Size(이미지 크기)](Alt+Ctrl+I)를 클릭한다. [Image Size(이미지 크기)] 대화상자가 열리면 문제지의 조건과 같이 세부정보를 입력하여 작업 사이즈의 1/10 사이즈로 축소한다.

> **조건**
> Constrain as pect ratio(종횡비 제한): 체크, Width(폭): 40px, Height(높이): 50px

04 [File(파일)] – [Save As(다른 이름으로 저장)](Shift+Ctrl+S)를 선택하고, '저장 경로: 내 PC₩문서₩GTQ, 파일형식: PSD, 파일이름: 수험번호-성명-1'로 저장한다.
05 답안 전송 프로그램을 이용하여 저장된 jpg, psd 파일을 감독관 컴퓨터로 전송한다.

문제 2　기능평가　사진편집 응용

✓ 문제 풀이 순서
1 새 작업 파일 만들기→**2** 필터 적용하기→**3** 이미지 배치 및 색상 보정하기→**4** 문자 입력하기→**5** 모양 도구 배치하기→**6** 저장 및 파일 전송하기

✓ 감점방지 TIP
- 색상 보정 문제가 2가지 출제되므로 각 영역 선택 후 색상 보정이 이루어져야 한다.
- Warped text(텍스트 뒤틀기)에서 'Rise(상승)'와 'Flag(깃발)'의 특성을 파악하여 적용하여야 한다.

1　새 작업 파일 만들기

① 새 파일 만들기

01　새로운 작업 파일을 만들기 위해 [File(파일)] – [New(새로 만들기)](Ctrl+N)를 선택한다.
02　[New Document(새로운 문서 만들기)] 대화상자가 열리면 문제지의 조건과 같이 작업 파일 세부정보를 입력한다.

> **조건**
>
> Width(폭): 400, Height(높이): 500, 단위: Pixels(픽셀), Resolution(해상도): 72(Pixel/Inch), Color Mode(색상 모드): RGB, 8bit, Background Contents(배경 내용): White(흰색)

03　[File(파일)] – [Save As(다른 이름으로 저장)](Ctrl+Shift+S)를 선택한다. '저장 경로: 내 PC\문서\GTQ, 파일명: 수험번호-성명-2.psd'로 저장한다.

② 작업 파일 설정하기

01　작업 파일에 눈금자를 표시하기 위해 [View(보기)] – [Rulers(눈금자)](Ctrl+R)를 선택한다.
02　[View(보기)] – [Show(표시)] – [Grid(격자)](Ctrl+')를 눌러 격자를 표시하고 색상을 확인한다.

2　필터 적용하기

① 이미지 불러오기

01　[File(파일)] – [Place Embedded(포함 가져오기)]를 선택하여 1급-4.jpg를 불러온다. Ctrl+T를 누르고 마우스 오른쪽을 클릭하여 [Flip Horizontal(가로로 뒤집기)]을 클릭한 후 출력형태와 같이 배치하고 Enter를 누른다.

2 필터 적용하기

01 필터 효과를 적용하기 위해 [Filter(필터)] – [Filter Gallery(필터 갤러리)]를 선택한다. [Filter Gallery(필터 갤러리)] 대화상자가 열리면 [Artistic(예술 효과)] – [Poster Edges(포스터 가장자리)]를 선택한다.

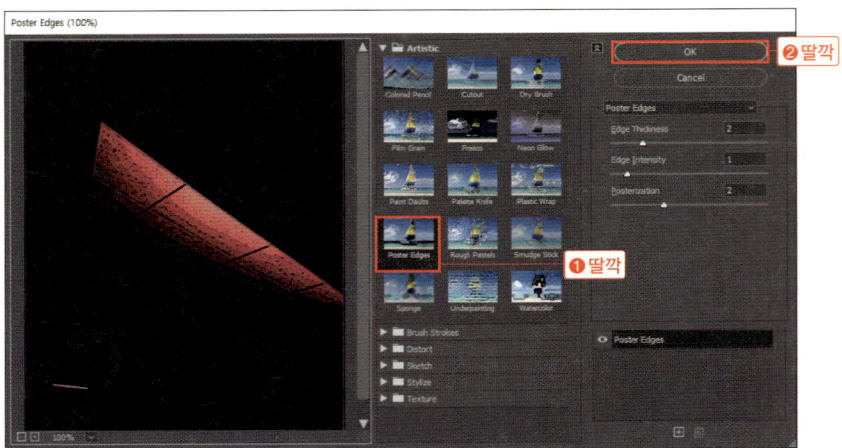

3 이미지 배치 및 색상 보정하기

1 색상 보정하기

01 [File(파일)] – [Open(열기)]([Ctrl]+[O])을 선택하여 1급-5.jpg를 불러온다. Elliptical Marquee Tool(원형 선택 윤곽 도구, ◯)로 지구의 모양대로 선택 영역을 지정한다.

02 Quick Selection Tool(빠른 선택 도구, ✐)로 사람의 팔과 몸통까지 드래그하여 지정한다. 복사([Ctrl]+[C])한 후, 작업 파일로 돌아와 붙여넣기([Ctrl]+[V])한다. [Ctrl]+[T]를 눌러 출력형태와 같이 배치한 후 [Enter]를 누른다.

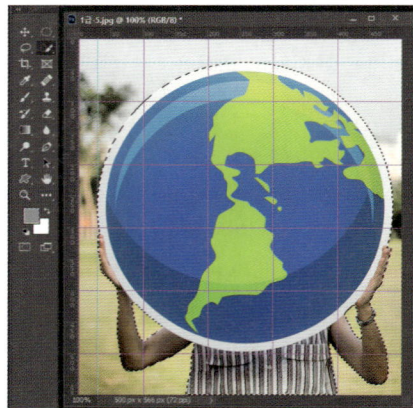

알아두면 좋은 TIP

- 원하는 지점보다 넓게 선택 영역으로 지정됐다면 Options Bar(옵션 바)의 Subtract from selection(선택 영역에서 빼기, ✐)을 클릭하고 드래그하여 선택 영역에서 제외시킨다.
- [Alt]+드래그: '선택 영역 빼기' 단축키

03 Quick Selection Tool(빠른 선택 도구,)로 의 지구에서 빨간색 계열 부분을 선택하고, 레이어 패널 하단의 [Create new fill or adjustment layer(새 칠 또는 조정 레이어 생성,)] - [Hue/Saturation(색조/채도)]을 선택한다. Properties(속성) 패널에서 'Colorize(색상화): 체크, Hue(색조): 5, Saturation(채도): 60'으로 입력하여 빨간색 계열로 변경한다.

 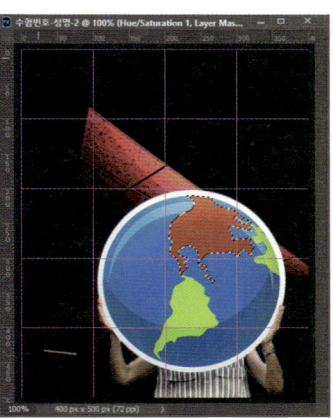

알아두면 좋은 TIP

이미지의 색상 보정의 경우, GTQ 문제지에서 정확한 수치가 제시되지 않는다. Properties(속성) 패널의 스크롤 바를 드래그하여 원하는 색상을 빠르게 찾는 연습이 필요하다.

04 Quick Selection Tool(빠른 선택 도구,)로 의 지구에서 주황색 계열의 부분을 Shift 를 누르면서 모두 선택하고, 레이어 패널 하단의 [Create new fill or adjustment layer(새 칠 또는 조정 레이어 생성,)] - [Hue/Saturation(색조/채도)]을 선택한다. Properties(속성) 패널에서 'Colorize(색상화): 체크, Hue(색조): 40, Saturation(채도): 80'으로 입력하여 주황색 계열로 변경한다.

 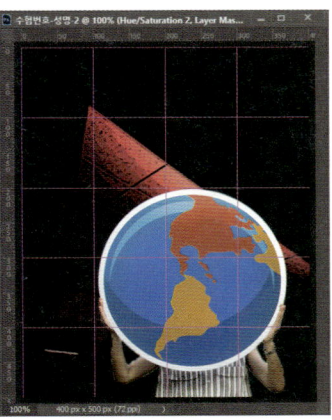

05 1급-5 이미지 레이어가 선택된 상태에서 레이어 패널 하단의 [Add a Layer style(레이어 스타일 추가, fx)] – [Outer Glow(외부 광선)]를 클릭한다.

> **알아두면 좋은 TIP**
> - Opacity(불투명도), Angle(각도) 등 레이어 스타일의 세부내용은 문제지에 제시되지 않는다. 출력형태와 같이 빠르게 설정하는 법을 익혀야 한다.
> - 레이어 이름은 채점 대상이 아니므로, 이름 변경을 하지 않아도 된다.

2 이미지 배치하기

01 [File(파일)] – [Open(열기)](Ctrl+O)을 선택하여 1급-6.jpg를 불러온다. Quick Selection Tool(빠른 선택 도구,)로 이미지 내의 팻말을 드래그하여 선택 영역으로 지정한 후 선택한 팻말을 복사(Ctrl+C)한다. 작업 파일로 돌아와 붙여넣기(Ctrl+V)한다. Ctrl+T를 누른 후 출력형태와 같이 배치한 후 Enter를 누른다.

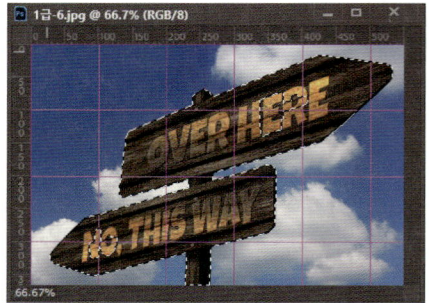

02 레이어 패널 하단의 [Add a Layer style(레이어 스타일 추가, fx)] – [Inner Glow(내부 광선)]를 클릭한다. 레이어 패널에서 출력형태와 같이 배치되도록 팻말 레이어를 지구 레이어 아래로 드래그한다.

4 문자 입력하기

1 문자 입력하기

01 Type Tool(수평 문자 도구, T)을 클릭하고 출력형태의 문자 부분과 같은 지점을 클릭한다. 온실가스 감축 로드맵을 입력하고 Options Bar(옵션 바) 또는 Properties(속성) 패널에서 조건과 같이 세부정보를 입력한다.

조건
Font(글꼴): 바탕, Size(크기): 37pt

② 문자 효과 적용하기

01 문자에 그레이디언트 효과를 주기 위해 레이어 패널 하단의 [Add a Layer style(레이어 스타일 추가, fx)] – [Gradient Overlay(그레이디언트 오버레이)]를 클릭한다. [Layer Style(레이어 스타일)] 대화상자가 열리면 문제지의 조건과 같이 세부정보를 입력한다.

> **조건**
> - Gradient Overlay(그레이디언트 오버레이) ▶ Gradient(그레이디언트) – 시작점: #ffcc00, 중간점: #ffffff, 끝점: #cc66cc, Style(스타일): Linear(선형), Angle(각도): 90°
> - Stroke(획) ▶ Size(크기): 2px, Color(색상): #996633

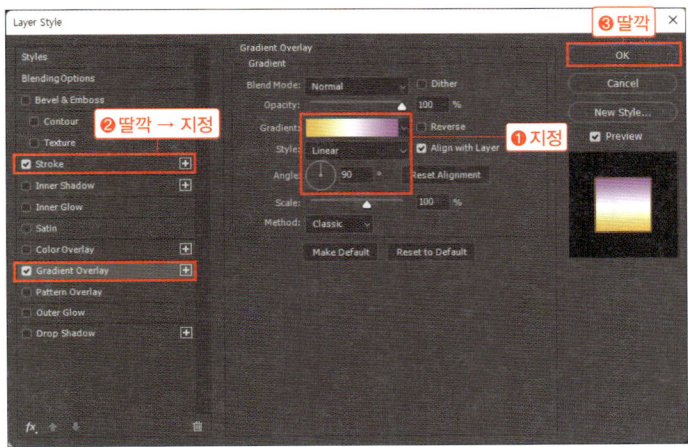

02 Options Bar(옵션 바)에서 Create Warped text(뒤틀어진 텍스트 만들기,)를 클릭한다. [Warped text(텍스트 뒤틀기)] 대화상자가 열리면 문제지의 출력형태와 같이 세부정보를 입력한다. Ctrl + T 를 누르고 바운딩 박스를 이용하여 텍스트를 회전하고 출력형태와 같이 배치한 후 Enter 를 누른다.

> **조건**
> Style(스타일): Rise(상승), Bend(구부리기): 50%

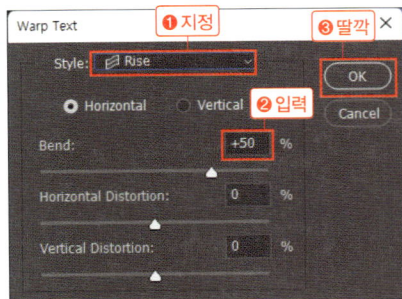

5 모양 도구 배치하기

① 모양 도구 배치하기 1

01 Custom Shape Tool(사용자 정의 모양 도구, ▩)을 클릭하고, '압핀' 모양을 찾아 드래그하여 그린 후 Options Bar(옵션 바)에서 'Fill(칠): #999900'으로 지정하고 Enter 를 눌러 Shape 레이어를 생성한다. 레이어 패널 하단의 [Add a Layer style(레이어 스타일 추가, ▩)] – [Inner Glow(내부 광선)]를 클릭한다.

조건
- 압핀 모양: [All Legacy Default Shapes(모든 레거시 기본 모양)] – [Objects(물건)] – [Thumb Tack(압핀)]
- Inner Glow(내부 광선) ▶ 체크

알아두면 좋은 TIP
Custom Shape Tool(사용자 정의 모양 도구)로 모양 입력 시 Shift 를 누르면서 드래그하면 비율을 유지한 채로 그릴 수 있다.

02 'Thumb Tack(압핀)' 레이어를 선택하고 Ctrl + J 를 눌러 복사한다. 복사된 'Thumb Tack(압핀) copy' 레이어를 선택하고 Ctrl + T 를 눌러 자유 변형 상태가 되면 마우스 오른쪽을 클릭하여 [Flip Horizontal(가로로 뒤집기)]을 클릭한다. 출력형태 와 같이 배치한 후, 레이어의 썸네일을 더블클릭하여 'Color(색상): #993300'으로 지정한다.

03 다시 Custom Shape Tool(사용자 정의 모양 도구,)을 클릭하고, '나침반' 모양을 찾아 드래그하여 그린 후 Options Bar(옵션 바)에서 'Fill(칠): #ff0000'로 지정하고 Enter를 눌러 Shape 레이어를 생성한다. 레이어 패널 하단의 [Add a Layer style(레이어 스타일 추가,)] – [Stroke(획)]를 클릭한다. [Layer Style(레이어 스타일)] 대화상자가 열리면 문제지의 조건과 같이 세부정보를 입력한다.

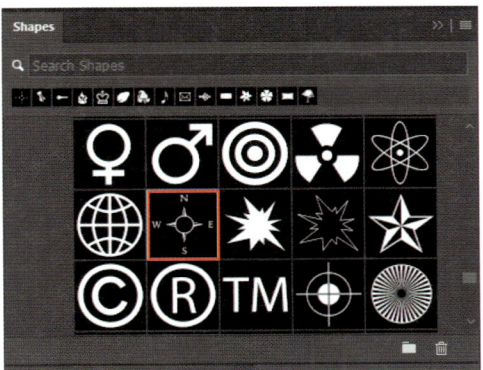

조건
- 나침반 모양: [All Legacy Default Shapes(모든 레거시 기본 모양)] – [Symbols(기호)] – [Compass(나침반)]
- Stroke(획) ▶ Size(크기): 2px, Color(색상): #ffcc99

04 레이어 패널 상단에서 'Opacity(불투명도): 50%'로 입력한다.

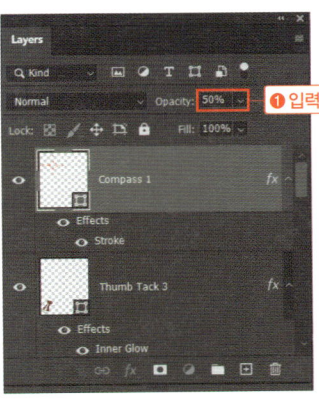 

6 저장 및 파일 전송하기

01 작업이 완료되면 문제지의 `출력형태`와 작업 파일을 비교하여 레이어의 순서, 이미지 위치를 최종 점검한다.
02 [File(파일)] – [Save As a Copy(사본 저장)](`Alt`+`Ctrl`+`S`)를 선택하고, '저장 경로: 내 PC₩문서₩GTQ, 파일형식: JPEG, 파일이름: 수험번호-성명-2'로 저장한다.
03 제출용 PSD 파일을 만들기 위해 [Image(이미지)] – [Image Size(이미지 크기)](`Alt`+`Ctrl`+`I`)를 클릭한다. [Image Size(이미지 크기)] 대화상자가 열리면 문제지의 `조건`과 같이 세부정보를 입력하여 작업 사이즈의 1/10 사이즈로 축소한다.

> `조건`
> Constrain as pect ratio(종횡비 제한): 체크, Width(폭): 40px, Height(높이): 50px

04 [File(파일)] – [Save As(다른 이름으로 저장)](`Shift`+`Ctrl`+`S`)를 선택하고, '저장 경로: 내 PC₩문서₩GTQ, 파일형식: PSD, 파일이름: 수험번호-성명-2'로 저장한다.
05 답안 전송 프로그램을 이용하여 저장된 jpg, psd 파일을 감독관 컴퓨터로 전송한다.

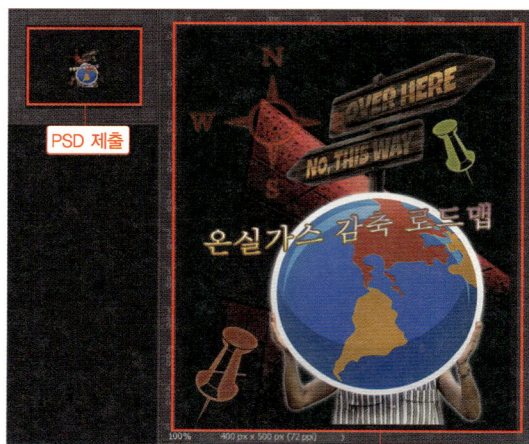

문제 3 실무응용 포스터 제작

☑ 문제 풀이 순서

1 새 작업 파일 만들기→**2** 혼합 모드와 레이어 마스크 적용하기→**3** 클리핑 마스크 적용하기→**4** 색상 보정하기→**5** 문자 입력하기→**6** 모양 도구 배치하기→**7** 저장 및 파일 전송하기

☑ 감점방지 TIP

- 레이어 마스크의 그레이디언트 적용 시 출력형태를 확인하고 방향에 맞게 적용해야 한다. 레이어 마스크는 PSD 문서에서는 언제든지 수정이 가능하니 잘못 지정되었다면 레이어의 마스크 영역 부분을 클릭한 상태에서 그레이디언트를 다시 재설정한다.
- 레이어의 자체의 이미지 색상 보정(Hue/Saturation)은 단축키 Ctrl + U 로 변경한다.

1 새 작업 파일 만들기

① 새 파일 만들기

01 새로운 작업 파일을 만들기 위해 [File(파일)] – [New(새로 만들기)](Ctrl + N)를 선택한다.
02 [New Document(새로운 문서 만들기)] 대화상자가 열리면 문제지의 조건을 참고하여 작업 파일 세부정보를 입력한다.

> **조건**
>
> Width(폭): 600, Height(높이): 400, 단위: Pixels(픽셀), Resolution(해상도): 72(Pixel/Inch), Color Mode(색상 모드): RGB, 8bit, Background Contents(배경 내용): White(흰색)

03 [File(파일)] – [Save As(다른 이름으로 저장)](Shift + Ctrl + S)를 선택한다. '저장 경로: 내 PC₩문서₩GTQ, 파일명: 수험번호-성명-3.psd'로 저장한다.

② 작업 파일 설정하기

01 작업 파일에 눈금자를 표시하기 위해 [View(보기)] – [Rulers(눈금자)](Ctrl + R)를 선택한다.
03 [View(보기)] – [Show(표시)] – [Grid(격자)](Ctrl + ')를 눌러 격자를 표시한다.

2 혼합 모드와 레이어 마스크 적용하기

① 레이어 마스크 적용하기

01 Tool Box(도구 상자) 하단의 전경색을 더블클릭한다. [Color Picker(색상 피커)] 대화상자가 열리면 #99cccc를 입력하고 [OK(확인)]를 클릭한다. 작업 영역을 전경색으로 채우기 위해 Alt + Delete 를 누른다.

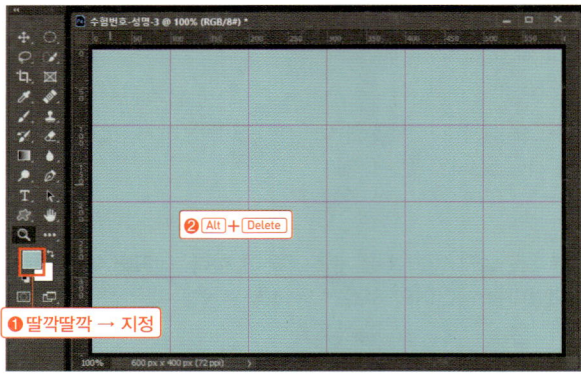

02 [File(파일)] – [Place Embedded(포함 가져오기)]를 선택하여 1급-7.jpg부터 1급-11.jpg까지 순서대로 불러온다. Shift 를 누르고 1급-7.jpg, 1급-11.jpg를 클릭하여 불러온 모든 이미지 레이어를 선택한 후, 마우스 오른쪽을 클릭하여 [Rasterize Layers(레이어 레스터화)]를 눌러 일반 레이어로 변환한다. 불러온 모든 이미지를 감추기 상태로 만든다.

알아두면 좋은 TIP

이미지를 불러온 다음 Enter 를 눌러 이미지를 고정시켜야 다음 이미지를 불러올 수 있다.

03 '1급-7' 레이어의 보이기 버튼만 활성화시키고, 필터 효과를 적용하기 위해 [Filter(필터)] – [Filter Gallery(필터 갤러리)]를 선택한다. [Filter Gallery(필터 갤러리)] 대화상자가 열리면 [Texture(텍스처)] – [Texturizer(텍스처화)]를 선택한다.

04 레이어 패널 하단에 [Add a Layer Mask (레이어 마스크 추가, ▢)]를 클릭한다. Gradient Tool(그레이디언트 도구, ▢)을 선택하고, Options Bar(옵션 바)에서 'Black, White(검정, 흰색)', 'Linear Gradient(선형 그레이디언트)'로 지정하고 출력형태 와 같이 하단에서 상단으로 드래그한다.

2 혼합 모드와 레이어 마스크 적용하기

01 '1급-8' 레이어의 보이기 버튼을 활성화시키고, 레이어 패널의 'Blending Mode(혼합 모드): Overlay(오버레이)'로 변경한 후, 레이어 패널 하단에 [Add a Layer Mask (레이어 마스크 추가, ▢)]를 클릭한다. Gradient Tool(그레이디언트 도구, ▢)로 출력형태 와 같이 왼쪽에서 오른쪽으로 드래그한다.

3 클리핑 마스크 적용하기

1 클리핑 마스크 작업 1

01 '1급-10' 레이어의 보이기 버튼을 활성화시키고, Magic Wand Tool(자동 선택 도구, ▨)로 선택할 오브젝트의 배경을 누른다. 선택이 되지 않은 그림자 부분은 Shift 를 누르며 추가로 선택하고, Delete 를 눌러 삭제한다.

02 '1급-10.jpg' 레이어가 선택된 상태에서, 레이어 패널 하단의 [Add a Layer style(레이어 스타일 추가, fx)] – [Stroke(획)]를 클릭한다. [Layer Style(레이어 스타일)] 대화상자가 열리면 문제지의 조건과 같이 세부정보를 입력한다.

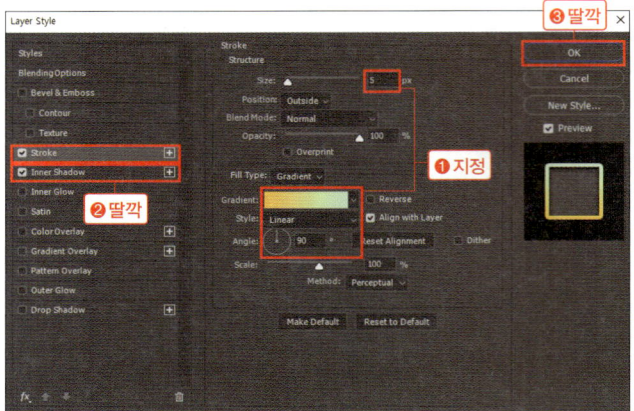

조건
- Stroke(획) ▶ Size(크기): 5px, Fill Type(칠 유형): Gradient(그레이디언트) – 시작점: #ffcc00, 끝점: #ccffcc, Style(스타일): Linear(선형), Angle(각도): 90°
- Inner Shadow(내부 그림자) ▶ 체크

03 Ctrl+T를 누르고 마우스 오른쪽을 클릭하여 [Flip Horizontal(가로로 뒤집기)]을 선택하고, 출력형태와 같이 배치한 후 Enter를 누른다.

04 Quick Selection Tool(빠른 선택 도구,)로 클리핑 마스크를 적용할 영역을 선택 영역으로 지정한다. 클리핑 마스크를 적용할 영역이 선택되면 복사(Ctrl+C)한 후, 붙여넣기(Ctrl+V)를 하여 클리핑 마스크가 적용될 새로운 레이어를 만든다.

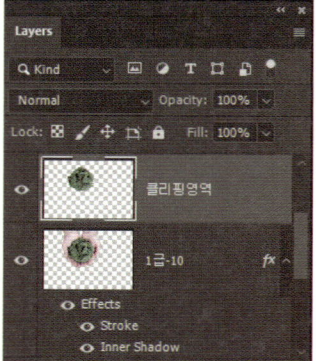

96 · Step Ⅲ. 기출문제 반복으로 실력 키우기

> **알아두면 좋은 TIP**
> - 클리핑 마스크는 두 개의 레이어가 서로 상호 작업에 의해 하위 레이어의 형태만큼 상위 레이어의 특정 영역을 나타내는 작업이다. 문제에서는 1급-9.jpg → 1급-10.jpg 순서로 제시되어 있으나, 레이어의 순서는 1급-10.jpg → 1급-9.jpg이므로 1급-10.jpg부터 작업한다.
> - 시험지의 순서대로 작업하다 보면 레이어의 순서나 클리핑 작업이 모호한 경우가 발생할 수 있으니 꼭 출력형태와 함께 작업 순서를 조정한다.

❷ 클리핑 마스크 작업 2

01 '1급-9' 레이어의 보이기 버튼을 활성화시키고, Ctrl + T 를 눌러 출력형태와 같이 배치한 후 Enter 를 누른다. 필터 효과를 적용하기 위해 [Filter(필터)] – [Filter Gallery(필터 갤러리)]를 선택한다. [Filter Gallery(필터 갤러리)] 대화상자가 열리면 [Artistic(예술 효과)] – [Rough Pastels(거친 파스텔 효과)]를 클릭한다.

02 '1급-9' 레이어를 선택하고 클리핑 마스크 영역으로 설정한 레이어 위로 드래그한다. '1급-9' 레이어를 선택하고 클리핑 마스크 영역으로 설정한 레이어 사이에 마우스를 놓고 Alt 를 누른 채 클릭(Ctrl + Alt + G)한다.

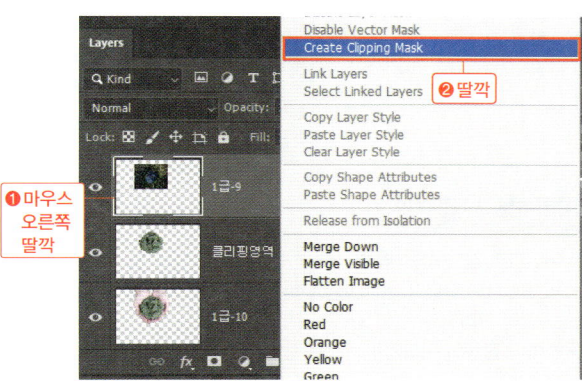 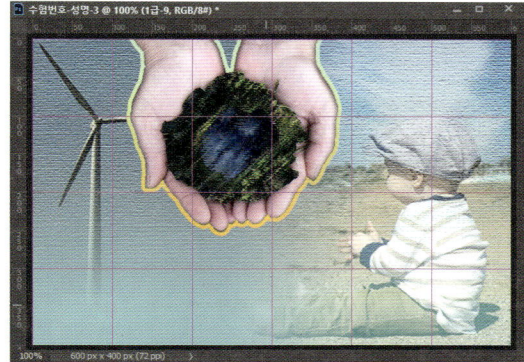

> **알아두면 좋은 TIP**
> 〈클리핑 마스크 적용하기〉
> ① 레이어 사이에 마우스를 대고 Alt +클릭
> ② 이미지 레이어를 선택하고 Ctrl + Alt + G
> ③ 이미지 레이어를 선택하고 마우스 오른쪽을 클릭한 뒤 [Create Clipping Mask(클리핑 마스크 만들기)] 클릭

4 색상 보정하기

❶ 이미지 불러오기

01 '1급-11' 레이어의 보이기 버튼을 활성화시키고, Quick Selection Tool(빠른 선택 도구,)로 1급-11.jpg 이미지 내의 H를 선택한다. Shift 를 누르며 추가로 APPY 글자를 드래그하여 선택 영역으로 지정한다. [Select(선택)] – [Inverse(반전)](Shift + Ctrl + I)를 선택해 선택 영역을 반전시켜 Delete 를 눌러 문자 이미지만 남긴 후, Ctrl + D 를 눌러 선택 영역을 해제한다. Ctrl + T 를 눌러 출력형태와 같이 배치한 후 Enter 를 누른다.

 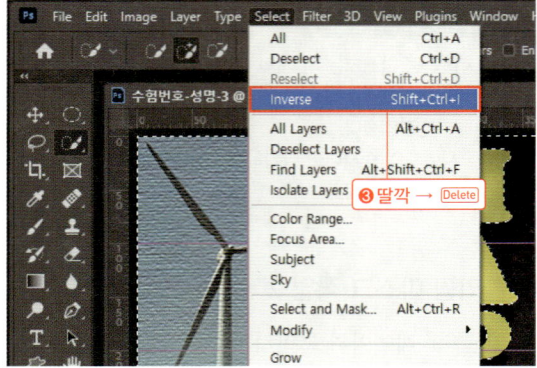

2 색상 보정하기

01 [Image(이미지)]-[Adjustment(조정)]-[Hue/Saturation(색조/채도)](Ctrl + U)을 클릭하여 [Hue/Saturation(색조/채도)] 대화상자가 열리면 'Colorize(색상화): 체크, Hue(색조): 205, Saturation(채도): 65, Lightness(명도): −20'으로 입력하여 파란색 계열로 변경한다.

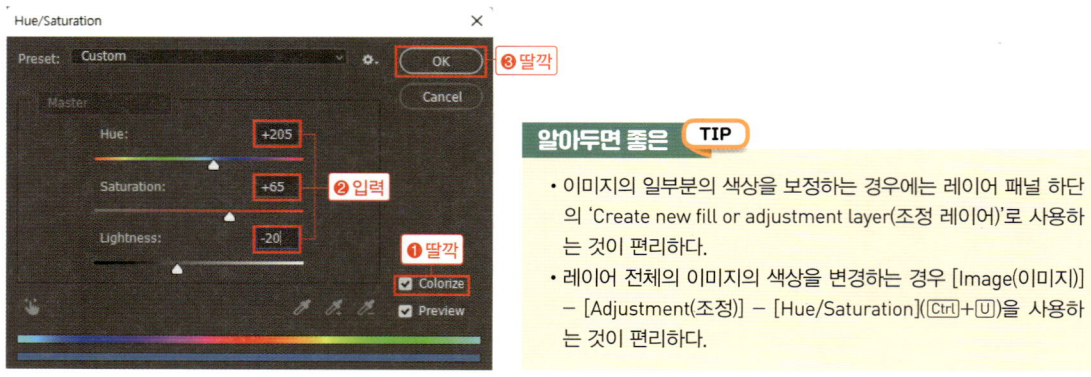

02 문자 이미지에 그림자 효과를 주기 위해 레이어 패널 하단의 [Add a Layer style(레이어 스타일 추가, fx.)] − [Drop Shadow(드롭 섀도)]를 클릭한다.

5 문자 입력하기

❶ 제목 문자 입력하기

01 Type Tool(수평 문자 도구, T.)을 클릭하고 출력형태의 문자 부분과 같은 지점을 클릭한다. 생활 속 온실가스 줄이기 실천을 입력하고 Options Bar(옵션 바) 또는 Properties(속성) 패널에서 조건과 같이 세부정보를 입력한다.

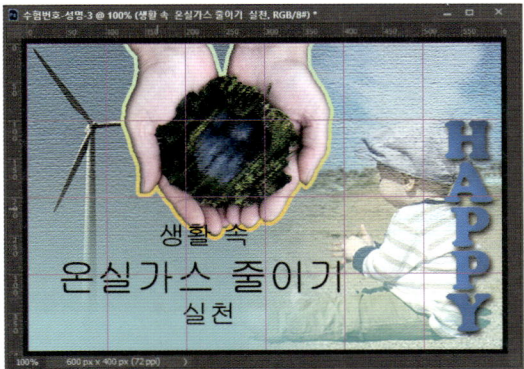

조건
Font(글꼴): 굴림, Size(크기) – 생활 속, 실천: 35pt, 온실가스 줄이기: 50pt, Paragraph(단락): Center Text(텍스트 중앙 정렬)

02 문자에 그레이디언트 효과와 외곽선 효과를 주기 위해 레이어 패널 하단의 [Add a Layer style(레이어 스타일 추가, fx.)] – [Gradient Overlay(그레이디언트 오버레이)]를 클릭한다. [Layer Style(레이어 스타일)] 대화상자가 열리면 문제지의 조건과 같이 세부정보를 입력한다.

조건
Gradient Overlay(그레이디언트 오버레이) ▶ Gradient(그레이디언트) – 시작점: #00ccff, 중간점: #ffffff, 끝점: #ff9900, Style(스타일): Linear(선형), Angle(각도): 90°
Stroke(획) ▶ Size(크기): 2px, Color(색상): #660099

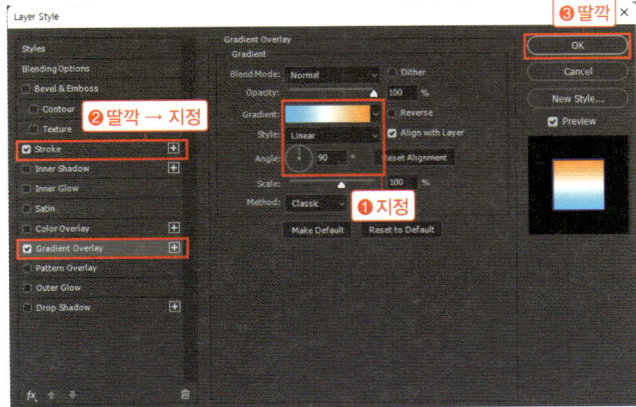

> **알아두면 좋은 TIP**
> 레이어 스타일 적용 시 문제지에서 정확한 수치가 제시되지 않으므로 Size(크기), Opacity(불투명도) 등은 출력형태와 최대한 비슷하게 설정한다.

03 Options Bar(옵션 바)에서 Create Warped text(뒤틀어진 텍스트 만들기,) 를 클릭한다. [Warped text(텍스트 뒤틀기)] 대화상자가 열리면 문제지의 출력형태와 같이 세부정보를 입력한다.

> 조건
>
> Style(스타일): Wave(파형), Bend(구부리기): 50%

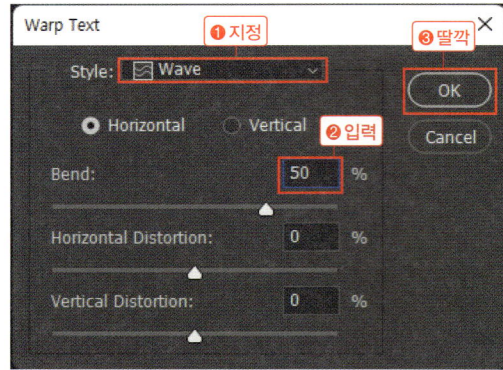 

② 소제목 문자 입력하기

01 Type Tool(수평 문자 도구,)을 클릭하고 출력형태의 문자 부분과 같은 지점을 클릭한다. Practice to reduce greenhouse gas in daily life를 입력하고 Options Bar(옵션 바) 또는 Properties(속성) 패널에서 조건과 같이 세부정보를 입력한다.

> 조건
>
> Font(글꼴): Times New Roman, Style(스타일): Regular, Size(크기): 18pt, Color(색상): #ffffff

02 문자에 외곽선 효과를 주기 위해 레이어 패널 하단의 [Add a Layer style(레이어 스타일 추가, fx)] - [Stroke(획)]를 클릭한다. [Layer Style(레이어 스타일)] 대화상자가 열리면 문제지의 조건과 같이 세부정보를 입력한다.

 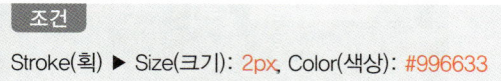

> 조건
>
> Stroke(획) ▶ Size(크기): 2px, Color(색상): #996633

③ 기타 문자 입력하기

01 Type Tool(수평 문자 도구,)을 클릭하고 출력형태의 문자 부분과 같은 지점을 클릭한다. 우리의 미래가 더 행복해집니다를 입력하고 Options Bar(옵션 바) 또는 Properties(속성) 패널에서 조건과 같이 세부정보를 입력한다.

> 조건
>
> Font(글꼴): 돋움, Size(크기): 18pt, Color(색상): #ffff99

02 문자에 외곽선 효과를 주기 위해 레이어 패널 하단의 [Add a Layer style(레이어 스타일 추가, fx.)] - [Stroke(획)]를 클릭한다. [Layer Style(레이어 스타일)] 대화상자가 열리면 문제지의 조건과 같이 세부정보를 입력한다.

조건

Stroke(획) ▶ Size(크기): 2px, Fill Type(칠 유형): Gradient(그레이디언트) - 시작점: #333333, 끝점: #990000, Style(스타일): Linear(선형), Angle(각도): 0°

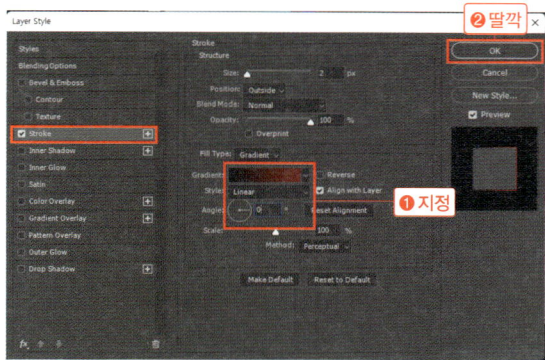

03 Options Bar(옵션 바)에서 Create Warped text(뒤틀어진 텍스트 만들기, T)를 클릭한다. [Warped text(텍스트 뒤틀기)] 대화상자가 열리면 문제지의 출력형태와 같이 세부정보를 입력한다. Ctrl + T를 눌러 출력형태와 같이 배치한 후 Enter를 누른다.

조건

Style(스타일): Flag(깃발), Bend(구부리기): -50%

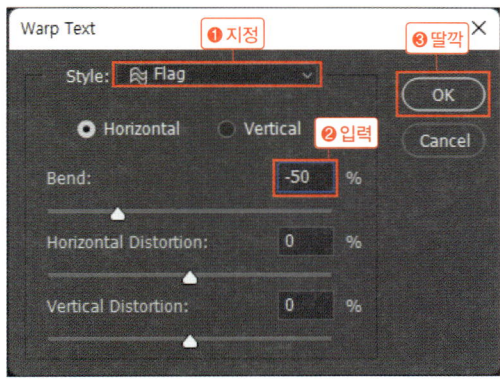

04 Type Tool(수평 문자 도구, T)을 클릭하고 출력형태의 문자 부분과 같은 지점을 클릭한다. 경제 / 안전 / 건강을 입력하고 Options Bar(옵션 바) 또는 Properties(속성) 패널에서 조건과 같이 세부정보를 입력한다.

조건

Font(글꼴): 굴림, Size(크기): 16pt, Color(색상) - 경제: #cc00cc, / 안전 / 건강: #000066

05 문자에 외곽선 효과를 주기 위해 레이어 패널 하단의 [Add a Layer style(레이어 스타일 추가, fx)] – [Stroke(획)]를 클릭한다. [Layer Style(레이어 스타일)] 대화상자가 열리면 문제지의 조건과 같이 세부정보를 입력한다.

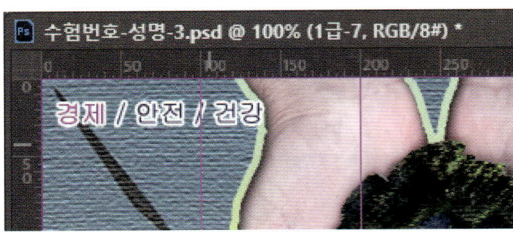

> **조건**
> Stroke(획) ▶ Size(크기): 2px, Color(색상): #ffffff

6 모양 도구 배치하기

① 전구 모양 도구 배치하기

01 Custom Shape Tool(사용자 정의 모양 도구, ★)을 클릭하고, '전구' 모양을 찾아 드래그하여 그린 후 Options Bar(옵션 바)에서 'Fill(칠): #333333'으로 지정하고 Enter를 눌러 Shape 레이어를 생성한다. 레이어 패널 하단의 [Add a Layer style(레이어 스타일 추가, fx)] – [Outer Glow(외부 광선)]를 클릭한다.

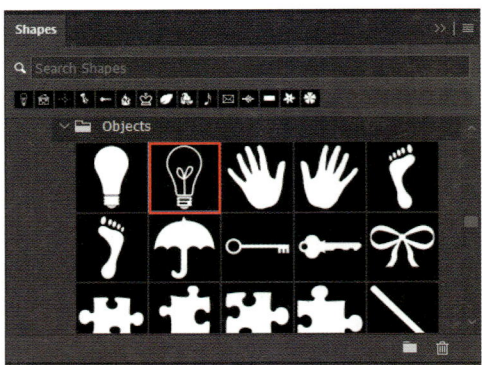

> **조건**
> • 전구 모양: [All Legacy Default Shapes(모든 레거시 기본 모양)] – [Object(물건)] – [Light Bulb 2(백열 전구 2)]
> • Outer Glow(외부 광선) ▶ 체크

02 'Light Bulb 2(백열 전구 2)' 레이어를 선택하고 Ctrl+J를 눌러 복사한다. 복사된 'Light Bulb 2(백열 전구 2) copy' 레이어를 선택하고 Ctrl+T를 눌러 출력형태와 같이 배치한 후, 레이어의 썸네일을 더블클릭하여 'Color(색상): #996600'으로 지정한다.

② 기타 모양 도구 배치하기

01 Custom Shape Tool(사용자 정의 모양 도구, ▧)을 클릭하고, '튀긴 자국' 모양을 찾아 드래그하여 그린 후 Enter 를 눌러 Shape 레이어를 생성한다.

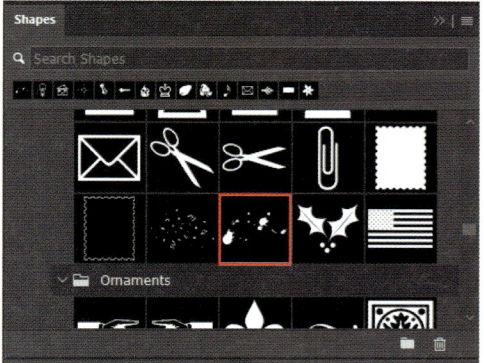

> **조건**
> 튀긴 자국 모양: [All Legacy Default Shapes(모든 레거시 기본 모양)] - [Object(물건)] - [Splatter(튀긴 자국)]

02 튀긴 자국 모양에 그레이디언트 효과와 외부 광선 효과를 주기 위해 레이어 패널 하단의 [Add a Layer style(레이어 스타일 추가, fx)] - [Gradient Overlay(그레이디언트 오버레이)]를 클릭한다. [Layer Style(레이어 스타일)] 대화상자가 열리면 문제지의 조건과 같이 세부정보를 입력하고, 레이어 패널 상단에 'Opacity(불투명도): 60%'를 입력한다.

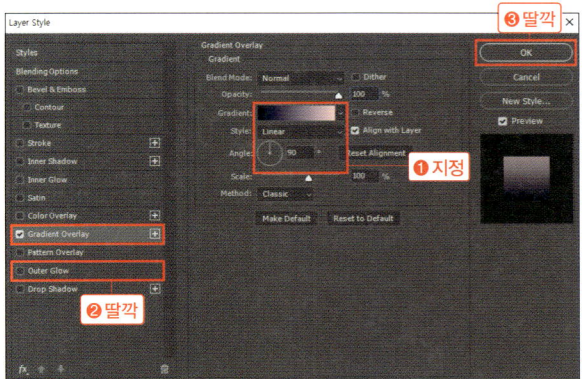

> **조건**
> • Gradient Overlay(그레이디언트 오버레이) ▶ Gradient(그레이디언트) - 시작점: #000033, 끝점: #ffcccc, Style(스타일): Linear(선형), Angle(각도): 90°
> • Outer Glow(외부 광선) ▶ 체크

03 Ctrl + T 를 눌러 출력형태 와 같이 배치한 후, 레이어 패널에서 출력형태 와 같이 배치되도록 '튀긴 자국' 모양 레이어를 '생활 속 온실가스 줄이기 실천' 텍스트 레이어 아래로 드래그한다.

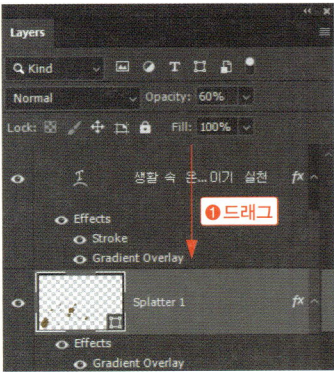

04 Custom Shape Tool(사용자 정의 모양 도구, ✦)을 클릭하고, '집' 모양을 찾아 드래그하여 그린 후 Options Bar(옵션 바)에서 'Fill(칠): #ff9999'로 지정하고 Enter를 눌러 Shape 레이어를 생성한다.

> **조건**
>
> 집 모양: [All Legacy Default Shapes(모든 레거시 기본 모양)] – [Web(웹)] – [Home(홈)]

05 집 모양에 내부 그림자와 외곽선 효과를 주기 위해 레이어 패널 하단의 [Add a Layer style(레이어 스타일 추가, fx)] – [Stroke(획)]를 클릭한다. [Layer Style(레이어 스타일)] 대화상자가 열리면 문제지의 조건을 확인하여 세부정보를 입력한다.

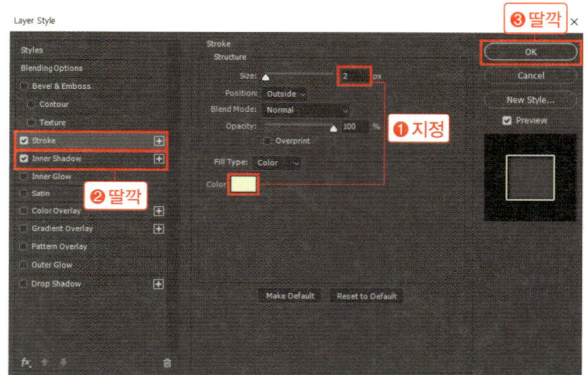

> **조건**
>
> • Stroke(획) ▶ Size(크기): 2px, Color(색상): #ffffcc
> • Inner Shadow(내부 그림자) ▶ 체크

알아두면 좋은 TIP

교재에서는 레이어가 해설 순서대로 배치되어 설명하고 있다. 출력형태와 레이어 순서가 다르다면 출력형태를 참고하여 레이어 배치를 수정해야 한다.

7 저장 및 파일 전송하기

01 작업이 완료되면 문제지의 출력형태와 작업 파일을 비교하여 레이어의 순서, 이미지 위치를 최종 점검한다.

02 [File(파일)] – [Save As a Copy(사본 저장)](Alt+Ctrl+S)를 선택하고, '저장 경로: 내 PC\문서\GTQ, 파일형식: JPEG, 파일이름: 수험번호−성명−3'으로 저장한다.

03 제출용 PSD 파일을 만들기 위해 [Image(이미지)] – [Image Size(이미지 크기)](Alt+Ctrl+I)를 클릭한다. [Image Size(이미지 크기)] 대화상자가 열리면 문제지의 조건과 같이 세부정보를 입력하여 작업 사이즈의 1/10 사이즈로 축소한다.

> 조건
>
> Constrain as pect ratio(종횡비 제한): 체크, Width(폭): 60px, Height(높이): 40px

04 [File(파일)] – [Save As(다른 이름으로 저장)](Shift+Ctrl+S)를 선택하고, '저장 경로: 내 PC\문서\GTQ, 파일형식: PSD, 파일이름: 수험번호−성명−3'으로 저장한다.

05 답안 전송 프로그램을 이용하여 저장된 jpg, psd 파일을 감독관 컴퓨터로 전송한다.

문제 4 실무응용 웹 페이지 제작

☑ 문제 풀이 순서

1 새 작업 파일 만들기→**2** 이미지 불러오고 패턴 제작하기→**3** 레이어 마스크 적용하기→**4** 이미지 편집 및 레이어 스타일 적용하기→**5** 패스 작업과 패턴 적용하기→**6** 문자 입력하기→**7** 모양 도구 배치하기→**8** 저장 및 파일 전송하기

☑ 감점방지 TIP

- 4번 문제의 패스 문제는 패스저장이 필수가 아니다. 펜 도구나 모양 도구로 완벽하고 깔끔하게 레이어 작업을 하지 않아도 감점대상이 되지 않으니 작업시간에 맞춰 효율적으로 작업한다.
- 1급-17번은 문제지에서 언급되어 있지 않지만, 출력형태 에 표기되어 있는 부분으로 수험자가 출력형태 를 참고하여 작업해야 한다.

1 새 작업 파일 만들기

① 새 파일 만들기

01 새로운 작업 파일을 만들기 위해 [File(파일)] – [New(새로 만들기)]([Ctrl]+[N])를 선택한다.
02 [New Document(새로운 문서 만들기)] 대화상자가 열리면 문제지의 조건 과 같이 작업 파일 세부정보를 입력한다.

> 조건
>
> Width(폭): 600, Height(높이): 400, 단위: Pixels(픽셀), Resolution(해상도): 72(Pixel/Inch), Color Mode(색상 모드): RGB, 8bit, Background Contents(배경): White(흰색)

03 [File(파일)] – [Save As(다른 이름으로 저장)]([Shift]+[Ctrl]+[S])를 선택한다. '저장 경로: 내 PC₩문서₩GTQ, 파일명: 수험번호-성명-4.psd'로 저장한다.

② 작업 파일 설정하기

01 작업 파일에 눈금자를 표시하기 위해 [View(보기)] – [Rulers(눈금자)]([Ctrl]+[R])를 선택한다.
03 [View(보기)] – [Show(표시)] – [Grid(격자)]([Ctrl]+['])를 눌러 격자를 표시한다.

2 이미지 불러오고 패턴 만들기

① 이미지 불러오기

01 Tool Box(도구 상자) 하단의 전경색을 더블클릭한다. [Color Picker(색상 피커)] 대화상자가 열리면 #ffffcc를 입력하고 [OK(확인)]를 클릭한다. 작업영역을 전경색으로 채우기 위해 [Alt]+[Delete]를 누른다.

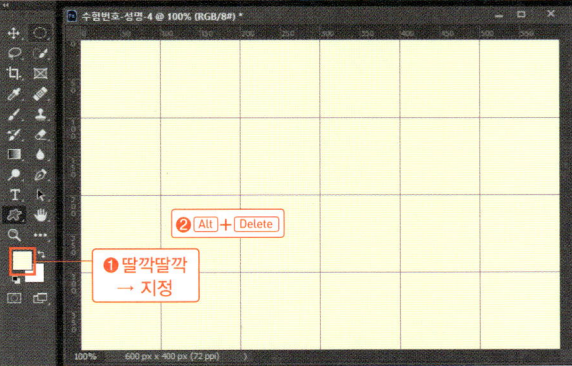

02 [File(파일)] - [Place Embedded(포함 가져오기)]를 선택하여 1급-12.jpg부터 1급-17.jpg까지 불러온다.

> **알아두면 좋은 TIP**
> 이미지를 불러온 다음 Enter 를 눌러 이미지를 고정시켜야 다음 이미지를 불러올 수 있다.

03 Shift 를 누르고 1급-12.jpg, 1급-17.jpg를 클릭하여 불러온 모든 이미지를 선택한 후, 마우스 오른쪽을 클릭하여 [Rasterize Layers(레이어 래스터화)]를 눌러 일반 레이어로 변환한다. 불러온 모든 이미지를 감추기 상태로 만든다.

② 패턴 제작하기

01 패턴을 만들기 위해 [File(파일)] - [New(새로 만들기)](Ctrl+N)를 선택한다. [New Document(새로운 문서 만들기)] 대화상자가 열리면 문제지의 조건을 참고하여 작업 파일 세부정보를 입력한다.

> 조건
>
> Width(폭): 50, Height(높이): 50, 단위: Pixels(픽셀), Resolution(해상도): 72(Pixel/Inch), Color Mode(색상 모드): RGB, 8bit, Background Contents(배경): Transparent(투명)

02 Custom Shape Tool(사용자 정의 모양 도구,)을 클릭하고, '물방울' 모양을 찾아 작업 영역 좌측 상단에 드래그하여 그린 후 Options Bar(옵션 바)에서 'Fill(칠): #66cccc'로 지정하고 Enter를 눌러 Shape 레이어를 생성한다.

> 조건
>
> 물방울 모양: [All Legacy Default Shapes(모든 레거시 기본 모양)] - [Nature(자연)] - [Raindrop(빗방울)]

03 이어서 패턴의 다른 모양을 그리기 위해, Options Bar(옵션 바)에서 '오른손' 모양을 찾아 작업 영역 우측 하단에 드래그하여 그린 후 Options Bar(옵션 바)에서 'Fill(칠): #ff6600'으로 지정하고 Enter를 눌러 Shape 레이어를 생성한다.

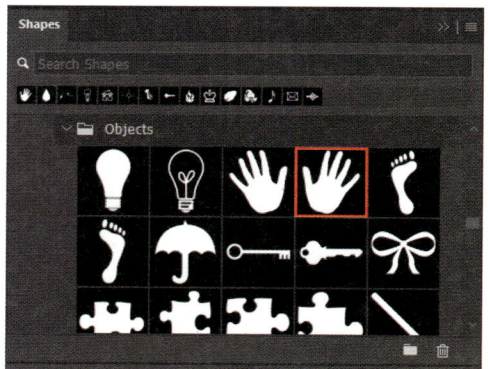

> 조건
>
> 오른손 모양: [All Legacy Default Shapes(모든 레거시 기본 모양)] - [Objects(물건)] - [Right Hand(오른손)]

04 [Edit(편집)] - [Define Pattern(패턴 정의)]을 클릭한다. 'Pattern Name(패턴 이름): 물방울_손'으로 입력하고 [OK(확인)]를 클릭한 후 '4번 문제 작업 파일'로 돌아간다.

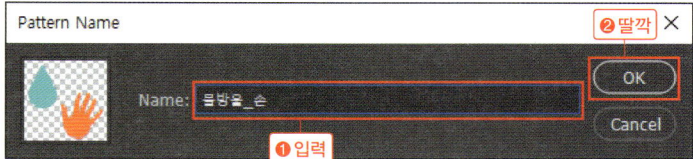

3 레이어 마스크 적용하기

1 배경 이미지 보정하기 1

01 '1급-12' 레이어의 보이기 버튼만 활성화시키고, 레이어 패널의 'Blending Mode(혼합 모드): Hard Light(하드 라이트)'로 변경한 후, 레이어 패널 하단에 [Add a Layer Mask(레이어 마스크 추가, ◙)]를 클릭한다. Gradient Tool(그레이디언트 도구, ▭)을 선택하고, Options Bar(옵션 바)에서 'Black, White(검정, 흰색)', 'Linear Gradient(선형 그레이디언트)'로 지정하고 출력형태 와 같이 왼쪽 하단에서 오른쪽 상단으로 드래그한다.

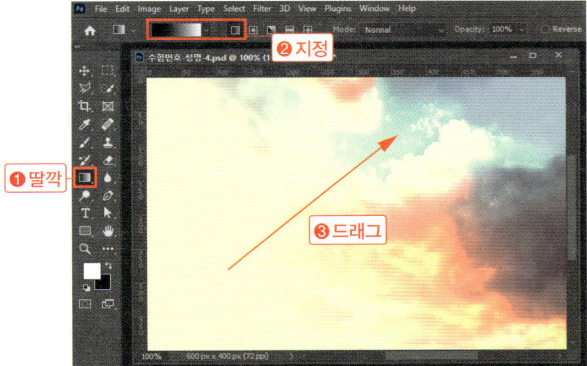

2 배경 이미지 보정하기 2

01 '1급-13' 레이어의 보이기 버튼을 활성화시키고, [Filter(필터)] - [Filter Gallery(필터 갤러리)]를 선택한다. [Filter Gallery(필터 갤러리)] 대화상자가 열리면 [Brush Strokes(브러시 획)] - [Crosshatch(그물눈)]를 선택한다.

02 레이어 패널 하단에 [Add a Layer Mask(레이어 마스크 추가, ▢)]를 클릭한다. Gradient Tool(그레이디언트 도구, ▢)을 선택하고, 출력형태와 같이 상단에서 하단으로 드래그한다.

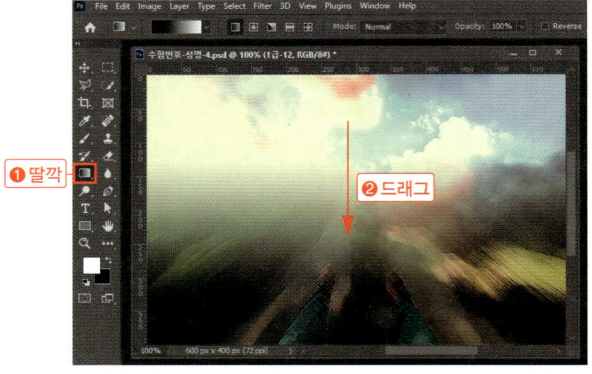

알아두면 좋은 TIP

- 마스크 레이어의 그레이디언트는 80%~90%가 Linear Gradient(선형 그레이디언트)로 출제된다. 마스크 레이어는 'Black, White(검정, 흰색)'만 인스 한다.
- 시험에 출제되는 마스크 레이어 문제는 '가로 방향으로...' 또는 '세로 방향으로...'가 70% 이상 출제된다. 그레이디언트를 적용할 때 [Shift]를 누른 채로 드래그하면 수평 또는 수직을 유지한다.

4 이미지 보정하기

1 이미지 보정하기 1

01 '1급-14' 레이어의 보이기 버튼만 활성화시키고, Polygonal Lasso Tool(다각형 올가미 도구, ▢)로 이미지 내의 쇼핑백 모양대로 클릭하며 쇼핑백을 선택 영역으로 선택한다. Quick Selection Tool(빠른 선택 도구, ▢)로 손잡이 부분까지 선택 영역으로 지정한 후, [Select(선택)] - [Inverse(반전)]([Shift]+[Ctrl]+[I])를 선택해 선택 영역을 반전시킨다. [Delete]를 눌러 쇼핑백 이미지만 남긴다.

02 '1급-14' 이미지에 레이어 스타일을 적용하기 위해 레이어 패널 하단의 [Add a Layer style(레이어 스타일 추가, fx)] - [Inner Shadow(내부 그림자)]를 클릭한다. [Ctrl]+[T]를 눌러 출력형태와 같이 배치한 후 [Enter]를 누른다.

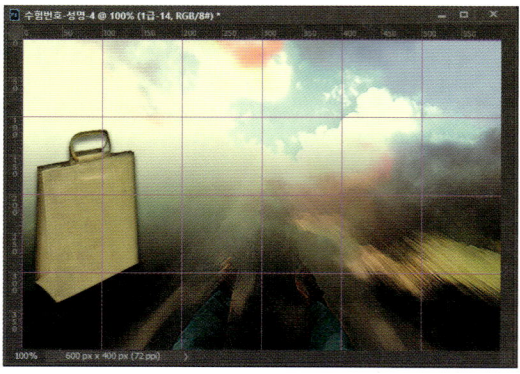

조건
- Inner Shadow(내부 그림자) ▶ 체크
- Drop Shadow(드롭 섀도) ▶ 체크

03 '1급-15' 레이어의 보이기 버튼만 활성화시키고, Quick Selection Tool(빠른 선택 도구, ▢)로 수도꼭지의 배경 부분을 선택하고 [Delete]를 눌러 삭제한 후 [Ctrl]+[D]를 눌러 선택 영역을 해제한다.

04 필터 효과를 적용하기 위해 [Filter(필터)] - [Filter Gallery(필터 갤러리)]를 선택한다. [Filter Gallery(필터 갤러리)] 대화상자가 열리면 [Texture(텍스처)] - [Texturizer(텍스처화)]를 선택한다. 레이어 패널 하단의 [Add a Layer style(레이어 스타일 추가, fx)] - [Outer Glow(외부 광선)]를 클릭한다. Ctrl+T를 눌러 출력형태 와 같이 배치한 후 Enter 를 누른다.

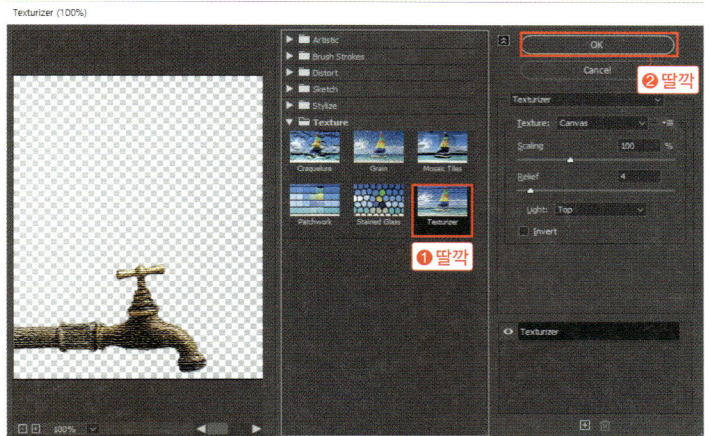

2 이미지 보정하기 2

01 '1급-16' 레이어의 보이기 버튼만 활성화시키고, Magic Wand Tool(자동 선택 도구,)로 검정 배경을 선택하고 Delete 를 눌러 삭제한다. 하얀색의 픽토그램의 색상 보정을 위해 [Image(이미지)] - [Adjustments(조정)] - [Brightness/Contrast(명도/대비)]를 클릭하여 [Brightness/Contrast(밝기/대비)] 대화상자가 열리면 'Brightness(명도): 150'을 입력한다.

 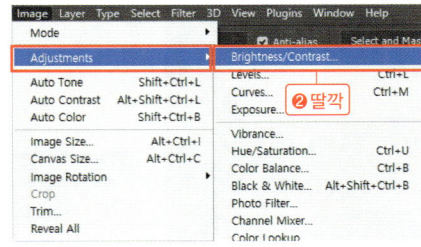 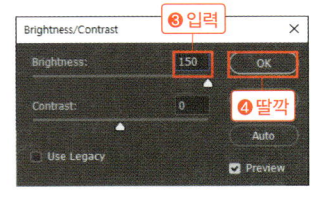

알아두면 좋은 TIP

색상 보정 문제에서 대부분 Hue(색조), Saturation(채도)만 변경하면 해결이 가능하지만, 간혹 흰색 또는 검은색으로 되어 있는 이미지를 빨간색, 파란색, 초록색 계열로 변경하는 지시사항이 제시될 때가 있다. 이 때에는 Hue(색조), Saturation(채도)뿐만 아니라 Lightness(명도) 부분도 조정해야 색상이 변경된다.

02 [Image(이미지)]-[Adjustment(조정)]-[Hue/Saturation(색조/채도)](Ctrl+U)을 클릭하여 [Hue/Saturation(색조/채도)] 대화상자가 열리면 'Colorize(색상화): 체크, Hue(색조): 50, Saturation(채도): 100, Lightness(밝기): -30'으로 입력하여 노란색 계열로 변경한다.

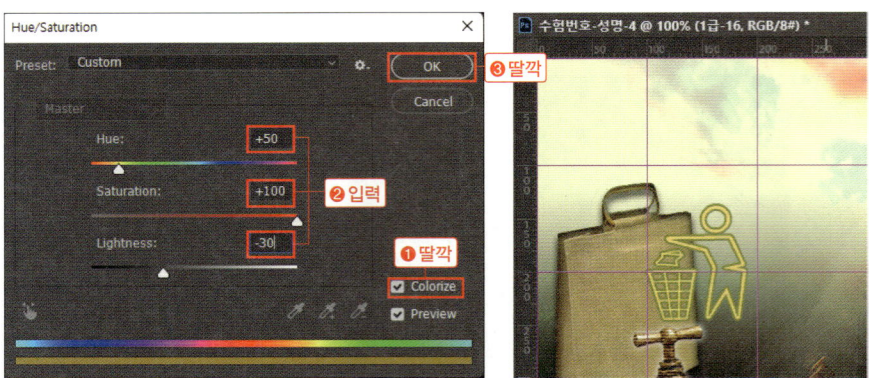

03 레이어 패널 하단의 [Add a Layer style(레이어 스타일 추가, fx)] - [Stroke(획)]를 클릭한다. [Layer Style(레이어 스타일)] 대화상자가 열리면 문제지의 조건을 확인하여 세부정보를 입력한다.

조건

Stroke(획) ▶ Size(크기): 2px, Color(색상): #999933

04 '1급-17' 레이어의 보이기 버튼만 활성화시키고, Quick Selection Tool(빠른 선택 도구,)로 배경을 선택하고 Delete 를 눌러 삭제한 후, Ctrl+T를 눌러 출력형태와 같이 배치한 후 Enter 를 누른다.

알아두면 좋은 TIP

1급-17번은 문제지에서 언급되어 있지 않지만, 출력형태에 표기되어 있는 부분으로 수험자가 제시된 이미지를 참고하여 작업해야 한다.

5 패스 작업과 패턴 적용하기

1 펜 도구로 집 그리기

01 Rectangle Tool(사각형 도구,)을 선택하여 Options Bar(옵션 바)에서 Path(패스) 설정을 'Pick tool mode(선택 도구 모드): Shape(모양), Fill(칠): 임의의 색, Stroke(획): No Color(없음)'로 지정 후 출력형태에서 제시한 집 모양의 아래 부분과 굴뚝을 그린다.

02 출력형태를 보고 지붕이 만들어질 크기의 적당한 직사각형을 그린 후, Ctrl + T 를 눌러 바운딩 박스 모서리 근처를 드래그하여 45°를 기울인다. Ellipse Tool(타원 도구, ◯)로 지붕의 처마 부분에 겹치게 원을 그린다.

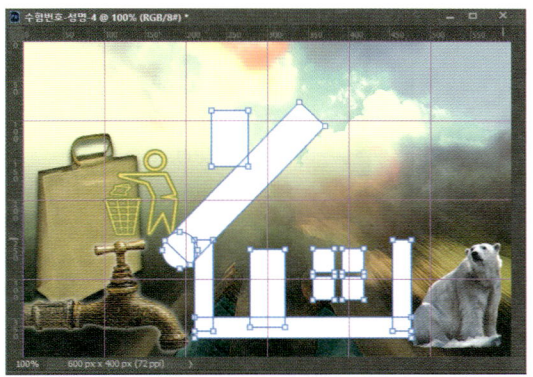

03 생성된 반쪽 지붕 모양의 Shape(모양) 레이어를 하나의 레이어로 만들기 위해 레이어 패널에서 Shift 를 눌러 동시 선택한다. 선택된 레이어에서 마우스 오른쪽 클릭을 하여 [Merge Shapes(모양 병합)](Ctrl + E)를 적용한다.

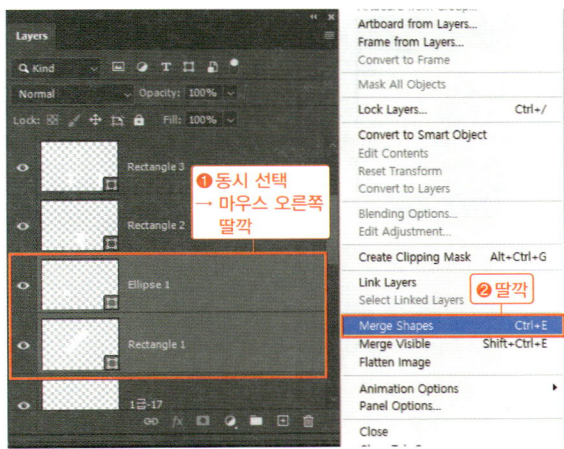

04 병합된 지붕 모양 레이어를 선택한 뒤 Ctrl + J 를 눌러 복사한다. 복사된 레이어를 선택하고 Ctrl + T 를 누르고 마우스 오른쪽을 클릭하여 [Flip Horizontal(가로로 뒤집기)]을 클릭한다. 출력형태와 같이 지붕 모양을 배치한다.

05 Direct Selection Tool(직접 선택 도구,)로 굴뚝 부분의 오른쪽 하단의 기준점을 클릭한 후 위로 드래그하여 굴뚝 모양을 만든다.

  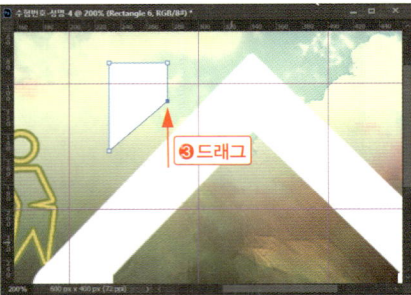

06 생성된 Shape(모양) 레이어를 하나의 레이어로 만들기 위해 레이어 패널에서 Shift 를 누른 채로 클릭하여 동시 선택한다. 선택된 레이어에서 마우스 오른쪽 클릭을 하여 [Merge Shapes(모양 병합)](Ctrl + E)를 적용한다.

07 하나의 패스로 병합하기 위해 Path Selection Tool(패스 선택 도구,)로 드래그하여 모든 패스를 선택한 후, Options Bar(옵션 바)에서 'Merge Shape Components(모양 병합 구성 요소,)'를 클릭한다.

 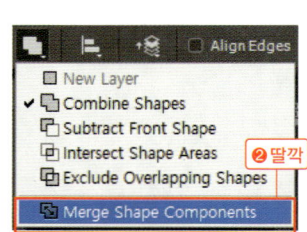 

2 씨앗 모양 그리기

01 Ellipse Tool(타원 도구,)을 선택하여 Options Bar(옵션 바)에서 Path(패스) 설정을 'Pick tool mode(선택 도구 모드): Shape(모양), Fill(칠): 임의의 색, Stroke(획): No Color(없음)'로 지정 후 원을 그린다. 이어서 Rectangle Tool(사각형 도구,)로 그린 원 위에 얇은 직사각형을 추가로 겹쳐지게 그린다.

02 Pen Tool(펜 도구,)로 출력형태 와 같은 모양의 잎사귀를 그린다. Ctrl + Alt 를 누르면서 잎사귀를 드래그하여 복사한다. 복사된 잎사귀가 선택된 채로 Ctrl + T 를 누르고 마우스 오른쪽을 클릭하여 [Flip Horizontal(가로로 뒤집기)]을 클릭한다.

  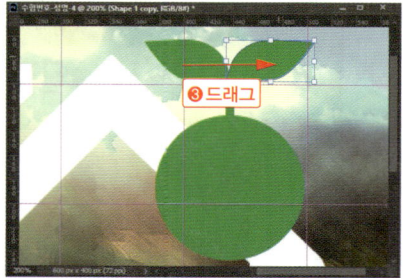

03 생성된 Shape(모양) 레이어를 하나의 레이어로 만들기 위해 레이어 패널에서 Shift 를 누른 채로 클릭하여 동시에 선택한다. 선택된 레이어에서 마우스 오른쪽 클릭을 하여 [Merge Shapes(모양 병합)](Ctrl + E)를 적용한다.

04 하나의 패스로 병합하기 위해 Path Selection Tool(패스 선택 도구, ▶)로 드래그하여 모든 패스를 선택한 후, 에서 'Merge Shape Components(모양 병합 구성 요소, ▣)'를 클릭한다.

05 Options Bar(옵션 바)에서 'Subtract Front Shape(전면 모양 빼기, ▣)'를 선택하고, Pen Tool(펜 도구, ✎)로 삭제될 씨앗 부분을 삭제한다. 그려놓은 씨앗 모양 레이어를 집 모양 레이어 아래로 드래그한다.

 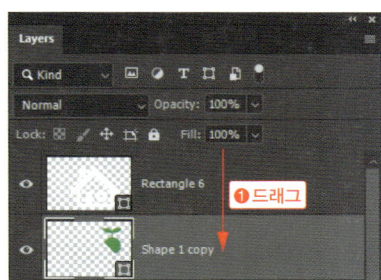

06 레이어 패널의 집 모양 레이어의 썸네일을 더블클릭하여 'Color(색상): #ffffcc'를 입력하고, 씨앗 모양 레이어의 썸네일을 더블클릭하여 'Color(색상): #66cc66'을 입력한다. 각각의 두 레이어 패널 하단의 [Add a Layer style(레이어 스타일 추가, fx)] - [Inner Shadow(내부 그림자)]를 클릭한다.

③ 패턴 적용하기

01 패턴을 넣을 새로운 레이어를 만들기 위해 레이어 패널 하단의 [Create a new layer(새 레이어 생성, ▣)]를 클릭한다. 새 레이어가 선택된 상태로 Rectangular Marquee Tool(사각형 선택 윤곽 도구, ▢)로 그려놓은 집 부분이 덮힐 만한 크기의 사각형 선택 영역을 드래그하여 그린다.

> **알아두면 좋은 TIP**
> 클리핑 마스크로 적용할 패턴은 집 모양 부분만 보이기 때문에 전체 화면을 패턴으로 채워도 된다.

02 [Edit(편집)] – [Fill(칠)]을 선택한다. [Fill(칠)] 대화상자가 열리면 'Contents(내용) : Pattern(패턴)'으로 변경하고 Custom Pattern(사용자 정의 패턴) 항목에서 등록한 '물방울_손' 패턴을 찾아 선택한 뒤 [OK(확인)]를 눌러 적용한다.

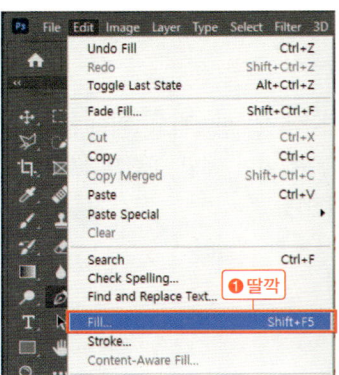
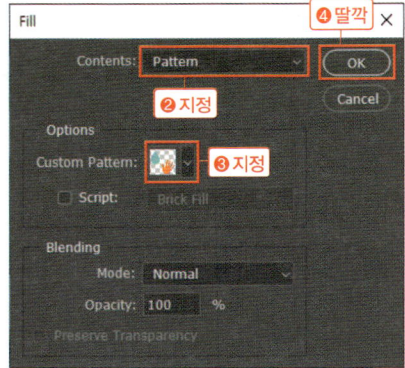

03 집 모양 레이어를 선택하고 패턴 영역으로 설정한 레이어 사이에 마우스를 놓고 Alt를 누른 채 클릭(Ctrl + Alt + G)한다.

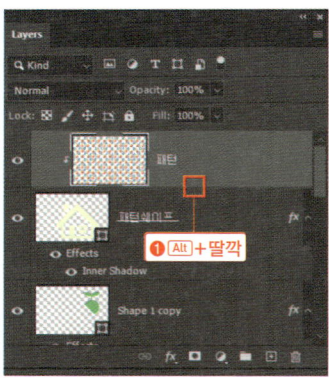

6 문자 입력하기

❶ 제목 문자 입력하기

01 Type Tool(수평 문자 도구, T.)을 클릭하고 출력형태의 문자 부분과 같은 지점을 클릭한다. 온실가스 1인 1톤 줄이기 캠페인을 입력하고 Options Bar(옵션 바) 또는 Properties(속성) 패널에서 조건과 같이 세부정보를 입력한다. 레이어 패널 하단의 [Add a Layer style(레이어 스타일 추가, fx)] – [Gradient Overlay(그레이디언트 오버레이)]를 클릭한다. [Layer Style(레이어 스타일)] 대화상자가 열리면 문제지의 조건과 같이 세부정보를 입력한다.

> **조건**
> - Font(글꼴): 돋움, Size(크기): 23pt
> - Gradient Overlay(그레이디언트 오버레이) ▶ Gradient(그레이디언트) – 시작점: #00cccc, 중간점: #ffffff, 끝점: #00cccc, Style(스타일): Linear(선형), Angle(각도): 0°
> - Stroke(획) ▶ Size(크기): 2px, Color(색상): #666699

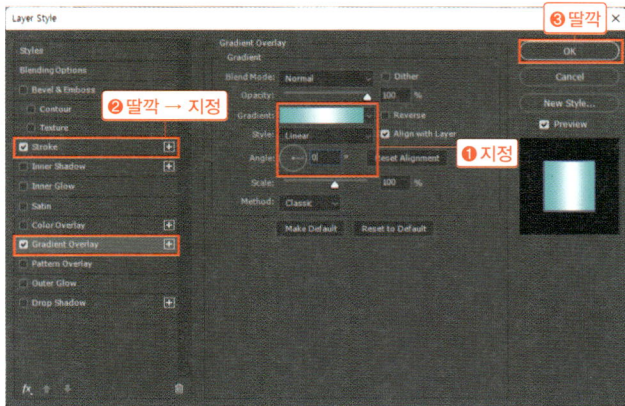

02 Options Bar(옵션 바)에서 Create Warped text(뒤틀어진 텍스트 만들기, ⏊)를 클릭한다. [Warped text(텍스트 뒤틀기)] 대화상자가 열리면 문제지의 출력형태와 같이 세부정보를 입력한다. Ctrl+T를 눌러 출력형태와 같이 배치한 후 Enter를 누른다.

> **조건**
> Style(스타일): Arc Lower(아래 부채꼴), Bend(구부리기): 50%

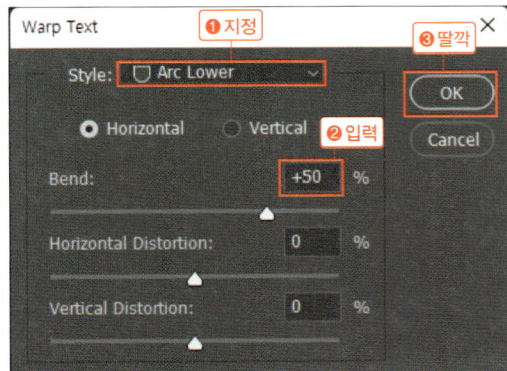

❷ 기타 문자 입력하기

01 Type Tool(수평 문자 도구, T.)을 클릭하고 출력형태의 문자 부분과 같은 지점을 클릭한다. https://www.kcen.kr을 입력하고 Options Bar(옵션 바) 또는 Properties(속성) 패널에서 조건과 같이 세부정보를 입력한다. 레이어 패널 하단의 [Add a Layer style(레이어 스타일 추가, fx)] – [Stroke(획)]를 클릭한다. [Layer Style(레이어 스타일)] 대화상자가 열리면 문제지의 조건과 같이 세부정보를 입력한다.

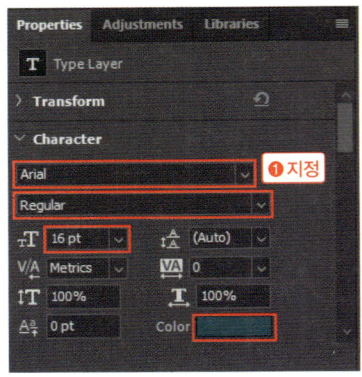

조건
- Font(글꼴): Arial, Style(스타일): Regular, Size(크기): 16pt, Color(색상): #006666
- Stroke(획) ▶ Size(크기): 2px, Color(색상): #cccc99

02 Type Tool(수평 문자 도구, T.)을 클릭하고 출력형태의 문자 부분과 같은 지점을 클릭한다. 생활 속 온실가스 함께 줄여요~를 입력하고 Options Bar(옵션 바) 또는 Properties(속성) 패널에서 조건과 같이 세부정보를 입력한다. 레이어 패널 하단의 [Add a Layer style(레이어 스타일 추가, fx)] – [Stroke(획)]를 클릭한다. [Layer Style(레이어 스타일)] 대화상자가 열리면 문제지의 조건과 같이 세부정보를 입력한다.

조건
- Font(글꼴): 돋움, Size(크기) – 생활 속 온실가스: 26pt, 함께 줄여요~: 20pt, Color(색상) – 생활 속 온실가스: #99ff33, 함께 줄여요~: #ffffff
- Stroke(획) ▶ Size(크기): 2px, Cclor(색상): #996666

03 Options Bar(옵션 바)에서 Create Warped text(뒤틀어진 텍스트 만들기, ![])를 클릭한다. [Warped text(텍스트 뒤틀기)] 대화상자가 열리면 문제지의 출력형태와 같이 세부정보를 입력한다. Ctrl + T 를 눌러 출력형태와 같이 배치한 후 Enter 를 누른다.

> 조건
>
> Style(스타일): Flag(깃발), Bend(구부리기): -30%

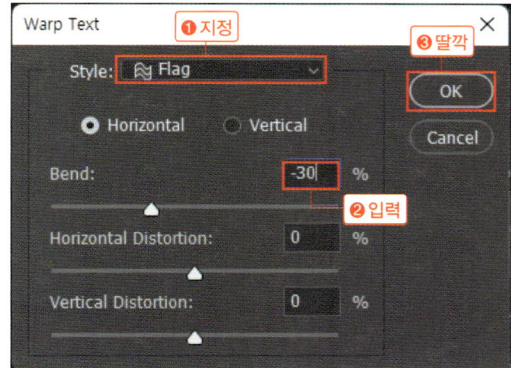

7 모양 도구 배치하기

1 메뉴 버튼 만들기

01 Custom Shape Tool(사용자 정의 모양 도구, ![])을 클릭하고, 출력형태의 '버튼' 모양을 찾아 드래그하여 그린 후 Enter 를 눌러 Shape 레이어를 생성한다.

> 조건
>
> 버튼 모양: [All Legacy Default Shapes(모든 레거시 기본 모양)] – [Web(웹)] – [Tabbed Button(탭이 지정된 단추)]

알아두면 좋은 TIP

메뉴 버튼은 대표 버튼 하나를 선정하여 모양, 텍스트, 스타일 등 모두 작업한 후에 복사하여 사용하면 시간을 절약할 수 있다.

02 버튼 모양 레이어에 그레이디언트 효과를 주기 위해 레이어 패널 하단의 [Add a Layer style(레이어 스타일 추가, fx)] - [Gradient Overlay(그레이디언트 오버레이)]를 클릭한다. [Layer Style(레이어 스타일)] 대화상자가 열리면 문제지의 조건과 같이 세부정보를 입력한다.

> 조건
> - Gradient Overlay(그레이디언트 오버레이) ▶ Gradient(그레이디언트) – 시작점: #66cc66, 끝점: #ffffff, Style(스타일): Linear(선형), Angle(각도): 90°
> - Stroke(획) ▶ Size(크기): 2px, Color(색상): #336633

03 Type Tool(수평 문자 도구, T)을 클릭하고 출력형태의 문자 부분과 같은 지점을 클릭한다. 장바구니를 입력하고 Options Bar(옵션 바) 또는 Properties(속성) 패널에서 조건과 같이 세부정보를 입력한다. 레이어 패널 하단의 [Add a Layer style(레이어 스타일 추가, fx)] - [Stroke(획)]를 클릭한다. [Layer Style(레이어 스타일)] 대화상자가 열리면 문제지의 조건과 같이 세부정보를 입력한다.

> 조건
> - Font(글꼴): 돋움, Size(크기): 15pt, Color(색상): #000000
> - Stroke(획) ▶ Size(크기): 2px, Color(색상): #ccff00

04 완성된 메뉴 버튼을 구성하는 배너 모양 레이어와 문자 레이어를 Ctrl을 누르며 클릭하여 동시에 선택한 후 Ctrl + J 를 눌러 복사한다. Move Tool(이동 도구, ✥)로 복사된 메뉴 버튼을 드래그하여 하단으로 복사하여 출력형태와 같이 배치한다. 같은 방법으로 한 번 더 복사하여 출력형태와 같이 배치한다. Type Tool(수평 문자 도구, T.)로 드래그하여 분리배출, 절수기기로 수정한다.

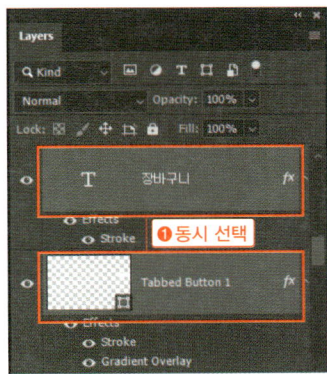

05 레이어 패널에서 '분리배출' 문자 아래에 있는 배너 모양 레이어의 [Gradient Overlay(그레이디언트 오버레이)] 효과를 더블클릭하여 대화상자가 열리면 문제지의 조건을 확인하여 세부정보를 수정한다.

조건

- Gradient Overlay(그레이디언트 오버레이) ▶ Gradient(그레이디언트) – 시작점: #ff9900, 끝점: #ffffff
- Stroke(획) ▶ Size(크기): 2px, Color(색상): #663300

06 이어서 '분리배출' 문자 레이어의 [Stroke(획)] 효과를 더블클릭하여 대화상자가 열리면 문제지의 조건을 확인하여 세부정보를 수정한다.

조건

Stroke(획) ▶ Size(크기): 2px, Color(색상): #ff9900

② 기타 모양 배치하기

01 Custom Shape Tool(사용자 정의 모양 도구, 🎨)을 클릭하고, 출력형태 의 '모래 시계' 모양을 찾아 드래그하여 그린 후 Enter 를 눌러 Shape 레이어를 생성한다. Ctrl + T 를 눌러 출력형태 와 같이 배치한 후 Enter 를 누른다.

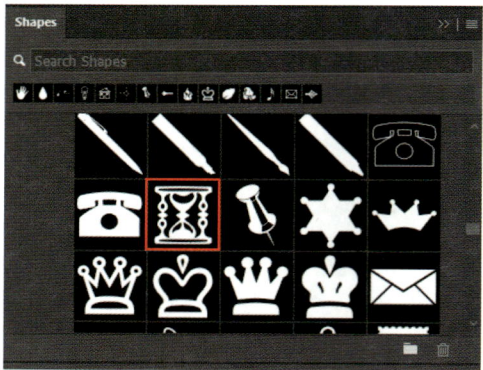

조건
모래 시계 모양: [All Legacy Default Shapes(모든 레거시 기본 모양)] – [Object(물건)] – [Hourglass(모래 시계)]

02 모래 시계 레이어의 썸네일을 더블클릭하여 'Color(색상): #ffcc00'으로 지정한 후, 레이어 패널 상단의 'Opacity(불투명도): 60%'를 입력한다. 레이어 패널 하단의 [Add a Layer style(레이어 스타일 추가, fx)] – [Inner Shadow(내부 그림자)]를 클릭한다.

03 Custom Shape Tool(사용자 정의 모양 도구, 🎨)을 클릭하고, 출력형태 의 '색종이 조각' 모양을 찾아 드래그하여 그린 후 Enter 를 눌러 Shape 레이어를 생성한다. Ctrl + T 를 눌러 출력형태 와 같이 배치한 후 Enter 를 누른다.

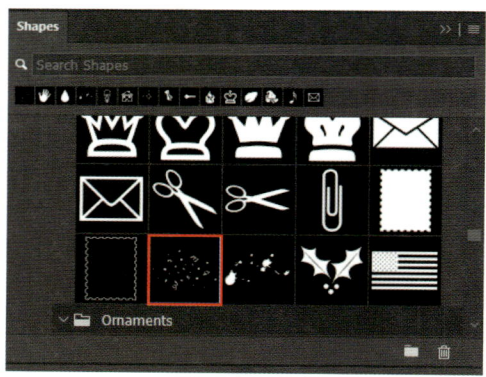

조건
색종이 조각 모양: [All Legacy Default Shapes(모든 레거시 기본 모양)] – [Object(물건)] – [Confetti 1(색종이 조각)]

04 색종이 조각 레이어의 썸네일을 더블클릭하여 'Color(색상): #993333'으로 지정한 후, 레이어 패널 하단의 [Add a Layer style(레이어 스타일 추가, fx)] – [Drop Shadow(드롭 섀도)]를 클릭한다.

8 저장 및 파일 전송하기

01 작업이 완료되면 문제지의 출력형태와 작업 파일을 비교하여 레이어의 순서, 이미지 위치를 최종 점검한다.
02 [File(파일)] – [Save As a Copy(사본 저장)](Alt+Ctrl+S)를 선택하고, '저장 경로: 내 PC₩문서₩GTQ, 파일형식: JPEG, 파일이름: 수험번호-성명-4'로 저장한다.
03 제출용 PSD 파일을 만들기 위해 [Image(이미지)] – [Image Size(이미지 크기)](Alt+Ctrl+I)를 클릭한다. [Image Size(이미지 크기)] 대화상자가 열리면 문제지의 조건과 같이 세부정보를 입력하여 작업 사이즈의 1/10 사이즈로 축소한다.

> **조건**
> Constrain as pect ratio(종횡비 제한): 체크, Width(폭): 60px, Height(높이): 40px

04 [File(파일)] – [Save As(다른 이름으로 저장)](Shift+Ctrl+S)를 선택하고, '저장 경로: 내 PC₩문서₩GTQ, 파일형식: PSD, 파일이름: 수험번호-성명-4'로 저장한다.
05 답안 전송 프로그램을 이용하여 저장된 jpg, psd 파일을 감독관 컴퓨터로 전송한다.

제3회 GTQ 기출문제

급수	문제유형	시험시간	수험번호	성명
1급	A	90분		

수험자 유의사항

- 수험자는 문제지를 받는 즉시 응시하고자 하는 과목 및 급수가 맞는지 확인한 후 수험번호와 성명을 작성합니다.
- 파일명은 본인의 "수험번호-성명-문제번호"로 공백 없이 정확히 입력하고 답안폴더(내 PC\문서\GTQ)에 jpg 파일과 psd 파일의 2가지 포맷으로 저장해야 하며, jpg 파일과 psd 파일의 내용이 상이할 경우 0점 처리됩니다. 답안문서 파일명이 "수험번호-성명-문제번호"와 일치하지 않거나, 답안 파일을 전송하지 않아 미제출로 처리될 경우 불합격 처리됩니다.
- 문제의 세부조건은 '영문(한글)' 형식으로 표기되어 있으니 유의하시기 바랍니다.
- 수험자 정보와 저장한 파일명, 저장 위치가 다를 경우 전송이 되지 않으므로, 주의하시기 바랍니다.
- 답안 작성 중에도 주기적으로 '저장'과 '답안 전송'을 이용하여 감독위원 PC로 답안을 전송하셔야합니다.(※ 작업한 내용을 저장하지 않고 전송할 경우 이전의 저장내용이 전송되오니 이점 반드시 유념하시기 바랍니다.)
- 답안문서는 지정된 경로 외의 다른 보조기억장치에 저장하는 행위, 지정된 시험 시간 외에 작성된 파일을 활용한 행위, 기타 통신수단(이메일, 메신저, 네트워크 등)을 이용하여 타인에게 전달 또는 외부 반출하는 행위는 부정으로 간주되어 자격기본법 제32조에 의거 본 시험 및 국가공인 자격시험을 2년간 응시할 수 없습니다.
- 시험 중 부주의 또는 고의로 시스템을 파손한 경우와 〈수험자 유의사항〉에 기재된 방법대로 이행하지 않아 생기는 불이익은 수험자의 책임임을 알려 드립니다.
- 시험을 완료한 수험자는 최종적으로 저장한 답안파일이 전송되었는지 확인한 후 감독위원의 지시에 따라 문제지를 제출하고 퇴실합니다.

답안 작성요령

- 온라인 답안 작성 절차
  수험자 등록 ⇒ 시험 시작 ⇒ 답안파일 저장 ⇒ 답안 전송 ⇒ 시험 종료
- C:\에듀윌 GTQ 1급\Step 3\3회\Image폴더에 있는 그림 원본파일을 사용하여 답안을 작성하시고 최종답안을 답안 폴더(내 PC\문서\GTQ)에 저장하여 답안을 전송하시고, 이미지의 크기가 다른 경우 감점 처리됩니다.
- 배점은 총 100점으로 이루어지며, 점수는 각 문제별로 차등 배분됩니다.
- 각 문제는 주어진 조건 에 따라 작성하고, 언급하지 않은 조건은 출력형태 와 같이 작성합니다.
- 배치 등의 편의를 위해 주어진 눈금자의 단위는 '픽셀'입니다.
  그 외는 출력형태(효과, 이미지, 문자, 색상, 레이아웃, 규격 등)와 같게 작업하십시오.
- 문제 조건에 서체의 지정이 없을 경우 한글은 굴림이나 돋움, 영문은 Arial로 작업하십시오.
  (단, 그 외에 제시되지 않은 문자 속성을 기본값으로 작성하지 않은 경우는 감점 처리됩니다.)
- Image Mode(이미지 모드)는 별도의 처리조건이 없을 경우에는 RGB(8비트)로 작업하십시오.
- 모든 답안 파일은 해상도 72 pixels/inch로 작업하십시오.
- Layer(레이어)는 각 기능별로 분할해야 하며, 임의로 합칠 경우나 각 기능에 대한 속성을 해지할 경우 해당 요소는 0점 처리됩니다.

문제 1 [기능평가] 고급 Tool(도구) 활용 [20점]

다음의 조건에 따라 아래의 출력형태와 같이 작업하시오.

[조건]

원본 이미지	C:\에듀윌 GTQ 1급\Step 3\3회\Image\1급-1.jpg, 1급-2.jpg, 1급-3.jpg		
파일 저장 규칙	JPG	파일명	문서\GTQ\수험번호-성명-1.jpg
		크기	400×500 pixels
	PSD	파일명	문서\GTQ\수험번호-성명-1.psd
		크기	40×50 pixels

[출력형태]

1. 그림 효과
   ① 1급-1.jpg : 필터 – Rough Pastels(거친 파스텔 효과)
   ② Save Path(패스 저장) : 저울 모양
   ③ Mask(마스크) : 저울 모양, 1급-2.jpg를 이용하여 작성
      레이어 스타일 내부 광선 – Inner Glow(내부 광선),
      Stroke(선/획)(4px, 그라디언트(#ff0000, #009933))
   ④ 1급-3.jpg : 레이어 스타일 – Drop Shadow(그림자 효과)
   ⑤ Shape Tool(모양 도구)
      – 카트 모양 (#ccff66, 레이어 스타일 – Outer Glow(외부 광선))
      – 화살표 모양 (#3300cc, #993399, 레이어 스타일 – Drop Shadow(그림자 효과))

2. 문자 효과
   ① Food Balance (Arial, Bold, 45pt, 레이어 스타일 – 그라디언트 오버레이
      (#ffff00, #ff6699), Stroke(선/획)(3px, #660066))

문제 2 [기능평가] 사진편집 응용 [20점]

다음의 조건에 따라 아래의 출력형태와 같이 작업하시오.

[조건]

원본 이미지	C:\에듀윌 GTQ 1급\Step 3\3회\Image\1급-4.jpg, 1급-5.jpg, 1급-6.jpg		
파일 저장 규칙	JPG	파일명	문서\GTQ\수험번호-성명-2.jpg
		크기	400×500 pixels
	PSD	파일명	문서\GTQ\수험번호-성명-2.psd
		크기	40×50 pixels

[출력형태]

1. 그림 효과
   ① 1급-4.jpg : 필터 – Crosshatch(그물눈)
   ② 색상 보정 : 1급-5.jpg – 보라색 계열로 보정
   ③ 1급-5.jpg : 레이어 스타일 – Inner Glow(내부 광선)
   ④ 1급-6.jpg : 레이어 스타일 – Drop Shadow(그림자 효과)
   ⑤ Shape Tool(모양 도구)
      – 나뭇잎 모양 (#66cc99, 레이어 스타일 – Stroke(선/획)(5px, #ffff66))
      – 하트 모양 (#cc3366 레이어 스타일 – Outer Glow(외부 광선))

2. 문자 효과
   ① 건강주스 만들기 (궁서 , 40pt, 레이어 스타일 – 그라디언트 오버레이
      (#cc3333, #339933, #3333cc), Stroke(선/획)(2px, #ffffff))

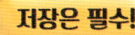

문제 3 [실무응용] 포스터 제작 [25점]

다음의 조건에 따라 아래의 출력형태와 같이 작업하시오.

조건

원본 이미지		C:\에듀윌 GTQ 1급\Step 3\3회\Image\1급-7.jpg, 1급-8.jpg, 1급-9.jpg, 1급-10.jpg, 1급-11.jpg	
파일 저장 규칙	JPG	파일명	문서\GTQ\수험번호-성명-3.jpg
		크기	600×400 pixels
	PSD	파일명	문서\GTQ\수험번호-성명-3.psd
		크기	60×40 pixels

1. 그림 효과
   ① 배경 : #ffcccc
   ② 1급-7.jpg : Blending Mode(혼합 모드) - Hard Light(하드 라이트), Opacity(불투명도)(60%)
   ③ 1급-8.jpg : 필터 - Paint Daubs(페인트 덥스/페인트 바르기), 레이어 마스크 - 세로 방향으로 흐릿하게
   ④ 1급-9.jpg : 필터 - Texturizer(텍스처화) 레이어 스타일 - Inner Shadow(내부 그림자)
   ⑤ 1급-10.jpg : 색상 보정 - 녹색 계열로 보정, 레이어 스타일 - Stroke(선/획)(6px, #ff6666)
   ⑥ 1급-11.jpg : 레이어 스타일 - Stroke(선/획)(5px, 그라디언트(#333366, #33ffcc))
   ⑦ 그 외 출력형태 참조

2. 문자 효과
   ① HEALTHY EATING SEMINAR (Arial, Bold, 16pt, #ff6600,
      레이어 스타일 - Inner Shadow(내부 그림자), Outer Glow(외부 광선))
   ② 식생활 건강 세미나 (돋움, 24pt, 레이어 스타일 - 그라디언트 오버레이(#003300, #ff0033),
      Stroke(선/획)(2px, #ffffff), Drop Shadow(그림자 효과))
   ③ 영양가이드를 무료 배포합니다 (궁서, 20pt, #ffffff, 레이어 스타일 - Stroke(선/획)(2px, (#990099, #006600))
   ④ 장소 : 문화회관강당 일시 : 2020.05.20 / 오후 5시 (돋움, 18pt, #663300, 레이어 스타일 - Stroke(선/획)(2px, #ffffff))

출력형태

Shape Tool(모양 도구) 사용
#66ccff,
레이어 스타일 -
Inner Glow(내부 광선)

Shape Tool(모양 도구) 사용
레이어 스타일 - 그라디언트
오버레이(#ffff66, #66ffff),
Drop Shadow(그림자 효과)

Shape Tool(모양 도구) 사용
#ff00ff, 레이어 스타일 -
Inner Shadow(내부 그림자)

문제 4 [실무응용] 웹 페이지 제작 [35점]

다음의 조건에 따라 아래의 출력형태와 같이 작업하시오.

조건

원본 이미지	C:₩에듀윌 GTQ 1급₩Step 3₩3회₩Image₩1급-12.jpg, 1급-13.jpg, 1급-14.jpg, 1급-15.jpg, 1급-16.jpg, 1급-17.jpg		
파일 저장 규칙	JPG	파일명	문서₩GTQ₩수험번호-성명-4.jpg
		크기	600×400 pixels
	PSD	파일명	문서₩GTQ₩수험번호-성명-4.psd
		크기	60×40 pixels

1. 그림 효과

① 배경 : #ffcccc
② 패턴(별, 달 모양) : #66ccff, #ff9999, Opacity(불투명도)(80%)
③ 1급-12.jpg : Blending Mode(혼합 모드) - Luminosity(광도), 레이어 마스크 - 가로 방향으로 흐릿하게
④ 1급-13.jpg : 필터 - Texturizer(텍스처화)
⑤ 1급-14.jpg : 필터 - Dry Brush(드라이 브러시), 레이어 스타일 - Drop Shadow(그림자 효과)
⑥ 1급-15.jpg : 색상 보정 - 보라색 계열로 보정, 레이어 스타일 - Inner Shadow(내부 그림자)
⑦ 1급-16.jpg, 1급-17.jpg : Blending Mode(혼합 모드) - Multiply(곱하기), Opacity(불투명도)(80%)
⑧ 그 외 출력형태 참조

2. 문자 효과

① Korean Food Guide (Arial, Bold, 24pt, 레이어 스타일 - 그라디언트 오버레이(#ff00cc, #ccccff, #00cc99), Stroke(선/획)(2px, #ffffff))
② 영양코칭신청 / 쿠킹클래스 / 영양사강의 (돋움, 16pt, 레이어 스타일 - 그라디언트 오버레이(#ff3333, #0066cc), Stroke(선/획)(2px, #ffffff), Drop Shadow(그림자 효과))
③ 균형잡힌 식생활을 위한 기초 영양 지식 (굴림, 15pt, #ccffff, 레이어 스타일 - Stroke(선/획)(2px, #663399))
④ 국민식품영양가이드 (돋움, 28pt, #ffffff, 레이어 스타일 - Stroke(선/획)(3px, #663300))

출력형태

GTQ 기출문제
함께 보는 상세해설

문제 1 [기능평가] 고급 Tool(도구) 활용

☑ 문제 풀이 순서
1 새 작업 파일 만들기 → **2** 필터 적용하기 → **3** 저울 모양 패스 작업하기 → **4** 클리핑 마스크 적용하기 → **5** 이미지 및 모양 도구 배치하기 → **6** 문자 입력하기 → **7** 저장 및 파일 전송하기

☑ 감점방지 TIP
- 사다리꼴 모양으로 변형할 경우, Transform 설정 중 'Perspective(원근)'을 사용하면 된다.
- 정렬하고자 하는 오브젝트를 선택 도구로 선택 후, 옵션 바의 Align(맞춤)에서 원하는 정렬 스타일을 선택한다.

---

1 새 작업 파일 만들기

① 새 파일 만들기

01 새로운 작업 파일을 만들기 위해 [File(파일)] – [New(새로 만들기)](Ctrl + N)를 선택한다. [New Document(새로운 문서 만들기)] 대화상자가 열리면 문제지의 조건을 참고하여 작업 파일 세부정보를 입력한다.

> **조건**
> Width(폭): 400, Height(높이): 500, 단위: Pixels(픽셀), Resolution(해상도): 72(Pixel/Inch), Color Mode(색상 모드): RGB, 8bit, Background Contents(배경 내용): White(흰색)

02 [File(파일)] – [Save As(다른 이름으로 저장)](Shift + Ctrl + S)를 선택한다. '저장 경로: 내 PC\문서\GTQ, 파일명: 수험번호-성명-1.psd'로 저장한다.

② 작업 파일 설정하기

01 작업 파일에 눈금자를 표시하기 위해 [View(보기)] – [Rulers(눈금자)](Ctrl + R)를 선택한다.
02 [Edit(편집)] – [Preference(환경 설정)] – [General(일반)](Ctrl + K)을 선택한다. [Preference(환경 설정)] 대화상자가 열리면 왼쪽 옵션 중 [Guides, Grid & Slices(안내선, 격자 및 분할 영역)] 클릭 후 [Grid(격자)] 세부 항목의 'Gridline Every(격자 간격): 100, Pixels(픽셀), Subdivisions(세분): 1'로 입력, 'Grid Color(색상)'를 클릭해 색상을 채도가 높은 색상으로 설정한다.
03 [View(보기)] – [Show(표시)] – [Grid(격자)](Ctrl + ˋ)를 눌러 격자를 표시하고 색상을 확인한다.

2 필터 적용하기

1 필터 적용하기

01 [File(파일)] – [Open(열기)]([Ctrl]+[O])을 선택하여 1급-1.jpg를 불러온다. [Ctrl]+[A]를 눌러 전체 이미지를 선택하여 복사([Ctrl]+[C])하고, 작업 파일에 붙여넣기([Ctrl]+[V]) 한다.

02 필터 효과를 적용하기 위해 [Filter(필터)] – [Filter Gallery(필터 갤러리)]를 선택한다. [Filter Gallery(필터 갤러리)] 대화상자가 열리면 [Artistic(예술 효과)] – [Rough Pastel(거친 파스텔 효과)]을 선택한다.

3 저울 모양 패스 작업하기

1 저울 모양 패스 그리기

01 '1급-1' 레이어의 감추기 버튼을 눌러 잠시 감춰 둔다.
02 Rectangle Tool(사각형 도구, ▭)을 선택하고 Options Bar(옵션 바)에서 Path(패스) 설정을 'Pick tool mode(선택 도구 모드) : Shape(모양)', 'Fill(칠) : 임의의 색, Stroke(획) : No color(없음)'로 지정 후 출력형태 에서 제시한 저울 모양의 사각형을 그린다.
03 그려진 사각형 안쪽 모서리의 점을 사각형 안쪽으로 드래그하여 사각형의 모서리를 둥글게 변형한다. [Ctrl]+[T]를 누르고 마우스 오른쪽을 클릭하여 'Perspective(원근)'을 선택한 후, 오른쪽 위 바운딩 박스 모서리를 왼쪽으로 드래그하여 사다리꼴 모양으로 변형한다.

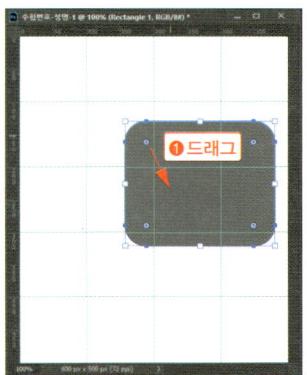  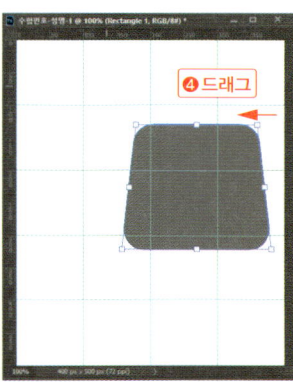

04 저울의 다리도 Rectangle Tool(사각형 도구, ▬)을 선택하여 그린 후, 위와 같은 방법으로 'Perspective(원근)'로 아래가 좁아지는 사다리꼴 모양으로 변형한다. Ctrl + Alt 를 누르고 오른쪽으로 드래그하여 다리를 복사한다.

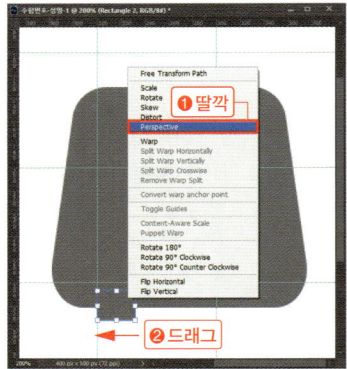
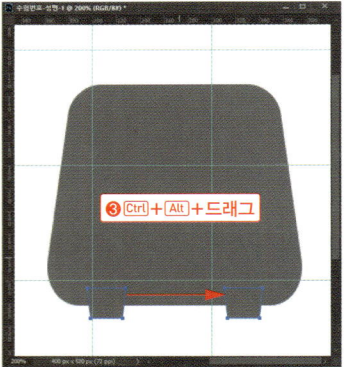

05 둥근 모서리 사각형 레이어를 선택하고 Options Bar(옵션 바)에서 'Path operations(패스 작업): Subtract Front Shape(전면 모양 빼기, ▣)로 변경한 뒤, Ellipse Tool(타원 도구, ◯)로 저울의 중심점 부근에서 Alt + Shift 를 누르면서 원을 그린다.

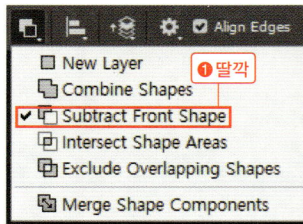
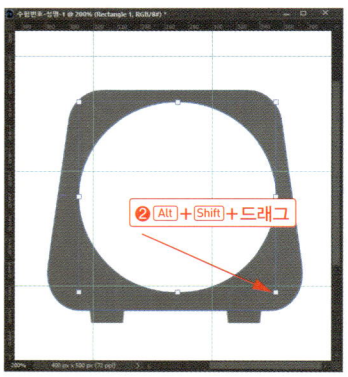

알아두면 좋은 TIP

⟨도형/선택 영역 지정 TIP⟩
- Shift +드래그: 정원, 정사각형, 수직, 수평선 그리기 또는 영역 선택을 할 수 있다.
- Alt +드래그: 중심점부터 그리기 또는 영역 선택을 할 수 있다.
- Alt + Shift +드래그: 중심점부터 정원, 정사각형 그리기 또는 영역 선택을 할 수 있다.

06 Options Bar(옵션 바)에서 'Path operations(패스 작업): Combine Shapes(모양 결합, ▣)'로 설정을 변경하고, Ellipse Tool(타원 도구, ⬤)로 저울의 중심점 부근에서 Alt + Shift 를 누르면서 원을 그린 후 Enter 를 누른다.

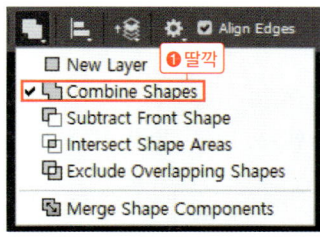 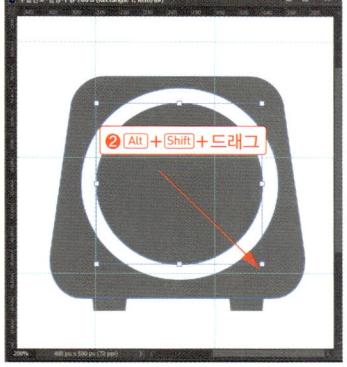

07 Ellipse Tool(타원 도구, ⬤)을 선택하고 저울 윗 부분에 타원을 그린다. Options Bar(옵션 바)에서 'Path operations(패스 작업): Subtract Front Shape(전면 모양 빼기, ▣)로 변경하고, Rectangle Tool(사각형 도구, ▣)을 선택하여 타원 절반을 겹쳐 그려 삭제한다. Direct Selection Tool(직접 선택 도구, ▶)로 타원 하단의 중심점을 선택하고 ↑를 3번 눌러 타원을 납작하게 변형한다.

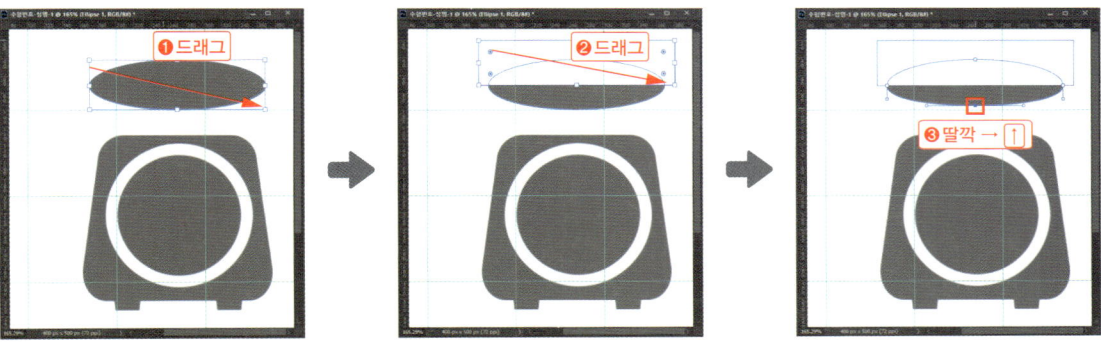

08 Rectangle Tool(사각형 도구, ▣)로 저울 받침대와 본체 부분 사이에 사각형을 그린다.

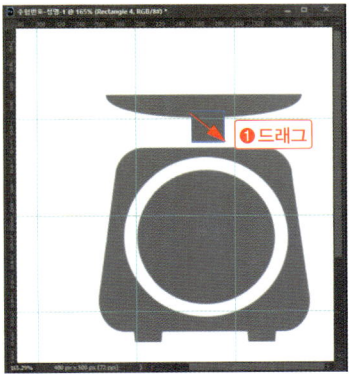

09 생성된 Shape(모양) 레이어를 하나의 레이어로 만들기 위해 레이어 패널에서 Shift 를 누른 채로 클릭하여 동시 선택한다. 선택된 레이어에서 마우스 오른쪽 클릭을 하여 [Merge Shapes(모양 병합)](Ctrl + E)를 적용한다.
10 하나의 패스로 병합하기 위해 Path Selection Tool(패스 선택 도구, ▶)를 선택한다. 드래그하여 모든 패스를 선택한 후, Options Bar(옵션 바)에서 'Merge Shape Components(모양 병합 구성 요소, ▣)'를 클릭한다.

❷ 패스 저장하기

01 화면 오른쪽의 Paths(패스) 패널에서 'Work Path(작업 패스)'를 더블클릭한 후, [Save Path(패스 저장)] 대화 상자가 열리면 저울 모양을 입력하여 저장한다.

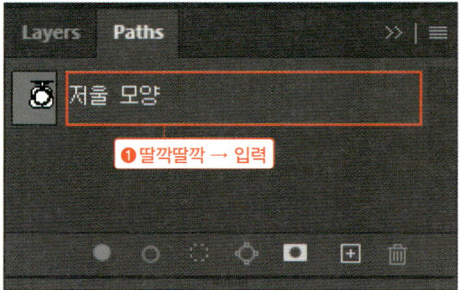

4 클리핑 마스크 적용하기

❶ 클리핑 마스크 적용하기

01 [File(파일)] - [Open(열기)](Ctrl + O)을 선택하여 1급-2.jpg를 불러온다. Ctrl + A 를 눌러 전체 이미지를 선택하여 복사(Ctrl + C)하고, 작업 파일에 붙여넣기(Ctrl + V)한다.
02 Ctrl + T 를 누르고 출력형태 와 같이 저울 모양 패스 레이어 위에 배치한 후 Enter 를 누른다.
03 저울 모양 패스 레이어와 1급-2 레이어 사이에 마우스 커서를 놓고 Alt 를 누르면서 클릭하여 Clipping Mask(클리핑 마스크)를 적용한다.

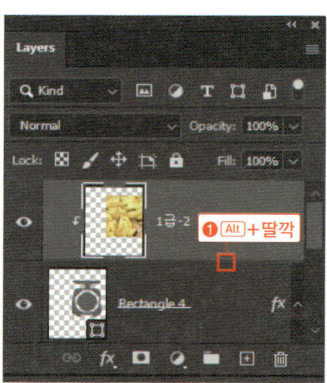 

❷ 스타일 적용하기

01 Clipping Mask(클리핑 마스크)가 적용된 저울 모양 패스 레이어를 선택하고 레이어 패널 하단의 [Add a Layer style(레이어 스타일 추가, fx)] – [Stroke(획)]를 클릭한다. [Layer Style(레이어 스타일)] 대화상자가 열리면 문제지의 조건을 확인하여 세부정보를 입력한다.

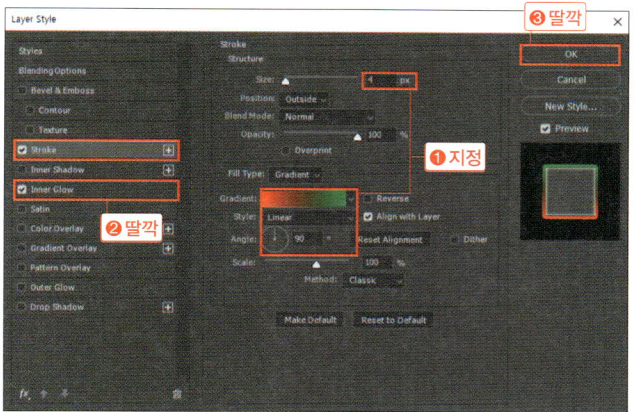

> **조건**
> - Stroke(획) ▶ Size(크기): 4px, Fill Type(칠 유형): Gradient(그레이디언트) – 시작점: #ff0000, 끝점: #009933, Style(스타일): Linear(선형), Angle(각도): 90°
> - Inner Glow(내부 광선) ▶ 체크

5 이미지 및 모양 도구 배치하기

❶ 이미지 배치하기

01 [File(파일)] – [Open(열기)]([Ctrl]+[O])을 선택하여 1급-3.jpg를 불러온다. Quick Selection Tool(빠른 선택 도구,)로 '1급-3.jpg' 이미지의 토마토를 선택한다.

02 선택한 토마토를 복사([Ctrl]+[C])한 후, 작업 파일에 붙여넣기([Ctrl]+[V])한다. [Ctrl]+[T]를 누르고 이미지를 출력형태와 같이 배치한 후 [Enter]를 누른다. 레이어 패널 하단의 [Add a Layer style(레이어 스타일 추가, fx)] – [Drop Shadow(드롭 섀도)]를 클릭한다.

❷ 모양 도구 배치하기

01 Custom Shape Tool(사용자 정의 모양 도구, ✦)을 선택하고, Options Bar(옵션 바)에서 'Fill(칠): #ccff66'으로 지정한 후, 카트 모양을 찾아 드래그하여 그린 후 Enter를 눌러 Shape 레이어를 생성한다. 레이어 패널 하단의 [Add a Layer style(레이어 스타일 추가, fx)] – [Outer Glow(외부 광선)]를 클릭한다.

조건
- 카트 모양: [All Legacy Default Shapes(모든 레거시 기본 모양)] – [Web(웹)] – [Shopping Cart(쇼핑 바구니)]
- Outer Glow(외부 광선) ▶ 체크

02 Custom Shape Tool(사용자 정의 모양 도구, ✦)을 클릭하고, Options Bar(옵션 바)에서 'Fill(칠): #3300cc'로 지정한 후, '화살표' 모양을 그린 후 Enter를 눌러 Shape 레이어를 생성한다. Ctrl+T를 눌러 출력형태와 같이 회전시키고 배치한 후, 레이어 패널 하단의 [Add a Layer style(레이어 스타일 추가, fx)] – [Drop Shadow(드롭 섀도)]를 클릭한다.

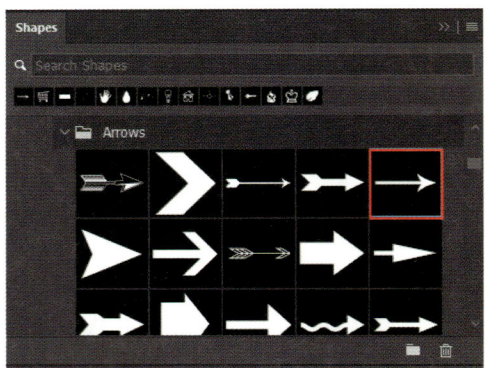

조건
- 화살표 모양: [All Legacy Default Shapes(모든 레거시 기본 모양)] – [Arrows(화살표)] – [Arrow 5(화살표 5)]
- Drop Shadow(드롭 섀도) ▶ 체크

03 '화살표' 레이어를 선택하고 Ctrl+J를 눌러 복사한다. 복사된 화살표 레이어를 선택하고 Ctrl+T를 눌러 출력형태와 같이 배치한 후, 레이어의 썸네일을 더블클릭하여 'Color(색상): #993399'로 변경한다.

6 문자 입력하기

① 문자 입력하기

01 Type Tool(수평 문자 도구, T)을 클릭하고 출력형태의 문자 부분과 같은 지점을 클릭한다. Food Balance를 입력하고 Options Bar(옵션 바) 또는 Properties(속성) 패널에서 조건과 같이 세부정보를 입력한다.

> 조건
>
> Font(글꼴): Arial, Style(스타일): Bold, Size(크기): 45pt

② 문자 효과 적용하기

01 문자에 그레이디언트 효과를 주기 위해 레이어 패널 하단의 [Add a Layer style(레이어 스타일 추가, fx)] – [Gradient Overlay(그레이디언트 오버레이)]를 클릭한다. [Layer Style(레이어 스타일)] 대화상자가 열리면 문제지의 조건을 확인하여 세부정보를 입력한다.

> 조건
>
> • Gradient Overlay(그레이디언트 오버레이) ▶ Gradient(그레이디언트) – 시작점: #ffff00, 끝점: #ff6699, Style(스타일): Linear(선형), Angle(각도): 90°
> • Stroke(획) ▶ Size(크기): 3px, Color(색상): #660066

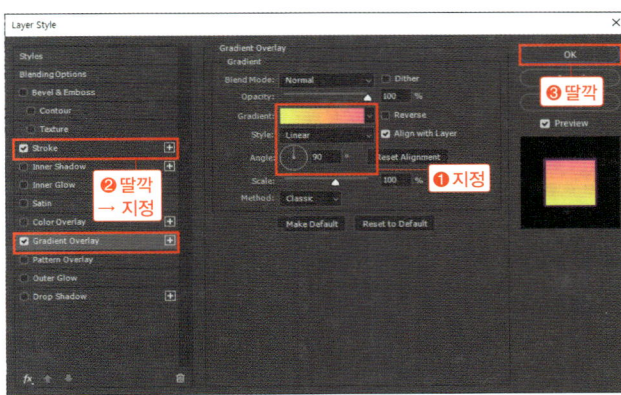

7 저장 및 파일 전송하기

01 작업이 완료되면 문제지의 출력형태와 작업 파일을 비교하여 레이어의 순서, 이미지 위치를 최종 점검한다.
02 [File(파일)] - [Save As a Copy(사본 저장)](Alt+Ctrl+S)를 선택하고, '저장 경로: 내 PC₩문서₩GTQ, 파일형식: JPEG, 파일이름: 수험번호-성명-1'로 저장한다.
03 제출용 PSD 파일을 만들기 위해 [Image(이미지)] - [Image Size(이미지 크기)](Alt+Ctrl+I)를 클릭한다. [Image Size(이미지 크기)] 대화상자가 열리면 문제지의 조건과 같이 세부정보를 입력하여 작업 사이즈의 1/10 사이즈로 축소한다.

> 조건
> Constrain as pect ratio(종횡비 제한): 체크, Width(폭): 40px, Height(높이): 50px

04 [File(파일)] - [Save As(다른 이름으로 저장)](Shift+Ctrl+S)를 선택하고, '저장 경로: 내 PC₩문서₩GTQ, 파일형식: PSD, 파일이름: 수험번호-성명-1'로 저장한다.
05 답안 전송 프로그램을 이용하여 저장된 jpg, psd 파일을 감독관 컴퓨터로 전송한다.

문제 2 [기능평가] 사진편집 응용

☑ 문제 풀이 순서

1 새 작업 파일 만들기 → **2** 필터 적용하기 → **3** 이미지 보정하기 → **4** 문자 입력하기 → **5** 모양 도구 배치하기 → **6** 저장 및 파일 전송하기

☑ 감점방지 TIP

선택 영역 도구 사용 중 제외시킬 영역을 지정하고 싶으면 [Alt]를 누르고 함께 사용하면 된다.

1 새 작업 파일 만들기

① 새 파일 만들기

01 새로운 작업 파일을 만들기 위해 [File(파일)] - [New(새로 만들기)]([Ctrl]+[N])를 선택한다. [New Document(새로운 문서 만들기)] 대화상자가 열리면 문제지의 조건을 참고하여 작업 파일 세부정보를 입력한다.

> **조건**
>
> Width(폭): 400, Height(높이): 500, 단위: Pixels(픽셀), Resolution(해상도): 72(Pixel/Inch), Color Mode(색상 모드): RGB, 8bit, Background Contents(배경 내용): White(흰색)

02 [File(파일)] - [Save As(다른 이름으로 저장)]([Shift]+[Ctrl]+[S])를 선택한다. '저장 경로: 내 PC\문서\GTQ, 파일명: 수험번호-성명-2.psd'로 저장한다.

② 작업 파일 설정하기

01 작업 파일에 눈금자를 표시하기 위해 [View(보기)] - [Rulers(눈금자)]([Ctrl]+[R])를 선택한다.
02 [View(보기)] - [Show(표시)] - [Grid(격자)]([Ctrl]+[']를 눌러 격자를 표시한다.

2 필터 적용하기

① 필터 적용하기

01 [File(파일)] - [Place Embedded(포함 가져오기)]를 선택하여 1급-4.jpg를 불러온다. 크기 조절점을 드래그하여 출력형태와 같이 배치한 후 [Enter]를 누른다.
02 필터 효과를 적용하기 위해 [Filter(필터)] - [Filter Gallery(필터 갤러리)]를 선택한다. [Filter Gallery(필터 갤러리)] 대화상자가 열리면 [Brush Strokes(브러시 획)] - [Crosshatch(그물눈)]를 선택한다.

3 이미지 보정하기

1 색상 보정하기

01 [File(파일)] – [Open(열기)]([Ctrl]+[O])을 선택하여 1급-5.jpg를 불러온다. Quick Selection Tool(빠른 선택 도구,)로 드래그하여 빨간 파프리카와 주황 파프리카를 선택한다.

> **알아두면 좋은 TIP**
> 선택 영역보다 넓게 선택 영역으로 지정됐다면 Options Bar(옵션 바)의 Subtract from selection(선택 영역에서 빼기,)을 클릭하거나 [Alt]를 누르면서 드래그하여 선택 영역에서 제외시킨다.

02 사용할 영역을 복사([Ctrl]+[C])한 후, 작업 파일로 돌아와 붙여넣기([Ctrl]+[V])한다. [Ctrl]+[T]를 누르고 마우스 오른쪽을 클릭하여 [Flip Horizontal(가로로 뒤집기)]을 선택하고 출력형태와 같이 배치한 후 [Enter]를 누른다.

03 Quick Selection Tool(빠른 선택 도구,)로 출력형태 의 파프리카에서 보라색 계열 부분을 선택하고, 레이어 패널 하단의 [Create new fill or adjustment layer(새 칠 또는 조정 레이어 생성,)] – [Hue/Saturation(색조/채도)]을 선택한다. Properties(속성) 패널의 [Hue/Saturation(색조/채도)] 항목에서 'Hue(색조): −75'로 입력하여 보라색 계열로 변경한다.

 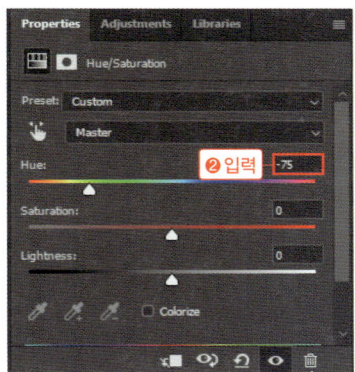 

04 '1급-5' 레이어가 선택된 상태에서 레이어 패널 하단의 [Add a Layer style(레이어 스타일 추가,)] – [Inner Glow(내부 광선)]를 클릭한다.

② 이미지 불러오고 편집하기

01 [File(파일)] – [Open(열기)]([Ctrl]+[O])을 선택하여 1급-6.jpg를 불러온다. Quick Selection Tool(빠른 선택 도구,)로 이미지 내의 주스와 오렌지, 꽃을 선택 영역으로 지정한다. 선택한 영역을 복사([Ctrl]+[C])한 후, 작업 파일에 붙여넣기([Ctrl]+[V])한다. [Ctrl]+[T]를 누른 후, 크기와 위치를 출력형태 와 같이 배치한 후 [Enter]를 누른다.

02 레이어 패널 하단의 [Add a Layer style(레이어 스타일 추가,)] – [Drop Shadow(드롭 섀도)]를 클릭한다.

4 문자 입력하기

1 문자 입력하기

01 Type Tool(수평 문자 도구, T.)로 출력형태 의 문자 부분과 같은 지점을 클릭한다. 건강주스 만들기를 입력하고 Options Bar(옵션 바) 또는 Properties(속성) 패널에서 조건 과 같이 세부정보를 입력한다.

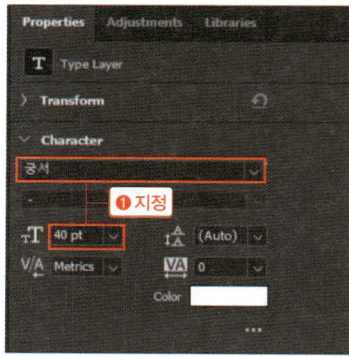

조건
Font(글꼴): 궁서, Size(크기): 40pt

2 문자 효과 적용하기

01 레이어 패널 하단의 [Add a Layer style(레이어 스타일 추가, fx)] - [Gradient Overlay(그레이디언트 오버레이)]를 클릭한다. [Layer Style(레이어 스타일)] 대화상자가 열리면 문제지의 조건 과 같이 세부정보를 입력한다.

조건
- Gradient Overlay(그레이디언트 오버레이) ▶ Gradient(그레이디언트) — 시작점: #cc3333, 중간점: #339933, 끝점: #3333cc, Style(스타일): Linear(선형), Angle(각도): 0°
- Stroke(획) ▶ Size(크기): 2px, Color(색상): #ffffff

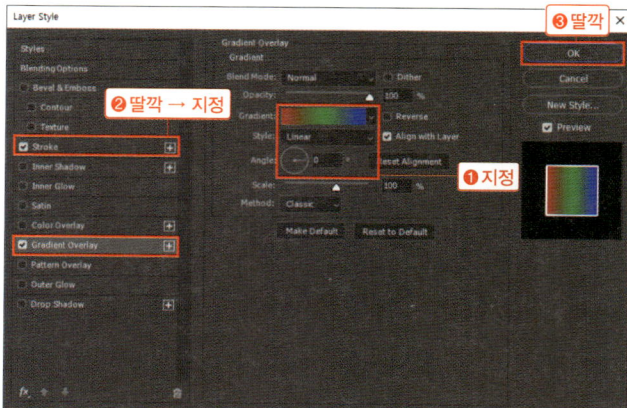

02 Options Bar(옵션 바)에서 Create Warped text(뒤틀어진 텍스트 만들기, ![T])를 클릭한다. [Warped text(텍스트 뒤틀기)] 대화상자에 문제지의 [출력형태]와 같이 세부정보를 입력한다. Ctrl+T를 누르고 [출력형태]와 같이 회전하고 배치한 후 Enter를 누른다.

> **조건**
> Style(스타일): Arch(아치), Bend(구부리기): -40%

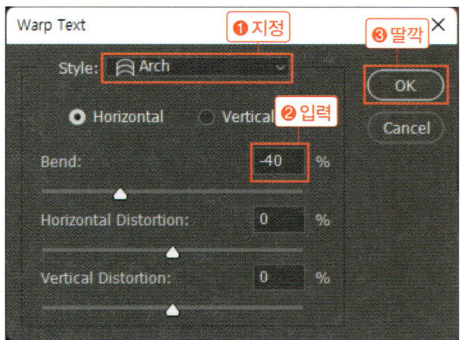
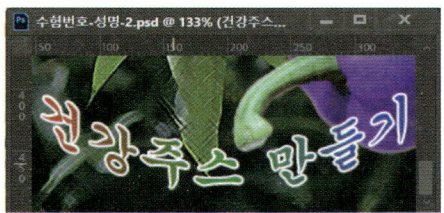

5 모양 도구 배치하기

① 모양 도구 배치하기

01 Custom Shape Tool(사용자 정의 모양 도구, ![])을 클릭하고, 나뭇잎 모양을 찾아 드래그하여 그린 후 Options Bar(옵션 바)에서 'Fill(칠): #66cc99'로 지정하고, Enter를 눌러 Shape 레이어를 생성한다. 레이어 패널 하단의 [Add a Layer style(레이어 스타일 추가, ![fx])] - [Stroke(획)]를 클릭한다. [Layer Style(레이어 스타일)] 대화상자가 열리면 문제지의 [조건]과 같이 세부정보를 입력한다.

> **조건**
> • 나뭇잎 모양: [All Legacy Default Shapes(모든 레거시 기본 모양)] - [Nature(자연)] - [Leaf 1(나뭇잎 1)]
> • Stroke(획) ▶ Size(크기): 5px, Color(색상): #ffff66

02 Custom Shape Tool(사용자 정의 모양 도구,)을 클릭하고, '하트' 모양을 찾아 드래그하여 그린 후 Options Bar(옵션 바)에서 'Fill(칠): #cc3366'으로 지정하고 Enter 를 눌러 Shape 레이어를 생성한다. 레이어 패널 하단의 [Add a Layer style(레이어 스타일 추가,)] – [Outer Glow(외부 광선)]를 클릭한다. Ctrl + T 를 눌러 출력형태 와 동일하게 회전하고 배치한다.

조건

- 하트 모양: [All Legacy Default Shapes(모든 레거시 기본 모양)] – [Shapes(모양)] – [Heart Card(하트 모양 카드)]
- Outer Glow(외부 광선) ▶ 체크

6 저장 및 파일 전송하기

01 작업이 완료되면 문제지의 출력형태 와 작업 파일을 비교하여 레이어의 순서, 이미지 위치를 최종 점검한다.
02 [File(파일)] – [Save As a Copy(사본 저장)](Alt + Ctrl + S)를 선택하고, '저장 경로: 내 PC\문서\GTQ, 파일형식: JPEG, 파일이름: 수험번호-성명-2'로 저장한다.
03 제출용 PSD 파일을 만들기 위해 [Image(이미지)] – [Image Size(이미지 크기)](Alt + Ctrl + I)를 클릭한다. [Image Size(이미지 크기)] 대화상자가 열리면 문제지의 조건 을 확인하여 세부정보를 입력하여 작업 사이즈의 1/10 사이즈로 축소한다.

조건

Constrain as pect ratio(종횡비 제한): 체크, Width(폭): 40px, Height(높이): 50px

04 [File(파일)] – [Save As(다른 이름으로 별도 저장)](Shift + Ctrl + S)를 선택하고, '저장 경로: 내 PC\문서\GTQ, 파일형식: PSD, 파일이름: 수험번호-성명-2'로 저장한다.
05 답안 전송 프로그램을 이용하여 저장된 jpg, psd 파일을 감독관 컴퓨터로 전송한다.

문제 3 기능평가 포스터 제작

☑ 문제 풀이 순서

1 새 작업 파일 만들기→**2** 혼합 모드와 레이어 마스크 적용하기→**3** 이미지 보정하기→**4** 이미지 배치 및 색상 보정하기→**5** 문자 입력하기→**6** 모양 도구 배치하기→**7** 저장 및 파일 전송하기

☑ 감점방지 TIP

- 마스크 레이어에 적용할 이미지가 화면의 일부분에 위치한 경우 그레이디언트의 시작점 위치를 주의해야 자연스럽게 이미지가 합성된다.
- 오브젝트 이미지에 [Layer style(레이어 스타일)] – [Stroke(획)]를 적용해야 하는 경우, 외곽을 깔끔하게 다듬어 주어야 한다.

1 새 작업 파일 만들기

1 새 파일 만들기

01 새로운 작업 파일을 만들기 위해 [File(파일)] – [New(새로 만들기)]([Ctrl]+[N])를 선택한다. [New Document(새로운 문서 만들기)] 대화상자가 열리면 문제지의 조건을 참고하여 작업 파일 세부정보를 입력한다.

> **조건**
>
> Width(폭): 600, Height(높이): 400, 단위: Pixels(픽셀), Resolution(해상도): 72(Pixel/Inch), Color Mode(색상 모드): RGB, 8bit, Background Contents(배경 내용): White(흰색)

02 [File(파일)] – [Save As(다른 이름으로 저장)]([Shift]+[Ctrl]+[S])를 선택한다. '저장 경로: 내 PC\문서\GTQ, 파일명: 수험번호-성명-3.psd'로 저장한다.

2 작업 파일 설정하기

01 작업 파일에 눈금자를 표시하기 위해 [View(보기)] – [Rulers(눈금자)]([Ctrl]+[R])를 선택한다.
02 [View(보기)] – [Show(표시)] – [Grid(격자)]([Ctrl]+[˝])를 눌러 격자를 표시한다.

2 혼합 모드와 레이어 마스크 적용하기

1 혼합 모드 적용하기

01 Tool Box(도구 상자) 하단의 전경색을 더블클릭한다. [Color Picker(색상 피커)] 대화상자가 열리면 #ffcccc를 입력하고 [OK(확인)]를 클릭한다. 작업영역을 전경색으로 채우기 위해 [Alt]+[Delete]를 누른다.

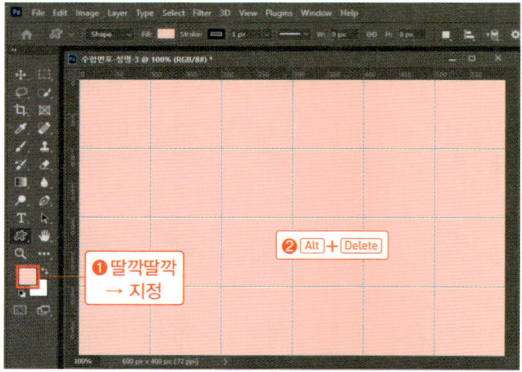

02 [File(파일)] – [Place Embedded(포함 가져오기)]를 선택하여 1급-7.jpg를 불러온다. 이미지를 <출력형태>를 참고하여 조절한 후 Enter를 눌러 배치한다. 레이어 패널에서 'Blending Mode(혼합 모드): Hard Light(하드 라이트), Opacity(불투명도): 60%'로 입력한다.

2 레이어 마스크 적용하기

01 [File(파일)] – [Open(열기)](Ctrl+O)을 선택하여 1급-8.jpg를 불러온다. Ctrl+A를 눌러 전체 이미지를 복사(Ctrl+C)하고, 작업 영역에 붙여넣기(Ctrl+V)한다. Ctrl+T를 눌러 <출력형태>와 같이 배치한 후 Enter를 누른다.

02 [Filter(필터)] – [Filter Gallery(필터 갤러리)]를 선택한다. [Filter Gallery(필터 갤러리)] 대화상자가 열리면 [Artistic(예술 효과)] – [Paint Daubs(페인트 바르기)]를 선택한다.

03 레이어 패널 하단의 [Add a Layer Mask(레이어 마스크 추가, ▢)]를 클릭한다. Gradient Tool(그레이디언트 도구, ▦)을 선택하고, Options Bar(옵션 바)에서 'Black, White(검정, 흰색)', 'Linear Gradient(선형 그레이디언트)'로 지정하고 출력형태를 참고하여 하단에서 상단으로 드래그한다.

알아두면 좋은 TIP

레이어 마스크 합성 작업에서 이미지의 경계 부분을 자연스럽게 표현하기 위해서 마스크 레이어 그레이디언트를 이미지의 끝 지점에서 시작, 드래그하여 마스크를 부드럽게 생성한다.

3 이미지 보정하기

① 이미지 보정하기

01 [File(파일)] - [Open(열기)]([Ctrl]+[O])을 선택하여 1급-9.jpg를 불러온다. Quick Selection Tool(빠른 선택 도구, ▨)로 작업에 필요한 영역을 선택한다.

02 선택 영역을 복사([Ctrl]+[C])한 후, 작업문서에 붙여놓기([Ctrl]+[V])를 한다. [Ctrl]+[T]를 누르고 마우스 오른쪽 버튼을 눌러 [Flip Horizontal(가로로 뒤집기)]을 선택하고 출력형태와 같이 배치한 후 [Enter]를 누른다.

03 [Filter(필터)] – [Filter Gallery(필터 갤러리)]를 선택한다. [Filter Gallery(필터 갤러리)] 대화상자가 열리면 [Texture(텍스처)] – [Texturizer(텍스처화)]를 선택한다.

04 레이어 패널 하단의 [Add a Layer style(레이어 스타일 추가, fx)] – [Inner Shadow(내부 그림자)]를 클릭한다.

조건

Inner Shadow(내부 그림자) ▶ 체크

4 이미지 배치 및 색상 보정하기

① 색상 보정하기

01 [File(파일)] – [Open(열기)]([Ctrl]+[O])을 선택하여 1급-10.jpg를 불러온다. Quick Selection Tool(빠른 선택 도구,)을 선택하여 1급-10.jpg 이미지 내의 접시를 드래그하여 선택하고 복사([Ctrl]+[C])한 후, 작업 파일로 돌아와 붙여넣기([Ctrl]+[V])한다. [Ctrl]+[T]를 누르고 이미지 크기를 출력형태와 같이 배치한 후 [Enter]를 누른다.

02 Quick Selection Tool(빠른 선택 도구,)로 녹색 계열로 보정할 냅킨을 선택하고, 레이어 패널 하단의 [Create new fill or adjustment layer(새 칠 또는 조정 레이어 생성,)] – [Hue/Saturation(색조/채도)]을 선택한다. Properties(속성) 패널에서 'Hue(색조): -100'으로 입력하여 녹색 계열로 변경한다.

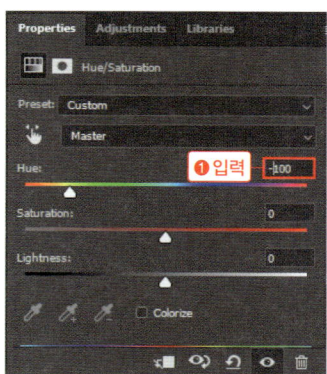

03 Ctrl+D를 눌러 선택 영역을 해제하고, 레이어 패널 하단의 [Add a Layer style(레이어 스타일 추가, fx)] – [Stroke(획)]를 클릭한다. [Layer Style(레이어 스타일)] 대화상자가 열리면 문제지의 조건과 같이 세부정보를 입력한다.

> 조건
>
> Size(크기): 6px, Color(색상): #ff6666

2 이미지 배치하기

01 [File(파일)] – [Open(열기)](Ctrl+O)을 선택하여 1급-11.jpg를 불러온다. Magic Wand Tool(자동 선택 도구,)로 선택할 오브젝트의 외곽을 누른다. 선택이 되지 않은 부분은 Shift를 누르며 추가로 클릭하며 선택하고, [Select(선택)] – [Inverse(반전)](Shift+Ctrl+I)를 선택해 선택 영역을 반전시킨다.

02 선택된 오브젝트를 복사(Ctrl+C)한 후, 작업영역에 붙여넣기(Ctrl+V)한다. Ctrl+T를 눌러 마우스 오른쪽을 클릭하여 [Flip Horizontal(가로로 뒤집기)]을 선택하고 출력형태와 같이 배치한 후 Enter를 누른다.

03 '1급-11' 레이어가 선택된 상태에서 레이어 패널 하단의 [Add a Layer style(레이어 스타일 추가, fx)] – [Stroke(획)]를 클릭한다. [Layer Style(레이어 스타일)] 대화상자가 열리면 문제지의 조건과 같이 세부정보를 입력한다.

> 조건
>
> Stroke(획) ▶ Size(크기): 5px, Fill Type(칠 유형): Gradient(그레이디언트) – 시작점: #333366, 끝점: #33ffcc, Style(스타일): Linear(선형), Angle(각도): 0°

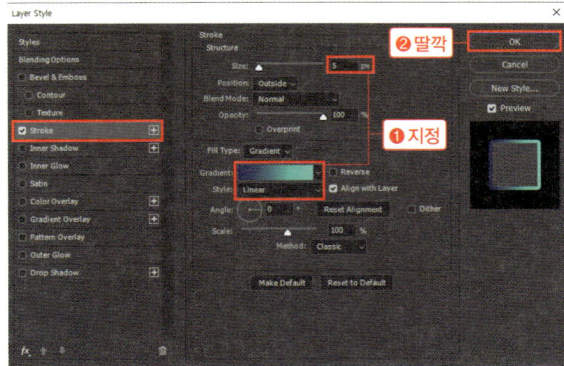
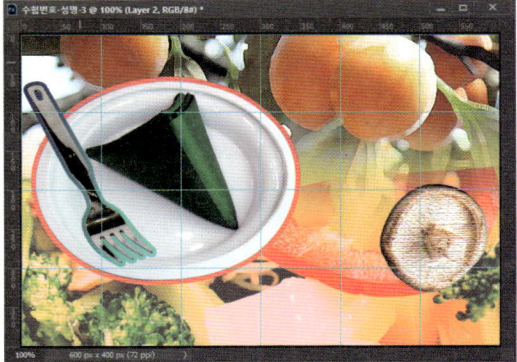

> **알아두면 좋은 TIP**
> - 이미지를 선택한 후 레이어 스타일의 Stroke(획)을 설정해야 하는 경우, 외곽 처리를 좀 더 신경써서 작업해야 한다.
> - Quick Selection Tool(빠른 선택 도구)로 선택하면 외곽 부분에 픽셀이 강하게 나타나는 경우가 있는데, 이런 경우 빠른 마스크 모드로 외곽을 다듬고, 직선은 다각형 올가미 도구를 이용하여 깔끔하게 다듬어야 한다.

5 문자 입력하기

1 제목 문자 입력하기

01 Type Tool(수평 문자 도구, T)을 클릭하고 출력형태 의 문자 부분과 같은 지점을 클릭한다. HEALTHY EATING SEMINAR를 입력하고 Options Bar(옵션 바) 또는 Properties(속성) 패널에서 조건 과 같이 세부정보를 입력한다.

> **조건**
> Font(글꼴): Arial, Style(스타일): Bold, Size(크기): 16pt, Color(색상): #ff6600

02 레이어 패널 하단의 [Add a Layer style(레이어 스타일 추가, fx)] – [Inner Shadow(내부 그림자)]를 클릭한다. [Layer Style(레이어 스타일)] 대화상자가 열리면 문제지의 조건 과 같이 세부정보를 입력한다.

> **조건**
> - Inner Shadow(내부 그림자) ▶ 체크
> - Outer Glow(외부 광선) ▶ 체크

03 Options Bar(옵션 바)에서 Create Warped text(뒤틀어진 텍스트 만들기, ⊥)를 클릭한다. [Warped text(텍스트 뒤틀기)] 대화상자가 열리면 문제지의 출력형태 와 같이 세부정보를 입력한다.

> **조건**
> Style(스타일): Arch(아치), Bend(구부리기): 25%

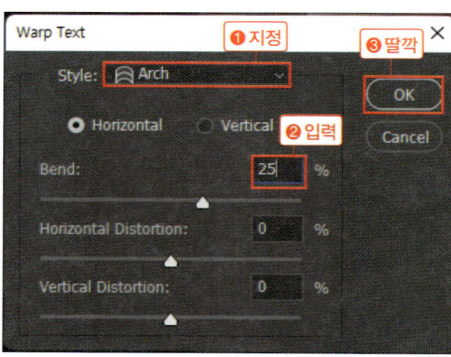
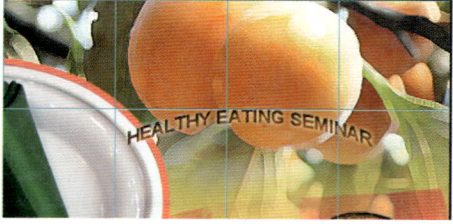

04 Rectangle Tool(사각형 도구, ▢)을 선택하고 Options Bar(옵션 바)에서 Path(패스) 설정을 'Pick tool mode(선택 도구 모드): Shape(모양), Fill(칠): #66ccff, Stroke(획): No color(없음)'로 지정 후 출력형태 에서 제시한 사각형을 그린 후, Path Selection Tool(패스 선택 도구, ▶)로 라이브 코너를 드래그하여 사각형 모서리를 둥글게 변형한다. 레이어 패널 하단의 [Add a Layer style(레이어 스타일 추가, fx)] – [Inner Glow(내부 광선)]를 클릭한다.

조건

Inner Glow(내부 광선) ▶ 체크

05 Type Tool(수평 문자 도구, T)을 클릭하고 출력형태 의 문자 부분과 같은 지점을 클릭한다. 식생활 건강 세미나를 입력하고 Options Bar(옵션 바) 또는 Properties(속성) 패널에서 조건 과 같이 세부정보를 입력한다.

조건

Font(글꼴): 돋움, Size(크기): 24pt

06 레이어 패널 하단의 [Add a Layer style(레이어 스타일 추가, fx)] – [Gradient Overlay(그레이디언트 오버레이)]를 클릭한다. [Layer Style(레이어 스타일)] 대화상자가 열리면 문제지의 조건 과 같이 세부정보를 입력한다.

조건

- Gradient Overlay(그레이디언트 오버레이) ▶Gradient(그레이디언트) – 시작점: #003300, 끝점: #ff0033, Style(스타일): Linear(선형), Angle(각도): 0°
- Stroke(획) ▶ Size(크기): 2px, Color(색상): #ffffff
- Drop Shadow(드롭 섀도) ▶ 체크

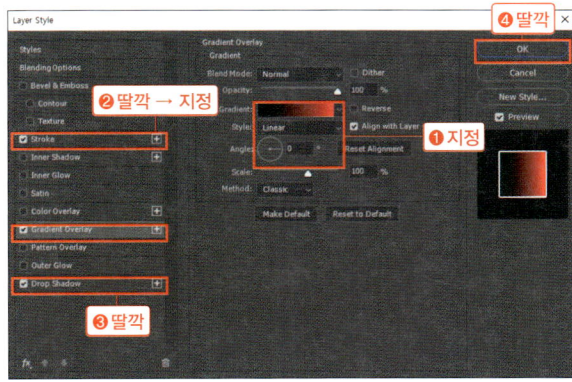

② 소제목 문자 입력하기

01 Type Tool(수평 문자 도구, T)을 클릭하고 출력형태의 문자 부분과 같은 지점을 클릭한다. 영양가이드를 무료 배포합니다를 입력하고 Options Bar(옵션 바) 또는 Properties(속성) 패널에서 조건과 같이 세부정보를 입력한다.

> **조건**
>
> Font(글꼴): 궁서, Size(크기): 20pt, Color(색상): #ffffff

02 레이어 패널 하단의 [Add a Layer style(레이어 스타일 추가, fx)] - [Stroke(획)]를 클릭한다. [Layer Style(레이어 스타일)] 대화상자가 열리면 문제지의 조건과 같이 세부정보를 입력한다.

> **조건**
>
> Size(크기): 2px, Fill Type(칠 유형): Gradient(그레이디언트) - 시작점: #990099, 중간점: #006600, 끝점: #990099, Style(스타일): Linear(선형), Angle(각도): 0°

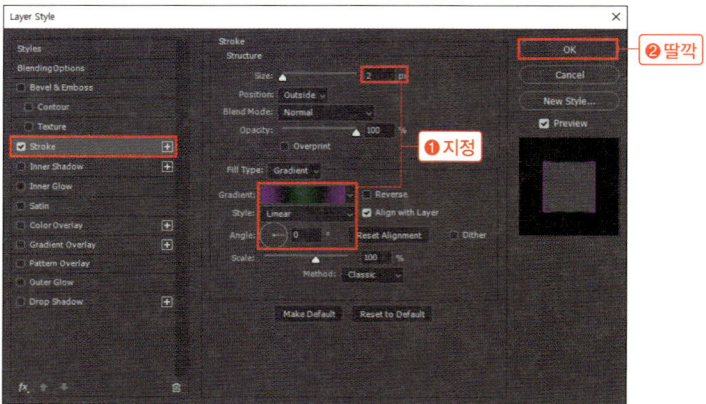

03 Options Bar(옵션 바)에서 Create Warped text(뒤틀어진 텍스트 만들기, ⌇)를 클릭한다. [Warped text(텍스트 뒤틀기)] 대화상자가 열리면 문제지의 출력형태와 같이 세부정보를 입력한다.

> **조건**
>
> Style(스타일): Flag(깃발), Bend(구부리기): -90%

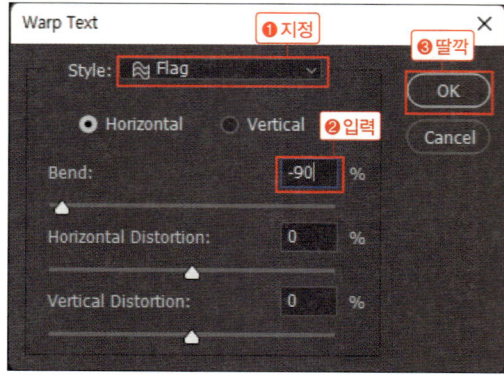

③ 기타 문자 입력하기

01 Type Tool(수평 문자 도구, T)을 클릭하고 출력형태의 문자 부분과 같은 지점을 클릭한다. 장소 : 문화회관강당 일시 : 2020.05.20 / 오후 5시를 입력하고 Options Bar(옵션 바) 또는 Properties(속성) 패널에서 조건과 같이 세부정보를 입력한다.

조건

Font(글꼴): 돋움, Size(크기): 18pt, Color(색상): #663300

02 레이어 패널 하단의 [Add a Layer style(레이어 스타일 추가, fx)] – [Stroke(획)]를 클릭한다. [Layer Style(레이어 스타일)] 대화상자가 열리면 문제지의 조건과 같이 세부정보를 입력한다.

조건

Size(크기): 2px, Color(색상): #ffffff

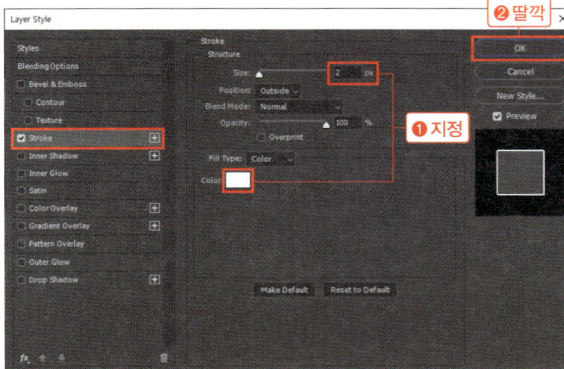

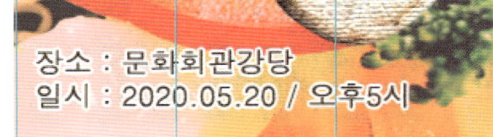

6 모양 도구 배치하기

① 타일 모양 도구 배치하기

01 Custom Shape Tool(사용자 정의 모양 도구,)을 클릭하고, '타일' 모양을 찾아 드래그하여 그린 후 Enter를 눌러 Shape 레이어를 생성한다.

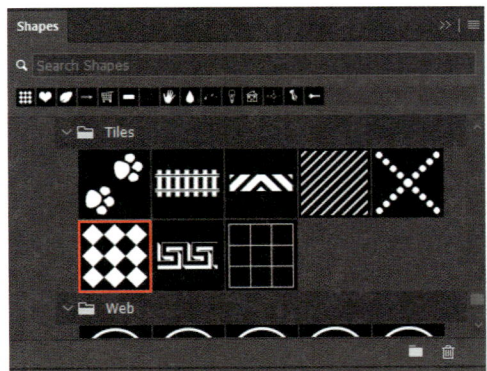

조건

타일 모양: [All Legacy Default Shapes(모든 레거시 기본 모양)] – [Tiles(타일)] – [Tile 4(타일 4)]

02 레이어 패널 하단의 [Add a Layer style(레이어 스타일 추가, fx)] – [Gradient Overlay(그레이디언트 오버레이)]를 클릭한다. [Layer Style(레이어 스타일)] 대화상자에 문제지의 조건과 같이 세부정보를 입력한다.

> 조건
> - Gradient Overlay(그레이디언트 오버레이) ▶ Gradient(그레이디언트) – 시작점: #ffff66, 끝점: #66ffff, Style(스타일): Linear(선형), Angle(각도): 90°
> - Drop Shadow(드롭 섀도) ▶ 체크

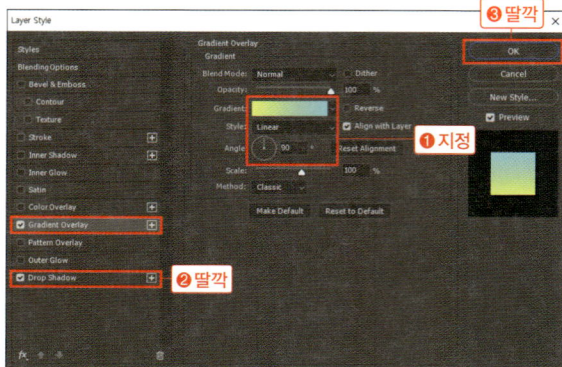

② 스피커 모양 도구 배치하기

01 드래그하여 그린 후 Options Bar(옵션 바)에서 'Fill(칠): #ff00ff'로 지정하고 Enter를 눌러 Shape 레이어를 생성한다. 레이어 패널 하단의 [Add a Layer style(레이어 스타일 추가, fx)] – [Inner Shadow(내부 그림자)]를 클릭한다.

> 조건
> - 스피커 모양: [All Legacy Default Shapes(모든 레거시 기본 모양)] – [Web(웹)] – [Volume(볼륨)]
> - Inner Shadow(내부 그림자) ▶ 체크

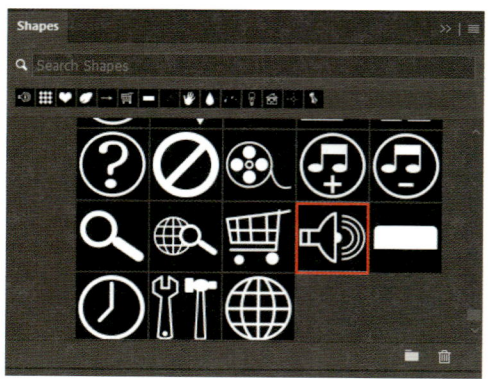

7 저장 및 파일 전송하기

01 작업이 완료되면 문제지의 `출력형태` 와 작업 파일을 비교하여 레이어의 순서, 이미지 위치를 최종 점검한다.

02 [File(파일)] - [Save As a Copy(사본 저장)](Alt+Ctrl+S)를 선택하고, '저장 경로: 내 PC₩문서₩GTQ, 파일형식: JPEG, 파일이름: 수험번호-성명-3'으로 저장한다.

03 제출용 PSD 파일을 만들기 위해 [Image(이미지)] - [Image Size(이미지 크기)](Alt+Ctrl+I)를 클릭한다. [Image Size(이미지 크기)] 대화상자가 열리면 문제지의 `조건` 과 같이 세부정보를 입력하여 작업 사이즈의 1/10 사이즈로 축소한다.

> `조건`
> Constrain as pect ratio(종횡비 제한): 체크, Width(폭): 60px, Height(높이): 40px

04 [File(파일)] - [Save As(다른 이름으로 저장)](Shift+Ctrl+S)를 선택하고, '저장 경로: 내 PC₩문서₩GTQ, 파일형식: PSD, 파일이름: 수험번호-성명-3'으로 저장한다.

05 답안 전송 프로그램을 이용하여 저장된 jpg, psd 파일을 감독관 컴퓨터로 전송한다.

문제 4 　실무응용　 웹 페이지 제작

✓ 문제 풀이 순서

1 새 작업 파일 만들기 → **2** 이미지 불러오고 패턴 제작하기 → **3** 레이어 마스크 적용하기 → **4** 이미지 보정하기 → **5** 레이어 혼합 모드 적용하기 → **6** 패스 작업과 패턴 적용하기 → **7** 문자 입력하기 → **8** 모양 도구 배치하기 → **9** 저장 및 파일 전송하기

✓ 감점방지 TIP

- 배경 합성을 위한 레이어 마스크 작업에서 그레이디언트 시작 지점을 이미지의 내부부터 시작한다.
- 레이어 혼합 모드 중 Multiply(곱하기)는 흰색 배경이 자동으로 삭제되므로 이미지를 그대로 사용하여 시간을 절약할 수 있다.

1 새 작업 파일 만들기

① 새 파일 만들기

01 새로운 작업 파일을 만들기 위해 [File(파일)] – [New(새로 만들기)]([Ctrl]+[N])를 선택한다.
02 [New Document(새로운 문서 만들기)] 대화상자가 열리면 문제지의 조건을 참고하여 작업 파일 세부정보를 입력한다.

> **조건**
>
> Width(폭): 600, Height(높이): 400, 단위: Pixels(픽셀), Resolution(해상도): 72(Pixel/Inch), Color Mode(색상 모드): RGB, 8bit, Background Contents(배경): White(흰색)

03 [File(파일)] – [Save As(다른 이름으로 저장)]([Shift]+[Ctrl]+[S])를 선택한다. '저장 경로: 내 PC₩문서₩GTQ, 파일명: 수험번호-성명-4.psd'로 저장한다.

② 작업 파일 설정하기

01 작업 파일에 눈금자를 표시하기 위해 [View(보기)] – [Rulers(눈금자)]([Ctrl]+[R])를 선택한다.
02 [View(보기)] – [Show(표시)] – [Grid(격자)]([Ctrl]+[˝])를 눌러 격자를 표시한다.

2 이미지 불러오고 패턴 제작하기

① 이미지 불러오기

01 Tool Box(도구 상자) 하단의 전경색을 더블클릭한다. [Color Picker(색상 피커)] 대화상자가 열리면 #ffcccc를 입력하고 [OK(확인)]를 클릭한다. 작업영역을 전경색으로 채우기 위해 [Alt]+[Delete]를 누른다.

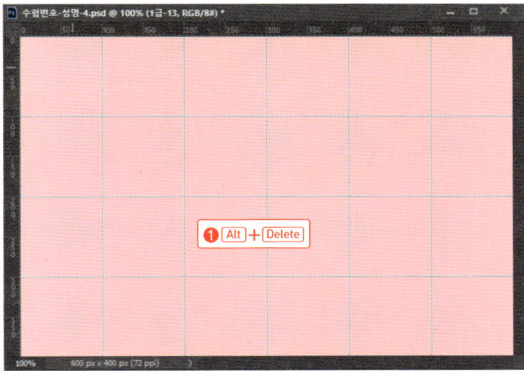

02 [File(파일)] – [Place Embedded(포함 가져오기)]를 선택하여 1급-12.jpg부터 1급-17.jpg까지 불러온다.

03 Shift 를 누르고 1급-12.jpg, 1급-17.jpg를 클릭해 불러온 모든 이미지를 선택한 후, 마우스 오른쪽을 클릭하고 [Rasterize Layers(레스터화)]를 눌러 일반 레이어로 변환한다. 불러온 모든 이미지를 감추기 상태로 만든다.

2 패턴 제작하기

01 패턴을 만들기 위해 [File(파일)] – [New(새로 만들기)](Ctrl+N)를 선택한다. [New Document(새로운 문서 만들기)] 대화상자가 열리면 문제지의 조건을 참고하여 작업 파일 세부정보를 입력한다.

> 조건
> Width(폭): 52, Height(높이): 32, 단위: Pixels(픽셀), Resolution(해상도): 72(Pixel/Inch), Color Mode(색상 모드): RGB, 8bit, Background Contents(배경): Transparent(투명)

02 Custom Shape Tool(사용자 정의 모양 도구,)을 클릭하고, '별' 모양을 찾아 작업 영역 왼쪽에 드래그하여 그린 후 Options Bar(옵션 바)에서 'Fill(칠): #66ccff'로 지정하고 Enter 를 눌러 Shape 레이어를 생성한다.

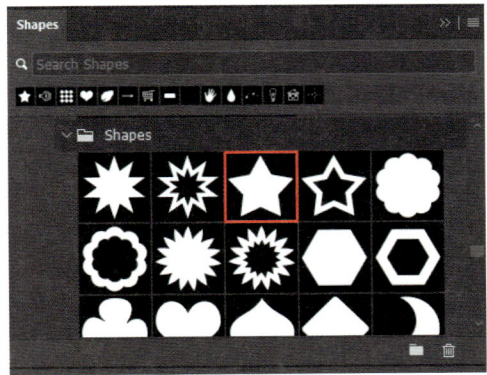

> 조건
> 별 모양: [All Legacy Default Shapes(모든 레거시 기본 모양)] – [Shapes(모양)] – [5 Point Star(5포인트 별)]

03 이어서 패턴의 달 모양을 그리기 위해 Options Bar(옵션 바)에서 '달' 모양을 찾아 작업 영역 오른쪽에 드래그하여 그린 후 Options Bar(옵션 바)에서 'Fill(칠): #ff9999'으로 지정하고 Enter 를 눌러 Shape 레이어를 생성한다.

조건

달 모양: [All Legacy Default Shapes(모든 레거시 기본 모양)]
– [Shapes(모양)] – [Crescent Moon(초승달)]

04 [Edit(편집)] – [Define Pattern(사용자 패턴 정의)]을 클릭한다. 'Pattern Name(패턴 이름): 별_달'로 입력하고 [OK(확인)]를 클릭한 후 '4번 문제 작업 파일'로 돌아간다.

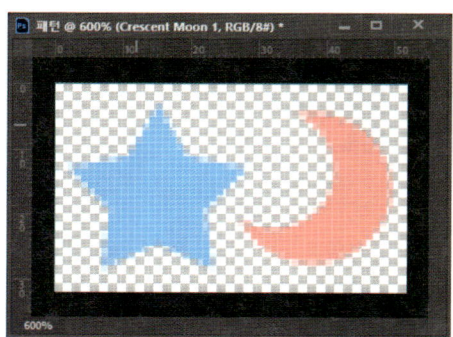

3 레이어 마스크 적용하기

① 배경 이미지 보정하기

01 '1급-12' 레이어의 보이기 버튼만 활성화시키고 해당 레이어를 선택한다. Ctrl + T 를 누르고 출력형태 와 같이 배치한 후 Enter 를 누른다.

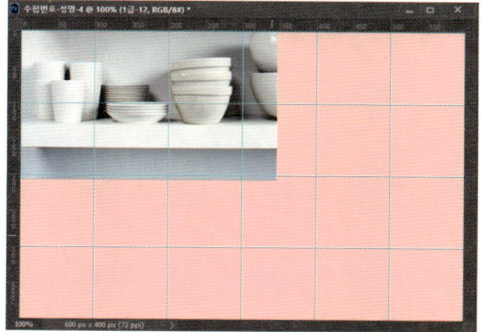

02 레이어 패널에서 'Blending Mode(혼합 모드) : Luminosity(광도)'로 변경한 후, 레이어 패널 하단에 [Add a Layer Mask(레이어 마스크 추가, ▢)]를 클릭한다. Gradient Tool(그레이디언트 도구, ▢)을 선택하고, Option Bar(옵션 바)에서 'Black, White(검정, 흰색)', 'Linear Gradient(선형 그레이디언트)'로 지정하고 출력형태를 참고하여 오른쪽에서 왼쪽으로 드래그한다.

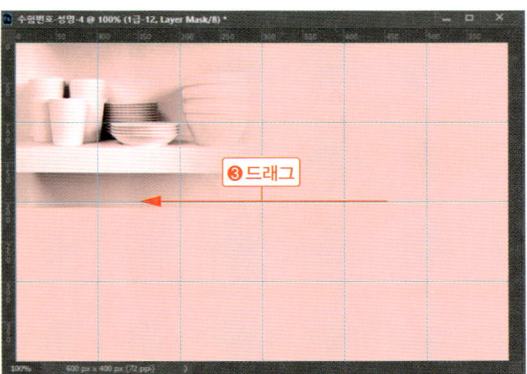

> **알아두면 좋은 TIP**
> 자연스러운 합성 이미지를 만들기 위해 레이어 마스크의 그레이디언트 시작점은 이미지 끝 경계부터 드래그해서 생성한다.

4 이미지 보정하기

① 이미지 보정하기 1

01 '1급-13' 레이어의 보이기 버튼을 활성화시키고, 샐러드의 디테일한 부분을 선택하기 위해 Magic Wand Tool(자동 선택 도구, ✨)을 선택하고, Option Bar(옵션 바)에서 'Contiguous(인접) : 체크 해제'로 설정한 후, 이미지의 하얀 배경 부분을 선택한다.

02 선택 영역에서 같이 선택된 양파는 Quick Selection Tool(빠른 선택 도구,)로 Alt 를 누르면서 드래그하여 영역을 삭제하고, Delete 를 눌러 하얀 배경을 삭제해 원하는 영역만 남긴다.

03 필터 효과를 적용하기 위해 [Filter(필터)] – [Filter Gallery(필터 갤러리)]를 선택한다. [Filter Gallery(필터 갤러리)] 대화상자가 열리면 [Texture(텍스처)] – [Texturizer(텍스처화)]를 선택한다. Ctrl + T 를 눌러 출력형태 와 같이 배치한 후 Enter 를 누른다.

② 이미지 보정하기 2

01 '1급-14' 레이어의 보이기 버튼을 활성화시키고, Ctrl + T 를 누르고 마우스 오른쪽을 클릭하여 [Flip Horizontal(가로로 뒤집기)]을 선택한다.

02 Quick Selection Tool(빠른 선택 도구,)로 출력형태 에 사용될 영역을 선택한다. Polygonal Lasso Tool(다각형 올가미 도구,)을 선택하여 Options Bar(옵션 바)에서 'Add to selection(선택 영역에 추가,)'로 설정하여 컵의 옆면을 곧게 수정한다.

03 Tool Box(도구 상자) 하단의 'Quick Mask Mode(빠른 마스크 모드로 편집,)'를 클릭하고, 컵의 윗면을 Eraser Tool(지우개 도구,)과 Brush Tool(브러시 도구,)로 다듬고, 다시 빠른 마스크 모드를 클릭해 표준 모드로 돌아온다.

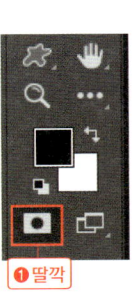  

> **알아두면 좋은 TIP**
>
> 〈Eraser Tool(지우개 도구,)과 Brush Tool(브러시 도구,)의 크기 조절〉
> - Options Bar(옵션 바)에서 조절
> - 키보드의 [,]를 눌러 조절

04 [Select(선택)] – [Inverse(반전)]([Shift]+[Ctrl]+[I])를 선택해 선택 영역을 반전시키고, [Delete]를 눌러 삭제한 후 [Ctrl]+[D]를 눌러 선택 영역을 해제한다. [Ctrl]+[T]를 눌러 출력형태와 같이 크기를 조절하고 배치한 후 [Enter]를 누른다.

05 [Filter(필터)] – [Filter Gallery(필터 갤러리)]를 선택한다. [Filter Gallery(필터 갤러리)] 대화상자가 열리면 [Artistic(예술 효과)] – [Dry Brush(드라이 브러시)]를 선택한다. [Ctrl]+[T]를 눌러 출력형태와 같이 배치한 후 [Enter]를 누른다.

06 레이어 패널 하단의 [Add a Layer style(레이어 스타일 추가, fx)] – [Drop Shadow(드롭 섀도)]를 클릭한다.

③ 색상 보정하기

01 '1급-15' 레이어의 보이기 버튼을 활성화시키고, Quick Selection Tool(빠른 선택 도구, ☑)로 하얀 배경을 선택하고 [Delete]를 눌러 삭제한다. [Ctrl]+[T]를 눌러 출력형태와 같이 크기를 조절하고 배치한 후 [Enter]를 누른다.

02 Quick Selection Tool(빠른 선택 도구, ☑)로 보라색으로 변경할 부분을 선택 영역으로 지정하고, 레이어 패널 하단의 [Create new fill or adjustment layer(새 칠 또는 조정 레이어 생성, ☑)] – [Hue/Saturation(색조/채도)]을 선택한다. Properties(속성) 패널에서 'Hue(색조): 180, Saturation(채도): 10'으로 입력하여 보라색 계열로 변경한다.

03 '1급-15' 레이어를 선택하고, 레이어 패널 하단의 [Add a Layer style(레이어 스타일 추가, fx)] – [Inner Shadow(내부 그림자)]를 클릭한다.

5 레이어 혼합 모드 적용하기

① 혼합 모드 적용하기 1

01 '1급-16' 레이어의 보이기 버튼을 활성화시키고, Ctrl+T를 눌러 출력형태와 같이 크기 조절 후 배치한 다음 Enter를 누른다.

02 레이어 패널에서 'Blending Mode(혼합 모드): Multiply(곱하기), Opacity(불투명도): 80%'로 입력한다.

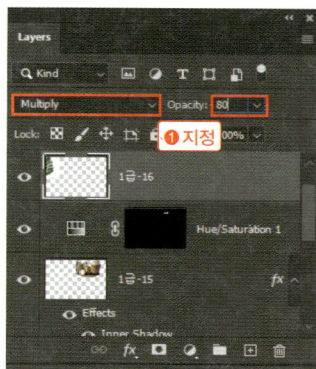

② 혼합 모드 적용하기 2

01 '1급-17' 레이어의 보이기 버튼만 활성화시키고, Ctrl+T를 눌러 출력형태와 같이 크기 조절 후 배치한 다음 Enter를 누른다.

02 레이어 패널에서 'Blending Mode(혼합 모드): Multiply(곱하기), Opacity(불투명도): 80%'로 입력한다.

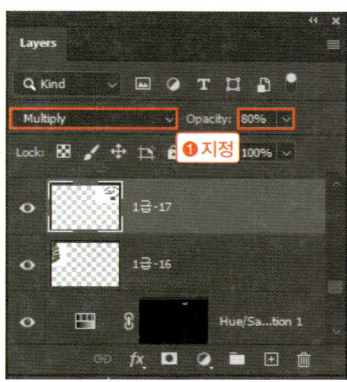

> **알아두면 좋은 TIP**
> - Blending Mode(혼합 모드)에서 Multiply(곱하기)는 이미지가 어둡게 혼합되어 구현되는데 흰색 부분은 투명으로 투과된다.
> - 1급-16.jpg, 1급-17.jpg는 Multiply(곱하기) 혼합 모드를 적용하는 문제로, 흰색 배경을 삭제할 필요가 없다.

6 패스 작업과 패턴 적용하기

1 펜 도구로 물결 모양 그리기

01 Pen Tool(펜 도구,)을 선택하고 Options Bar(옵션 바)에서 Path(패스) 설정을 'Pick tool mode(선택 도구 모드)': Shape(모양), Fill(칠): 임의의 색, Stroke(획): No color(없음)'로 지정한다.

02 작업영역 외부를 클릭하여 시작점을 만든다. 클릭 후 드래그하여 곡선을 만들고, Alt 를 누르고 기준점을 클릭하여 Handle(핸들)을 제거한다. 다음 위치를 클릭하여 직선을 그리고 같은 방법으로 곡선을 그려 클릭한 시작점을 클릭한다.

03 레이어에 그레이디언트 효과를 주기 위해 레이어 패널 하단의 [Add a Layer style(레이어 스타일 추가, fx)] - [Gradient Overlay(그레이디언트 오버레이)]를 클릭한다. [Layer Style(레이어 스타일)] 대화상자가 열리면 문제지의 조건을 확인하여 세부정보를 입력한다.

> **조건**
> Gradient Overlay(그레이디언트 오버레이) ▶ Gradient(그레이디언트) – 시작점: #ff0000, 끝점: #ffff00, Style(스타일): Linear(선형), Angle(각도): 90°

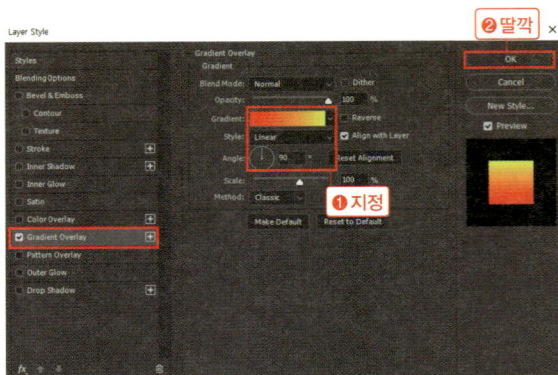 

04 레이어 패널 하단에 [Add a Layer Mask(레이어 마스크 추가, ▢)]를 클릭한다. Gradient Tool(그레이디언트 도구, ▢)을 선택하고, Options Bar(옵션 바)에서 'Black, White(검정, 흰색)', 'Linear Gradient(선형 그레이디언트)'로 지정하고 출력형태 를 참고하여 물결 모양의 하단부분을 드래그한다.

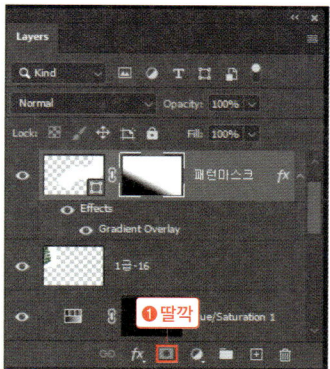 

2 패턴 적용하기

01 패턴을 넣을 새로운 레이어를 만들기 위해 레이어 패널 하단의 [Create a new layer(새 레이어 생성, ▢)]를 클릭한다.

02 새 레이어를 선택한 상태로 Ctrl 를 누르면서 물결 모양 레이어의 썸네일을 클릭한다. [Edit(편집)] - [Fill(칠)] 을 선택한다. [Fill(칠)] 대화상자가 열리면 'Contents(내용): Pattern(패턴)'으로 변경하고 Custom Pattern(사용자 정의 패턴) 항목에서 등록한 '별_달' 패턴을 찾아 선택하고 [OK(확인)]를 눌러 적용한다.

  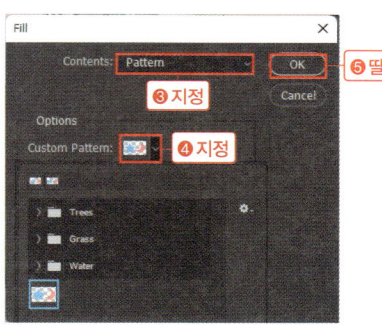

03 레이어 패널에서 'Opacity(불투명도): 80%'로 입력하고, '1급-17' 레이어가 패턴이 적용된 레이어 위에 위치하도록 드래그한다.

7 문자 입력하기

① 제목 문자 입력하기

01 Type Tool(수평 문자 도구, T.)을 클릭하고 출력형태의 문자 부분과 같은 지점을 클릭한다. Korean Food Guide를 입력하고 Options Bar(옵션 바) 또는 Properties(속성) 패널에서 조건과 같이 세부정보를 입력한다.

> **조건**
>
> Font(글꼴): Arial, Style(스타일): Bold, Size(크기): 24pt

02 레이어 패널 하단의 [Add a Layer style(레이어 스타일 추가, fx)] - [Gradient Overlay(그레이디언트 오버레이)]를 클릭한다. [Layer Style(레이어 스타일)] 대화상자가 열리면 문제지의 조건을 확인하여 세부정보를 입력한다.

> **조건**
>
> - Gradient Overlay(그레이디언트 오버레이) ▶ Gradient(그레이디언트) – 시작점: #ff00cc, 중간점: #ccccff, 끝점: #00cc99, Style(스타일): Linear(선형), Angle(각도): 0°
> - Stroke(획) ▶ Size(크기): 2px, Color(색상): #ffffff

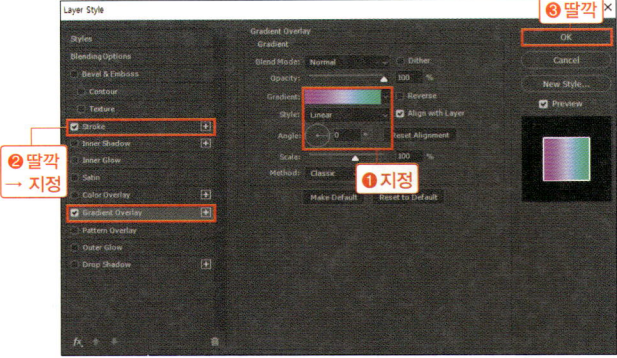

03 Options Bar(옵션 바)에서 Create Warped text(뒤틀어진 텍스트 만들기, ⟂)를 클릭한다. [Warped text(텍스트 뒤틀기)] 대화상자가 열리면 문제지의 출력형태와 같이 세부정보를 입력한다.

> **조건**
>
> Style(스타일): Arc(부채꼴), Bend(구부리기): 40%

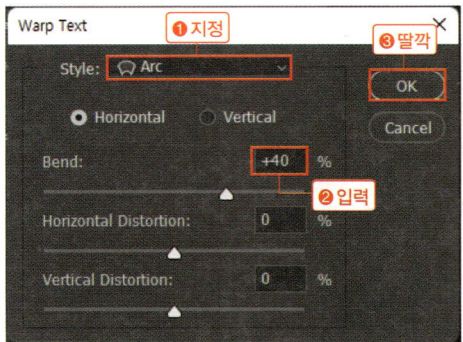

04 Type Tool(수평 문자 도구, T)을 클릭하고 출력형태의 문자 부분과 같은 지점을 클릭한다. 국민식품영양가이드를 입력하고 Options Bar(옵션 바) 또는 Properties(속성) 패널에서 조건과 같이 세부정보를 입력한다.

> 조건
>
> Font(글꼴): 돋움, Size(크기): 28pt, Color(색상): #ffffff

05 레이어 패널 하단의 [Add a Layer style(레이어 스타일 추가, fx)] - [Stroke(획)]를 클릭한다. [Layer Style(레이어 스타일)] 대화상자가 열리면 문제지의 조건과 같이 세부정보를 입력한다.

> 조건
>
> Size(크기): 3px, Color(색상): #663300

② 기타 문자 입력하기

01 Type Tool(수평 문자 도구, T)을 클릭하고 출력형태의 문자 부분과 같은 지점을 클릭한다. 균형잡힌 식생활을 위한 기초 영양 지식을 입력하고 Options Bar(옵션 바) 또는 Properties(속성) 패널에서 조건과 같이 세부정보를 입력한다.

> 조건
>
> Font(글꼴): 굴림, Size(크기): 15pt, Color(색상): #ccffff

02 레이어 패널 하단의 [Add a Layer style(레이어 스타일 추가, fx)] - [Stroke(획)]를 클릭한다. [Layer Style(레이어 스타일)] 대화상자가 열리면 문제지의 조건과 같이 세부정보를 입력한다.

> 조건
>
> Stroke(획) ▶ Size(크기): 2px, Color(색상): #663399

03 Options Bar(옵션 바)에서 Create Warped text(뒤틀어진 텍스트 만들기,)를 클릭한다. [Warped text(텍스트 뒤틀기)] 대화상자가 열리면 문제지의 출력형태 와 같이 세부정보를 입력한다. Ctrl + T 를 눌러 출력형태 와 같이 회전시킨 후 Enter 를 누른다.

> 조건
> Style(스타일): Arc(부채꼴), Bend(구부리기): 40%

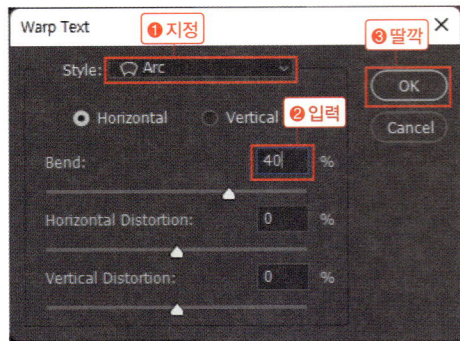

8 모양 도구 배치하기

1 메뉴 버튼 만들기

01 Custom Shape Tool(사용자 정의 모양 도구,)을 클릭하고, 출력형태 의 '버튼' 모양을 찾아 드래그하여 그린 후 Enter 를 눌러 Shape 레이어를 생성한다.

> 조건
> 버튼 모양: [All Legacy Default Shapes(모든 레거시 기본 모양)] – [Web(웹)] – [Tabbed Button(탭이 지정된 단추)]

02 버튼 모양 레이어에 그레이디언트 효과를 주기 위해 레이어 패널 하단의 [Add a Layer style(레이어 스타일 추가, fx)] - [Gradient Overlay(그레이디언트 오버레이)]를 클릭한다. [Layer Style(레이어 스타일)] 대화상자에 조건을 확인하여 세부정보를 입력한다.

> 조건
>
> - Gradient Overlay(그레이디언트 오버레이) ▶ Gradient(그레이디언트) – 시작점: #ffffff, 끝점: #ffcc33, Style(스타일): Linear(선형), Angle(각도): 90°
> - Drop Shadow(드롭 섀도) ▶ 체크

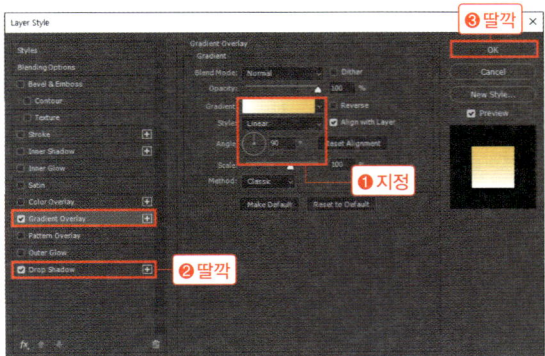 

03 Type Tool(수평 문자 도구, T)을 클릭하고 출력형태의 문자 부분과 같은 지점을 클릭한다. 영양코칭신청 / 쿠킹클래스 / 영양사강의를 입력하고 Options Bar(옵션 바) 또는 Properties(속성) 패널에서 조건과 같이 세부정보를 입력한다.

> 조건
>
> Font(글꼴): 돋움, Size(크기): 16pt

04 레이어 패널 하단의 [Add a Layer style(레이어 스타일 추가, fx)] - [Gradient Overlay(그레이디언트 오버레이)]를 선택한다. [Layer Style(레이어 스타일)] 대화상자가 열리면 문제지의 조건과 같이 세부정보를 입력한다.

> 조건
>
> - Gradient Overlay(그레이디언트 오버레이) ▶ Gradient(그레이디언트) – 시작점: #ff3333, 끝점: #0066cc, Style(스타일): Linear(선형), Angle(각도): 0°
> - Stroke(획) ▶ Size(크기): 2px, Color(색상): #ffffff
> - Drop Shadow(드롭 섀도) ▶ 체크

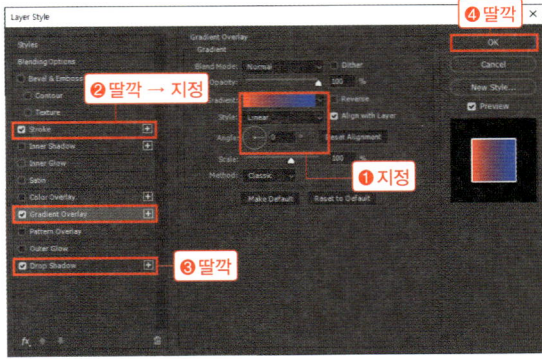 

❷ 기타 모양 배치하기

01 Custom Shape Tool(사용자 정의 모양 도구, 🟐)을 클릭하고, '사람' 모양을 찾아 드래그하여 그린 후 Options Bar(옵션 바)에서 'Fill(칠): #ff0000'으로 지정하고 Enter를 눌러 Shape 레이어를 생성한다.

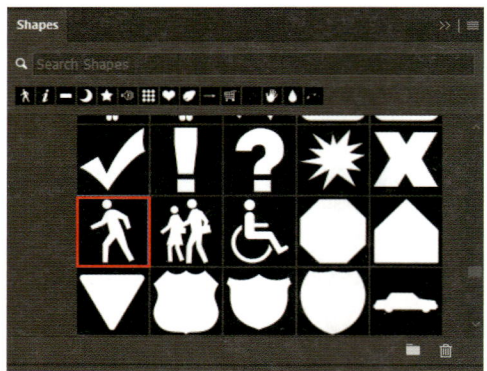

> **조건**
> 사람 모양: [All Legacy Default Shapes(모든 레거시 기본 모양)] – [Symbols(기호)] – [Pedestrian(보행자)]

02 레이어 패널 하단의 [Add a Layer style(레이어 스타일 추가, fx)] –[Inner Shadow(내부 그림자)]를 클릭하고, 레이어 상단의 'Opacity(불투명도): 70%'로 입력한다.

03 Custom Shape Tool(사용자 정의 모양 도구, 🟐)을 클릭하고, '인포메이션' 모양을 찾아 드래그하여 그린 후 Options Bar(옵션 바)에서 'Fill(칠): #660033'으로 지정하고 Enter를 눌러 Shape 레이어를 생성한다.

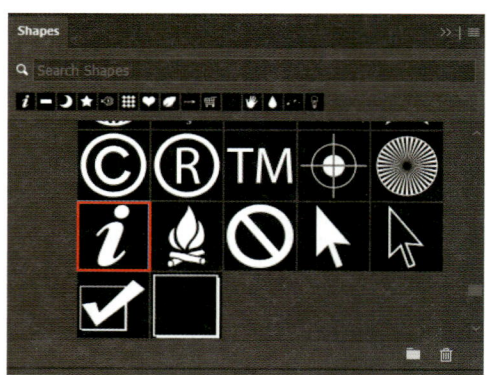

> **조건**
> 인포메이션 모양: [All Legacy Default Shapes(모든 레거시 기본 모양)] – [Symbols(기호)] – [Information(정보)]

04 레이어 패널 하단의 [Add a Layer style(레이어 스타일 추가, fx)] –[Outer Glow(외부 광선)], [Bevel and Emboss(경사와 엠보스)]를 클릭한다.

3 패스 도형 생성하기

01 Pen Tool(펜 도구,)을 선택하고 Options Bar(옵션 바)에서 Path(패스) 설정을 'Pick tool mode(선택 도구 모드): Shape(모양), Fill(칠): 임의의 색, Stroke(획): No color(없음)'로 지정한다. 컵 위에 김 느낌이 나도록 패스를 만든다. 출력형태를 참고하여 김 모양 2개를 더 만든다.

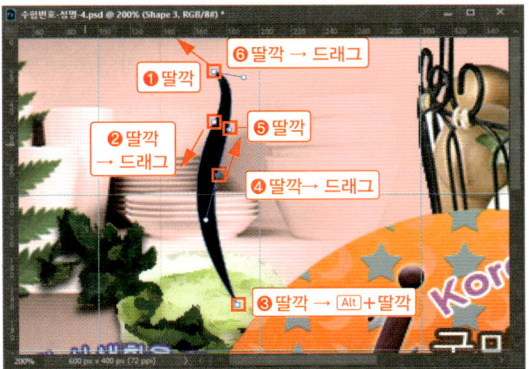 

> **알아두면 좋은 TIP**
>
> Pen Tool(펜 도구)로 패스를 그리기 어렵다면 이미지의 기준점을 참고하여 그린다.

02 생성된 Shape(모양) 레이어를 하나의 레이어로 만들기 위해 오른쪽 레이어 패널에서 Shift를 누른 채로 클릭하여 동시 선택한다. 선택된 레이어에서 마우스 오른쪽을 클릭하여 [Merge Shapes(모양 병합)](Ctrl+E)를 적용한다.

03 레이어 패널 하단의 [Add a Layer style(레이어 스타일 추가, fx)] – [Gradient Overlay(그레이디언트 오버레이)]를 클릭한다. [Layer Style(레이어 스타일)] 대화상자가 열리면 문제지의 조건을 확인하여 세부정보를 입력한다.

> **조건**
>
> - Gradient Overlay(그레이디언트 오버레이) ▶ Gradient(그레이디언트) – 시작점: #ffcc33, 끝점: #006600, Style(스타일): Linear(선형), Angle(각도): 90°
> - Outer Glow(외부 광선) ▶ 체크

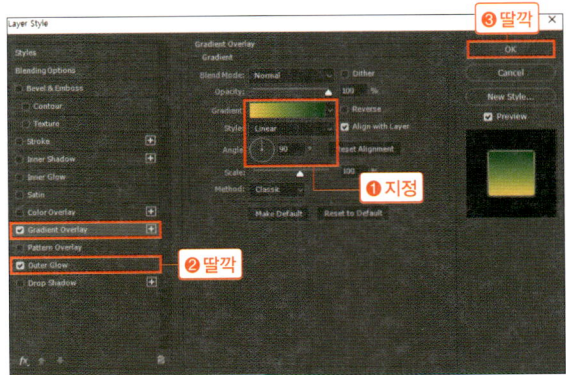 

9 저장 및 파일 전송하기

01 작업이 완료되면 문제지의 출력형태와 작업 파일을 비교하여 레이어의 순서, 이미지 위치를 최종 점검한다.

02 [File(파일)] - [Save As a Copy(사본 저장)](Alt + Ctrl + S)를 선택하고, '저장 경로: 내 PC₩문서₩GTQ, 파일형식: JPEG, 파일이름: 수험번호-성명-4'로 저장한다.

03 제출용 PSD 파일을 만들기 위해 [Image(이미지)] - [Image Size(이미지 크기)](Alt + Ctrl + I)를 클릭한다. [Image Size(이미지 크기)] 대화상자가 열리면 문제지의 조건과 같이 세부정보를 입력하여 작업 사이즈의 1/10 사이즈로 축소한다.

> **조건**
> Constrain as pect ratio(종횡비 제한): 체크, Width(폭): 60px, Height(높이): 40px

04 [File(파일)] - [Save As(다른 이름으로 저장)](Shift + Ctrl + S)를 선택하고, '저장 경로: 내 PC₩문서₩GTQ, 파일형식: PSD, 파일이름: 수험번호-성명-4'로 저장한다.

05 답안 전송 프로그램을 이용하여 저장된 jpg, psd 파일을 감독관 컴퓨터로 전송한다.

에듀윌이
너를
지지할게

ENERGY

탁월한 능력은
새로운 과제를 만날 때마다
스스로 발전하고 드러낸다.

– 발타사르 그라시안(Baltasar Gracian)

제4회 GTQ 기출문제

급수	문제유형	시험시간	수험번호	성명
1급	A	90분		

수험자 유의사항

- 수험자는 문제지를 받는 즉시 응시하고자 하는 과목 및 급수가 맞는지 확인한 후 수험번호와 성명을 작성합니다.
- 파일명은 본인의 "수험번호-성명-문제번호"로 공백 없이 정확히 입력하고 답안폴더(내 PC\문서\GTQ)에 jpg 파일과 psd 파일의 2가지 포맷으로 저장해야 하며, jpg 파일과 psd 파일의 내용이 상이할 경우 0점 처리됩니다. 답안문서 파일명이 "수험번호-성명-문제번호"와 일치하지 않거나, 답안 파일을 전송하지 않아 미제출로 처리될 경우 불합격 처리됩니다.
- 문제의 세부조건은 '영문(한글)' 형식으로 표기되어 있으니 유의하시기 바랍니다.
- 수험자 정보와 저장한 파일명, 저장 위치가 다를 경우 전송이 되지 않으므로, 주의하시기 바랍니다.
- 답안 작성 중에도 주기적으로 '저장'과 '답안 전송'을 이용하여 감독위원 PC로 답안을 전송하셔야합니다.(※ 작업한 내용을 저장하지 않고 전송할 경우 이전의 저장내용이 전송되오니 이점 반드시 유념하시기 바랍니다.)
- 답안문서는 지정된 경로 외의 다른 보조기억장치에 저장하는 행위, 지정된 시험 시간 외에 작성된 파일을 활용한 행위, 기타 통신수단(이메일, 메신저, 네트워크 등)을 이용하여 타인에게 전달 또는 외부 반출하는 행위는 부정으로 간주되어 자격기본법 제32조에 의거 본 시험 및 국가공인 자격시험을 2년간 응시할 수 없습니다.
- 시험 중 부주의 또는 고의로 시스템을 파손한 경우와 〈수험자 유의사항〉에 기재된 방법대로 이행하지 않아 생기는 불이익은 수험자의 책임임을 알려 드립니다.
- 시험을 완료한 수험자는 최종적으로 저장한 답안파일이 전송되었는지 확인한 후 감독위원의 지시에 따라 문제지를 제출하고 퇴실합니다.

답안 작성요령

- 온라인 답안 작성 절차
  수험자 등록 ⇒ 시험 시작 ⇒ 답안파일 저장 ⇒ 답안 전송 ⇒ 시험 종료
- C:\에듀윌 GTQ 1급\Step 3\4회\Image폴더에 있는 그림 원본파일을 사용하여 답안을 작성하시고 최종답안을 답안폴더(내 PC\문서\GTQ)에 저장하여 답안을 전송하시고, 이미지의 크기가 다른 경우 감점 처리됩니다.
- 배점은 총 100점으로 이루어지며, 점수는 각 문제별로 차등 배분됩니다.
- 각 문제는 주어진 조건 에 따라 작성하고, 언급하지 않은 조건은 출력형태 와 같이 작성합니다.
- 배치 등의 편의를 위해 주어진 눈금자의 단위는 '픽셀'입니다.
  그 외는 출력형태(효과, 이미지, 문자, 색상, 레이아웃, 규격 등)와 같게 작업하십시오.
- 문제 조건에 서체의 지정이 없을 경우 한글은 굴림이나 돋움, 영문은 Arial로 작업하십시오.
  (단, 그 외에 제시되지 않은 문자 속성을 기본값으로 작성하지 않은 경우는 감점 처리됩니다.)
- Image Mode(이미지 모드)는 별도의 처리조건이 없을 경우에는 RGB(8비트)로 작업하십시오.
- 모든 답안 파일은 해상도 72 pixels/inch로 작업하십시오.
- Layer(레이어)는 각 기능별로 분할해야 하며, 임의로 합칠 경우나 각 기능에 대한 속성을 해지할 경우 해당 요소는 0점 처리됩니다.

문제 1 [기능평가] 고급 Tool(도구) 활용 [20점]

다음의 조건에 따라 아래의 출력형태 와 같이 작업하시오.

[조건]

[출력형태]

원본 이미지			C:₩에듀윌 GTQ 1급₩Step 3₩4회₩Image₩1급-1.jpg, 1급-2.jpg, 1급-3.jpg
파일 저장 규칙	JPG	파일명	문서₩GTQ₩수험번호-성명-1.jpg
		크기	400×500 pixels
	PSD	파일명	문서₩GTQ₩수험번호-1.psd
		크기	40×50 pixels

1. 그림 효과
   ① 1급-1.jpg : 필터 - Cutout(오려내기)
   ② Save Path(패스 저장) : 소독약 용기 모양
   ③ Mask(마스크) : 소독약 용기 모양, 1급-2.jpg를 이용하여 작성
      레이어 스타일 - Stroke(선/획)(3px, 그라디언트(#6633ff, #ffff00)),
      Inner Shadow(내부 그림자)
   ④ 1급-3.jpg : 레이어 스타일 - Bevel and Emboss(경사와 엠보스)
   ⑤ Shape Tool(모양 도구) :
      - 나뭇잎 모양 (#336633, 레이어 스타일 - Inner Shadow(내부 그림자))
      - 꽃 모양 (#ff9933, #ffffff, 레이어 스타일 - Outer Glow(외부 광선))

2. 문자 효과
   ① Immune System (Times New Roman, Regular, 42pt, 레이어 스타일 - 그라디언트 오버레이(#33ffff, #ff99ff, #ffff00), Drop Shadow(그림자 효과))

문제 2 [기능평가] 사진편집 응용 [20점]

다음의 조건에 따라 아래의 출력형태 와 같이 작업하시오.

[조건]

[출력형태]

원본 이미지			C:₩에듀윌 GTQ 1급₩Step 3₩4회₩Image₩1급-4.jpg, 1급-5.jpg, 1급-6.jpg
파일 저장 규칙	JPG	파일명	문서₩GTQ₩수험번호-성명-2.jpg
		크기	400×500 pixels
	PSD	파일명	문서₩GTQ₩수험번호-성명-2.psd
		크기	40×50 pixels

1. 그림 효과
   ① 1급-4.jpg : 필터 - Dry Brush(드라이 브러시)
   ② 색상 보정 : 1급-5.jpg - 노란색, 빨간색 계열로 보정
   ③ 1급-5.jpg : 레이어 스타일 - Bevel and Emboss(경사와 엠보스)
   ④ 1급-6.jpg : 레이어 스타일 - Inner Shadow(내부 그림자)
   ⑤ Shape Tool(모양 도구) :
      - 모래시계 모양 (#996699, 레이어 스타일 - Stroke(선/획)(2px, #cccccc))
      - 나뭇잎 모양 (#66cc33, 레이어 스타일 - Inner Shadow(내부 그림자))

2. 문자 효과
   ① 면역증강 요법 (굴림, 40pt, 레이어 스타일 - 그라디언트 오버레이(#ffff66, #99ff99, #333399), Drop Shadow(그림자 효과))

문제 3 [실무응용] 포스터 제작 [25점]

다음의 조건에 따라 아래의 출력형태와 같이 작업하시오.

조건

원본 이미지	C:₩에듀윌 GTQ 1급₩Step 3₩4회₩Image₩1급-7.jpg, 1급-8.jpg, 1급-9.jpg, 1급-10.jpg, 1급-11.jpg		
파일 저장 규칙	JPG	파일명	문서₩GTQ₩수험번호-성명-3.jpg
		크기	600×400 pixels
	PSD	파일명	문서₩GTQ₩수험번호-성명-3.psd
		크기	60×40 pixels

1. 그림 효과
   ① 배경 : #006666
   ② 1급-7.jpg : Blending Mode(혼합 모드) – Screen(스크린), Opacity(불투명도)(80%)
   ③ 1급-8.jpg : 필터 – Film Grain(필름 그레인), 레이어 마스크 – 가로 방향으로 흐릿하게
   ④ 1급-9.jpg : 필터 – Crosshatch(그물눈)
   ⑤ 1급-10.jpg : 레이어 스타일 – Stroke(선/획)(5px, 그라디언트(#003399, #ff9900))
   ⑥ 1급-11.jpg : 색상 보정 – 노란색 계열로 보정, 레이어 스타일 – Bevel and Emboss(경사와 엠보스)
   ⑦ 그 외 출력형태 참조

2. 문자 효과
   ① 면역력 높이는 음식 (궁서, 42pt, 레이어 스타일 – 그라디언트 오버레이(#cc33ff, #006666, #ff9900), Stroke(선/획)(2px, #99ccff), Drop Shadow(그림자 효과))
   ② 마늘 / 생강 / 꿀 (돋움, 16pt, #ffffff, 레이어 스타일 – Stroke(선/획)(2px, #666633))
   ③ Foods that boost immunity (Arial, Regular, 25pt, 18pt, #cc00cc, #003366, 레이어 스타일 – Stroke(선/획)(2px, #ffffff))
   ④ 우리 주변에서 쉽게 접할 수 있는 건강식품은?
      (돋움, 18pt, 레이어 스타일 – 그라디언트 오버레이(#66cc00, #ffcc00), Stroke(선/획)(2px, #333333))

출력형태

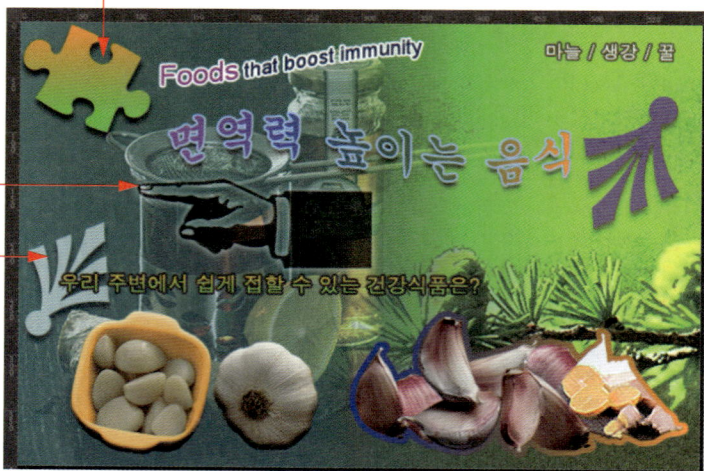

Shape Tool(모양 도구) 사용
레이어 스타일 – 그라디언트 오버레이(#66cc00, #ff9900),
Drop Shadow(그림자 효과)

Shape Tool(모양 도구) 사용
#000000, 레이어 스타일 –
Outer Glow(외부 광선),
Opacity(불투명도)(60%)

Shape Tool(모양 도구) 사용
#6600ff, #ffffff, 레이어 스타일
– Drop Shadow(그림자 효과),
Opacity(불투명도)(60%)

 저장은 필수!

| 문제 4 | 실무응용 웹 페이지 제작 [35점] |

다음의 조건에 따라 아래의 출력형태와 같이 작업하시오.

조건

원본 이미지	C:\에듀윌 GTQ 1급\Step 3\4회\Image\1급-12.jpg, 1급-13.jpg, 1급-14.jpg, 1급-15.jpg, 1급-16.jpg, 1급-17.jpg		
파일 저장 규칙	JPG	파일명	문서\GTQ\수험번호-성명-4.jpg
		크기	600×400 pixels
	PSD	파일명	문서\GTQ\수험번호-성명-4.psd
		크기	60×40 pixels

1. 그림 효과
   ① 배경 : #cccccc
   ② 패턴(전구, 물음표 모양) : #ffffff, #9900ff, Opacity(불투명도)(60%)
   ③ 1급-12.jpg : Blending Mode(혼합 모드) – Hard Light(하드 라이트), 레이어 마스크 – 대각선 방향으로 흐릿하게
   ④ 1급-13.jpg : 필터 – Dry Brush(드라이 브러시), 레이어 마스크 – 가로 방향으로 흐릿하게
   ⑤ 1급-14.jpg : 레이어 스타일 – Bevel and Emboss(경사와 엠보스), Drop Shadow(그림자 효과)
   ⑥ 1급-15.jpg : 필터 – Film Grain(필름 그레인), 레이어 스타일 – Drop Shadow(그림자 효과)
   ⑦ 1급-16.jpg : 색상 보정 – 파란색 계열로 보정, 레이어 스타 – Bevel and Emboss(경사와 엠보스)
   ⑧ 그 외 출력형태 참조

2. 문자 효과
   ① 코로나19 서울시 생활정보 (굴림, 45pt, 레이어 스타일 – 그라디언트 오버레이(#3300ff, #ff6600),
      Stroke(선/획)(3px, #ffffff))
   ② http://mediahub.seoul.go.kr/corona19 (Times New Roman, Bold, 16pt, #330066,
      레이어 스타일 – Stroke(선/획)(2px, #ffffff))
   ③ 지금! 가장 필요한 정보 (궁서, 16pt, #993300, 레이어 스타일 – Stroke(선/획)(2px,#ffff99))
   ④ 주요뉴스 생활지원 랜선공연 (돋움, 16pt, #000000, #cc0066, 레이어 스타일 – Stroke(선/획)(2px, #ffffff))

출력형태

Pen Tool(펜 도구) 사용
#ffcc99, #33cccc,
레이어 스타일 –
Drop Shadow(그림자 효과)

Shape Tool(모양 도구) 사용
#cccc33, 레이어 스타일 –
Inner Shadow(내부 그림자),
Opacity(불투명도)(80%)

Shape Tool(모양 도구) 사용
#ffff00, 레이어 스타일 –
Drop Shadow(그림자 효과)

Shape Tool(모양 도구) 사용
레이어 스타일 – 그라디언트 오버레이(#996699, #ffffff),
Stroke(선/획)(2px, #996699)

제4회 GTQ 기출문제 함께 보는 간단해설

문제 1 [기능평가] 고급 Tool(도구) 활용

☑ 문제 풀이 순서

1 새 작업 파일 만들기→**2** 필터 적용하기→**3** 소독약 용기 모양 패스 작업하기→**4** 클리핑 마스크 적용하기→**5** 이미지 및 모양 도구 배치하기→**6** 문자 입력하기→**7** 저장 및 파일 전송하기

☑ 감점방지 TIP

- 포토샵 CC 버전 기본 환경에서는 둥근 모서리 사각형을 구현하기 위해서 사각 도형 패스를 그린 후 라이브코너 아이콘이나, Appearance(모양) 항목에서 모서리 값을 수정하여 만든다.
- 패스 오브젝트들의 정렬이 필요한 경우, Options Bar(옵션 바)에서 Align(맞춤) 기능을 활용한다.

1 새 작업 파일 만들기

01 새로운 작업 파일을 만들기 위해 [File(파일)] – [New(새로 만들기)]([Ctrl]+[N])를 선택한다. [New Document(새로운 문서 만들기)] 대화상자가 열리면 문제지의 〈조건〉을 참고하여 작업 파일 세부정보를 입력한다.

> **〈조건〉**
> Width(폭): 400, Height(높이): 500, 단위: Pixels(픽셀), Resolution(해상도): 72(pixel/inch), Color Mode(색상 모드): RGB, 8bit, Background Contents(배경 내용): White(흰색)

02 [File(파일)] – [Save As(다른 이름으로 저장)]([Shift]+[Ctrl]+[S])를 선택한다. '저장 경로: 내 PC₩문서₩GTQ, 파일명: 수험번호-성명-1.psd'로 저장한다.

03 작업 파일에 눈금자를 표시하기 위해 [View(보기)] – [Rulers(눈금자)]([Ctrl]+[R])를 선택한다.

04 [Edit(편집)] – [Preference(환경 설정)] – [General(일반)]([Ctrl]+[K])을 선택한다. [Preference(환경 설정)] 대화상자가 열리면 왼쪽 옵션 중 [Guides, Grid & Slices(안내선, 격자 및 분할 영역)] 클릭 후 [Grid(격자)] 세부 항목의 'Gridline Every(격자 간격): 100, pixels(픽셀), Subdivisions(세분): 1'로 입력, 'Grid Color(색상)'를 클릭해 색상을 채도가 높은 색상으로 설정한다.

05 [View(보기)] – [Show(표시)] – [Grid(격자)]([Ctrl]+[']) 를 눌러 격자를 표시하고 색상을 확인한다.

2 필터 적용하기

01 [File(파일)] – [Open(열기)]([Ctrl]+[O])을 선택하여 1급-1.jpg를 불러온다. [Ctrl]+[A]를 눌러 전체 이미지를 선택하여 복사([Ctrl]+[C])하고, 작업 파일에 붙여넣기([Ctrl]+[V])한다. [Ctrl]+[T]를 누르고 〈출력형태〉를 참고하여 이미지 크기를 조절한다.

02 필터 효과를 적용하기 위해 [Filter(필터)] – [Filter Gallery(필터 갤러리)]를 선택한다. [Filter Gallery(필터 갤러리)] 대화상자가 열리면 [Artistic(예술 효과)] – [Cutout(오려내기)]를 선택한다.

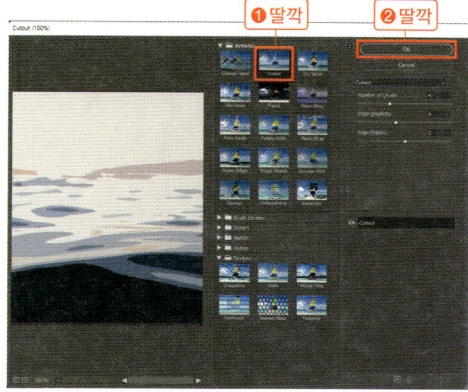

3 소독약 용기 모양 패스 작업하기

01 Rectangle Tool(사각형 도구, ■)을 선택하고 Options Bar(옵션 바)에서 Path(패스) 설정을 'Pick tool mode(선택 도구 모드): shape(모양), Fill(칠): 임의의 색, Stroke(획): No color(없음)'로 지정 후 출력형태 에서 제시한 소독약 용기 모양의 사각형을 그린다.

02 Properties(속성) 패널에서 Appearance(모양) 항목의 모서리 옵션에서 링크 버튼을 해제한 후, '모서리 상단: 30px, 30px, 모서리 하단: 15px, 15px'로 설정한다.

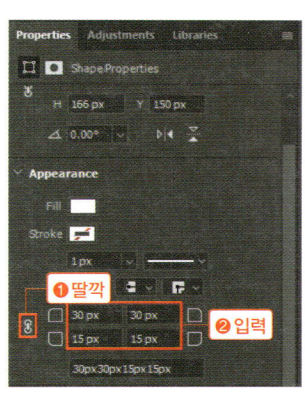
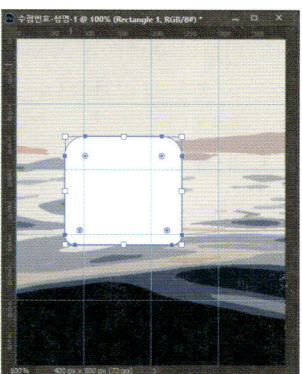

알아두면 좋은 TIP

〈둥근 모서리 사각형 만들기〉
• 동일한 모서리 크기로 조정: 링크가 체크되어 있으면 모서리 값을 하나만 바꿔도 4개의 값이 동일하게 변경된다. CC버전은 사각형 내부의 생성된 라이브 코너(◉)를 도형 안쪽으로 드래그하면 동일한 값으로 조정된다.

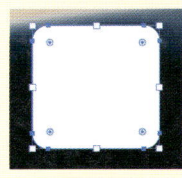
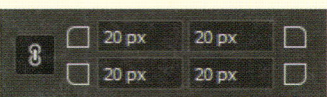

- 각각 다른 모서리 크기로 조정: 링크가 해제되면 모서리마다 다른 반지름 값으로 설정할 수 있다.

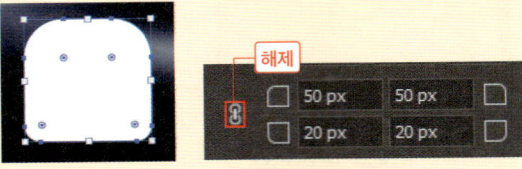

- 사각형 내부의 생성된 라이브 코너(⊙)를 도형 안쪽 끝까지 이동시키면 끝이 둥근 사각형(캡슐 모양)이 만들어진다.

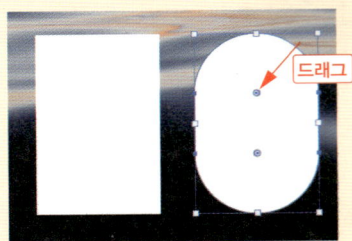

- 도형 사이즈가 작아 라이브 코너(⊙)가 화면에 구현되지 않는 경우, Alt 를 누르면서 마우스 스크롤을 위로 올려 도형을 확대 후 작업하면 된다.

03 계속해서 Rectangle Tool(사각형 도구, ▢)로 직사각형과 둥근 모서리 사각형을 생성해 출력형태 에서 제시한 소독약 용기 모양을 만든다.

04 생성된 Shape(모양) 레이어를 하나의 레이어로 만들기 위해 오른쪽 레이어 패널에서 Shift 를 누른 채로 클릭하여 동시 선택한다. 선택된 레이어에서 마우스 오른쪽을 클릭해 [Merge Shapes(모양 병합)](Ctrl + E)를 적용한다.

05 Path Selection Tool(패스 선택 도구, ▶)로 드래그하여 모든 패스를 선택하고, Options Bar(옵션 바)의 Path alignment(패스 맞춤)에서 'Align(맞춤): Align horizontal center(수평 중앙 맞춤, ▤)'를 선택해 정렬한다.

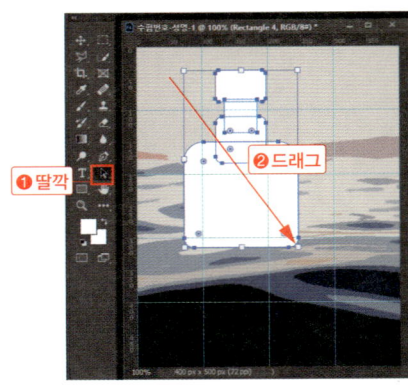 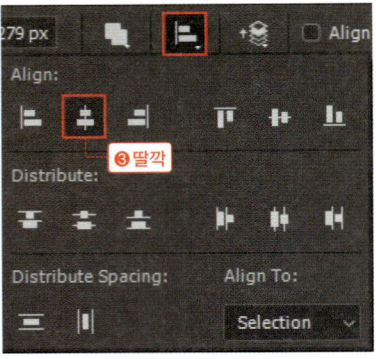

06 Options Bar(옵션 바)에서 'Path operations(패스 작업): Combine Shapes(모양 결합, ▣)'로 설정을 변경하고, Pen Tool(펜 도구, ✎)을 선택하여 소독약 용기의 나머지 부분을 그린다.

07 하나의 패스로 병합하기 위해 Path Selection Tool(패스 선택 도구, ▶)를 선택하고, 드래그하여 모든 패스를 선택한 후, Options Bar(옵션 바)에서 'Merge Shape Components(모양 병합 구성 요소, ▣)'를 클릭한다.

08 Options Bar(옵션 바)에서 'Path operations(패스 작업): Subtract Front Shape(전면 모양 빼기, ▣)로 변경하고, Rectangle Tool(사각형 도구, ▢)로 삭제될 영역을 그린다.

09 Path Selection Tool(패스 선택 도구, ▶)를 선택하고 드래그하여 모든 패스를 선택한 후, Options Bar(옵션 바)에서 'Merge Shape Components(모양 병합 구성 요소, ▣)'를 클릭한다.

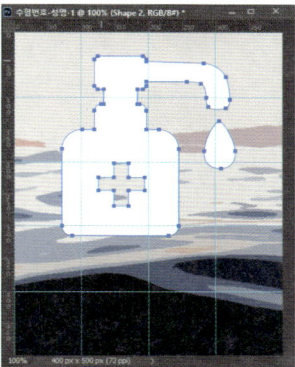

10 화면 오른쪽의 Paths(패스) 패널에서 'Work Path(작업 패스)'를 더블클릭한 후, [Save Path(패스 저장)] 대화 상자가 열리면 소독약을 입력하여 저장한다.

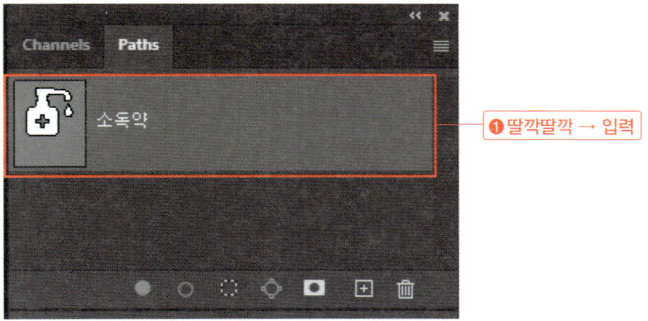

4 클리핑 마스크 적용하기

01 [File(파일)] – [Open(열기)]([Ctrl]+[O])을 선택하여 1급-2.jpg를 불러온다. [Ctrl]+[A]를 눌러 전체 이미지를 선택하여 복사([Ctrl]+[C])하고, 작업 파일에 붙여넣기([Ctrl]+[V])한다. [Ctrl]+[T]를 누르고 [Shift]를 누르면서 출력형태 와 같이 소독약 모양 패스 레이어 위에 배치한 후 [Enter]를 누른다.

02 소독약 용기 모양 레이어와 '1급-2' 레이어 사이에 마우스 커서를 놓고 [Alt]를 누른 상태로 클릭하여 Clipping Mask(클리핑 마스크)를 적용한다. 소독약 용기 모양 레이어를 선택하고 레이어 패널 하단의 [Add a Layer style(레이어 스타일 추가, fx)] – [Stroke(획)]를 클릭한다.

조건
- Stroke(획) ▶ Size(크기): 3px, Fill Type(칠 유형): Gradient(그레이디언트) – 시작점: #6633ff, 끝점: #ffff00, Angle(각도): -90°
- Inner Shadow(내부 그림자) ▶ 체크

5 이미지 및 모양 도구 배치하기

01 [File(파일)] – [Open(열기)]([Ctrl]+[O])을 선택하여 1급-3.jpg를 불러온다. Quick Selection Tool(빠른 선택 도구,)로 '1급-3.jpg' 이미지의 손 부분을 선택한다. 선택 영역을 복사([Ctrl]+[C])한 후, 작업 파일에 붙여넣기([Ctrl]+[V])한다. [Ctrl]+[T]를 누르고 출력형태 와 같이 배치한 후 [Enter]를 누른다. 레이어 패널 하단의 [Add a Layer style(레이어 스타일 추가, fx)] – [Bevel and Emboss(경사와 엠보스)]를 클릭한다.

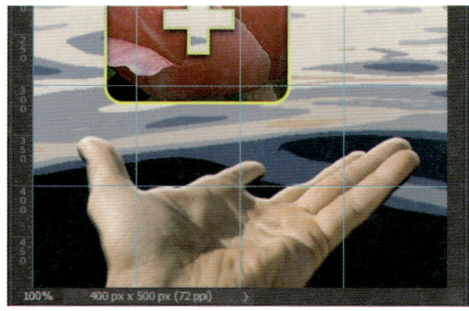

조건
Bevel and Emboss(경사와 엠보스) ▶ 체크

02 Custom Shape Tool(사용자 정의 모양 도구,)을 선택하고, Options Bar(옵션 바)에서 'Fill(칠): #336633' 으로 지정한 후, 나뭇잎 모양을 찾아 드래그하여 그린 후 Enter 를 눌러 Shape 레이어를 생성한다. 레이어 패널 하단의 [Add a Layer style(레이어 스타일 추가,)] – [Inner Shadow(내부 그림자)]를 클릭한다.

> 조건
> • 나뭇잎 모양: [All Legacy Default Shapes(모든 레거시 기본 모양)] – [Nature(자연)] – [Leaf 4(나뭇잎 4)]
> • Inner Shadow(내부 그림자) ▶ 체크

03 Custom Shape Tool(사용자 정의 모양 도구,)을 클릭하고, Options Bar(옵션 바)에서 'Fill(칠): #ff9933'으 로 지정한 후, 꽃 모양을 찾아 드래그하여 그린 후 Enter 를 눌러 Shape 레이어를 생성한다. 레이어 패널 하단의 [Add a Layer style(레이어 스타일 추가,)] – [Outer Glow(외부 광선)]를 클릭한다.

> 조건
> • 꽃 모양: [All Legacy Default Shapes(모든 레거시 기본 모양)] – [Nature(자연)] – [Flower 1(꽃 1)]
> • Outer Glow(외부 광선) ▶ 체크

04 꽃 모양 레이어를 선택하고 Ctrl + J 를 눌러 복사한다. 복사된 꽃 모양 레이어를 선택하고 Ctrl + T 를 눌러 출력형태 와 같이 배치한 후, 레이어의 썸네일을 더블클릭하여 'Color(색상): #ffffff'로 변경한다.

6 문자 입력하기

01 Type Tool(수평 문자 도구, T.)을 클릭하고 출력형태의 문자 부분과 같은 지점을 클릭한다. Immune System을 입력하고 Options Bar(옵션 바) 또는 Properties(속성) 패널에서 조건과 같이 세부정보를 입력한다. 레이어 패널 하단의 [Add a Layer style(레이어 스타일 추가, fx)] – [Gradient Overlay(그레이디언트 오버레이)]를 클릭한다.

> **조건**
> - Font(글꼴): Times New Roman, Style(스타일): Regular, Size(크기): 42pt
> - Gradient Overlay(그레이디언트 오버레이) ▶ Gradient(그레이디언트) – 시작점: #33ffff, 중간점: #ff99ff, 끝점: #ffff00, Style(스타일): Linear(선형), Angle(각도): 90°
> - Drop Shadow(드롭 섀도) ▶ 체크

02 Options Bar(옵션 바)에서 Create Warped text(뒤틀어진 텍스트 만들기, ⊥)를 클릭한다. [Warped text(텍스트 뒤틀기)] 대화상자에 문제지의 출력형태와 같이 세부정보를 입력한다. Ctrl + T 를 누르고 출력형태와 같이 회전하고 배치한 후 Enter 를 누른다.

> **조건**
> Style(스타일): Rise(상승), Bend(구부리기): 80%

7 저장 및 파일 전송하기

01 작업이 완료되면 문제지의 출력형태와 작업 파일을 비교하여 레이어의 순서, 이미지 위치를 최종 점검한다.
02 [File(파일)] - [Save As a Copy(사본 저장)](Alt + Ctrl + S)를 선택하고, '저장 경로: 내 PC\문서\GTQ, 파일형식: JPEG, 파일이름: 수험번호-성명-1'로 저장한다.
03 제출용 PSD 파일을 만들기 위해 [Image(이미지)] - [Image Size(이미지 크기)](Alt + Ctrl + I)를 클릭한다. [Image Size(이미지 크기)] 대화상자가 열리면 문제지의 조건을 확인하여 세부정보를 입력하여 작업 사이즈의 1/10 사이즈로 축소한다.

> **조건**
> Constrain as pect ratio(종횡비 제한): 체크, Width(폭): 40px, Height(높이): 50px

04 [File(파일)] - [Save As(다른 이름으로 저장)](Shift + Ctrl + S)를 선택하고, '저장 경로: 내 PC\문서\GTQ, 파일형식: PSD, 파일이름: 수험번호-성명-1'로 저장한다.
05 답안 전송 프로그램을 이용하여 저장된 jpg, psd 파일을 감독관 컴퓨터로 전송한다.

문제 2 [기능평가] 사진편집 응용

☑ **문제 풀이 순서**

1️⃣ 새 작업 파일 만들기→2️⃣ 필터 적용하기→3️⃣ 색상 보정하기→4️⃣ 이미지 및 모양 도구 배치하기→5️⃣ 문자 입력하기→6️⃣ 저장 및 파일 전송하기

☑ **감점방지 TIP**

색상 보정을 2개 색상으로 해야 하는 경우, 색상별로 영역 선택 후 [Hue/Saturation(색조/채도)]을 적용해야 한다.

1 새 작업 파일 만들기

01 새로운 작업 파일을 만들기 위해 [File(파일)] − [New(새로 만들기)]([Ctrl]+[N])를 선택한다. [New Document(새로운 문서 만들기)] 대화상자가 열리면 문제지의 조건을 참고하여 작업 파일 세부정보를 입력한다.

> **조건**
> Width(폭): 400, Height(높이): 500, 단위: Pixels(픽셀), Resolution(해상도): 72(pixel/inch), Color Mode(색상 모드): RGB, 8bit, Background Contents(배경 내용): White(흰색)

02 [File(파일)] − [Save As(다른 이름으로 저장)]([Shift]+[Ctrl]+[S])를 선택한다. '저장 경로: 내 PC₩문서₩GTQ, 파일명: 수험번호-성명-2.psd'로 저장한다.
03 작업 파일에 눈금자를 표시하기 위해 [View(보기)] − [Rulers(눈금자)]([Ctrl]+[R])를 선택한다.
04 [View(보기)] − [Show(표시)] − [Grid(격자)]([Ctrl]+['])를 눌러 격자를 표시한다.

2 필터 적용하기

01 [File(파일)] − [Place Embedded(포함 가져오기)]를 선택하여 1급-4.jpg를 불러온 후, [Enter]를 눌러 이미지를 고정한다.
02 [Filter(필터)] − [Filter Gallery(필터 갤러리)]를 선택한다. [Filter Gallery(필터 갤러리)] 대화상자가 열리면 [Artistic(예술 효과)] −[Dry Brush(드라이 브러시)]를 선택한다.

3 색상 보정하기

01 [File(파일)] – [Open(열기)]([Ctrl]+[O])을 선택하여 1급-5.jpg를 불러온다. Quick Selection Tool(빠른 선택 도구,)로 청진기를 드래그하여 선택 영역으로 지정한다. 사용할 영역을 복사([Ctrl]+[C])한 후, 작업 파일로 돌아와 붙여넣기([Ctrl]+[V])한다. [Ctrl]+[T]를 누르고 출력형태와 같이 배치한 후 [Enter]를 누른다.

02 Quick Selection Tool(빠른 선택 도구,)로 출력형태의 청진기에서 노란색 계열 부분을 선택하고, 레이어 패널 하단의 [Create new fill or adjustment layer(새 칠 또는 조정 레이어 생성,)] – [Hue/Saturation(색조/채도)]을 선택한다. Properties(속성) 패널의 [Hue/Saturation(색조/채도)] 항목에서 'Hue(색조): 80'으로 입력하여 노란색 계열로 변경한다.

03 이어서 Quick Selection Tool(빠른 선택 도구,)로 청진기에서 빨간색 계열 부분을 선택하고, 레이어 패널 하단의 'Create new fill or adjustment layer(새 칠 또는 조정 레이어 생성,)'를 클릭하고 [Hue/Saturation(색조/채도)]을 선택한다. Properties(속성) 패널의 [Hue/Saturation(색조/채도)] 항목에서 'Colorize(색상화): 체크, Hue(색조): 0, Saturation(채도): 70, Lightness(명도): -10'으로 입력하여 빨간색 계열로 변경한다.

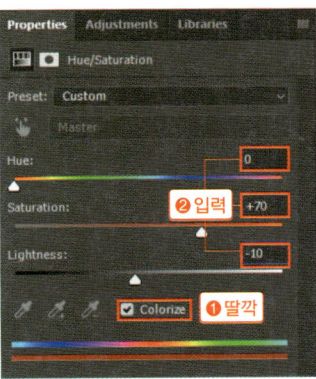 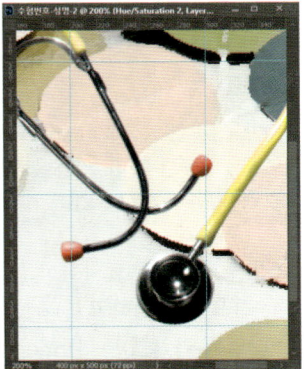

04 레이어 패널 하단의 [Add a Layer style(레이어 스타일 추가,)] – [Bevel and Emboss(경사와 엠보스)]를 클릭한다.

4 이미지 및 모양 도구 배치하기

01 [File(파일)] − [Open(열기)]([Ctrl]+[O])을 선택하여 1급-6.jpg를 불러온다. Quick Selection Tool(빠른 선택 도구,)로 이미지 내의 약병을 선택 영역으로 지정한다. 선택한 영역을 복사([Ctrl]+[C])한 후, 작업 파일에 붙여넣기([Ctrl]+[V])한다. [Ctrl]+[T]를 누른 후, 마우스 오른쪽을 클릭해 [Flip Horizontal(가로로 뒤집기)]을 선택하고 출력형태와 같이 배치한 후 [Enter]를 누른다.

02 '1급-6' 레이어가 선택된 상태에서 레이어 패널 하단의 [Add a Layer style(레이어 스타일 추가,)] − [Inner Shadow(내부 그림자)]를 클릭한다.

조건

Inner Shadow(내부 그림자) ▶ 체크

03 Custom Shape Tool(사용자 정의 모양 도구,)을 클릭하고, 모래 시계 모양을 찾아 드래그하여 그린 후 Options Bar(옵션 바)에서 'Fill(칠): #996699'로 지정하고 [Enter]를 눌러 Shape 레이어를 생성한다. 레이어 패널 하단의 [Add a Layer style(레이어 스타일 추가,)] − [Stroke(획)]를 선택한다.

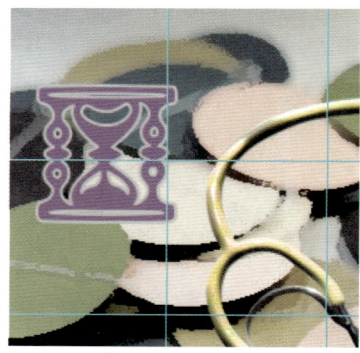

조건

- 모래 시계 모양: [All Legacy Default Shapes(모든 레거시 기본 모양)] − [Objects(물건)] − [Hourglass(모래 시계)]
- Stroke(획) ▶ Size(크기): 2px, Color(색상): #cccccc

04 Custom Shape Tool(사용자 정의 모양 도구,)을 클릭하고, 나뭇잎 모양을 찾아 드래그하여 그린 후 Options Bar(옵션 바)에서 'Fill(칠): #66cc33'으로 지정하고 [Enter]를 눌러 Shape 레이어를 생성한다. 레이어 패널 하단의 [Add a Layer style(레이어 스타일 추가,)] − [Inner Shadow(내부 그림자)]를 클릭한다.

> **조건**
> - 나뭇잎 모양: [All Legacy Default Shapes(모든 레거시 기본 모양)] – [Nature(자연)] – [Fern(고사리)]
> - Inner Shadow(내부 그림자) ▶ 체크

05 Ctrl+T를 누르고 마우스 오른쪽을 클릭하여 [Flip Horizontal(가로로 뒤집기)]을 선택하고, 레이어 패널에서 나뭇잎 모양 레이어를 청진기 레이어 아래로 이동시킨다.

5 문자 입력하기

01 Type Tool(수평 문자 도구, T)을 클릭하고 출력형태의 문자 부분과 같은 지점을 클릭한다. 면역증강 요법을 입력하고 Options Bar(옵션 바) 또는 Properties(속성) 패널에서 조건과 같이 세부정보를 입력한다. 레이어 패널 하단의 [Add a Layer style(레이어 스타일 추가, fx)] – [Gradient Overlay(그레이디언트 오버레이)]를 클릭한다.

> **조건**
> - Font(글꼴): 굴림, Size(크기): 40pt
> - Gradient Overlay(그레이디언트 오버레이) ▶ Gradient(그레이디언트) – 시작점: #ffff66, 중간점: #99ff99, 끝점: #333399, Style(스타일): Linear(선형), Angle(각도): 0°
> - Drop Shadow(드롭 섀도) ▶ 체크

02 Options Bar(옵션 바)에서 Create Warped text(뒤틀어진 텍스트 만들기, ⊥)를 클릭한다. [Warped text(텍스트 뒤틀기)] 대화상자에 문제지의 출력형태와 같이 세부정보를 입력한다. Ctrl+T를 누르고 출력형태와 같이 회전하고 배치한 후 Enter를 누른다.

> **조건**
> Style(스타일): Shell Lower(아래가 넓은 조개), Bend(구부리기): 30%

6 저장 및 파일 전송하기

01 작업이 완료되면 문제지의 출력형태와 작업 파일을 비교하여 레이어의 순서, 이미지 위치를 최종 점검한다.

02 [File(파일)] - [Save As a Copy(사본 저장)](Alt+Ctrl+S)를 선택하고, '저장 경로: 내 PC₩문서₩GTQ, 파일형식: JPEG, 파일이름: 수험번호-성명-2'로 저장한다.

03 제출용 PSD 파일을 만들기 위해 [Image(이미지)] - [Image Size(이미지 크기)](Alt+Ctrl+I)를 클릭한다. [Image Size(이미지 크기)] 대화상자가 열리면 문제지의 조건을 확인하여 세부정보를 입력하여 작업 사이즈의 1/10 사이즈로 축소한다.

> **조건**
> Constrain aspect ratio(종횡비 제한): 체크, Width(폭): 40px, Height(높이): 50px

04 [File(파일)] - [Save As(다른 이름으로 저장)](Shift+Ctrl+S)를 선택하고, '저장 경로: 내 PC₩문서₩GTQ, 파일형식: PSD, 파일이름: 수험번호-성명-2'로 저장한다.

05 답안 전송 프로그램을 이용하여 저장된 jpg, psd 파일을 감독관 컴퓨터로 전송한다.

문제 3 실무응용 포스터 제작

☑ 문제 풀이 순서
1 새 작업 파일 만들기→**2** 혼합 모드와 레이어 마스크 적용하기→**3** 클리핑 마스크 적용하기→**4** 이미지 배치 및 색상 보정하기→**5** 문자 입력하기→**6** 모양 도구 배치하기→**7** 저장 및 파일 전송하기

☑ 감점방지 TIP
- 투명도에 대한 문제는 모든 지시사항을 적용 후, 레이어 패널의 Opacity(불투명도) 항목에서 설정을 변경한다.
- 합성되는 이미지의 중복되는 부분을 고려하여 마스크 레이어의 그레이디언트 폭을 설정한다.

1 새 작업 파일 만들기

01 새로운 작업 파일을 만들기 위해 [File(파일)] – [New(새로 만들기)](Ctrl + N)를 선택한다. [New Document(새로운 문서 만들기)] 대화상자가 열리면 문제지의 조건을 참고하여 작업 파일 세부정보를 입력한다.

> **조건**
> Width(폭): 600, Height(높이): 400, 단위: Pixels(픽셀), Resolution(해상도): 72(pixel/inch), Color Mode(색상 모드): RGB, 8bit, Background Contents(배경 내용): White(흰색)

02 [File(파일)] – [Save As(다른 이름으로 저장)](Shift + Ctrl + S)를 선택한다. '저장 경로: 내 PC\문서\GTQ, 파일명: 수험번호-성명-3.psd'로 저장한다.
03 작업 파일에 눈금자를 표시하기 위해 [View(보기)] – [Rulers(눈금자)](Ctrl + R)를 선택한다.
04 [View(보기)] – [Show(표시)] – [Grid(격자)](Ctrl + ')를 눌러 격자를 표시한다.

2 혼합 모드와 레이어 마스크 적용하기

01 Tool Box(도구 상자) 하단의 전경색을 더블클릭한다. [Color Picker(색상 피커)] 대화상자가 열리면 #006666 을 입력하고 [OK(확인)]를 클릭한다. 작업 영역을 전경색으로 채우기 위해 Alt + Delete 를 누른다.

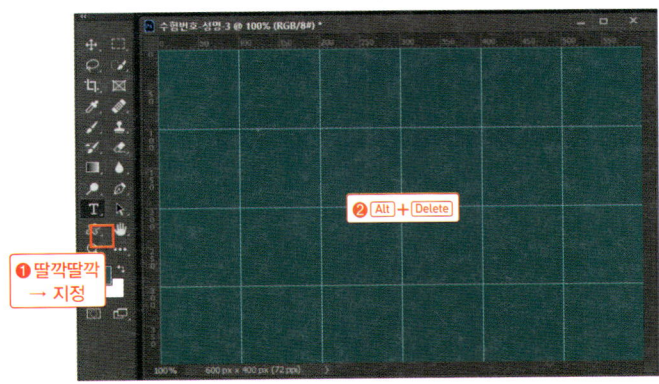

02 [File(파일)] – [Place Embedded(포함 가져오기)]를 선택하여 1급-7.jpg부터 1급-11.jpg까지 순서대로 불러온다. Shift를 누르고 1급-7.jpg, 1급-11.jpg를 클릭하여 불러온 모든 이미지를 선택한 후, 마우스 오른쪽을 클릭하여 [Rasterize Layer(레이어 레스터화)]를 눌러 일반 레이어로 변환한다. 불러온 모든 이미지를 감추기 상태로 만든다.

03 '1급-7' 레이어의 보이기 버튼을 활성화시키고, 레이어 패널의 'Blending Mode(혼합 모드): Screen(스크린), Opacity(불투명도): 80%'로 입력한다.

04 '1급-8' 레이어의 보이기 버튼을 활성화시키고, Ctrl+T를 누르고 마우스 오른쪽을 클릭하여 [Flip Horizontal(가로로 뒤집기)]을 선택하고, 출력형태와 같이 배치한 후 Enter를 누른다. [Filter(필터)] 메뉴에서 [Filter Gallery(필터 갤러리)] – [Artistic(예술 효과)] – [Film Grain(필름 그레인)]을 클릭한다.

05 레이어 패널 하단에 [Add a Layer Mask(레이어 마스크 추가, ▢)]를 클릭한다. Gradient Tool(그레이디언트 도구, ▬)을 선택하고, Options Bar(옵션 바)에서 'Black, White(검정, 흰색)', 'Linear Gradient(선형 그레이디언트)'로 지정하고 출력형태를 참고하여 왼쪽에서 오른쪽으로 드래그한다.

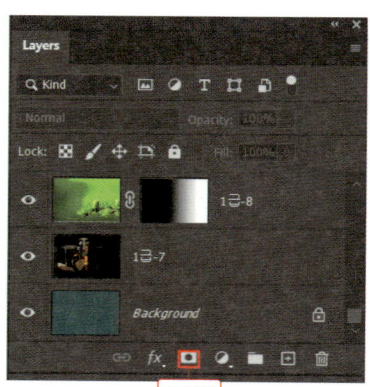 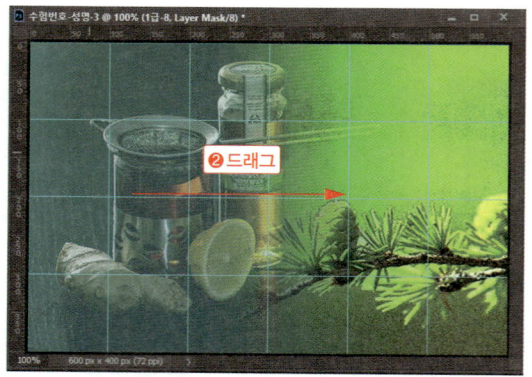

3 클리핑 마스크 적용하기

01 '1급-10' 레이어의 보이기 버튼을 활성화시키고, Quick Selection Tool(빠른 선택 도구,)로 외곽 부분을 선택한 후 Delete 를 눌러 삭제한다. Ctrl + T 를 누르고 마우스 오른쪽을 클릭하여 [Flip Horizontal(가로로 뒤집기)]을 선택하고, 출력형태와 같이 배치한 후 Enter 를 누른다.

02 '1급-10' 레이어가 선택된 상태에서 레이어 패널 하단의 [Add a Layer style(레이어 스타일 추가, fx)] – [Stroke(획)]를 클릭한다. [Layer Style(레이어 스타일)] 대화상자가 열리면 문제지의 조건과 같이 세부정보를 입력한다.

조건

Size(크기): 5px, Fill Type(칠 유형): Gradient(그레이디언트) – 시작점: #003399, 끝점: #ff9900, Style(스타일): Linear(선형), Angle(각도): 0°

03 Quick Selection Tool(빠른 선택 도구,)로 클리핑 마스크를 적용할 영역을 선택 영역으로 지정한다. 클리핑 마스크를 적용할 영역이 선택되면 복사(Ctrl + C)한 후, 붙여넣기(Ctrl + V)한다.

04 '1급-9' 레이어의 보이기 버튼을 활성화시키고, Ctrl + T 를 눌러 출력형태와 같이 배치한 후 Enter 를 누른다. 필터 효과를 적용하기 위해 [Filter(필터)] – [Filter Gallery(필터 갤러리)]를 선택한다. [Filter Gallery(필터 갤러리)] 대화상자가 열리면 [Brush Strokes(브러시 획)] – [Crosshatch(그물눈)]을 선택한다.

05 '1급-9' 레이어를 선택하고 클리핑 마스크 영역으로 설정한 레이어 위로 드래그한다. '1급-9' 레이어를 선택하고 클리핑 마스크 영역으로 설정한 레이어 사이에 마우스를 놓고 Alt 를 누른 채 클릭(Ctrl + Alt + G)한다.

4 이미지 배치 및 색상 보정하기

01 '1급-11' 레이어의 보이기 버튼을 활성화시키고, Quick Selection Tool(빠른 선택 도구,)로 1급-11.jpg 이미지의 마늘을 선택한다. [Select] - [Inverse(반전)](Shift + Ctrl + I)를 선택하여 선택 영역을 반전하고 Delete 를 누른다. Ctrl + D 로 영역설정을 해제한 뒤 Ctrl + T 를 눌러 출력형태 와 같이 배치한 후 Enter 를 누른다.

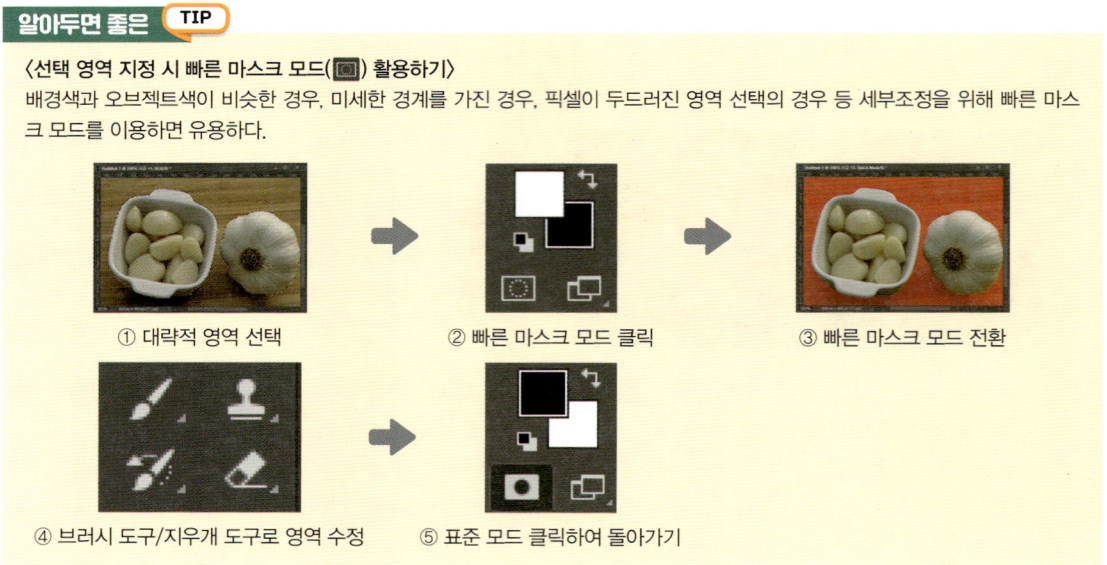

알아두면 좋은 TIP

〈선택 영역 지정 시 빠른 마스크 모드( ) 활용하기〉
배경색과 오브젝트색이 비슷한 경우, 미세한 경계를 가진 경우, 픽셀이 두드러진 영역 선택의 경우 등 세부조정을 위해 빠른 마스크 모드를 이용하면 유용하다.

① 대략적 영역 선택 ② 빠른 마스크 모드 클릭 ③ 빠른 마스크 모드 전환
④ 브러시 도구/지우개 도구로 영역 수정 ⑤ 표준 모드 클릭하여 돌아가기

02 Quick Selection Tool(빠른 선택 도구,)로 출력형태 의 노란색 계열 부분을 선택하고, 레이어 패널 하단의 [Create new fill or adjustment layer(새 칠 또는 조정 레이어 생성,)] - [Hue/Saturation(색조/채도)]을 선택한다. Properties(속성) 패널에서 'Colorize(색상화): 체크, Hue(색조): 40, Saturation(채도): 90, Lightness(명도): −10'으로 입력하여 노란색 계열로 변경한다.

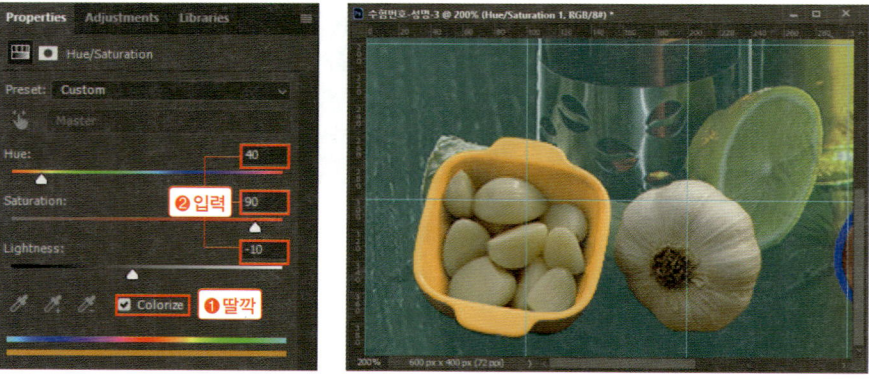

03 '1급-11' 이미지 레이어가 선택된 상태에서 레이어 패널 하단의 [Add a Layer style(레이어 스타일 추가,)] - [Bevel and Emboss(경사와 엠보스)]를 클릭한다.

5 문자 입력하기

01 Type Tool(수평 문자 도구, T)을 클릭하고 출력형태 의 문자 부분과 같은 지점을 클릭한다. 면역력 높이는 음식을 입력하고, Options Bar(옵션 바) 또는 Properties(속성) 패널에서 조건 과 같이 세부정보를 입력한다. 레이어 패널 하단의 [Add a Layer style(레이어 스타일 추가, fx)] – [Gradient Overlay(그레이디언트 오버레이)]를 클릭한다.

> 조건
> - Font(글꼴): 궁서, Size(크기): 42pt
> - Gradient Overlay(그레이디언트 오버레이) ▶ Gradient(그레이디언트) – 시작점: #cc33ff, 중간점: #006666, 끝점: #ff9900, Style(스타일): Linear(선형), Angle(각도): 0°,
> - Stroke(선/획) ▶ 두께: 2px, Color(색상): #99ccff
> - Drop Shadow(드롭 섀도) ▶ 체크

02 Options Bar(옵션 바)에서 Create Warped text(뒤틀어진 텍스트 만들기, ⊥)를 클릭한다. [Warped text(텍스트 뒤틀기)] 대화상자가 열리면 문제지의 출력형태 와 같이 세부정보를 입력한다.

> 조건
> Style(스타일): Flag(깃발), Bend(구부리기): 50%

03 Type Tool(수평 문자 도구, T)을 클릭하고 출력형태 의 문자 부분과 같은 지점을 클릭한다. 마늘 / 생강 / 꿀을 입력하고 Options Bar(옵션 바) 또는 Properties(속성) 패널에서 조건 과 같이 세부정보를 입력한다. 레이어 패널 하단의 [Add a Layer style(레이어 스타일 추가, fx)] – [Stroke(획)]를 클릭한다.

> 조건
> - Font(글꼴): 돋움, Size(크기): 16pt, Color(색상): #ffffff
> - Stroke(획) ▶ Size(크기): 2px, Color(색상): #666633

04 Type Tool(수평 문자 도구, T)을 클릭하고 출력형태 의 문자 부분과 같은 지점을 클릭한다. Foods that boost immunity를 입력하고 Options Bar(옵션 바) 또는 Properties(속성) 패널에서 조건 과 같이 세부정보를 입력한다. 레이어 패널 하단의 [Add a Layer style(레이어 스타일 추가, fx)] – [Stroke(획)]를 클릭한다.

> 조건
> - Font(글꼴): Arial, Style(스타일): Regular, Size(크기) – Foods: 25pt, that boost immunity: 18pt, Color(색상) – Foods: #cc00cc, that boost immunity: #003366
> - Stroke(획) ▶ Size(크기): 2px, Color(색상): #ffffff

05 Options Bar(옵션 바)에서 Create Warped text(뒤틀어진 텍스트 만들기,)를 클릭한다. [Warped text(텍스트 뒤틀기)] 대화상자가 열리면 문제지의 출력형태와 같이 세부정보를 입력한다.

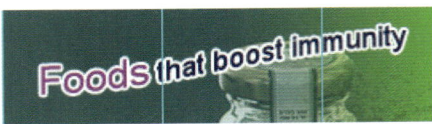

조건
Style(스타일): Rise(상승), Bend(구부리기): 50%

06 Type Tool(수평 문자 도구,)을 클릭하고 출력형태의 문자 부분과 같은 지점을 클릭한다. 우리 주변에서 쉽게 접할 수 있는 건강식품은?을 입력하고 Options Bar(옵션 바) 또는 Properties(속성) 패널에서 조건과 같이 세부정보를 입력한다. 레이어 패널 하단의 [Add a Layer style(레이어 스타일 추가,)] – [Gradient Overlay(그레이디언트 오버레이)]를 클릭한다.

조건
- Font(글꼴): 돋움, Size(크기): 18pt
- Gradient Overlay(그레이디언트 오버레이) ▶ Gradient(그레이디언트) – 시작점: #66cc00, 끝점: #ffcc00, Style(스타일): Linear(선형), Angle(각도): 90°
- Stroke(획) ▶ Size(크기): 2px, Color(색상): #333333

6 모양 도구 배치하기

01 Custom Shape Tool(사용자 정의 모양 도구,)을 클릭하고, 손가락 모양을 찾아 드래그하여 그린 후 Options Bar(옵션 바)에서 'Fill(칠): #000000'으로 지정하고 Enter 를 눌러 Shape 레이어를 생성한다. 레이어 패널 하단의 [Add a Layer style(레이어 스타일 추가,)] – [Outer Glow(외부 광선)]를 클릭한다. 레이어 패널 상단에 'Opacity(불투명도): 60%'를 입력한다.

> 조건
> - 손가락 모양: [All Legacy Default Shapes(모든 레거시 기본 모양)] – [Ornaments(장식)] – [Point Left(왼쪽 표시)]
> - Outer Glow(외부 광선) ▶ 체크

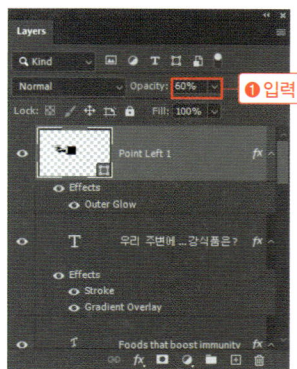 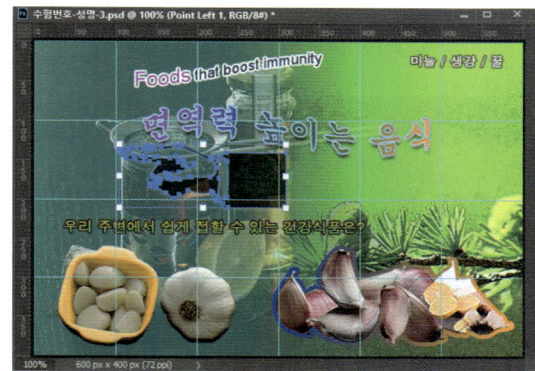

02 Custom Shape Tool(사용자 정의 모양 도구,)을 클릭하고, 퍼즐 모양을 찾아 드래그하여 그린 후 Enter 를 눌러 Shape 레이어를 생성한다. 레이어 패널 하단의 [Add a Layer style(레이어 스타일 추가,)] – [Gradient Overlay(그레이디언트 오버레이)]를 클릭한다. Ctrl + T 를 눌러 출력형태 와 같이 배치한 후 Enter 를 누른다.

> 조건
> - 퍼즐 모양: [All Legacy Default Shapes(모든 레거시 기본 모양)] – [Objects(물건)] – [Puzzle 1(퍼즐 1)]
> - Gradient Overlay(그레이디언트 오버레이) ▶ Gradient(그레이디언트) – 시작점: #66cc00, 끝점: #ff9900, Style(스타일): Linear(선형), Angle(각도): 90°
> - Drop Shadow(드롭 섀도) ▶ 체크

03 Custom Shape Tool(사용자 정의 모양 도구,)을 클릭하고, 장식 7 모양을 찾아 드래그하여 그린 후 Options Bar(옵션 바)에서 'Fill(칠): 6600ff'로 지정하고 Enter를 눌러 Shape 레이어를 생성한다. 레이어 패널 하단의 [Add a Layer style(레이어 스타일 추가,)] - [Drop Shadow(드롭 섀도)]를 클릭한 뒤 레이어 패널 상단의 'Opacity(불투명도): 60%'를 입력한다.

> **조건**
> - 장식 모양: [All Legacy Default Shapes(모든 레거시 기본 모양)] - [Ornaments(장식)] - [Ornament 7(장식 7)]
> - Drop Shadow(드롭 섀도) ▶ 체크

04 'Ornament 7(장식 7)' 레이어를 선택하고 Ctrl + J 를 눌러 복사한다. 복사된 'Ornament 7 copy(장식 7 복사)' 레이어를 선택하고 Ctrl + T 를 눌러 출력형태 와 같이 배치한 후, 레이어의 썸네일을 더블클릭하여 'Color(색상): #ffffff'로 지정한다. Ornament 7(장식 7) copy 레이어를 '우리 주변에서 쉽게 접할 수 있는 건강식품은?' 레이어 아래로 드래그한다.

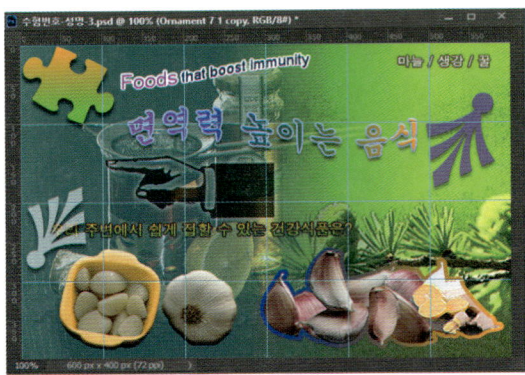

7 저장 및 파일 전송하기

01 작업이 완료되면 문제지의 출력형태 와 작업 파일을 비교하여 레이어의 순서, 이미지 위치를 최종 점검한다.
02 [File(파일)] - [Save As a Copy(사본 저장)](Alt + Ctrl + S)를 선택하고, '저장 경로: 내 PC\문서\GTQ, 파일형식: JPEG, 파일이름: 수험번호-성명-3'으로 저장한다.
03 제출용 PSD 파일을 만들기 위해 [Image(이미지)] - [Image Size(이미지 크기)](Alt + Ctrl + I)를 클릭한다. [Image Size(이미지 크기)] 대화상자가 열리면 문제지의 조건 과 같이 세부정보를 입력하여 작업 사이즈의 1/10 사이즈로 축소한다.

> **조건**
> Constrain as pect ratio(종횡비 제한): 체크, Width(폭): 60px, Height(높이): 40px

04 [File(파일)] - [Save As(다른 이름으로 저장)](Shift + Ctrl + S)를 선택하고, '저장 경로: 내 PC\문서\GTQ, 파일형식: PSD, 파일이름: 수험번호-성명-3'으로 저장한다.

05 답안 전송 프로그램을 이용하여 저장된 jpg, psd 파일을 감독관 컴퓨터로 전송한다.

문제 4 실무응용 웹 페이지 제작

✓ 문제 풀이 순서

1 새 작업 파일 만들기→**2** 이미지 불러오고 패턴 만들기→**3** 레이어 마스크 적용하기→**4** 이미지 보정하기 →**5** 색상 보정하기→**6** 패스 작업과 패턴 적용하기→**7** 문자 입력하기→**8** 모양 도구 배치하기→**9** 저장 및 파일 전송하기

✓ 감점방지 TIP

- 문제지 작업 순서대로 작업하고 나면 출력형태와 레이어 순서가 맞지 않을 수 있다. 작업 후 출력형태와 작업물을 비교하면서 레이어 순서를 조정해야 한다.
- 같은 형태의 '사용자 정의 모양 도구'는 복사하여 사용하면 시간을 절약할 수 있다.

1 새 작업 파일 만들기

01 새로운 작업 파일을 만들기 위해 [File(파일)] - [New(새로 만들기)]([Ctrl]+[N])를 선택한다. [New Document(새로운 문서 만들기)] 대화상자가 열리면 문제지의 조건을 참고하여 작업 파일 세부정보를 입력한다.

> **조건**
>
> Width(폭): 600, Height(높이): 400, 단위: Pixels(픽셀), Resolution(해상도): 72(pixel/inch), Color Mode(색상 모드): RGB, 8bit, Background Contents(배경): White(흰색)

02 [File(파일)] - [Save As(다른 이름으로 저장)]([Shift]+[Ctrl]+[S])를 선택한다. '저장 경로: 내 PC\문서\GTQ, 파일명: 수험번호-성명-4.psd'로 저장한다.
03 작업 파일에 눈금자를 표시하기 위해 [View(보기)] - [Rulers(눈금자)]([Ctrl]+[R])를 선택한다.
04 [View(보기)] - [Show(표시)] - [Grid(격자)]([Ctrl]+[ˈ])를 눌러 격자를 표시한다.

2 이미지 불러오고 패턴 만들기

01 Tool Box(도구 상자) 하단의 전경색을 더블클릭한다. [Color Picker(색상 선택)] 대화상자가 열리면 #cccccc를 입력하고 [OK(확인)]를 클릭한다. 작업영역을 전경색으로 채우기 위해 [Alt]+[Delete]를 누른다.

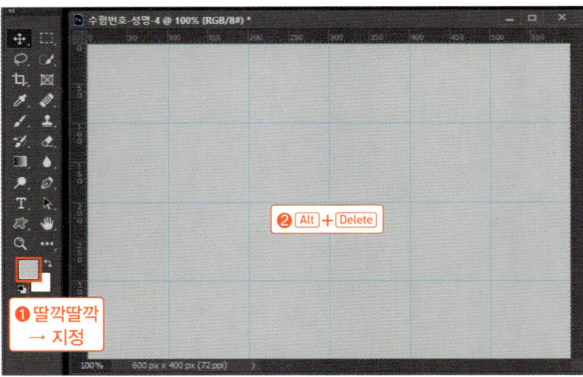

02 [File(파일)] - [Place Embedded(포함 가져오기)]를 선택하여 1급-12.jpg부터 1급-17.jpg까지 불러온다. Shift 를 누르고 1급-12.jpg, 1급-17.jpg를 클릭해 불러온 모든 이미지를 선택한 후, 마우스 오른쪽을 클릭하여 [Rasterize Layer(레스터화)]를 눌러 일반 레이어로 변환한다. 불러온 모든 이미지를 감추기 상태로 만든다.

03 패턴을 만들기 위해 [File(파일)] - [New(새로 만들기)](Ctrl + N)를 선택한다. [New Document(새로운 문서 만들기)] 대화상자가 열리면 문제지의 조건 을 참고하여 작업 파일 세부정보를 입력한다.

> 조건
>
> Width(폭): 45, Height(높이): 45, 단위: Pixels(픽셀), Resolution(해상도): 72(pixel/inch), Color Mode(색상 모드): RGB, 8bit, Background Contents(배경): Transparent(투명)

04 Custom Shape Tool(사용자 정의 모양 도구,)을 클릭하고, 전구 모양을 찾아 작업 영역 왼쪽 상단에 드래그하여 그린 후 Options Bar(옵션 바)에서 'Fill(칠): #ffffff'로 지정하고 Enter 를 눌러 Shape 레이어를 생성한다.

> 조건
>
> 전구 모양: [All Legacy Default Shapes(모든 레거시 기본 모양)] - [Objects(물건)] - [Light Bulb 1(백열 전구 1)]

05 이어서 패턴의 물음표 모양을 그리기 위해 Options Bar(옵션 바)에서 물음표 모양을 찾아 작업 영역 오른쪽 하단에 드래그하여 그린 후 Options Bar(옵션 바)에서 'Fill(칠): #9900ff'로 지정하고 Enter 를 눌러 Shape 레이어를 생성한다.

> 조건
>
> 물음표 모양: [All Legacy Default Shapes(모든 레거시 기본 모양)] - [Symbols(기호)] - [Question Mark(물음표)]

06 [Edit(편집)] - [Define Pattern(사용자 패턴 정의)]을 클릭한다. 'Pattern Name(패턴 이름): 전구_물음표'로 입력하고 [OK(확인)]를 클릭한 후 '4번 문제 작업 파일'로 돌아간다.

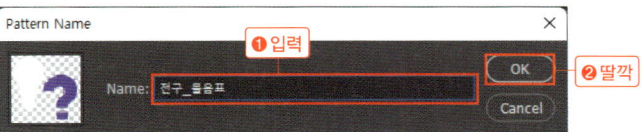

3 레이어 마스크 적용하기

01 '1급-12' 레이어의 보이기 버튼만 활성화시키고 해당 레이어를 선택한다. Ctrl + T 를 누르고 출력형태 와 같이 배치한 후 Enter 를 누른다.

02 레이어 패널에서 'Blending Mode(혼합 모드): Hard Light(하드 라이트)'로 변경한 후, 레이어 패널 하단에 [Add a Layer Mask(레이어 마스크 추가,)]를 클릭한다. Gradient Tool(그레이디언트 도구,)을 선택하고, Options Bar(옵션 바)에서 'Black, White(검정, 흰색)', 'Linear Gradient(선형 그레이디언트)'로 지정하고 출력형태 를 참고하여 오른쪽 상단에서 왼쪽 하단으로 드래그한다.

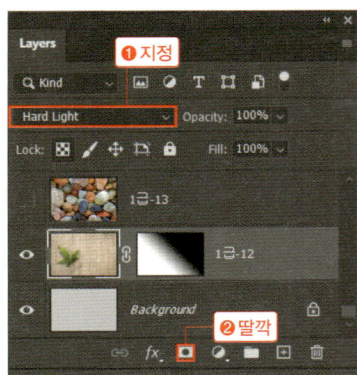

03 '1급-13' 레이어의 보이기 버튼을 활성화시키고, Ctrl+T를 눌러 출력형태와 같이 배치한 후 Enter를 누른다. [Filter(필터)] – [Filter Gallery(필터 갤러리)]를 선택한다. [Filter Gallery(필터 갤러리)] 대화상자가 열리면 [Artistic(예술 효과)] – [Dry Brush(드라이 브러시)]를 선택한다.

04 레이어 패널 하단에 [Add a Layer Mask(레이어 마스크 추가, ▣)]를 클릭한다. Gradient Tool(그레이디언트 도구, ▣)을 선택하고, 출력형태를 참고하여 왼쪽에서 오른쪽으로 드래그한다.

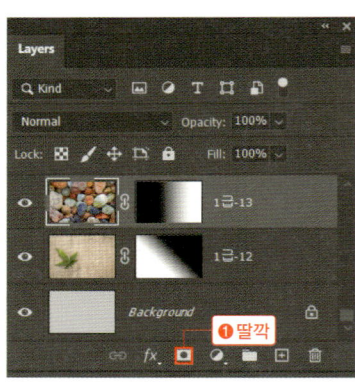

4 이미지 보정하기

01 '1급-14' 레이어의 보이기 버튼을 활성화시키고, Quick Selection Tool(빠른 선택 도구,)로 배경부분을 드래그하여 선택 영역으로 지정한 뒤 Delete 를 눌러 배경부분을 삭제한다. Ctrl + T 를 눌러 출력형태 와 같이 배치한 후 Enter 를 누른다. 레이어 패널 하단의 [Add a Layer style(레이어 스타일 추가, fx)] - [Drop Shadow(드롭 섀도)]를 클릭한다.

조건
- Drop Shadow(드롭 섀도) ▶ 체크
- Bevel and Emboss(경사와 엠보스) ▶ 체크

02 '1급-15' 레이어의 보이기 버튼을 활성화시키고, Quick Selection Tool(빠른 선택 도구,)로 사용할 영역의 외곽 부분을 선택한 후 Delete 를 눌러 외곽 부분을 삭제한다. Ctrl + T 를 누르고 마우스 오른쪽 버튼을 클릭하여 [Flip Horizontal(가로로 뒤집기)]을 선택한 후, 출력형태 를 참고하여 배치한 후 Enter 를 누른다.

03 [Filter(필터)] - [Artistic(예술 효과)] - [Film Grain(필름 그레인)]을 선택한다. 레이어 패널 하단의 [Add a Layer style(레이어 스타일 추가, fx)] - [Drop Shadow(드롭 섀도)]를 클릭한다.

조건
Drop Shadow(드롭 섀도) ▶ 체크

5 색상 보정하기

01 '1급-16' 레이어의 보이기 버튼을 활성화시키고, Quick Selection Tool(빠른 선택 도구,)로 사용할 영역의 외곽 부분을 선택한 후, Delete 를 눌러 외곽 부분을 삭제한다. Ctrl + T 를 눌러 출력형태 와 같이 배치한 후 Enter 를 누른다.

02 Quick Selection Tool(빠른 선택 도구,)로 파란색으로 변경해야 할 영역을 선택하고, 레이어 패널 하단의 [Create new fill or adjustment layer(새 칠 또는 조정 레이어 생성,)] - [Hue/Saturation(색조/채도)]을 선택한다. Properties(속성) 패널에서 'Colorize(색상화): 체크, Hue(색조): 220, Saturation(채도): 80, Lightness(명도): 20'으로 입력하여 파란색 계열로 변경한다.

03 레이어 패널 하단의 [Add a Layer style(레이어 스타일 추가, fx)] - [Bevel and Emboss(경사와 엠보스)]를 클릭한다.

04 '1급-17' 레이어의 보이기 버튼을 활성화시키고, Quick Selection Tool(빠른 선택 도구,)로 사용할 영역의 외곽 부분을 선택한 후, Delete 를 눌러 외곽 부분을 삭제한다. Ctrl + T 를 눌러 출력형태 와 같이 배치한 후 Enter 를 누른다.

6 패스 작업과 패턴 적용하기

01 Rectangle Tool(사각형 도구,)을 선택하고 Options Bar(옵션 바)에서 Path(패스) 설정을 'Pick tool mode(선택 도구 모드): shape(모양), 'Fill(칠): 임의의 색, Stroke(획): No color(색상 없음)'로 지정한다. 출력형태 에서 제시한 콘센트 모양의 사각형을 그린 후, 그려진 사각형 안쪽 모서리의 점을 사각형 안쪽으로 드래그하여 사각형의 모서리를 둥글게 변형한다. 직사각형과 둥근 모서리 사각형을 이용하여 콘센트 모양을 만든다.

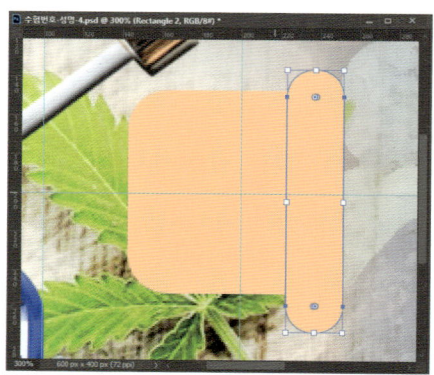

02 레이어 패널에서 Shift를 누른 채로 콘센트 모양의 레이어를 클릭하여 동시 선택한다. Move Tool(이동 도구, ✥)을 선택한 상태에서 Options Bar(옵션 바)의 'Align(맞춤) : Align vertical centers(수직 가운데 맞춤, ┿)' 로 지정한다.

03 Pen Tool(펜 도구, ✎)로 콘센트 곡선 부분을 추가로 그려준다. Shift를 누른 채로 콘센트 모양의 레이어를 클릭하여 동시 선택한다. [Merge Shapes(모양 병합)](Ctrl+E)를 적용한다.

04 하나의 패스로 병합하기 위해 Path Selection Tool(패스 선택 도구, ▶)로 드래그하여 모든 패스를 선택하고, Options Bar(옵션 바)에서 'Merge Shape Components(모양 병합 구성 요소, ▣)'를 클릭한다.

05 Options Bar(옵션 바)에서 'Path operations(패스 작업) : Subtract Front Shape(전면 모양 빼기, ▣)로 변경하고, Rectangle Tool(사각형 도구, ▭)로 삭제할 부분을 둥근 모서리 사각형으로 그려준다. Ctrl+Alt를 누른 채 드래그하여 둥근 사각형을 3개로 복사한 후, 레이어 패널 하단의 [Add a Layer style(레이어 스타일 추가, fx)] – [Drop Shadow(드롭 섀도)]를 클릭한다.

조건
Drop Shadow(드롭 섀도) ▶ 체크

06 완성된 플러그 모양 레이어를 Ctrl+J를 눌러 복사하고 Move Tool(이동 도구, ✥)로 오른쪽으로 이동시킨다. Ctrl+T를 누르고 마우스 오른쪽 버튼을 클릭하여 [Rotate 180°(180° 회전)]을 클릭하고 출력형태와 같이 배치한 후 Enter를 누른다. 복사한 레이어의 썸네일을 더블클릭하여 'Color(색상): #33cccc'를 입력한다.

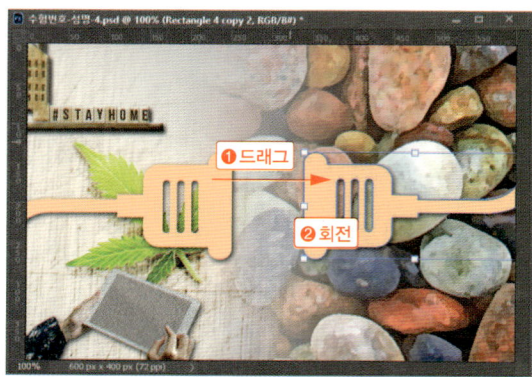 

07 Direct Selection Tool(직접 선택 도구, ▶)로 콘센트 안쪽 둥근 사각형 3개를 차례대로 선택하고 Delete를 눌러 삭제한다. Options Bar(옵션 바)에서 'Path operations(패스 작업): Combine Shapes(모양 결합, ⬛)'로 설정을 변경하고, Rectangle Tool(사각형 도구, ▭)로 둥근 모서리 사각형을 그린 뒤 Ctrl+Alt를 누르면서 아래로 드래그하여 복사한다.

   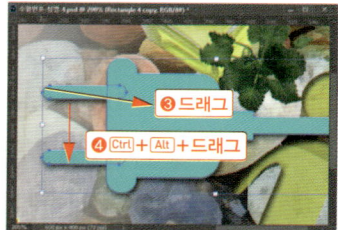

08 Options Bar(옵션 바)에서 'Path operations(패스 작업): Subtract Front Shape(전면 모양 빼기, ⬜)'로 변경하고, Pen Tool(펜 도구, ✎)로 번개 모양을 그린다.

09 레이어 패널 하단의 [Create a new layer(새 레이어 생성, ⬚)]를 클릭한다. 새 레이어가 선택된 상태로 Rectangular Marquee Tool(사각형 선택 윤곽 도구, ⬚)로 그려놓은 콘센트 부분이 덮힐만한 크기의 사각형 선택 영역을 드래그하여 그린다.

10 [Edit(편집)] – [Fill(칠)]을 선택한다. [Fill(칠)] 대화상자가 열리면 'Contents(내용): Pattern(패턴)'으로 변경하고 Custom Pattern(사용자 정의 패턴) 항목에서 등록한 '전구_물음표' 패턴을 찾아 선택하고 [OK(확인)]를 눌러 적용한다. 복제된 콘센트 모양 레이어를 선택하고 패턴 레이어 사이에 마우스를 놓고 Alt 를 누른 채 클릭한다. 패턴 레이어를 선택하고, 레이어 패널 상단에 'Opacity(불투명도): 60%'를 입력한다.

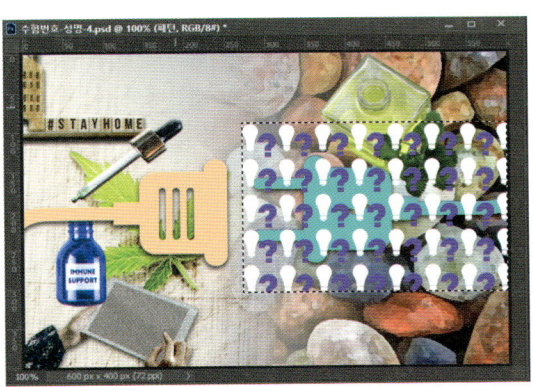 

7 문자 입력하기

01 Type Tool(수평 문자 도구, T)을 클릭하고 출력형태 의 문자 부분과 같은 지점을 클릭한다. 코로나19 서울시 생활정보를 입력하고 Options Bar(옵션 바) 또는 Properties(속성) 패널에서 조건과 같이 세부정보를 입력한다. 레이어 패널 하단의 [Add a Layer style(레이어 스타일 추가, fx)] – [Gradient Overlay(그레이디언트 오버레이)]를 클릭한다.

> 조건
> - Font(글꼴): 굴림, Size(크기): 45pt
> - Gradient Overlay(그레이디언트 오버레이) ▶ Gradient(그레이디언트) – 시작점: #3300ff, 끝점: #ff6600,
>   Style(스타일): Linear(선형), Angle(각도): 0°
> - Stroke(획) ▶ Size(크기): 3px, Color(색상): #ffffff

02 Options Bar(옵션 바)에서 Create Warped text(뒤틀어진 텍스트 만들기, ⬚)를 클릭한다. [Warped text(텍스트 뒤틀기)] 대화상자가 열리면 문제지의 조건 을 확인하여 세부정보를 입력한다. Ctrl + T 를 눌러 출력형태 와 같이 배치한 후 Enter 를 누른다.

> 조건
> Style(스타일): Fish(물고기), Bend(구부리기): 50%

03 Type Tool(수평 문자 도구, T.)을 클릭하고 출력형태 의 문자 부분과 같은 지점을 클릭한다. http://mediahub. seoul.go.kr/corona19를 입력하고 Options Bar(옵션 바) 또는 Properties(속성) 패널에서 조건 과 같이 세부정 보를 입력한다. 레이어 패널 하단의 [Add a Layer style(레이어 스타일 추가, fx)] - [Stroke(획)]를 클릭한다.

조건

- Font(글꼴): Times New Roman, Style(스타일): Bold, Size(크기): 16pt, Color(색상): #330066
- Stroke(획) ▶ Size(크기): 2px, Color(색상): #ffffff

04 Type Tool(수평 문자 도구, T.)을 클릭하고 출력형태 의 문자 부분과 같은 지점을 클릭한다. 지금! 가장 필요한 정 보를 입력하고 Options Bar(옵션 바) 또는 Properties(속성) 패널에서 조건 과 같이 세부정보를 입력한다. 레이 어 패널 하단의 [Add a Layer style(레이어 스타일 추가, fx)] - [Stroke(획)]를 클릭한다.

조건

- Font(글꼴): 궁서, Size(크기): 16pt, Color(색상): #993300
- Stroke(획) ▶ Size(크기): 2px, Color(색상): #ffff99

05 Options Bar(옵션 바)에서 Create Warped text(뒤틀어진 텍스트 만들기, 工)를 클릭한다. [Warped text(텍 스트 뒤틀기)] 대화상자가 열리면 문제지의 출력형태 와 같이 세부정보를 입력한다. Ctrl + T 를 눌러 출력형태 와 같 이 배치한 후 Enter 를 누른다.

조건

Style(스타일): Arc(부채꼴), Bend(구부리기): 50%

8 모양 도구 배치하기

01 Custom Shape Tool(사용자 정의 모양 도구,)을 클릭하고, 출력형태의 버튼 모양을 찾아 드래그하여 그린 후 Enter를 눌러 Shape 레이어를 생성한다. 레이어 패널 하단의 [Add a Layer style(레이어 스타일 추가, fx)] – [Gradient Overlay(그레이디언트 오버레이)]를 클릭한다. [Layer Style(레이어 스타일)] 대화상자가 열리면 조건과 같이 세부정보를 입력한다.

> 조건
> - 버튼 모양: [All Legacy Default Shapes(모든 레거시 기본 모양)] – [Web(웹)] – [Tabbed Button(탭이 지정된 단추)]
> - Gradient Overlay(그레이디언트 오버레이) ▶ Gradient(그레이디언트) – 시작점: #996699, 끝점: #ffffff, Style(스타일): Linear(선형), Angle(각도): 90°
> - Stroke(획) ▶ Size(크기): 2px, Color(색상): #996699

02 Type Tool(수평 문자 도구, T)을 클릭하고 출력형태의 문자 부분과 같은 지점을 클릭한다. 주요뉴스를 입력하고 Options Bar(옵션 바) 또는 Properties(속성) 패널에서 조건과 같이 세부정보를 입력한다. 레이어 패널 하단의 [Add a Layer style(레이어 스타일 추가, fx)] – [Stroke(획)]를 클릭한다.

> 조건
> - Font(글꼴): 돋움, Size(크기): 16pt, Color(색상): #000000
> - Stroke(획) ▶ Size(크기): 2px, Color(색상): #ffffff

03 완성된 메뉴 버튼을 구성하는 배너 모양 레이어와 문자 레이어를 Ctrl를 누르며 클릭하여 동시에 선택한 후 Ctrl+J를 눌러 복사한다. Move Tool(이동 도구,)을 클릭하여 복사된 메뉴 버튼을 드래그하여 오른쪽으로 복사하여 출력형태와 같이 배치한다. 같은 방법으로 한 번 더 복사하여 출력형태와 같이 배치한다.

04 Type Tool(수평 문자 도구, T)을 클릭 후 드래그하여 생활지원, 랜선공연으로 수정한다. 생활지원 레이어의 썸네일을 더블클릭하여 'Color(색상): #cc0066'을 입력한다.

05 Custom Shape Tool(사용자 정의 모양 도구,)을 클릭하고, 저장 모양을 찾아 드래그하여 그린 후 Options Bar(옵션 바)에서 'Fill(칠): #ffff00'으로 지정하고 Enter를 눌러 Shape 레이어를 생성한다. 레이어 패널 하단의 [Add a Layer style(레이어 스타일 추가,)] – [Drop Shadow(드롭 섀도)]를 클릭한다.

> 조건
> - 저장 모양: [All Legacy Default Shapes(모든 레거시 기본 모양)] – [Web(웹)] – [Save(저장)]
> - Drop Shadow(드롭 섀도) ▶ 체크

06 Custom Shape Tool(사용자 정의 모양 도구,)을 클릭하고, 인포메이션 모양을 찾아 드래그하여 그린 후 Options Bar(옵션 바)에서 'Fill(칠): #cccc33'으로 지정하고 Enter를 눌러 Shape 레이어를 생성한다. 레이어 패널 하단의 [Add a Layer style(레이어 스타일 추가,)] – [Inner Shadow(내부 그림자)]를 클릭한다.

> 조건
> - 인포메이션 모양: [All Legacy Default Shapes(모든 레거시 기본 모양)] – [Symbols(기호)] – [Information(정보)]
> - Inner Shadow(내부 그림자) ▶ 체크

07 레이어 패널 상단에 'Opacity(불투명도): 80%'로 입력하고, 출력형태와 같이 배치되도록 인포메이션 모양 레이어를 콘센트 패스 레이어 아래로 드래그한다.

9 저장 및 파일 전송하기

01 작업이 완료되면 문제지의 [출력형태]와 작업 파일을 비교하여 레이어의 순서, 이미지 위치를 최종 점검한다.
02 [File(파일)] – [Save As a Copy(사본 저장)]([Alt]+[Ctrl]+[S])를 선택하고, '저장 경로: 내 PC\문서\GTQ, 파일형식: JPEG, 파일이름: 수험번호-성명-4'로 저장한다.
03 제출용 PSD 파일을 만들기 위해 [Image(이미지)] – [Image Size(이미지 크기)]([Alt]+[Ctrl]+[I])를 클릭한다. [Image Size(이미지 크기)] 대화상자가 열리면 문제지의 [조건]을 확인하여 세부정보를 입력하여 작업 사이즈의 1/10 사이즈로 축소한다.

> [조건]
> Constrain as pect ratio(종횡비 제한): 체크, Width(폭): 60px, Height(높이): 40px

04 [File(파일)] – [Save As(다른 이름으로 저장)]([Shift]+[Ctrl]+[S])를 선택하고, '저장 경로: 내 PC\문서\GTQ, 파일형식: PSD, 파일이름: 수험번호-성명-4'로 저장한다.
05 답안 전송 프로그램을 이용하여 저장된 jpg, psd 파일을 감독관 컴퓨터로 전송한다.

제5회 GTQ 기출문제

급수	문제유형	시험시간	수험번호	성명
1급	A	90분		

수험자 유의사항

- 수험자는 문제지를 받는 즉시 응시하고자 하는 과목 및 급수가 맞는지 확인한 후 수험번호와 성명을 작성합니다.
- 파일명은 본인의 "수험번호-성명-문제번호"로 공백 없이 정확히 입력하고 답안폴더(내 PC\문서\GTQ)에 jpg 파일과 psd 파일의 2가지 포맷으로 저장해야 하며, jpg 파일과 psd 파일의 내용이 상이할 경우 0점 처리됩니다. 답안문서 파일명이 "수험번호-성명-문제번호"와 일치하지 않거나, 답안 파일을 전송하지 않아 미제출로 처리될 경우 불합격 처리됩니다.
- 문제의 세부조건은 '영문(한글)' 형식으로 표기되어 있으니 유의하시기 바랍니다.
- 수험자 정보와 저장한 파일명, 저장 위치가 다를 경우 전송이 되지 않으므로, 주의하시기 바랍니다.
- 답안 작성 중에도 주기적으로 '저장'과 '답안 전송'을 이용하여 감독위원 PC로 답안을 전송하셔야합니다.(※ 작업한 내용을 저장하지 않고 전송할 경우 이전의 저장내용이 전송되오니 이점 반드시 유념하시기 바랍니다.)
- 답안문서는 지정된 경로 외의 다른 보조기억장치에 저장하는 행위, 지정된 시험 시간 외에 작성된 파일을 활용한 행위, 기타 통신수단(이메일, 메신저, 네트워크 등)을 이용하여 타인에게 전달 또는 외부 반출하는 행위는 부정으로 간주되어 자격기본법 제32조에 의거 본 시험 및 국가공인 자격시험을 2년간 응시할 수 없습니다.
- 시험 중 부주의 또는 고의로 시스템을 파손한 경우와 〈수험자 유의사항〉에 기재된 방법대로 이행하지 않아 생기는 불이익은 수험자의 책임임을 알려 드립니다.
- 시험을 완료한 수험자는 최종적으로 저장한 답안파일이 전송되었는지 확인한 후 감독위원의 지시에 따라 문제지를 제출하고 퇴실합니다.

답안 작성요령

- 온라인 답안 작성 절차
  수험자 등록 ⇒ 시험 시작 ⇒ 답안파일 저장 ⇒ 답안 전송 ⇒ 시험 종료
- C:\에듀윌 GTQ 1급\Step 3\5회\Image폴더에 있는 그림 원본파일을 사용하여 답안을 작성하시고 최종답안을 답안폴더(내 PC\문서\GTQ)에 저장하여 답안을 전송하시고, 이미지의 크기가 다른 경우 감점 처리됩니다.
- 배점은 총 100점으로 이루어지며, 점수는 각 문제별로 차등 배분됩니다.
- 각 문제는 주어진 조건에 따라 작성하고, 언급하지 않은 조건은 출력형태와 같이 작성합니다.
- 배치 등의 편의를 위해 주어진 눈금자의 단위는 '픽셀'입니다.
  그 외는 출력형태(효과, 이미지, 문자, 색상, 레이아웃, 규격 등)와 같이 작업하십시오.
- 문제 조건에 서체의 지정이 없을 경우 한글은 굴림이나 돋움, 영문은 Arial로 작업하십시오.
  (단, 그 외에 제시되지 않은 문자 속성을 기본값으로 작성하지 않은 경우는 감점 처리됩니다.)
- Image Mode(이미지 모드)는 별도의 처리조건이 없을 경우에는 RGB(8비트)로 작업하십시오.
- 모든 답안 파일은 해상도 72 pixels/inch로 작업하십시오.
- Layer(레이어)는 각 기능별로 분할해야 하며, 임의로 합칠 경우나 각 기능에 대한 속성을 해지할 경우 해당 요소는 0점 처리됩니다.

문제 1 기능평가 고급 Tool(도구) 활용 [20점]

다음의 조건에 따라 아래의 출력형태와 같이 작업하시오.

출력형태

조건			
원본 이미지	C:₩에듀윌 GTQ 1급₩Step 3₩5회₩Image₩1급-1.jpg, 1급-2.jpg, 1급-3.jpg		
파일 저장 규칙	JPG	파일명	문서₩GTQ₩수험번호-성명-1.jpg
		크기	400×500 pixels
	PSD	파일명	문서₩GTQ₩수험번호-성명-1.psd
		크기	40×50 pixels

1. 그림 효과
   ① 1급-1.jpg : 필터 - Cutout(오려내기)
   ② Save Path(패스 저장) : 화분 모양
   ③ Mask(마스크) : 화분 모양, 1급-2.jpg를 이용하여 작성
      레이어 스타일 - Stroke(선/획)(3px, 그라디언트(#003399, #ffffff)),
      Inner Shadow(내부 그림자)
   ④ 1급-3.jpg : 레이어 스타일 - Bevel and Emboss(경사와 엠보스)
   ⑤ Shape Tool(모양 도구) :
      - 별 모양 (#993333, 레이어 스타일 - Inner Shadow(내부 그림자))
      - 꽃 모양 (#ffffff, #ffff00, 레이어 스타일 - Outer Glow(외부 광선))

2. 문자 효과
   ① 바이오 에너지 (돋움, 44pt, 레이어 스타일 - 그라디언트 오버레이
      (#ff0000, #ffff00), Drop Shadow(그림자 효과))

문제 2 기능평가 사진편집 응용 [20점]

다음의 조건에 따라 아래의 출력형태와 같이 작업하시오.

출력형태

조건			
원본 이미지	C:₩에듀윌 GTQ 1급₩Step 3₩5회₩Image₩1급-4.jpg, 1급-5.jpg, 1급-6.jpg		
파일 저장 규칙	JPG	파일명	문서₩GTQ₩수험번호-성명-2.jpg
		크기	400×500 pixels
	PSD	파일명	문서₩GTQ₩수험번호-성명-2.psd
		크기	40×50 pixels

1. 그림 효과
   ① 1급-4.jpg : 필터 - Texturizer(텍스처화)
   ② 색상 보정 : 1급-5.jpg - 빨간색 계열로 보정
   ③ 1급-5.jpg : 레이어 스타일 - Drop Shadow(그림자 효과)
   ④ 1급-6.jpg : 레이어 스타일 - Stroke(선/획)(2px, #333399)
   ⑤ Shape Tool(모양 도구) :
      - 울타리 모양 (#660033, 레이어 스타일 - Stroke(선/획)(2px, #ffcccc))
      - 잎 모양 (#ff9900, 레이어 스타일 - Drop Shadow(그림자 효과))

2. 문자 효과
   ① Solar Energy (Times New Roman, Bold, 45pt, 레이어 스타일 - 그라디언트 오버
      레이(#ff6600, #ffff00, #66ff00), Drop Shadow(그림자 효과))

문제 3 실무응용 포스터 제작 [25점]

다음의 조건에 따라 아래의 출력형태와 같이 작업하시오.

[조건]

원본 이미지		C:₩에듀윌 GTQ 1급₩Step 3₩5회₩Image₩1급-7.jpg, 1급-8.jpg, 1급-9.jpg, 1급-10.jpg, 1급-11.jpg
파일 저장 규칙	JPG 파일명	문서₩GTQ₩수험번호-성명-3.jpg
	JPG 크기	600×400 pixels
	PSD 파일명	문서₩GTQ₩수험번호-성명-3.psd
	PSD 크기	60×40 pixels

1. 그림 효과
① 배경 : #99cc99
② 1급-7.jpg : Blending Mode(혼합 모드) - Screen(스크린), Opacity(불투명도)(70%)
③ 1급-8.jpg : 필터 - Paint Daubs(페인트 덥스/페인트 바르기), 레이어 마스크 - 가로 방향으로 흐릿하게
④ 1급-9.jpg : 필터 - Wind(바람), 레이어 스타일 - Stroke(선/획)(5px, 그라디언트(#cc3300, 투명으로))
⑤ 1급-10.jpg : 레이어 스타일 - Outer Glow(외부 광선), Inner Shadow(내부 그림자)
⑥ 1급-11.jpg : 색상 보정 - 녹색 계열로 보정, 레이어 스타일 - Bevel and Emboss(경사와 엠보스)
⑦ 그 외 출력형태 참조

2. 문자 효과
① 신재생 에너지 파크 (궁서, 42pt, 레이어 스타일 - 그라디언트 오버레이(#cc33ff, #006666, #000000), Stroke(선/획)(2px, #99ccff), Drop Shadow(그림자 효과))
② 테마체험관 / 예약하기 (돋움, 16pt, #ffffff, 레이어 스타일 - Stroke(선/획)(2px, #666633))
③ Renewable Energy Park (Arial, Regular, 18pt, #003366, 레이어 스타일 - Stroke(선/획)(2px, #ffffff))
④ 반려동물은 입장할 수 없습니다 (돋움, 18pt, 레이어 스타일 - 그라디언트 오버레이(#66cc00, #ffcc00), Stroke(선/획)(2px, #333333))

[출력형태]

Shape Tool(모양 도구) 사용
#ffff00, #ffffff, 레이어 스타일 -
Drop Shadow(그림자 효과),
Opacity(불투명도)(80%)

Shape Tool(모양 도구) 사용
#000000, 레이어 스타일 -
Outer Glow(외부 광선),
Opacity(불투명도)(90%)

Shape Tool(모양 도구) 사용
레이어 스타일 - 그라디언트
오버레이(#66cc00, #ff9900),
Drop Shadow(그림자 효과)

문제 4 [실무응용] **웹 페이지 제작** [35점]

다음의 조건에 따라 아래의 출력형태와 같이 작업하시오.

조건

원본 이미지		C:₩에듀윌 GTQ 1급₩Step 3₩5회₩Image₩1급-12.jpg, 1급-13.jpg, 1급-14.jpg, 1급-15.jpg, 1급-16.jpg, 1급-17.jpg
파일 저장 규칙	JPG 파일명	문서₩GTQ₩수험번호-성명-4.jpg
	크기	600×400 pixels
	PSD 파일명	문서₩GTQ₩수험번호-성명-4.psd
	크기	60×40 pixels

1. 그림 효과
   ① 배경 : #ffffcc
   ② 패턴(태양, 물결 모양) : #66cc00, #66ccff
   ③ 1급-12.jpg : Blending Mode(혼합 모드) – Hard Light(하드 라이트), 레이어 마스크 – 대각선 방향으로 흐릿하게
   ④ 1급-13.jpg : 필터 – Dry Brush(드라이 브러시), 레이어 마스크 – 가로 방향으로 흐릿하게
   ⑤ 1급-14.jpg : 레이어 스타일 – Bevel and Emboss(경사와 엠보스), Drop Shadow(그림자 효과)
   ⑥ 1급-15.jpg : 필터 – Film Grain(필름 그레인), 레이어 스타일 – Outer Glow(외부 광선)
   ⑦ 1급-16.jpg : 색상 보정 – 파란색 계열로 보정, 레이어 스타일 – Bevel and Emboss(경사와 엠보스)
   ⑧ 그 외 출력형태 참조

2. 문자 효과
   ① Digital Transformation (Times New Roman, Bold, 23pt, #6600cc,
      레이어 스타일 – Stroke(선/획)(2px, 그라디언트(#ccff00, #ffcccc)))
   ② 신기술 에너지 박람회 (굴림, 45pt, 레이어 스타일 – 그라디언트 오버레이(#3300ff, #ff6600), Stroke(선/획)(3px, #ccccff))
   ③ 국제 컨퍼런스 (궁서, 20pt, #ffff00, 레이어 스타일 – Drop Shadow(그림자 효과))
   ④ 개막식 전시회 체험관 (돋움, 18pt, #000000, 레이어 스타일 – Stroke(선/획)(2px, #99ffff))

출력형태

Shape Tool(모양 도구) 사용
#ffff00, 레이어 스타일 –
Drop Shadow(그림자 효과)

Shape Tool(모양 도구) 사용
레이어 스타일 – 그라디언트
오버레이(#99cccc, #ffffff),
Stroke(선/획)(2px, #339999)

Pen Tool(펜 도구) 사용
#ffffff, #ffcccc, #cc66cc,
레이어 스타일 – Drop
Shadow(그림자 효과)

Shape Tool(모양 도구) 사용
#cccc33, 레이어 스타일 –
Inner Shadow(내부 그림자),
Opacity(불투명도)(70%)

제5회 GTQ 기출문제 함께 보는 간단해설

문제 1 기능평가 고급 Tool(도구) 활용

☑ **문제 풀이 순서**

1 새 작업 파일 만들기→ 2 필터 적용하기→ 3 화분 모양 패스 작업하기→ 4 클리핑 마스크 적용하기→ 5 모양 도구 배치하기→ 6 문자 입력하기→ 7 저장 및 파일 전송하기

☑ **감점방지 TIP**

- 그레이디언트 관련 설정(Gradient Overlay(그레이디언트 오버레이), Stroke(획)의 Gradient(그레이디언트)에서 출력형태 와 비교하여 Angle(각도)을 설정한다.
- 유사한 [Warped text(텍스트 뒤틀기)] 문제가 출제되면 하단의 수평 기준, 옆선의 수직 기준을 비교하여 텍스트 뒤틀기를 선택한다.

1 새 작업 파일 만들기

01 새로운 작업 파일을 만들기 위해 [File(파일)] – [New(새로 만들기)](Ctrl+N)를 선택한다. [New Document(새로운 문서 만들기)] 대화상자가 열리면 문제지의 조건 을 참고하여 작업 파일 세부정보를 입력한다.

> 조건
>
> Width(폭): 400, Height(높이): 500, 단위: Pixels(픽셀), Resolution(해상도): 72(pixel/inch), Color Mode(색상 모드): RGB, 8bit, Background Contents(배경 내용): White(흰색)

02 [File(파일)] – [Save As(다른 이름으로 저장)](Shift+Ctrl+S)를 선택한다. '저장 경로: 내 PC\문서\GTQ, 파일명: 수험번호-성명-1.psd'로 저장한다.

03 작업 파일에 눈금자를 표시하기 위해 [View(보기)] – [Rulers(눈금자)](Ctrl+R)를 선택한다.

04 [Edit(편집)] – [Preference(환경 설정)]–[General(일반)](Ctrl+K)을 선택한다. [Preference(환경 설정)] 대화상자가 열리면 왼쪽 옵션 중 [Guides, Grid & Slices(안내선, 격자 및 분할 영역)] 클릭 후 [Grid(격자)] 세부 항목의 'Gridline Every(격자 간격): 100, pixels(픽셀), Subdivisions(세분): 1'로 입력, 'Grid Color(색상)'를 클릭해 색상을 채도가 높은 색상으로 설정한다.

05 [View(보기)] – [Show(표시)] – [Grid(격자)](Ctrl+`)를 눌러 격자를 표시하고 색상을 확인한다.

2 필터 적용하기

01 [File(파일)] – [Open(열기)](Ctrl+O)을 선택하여 1급-1.jpg를 불러온다. Ctrl+A를 눌러 전체 이미지를 선택하여 복사(Ctrl+C)하고, 작업 파일에 붙여넣기(Ctrl+V)한다. Ctrl+T를 누르고 출력형태 를 참고하여 Shift를 누른 채 이미지 크기를 조절한다.

02 [Filter(필터)] – [Filter Gallery(필터 갤러리)]를 선택한다. [Filter Gallery(필터 갤러리)] 대화상자가 열리면 [Artistic(예술 효과)] – [Cutout(오려내기)]를 선택한다.

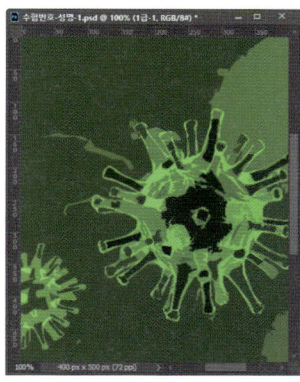

3 화분 모양 패스 작업하기

01 Rectangle Tool(사각형 도구, ▣)을 선택하고 Options Bar(옵션 바)에서 Path(패스) 설정을 'Pick tool mode(선택 도구 모드): shape(모양), Fill(칠): 임의의 색, Stroke(획): No color(없음)'로 지정 후 [출력형태]에서 제시한 화분 모양 윗부분의 둥근 모서리 사각형을 그린다.

02 계속해서 Rectangle Tool(사각형 도구, ▣)로 직사각형과 둥근 모서리 사각형을 생성해 [출력형태]에서 제시한 화분 모양을 만든다.

03 Ctrl + T를 누르고 마우스 오른쪽 버튼을 클릭하여 'Perspective(원근)'을 선택한 후, 오른쪽 아래 기준점을 왼쪽으로 드래그하여 사다리꼴 모양으로 변형한다.

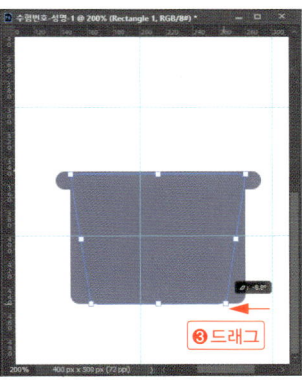
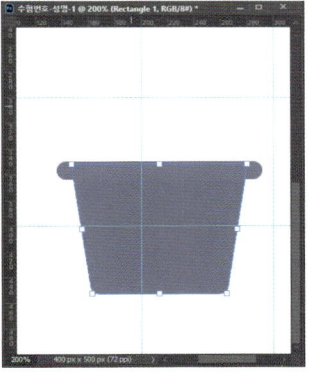

04 Pen Tool(펜 도구, ✎)로 줄기와 잎 부분을 추가로 그려준다.

05 Shift를 누른 채로 화분 모양의 모든 레이어를 클릭하여 동시 선택하고 [Merge Shapes(모양 병합)](Ctrl+E)를 적용한다. Path Selection Tool(패스 선택 도구,)로 드래그하여 모든 패스를 선택하고, Options Bar(옵션 바)에서 'Merge Shape Components(모양 병합 구성 요소,)'를 클릭한다.

06 화면 오른쪽의 Paths(패스) 패널에서 'Work Path(작업 패스)'를 더블클릭한 후, [Save Path(패스 저장)] 대화상자가 열리면 화분을 입력하여 저장한다.

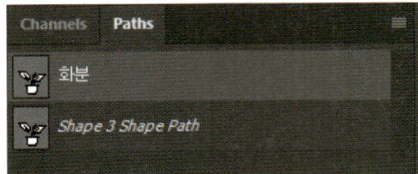

알아두면 좋은 TIP

Save Path(패스 저장) 작업 후에는 항상 선택되어있는 패스를 선택 해제해야 다음 이미지를 편집할 때 패스가 자동으로 선택되지 않는다.

4 클리핑 마스크 적용하기

01 [File(파일)] – [Open(열기)](Ctrl+O)을 선택하여 1급-2.jpg를 불러온다. Ctrl+A를 눌러 전체 이미지를 선택하여 복사(Ctrl+C)하고, 작업 파일에 붙여넣기(Ctrl+V)한다. Ctrl+T를 누르고 출력형태와 같이 화분 모양 패스 레이어 위에 배치한 후 Enter를 누른다.

02 화분 모양 레이어와 '1급-2' 레이어 사이에 마우스 커서를 놓고 Alt를 누른 상태로 클릭하여 Clipping Mask(클리핑 마스크)를 적용한다.

03 화분 모양 레이어를 선택하고 레이어 패널 하단의 [Add a Layer style(레이어 스타일 추가, fx)] – [Stroke(획)]를 클릭한다.

조건
- Stroke(획) ▶ Size(크기): 3px, Fill Type(칠 유형): Gradient(그레이디언트) – 시작점: #003399, 끝점: #ffffff, Angle(각도): 90°
- Inner Shadow(내부 그림자) ▶ 체크

5 모양 도구 배치하기

01 [File(파일)] – [Open(열기)]([Ctrl]+[O])을 선택하여 1급-3.jpg를 불러온다. Quick Selection Tool(빠른 선택 도구,)로 '1급-3.jpg' 이미지의 숟가락 부분을 선택한다. 선택 영역을 복사([Ctrl]+[C])한 후, 작업 파일에 붙여넣기([Ctrl]+[V])한다. [Ctrl]+[T]를 누르고 마우스 오른쪽 버튼을 클릭하여 [Flip Horizontal(가로로 뒤집기)]을 선택한 후, 출력형태를 참고하여 배치한 후 [Enter]를 누른다. 레이어 패널 하단의 [Add a Layer style(레이어 스타일 추가,)] – [Bevel and Emboss(경사와 엠보스)]를 클릭한다.

> 조건
> Bevel and Emboss(경사와 엠보스) ▶ 체크

02 Custom Shape Tool(사용자 정의 모양 도구,)을 클릭하고, Options Bar(옵션 바)에서 'Fill(칠): #993333'으로 지정한 후, 별 모양을 찾아 드래그하여 그린 후 [Enter]를 눌러 Shape 레이어를 생성한다. 레이어 패널 하단의 [Add a Layer style(레이어 스타일 추가,)] – [Inner Shadow(내부 그림자)]를 클릭한다.

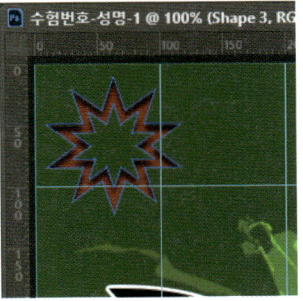

> 조건
> • 별 모양: [All Legacy Default Shapes(모든 레거시 기본 모양)] – [Shapes(모양)] – [10 Point Star Frame(10포인트 별 프레임)]
> • Inner Shadow(내부 그림자) ▶ 체크

03 Custom Shape Tool(사용자 정의 모양 도구,)을 클릭하고, Options Bar(옵션 바)에서 'Fill(칠): #ffffff'로 지정한 후, 꽃 모양을 찾아 드래그하여 그린 후 [Enter]를 눌러 Shape 레이어를 생성한다. 레이어 패널 하단의 [Add a Layer style(레이어 스타일 추가,)] – [Outer Glow(외부 광선)]를 클릭한다.

> 조건
> • 꽃 모양: [All Legacy Default Shapes(모든 레거시 기본 모양)] – [Nature(자연)] – [Flower 7(꽃 7)]
> • Outer Glow(외부 광선) ▶ 체크

04 꽃 모양 레이어를 선택하고 Ctrl+J를 눌러 복사한다. 복사된 꽃 모양 레이어를 선택하고 Ctrl+T를 눌러 출력형태와 같이 배치한 후, 레이어의 썸네일을 더블클릭하여 'Color(색상): #ffff00'으로 변경한다.

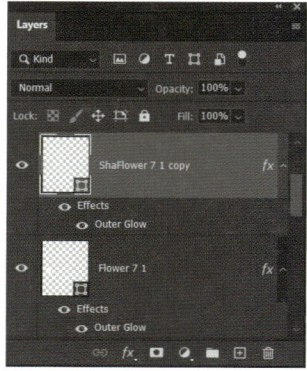

6 문자 입력하기

01 Type Tool(수평 문자 도구, T)을 클릭하고 출력형태의 문자 부분과 같은 지점을 클릭한다. 바이오 에너지를 입력하고 Options Bar(옵션 바) 또는 Properties(속성) 패널에서 조건과 같이 세부정보를 입력한다. 레이어 패널 하단의 [Add a Layer style(레이어 스타일 추가, fx)] - [Gradient Overlay(그레이디언트 오버레이)]를 클릭한다.

> 조건
> • Font(글꼴): 돋움, Size(크기): 44pt
> • Gradient Overlay(그레이디언트 오버레이) ▶ Gradient(그레이디언트) - 시작점: #ff0000, 끝점: #ffff00, Style(스타일): Linear(선형), Angle(각도): 90°
> • Drop Shadow(드롭 섀도) ▶ 체크

02 Options Bar(옵션 바)에서 Create Warped text(뒤틀어진 텍스트 만들기,)를 클릭한다. [Warped text(텍스트 뒤틀기)] 대화상자에 문제지의 출력형태와 같이 세부정보를 입력한다. Ctrl+T를 누르고 출력형태와 같이 배치한 후 Enter를 누른다.

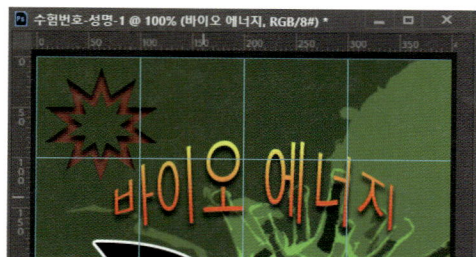

> 조건
> Style(스타일): Arc Upper(위 부채꼴), Bend(구부리기): 50%

7 저장 및 파일 전송하기

01 작업이 완료되면 문제지의 출력형태와 작업 파일을 비교하여 레이어의 순서, 이미지 위치를 최종 점검한다.
02 [File(파일)] – [Save As a Copy(사본 저장)]([Alt]+[Ctrl]+[S])를 선택하고, '저장 경로: 내 PC\문서\GTQ, 파일형식: JPEG, 파일이름: 수험번호-성명-1'로 저장한다.
03 제출용 PSD 파일을 만들기 위해 [Image(이미지)] – [Image Size(이미지 크기)]([Alt]+[Ctrl]+[I])를 클릭한다. [Image Size(이미지 크기)] 대화상자가 열리면 문제지의 조건과 같이 세부정보를 입력하여 작업 사이즈의 1/10 사이즈로 축소한다.

> 조건
> Constrain aspect ratio(종횡비 제한): 체크, Width(폭): 40px, Height(높이): 50px

04 [File(파일)] – [Save As(다른 이름으로 저장)]([Shift]+[Ctrl]+[S])를 선택하고, '저장 경로: 내 PC\문서\GTQ, 파일형식: PSD, 파일이름: 수험번호-성명-1'로 저장한다.
05 답안 전송 프로그램을 이용하여 저장된 jpg, psd 파일을 감독관 컴퓨터로 전송한다.

문제 2 〔기능평가〕 사진편집 응용

☑ **문제 풀이 순서**

　1 새 작업 파일 만들기 → **2** 필터 적용하기 → **3** 색상 보정하기 → **4** 이미지 및 모양 도구 배치하기 → **5** 문자 입력하기 → **6** 저장 및 파일 전송하기

☑ **감점방지 TIP**

Magic Wand Tool(자동 선택 도구)을 사용할 경우, 색상반응 영역에 대한 범위를 Options Bar(옵션 바)의 Tolerance(허용치)에서 설정할 수 있다.

1 새 작업 파일 만들기

01 새로운 작업 파일을 만들기 위해 [File(파일)] - [New(새로 만들기)]([Ctrl]+[N])를 선택한다. [New Document(새로운 문서 만들기)] 대화상자가 열리면 문제지의 조건을 참고하여 작업 파일 세부정보를 입력한다.

> 조건
>
> Width(폭): 400, Height(높이): 500, 단위: Pixels(픽셀), Resolution(해상도): 72(pixel/inch), Color Mode(색상 모드): RGB, 8bit, Background Contents(배경 내용): White(흰색)

02 [File(파일)] - [Save As(다른 이름으로 저장)]([Shift]+[Ctrl]+[S])를 선택한다. '저장 경로: 내 PC\문서\GTQ, 파일명: 수험번호-성명-2.psd'로 저장한다.

03 작업 파일에 눈금자를 표시하기 위해 [View(보기)] - [Rulers(눈금자)]([Ctrl]+[R])를 선택한다.

04 [View(보기)] - [Show(표시)] - [Grid(격자)]([Ctrl]+[˝])를 눌러 격자를 표시한다.

2 필터 적용하기

01 [File(파일)] - [Place Embedded(포함 가져오기)]를 선택하여 1급-4.jpg를 불러온 후, [Ctrl]+[T]를 누르고 마우스 오른쪽 버튼을 클릭하여 [Flip Horizontal(가로로 뒤집기)]를 선택하고 [Enter]를 눌러 이미지를 고정한다.

02 [Filter(필터)] - [Filter Gallery(필터 갤러리)]를 선택한다. [Filter Gallery(필터 갤러리)] 대화상자가 열리면 [Texture(텍스처)] - [Texturizer(텍스처화)]를 선택한다.

3 색상 보정하기

01 [File(파일)] - [Open(열기)]([Ctrl]+[O])을 선택하여 1급-5.jpg를 불러온다. Quick Selection Tool(빠른 선택 도구, ◪)로 꽃과 울타리 부분을 드래그하여 선택 영역으로 지정한다. 사용할 영역을 복사([Ctrl]+[C])한 후, 작업 파일로 돌아와 붙여넣기([Ctrl]+[V])한다. [Ctrl]+[T]를 누르고 마우스 오른쪽 버튼을 클릭하여 [Flip Horizontal(가로로 뒤집기)]을 선택하고 출력형태와 같이 배치한 후 [Enter]를 누른다.

02 Quick Selection Tool(빠른 선택 도구, ◪)로 출력형태의 꽃에서 빨간색 계열 부분을 선택하고, 레이어 패널 하단의 [Create new fill or adjustment layer(새 칠 또는 조정 레이어 생성, ◪)] - [Hue/Saturation(색조/채도)]을 선택한다. Properties(속성) 패널의 [Hue/Saturation(색조/채도)] 항목에서 'Colorize(색상화): 체크, Hue(색조): 0, Saturation(채도): 75'로 입력하여 빨간색 계열로 변경한다.

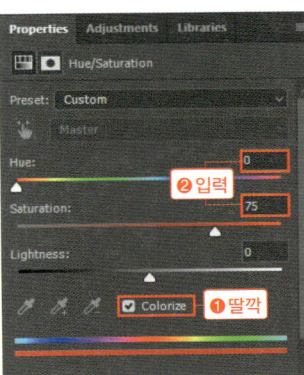 

03 레이어 패널 하단의 [Add a Layer style(레이어 스타일 추가, fx)] - [Drop Shadow(드롭 섀도)]를 클릭한다.

4 이미지 및 모양 도구 배치하기

01 [File(파일)] - [Open(열기)]([Ctrl]+[O])을 선택하여 1급-6.jpg를 불러온다. Magic Wand Tool(자동 선택 도구, ◪)로 Options Bar(옵션 바)에서 'Tolerance(허용치): 100, Contiguous(인접): 체크 해제'로 설정한 후, 이미지의 노란 선 부분을 선택한다. 사용할 영역을 복사([Ctrl]+[C])한 후, 작업 파일로 돌아와 붙여넣기([Ctrl]+[V]) 한다. [Ctrl]+[T]를 누르고 출력형태와 같이 배치한 후 [Enter]를 누른다.

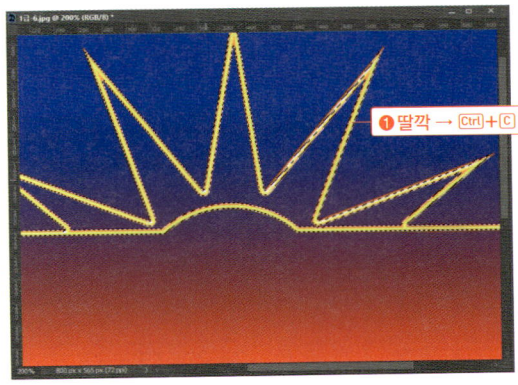 

02 레이어 패널 하단의 [Add a Layer style(레이어 스타일 추가, fx)] – [Stroke(획)]를 클릭한다.

> **조건**
> Stroke(획) ▶ Size(크기): 2px, Color(색상): #333399

03 Custom Shape Tool(사용자 정의 모양 도구,)을 클릭하고, 울타리 모양을 찾아 드래그하여 그린 후 Options Bar(옵션 바)에서 'Fill(칠): #660033'으로 지정하고 Enter를 눌러 Shape 레이어를 생성한다. 레이어 패널 하단의 [Add a Layer style(레이어 스타일 추가, fx)] – [Stroke(획)]를 클릭한다

> **조건**
> • 울타리 모양: [All Legacy Default Shapes(모든 레거시 기본 모양)] – [Tiles(타일)] – [Tracks(철로)]
> • Stroke(획) ▶ Size(크기): 2px, Color(색상): #ffcccc

04 Custom Shape Tool(사용자 정의 모양 도구,)을 클릭하고, 잎 모양을 찾아 드래그하여 그린 후 Options Bar(옵션 바)에서 'Fill(칠): #ff9900'으로 지정하고 Enter를 눌러 Shape 레이어를 생성한다. 레이어 패널 하단의 [Add a Layer style(레이어 스타일 추가, fx)] – [Drop Shadow(드롭 섀도)]를 클릭한다.

> **조건**
> • 잎 모양: [All Legacy Default Shapes(모든 레거시 기본 모양)] – [Nature(자연)] – [Grass 3(풀 3)]
> • Drop Shadow(드롭 섀도) ▶ 체크

05 Ctrl+T를 누르고 마우스 오른쪽 버튼을 클릭하여 [Flip Horizontal(가로로 뒤집기)]을 선택하고 Enter를 눌러 이미지를 고정한다. 출력형태와 같이 잎 모양 레이어를 울타리 모양 레이어 아래로 드래그하여 이동시킨다.

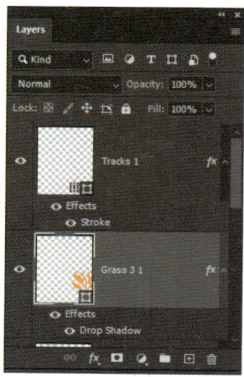

5 문자 입력하기

01 Type Tool(수평 문자 도구, T)을 클릭하고 [출력형태]의 문자 부분과 같은 지점을 클릭한다. Solar Energy를 입력하고 Properties(속성) 패널에서 [조건]과 같이 세부정보를 입력한다. 레이어 패널 하단의 [Add a Layer style(레이어 스타일 추가, fx)] – [Gradient Overlay(그레이디언트 오버레이)]를 클릭한다.

> [조건]
> - Font(글꼴): Times New Roman, Style(스타일): Bold, Size(크기): 45pt
> - Gradient Overlay(그레이디언트 오버레이) ▶ Gradient(그레이디언트) – 시작점: #ff6600, 중간점: #ffff00, 끝점: #66ff00, Style(스타일): Linear(선형), Angle(각도): −90°
> - Drop Shadow(드롭 섀도) ▶ 체크

02 Options Bar(옵션 바)에서 Create Warped text(뒤틀어진 텍스트 만들기, T)를 클릭한다. [Warped text(텍스트 뒤틀기)] 대화상자에 문제지의 [출력형태]와 같이 세부정보를 입력한다. [Ctrl]+[T]를 누르고 [출력형태]와 같이 배치한 후 [Enter]를 누른다.

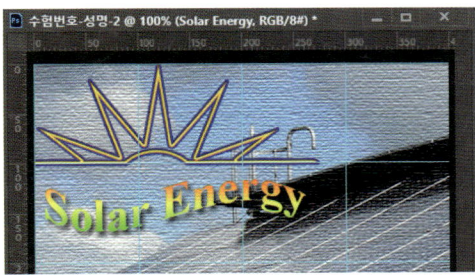

> [조건]
> Style(스타일): Flag(깃발), Bend(구부리기): −50%

6 저장 및 파일 전송하기

01 작업이 완료되면 문제지의 출력형태와 작업 파일을 비교하여 레이어의 순서, 이미지 위치를 최종 점검한다.
02 [File(파일)] - [Save As a Copy(사본 저장)](Alt+Ctrl+S)를 선택하고, '저장 경로: 내 PC\문서\GTQ, 파일형식: JPEG, 파일이름: 수험번호-성명-2'로 저장한다.
03 제출용 PSD 파일을 만들기 위해 [Image(이미지)] - [Image Size(이미지 크기)](Alt+Ctrl+I)를 클릭한다. [Image Size(이미지 크기)] 대화상자가 열리면 문제지의 조건을 확인하여 세부정보를 입력하여 작업 사이즈의 1/10 사이즈로 축소한다.

> 조건
> Constrain as pect ratio(종횡비 제한): 체크, Width(폭): 40px, Height(높이): 50px

04 [File(파일)] - [Save As(다른 이름으로 저장)](Shift+Ctrl+S)를 선택하고, '저장 경로: 내 PC\문서\GTQ, 파일형식: PSD, 파일이름: 수험번호-성명-2'로 저장한다.
05 답안 전송 프로그램을 이용하여 저장된 jpg, psd 파일을 감독관 컴퓨터로 전송한다.

| 문제 3 | **실무응용** 포스터 제작 |

☑ 문제 풀이 순서

1 새 작업 파일 만들기→**2** 혼합 모드와 레이어 마스크 적용하기→**3** 클리핑 마스크 적용하기→**4** 이미지 배치 및 색상 보정하기→**5** 문자 입력하기→**6** 모양 도구 배치하기→**7** 저장 및 파일 전송하기

☑ 감점방지 TIP

- 클리핑 마스크에 대한 부분이 문제지에 표기되어 있지 않으니 출력형태 를 보고, 사용자 정의 모양 도구를 이용하여 작업해야 한다.
- Magic Wand Tool(자동 선택 도구)로 유사색상 영역을 선택할 때, 근접 영역 이외의 부분까지 동시 선택하고자 한다면 옵션 바에서 Contiguous(인접) 항목을 '체크 해제'한다.
- 그레이디언트 색상의 투명도 지시사항은 그레이디언트 색상 편집 모드에서 지정한다.

1 새 작업 파일 만들기

01 새로운 작업 파일을 만들기 위해 [File(파일)] - [New(새로 만들기)](Ctrl+N)를 선택한다. [New Document(새로운 문서 만들기)] 대화상자가 열리면 문제지의 조건 을 참고하여 작업 파일 세부정보를 입력한다.

> **조건**
>
> Width(폭): 600, Height(높이): 400, 단위: Pixels(픽셀), Resolution(해상도): 72(pixel/inch), Color Mode(색상 모드): RGB, 8bit, Background Contents(배경 내용): White(흰색)

02 [File(파일)] - [Save As(다른 이름으로 저장)](Shift+Ctrl+S)를 선택한다. '저장 경로: 내 PC\문서\GTQ, 파일명: 수험번호-성명-3.psd'으로 저장한다.

03 작업 파일에 눈금자를 표시하기 위해 [View(보기)] - [Rulers(눈금자)](Ctrl+R)를 선택한다.

04 [View(보기)] - [Show(표시)] - [Grid(격자)](Ctrl+˜)를 눌러 격자를 표시한다.

2 혼합 모드와 레이어 마스크 적용하기

01 Tool Box(도구 상자) 하단의 전경색을 더블클릭한다. [Color Picker(색상 피커)] 대화상자가 열리면 #99cc99를 입력하고 [OK(확인)]를 클릭한다. 작업영역을 전경색으로 채우기 위해 Alt+Delete 를 누른다.

02 [File(파일)] - [Place Embedded(포함 가져오기)]를 선택하여 1급-7.jpg부터 1급-11.jpg까지 순서대로 불러온다. Shift를 누르고 1급-7.jpg, 1급-11.jpg를 클릭하여 불러온 모든 이미지를 선택한 후, 마우스 오른쪽을 클릭하여 [Rasterize Layer(레이어 레스터화)]를 눌러 일반 레이어로 변환한다. 불러온 모든 이미지를 감추기 상태로 만든다.

03 '1급-7' 레이어의 보이기 버튼을 활성화시키고, 레이어 패널의 'Blending Mode(혼합 모드): Screen(스크린), Opacity(불투명도): 70%'으로 입력한다.

 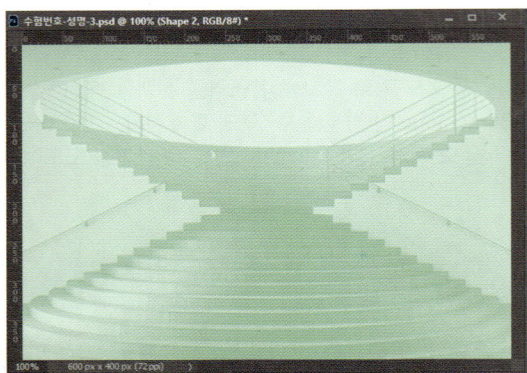

04 '1급-8' 레이어의 보이기 버튼을 활성화시키고, Ctrl+T를 누르고 출력형태와 같이 배치한 후 Enter를 누른다. [Filter(필터)] 메뉴에서 [Filter Gallery(필터 갤러리)]를 선택한다. [Filter Gallery(필터 갤러리)] 대화상자가 열리면 [Artistic(예술 효과)] - [Paint Daubs(페인트 바르기)]를 선택한다.

05 레이어 패널 하단에 [Add a Layer Mask(레이어 마스크 추가, ▢)]를 클릭한다. Gradient Tool(그레이디언트 도구, ▢)을 선택하고, Option Bar(옵션 바)에서 'Black, White(검정, 흰색)', 'Linear Gradient(선형 그레이디언트)'로 지정하고 출력형태와 같이 왼쪽에서 오른쪽으로 드래그한다.

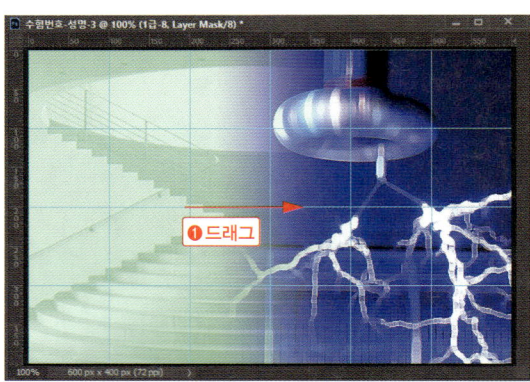

3 클리핑 마스크 적용하기

01 Custom Shape Tool(사용자 정의 모양 도구,)을 클릭하고, 전구 모양을 찾아 드래그하여 그린 후 Options Bar(옵션 바)에서 'Fill(칠): 임의의 색'으로 지정하고 Enter 를 눌러 Shape 레이어를 생성한다. 레이어 패널 하단의 [Add a Layer style(레이어 스타일 추가, fx)] - [Stroke(획)]를 클릭한다.

> **조건**
> - 전구 모양: [All Legacy Default Shapes(모든 레거시 기본 모양)] - [Objects(물건)] - [Light Bulb 1(백열 전구 1)]
> - Stroke(획) ▶ Size(크기): 5px, Fill Type(칠 유형): Gradient(그레이디언트) - 시작점: #cc3300, 끝점 - Opacity(불투명도): 0%, Style(스타일): Linear(선형), Angle(각도): 0°

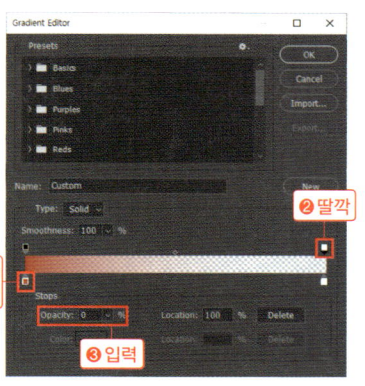

> **알아두면 좋은 TIP**
> 클리핑 마스크에 대한 지시사항이 언급되어 있지 않은 경우, 출력형태 를 참고하여 사용자 정의 모양 도구를 잘 찾아 작업해야 한다.

02 '1급-9' 레이어의 보이기 버튼을 활성화시키고, Ctrl + T 를 눌러 출력형태 와 같이 배치한 후 Enter 를 누른다. [Filter(필터)] - [Stylize(스타일화)] - [Wind(바람)]를 선택한다.

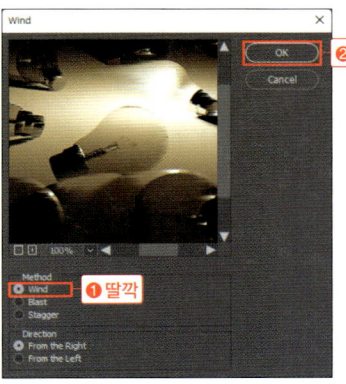

> **알아두면 좋은 TIP**
> 대부분의 필터는 [Filter Gallery(필터 갤러리)]에서 선택하여 적용하지만, 이 문제에 출제된 [Wind(바람)]와 같이 일부 필터는 [Filter Gallery(필터 갤러리)]에 없고 [Filter(필터)] 메뉴 리스트에 있어 자주 출제되는 필터는 외워두는 것이 좋다.

03 '1급-9' 레이어를 선택하고 클리핑 마스크 영역으로 설정한 레이어 위로 드래그한다. '1급-9' 레이어를 선택하고 클리핑 마스크 영역으로 설정한 레이어 사이에 마우스를 놓고 Alt 를 누른 채 클릭한다. Ctrl + T 를 누르고 마우스 오른쪽 버튼을 클릭하여 [Flip Horizontal(가로로 뒤집기)]을 선택하고, 출력형태 를 참고하여 이미지를 배치한 후 Enter 를 누른다.

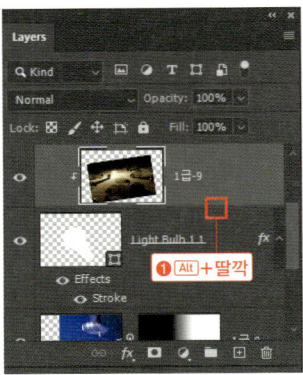
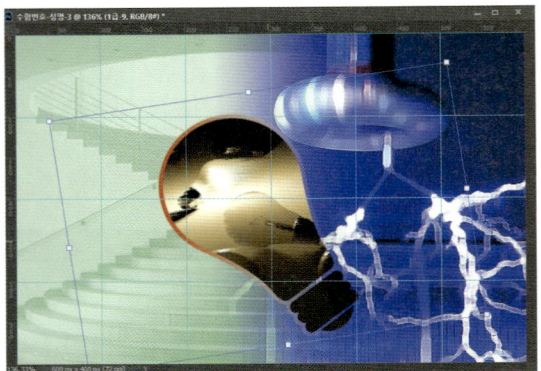

4 이미지 배치 및 색상 보정하기

01 '1급-10' 레이어의 보이기 버튼을 활성화시키고, Quick Selection Tool(빠른 선택 도구,)로 1급-10.jpg 이미지 내의 배경을 선택한 후 Delete 를 눌러 배경을 삭제한다. Ctrl + D 를 눌러 영역설정을 해제한다. Ctrl + T 를 누르고 마우스 오른쪽 버튼을 클릭하여 [Flip Horizontal(가로로 뒤집기)]을 선택하고 출력형태 와 같이 배치한 후 Enter 를 누른다.

02 '1급-10' 레이어가 선택된 상태에서 레이어 패널 하단의 [Add a Layer style(레이어 스타일 추가,)] - [Outer Glow(외부 광선)]를 클릭한다.

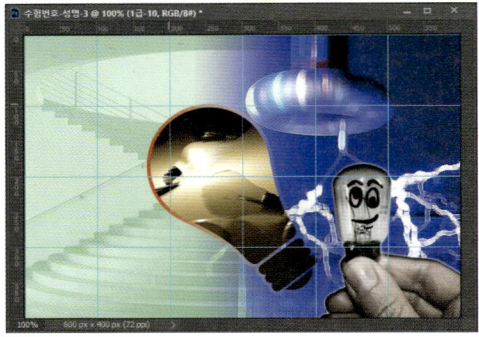
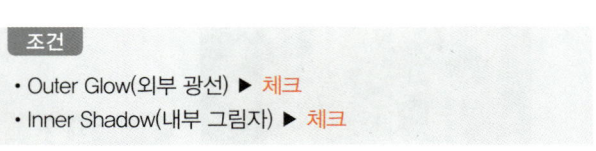

03 '1급-11' 레이어의 보이기 버튼을 활성화시키고, Quick Selection Tool(빠른 선택 도구,)로 1급-11.jpg 이미지의 배경을 선택한 후, Delete 를 눌러 배경을 삭제한다. Ctrl + D 를 눌러 영역설정을 해제한다. Ctrl + T 를 눌러 출력형태 와 같이 배치한 후 Enter 를 누른다.

04 Magic Wand Tool(자동 선택 도구,)을 선택하고, Option Bar(옵션 바)에서 'Tolerance(허용치): 100, Contiguous(인접): 체크 해제'로 설정한 후, 이미지의 빨간색 부분을 선택한다. 빨간색 영역 중 선택되지 않은 부분은 Quick Selection Tool(빠른 선택 도구,)로 추가 선택한다.

05 레이어 패널 하단의 [Create new fill or adjustment layer(새 칠 또는 조정 레이어 생성,)] – [Hue/Saturation(색조/채도)]을 선택한다. Properties(속성) 패널에서 'Colorize(색상화): 체크, Hue(색조): 150, Saturation(채도): 60'으로 입력하여 녹색 계열로 변경한다.

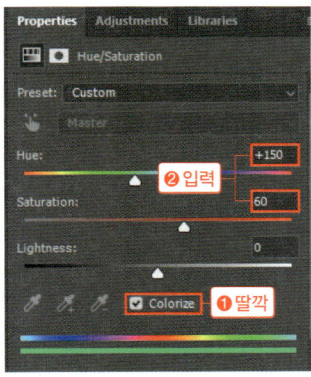 

06 레이어 패널 하단의 [Add a Layer style(레이어 스타일 추가,)] – [Bevel and Emboss(경사와 엠보스)]를 클릭한다.

5 문자 입력하기

01 Type Tool(수평 문자 도구,)을 클릭하고 출력형태 의 문자 부분과 같은 지점을 클릭한다. 신재생 에너지 파크 를 입력하고 Options Bar(옵션 바) 또는 Properties(속성) 패널에서 조건 과 같이 세부정보를 입력한다. 레이어 패널 하단의 [Add a Layer style(레이어 스타일 추가,)] – [Gradient Overlay(그레이디언트 오버레이)]를 클릭한다.

> 조건
> - Font(글꼴): 궁서, Size(크기): 42pt
> - Gradient Overlay(그레이디언트 오버레이) ▶ Gradient(그레이디언트) – 시작점: #cc33ff, 중간점: #006666, 끝점: #000000, Style(스타일): Linear(선형), Angle(각도): 0°
> - Stroke(획) ▶ Size(크기): 2px, Color(색상): #99ccff
> - Drop Shadow(드롭 섀도) ▶ 체크

02 Options Bar(옵션 바)에서 Create Warped text(뒤틀어진 텍스트 만들기,)를 클릭한다. [Warped text(텍스트 뒤틀기)] 대화상자가 열리면 문제지의 출력형태 와 같이 세부정보를 입력한다.

> 조건
> Style(스타일): Flag(깃발), Bend(구부리기): 50%

03 Type Tool(수평 문자 도구, T)을 클릭하고 출력형태의 문자 부분과 같은 지점을 클릭한다. 테마체험관 / 예약하기를 입력하고 Options Bar(옵션 바) 또는 Properties(속성) 패널에서 조건과 같이 세부정보를 입력한다. 레이어 패널 하단의 [Add a Layer style(레이어 스타일 추가, fx)] – [Stroke(획)]를 클릭한다.

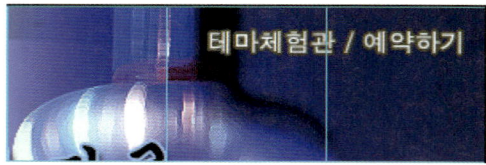

조건
- Font(글꼴): 돋움, Size(크기): 16pt, Color(색상): #ffffff
- Stroke(획) ▶ Size(크기): 2px, Color(색상): #666633

04 Type Tool(수평 문자 도구, T)을 클릭하고 출력형태의 문자 부분과 같은 지점을 클릭한다. Renewable Energy Park를 입력하고 Options Bar(옵션 바) 또는 Properties(속성) 패널에서 조건과 같이 세부정보를 입력한다. 레이어 패널 하단의 [Add a Layer style(레이어 스타일 추가, fx)] – [Stroke(획)]를 클릭한다.

조건
- Font(글꼴): Arial, Style(스타일): Regular, Size(크기): 18pt, Color(색상): #003366
- Stroke(획) ▶ Size(크기): 2px, Color(색상): #ffffff

05 Options Bar(옵션 바)에서 Create Warped text(뒤틀어진 텍스트 만들기, T)를 클릭한다. [Warped text(텍스트 뒤틀기)] 대화상자가 열리면 문제지의 출력형태와 같이 세부정보를 입력한다.

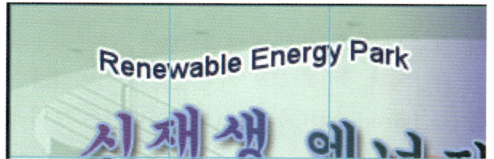

조건
Style(스타일): Flag(깃발), Bend(구부리기): −50%

06 Type Tool(수평 문자 도구, T)을 클릭하고 출력형태의 문자 부분과 같은 지점을 클릭한다. 반려동물은 입장할 수 없습니다를 입력하고 Options Bar(옵션 바) 또는 Properties(속성) 패널에서 조건과 같이 세부정보를 입력한다. 레이어 패널 하단의 [Add a Layer style(레이어 스타일 추가, fx)] – [Gradient Overlay(그레이디언트 오버레이)]를 클릭한다.

조건
- Font(글꼴): 돋움, Size(크기): 18pt
- Gradient Overlay(그레이디언트 오버레이) ▶ Gradient(그레이디언트) – 시작점: #66cc00, 끝점: #ffcc00, Style(스타일): Linear(선형), Angle(각도): 90°
- Stroke(획) ▶ Size(크기): 2px, Color(색상): #333333

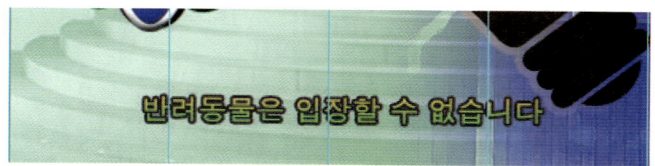

6 모양 도구 배치하기

01 Custom Shape Tool(사용자 정의 모양 도구,)을 클릭하고, 핵 모양을 찾아 드래그하여 그린 후 Options Bar(옵션 바)에서 'Fill(칠): #000000'으로 지정하고 Enter를 눌러 Shape 레이어를 생성한다. 레이어 패널 하단의 [Add a Layer style(레이어 스타일 추가,)] – [Outer Glow(외부 광선)]를 클릭한다. 레이어 패널 상단에 'Opacity(불투명도): 90%'를 입력한다.

> **조건**
> - 핵 모양: [All Legacy Default Shapes(모든 레거시 기본 모양)] – [Symbols(기호)] – [Nuclear(핵)]
> - Outer Glow(외부 광선) ▶ 체크

02 Custom Shape Tool(사용자 정의 모양 도구,)을 클릭하고, 번개 모양을 찾아 드래그하여 그린 후 Options Bar(옵션 바)에서 'Fill(칠): #ffff00'으로 지정하고 Enter를 눌러 Shape 레이어를 생성한다. 레이어 패널 하단의 [Add a Layer style(레이어 스타일 추가,)] – [Drop Shadow(드롭 섀도)]를 클릭한다. 레이어 패널 상단에 'Opacity(불투명도): 80%'를 입력한다.

> **조건**
> - 번개 모양: [All Legacy Default Shapes(모든 레거시 기본 모양)] – [Nature(자연)] – [Lightning(번개)]
> - Drop Shadow(드롭 섀도) ▶ 체크

03 'Lightning(번개)' 레이어를 선택하고 Ctrl+J를 눌러 복사한다. 복사된 'Lightning(번개) copy' 레이어를 선택하고 Ctrl+T를 눌러 출력형태와 같이 배치한 후, 레이어의 썸네일을 더블클릭하여 'Color(색상): #ffffff'로 지정한다.

04 Custom Shape Tool(사용자 정의 모양 도구,)을 클릭한 뒤 개 모양을 찾아 드래그하여 그린 후 Options Bar(옵션 바)에서 'Fill(칠): 임의의 색'으로 지정하고 Enter를 눌러 Shape 레이어를 생성한다. 레이어 패널 하단의 [Add a Layer style(레이어 스타일 추가, fx)] – [Gradient Overlay(그레이디언트 오버레이)]를 클릭한다.

> 조건
> - 개 모양: [All Legacy Default Shapes(모든 레거시 기본 모양)] – [Animals(동물)] – [Dog(개)]
> - Gradient Overlay(그레이디언트 오버레이) ▶ Gradient(그레이디언트) – 시작점: #66cc00, 끝점: #ff9900, Style(스타일): Linear(선형), Angle(각도): 0°
> - Drop Shadow(드롭 섀도) ▶ 체크

7 저장 및 파일 전송하기

01 작업이 완료되면 문제지의 출력형태와 작업 파일을 비교하여 레이어의 순서, 이미지 위치를 최종 점검한다.
02 [File(파일)] – [Save As a Copy(사본 저장)](Alt+Ctrl+S)를 선택하고, '저장 경로: 내 PC₩문서₩GTQ, 파일형식: JPEG, 파일이름: 수험번호-성명-3'으로 저장한다.
03 제출용 PSD 파일을 만들기 위해 [Image(이미지)] – [Image Size(이미지 크기)](Alt+Ctrl+I)를 클릭한다. [Image Size(이미지 크기)] 대화상자가 열리면 문제지의 조건과 같이 세부정보를 입력하여 작업 사이즈의 1/10 사이즈로 축소한다.

> 조건
> Constrain as pect ratio(종횡비 제한): 체크, Width(폭): 60px, Height(높이): 40px

04 [File(파일)] – [Save As(다른 이름으로 저장)](Shift+Ctrl+S)를 선택하고, '저장 경로: 내 PC₩문서₩GTQ, 파일형식: PSD, 파일이름: 수험번호-성명-3'으로 저장한다.
05 답안 전송 프로그램을 이용하여 저장된 jpg, psd 파일을 감독관 컴퓨터로 전송한다.

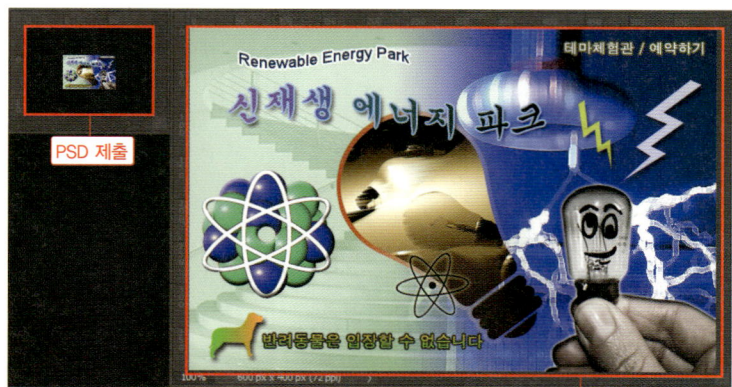

문제 4 [실무응용] 웹 페이지 제작

☑ 문제 풀이 순서

1 새 작업 파일 만들기→**2** 이미지 불러오고 패턴 만들기→**3** 레이어 마스크 적용하기→**4** 이미지 보정하기→**5** 색상 보정하기→**6** 패스 작업과 패턴 적용하기→**7** 문자 입력하기→**8** 모양 도구 배치하기→**9** 저장 및 파일 전송하기

☑ 감점방지 TIP

- 배경 합성을 위한 마스크 레이어 작업에서 그레이디언트 시작 지점을 이미지의 내부에서 시작한다.
- 레이어 합성 모드 중 Multiply(곱하기)는 흰색 배경을 삭제할 필요가 없어 이미지를 그대로 사용하여 시간을 절약할 수 있다.

1 새 작업 파일 만들기

01 새로운 작업 파일을 만들기 위해 [File(파일)] - [New(새로 만들기)]([Ctrl]+[N])를 선택한다. [New Document(새로운 문서 만들기)] 대화상자가 열리면 문제지의 조건을 참고하여 작업 파일 세부정보를 입력한다.

> **조건**
>
> Width(폭): 600, Height(높이): 400, 단위: Pixels(픽셀), Resolution(해상도): 72(pixel/inch), Color Mode(색상 모드): RGB, 8bit, Background Contents(배경): White(흰색)

02 [File(파일)] - [Save As(다른 이름으로 저장)]([Shift]+[Ctrl]+[S])를 선택한다. '저장 경로: 내 PC\문서\GTQ, 파일명: 수험번호-성명-4.psd'로 저장한다.

03 작업 파일에 눈금자를 표시하기 위해 [View(보기)] - [Rulers(눈금자)]([Ctrl]+[R])를 선택한다.

04 [View(보기)] - [Show(표시)] - [Grid(격자)]([Ctrl]+[`])를 눌러 격자를 표시한다.

2 이미지 불러오고 패턴 만들기

01 Tool Box(도구 상자) 하단의 전경색을 더블클릭한다. [Color Picker(색상 피커)] 대화상자가 열리면 #ffffcc를 입력하고 [OK(확인)]를 클릭한다. 작업영역을 전경색으로 채우기 위해 [Alt]+[Delete]를 누른다.

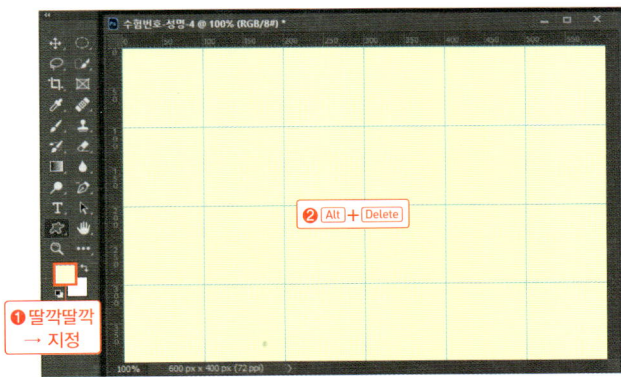

02 [File(파일)] – [Place Embedded(포함 가져오기)]를 선택하여 1급-12.jpg부터 1급-17.jpg까지 불러온다. Shift를 누르고 1급-12.jpg, 1급-17.jpg를 클릭하여 불러온 모든 이미지를 선택한 후, 마우스 오른쪽을 클릭하여 [Rasterize Layer(레스터화)]를 눌러 일반 레이어로 변환한다. 불러온 모든 이미지를 감추기 상태로 만든다.

03 패턴을 만들기 위해 [File(파일)] – [New(새로 만들기)](Ctrl + N)를 선택한다. [New Document(새로운 문서 만들기)] 대화상자가 열리면 문제지의 조건을 참고하여 작업 파일 세부정보를 입력한다.

> 조건
>
> Width(폭): 45, Height(높이): 45, 단위: Pixels(픽셀), Resolution(해상도): 72(pixel/inch), Color Mode(색상 모드): RGB, 8bit, Background Contents(배경): Transparent(투명)

04 Custom Shape Tool(사용자 정의 모양 도구,)을 클릭하고, 물결 모양을 찾아 작업영역 오른쪽 하단에 드래그하여 그린 후 Options Bar(옵션 바)에서 'Fill(칠): #66ccff'로 지정하고 Enter를 눌러 Shape 레이어를 생성한다.

> 조건
>
> 물결 모양: [All Legacy Default Shapes(모든 레거시 기본 모양)] – [Nature(자연)] – [Waves(파형)]

05 Custom Shape Tool(사용자 정의 모양 도구,)을 클릭하고, 태양 모양을 찾아 작업영역 왼쪽 상단에 드래그하여 그린 후 Options Bar(옵션 바)에서 'Fill(칠): #66cc00'으로 지정하고 Enter를 눌러 Shape 레이어를 생성한다.

> 조건
>
> 태양 모양: [All Legacy Default Shapes(모든 레거시 기본 모양)] – [Nature(자연)] – [Sun 2(해 2)]

06 [Edit(편집)] – [Define Pattern(사용자 패턴 정의)]을 클릭한다. 'Pattern Name(패턴 이름): 태양_물결'로 입력하고 [OK(확인)]를 클릭한 후 '4번 문제 작업 문서'로 돌아간다.

3 레이어 마스크 적용하기

01 '1급-12' 레이어의 보이기 버튼만 활성화시키고 해당 레이어를 선택한다. Ctrl + T를 누르고 출력형태와 같이 배치한 후 Enter를 누른다.

02 레이어 패널에서 'Blending Mode(혼합 모드): Hard Light(하드 라이트)'로 변경한 후, 레이어 패널 하단에 [Add a Layer Mask(레이어 마스크 추가,)]를 클릭한다. Gradient Tool(그레이디언트 도구,)을 선택하고, Option Bar(옵션 바)에서 'Black, White(검정, 흰색)', 'Linear Gradient(선형 그레이디언트)'로 지정하고 출력형태와 같이 오른쪽 상단에서 왼쪽 하단으로 드래그한다.

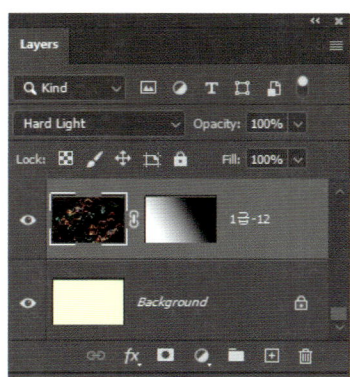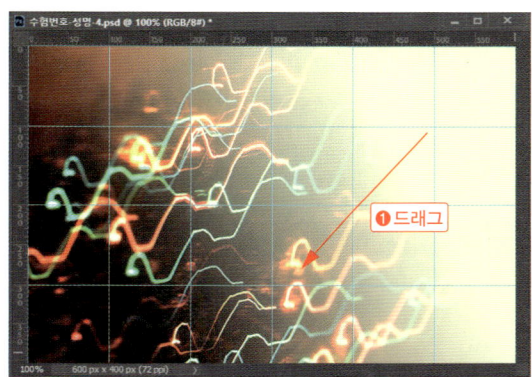

03 '1급-13' 레이어의 보이기 버튼을 활성화시키고, Ctrl + T를 누르고 마우스 오른쪽 버튼을 클릭하여 [Flip Horizontal(가로로 뒤집기)]을 선택한 후, 출력형태와 같이 배치한 후 Enter를 누른다. [Filter(필터)] – [Filter Gallery(필터 갤러리)] – [Artistic(예술 효과)] – [Dry Brush(드라이 브러시)]를 선택한다.

04 레이어 패널 하단에 [Add a Layer Mask(레이어 마스크 추가, ▢)]를 클릭한다. Gradient Tool(그레이디언트 도구, ▮)을 선택하고 출력형태와 같이 왼쪽에서 오른쪽으로 드래그한다.

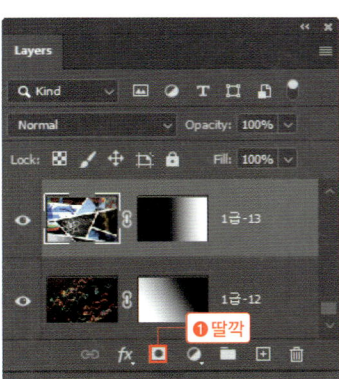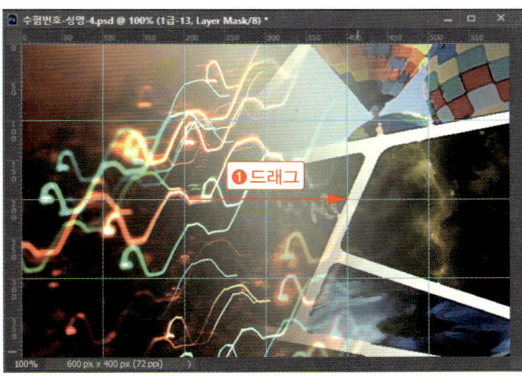

4 이미지 보정하기

01 '1급-14' 레이어의 보이기 버튼을 활성화시키고, Quick Selection Tool(빠른 선택 도구, ▮)로 배경부분을 드래그하여 선택 영역으로 지정한다. Delete를 눌러 배경부분을 삭제한다. Ctrl + T를 누르고 마우스 오른쪽을 클릭하여 [Flip Horizontal(가로로 뒤집기)]을 선택한 후, 출력형태와 같이 배치한 후 Enter를 누른다.

02 레이어 패널 하단의 [Add a Layer style(레이어 스타일 추가, fx)] – [Drop Shadow(드롭 섀도)]를 클릭한다.

조건
- Bevel and Emboss(경사와 엠보스) ▶ 체크
- Drop Shadow(드롭 섀도) ▶ 체크

03 '1급-15' 레이어의 보이기 버튼을 활성화시키고, Polygonal Lasso Tool(다각형 올가미 도구,)을 선택하여 직선 모서리 부분을 클릭해가며 선택한 후, [Select(선택)] - [Inverse(반전)]([Shift]+[Ctrl]+[I])로 선택 영역을 반전시킨 후, [Delete]를 눌러 배경부분을 삭제한다. [Ctrl]+[T]를 눌러 출력형태와 같이 배치한 후 [Enter]를 누른다.
04 [Filter(필터)] - [Filter Gallery(필터 갤러리)] - [Artistic(예술 효과)] - [Film Grain(필름 그레인)]을 선택한다. 레이어 패널 하단의 [Add a Layer style(레이어 스타일 추가,)] - [Outer Glow(외부 광선)]를 클릭한다.

조건
Outer Glow(외부 광선) ▶ 체크

5 색상 보정하기

01 '1급-16' 레이어의 보이기 버튼을 활성화시키고, Quick Selection Tool(빠른 선택 도구,)로 사용할 영역 외곽 부분을 선택한 후, [Delete]를 눌러 외곽 부분을 삭제한다. [Ctrl]+[T]를 누르고 마우스 오른쪽을 클릭하여 [Flip Horizontal(가로로 뒤집기)]을 선택하고 출력형태와 같이 배치한 후 [Enter]를 누른다.
02 Quick Selection Tool(빠른 선택 도구,)로 파란색으로 변경할 영역을 선택하고, 레이어 패널 하단의 [Create new fill or adjustment layer(새 칠 또는 조정 레이어 생성,)] - [Hue/Saturation(색조/채도)]을 선택한다. Properties(속성) 패널에서 'Colorize(색상화): 체크, Hue(색조): 210, Saturation(채도): 70'으로 입력하여 파란색 계열로 변경한다.

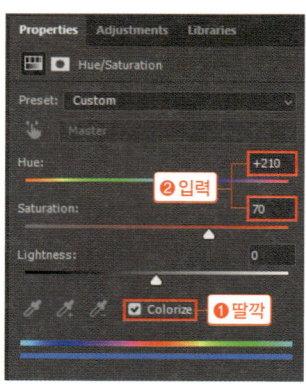 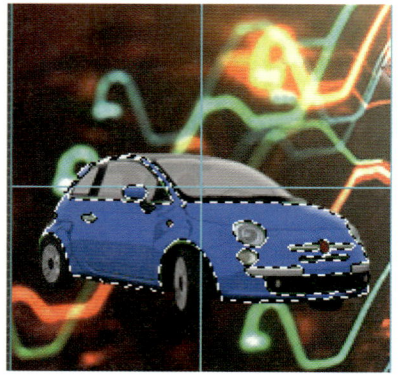

03 레이어 패널 하단의 [Add a Layer style(레이어 스타일 추가,)] - [Bevel and Emboss(경사와 엠보스)]를 클릭한다.
04 '1급-17' 레이어의 보이기 버튼을 활성화시키고, Quick Selection Tool(빠른 선택 도구,)로 사용할 영역 외곽 부분을 선택한 후, [Delete]를 눌러 외곽 부분을 삭제한다. [Ctrl]+[T]를 눌러 출력형태와 같이 배치한 후 [Enter]를 누른다.

6 패스 작업과 패턴 적용하기

01 Ellipse Tool(타원 도구, ◎)을 선택하고 Options Bar(옵션 바)에서 Path(패스) 설정을 'Pick tool mode(선택 도구 모드): shape(모양), 'Fill(칠): #ffffff, Stroke(획): No color(없음)'로 지정 후 출력형태에서 제시한 구름 모양의 윗부분을 그린다. Rectangle Tool(사각형 도구, ▭)로 원형 모양 아래 부분에 직사각형을 추가로 그려 준다.

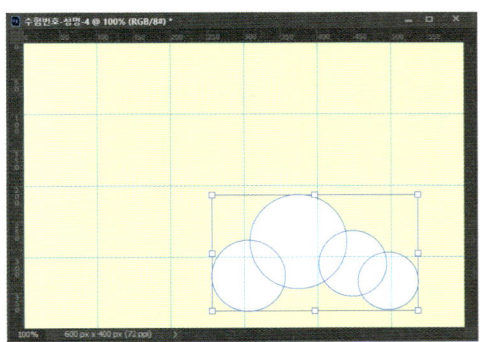 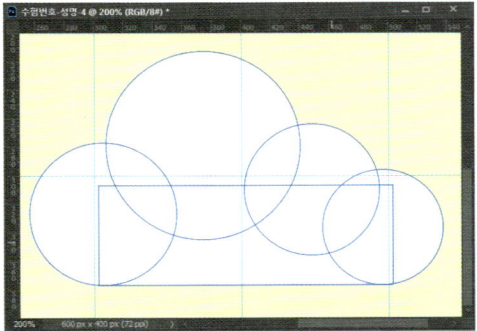

알아두면 좋은 TIP
펜 도구 작업을 보다 명확하게 작업하기 위해 하단의 이미지 레이어를 감추고 작업하면 수월하다.

02 레이어 패널에서 구름 모양의 레이어를 Shift를 누른 채로 클릭하여 동시 선택한다. 선택된 레이어에서 마우스 오른쪽을 클릭하여 [Merge Shapes(모양 병합)](Ctrl+E)를 적용한다.

03 Path Selection Tool(패스 선택 도구, ▶)로 구름 모양을 드래그하여 모든 패스를 선택한 후, Options Bar(옵션 바)에서 'Merge Shape Components(모양 병합 구성 요소, ▣)'를 클릭한다.

04 Ellipse Tool(타원 도구, ◎)을 선택하고 Options Bar(옵션 바)에서 'Fill(칠): #ffcccc'로 지정 후 구름 모양 위에 겹치게 그린다.

05 Options Bar(옵션 바)에서 'Path operations(패스 작업): Subtract Front Shape(전면 모양 빼기, ▣)로 변경하고, Ellipse Tool(타원 도구, ◎)로 태양을 구름 모양으로 잘리게 원을 그린다. Options Bar(옵션 바)에서 'Merge Shape Components(모양 병합 구성 요소, ▣)'를 클릭한다.

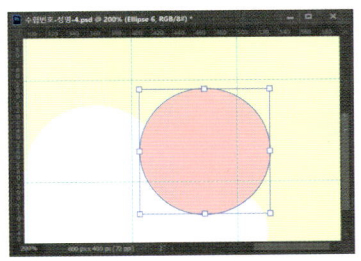 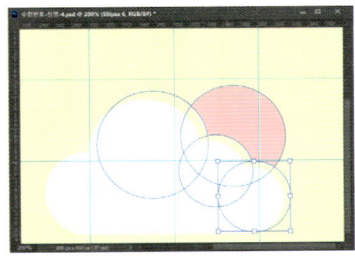 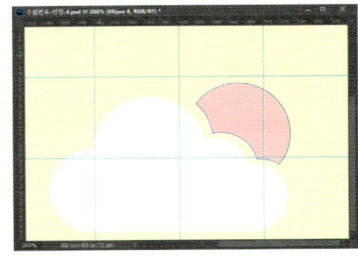

06 Rectangle Tool(사각형 도구, ▭)을 선택하고 Options Bar(옵션 바)에서 'Fill(칠): #cc66cc, Stroke(획): No color(없음)'로 지정 후 둥근 모서리 사각형으로 태양 빛을 그린다. Ctrl + T 를 누르고 출력형태 와 같이 배치한 후 Enter 를 누른다. Ctrl + Alt 를 누르면서 드래그하여 태양 빛 모양을 복사한다. 위와 같이 4개를 복사하여 출력형태 와 같이 배치한다.

07 구름, 태양, 태양 빛을 만든 모양 레이어에 각각 [Add a Layer style(레이어 스타일 추가, fx)] − [Drop Shadow(드롭 섀도)]를 클릭한다.

08 레이어 패널 하단의 [Create a new layer(새 레이어 생성, ▣)]를 클릭한다. 새 레이어가 선택된 상태로 Rectangular Marquee Tool(사각형 선택 윤곽 도구, ▭)로 그려놓은 구름 부분이 덮힐만한 크기의 사각형 선택 영역을 드래그하여 그린다.

09 [Edit(편집)] − [Fill(칠)]을 선택한다. [Fill(칠)] 대화상자가 열리면 'Contents(내용): Pattern(패턴)'으로 변경하고 Custom Pattern(사용자 정의 패턴) 항목에서 등록한 '태양_물결' 패턴을 찾아 선택하고 [OK(확인)]를 눌러 적용한다. 구름 모양 레이어를 선택하고 패턴 레이어 사이에 마우스를 놓고 Alt 를 누른 채 클릭한다.

238 · Step Ⅲ. 기출문제 반복으로 실력 키우기

7 문자 입력하기

01 Type Tool(수평 문자 도구, T)을 클릭하고 출력형태 의 문자 부분과 같은 지점을 클릭한다. Digital Transformation을 입력하고 Options Bar(옵션 바) 또는 Properties(속성) 패널에서 조건 과 같이 세부정보를 입력한다. 레이어 패널 하단의 [Add a Layer style(레이어 스타일 추가, fx)] – [Stroke(획)]를 클릭한다.

> 조건
>
> • Font(글꼴): Times New Roman, Style(스타일): Bold, Size(크기): 23pt, Color(색상): #6600cc
> • Stroke(획) ▶ Size(크기): 2px, Gradient(그레이디언트) – 시작점: #ccff00, 끝점: #ffcccc, Style(스타일): Linear(선형), Angle(각도): 90°

02 Options Bar(옵션 바)에서 Create Warped text(뒤틀어진 텍스트 만들기, T)를 클릭한다. [Warped text(텍스트 뒤틀기)] 대화상자가 열리면 문제지의 출력형태 와 같이 세부정보를 입력한다. Ctrl + T 를 눌러 출력형태 와 같이 배치한 후 Enter 를 누른다.

> 조건
>
> Style(스타일): Flag(깃발), Bend(구부리기): −50%

03 Type Tool(수평 문자 도구, T)을 클릭하고 출력형태 의 문자 부분과 같은 지점을 클릭한다. 신기술 에너지 박람회를 입력하고 Options Bar(옵션 바) 또는 Properties(속성) 패널에서 조건 과 같이 세부정보를 입력한다. 레이어 패널 하단의 [Add a Layer style(레이어 스타일 추가, fx)] – [Gradient Overlay(그레이디언트 오버레이)]를 클릭한다.

> 조건
>
> • Font(글꼴): 굴림, Size(크기): 45pt
> • Gradient Overlay(그레이디언트 오버레이) ▶ Gradient(그레이디언트) – 시작점: #3300ff, 끝점: #ff6600, Style(스타일): Linear(선형), Angle(각도): 0°,
> • Stroke(획) ▶ Size(크기): 3px, Color(색상): #ccccff

04 Options Bar(옵션 바)에서 Create Warped text(뒤틀어진 텍스트 만들기,)를 클릭한다. [Warped text(텍스트 뒤틀기)] 대화상자가 열리면 문제지의 출력형태와 같이 세부정보를 입력한다. Ctrl+T를 눌러 출력형태와 같이 배치한 후 Enter를 누른다.

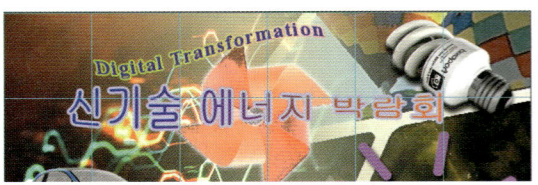

> 조건
>
> Style(스타일): Fish(물고기), Bend(구부리기): 30%

05 Type Tool(수평 문자 도구,)을 클릭하고 출력형태의 문자 부분과 같은 지점을 클릭한다. 국제 컨퍼런스를 입력하고 Options Bar(옵션 바) 또는 Properties(속성) 패널에서 조건과 같이 세부정보를 입력한다. 레이어 패널 하단의 [Add a Layer style(레이어 스타일 추가,)] – [Drop Shadow(드롭 섀도)]를 클릭한다.

> 조건
>
> - Font(글꼴): 궁서, Size(크기): 20pt, Color(색상): #ffff00
> - Drop Shadow(드롭 섀도) ▶ 체크

8 모양 도구 배치하기

01 Custom Shape Tool(사용자 정의 모양 도구,)을 클릭하고, 출력형태의 버튼 모양을 찾아 드래그하여 그린 후 Enter를 눌러 Shape 레이어를 생성한다 . 레이어 패널 하단의 [Add a Layer style(레이어 스타일 추가,)] – [Gradient Overlay(그레이디언트 오버레이)]를 클릭한다.

> 조건
>
> - 버튼 모양: [All Legacy Default Shapes(모든 레거시 기본 모양)] – [Banners & Awards(배너 및 상장)] – [Banner 3(배너 3)]
> - Gradient Overlay(그레이디언트 오버레이) ▶ Gradient(그레이디언트) – 시작점: #99cccc, 끝점: #ffffff, Style(스타일): Linear(선형), Angle(각도): 90°
> - Stroke(획) ▶ Size(크기): 2px, Color(색상): #339999

02 Type Tool(수평 문자 도구, T)을 클릭하고 출력형태의 문자 부분과 같은 지점을 클릭한다. 개막식을 입력하고 Options Bar(옵션 바) 또는 Properties(속성) 패널에서 조건과 같이 세부정보를 입력한다. 레이어 패널 하단의 [Add a Layer style(레이어 스타일 추가, fx)] - [Stroke(획)]를 클릭한다.

> 조건
> - Font(글꼴): 돋움, Size(크기): 18pt, Color(색상): #000000
> - Stroke(획) ▶ Size(크기): 2px, Color(색상): #99ffff

03 완성된 메뉴 버튼을 구성하는 배너 모양 레이어와 문자 레이어를 Ctrl을 누르며 클릭하여 동시에 선택한 후 Ctrl+J를 눌러 복사한다. Move Tool(이동 도구, ✥)를 클릭하여 복사된 메뉴 버튼을 드래그하여 하단으로 복사하여 출력형태와 같이 배치한다. 같은 방법으로 한 번 더 복사하여 출력형태와 같이 배치한다. Type Tool(수평 문자 도구, T)을 클릭 후 드래그하여 전시회, 체험관으로 수정한다.

> 알아두면 좋은 TIP
>
> Ctrl+J로 레이어를 복사하는 방법과 동일하게 Ctrl+Alt를 누르면서 드래그하면 오브젝트가 이동 복사되어 레이어를 복사할 수 있다.

04 Custom Shape Tool(사용자 정의 모양 도구,)을 클릭하고, 지구 모양을 찾아 드래그하여 그린 후 Options Bar(옵션 바)에서 'Fill(칠): #ffff00'으로 지정하고 Enter를 눌러 Shape 레이어를 생성한다. 레이어 패널 하단의 [Add a Layer style(레이어 스타일 추가,)] – [Drop Shadow(드롭 섀도)]를 클릭한다.

> 조건
> • 지구 모양: [All Legacy Default Shapes(모든 레거시 기본 모양)] – [Web(웹)] – [World Wide Web(WWW)]
> • Drop Shadow(드롭 섀도) ▶ 체크

05 Custom Shape Tool(사용자 정의 모양 도구,)을 클릭하고, 재활용 모양을 찾아 드래그하여 그린 후 Options Bar(옵션 바)에서 'Fill(칠): #cccc33'으로 지정하고 Enter를 눌러 Shape 레이어를 생성한다. 레이어 패널 하단의 [Add a Layer style(레이어 스타일 추가,)] – [Inner Shadow(내부 그림자)]를 클릭한다. 레이어 패널 상단에 'Opacity(불투명도): 70%'로 입력한다.

> 조건
> • 재활용 모양: [All Legacy Default Shapes(모든 레거시 기본 모양)] – [Symbols(기호)] – [Recycle 2(순환 2)]
> • Inner Shadow(내부 그림자) ▶ 체크

9 저장 및 파일 전송하기

01 작업이 완료되면 문제지의 出력형태와 작업 파일을 비교하여 레이어의 순서, 이미지 위치를 최종 점검한다.
02 [File(파일)] – [Save As a Copy(사본 저장)](Alt + Ctrl + S)를 선택하고, '저장 경로: 내 PC₩문서₩GTQ, 파일형식: JPEG, 파일이름: 수험번호–성명–4'로 저장한다.
03 제출용 PSD 파일을 만들기 위해 [Image(이미지)] – [Image Size(이미지 크기)](Alt + Ctrl + I)를 클릭한다. [Image Size(이미지 크기)] 대화상자가 열리면 문제지의 조건을 확인하여 세부정보를 입력하여 작업 사이즈의 1/10 사이즈로 축소한다.

> 조건
>
> Constrain as pect ratio(종횡비 제한): 체크, Width(폭): 60px, Height(높이): 40px

04 [File(파일)] – [Save As a(다른 이름으로 저장)](Shift + Ctrl + S)를 선택하고, '저장 경로: 내 PC₩문서₩GTQ, 파일형식: PSD, 파일이름: 수험번호–성명–4'로 저장한다.
05 답안 전송 프로그램을 이용하여 저장된 jpg, psd 파일을 감독관 컴퓨터로 전송한다.

제6회 GTQ 기출문제

급수	문제유형	시험시간	수험번호	성명
1급	A	90분		

수험자 유의사항

- 수험자는 문제지를 받는 즉시 응시하고자 하는 과목 및 급수가 맞는지 확인한 후 수험번호와 성명을 작성합니다.
- 파일명은 본인의 "수험번호-성명-문제번호"로 공백 없이 정확히 입력하고 답안폴더(내 PC₩문서₩GTQ)에 jpg 파일과 psd 파일의 2가지 포맷으로 저장해야 하며, jpg 파일과 psd 파일의 내용이 상이할 경우 0점 처리됩니다. 답안문서 파일명이 "수험번호-성명-문제번호"와 일치하지 않거나, 답안 파일을 전송하지 않아 미제출로 처리될 경우 불합격 처리됩니다.
- 문제의 세부조건은 '영문(한글)' 형식으로 표기되어 있으니 유의하시기 바랍니다.
- 수험자 정보와 저장한 파일명, 저장 위치가 다를 경우 전송이 되지 않으므로, 주의하시기 바랍니다.
- 답안 작성 중에도 주기적으로 '저장'과 '답안 전송'을 이용하여 감독위원 PC로 답안을 전송하셔야합니다.(※ 작업한 내용을 저장하지 않고 전송할 경우 이전의 저장내용이 전송되오니 이점 반드시 유념하시기 바랍니다.)
- 답안문서는 지정된 경로 외의 다른 보조기억장치에 저장하는 행위, 지정된 시험 시간 외에 작성된 파일을 활용한 행위, 기타 통신수단(이메일, 메신저, 네트워크 등)을 이용하여 타인에게 전달 또는 외부 반출하는 행위는 부정으로 간주되어 자격기본법 제32조에 의거 본 시험 및 국가공인 자격시험을 2년간 응시할 수 없습니다.
- 시험 중 부주의 또는 고의로 시스템을 파손한 경우와 〈수험자 유의사항〉에 기재된 방법대로 이행하지 않아 생기는 불이익은 수험자의 책임임을 알려 드립니다.
- 시험을 완료한 수험자는 최종적으로 저장한 답안파일이 전송되었는지 확인한 후 감독위원의 지시에 따라 문제지를 제출하고 퇴실합니다.

답안 작성요령

- 온라인 답안 작성 절차
  수험자 등록 ⇒ 시험 시작 ⇒ 답안파일 저장 ⇒ 답안 전송 ⇒ 시험 종료
- C:₩에듀윌 GTQ 1급₩Step 3₩6회₩Image폴더에 있는 그림 원본파일을 사용하여 답안을 작성하시고 최종답안을 답안폴더(내 PC₩문서₩GTQ)에 저장하여 답안을 전송하시고, 이미지의 크기가 다른 경우 감점 처리됩니다.
- 배점은 총 100점으로 이루어지며, 점수는 각 문제별로 차등 배분됩니다.
- 각 문제는 주어진 조건 에 따라 작성하고, 언급하지 않은 조건은 출력형태 와 같이 작성합니다.
- 배치 등의 편의를 위해 주어진 눈금자의 단위는 '픽셀'입니다.
  그 외는 출력형태(효과, 이미지, 문자, 색상, 레이아웃, 규격 등)와 같이 작업하십시오.
- 문제 조건에 서체의 지정이 없을 경우 한글은 굴림이나 돋움, 영문은 Arial로 작업하십시오.
  (단, 그 외에 제시되지 않은 문자 속성을 기본값으로 작성하지 않은 경우는 감점 처리됩니다.)
- Image Mode(이미지 모드)는 별도의 처리조건이 없을 경우에는 RGB(8비트)로 작업하십시오.
- 모든 답안 파일은 해상도 72 pixels/inch로 작업하십시오.
- Layer(레이어)는 각 기능별로 분할해야 하며, 임의로 합칠 경우나 각 기능에 대한 속성을 해지할 경우 해당 요소는 0점 처리됩니다.

문제 1 기능평가 고급 Tool(도구) 활용 [20점]

다음의 조건에 따라 아래의 출력형태와 같이 작업하시오.

조건

원본 이미지			C:₩에듀윌 GTQ 1급₩Step 3₩6회₩Image₩1급-1.jpg, 1급-2.jpg, 1급-3.jpg
파일 저장 규칙	JPG	파일명	문서₩GTQ₩수험번호-성명-1.jpg
		크기	400×500 pixels
	PSD	파일명	문서₩GTQ₩수험번호-성명-1.psd
		크기	40×50 pixels

출력형태

1. 그림 효과
   ① 1급-1.jpg : 필터 – Paint Daubs(페인트 덥스/페인트 바르기)
   ② Save Path(패스 저장) : 앞치마 모양
   ③ Mask(마스크) : 앞치마 모양, 1급-2.jpg를 이용하여 작성
      레이어 스타일 – Stroke(선/획)(3px, 그라디언트(#ffff00, #ffffff)),
      Inner Shadow(내부 그림자)
   ④ 1급-3.jpg : 레이어 스타일 – Drop Shadow(그림자 효과)
   ⑤ Shape Tool(모양 도구) :
      – 카트 모양 (#ff0033, 레이어 스타일 – Drop Shadow(그림자 효과))
      – 손바닥 모양 (#cccc66, #669900, 레이어 스타일 – Outer Glow(외부 광선))

2. 문자 효과
   ① Enjoy Cooking (Arial, Regular, 40pt, 레이어 스타일 –
      Stroke(선/획)(3px, #ffffff), 그라디언트 오버레이(#ff6600, #00cc00))

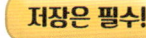

문제 2 기능평가 사진편집 응용 [20점]

다음의 조건에 따라 아래의 출력형태와 같이 작업하시오.

조건

원본 이미지			C:₩에듀윌 GTQ 1급₩Step 3₩6회₩Image₩1급-4.jpg, 1급-5.jpg, 1급-6.jpg
파일 저장 규칙	JPG	파일명	문서₩GTQ₩수험번호-성명-2.jpg
		크기	400×500 pixels
	PSD	파일명	문서₩GTQ₩수험번호-성명-2.psd
		크기	40×50 pixels

출력형태

1. 그림 효과
   ① 1급-4.jpg : 필터 – Texturizer(텍스처화)
   ② 색상 보정 : 1급-5.jpg – 빨간색, 녹색 계열로 보정
   ③ 1급-5.jpg : 레이어 스타일 – Drop Shadow(그림자 효과)
   ④ 1급-6.jpg : 레이어 스타일 – Inner Shadow(내부 그림자)
   ⑤ Shape Tool(모양 도구) :
      – 꽃 모양 (#ff6666, #3399ff, 레이어 스타일 – Drop Shadow(그림자 효과))
      – 나선형 모양 (#ff3333, 레이어 스타일 – Inner Shadow(내부 그림자))

2. 문자 효과
   ① Tea & Ricecakes (Times New Roman, Bold, 40pt, 레이어 스타일 –
      그라디언트 오버레이(#ffff00, #00ffff, #66ff00), Drop Shadow(그림자 효과))

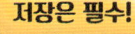

문제 3 실무응용 포스터 제작 [25점]

다음의 조건에 따라 아래의 출력형태와 같이 작업하시오.

조건

원본 이미지		C:₩에듀윌 GTQ 1급₩Step 3₩6회₩Image₩1급-7.jpg, 1급-8.jpg, 1급-9.jpg, 1급-10.jpg, 1급-11.jpg
파일 저장 규칙	JPG	파일명	문서₩GTQ₩수험번호-성명-3.jpg
		크기	600×400 pixels
	PSD	파일명	문서₩GTQ₩수험번호-성명-3.psd
		크기	60×40 pixels

1. 그림 효과
   ① 배경 : #ffff99
   ② 1급-7.jpg : Blending Mode(혼합 모드) – Multiply(곱하기), Opacity(불투명도)(80%)
   ③ 1급-8.jpg : 필터 – Film Grain(필름 그레인), 레이어 마스크 – 가로 방향으로 흐릿하게
   ④ 1급-9.jpg : 필터 – Texturizer(텍스처화), 레이어 스타일 – Inner Shadow(내부 그림자)
   ⑤ 1급-10.jpg : 레이어 스타일 – Bevel and Emboss(경사와 엠보스), Drop Shadow(그림자 효과)
   ⑥ 1급-11.jpg : 색상 보정 – 파란색 계열로 보정, 레이어 스타일 – Stroke(선/획)(4px, 그라디언트(#ff0033, #330066))
   ⑦ 그 외 출력형태 참조

2. 문자 효과
   ① 맛있는 김치 담그기 (돋움, 40pt, 30pt, 레이어 스타일 – 그라디언트 오버레이(#ff0000, #0066ff, #00ff66), Stroke(선/획)(3px, #ffffff), Drop Shadow(그림자 효과))
   ② 자연 그대로의 맛을 살리는 (돋움, 16pt, #ffffff, 레이어 스타일 – Stroke(선/획)(2px, #ff3300))
   ③ 손쉽게 배우는 우리 김치! (궁서, 20pt, 레이어 스타일 – 그라디언트 오버레이(#ff0000, #00cc33), Stroke(선/획)(2px, #ffffff))
   ④ 01. 20 오전 10시 문화센터실습실 (바탕, 16pt, #ffff66, #99ffff, 레이어 스타일 – Stroke(선/획)(2px, #333333))

출력형태

Shape Tool(모양 도구) 사용
레이어 스타일 – 그라디언트 오버레이(#ff0000, #ffff00), Inner Shadow(내부 그림자)

Shape Tool(모양 도구) 사용
#ff00ff, #ffff00, 레이어 스타일 – Inner Shadow(내부 그림자), Opacity(불투명도)(60%)

Shape Tool(모양 도구) 사용
#ff3300, 레이어 스타일 – Outer Glow(외부 광선)

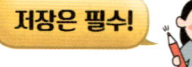

문제 4 실무응용 웹 페이지 제작 [35점]

다음의 조건에 따라 아래의 출력형태와 같이 작업하시오.

조건

원본 이미지		C:₩에듀윌 GTQ 1급₩Step 3₩6회₩Image₩1급-12.jpg, 1급-13.jpg, 1급-14.jpg, 1급-15.jpg, 1급-16.jpg, 1급-17.jpg
파일 저장 규칙	JPG 파일명	문서₩GTQ₩수험번호-성명-4.jpg
	크기	600×400 pixels
	PSD 파일명	문서₩GTQ₩수험번호-성명-4.psd
	크기	60×40 pixels

1. 그림 효과
    ① 배경 : #ffcc99
    ② 패턴(꽃, 잎 모양) : #cccc66, #ffffff, Opacity(불투명도)(60%)
    ③ 1급-12.jpg : Blending Mode(혼합 모드) – Darken(어둡게 하기), 레이어 마스크 – 가로 방향으로 흐릿하게
    ④ 1급-13.jpg : 필터 – Crosshatch(그물눈), 레이어 마스크 – 대각선 방향으로 흐릿하게
    ⑤ 1급-14.jpg : Blending Mode(혼합 모드) – Linear Burn(선형 번), Opacity(불투명도)(80%)
    ⑥ 1급-15.jpg : 색상 보정 – 보라색 계열로 보정, 레이어 스타일 – Bevel and Emboss(경사와 엠보스)
    ⑦ 1급-16.jpg, 1급-17.jpg : 필터 – Poster Edges(포스터 가장자리), 레이어 스타일 – Drop Shadow(그림자 효과)
    ⑧ 그 외 출력형태 참조

2. 문자 효과
    ① MY HOME CAFE (Arial, Regular, 24pt, 36pt, 레이어 스타일 – 그라디언트 오버레이(#000000, #660099), Outer Glow(외부 광선))
    ② 나를 위한 따뜻한 휴식공간을 꾸며보세요! (굴림, 18pt, 레이어 스타일 – 그라디언트 오버레이(#cc6600, #ffffff), Stroke(선/획)(3px, #663333))
    ③ 집에서 즐기는 홈 카페를 위한 모든 것 (돋움, 14pt, #ffffff, 레이어 스타일 – Stroke(선/획)(2px, 그라디언트(#006666, #cc3366)))
    ④ 커피와 베이킹 / 인테리어 소품 / 커뮤니티 (돋움, 14pt, #cc3399, #3366cc, 레이어 스타일 – Stroke(선/획)(2px, #ffffff))

출력형태

Shape Tool(모양 도구) 사용
#ffcc99, 레이어 스타일 –
Drop Shadow(그림자 효과)

Pen Tool(펜 도구) 사용
#663300, #330000,
레이어 스타일 –
Outer Glow(외부 광선)

Shape Tool(모양 도구) 사용
#000000, 레이어 스타일 –
Outer Glow(외부 광선),
Opacity(불투명도)(70%)

Shape Tool(모양 도구) 사용
레이어 스타일 – 그라디언트 오버레이(#33cccc, #ffcc00),
Drop Shadow(그림자 효과)

제6회 GTQ 기출문제 함께 보는 간단해설

문제 1 [기능평가] 고급 Tool(도구) 활용

☑ 문제 풀이 순서
1 새 작업 파일 만들기 → **2** 필터 적용하기 → **3** 앞치마 모양 패스 작업하기 → **4** 클리핑 마스크 적용하기 → **5** 이미지 및 모양 도구 배치하기 → **6** 문자 입력하기 → **7** 저장 및 파일 전송하기

☑ 감점방지 TIP
펜 도구로 작업하는 패스의 시간 절약을 위해 Custom Shape Tool(사용자 정의 모양 도구, 🟥)를 활용한다.

1 새 작업 파일 만들기

01 새로운 작업 파일을 만들기 위해 [File(파일)] - [New(새로 만들기)](Ctrl+N)를 선택한다. [New Document(새로운 문서 만들기)] 대화상자가 열리면 문제지의 조건 을 참고하여 작업 파일 세부정보를 입력한다.

> 조건
> Width(폭): 400, Height(높이): 500, 단위: Pixels(픽셀), Resolution(해상도): 72(pixel/inch), Color Mode(색상 모드): RGB, 8bit, Background Contents(배경 내용): White(흰색)

02 [File(파일)] - [Save As(다른 이름으로 저장)](Shift+Ctrl+S)를 선택한다. '저장 경로: 내 PC₩문서₩GTQ, 파일명: 수험번호-성명-1.psd'로 저장한다.

03 작업 파일에 눈금자를 표시하기 위해 [View(보기)] - [Rulers(눈금자)](Ctrl+R)를 선택한다.

04 [Edit(편집)] - [Preference(환경 설정)]-[General(일반)](Ctrl+K)을 선택한다. [Preference(환경 설정)] 대화상자가 열리면 왼쪽 옵션 중 [Guides, Grid & Slices(안내선, 격자 및 분할 영역)] 클릭 후 [Grid(격자)] 세부 항목의 'Gridline Every(격자 간격): 100, pixels(픽셀), Subdivisions(세분): 1'로 입력, 'Grid Color(색상)'을 클릭해 색상을 채도가 높은 색상으로 설정한다.

05 [View(보기)] - [Show(표시)] - [Grid(격자)](Ctrl+`)를 눌러 격자를 표시하고 색상을 확인한다.

2 필터 적용하기

01 [File(파일)] - [Open(열기)](Ctrl+O)을 선택하여 1급-1.jpg를 불러온다. Ctrl+A를 눌러 전체 이미지를 선택하여 복사(Ctrl+C)하고, 작업 파일에 붙여넣기(Ctrl+V)한다. Ctrl+T를 누르고 출력형태 를 참고하여 이미지 크기를 조절한다.

02 [Filter(필터)] - [Filter Gallery(필터 갤러리)]를 선택한다. [Filter Gallery(필터 갤러리)] 대화상자가 열리면 [Artistic(예술 효과)] - [Paint Daubs(페인트 바르기)]를 선택한다.

3 앞치마 모양 패스 작업하기

01 Rectangle Tool(사각형 도구, ▢)을 선택하고 Options Bar(옵션 바)에서 Path(패스) 설정을 'Pick tool mode(선택 도구 모드): shape(모양), Fill(칠): 임의의 색, Stroke(획): No color(없음)'로 지정 후 [출력형태]에서 제시한 앞치마 모양으로 둥근 모서리 사각형을 그린다.

02 Direct Selection Tool(직접 선택 도구, ▶)로 상단의 기준점을 드래그하여 둥근 정도를 넓혀준다. 기준점에 방향점이 나타나면, 방향점을 사각형 안쪽으로 드래그하여 앞치마 모양으로 수정한다.

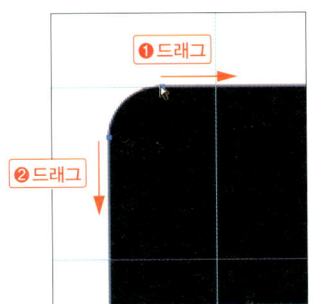 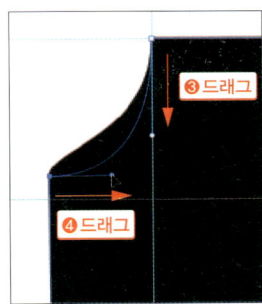 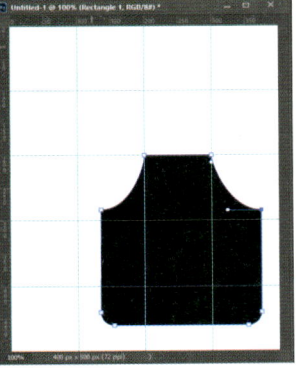

03 Custom Shape Tool(사용자 정의 모양 도구, ✿)을 클릭하고, [출력형태]의 리본 모양을 찾아 드래그하여 그린 후 Enter 를 눌러 Shape 레이어를 생성한다.

[조건]
리본 모양: [All Legacy Default Shapes(모든 레거시 기본 모양)] – [Objects(물건] – [Bow(나비매듭 리본)]

04 Direct Selection Tool(직접 선택 도구, )로 리본 연결 부분을 수정 후, 순차적으로 리본 끈 아래부터 앵커포인트를 클릭하여 Delete 를 눌러 삭제한다.

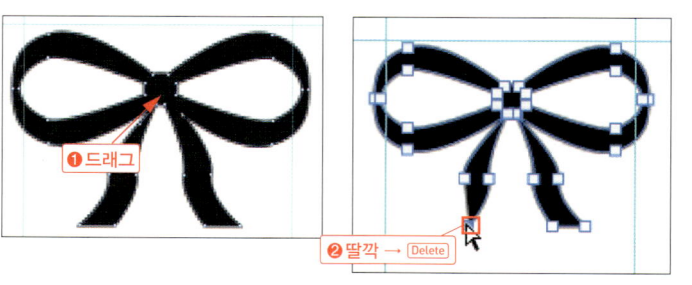

05 Pen Tool(펜 도구, ✒)로 리본과 앞치마를 연결하는 사각형을 그려준다.

06 Shift 를 누른 채로 앞치마 모양의 레이어를 클릭하여 동시 선택하고, [Merge Shapes(모양 병합)](Ctrl + E)를 적용한다. Path Selection Tool(패스 선택 도구, ▶)로 드래그하여 모든 패스를 선택하고, Options Bar(옵션 바)에서 'Merge Shape Components(모양 병합 구성 요소, ▣)'를 클릭한다.

07 화면 오른쪽의 Paths(패스) 패널에서 'Work Path(작업 패스)'를 더블클릭한 후, [Save Path(패스 저장)] 대화상자가 열리면 앞치마 모양을 입력하여 저장한다.

4 클리핑 마스크 적용하기

01 [File(파일)] – [Open(열기)]([Ctrl]+[O])을 선택하여 1급-2.jpg를 불러온다. [Ctrl]+[A]를 눌러 전체 이미지를 선택하여 복사([Ctrl]+[C])하고, 작업 파일에 붙여넣기([Ctrl]+[V])한다. [Ctrl]+[T]를 누르고 출력형태와 같이 앞치마 모양 패스 레이어 위에 배치한 후 [Enter]를 누른다.

02 앞치마 모양 레이어와 '1급-2' 레이어 사이에 마우스 커서를 놓고 [Alt]를 누른 상태로 마우스 클릭하여 Clipping Mask(클리핑 마스크)를 적용한다.

03 앞치마 모양 레이어를 선택하고 레이어 패널 하단의 [Add a Layer style(레이어 스타일 추가, fx)] – [Stroke(획)]를 클릭한다.

조건
- Stroke(획) ▶ Size(크기): 3px, Fill Type(칠 유형): Gradient(그레이디언트) – 시작점: #ffff00, 끝점: #ffffff, Style(스타일): Linear(선형), Angle(각도): 0°
- Inner Shadow(내부 그림자) ▶ 체크

5 이미지 및 모양 도구 배치하기

01 [File(파일)] – [Open(열기)]([Ctrl]+[O])을 선택하여 1급-3.jpg를 불러온다. Quick Selection Tool(빠른 선택 도구,)로 '1급-3.jpg' 이미지의 조리도구를 선택한다. 선택 영역을 복사([Ctrl]+[C])한 후, 작업 파일에 붙여넣기([Ctrl]+[V])한다. [Ctrl]+[T]를 누르고 출력형태를 참고하여 배치한 후 [Enter]를 누른다. 레이어 패널 하단의 [Add a Layer style(레이어 스타일 추가, fx)] – [Drop Shadow(드롭 섀도)]를 클릭한다.

조건
Drop Shadow(드롭 섀도) ▶ 체크

02 Custom Shape Tool(사용자 정의 모양 도구,)을 클릭하고, 카트 모양을 찾아 드래그하여 그린 후 Options Bar(옵션 바)에서 'Fill(칠): #ff0033'으로 지정하고 Enter를 눌러 Shape 레이어를 생성한다. 레이어 패널 하단의 [Add a Layer style(레이어 스타일 추가,)] – [Drop Shadow(드롭 섀도)]를 클릭한다.

조건
- 카트 모양: [All Legacy Default Shapes(모든 레거시 기본 모양)] – [Web(웹)] – [Shopping Cart(쇼핑 바구니)]
- Drop Shadow(드롭 섀도) ▶ 체크

03 Custom Shape Tool(사용자 정의 모양 도구,)을 클릭하고, 손바닥 모양을 찾아 드래그하여 그린 후 Options Bar(옵션 바)에서 'Fill(칠): #cccc66'으로 지정하고 Enter를 눌러 Shape 레이어를 생성한다. 레이어 패널 하단의 [Add a Layer style(레이어 스타일 추가,)] – [Outer Glow(외부 광선)]를 클릭한다.

조건
- 손바닥 모양: [All Legacy Default Shapes(모든 레거시 기본 모양)] – [Objects(물건)] – [Right Hand(오른손)]
- Outer Glow(외부 광선) ▶ 체크

04 손바닥 모양 레이어를 선택하고 Ctrl + J를 눌러 복사한다. 복사된 손바닥 모양 레이어를 선택하고 Ctrl + T를 누르고 마우스 오른쪽을 클릭하여 [Flip Horizontal(가로로 뒤집기)]을 선택하고 출력형태 와 같이 배치한 후, 레이어의 썸네일을 더블클릭하여 'Color(색상): #669900'으로 변경한다.

6 문자 입력하기

01 Type Tool(수평 문자 도구, T)을 클릭하고 출력형태의 문자 부분과 같은 지점을 클릭한다. Enjoy Cooking을 입력하고 Properties(속성) 패널에서 조건과 같이 세부정보를 입력한다. 레이어 패널 하단의 [Add a Layer style(레이어 스타일 추가, fx)] – [Gradient Overlay(그레이디언트 오버레이)]를 클릭한다.

> 조건
> - Font(글꼴): Arial, Style(스타일): Regular, Size(크기): 40pt
> - Gradient Overlay(그레이디언트 오버레이) ▶ Gradient(그레이디언트) – 시작점: #ff6600, 끝점: #00cc00, Style(스타일): Linear(선형), Angle(각도): 0°
> - Stroke(획) ▶ Size(크기): 3px, Color(색상): #ffffff

02 Options Bar(옵션 바)에서 Create Warped text(뒤틀어진 텍스트 만들기, T)를 클릭한다. [Warped text(텍스트 뒤틀기)] 대화상자에 문제지의 출력형태와 같이 세부정보를 입력한다. Ctrl + T를 누르고 출력형태와 같이 배치한 후 Enter를 누른다.

> 조건
> Style(스타일): Arc(부채꼴), Bend(구부리기): 50%

7 저장 및 파일 전송하기

01 작업이 완료되면 문제지의 출력형태와 작업 파일을 비교하여 레이어의 순서, 이미지 위치를 최종 점검한다.
02 [File(파일)] – [Save As a Copy(사본 저장)](Alt + Ctrl + S)를 선택하고, '저장 경로: 내 PC\문서\GTQ, 파일형식: JPEG, 파일이름: 수험번호-성명-1'로 저장한다.
03 제출용 PSD 파일을 만들기 위해 [Image(이미지)] – [Image Size(이미지 크기)](Alt + Ctrl + I)를 클릭한다. [Image Size(이미지 크기)] 대화상자가 열리면 문제지의 조건과 같이 세부정보를 입력하여 작업 사이즈의 1/10 사이즈로 축소한다.

> 조건
> Constrain aspect ratio(종횡비 제한): 체크, Width(폭): 40px, Height(높이): 50px

04 [File(파일)] – [Save As(다른 이름으로 저장)](Shift + Ctrl + S)를 선택하고, '저장 경로: 내 PC\문서\GTQ, 파일형식: PSD, 파일이름: 수험번호-성명-1'로 저장한다.
05 답안 전송 프로그램을 이용하여 저장된 jpg, psd 파일을 감독관 컴퓨터로 전송한다.

문제 2 〔기능평가〕 사진편집 응용

☑ 문제 풀이 순서
1 새 작업 파일 만들기 → **2** 필터 적용하기 → **3** 색상 보정하기 → **4** 이미지 및 모양 도구 배치하기 → **5** 문자 입력하기 → **6** 저장 및 파일 전송하기

☑ 감점방지 TIP
레이어 순서는 문제 순서가 아닌 출력형태를 참고하여 배치한다.

1 새 작업 파일 만들기

01 새로운 작업 파일을 만들기 위해 [File(파일)] – [New(새로 만들기)](Ctrl+N)를 선택한다. [New Document(새로운 문서 만들기)] 대화상자가 열리면 문제지의 조건을 참고하여 작업 파일 세부정보를 입력한다.

> **조건**
> Width(폭): 400, Height(높이): 500, 단위: Pixels(픽셀), Resolution(해상도): 72(pixel/inch), Color Mode(색상 모드): RGB, 8bit, Background Contents(배경 내용): White(흰색)

02 [File(파일)] – [Save As(다른 이름으로 저장)](Shift+Ctrl+S)를 선택한다. '저장 경로: 내 PC\문서\GTQ, 파일명: 수험번호-성명-2.psd'로 저장한다.
03 작업 파일에 눈금자를 표시하기 위해 [View(보기)] – [Rulers(눈금자)](Ctrl+R)를 선택한다.
04 [View(보기)] – [Show(표시)] – [Grid(격자)](Ctrl+')를 눌러 격자를 표시한다.

2 필터 적용하기

01 [File(파일)] – [Place Embedded(포함 가져오기)]를 선택하여 1급-4.jpg를 불러온 후, Ctrl+T를 누르고 마우스 오른쪽을 클릭하여 [Flip Horizontal(가로로 뒤집기)]을 선택하고 Enter를 눌러 이미지를 고정한다.
02 [Filter(필터)] – [Filter Gallery(필터 갤러리)]를 선택한다. [Filter Gallery(필터 갤러리)] 대화상자가 열리면 [Texture(텍스처)] – [Texturizer(텍스처화)]를 선택한다.

3 색상 보정하기

01 [File(파일)] – [Open(열기)](Ctrl+O)을 선택하여 1급-5.jpg를 불러온다. Quick Selection Tool(빠른 선택 도구, ▨)로 접시 부분을 드래그하여 선택 영역으로 지정한다. 사용할 영역을 복사(Ctrl+C)한 후, 작업 파일로 돌아와 붙여넣기(Ctrl+V)한다. Ctrl+T를 누르고 마우스 오른쪽을 클릭하여 [Flip Horizontal(가로로 뒤집기)]을 선택하고 출력형태와 같이 배치한 후 Enter를 누른다.

02 Quick Selection Tool(빠른 선택 도구,)로 출력형태의 꽃에서 빨간색 계열을 선택하고, 레이어 패널 하단의 [Create new fill or adjustment layer(새 칠 또는 조정 레이어 생성,)] – [Hue/Saturation(색조/채도)]을 선택한다. Properties(속성) 패널의 [Hue/Saturation(색조/채도)] 항목에서 'Colorize(색상화): 체크, Hue(색조): 0, Saturation(채도): 60'으로 입력하여 빨간색 계열로 변경한다.

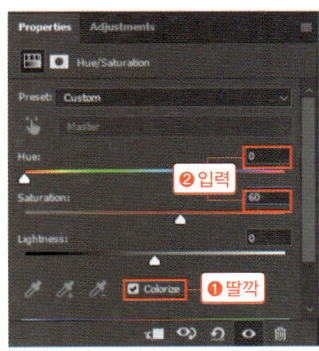 

03 Quick Selection Tool(빠른 선택 도구,)로 출력형태에서 녹색 계열을 선택하고, 레이어 패널 하단의 [Create new fill or adjustment layer(새 칠 또는 조정 레이어 생성,)] – [Hue/Saturation(색조/채도)]을 선택한다. Properties Panel(속성 패널)의 [Hue/Saturation(색조/채도)] 항목에서 'Colorize(색상화): 체크, Hue(색조): 120, Saturation(채도): 40'으로 입력하여 녹색 계열로 변경한다.

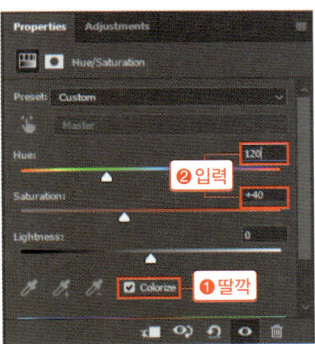 

04 레이어 패널 하단의 [Add a Layer style(레이어 스타일 추가,)] – [Drop Shadow(드롭 섀도)]를 클릭한다.

4 이미지 및 모양 도구 배치하기

01 [File(파일)] – [Open(열기)](Ctrl+O)을 선택하여 1급-6.jpg를 불러온다. Quick Selection Tool(빠른 선택 도구,)로 필요한 영역을 선택하고 Quick Mask Mode(빠른 마스크 모드,)를 클릭하여 Brush Tool(브러시 도구,)와 Eraser Tool(지우개 도구,)로 세밀하게 선택 영역을 지정한다.

02 사용할 영역을 복사(Ctrl+C)한 후, 작업 파일로 돌아와 붙여넣기(Ctrl+V)한다. Ctrl+T를 누르고 출력형태와 같이 배치한 후 Enter를 누른다. 레이어 패널 하단의 [Add a Layer style(레이어 스타일 추가, fx)] – [Inner Shadow(내부 그림자)]를 클릭한다.

조건

Inner Shadow(내부 그림자) ▶ 체크

03 Custom Shape Tool(사용자 정의 모양 도구,)을 클릭하고, 꽃 모양을 찾아 드래그하여 그린 후 Options Bar(옵션 바)에서 'Fill(칠): #ff6666'으로 지정하고 Enter를 눌러 Shape 레이어를 생성한다. 레이어 패널 하단의 [Add a Layer style(레이어 스타일 추가, fx)] – [Drop Shadow(드롭 섀도)]를 클릭한다.

조건

- 꽃 모양: [All Legacy Default Shapes(모든 레거시 기본 모양)] – [Nature(자연)] – [Flower 6(꽃 6)]
- Drop Shadow(드롭 섀도) ▶ 체크

04 'Flower 6(꽃 6)' 레이어를 선택하고 Ctrl+J를 눌러 복사한다. 복사된 'Flower 6(꽃 6) copy' 레이어를 선택하고 Ctrl+T를 눌러 출력형태와 같이 배치한 후, 레이어의 썸네일을 더블클릭하여 'Color(색상): #3399ff'로 변경한다.

05 Custom Shape Tool(사용자 정의 모양 도구, ▨)을 클릭하고, 나선형 모양을 찾아 드래그하여 그린 후 Options Bar(옵션 바)에서 'Fill(칠): #ff3333'으로 지정하고 Enter를 눌러 Shape 레이어를 생성한다. 레이어 패널 하단의 [Add a Layer style(레이어 스타일 추가, ▨)] – [Inner Shadow(내부 그림자)]를 클릭한다. 출력형태를 참고하여 나선형 모양 레이어를 '1급-5' 레이어 아래로 드래그하여 이동시킨다.

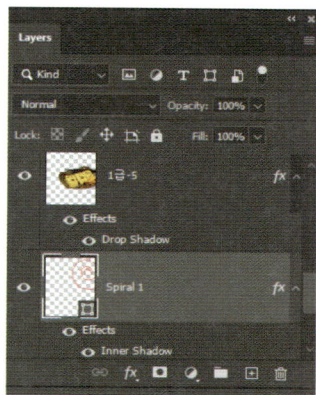

조건
- 나선형 모양: [All Legacy Default Shapes(모든 레거시 기본 모양)] – [Ornaments(장식)] – [Spiral(나선형)]
- Inner Shadow(내부 그림자) ▶ 체크

5 문자 입력하기

01 Type Tool(수평 문자 도구, T)을 클릭하고 출력형태의 문자 부분과 같은 지점을 클릭한다. Tea & Ricecakes를 입력하고 Options Bar(옵션 바) 또는 Properties(속성) 패널에서 조건과 같이 세부정보를 입력한다. 레이어 패널 하단의 [Add a Layer style(레이어 스타일 추가, ▨)] – [Gradient Overlay(그레이디언트 오버레이)]를 클릭한다.

조건
- Font(글꼴): Times New Roman, Style(스타일): Bold, Size(크기): 40pt
- Gradient Overlay(그레이디언트 오버레이) ▶ Gradient(그레이디언트) – 시작점: #ffff00, 중간점: #00ffff, 끝점: #66ff00, Style(스타일): Linear(선형), Angle(각도): 0°
- Drop Shadow(드롭 섀도) ▶ 체크

02 Options Bar(옵션 바)에서 Create Warped text(뒤틀어진 텍스트 만들기, ▨)를 클릭한다. [Warped text(텍스트 뒤틀기)] 대화상자가 열리면 문제지의 출력형태와 같이 세부정보를 입력한다. Ctrl+T를 누르고 출력형태와 같이 배치한 후 Enter를 누른다.

조건
Style(스타일): Arc(부채꼴), Bend(구부리기): -30%

6 저장 및 파일 전송하기

01 작업이 완료되면 문제지의 출력형태와 작업 파일을 비교하여 레이어의 순서, 이미지 위치를 최종 점검한다.
02 [File(파일)] – [Save As a Copy(사본 저장)](Alt + Ctrl + S)를 선택하고, '저장 경로: 내 PC\문서\GTQ, 파일형식: JPEG, 파일이름: 수험번호-성명-2'로 저장한다.
03 제출용 PSD 파일을 만들기 위해 [Image(이미지)] – [Image Size(이미지 크기)](Alt + Ctrl + I)를 클릭한다. [Image Size(이미지 크기)] 대화상자가 열리면 문제지의 조건과 같이 세부정보를 입력하여 작업 사이즈의 1/10 사이즈로 축소한다.

> **조건**
> Constrain as pect ratio(종횡비 제한): 체크, Width(폭): 40px, Height(높이): 50px

04 [File(파일)] – [Save As(다른 이름으로 저장)](Shift + Ctrl + S)를 선택하고, '저장 경로: 내 PC\문서\GTQ, 파일형식: PSD, 파일이름: 수험번호-성명-2'로 저장한다.
05 답안 전송 프로그램을 이용하여 저장된 jpg, psd 파일을 감독관 컴퓨터로 전송한다.

문제 3 실무응용 포스터 제작

☑ 문제 풀이 순서

1 새 작업 파일 만들기→**2** 혼합 모드와 레이어 마스크 적용하기→**3** 색상 보정하기→**4** 이미지 배치 및 클리핑 마스크 적용하기→**5** 문자 입력하기→**6** 모양 도구 배치하기→**7** 저장 및 파일 전송하기

☑ 감점방지 TIP

클리핑 마스크 작업에서 레이어 스타일은 문제지에는 이미지에 제시되어 있지만, 작업 시에는 클리핑 마스크 영역 레이어에 적용해야 한다.

1 새 작업 파일 만들기

01 새로운 작업 파일을 만들기 위해 [File(파일)] - [New(새로 만들기)](Ctrl + N)를 선택한다. [New Document(새로운 문서 만들기)] 대화상자가 열리면 문제지의 조건을 참고하여 작업 파일 세부정보를 입력한다.

> **조건**
> Width(폭): 600, Height(높이): 400, 단위: Pixels(픽셀), Resolution(해상도): 72(Pixel/Inch), Color Mode(색상 모드): RGB, 8bit, Background Contents(배경 내용): White(흰색)

02 [File(파일)] - [Save As(다른 이름으로 저장)](Shift + Ctrl + S)를 선택한다. '저장 경로: 내 PC₩문서₩GTQ, 파일명: 수험번호-성명-3.psd'으로 저장한다.
03 작업 파일에 눈금자를 표시하기 위해 [View(보기)] - [Rulers(눈금자)](Ctrl + R)를 선택한다.
04 [View(보기)] - [Show(표시)] - [Grid(격자)](Ctrl + ')를 눌러 격자를 표시한다.

2 혼합 모드와 레이어 마스크 적용하기

01 Tool Box(도구 상자) 하단의 전경색을 더블클릭한다. [Color Picker(색상 피커)] 대화상자가 열리면 #ffff99를 입력하고 [OK(확인)]를 클릭한다. 작업영역을 전경색으로 채우기 위해 Alt + Delete 를 누른다.

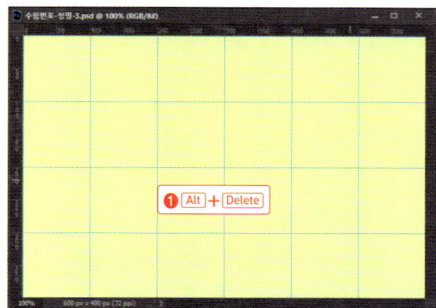

02 [File(파일)] - [Place Embedded(포함 가져오기)]를 선택하여 1급-7.jpg부터 1급-11.jpg까지 순서대로 불러 온다. Shift 를 누르고 1급-7.jpg, 1급-11.jpg를 클릭하여 불러온 모든 이미지를 선택한 후, 마우스 오른쪽을 클릭하여 [Rasterize Layer(레이어 래스터화)]를 눌러 일반 레이어로 변환한다. 불러온 모든 이미지를 감추기 상태로 만든다.

03 '1급-7' 레이어의 보이기 버튼을 활성화시키고, 레이어 패널의 'Blending Mode(혼합 모드): Multiply(곱하기)', Opacity(불투명도): 80%'으로 입력한다.

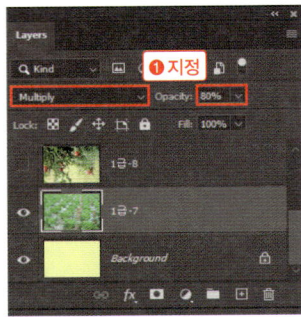 

04 '1급-8' 레이어의 보이기 버튼을 활성화시키고, Ctrl+T를 누르고 마우스 오른쪽 버튼을 클릭하여 [Flip Horizontal(가로로 뒤집기)]을 선택하고, 출력형태와 같이 배치한 후 Enter를 누른다. [Filter(필터)] 메뉴에서 [Filter Gallery(필터 갤러리)]를 선택한다. [Filter Gallery(필터 갤러리)] 대화상자가 열리면 [Artistic(예술 효과)] - [Film Grain(필름 그레인)]을 적용시킨다.

05 레이어 패널 하단에 [Add a Layer Mask(레이어 마스크 추가, ▢)]를 클릭한다. Gradient Tool(그레이디언트 도구)을 선택하고, Option Bar(옵션 바)에서 'Black, White(검정, 흰색)', 'Linear Gradient(선형 그레이디언트)'로 지정하고 출력형태를 참고하여 왼쪽에서 오른쪽으로 드래그한다.

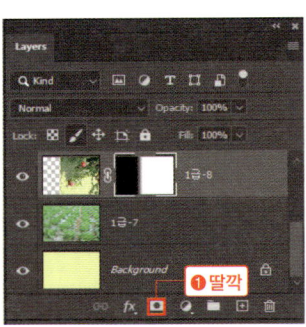 

3 색상 보정하기

01 '1급-11' 레이어의 보이기 버튼을 활성화시키고, Elliptical Marquee Tool(원형 선택 윤곽 도구, ◯)로 영역을 선택한다. [Select(선택)] - [Inverse(반전)](Shift+Ctrl+I)를 선택해 선택 영역을 반전시키고 Delete를 눌러 삭제한다. Ctrl+T를 눌러 크기와 위치를 출력형태와 같이 조절한다.

02 Quick Selection Tool(빠른 선택 도구, ▢)로 접시에서 파란색으로 변경할 영역을 선택 영역으로 지정한 후, 레이어 패널 하단의 [Create new fill or adjustment layer(새 칠 또는 조정 레이어 생성, ◐)] - [Hue/Saturation(색조/채도)]을 선택한다. Properties(속성) 패널에서 'Colorize(색상화): 체크, Hue(색조): 240, Saturation(채도): 50'으로 입력하여 파란색 계열로 변경한다.

03 레이어 패널 하단의 [Add a Layer style(레이어 스타일 추가, fx)] - [Stroke(획)]를 클릭한다. [Layer Style(레이어 스타일)] 대화상자가 열리면 문제지의 조건과 같이 세부정보를 입력한다.

조건

Size(크기): 4px, Fill Type(칠 유형): Gradient(그레이디언트) - 시작점: #ff0033, 끝점: #330066, Style(스타일): Linear(선형), Angle(각도): 0°

4 이미지 배치 및 클리핑 마스크 적용하기

01 '1급-9' 레이어의 보이기 버튼을 활성화시키고, Ellipse Tool(타원 도구, ⬤)로 클리핑 마스크가 적용될 영역에 드래그하여 타원을 만든다. Ctrl+T를 눌러 출력형태와 같이 배치한 후 Enter를 누른다. '1급-9' 레이어에 필터 효과를 적용하기 위해 [Filter(필터)] - [Filter Gallery(필터 갤러리)]를 선택한다. [Filter Gallery(필터 갤러리)] 대화상자가 열리면 [Texture(텍스처)] - [Texturizer(텍스처화)]를 선택한다.

알아두면 좋은 TIP

타원 도구로 만든 레이어는 미리 불러온 이미지 레이어와 순서를 조정해야 클리핑 마스크가 제대로 적용된다.

02 '1급-9' 레이어를 클리핑 마스크 영역으로 설정한 레이어 위로 드래그한다. '1급-9' 레이어를 선택하고 클리핑 마스크 영역으로 설정한 레이어 사이에 마우스를 놓고 Alt를 누른 채 클릭한다.

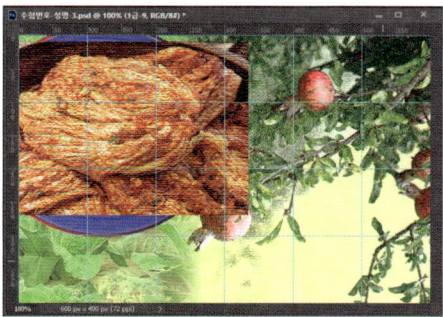 

03 원형 클리핑 마스크 영역 레이어를 선택하고, 레이어 패널 하단의 [Add a Layer style(레이어 스타일 추가, fx)] - [Inner Shadow(내부 그림자)]를 클릭한다.

> 조건
>
> Inner Shadow(내부 그림자) ▶ 체크

04 '1급-10' 레이어의 보이기 버튼을 활성화시키고, Quick Selection Tool(빠른 선택 도구,)로 1급-10.jpg 이미지의 배경을 선택한 후, Delete를 눌러 배경 부분을 삭제한다. Ctrl + T를 눌러 출력형태와 같이 배치한 후 Enter를 누른다.

05 레이어 패널 하단의 [Add a Layer style(레이어 스타일 추가, fx)] - [Bevel and Emboss(경사와 엠보스)]를 클릭한다.

> 조건
>
> • Bevel and Emboss(경사와 엠보스) ▶ 체크
> • Drop Shadow(드롭 섀도) ▶ 체크

5 문자 입력하기

01 Type Tool(수평 문자 도구, T)을 클릭하고 출력형태의 문자 부분과 같은 지점을 클릭한다. 맛있는 김치 담그기를 입력하고, Options Bar(옵션 바) 또는 Properties(속성) 패널에서 조건과 같이 세부정보를 입력한다. 레이어 패널 하단의 [Add a Layer style(레이어 스타일 추가, fx)] - [Gradient Overlay(그레이디언트 오버레이)]를 클릭한다.

> 조건
>
> • Font(글꼴): 돋움, Size(크기) - 맛있는: 40pt, 김치 담그기: 30pt
> • Gradient Overlay(그레이디언트 오버레이) ▶ Gradient(그레이디언트) - 시작점: #ff0000, 중간점: #0066ff, 끝점: #00ff66, Style(스타일): Linear(선형), Angle(각도): 0°
> • Stroke(획) ▶ Size(크기): 3px, Color(색상): #ffffff
> • Drop Shadow(드롭 섀도) ▶ 체크

02 Type Tool(수평 문자 도구, T)을 클릭하고 출력형태의 문자 부분과 같은 지점을 클릭한다. 자연 그대로의 맛을 살리는을 입력하고, Options Bar(옵션 바) 또는 Properties(속성) 패널에서 조건과 같이 세부정보를 입력한다. 레이어 패널 하단의 [Add a Layer style(레이어 스타일 추가, fx)] – [Stroke(획)]를 클릭한다.

조건
- Font(글꼴): 돋움, Size(크기): 16pt, Color(색상): #ffffff
- Stroke(획) ▶ Size(크기): 2px, Color(색상): #ff3300

03 Options Bar(옵션 바)에서 Create Warped text(뒤틀어진 텍스트 만들기, ℐ)를 클릭한다. [Warped text(텍스트 뒤틀기)] 대화상자가 열리면 문제지의 출력형태와 같이 세부정보를 입력한다.

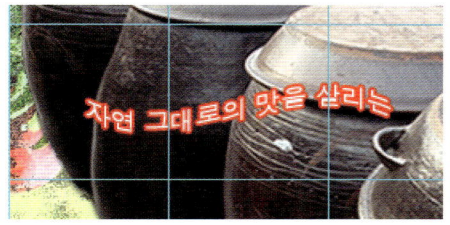

조건
- Style(스타일): Flag(깃발), Bend(구부리기): -100%

04 Type Tool(수평 문자 도구, T)을 클릭하고 출력형태의 문자 부분과 같은 지점을 클릭한다. 손쉽게 배우는 우리 김치!를 입력하고 Options Bar(옵션 바) 또는 Properties(속성) 패널에서 조건과 같이 세부정보를 입력한다. 레이어 패널 하단의 [Add a Layer style(레이어 스타일 추가, fx)] – [Gradient Overlay(그레이디언트 오버레이)]를 클릭한다.

조건
- Font(글꼴): 궁서, Size(크기): 20pt
- Gradient Overlay(그레이디언트 오버레이) ▶ Gradient(그레이디언트) – 시작점: #ff0000, 끝점: #00cc33, Style(스타일): Linear(선형), Angle(각도): 90°
- Stroke(획) ▶ Size(크기): 2px, Color(색상): #ffffff

05 Options Bar(옵션 바)에서 Create Warped text(뒤틀어진 텍스트 만들기,)를 클릭한다. [Warped text(텍스트 뒤틀기)] 대화상자가 열리면 문제지의 출력형태와 같이 세부정보를 입력한다. Ctrl + T 를 누르고 출력형태와 같이 배치한 후 Enter 를 누른다.

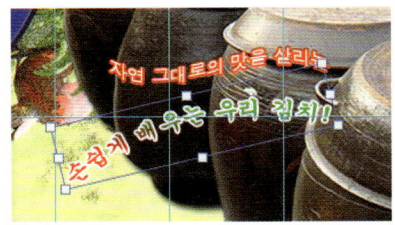

> 조건
> Style(스타일): Arc(부채꼴), Bend(구부리기): 30%

06 Type Tool(수평 문자 도구,)을 클릭하고 출력형태의 문자 부분과 같은 지점을 클릭한다. 01. 20 오전 10시 문화센터실습실을 입력하고, Options Bar(옵션 바) 또는 Properties(속성) 패널에서 조건과 같이 세부정보를 입력한다. 레이어 패널 하단의 [Add a Layer style(레이어 스타일 추가,)] – [Stroke(획)]를 클릭한다.

> 조건
> • Font(글꼴): 바탕, Size(크기): 16pt, Color(색상) – 01. 20 오전 10시: #ffff66, 문화센터실습실: #99ffff
> • Stroke(획) ▶ Size(크기): 2px, Color(색상): #333333

6 모양 도구 배치하기

01 Custom Shape Tool(사용자 정의 모양 도구,)을 클릭하고, 화살표 모양을 찾아 드래그하여 그린 후 Options Bar(옵션 바)에서 'Fill(칠): 임의의 색'으로 지정하고 Enter 를 눌러 Shape 레이어를 생성한다. 레이어 패널 하단의 [Add a Layer style(레이어 스타일 추가,)] – [Gradient Overlay(그레이디언트 오버레이)]를 클릭한다.

> 조건
> • 화살표 모양: [All Legacy Default Shapes(모든 레거시 기본 모양)] – [Arrows(화살표)] – [Arrow 9(화살표 9)]
> • Gradient Overlay(그레이디언트 오버레이) ▶ Gradient(그레이디언트) – 시작점: #ff0000, 끝점: #ffff00, Style(스타일): Linear(선형), Angle(각도): 90°
> • Inner Shadow(내부 그림자) ▶ 체크

02 Custom Shape Tool(사용자 정의 모양 도구,)을 클릭하고, 체크 박스 모양을 찾아 드래그하여 그린 후 Options Bar(옵션 바)에서 'Fill(칠): #ff3300'으로 지정하고 Enter를 눌러 Shape 레이어를 생성한다. 레이어 패널 하단의 [Add a Layer style(레이어 스타일 추가,)] – [Outer Glow(외부 광선)]를 클릭한다.

조건
- 체크 박스 모양: [All Legacy Default Shapes(모든 레거시 기본 모양)] – [Symbols(기호)] – [Checked Box(확인란)]
- Outer Glow(외부 광선) ▶ 체크

03 Custom Shape Tool(사용자 정의 모양 도구,)을 클릭하고, 꽃 모양을 찾아 드래그하여 그린 후 Options Bar(옵션 바)에서 'Fill(칠): #ff00ff'로 지정하고 Enter를 눌러 Shape 레이어를 생성한다. 레이어 패널 하단의 [Add a Layer style(레이어 스타일 추가,)] – [Inner Shadow(내부 그림자)]를 클릭한다. 레이어 패널 상단에 'Opacity(불투명도): 60%'를 입력한다.

조건
- 꽃 모양: [All Legacy Default Shapes(모든 레거시 기본 모양)] – [Nature(자연)] – [Flower 4(꽃 4)]
- Inner Shadow(내부 그림자) ▶ 체크

04 'Flower 4(꽃 4)' 레이어를 선택하고 Ctrl+J를 눌러 복사한다. 복사된 'Flower 4(꽃 4) copy' 레이어를 선택하고 Ctrl+T를 눌러 출력형태와 같이 배치한 후, 레이어의 썸네일을 더블클릭하여 'Color(색상): #ffff00'으로 지정한다.

7 저장 및 파일 전송하기

01 작업이 완료되면 문제지의 출력형태와 작업 파일을 비교하여 레이어의 순서, 이미지 위치를 최종 점검한다.
02 [File(파일)] – [Save As a Copy(사본 저장)](Alt+Ctrl+S)를 선택하고, '저장 경로: 내 PC₩문서₩GTQ, 파일형식: JPEG, 파일이름: 수험번호–성명–3'으로 저장한다.
03 제출용 PSD 파일을 만들기 위해 [Image(이미지)] – [Image Size(이미지 크기)](Alt+Ctrl+I)를 클릭한다. [Image Size(이미지 크기)] 대화상자가 열리면 문제지의 조건을 확인하여 세부정보를 입력하여 작업 사이즈의 1/10 사이즈로 축소한다.

조건
Constrain as pect ratio(종횡비 제한): 체크, Width(폭): 60px, Height(높이): 40px

04 [File(파일)] – [Save As(다른 이름으로 저장)](Shift+Ctrl+S)를 선택하고, '저장 경로: 내 PC₩문서₩GTQ, 파일형식: PSD, 파일이름: 수험번호–성명–3'으로 저장한다.
05 답안 전송 프로그램을 이용하여 저장된 jpg, psd 파일을 감독관 컴퓨터로 전송한다.

문제 4 실무응용 웹 페이지 제작

☑ 문제 풀이 순서

1 새 작업 파일 만들기→**2** 이미지 불러오고 패턴 만들기→**3** 레이어 마스크 적용하기→**4** 패스 작업과 패턴 적용하기→**5** 색상 보정하기→**6** 이미지 보정하기→**7** 문자 입력하기→**8** 모양 도구 배치하기→**9** 저장 및 파일 전송하기

☑ 감점방지 TIP

- 패스의 변형과 부분 수정은 Direct Selection Tool(직접 선택 도구, ▶)을 이용한다.
- 패턴 클리핑마스크가 2개의 오브젝트일 경우, 별도 레이어로 작업한다.
- 텍스트 입력에서 2줄 이상의 문단 형태는 정렬도 고려해야 한다.

1 새 작업 파일 만들기

01 새로운 작업 파일을 만들기 위해 [File(파일)] - [New(새로 만들기)]([Ctrl]+[N])를 선택한다. [New Document(새로운 문서 만들기)] 대화상자가 열리면 문제지의 조건을 참고하여 작업 파일 세부정보를 입력한다.

> **조건**
>
> Width(폭): 600, Height(높이): 400, 단위: Pixels(픽셀), Resolution(해상도): 72(Pixel/Inch), Color Mode(색상 모드): RGB, 8bit, Background Contents(배경): White(흰색)

02 [File(파일)] - [Save As(다른 이름으로 저장)]([Shift]+[Ctrl]+[S])를 선택한다. '저장 경로: 내 PC\문서\GTQ, 파일명: 수험번호-성명-4.psd'로 저장한다.
03 작업 파일에 눈금자를 표시하기 위해 [View(보기)] - [Rulers(눈금자)]([Ctrl]+[R])를 선택한다.
04 [View(보기)] - [Show(표시)] - [Grid(격자)]([Ctrl]+[ˊ])를 눌러 격자를 표시한다.

2 이미지 불러오고 패턴 만들기

01 Tool Box(도구 상자) 하단의 전경색을 더블클릭한다. [Color Picker(색상 피커)] 대화상자가 열리면 #ffcc99를 입력하고 [OK(확인)]를 클릭한다. 작업영역을 전경색으로 채우기 위해 [Alt]+[Delete]를 누른다.

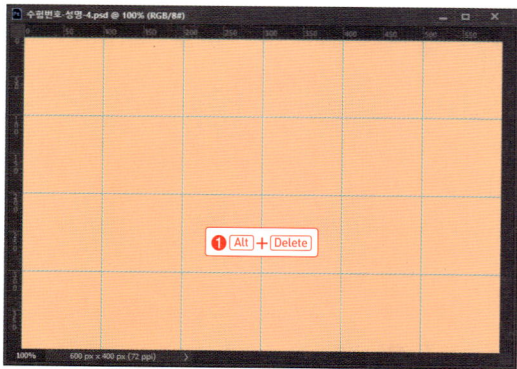

02 [File(파일)] – [Place Embedded(포함 가져오기)]를 선택하여 1급-12.jpg부터 1급-17.jpg까지 불러온다. Shift를 누르고 1급-12.jpg, 1급-17.jpg를 클릭하여 불러온 모든 이미지를 선택한 후, 마우스 오른쪽을 클릭하여 [Rasterize Layer(레스터화)]를 눌러 일반 레이어로 변환한다. 불러온 모든 이미지를 감추기 상태로 만든다.

03 패턴을 만들기 위해 [File(파일)] – [New(새로 만들기)](Ctrl+N)를 선택한다. [New Document(새로운 문서 만들기)] 대화상자가 열리면 문제지의 조건을 참고하여 작업 파일 세부정보를 입력한다.

> **조건**
>
> Width(폭): 50, Height(높이): 25, 단위: Pixels(픽셀), Resolution(해상도): 72(Pixel/Inch), Color Mode(색상 모드): RGB, 8bit, Background Contents(배경): Transparent(투명)

04 Custom Shape Tool(사용자 정의 모양 도구,)을 클릭하고, 꽃 모양을 찾아 작업영역 왼쪽에 드래그하여 그린 후 Options Bar(옵션 바)에서 'Fill(칠): #cccc66'으로 지정하고 Enter를 눌러 Shape 레이어를 생성한다.

> **조건**
>
> 꽃 모양: [All Legacy Default Shapes(모든 레거시 기본 모양)] – [Nature(자연)] – [Flower 1(꽃 1)]

05 Custom Shape Tool(사용자 정의 모양 도구,)을 클릭하고, 잎 모양을 찾아 작업영역 오른쪽에 드래그하여 그린 후 Options Bar(옵션 바)에서 'Fill(칠): #ffffff'으로 지정하고 Enter를 눌러 Shape 레이어를 생성한다.

> **조건**
>
> 잎 모양: [All Legacy Default Shapes(모든 레거시 기본 모양)] – [Ornaments(장식)] – [Leaf Ornament 2(나뭇잎 장식 2)]

06 [Edit(편집)] – [Define Pattern(사용자 패턴 정의)]을 클릭한다. 'Pattern Name(패턴 이름): 꽃_잎'으로 입력하고 [OK(확인)]를 클릭한 후 '4번 문제 작업 문서'로 돌아간다.

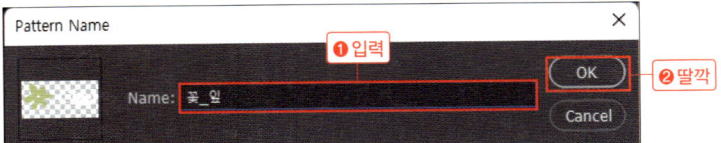

3 레이어 마스크 적용하기

01 '1급-12' 레이어의 보이기 버튼만 활성화시키고 해당 레이어를 선택한다. Ctrl+T를 누르고 출력형태와 같이 배치한 후 Enter를 누른다.

02 레이어 패널에서 'Blending Mode(혼합 모드) : Darken(어둡게 하기)'로 변경한 후, 레이어 패널 하단에 [Add a Layer Mask(레이어 마스크 추가, ▢)]를 클릭한다. Gradient Tool(그레이디언트 도구, ▢)을 선택하고, Option Bar(옵션 바)에서 'Black, White(검정, 흰색)', 'Linear Gradient(선형 그레이디언트)'로 지정하고 출력형태를 참고하여 오른쪽에서 왼쪽으로 드래그한다.

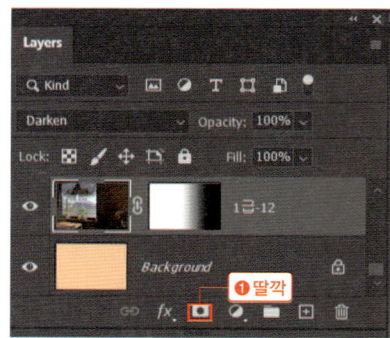 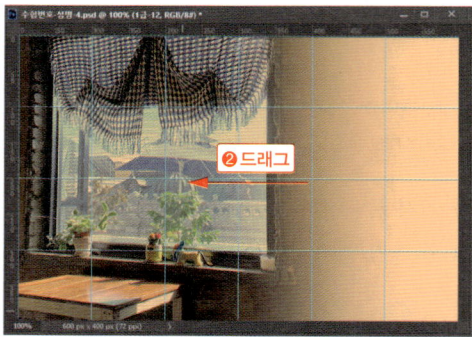

03 '1급-13' 레이어의 보이기 버튼을 활성화시키고, Ctrl + T 를 누르고 출력형태와 같이 배치한 후 Enter 를 누른다. [Filter(필터)] - [Filter Gallery(필터 갤러리)]를 선택한다. [Filter Gallery(필터 갤러리)] 대화상자가 열리면 [Brush Strokes(브러시 획)] - [Crosshatch(그물눈)]를 선택한다.

04 레이어 패널 하단에 [Add a Layer Mask(레이어 마스크 추가, ▢)]를 클릭한다. Gradient Tool(그레이디언트 도구, ▢)로 출력형태와 같이 왼쪽 하단에서 오른쪽 상단으로 드래그한다.

4 패스 작업과 패턴 적용하기

01 Pen Tool(펜 도구, ▢)로 출력형태와 같은 물방울 모양을 그린다. Path Selection Tool(패스 선택 도구, ▢)로 물방울 모양 패스를 선택한 후, Ctrl + Alt 를 누르면서 드래그하여 복사한다. Ctrl + T 를 누르고 마우스 오른쪽 버튼을 클릭하여 [Flip Horizontal(가로로 뒤집기)]을 선택한 후, 출력형태와 같이 배치한 후 Enter 를 누른다.

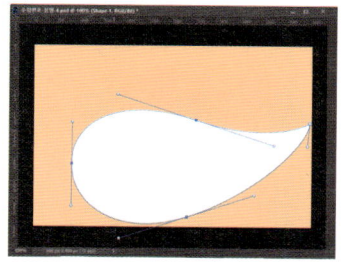 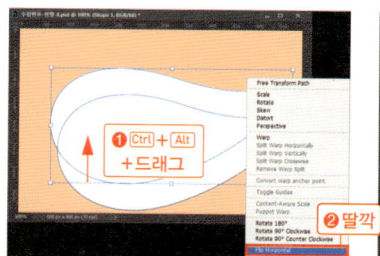 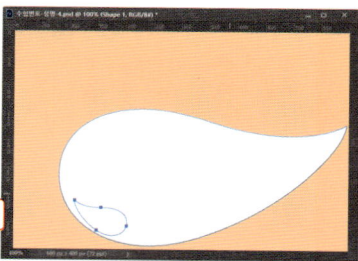

> **알아두면 좋은 TIP**
> - 펜 도구 작업을 보다 명확하게 하기 위해 하단의 이미지 레이어를 감추고 작업하면 수월하다.
> - 펜 도구 사용이 어렵다면 이미지의 기준점을 참고하여 그리면 수월하다.

02 복사된 작은 물방울 모양 선택된 상태에서 Options Bar(옵션 바)에서 'Path operations(패스 작업): Subtract Front Shape(전면 모양 빼기, ⬜)로 변경한 후, 레이어의 썸네일을 더블클릭하여 'Color(색상): #663300'으로 지정한다.

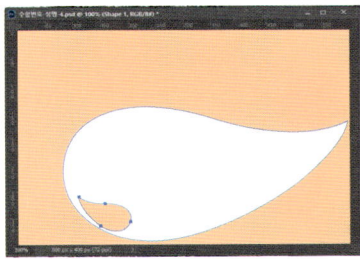 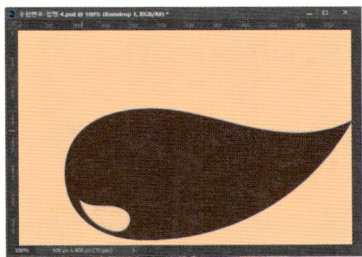

03 Ellipse Tool(타원 도구, ⬤)을 선택하고 Options Bar(옵션 바)에서 'Fill(칠): #330000, Stroke(획): No color(없음)'로 지정 후 작은 원을 그린다. Options Bar(옵션 바)에서 'Path operations(패스 작업): Subtract Front Shape(전면 모양 빼기, ⬜)로 변경한 후, Rectangle Tool(사각형 도구, ⬛)과 Pen Tool(펜 도구, ✎)을 사용하여 원의 윗부분과 컵의 몸통 부분을 삭제한다.

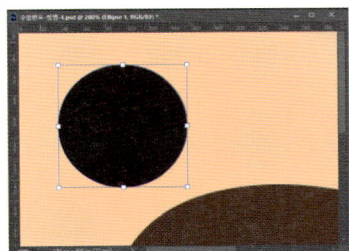 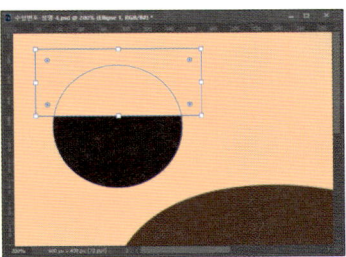 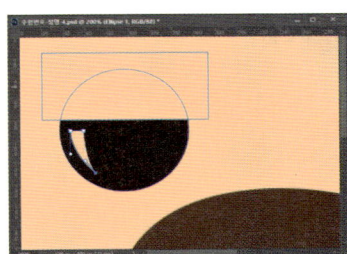

04 Pen Tool(펜 도구, ✎)로 컵 손잡이 부분과 김 모양을 그린다. 김 모양을 Path Selection Tool(패스 선택 도구, ▶)로 선택한 후 Ctrl + Alt 를 누르며 드래그하여 김 모양을 복사한다.

05 Shift 를 누른 채로 커피잔 모양의 레이어를 클릭하여 동시 선택하고 [Merge Shapes(모양 병합)](Ctrl + E)를 적용한다. Path Selection Tool(패스 선택 도구, ▶)로 드래그하여 모든 패스를 선택하고, Options Bar(옵션 바)에서 'Merge Shape Components(모양 병합 구성 요소, ⬜)'를 클릭한다.

06 물방울과 커피잔 모양 레이어를 각각 선택하고 레이어 패널 하단의 [Add a Layer style(레이어 스타일 추가, fx)] - [Outer Glow(외부 광선)]를 클릭한다.

07 레이어 패널 하단의 [Create a new layer(새 레이어 생성, ▣)]를 클릭한다. 새 레이어가 선택된 상태로 Rectangular Marquee Tool(사각형 선택 윤곽 도구, ▣)를 선택하고 그려놓은 패스 부분이 덮힐만한 크기의 사각형 선택 영역을 드래그하여 그린다.

08 [Edit(편집)] – [Fill(칠)]을 선택한다. [Fill(칠)] 대화상자가 열리면 'Contents(내용): Pattern(패턴)'으로 변경하고 Custom Pattern(사용자 정의 패턴) 항목에서 등록한 '꽃_잎' 패턴을 찾아 선택한 뒤 [OK(확인)]를 눌러 적용한다. 레이어 패널 상단에 'Opacity(불투명도): 60%'로 입력한 후, 물방울 모양 레이어를 선택하고 패턴 레이어 사이에 마우스를 놓고 Alt를 누른 채 클릭(Ctrl+Alt+G)한다. 같은 방법으로 커피잔 레이어에도 패턴을 적용한다.

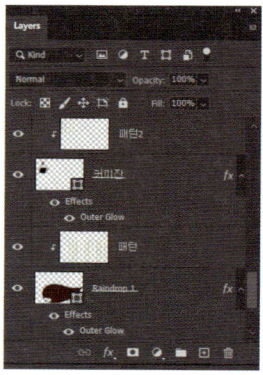

5 색상 보정하기

01 '1급-15' 레이어의 보이기 버튼을 활성화시키고, Quick Selection Tool(빠른 선택 도구, ▣)로 배경부분을 드래그하여 선택 영역으로 지정한다. Delete를 눌러 배경부분을 삭제한다. Ctrl+T를 누르고 마우스 오른쪽 버튼을 클릭하여 [Flip Horizontal(가로로 뒤집기)]을 선택한 후, 출력형태와 같이 배치한 후 Enter를 누른다.

02 Quick Selection Tool(빠른 선택 도구, ▣)로 보라색으로 변경해야 할 영역을 선택하고, 레이어 패널 하단의 [Create new fill or adjustment layer(새 칠 또는 조정 레이어 생성, ▣)] – [Hue/Saturation(색조/채도)]을 선택한다. Properties(속성) 패널에서 'Colorize(색상화): 체크, Hue(색조): 280, Saturation(채도): 40'으로 입력하여 보라색 계열로 변경한다.

03 레이어 패널 하단의 [Add a Layer style(레이어 스타일 추가, fx)] – [Bevel and Emboss(경사와 엠보스)]를 클릭한다.

6 이미지 보정하기

01 '1급-14' 레이어의 보이기 버튼을 활성화시키고, Magic Wand Tool(자동 선택 도구,)을 선택하고 Option Bar(옵션 바)에서 'Tolerance(허용치): 32, Contiguous(인접): 체크 해제'로 설정한 후, 이미지의 하얀 배경 부분을 선택한다. Delete 를 눌러 배경을 삭제한다.

02 Ctrl + T 를 누르고 출력형태 와 같이 배치한 후 Enter 를 누른다. 레이어 패널의 'Blending Mode(혼합 모드): Linear Burn(선형 번), Opacity(불투명도): 80%'으로 입력한다.

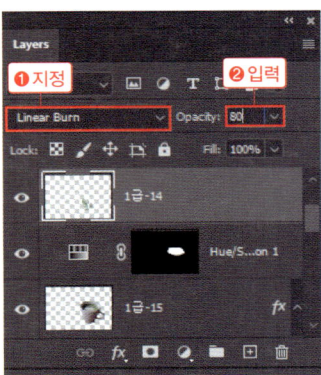

03 '1급-16' 레이어의 보이기 버튼을 활성화시키고, Quick Selection Tool(빠른 선택 도구,)로 배경부분을 드래그하여 선택 영역으로 지정한다. Delete 를 눌러 배경부분을 삭제한다. Ctrl + T 를 누르고 마우스 오른쪽 버튼을 클릭하여 [Flip Horizontal(가로로 뒤집기)]을 선택하고 출력형태 와 같이 배치한 후 Enter 를 누른다.

04 [Filter(필터)] – [Filter Gallery(필터 갤러리)]를 선택한다. [Filter Gallery(필터 갤러리)] 대화상자가 열리면 [Artistic(예술 효과)] – [Poster Edges(포스터 가장자리)]를 선택한다. 레이어 패널 하단의 [Add a Layer style(레이어 스타일 추가,)] – [Drop Shadow(드롭 섀도)]를 클릭한다.

05 '1급-17' 레이어의 보이기 버튼을 활성화시키고, Polygonal Lasso Tool(다각형 올가미 도구,)로 직선 모서리를 클릭해가며 선택한다. [Select(선택)] – [Inverse(반전)](Shift + Ctrl + I)로 선택 영역을 반전시킨 후, Delete 를 눌러 배경부분을 삭제한다. Ctrl + T 를 눌러 출력형태 와 같이 배치한 후 Enter 를 누른다.

06 [Filter(필터)] – [Filter Gallery(필터 갤러리)]를 선택한다. [Filter Gallery(필터 갤러리)] 대화상자가 열리면 [Artistic(예술 효과)] – [Poster Edges(포스터 가장자리)]를 선택한다. 레이어 패널 하단의 [Add a Layer style(레이어 스타일 추가,)] – [Drop Shadow(드롭 섀도)]를 클릭한다.

조건
Drop Shadow(드롭 섀도) ▶ 체크

7 문자 입력하기

01 Type Tool(수평 문자 도구, T)을 클릭하고 출력형태의 문자 부분과 같은 지점을 클릭한다. MY HOME CAFE를 입력하고 Options Bar(옵션 바) 또는 Properties(속성) 패널에서 조건과 같이 세부정보를 입력한다. 레이어 패널 하단의 [Add a Layer style(레이어 스타일 추가, fx)] – [Gradient Overlay(그레이디언트 오버레이)]를 클릭한다.

> **조건**
> - Font(글꼴): Arial, Style(스타일): Regular, Size(크기) – MY HOME: 24pt, CAFE: 36pt
> - Gradient Overlay(그레이디언트 오버레이) ▶ Gradient(그레이디언트) – 시작점: #000000, 끝점: #660099, Style(스타일): Linear(선형), Angle(각도): 90°
> - Outer Glow(외부 광선) ▶ 체크

02 Type Tool(수평 문자 도구, T)을 클릭하고 출력형태의 문자 부분과 같은 지점을 클릭한다. 나를 위한 따뜻한 휴식공간을 꾸며보세요!를 입력하고 Options Bar(옵션 바) 또는 Properties(속성) 패널에서 조건과 같이 세부정보를 입력한다. 레이어 패널 하단의 [Add a Layer style(레이어 스타일 추가, fx)] – [Gradient Overlay(그레이디언트 오버레이)]를 클릭한다.

> **조건**
> - Font(크기): 굴림, Size(크기): 18pt, Paragraph(단락): Left align text(텍스트 왼쪽 맞춤)
> - Gradient Overlay(그레이디언트 오버레이) ▶ Gradient(그레이디언트) – 시작점: #cc6600, 끝점: #ffffff, Style(스타일): Linear(선형), Angle(각도): 90°
> - Stroke(획) ▶ Size(크기): 3px, Color(색상): #663333

03 Options Bar(옵션 바)에서 Create Warped text(뒤틀어진 텍스트 만들기,)를 클릭한다. [Warped text(텍스트 뒤틀기)] 대화상자가 열리면 문제지의 출력형태 와 같이 세부정보를 입력한다. Ctrl + T 를 눌러 출력형태 와 같이 배치한 후 Enter 를 누른다.

조건

Style(스타일): Arc(부채꼴), Bend(구부리기): 25%

04 Type Tool(수평 문자 도구,)을 클릭하고 출력형태 의 문자 부분과 같은 지점을 클릭한다. 집에서 즐기는 홈 카페를 위한 모든 것을 입력하고 Options Bar(옵션 바) 또는 Properties(속성) 패널에서 조건 과 같이 세부정보를 입력한다. 레이어 패널 하단의 [Add a Layer style(레이어 스타일 추가,)] – [Stroke(획)]를 클릭한다.

조건

- Font(글꼴): 돋움, Size(크기): 14pt, Color(색상): #ffffff
- Stroke(획) ▶ Size(크기): 2px, Gradient(그레이디언트) – 시작점: #006666, 끝점: #cc3366, Style(스타일): Linear(선형), Angle(각도): 0°

05 Options Bar(옵션 바)에서 Create Warped text(뒤틀어진 텍스트 만들기,)를 클릭한다. [Warped text(텍스트 뒤틀기)] 대화상자가 열리면 문제지의 출력형태 와 같이 세부정보를 입력한다. Ctrl + T 를 눌러 출력형태 와 같이 배치한 후 Enter 를 누른다.

조건

Style(스타일): Flag(깃발), Bend(구부리기): -50%

8 모양 도구 배치하기

01 Custom Shape Tool(사용자 정의 모양 도구,)을 클릭하고, 출력형태 의 배너 모양을 찾아 드래그하여 그린 후 Enter 를 눌러 Shape 레이어를 생성한다. 레이어 패널 하단의 [Add a Layer style(레이어 스타일 추가,)] – [Gradient Overlay(그레이디언트 오버레이)]를 클릭한다.

조건

- 배너 모양: [All Legacy Default Shapes(모든 레거시 기본 모양)] – [Shapes(모양)] – [Rounded Square 1(둥근 정사각형)]
- Gradient Overlay(그레이디언트 오버레이) ▶ Gradient(그레이디언트) – 시작점: #33cccc, 끝점: #ffcc00, Style(스타일): Linear(선형), Angle(각도): 90°
- Drop Shadow(드롭 섀도) ▶ 체크

02 Type Tool(수평 문자 도구, T.)을 클릭하고 출력형태 의 문자 부분과 같은 지점을 클릭한다. 커피와 베이킹 / 인테리어 소품 / 커뮤니티를 입력하고 Options Bar(옵션 바) 또는 Properties(속성) 패널에서 조건과 같이 세부정보를 입력한다. 레이어 패널 하단의 [Add a Layer style(레이어 스타일 추가, fx)] – [Stroke(획)]를 클릭한다.

> **조건**
> - Font(글꼴): 돋움, Size(크기): 14pt, Color(색상) – 커피와 베이킹: #cc3399, / 인테리어 소품 / 커뮤니티: #3366cc
> - Stroke(획) ▶ Size(크기): 2px, Color(색상): #ffffff

03 Custom Shape Tool(사용자 정의 모양 도구,)을 클릭하고, 하트 모양을 찾아 드래그하여 그린 후 Options Bar(옵션 바)에서 'Fill(칠): #ffcc99'으로 지정하고 Enter 를 눌러 Shape 레이어를 생성한다. 레이어 패널 하단의 [Add a Layer style(레이어 스타일 추가, fx)] – [Drop Shadow(드롭 섀도)]를 클릭한다.

> **조건**
> - 하트 모양: [All Legacy Default Shapes(모든 레거시 기본 모양)] – [Shapes(모양)] – [Heart Card(하트 모양 카드)]
> - Drop Shadow(드롭 섀도) ▶ 체크

04 레이어 패널에서 '집에서 즐기는 홈 카페를 위한 모든 것' 텍스트 레이어 아래로 드래그하여 출력형태 와 같이 배치한다.

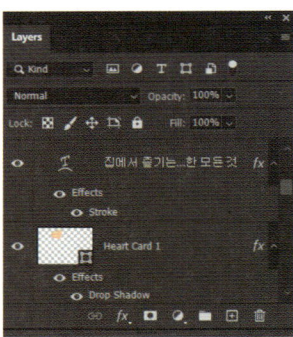 

05 Custom Shape Tool(사용자 정의 모양 도구,)을 클릭하고, 꽃 모양을 찾아 드래그하여 그린 후 Options Bar(옵션 바)에서 'Fill(칠): #000000'으로 지정하고 Enter 를 눌러 Shape 레이어를 생성한다. 레이어 패널 하단의 [Add a Layer style(레이어 스타일 추가, fx)] – [Outer Glow(외부 광선)]를 클릭한다. 레이어 패널 상단에 'Opacity(불투명도): 70%'를 입력한다.

> **조건**
> - 꽃 모양: [All Legacy Default Shapes(모든 레거시 기본 모양)] – [Nature(자연)] – [Flower 2(꽃 2)]
> - Outer Glow(외부 광선) ▶ 체크

9 저장 및 파일 전송하기

01 작업이 완료되면 문제지의 출력형태와 작업 파일을 비교하여 레이어의 순서, 이미지 위치를 최종 점검한다.
02 [File(파일)] - [Save As a Copy(사본 저장)](Alt+Ctrl+S)를 선택하고, '저장 경로: 내 PC₩문서₩GTQ, 파일형식: JPEG, 파일이름: 수험번호-성명-4'로 저장한다.
03 제출용 PSD 파일을 만들기 위해 [Image(이미지)] - [Image Size(이미지 크기)](Alt+Ctrl+I)를 클릭한다. [Image Size(이미지 크기)] 대화상자가 열리면 문제지의 조건과 같이 세부정보를 입력하여 작업 사이즈의 1/10 사이즈로 축소한다.

> **조건**
>
> Constrain as pect ratio(종횡비 제한): 체크, Width(폭): 60px, Height(높이): 40px

04 [File(파일)] - [Save As(다른 이름으로 저장)](Shift+Ctrl+S)를 선택하고, '저장 경로: 내 PC₩문서₩GTQ, 파일형식: PSD, 파일이름: 수험번호-성명-4'로 저장한다.
05 답안 전송 프로그램을 이용하여 저장된 jpg, psd 파일을 감독관 컴퓨터로 전송한다.

제7회 GTQ 기출문제

급수	문제유형	시험시간	수험번호	성명
1급	A	90분		

수험자 유의사항

- 수험자는 문제지를 받는 즉시 응시하고자 하는 과목 및 급수가 맞는지 확인한 후 수험번호와 성명을 작성합니다.
- 파일명은 본인의 "수험번호-성명-문제번호"로 공백 없이 정확히 입력하고 답안폴더(내 PC₩문서₩GTQ)에 jpg 파일과 psd 파일의 2가지 포맷으로 저장해야 하며, jpg 파일과 psd 파일의 내용이 상이할 경우 0점 처리됩니다. 답안문서 파일명이 "수험번호-성명-문제번호"와 일치하지 않거나, 답안 파일을 전송하지 않아 미제출로 처리될 경우 불합격 처리됩니다.
- 문제의 세부조건은 '영문(한글)' 형식으로 표기되어 있으니 유의하시기 바랍니다.
- 수험자 정보와 저장한 파일명, 저장 위치가 다를 경우 전송이 되지 않으므로, 주의하시기 바랍니다.
- 답안 작성 중에도 주기적으로 '저장'과 '답안 전송'을 이용하여 감독위원 PC로 답안을 전송하셔야합니다.(※ 작업한 내용을 저장하지 않고 전송할 경우 이전의 저장내용이 전송되오니 이점 반드시 유념하시기 바랍니다.)
- 답안문서는 지정된 경로 외의 다른 보조기억장치에 저장하는 행위, 지정된 시험 시간 외에 작성된 파일을 활용한 행위, 기타 통신수단(이메일, 메신저, 네트워크 등)을 이용하여 타인에게 전달 또는 외부 반출하는 행위는 부정으로 간주되어 자격기본법 제32조에 의거 본 시험 및 국가공인 자격시험을 2년간 응시할 수 없습니다.
- 시험 중 부주의 또는 고의로 시스템을 파손한 경우와 〈수험자 유의사항〉에 기재된 방법대로 이행하지 않아 생기는 불이익은 수험자의 책임임을 알려 드립니다.
- 시험을 완료한 수험자는 최종적으로 저장한 답안파일이 전송되었는지 확인한 후 감독위원의 지시에 따라 문제지를 제출하고 퇴실합니다.

답안 작성요령

- 온라인 답안 작성 절차
  수험자 등록 ⇒ 시험 시작 ⇒ 답안파일 저장 ⇒ 답안 전송 ⇒ 시험 종료
- C:₩에듀윌 GTQ 1급₩Step 3₩7회₩Image폴더에 있는 그림 원본파일을 사용하여 답안을 작성하시고 최종답안을 답안폴더(내 PC₩문서₩GTQ)에 저장하여 답안을 전송하시고, 이미지의 크기가 다른 경우 감점 처리됩니다.
- 배점은 총 100점으로 이루어지며, 점수는 각 문제별로 차등 배분됩니다.
- 각 문제는 주어진 조건 에 따라 작성하고, 언급하지 않은 조건은 출력형태 와 같이 작성합니다.
- 배치 등의 편의를 위해 주어진 눈금자의 단위는 '픽셀'입니다.
  그 외는 출력형태(효과, 이미지, 문자, 색상, 레이아웃, 규격 등)와 같게 작업하십시오.
- 문제 조건에 서체의 지정이 없을 경우 한글은 굴림이나 돋움, 영문은 Arial로 작업하십시오.
  (단, 그 외에 제시되지 않은 문자 속성을 기본값으로 작성하지 않은 경우는 감점 처리됩니다.)
- Image Mode(이미지 모드)는 별도의 처리조건이 없을 경우에는 RGB(8비트)로 작업하십시오.
- 모든 답안 파일은 해상도 72 pixels/inch로 작업하십시오.
- Layer(레이어)는 각 기능별로 분할해야 하며, 임의로 합칠 경우나 각 기능에 대한 속성을 해지할 경우 해당 요소는 0점 처리됩니다.

문제 1 기능평가 고급 Tool(도구) 활용 [20점]

다음의 조건에 따라 아래의 출력형태와 같이 작업하시오.

조건

원본 이미지		C:\에듀윌 GTQ 1급\Step 3\7회\Image\1급-1.jpg, 1급-2.jpg, 1급-3.jpg	
파일 저장 규칙	JPG	파일명	문서\GTQ\수험번호-성명-1.jpg
		크기	400×500 pixels
	PSD	파일명	문서\GTQ\수험번호-성명-1.psd
		크기	40×50 pixels

출력형태

1. 그림 효과
   ① 1급-1.jpg : 필터 – Cutout(오려내기)
   ② Save Path(패스 저장) : 자동차 모양
   ③ Mask(마스크) : 자동차 모양, 1급-2.jpg를 이용하여 작성
   　레이어 스타일 – Stroke(선/획)(3px, 그라디언트(#6633ff, #ffff00)),
   　Inner Shadow(내부 그림자)
   ④ 1급-3.jpg : 레이어 스타일 – Bevel and Emboss(경사와 엠보스)
   ⑤ Shape Tool(모양 도구) :
   　– 별 모양 (#993333, 레이어 스타일 – Inner Shadow(내부 그림자))
   　– 화살표 모양 (#ccff00, #ffffff, 레이어 스타일 – Outer Glow(외부 광선))

2. 문자 효과
   ① 과속 금지 (돋움, 50pt, 레이어 스타일 – 그라디언트 오버레이
   　(#ff0000, #ffff00), Drop Shadow(그림자 효과))

문제 2 기능평가 사진편집 응용 [20점]

다음의 조건에 따라 아래의 출력형태와 같이 작업하시오.

조건

원본 이미지		C:\에듀윌 GTQ 1급\Step 3\7회\Image\1급-4.jpg, 1급-5.jpg, 1급-6.jpg	
파일 저장 규칙	JPG	파일명	문서\GTQ\수험번호-성명-2.jpg
		크기	400×500 pixels
	PSD	파일명	문서\GTQ\수험번호-성명-2.psd
		크기	40×50 pixels

출력형태

1. 그림 효과
   ① 1급-4.jpg : 필터 – Texturizer(텍스처화)
   ② 색상 보정 : 1급-5.jpg - 노란색 계열로 보정
   ③ 1급-5.jpg : 레이어 스타일 – Drop Shadow(그림자 효과)
   ④ 1급-6.jpg : 레이어 스타일 – Outer Glow(외부 광선)
   ⑤ Shape Tool(모양 도구) :
   　– 자전거 모양 (#660033, 레이어 스타일 – Stroke(선/획)(2px, #ffcccc))
   　– 폭발 모양 (#66cc33, 레이어 스타일 – inner Shadow(내부 그림자))

2. 문자 효과
   ① No Parking (Times New Roman, Bold, 45pt, 레이어 스타일 –
   　그라디언트 오버레이(#ffffff, #66ff00), Drop Shadow(그림자 효과))

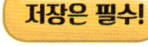

문제 3 실무응용 포스터 제작 [25점]

다음의 조건 에 따라 아래의 출력형태 와 같이 작업하시오.

조건

원본 이미지		C:\에듀윌 GTQ 1급\Step 3\7회\Image\1급-7.jpg, 1급-8.jpg, 1급-9.jpg, 1급-10.jpg, 1급-11.jpg
파일 저장 규칙	JPG 파일명	문서\GTQ\수험번호-성명-3.jpg
	크기	600×400 pixels
	PSD 파일명	문서\GTQ\수험번호-성명-3.psd
	크기	60×40 pixels

1. 그림 효과
   ① 배경 : #006666
   ② 1급-7.jpg : Blending Mode(혼합 모드) – Screen(스크린), Opacity(불투명도)(80%)
   ③ 1급-8.jpg : 필터 – Film Grain(필름 그레인), 레이어 마스크 – 가로 방향으로 흐릿하게
   ④ 1급-9.jpg : 필터 – Wind(바람), 레이어 스타일 – Stroke(선/획)(5px, 그라디언트(#003366, 투명으로))
   ⑤ 1급-10.jpg : 레이어 스타일 – Outer Glow(외부 광선), Drop Shadow(그림자 효과)
   ⑥ 1급-11.jpg : 색상 보정 – 파란색 계열로 보정, 레이어 스타일 – Bevel and Emboss(경사와 엠보스)
   ⑦ 그 외 출력형태 참조

2. 문자 효과
   ① 동해안 기차 여행 (궁서, 42pt, 레이어 스타일 – 그라디언트 오버레이(#cc33ff, #006666, #ff9900), Stroke(선/획)(2px, #99ccff), Drop Shadow(그림자 효과))
   ② A journey to the East Sea by train (Arial, Regular, 18pt, #003366, 레이어 스타일 – Stroke(선/획)(2px, #ffffff))
   ③ 열차가 들어오고 있습니다 (돋움, 18pt, 레이어 스타일 – 그라디언트 오버레이(#66cc00, #ffcc00), Stroke(선/획)(2px, #333333))
   ④ 경로 안내 / 승차 정보 (돋움, 16pt, #ffffff, 레이어 스타일 – Stroke(선/획)(2px, #666633))

출력형태

Shape Tool(모양 도구) 사용
#ffff00, #ffffff, 레이어 스타일 –
Drop Shadow(그림자 효과),
Opacity(불투명도)(80%)

Shape Tool(모양 도구) 사용
#000000, 레이어 스타일 –
Outer Glow(외부 광선),
Opacity(불투명도)(60%)

Shape Tool(모양 도구) 사용
레이어 스타일 – 그라디언트
오버레이(#66cc00, #ff9900),
Drop Shadow(그림자 효과)

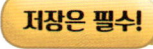

문제 4 실무응용 웹 페이지 제작 [35점]

다음의 조건 에 따라 아래의 출력형태 와 같이 작업하시오.

조건

원본 이미지		C:\에듀윌 GTQ 1급\Step 3\7회\Image\1급-12.jpg, 1급-13.jpg, 1급-14.jpg, 1급-15.jpg, 1급-16.jpg, 1급-17.jpg
파일 저장 규칙	JPG 파일명	문서\GTQ\수험번호-성명-4.jpg
	JPG 크기	600×400 pixels
	PSD 파일명	문서\GTQ\수험번호-성명-4.psd
	PSD 크기	60×40 pixels

1. 그림 효과
   ① 배경 : #cccccc
   ② 패턴(물음표, 돋보기 모양) : #ffffff, #9900ff, Opacity(불투명도)(60%)
   ③ 1급-12.jpg : Blending Mode(혼합 모드) – Hard Light(하드 라이트), 레이어 마스크 – 대각선 방향으로 흐릿하게
   ④ 1급-13.jpg : 필터 – Dry Brush(드라이 브러시), 레이어 마스크 – 가로 방향으로 흐릿하게
   ⑤ 1급-14.jpg : 레이어 스타일 – Bevel and Emboss(경사와 엠보스), Drop Shadow(그림자 효과)
   ⑥ 1급-15.jpg : 필터 – Film Grain(필름 그레인), 레이어 스타일 – Outer Glow(외부 광선)
   ⑦ 1급-16.jpg : 색상 보정 – 빨간색 계열로 보정, 레이어 스타일 – Bevel and Emboss(경사와 엠보스)
   ⑧ 그 외 출력형태 참조

2. 문자 효과
   ① Global Traffic Information (Times New Roman, Bold, 23pt, #330066, 레이어 스타일 – Stroke(선/획)(2px, #ffffff))
   ② 교통정보 알림 서비스 (굴림, 45pt, 레이어 스타일 – 그라디언트 오버레이(#3300ff, #ff6600), Stroke(선/획)(3px, #ccccff))
   ③ 나라별 교통 안내 (궁서, 15pt, #ffff00, 레이어 스타일 – Drop Shadow(그림자 효과))
   ④ 교통안내 예약하기 탑승정보 (돋움, 18pt, #000000, 레이어 스타일 – Stroke(선/획)(2px, #99ffff))

출력형태

Shape Tool(모양 도구) 사용
#ffff00, 레이어 스타일 –
Drop Shadow(그림자 효과)

Pen Tool(펜 도구) 사용
#ffcc99, #33cccc, #cc66cc,
레이어 스타일 –
Drop Shadow(그림자 효과)

Shape Tool(모양 도구) 사용
#cccc33, 레이어 스타일 –
Inner Shadow(내부 그림자),
Opacity(불투명도)(80%)

Shape Tool(모양 도구) 사용
레이어 스타일 – 그라디언트 오버레이(#99cccc, #ffffff),
Stroke(선/획)(2px, #339999)

저장은 필수!

제7회 GTQ 기출문제 함께 보는 간단해설

문제 1 [기능평가] 고급 Tool(도구) 활용

✓ 문제 풀이 순서
1 새 작업 파일 만들기→**2** 필터 적용하기→**3** 자동차 모양 패스 작업하기→**4** 클리핑 마스크 적용하기→**5** 이미지 및 모양 도구 배치하기→**6** 문자 입력하기→**7** 저장 및 파일 전송하기

✓ 감점방지 TIP
- 대칭형 패스 모양은 절반을 완성한 후, 복제하여 병합한다.
- 클리핑 마스크를 적용한 후, 클리핑된 이미지를 출력형태를 참고하여 사이즈와 위치를 조정한다.

1 새 작업 파일 만들기

01 새로운 작업 파일을 만들기 위해 [File(파일)] - [New(새로 만들기)](Ctrl+N)를 선택한다. [New Document(새로운 문서 만들기)] 대화상자가 열리면 문제지의 조건을 참고하여 작업 파일 세부정보를 입력한다.

> **조건**
> Width(폭): 400, Height(높이): 500, 단위: Pixels(픽셀), Resolution(해상도): 72(Pixel/Inch), Color Mode(색상 모드): RGB, 8bit, Background Contents(배경 내용): White(흰색)

02 [File(파일)] - [Save As(다른 이름으로 저장)](Shift+Ctrl+S)를 선택한다. '저장 경로: 내 PC₩문서₩GTQ, 파일명: 수험번호-성명-1.psd'로 저장한다.
03 작업 파일에 눈금자를 표시하기 위해 [View(보기)] - [Rulers(눈금자)](Ctrl+R)를 선택한다.
04 [Edit(편집)] - [Preference(환경 설정)] - [General(일반)](Ctrl+K)을 선택한다. [Preference(환경 설정)] 대화상자가 열리면 왼쪽 옵션 중 [Guides, Grid & Slices(안내선, 격자 및 분할 영역)] 클릭 후 [Grid(격자)] 세부 항목의 'Gridline Every(격자 간격): 100, pixels(픽셀), Subdivisions(세분): 1'로 입력, 'Grid Color(색상)'을 클릭해 색상을 채도가 높은 색상으로 설정한다.
05 [View(보기)] - [Show(표시)] - [Grid(격자)](Ctrl+')를 눌러 격자를 표시하고 색상을 확인한다.

2 필터 적용하기

01 [File(파일)] - [Open(열기)](Ctrl+O)을 선택하여 1급-1.jpg를 불러온다. Ctrl+A를 눌러 전체 이미지를 선택하여 복사(Ctrl+C)하고, 작업 파일에 붙여넣기(Ctrl+V)한다. Ctrl+T를 누르고 출력형태와 같이 배치한 후 Enter를 누른다.
02 [Filter(필터)] - [Filter Gallery(필터 갤러리)]를 선택한다. [Filter Gallery(필터 갤러리)] 대화상자가 열리면 [Artistic(예술 효과)] - [Cutout(오려내기)]를 선택한다.

3 자동차 모양 패스 작업하기

01 Custom Shape Tool(사용자 정의 모양 도구,)을 선택하고 Options Bar(옵션 바)에서 Path(패스) 설정을 'Pick tool mode(선택 도구 모드): shape(모양), Fill(칠): 임의의 색, Stroke(획): No color(색상 없음)'로 지정 후 자동차 모양을 찾아 드래그하여 그린다.

> 조건
>
> 자동차 모양: [All Legacy Default Shapes(모든 레거시 기본 모양)] – [Symbols(상징)] – [Car 2(자동차 2)]

02 Direct Selection Tool(직접 선택 도구,)로 자동차 모양의 기준점을 출력형태 와 같이 수정한다. 자동차 옆선의 곡선을 직선으로 변환시킬 때는 Convert Point Tool(기준점 변환 도구,)로 클릭하여 수정한다.

03 Direct Selection Tool(직접 선택 도구,)로 자동차 왼쪽 모서리 부분을 선택하여 오른쪽으로 드래그하고, 자동차의 윗 부분을 선택하여 아래로 드래그하여 출력형태 와 같이 수정한다.

04 Rectangle Tool(사각형 도구,)과 Pen Tool(펜 도구,)로 사이드 미러를 만든다.

05 Shift 를 누른 채로 자동차 모양의 레이어를 클릭하여 동시 선택하고, [Merge Shapes(모양 병합)](Ctrl + E)를 적용한다. Path Selection Tool(패스 선택 도구,)로 드래그하여 모든 패스를 선택하고, Options Bar(옵션 바)에서 'Merge Shape Components(모양 병합 구성 요소,)'를 클릭한다.

06 Options Bar(옵션 바)에서 'Path operations(패스 작업) : Subtract Front Shape(전면 모양 빼기,)'로 변경하고, Rectangle Tool(사각형 도구,)로 그려놓은 자동차의 절반 부분을 삭제한다. Options Bar(옵션 바)에서 'Merge Shape Components(모양 병합 구성 요소,)'를 클릭하여 자동차 모양 절반 부분을 남겨준다.

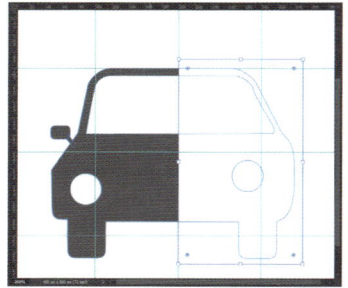 

알아두면 좋은 TIP

대칭 형태의 패스를 제작하는 경우, 형태의 절반 부분을 제작하여 복사한 후, 두 모양을 합쳐서 완성한다.
대칭이 아닐 경우 감점의 요인이 된다.

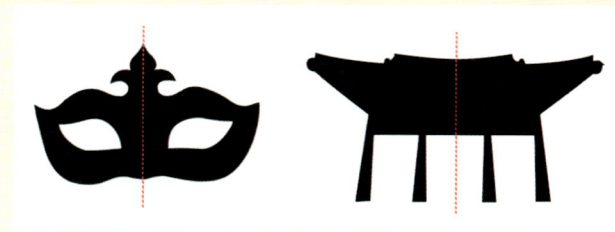

07 Path Selection Tool(패스 선택 도구,)을 선택하고 Alt + Shift 를 누르면서 드래그하여 절반 모양의 자동차를 복사한다. Ctrl + T 를 누르고 마우스 오른쪽 버튼을 클릭하여 [Flip Horizontal(가로로 뒤집기)]을 선택하고, 두 개의 오브젝트를 겹치도록 배치한다.

08 Shift 를 누른 채로 자동차 모양의 레이어를 클릭하여 동시 선택하고 [Merge Shapes(모양 병합)](Ctrl + E)를 적용한다. Path Selection Tool(패스 선택 도구,)로 드래그하여 모든 패스를 선택하고, Options Bar(옵션 바)에서 'Merge Shape Components(모양 병합 구성 요소,)'를 클릭한다.

09 Options Bar(옵션 바)에서 'Path operations(패스 작업): Subtract Front Shape(전면 모양 빼기,)로 변경하고, Rectangle Tool(사각형 도구,)로 삭제될 영역을 그린다.

10 화면 오른쪽의 Paths(패스) 패널에서 'Work Path(작업 패스)'를 더블클릭한 후, [Save Path(패스 저장)] 대화상자가 열리면 자동차 모양을 입력하여 저장한다.

4 클리핑 마스크 적용하기

01 [File(파일)] – [Open(열기)](Ctrl+O)을 선택하여 1급-2.jpg를 불러온다. Ctrl+A를 눌러 전체 이미지를 선택하여 복사(Ctrl+C)하고, 작업 파일에 붙여넣기(Ctrl+V)한다. Ctrl+T를 누르고 출력형태와 같이 앞치마 모양 패스 레이어 위에 배치한 후 Enter를 누른다.

02 자동차 모양 레이어와 '1급-2' 레이어 사이에 마우스 커서를 놓고 Alt를 누른 상태로 클릭하여 Clipping Mask(클리핑 마스크)를 적용한다.

03 자동차 모양 레이어를 선택하고 레이어 패널 하단의 [Add a Layer style(레이어 스타일 추가, fx)] – [Stroke(획)]를 클릭한다.

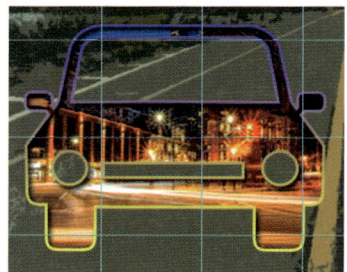

조건
- Stroke(획) ▶ Size(크기): 3px, Fill Type(칠 유형): Gradient(그레이디언트) – 시작점: #6633ff, 끝점: #ffff00, Style(스타일): Linear(선형), Angle(각도): -90°
- Inner Shadow(내부 그림자) ▶ 체크

5 이미지 및 모양 도구 배치하기

01 [File(파일)] – [Open(열기)](Ctrl+O)을 선택하여 1급-3.jpg를 불러온다. Polygonal Lasso Tool(다각형 올가미 도구,)을 선택하여 직선 모서리 부분을 클릭해가며 선택한 후, 선택 영역을 복사(Ctrl+C)한 후, 작업 파일에 붙여넣기(Ctrl+V)한다. 레이어 패널 하단의 [Add a Layer style(레이어 스타일 추가, fx)] – [Bevel and Emboss(경사와 엠보스)]를 클릭한다.

조건
Bevel and Emboss(경사와 엠보스) ▶ 체크

02 Custom Shape Tool(사용자 정의 모양 도구,)을 클릭하고, Options Bar(옵션 바)에서 'Fill(칠): #993333'으로 지정한 후, 별 모양을 찾아 드래그하여 그린 후 Enter 를 눌러 Shape 레이어를 생성한다. 레이어 패널 하단의 [Add a Layer style(레이어 스타일 추가, fx)] – [Inner Shadow(내부 그림자)]를 클릭한다.

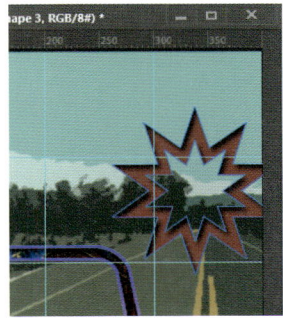

조건
- 별 모양: [All Legacy Default Shapes(모든 레거시 기본 모양)] – [Shapes(모양)] – [10 Point Star Frame(10포인트 별 프레임)]
- Inner Shadow(내부 그림자) ▶ 체크

03 Custom Shape Tool(사용자 정의 모양 도구,)을 클릭하고, Options Bar(옵션 바)에서 'Fill(칠): #ccff00'으로 지정한 후, 화살표 모양을 찾아 드래그하여 그린 후 Enter 를 눌러 Shape 레이어를 생성한다. 레이어 패널 하단의 [Add a Layer style(레이어 스타일 추가, fx)] – [Outer Glow(외부 광선)]를 클릭한다.

조건
- 화살표 모양: [All Legacy Default Shapes(모든 레거시 기본 모양)] – [Arrows(화살표)] – [화살표 17(Arrow 17)]
- Outer Glow(외부 광선) ▶ 체크

04 화살표 모양 레이어를 선택하고 Ctrl + J 를 눌러 복사한다. 복사된 화살표 모양 레이어를 선택하고 Ctrl + T 를 눌러 출력형태 와 같이 배치한 후, 레이어의 썸네일을 더블클릭하여 'Color(색상): #ffffff'로 변경한다.

6 문자 입력하기

01 Type Tool(수평 문자 도구, T)을 클릭하고 출력형태의 문자 부분과 같은 지점을 클릭한다. 과속 금지를 입력하고 Properties(속성) 패널에서 조건과 같이 세부정보를 입력한다. 레이어 패널 하단의 [Add a Layer style(레이어 스타일 추가, fx)] – [Gradient Overlay(그레이디언트 오버레이)]를 클릭한다.

> **조건**
> - Font(글꼴): 돋움, Size(크기): 50pt
> - Gradient Overlay(그레이디언트 오버레이) ▶ Gradient(그레이디언트) – 시작점: #ff0000, 끝점: #ffff00, Style(스타일): Linear(선형), Angle(각도): 90°
> - Drop Shadow(드롭 섀도) ▶ 체크

02 Options Bar(옵션 바)에서 Create Warped text(뒤틀어진 텍스트 만들기,)를 클릭한다. [Warped text(텍스트 뒤틀기)] 대화상자에 문제지의 출력형태와 같이 세부정보를 입력한다. Ctrl+T를 누르고 출력형태와 같이 회전하고 배치한 후 Enter를 누른다.

> **조건**
> Style(스타일): Arc Upper(위 부채꼴), Bend(구부리기): 50%

7 저장 및 파일 전송하기

01 작업이 완료되면 문제지의 출력형태와 작업 파일을 비교하여 레이어의 순서, 이미지 위치를 최종 점검한다.
02 [File(파일)] – [Save As a Copy(사본 저장)](Alt+Ctrl+S)를 선택하고, '저장 경로: 내 PC\문서\GTQ, 파일형식: JPEG, 파일이름: 수험번호-성명-1'로 저장한다.
03 제출용 PSD 파일을 만들기 위해 [Image(이미지)] – [Image Size(이미지 크기)](Alt+Ctrl+I)를 클릭한다. [Image Size(이미지 크기)] 대화상자가 열리면 문제지의 조건과 같이 세부정보를 입력하여 작업 사이즈의 1/10 사이즈로 축소한다.

> **조건**
> Constrain aspect ratio(종횡비 제한): 체크, Width(폭): 40px, Height(높이): 50px

04 [File(파일)] – [Save As(다른 이름으로 저장)](Shift+Ctrl+S)를 선택하고, '저장 경로: 내 PC\문서\GTQ, 파일형식: PSD, 파일이름: 수험번호-성명-1'로 저장한다.
05 답안 전송 프로그램을 이용하여 저장된 jpg, psd 파일을 감독관 컴퓨터로 전송한다.

문제 2 기능평가 사진편집 응용

☑ 문제 풀이 순서

1 새 작업 파일 만들기→**2** 필터 적용하기→**3** 색상 보정하기→**4** 이미지 및 모양 도구 배치하기→**5** 문자 입력하기→**6** 저장 및 파일 전송하기

☑ 감점방지 TIP

이미지에서 각진 부분이나 직선 부분은 Polygonal Lasso Tool(다각형 올가미 도구, ▼)로 다듬어 직선 오브젝트로 만든다.

---

1 새 작업 파일 만들기

01 새로운 작업 파일을 만들기 위해 [File(파일)] - [New(새로 만들기)]([Ctrl]+[N])를 선택한다. [New Document(새로운 문서 만들기)] 대화상자가 열리면 문제지의 조건을 참고하여 작업 파일 세부정보를 입력한다.

> **조건**
> Width(폭): 400, Height(높이): 500, 단위: Pixels(픽셀), Resolution(해상도): 72(Pixel/Inch), Color Mode(색상 모드): RGB, 8bit, Background Contents(배경 내용): White(흰색)

02 [File(파일)] - [Save As(다른 이름으로 저장)]([Shift]+[Ctrl]+[S])를 선택한다. '저장 경로: 내 PC₩문서₩GTQ, 파일명: 수험번호-성명-2.psd'로 저장한다.
03 작업 파일에 눈금자를 표시하기 위해 [View(보기)] - [Rulers(눈금자)]([Ctrl]+[R])를 선택한다.
04 [View(보기)] - [Show(표시)] - [Grid(격자)]([Ctrl]+[′])를 눌러 격자를 표시한다.

2 필터 적용하기

01 [File(파일)] - [Place Embedded(포함 가져오기)]를 선택하여 1급-4.jpg를 불러온 후, [Ctrl]+[T]를 누르고 출력형태와 같이 배치한 후 [Enter]를 누른다.
02 [Filter(필터)] - [Filter Gallery(필터 갤러리)]를 선택한다. [Filter Gallery(필터 갤러리)] 대화상자가 열리면 [Texture(텍스처)] - [Texturizer(텍스처화)]를 선택한다.

3 색상 보정하기

01 [File(파일)] – [Open(열기)]([Ctrl]+[O])을 선택하여 1급-5.jpg를 불러온다. Quick Selection Tool(빠른 선택 도구,)로 고깔 부분을 드래그하여 선택 영역으로 지정한다. 사용할 영역을 복사([Ctrl]+[C])한 후, 작업 파일로 돌아와 붙여넣기([Ctrl]+[V])한다. [Ctrl]+[T]를 누르고 출력형태 와 같이 배치한 후 [Enter]를 누른다.

02 Quick Selection Tool(빠른 선택 도구,)로 출력형태 의 고깔에서 노란색 계열을 선택하고, 레이어 패널 하단의 [Create new fill or adjustment layer(새 칠 또는 조정 레이어 생성,)] – [Hue/Saturation(색조/채도)]을 선택한다. Properties(속성) 패널의 [Hue/Saturation(색조/채도)] 항목에서 'Hue(색조): 40'으로 입력하여 노란색 계열로 변경한다.

03 레이어 패널 하단의 [Add a Layer style(레이어 스타일 추가,)] – [Drop Shadow(드롭 섀도)]를 클릭한다.

4 이미지 및 모양 도구 배치하기

01 [File(파일)] – [Open(열기)]([Ctrl]+[O])을 선택하여 1급-6.jpg를 불러온다. Quick Selection Tool(빠른 선택 도구,)를 활용하여 선택하고 복사([Ctrl]+[C])한 후, 작업 문서로 돌아와 붙여넣기([Ctrl]+[V])한다. [Ctrl]+[T]를 눌러 크기와 위치를 조절한다. 레이어 패널 하단의 [Add a Layer style(레이어 스타일 추가,)] – [Outer Glow(외부 광선)]를 클릭한다.

02 Custom Shape Tool(사용자 정의 모양 도구,)을 클릭하고, 자전거 모양을 찾아 드래그하여 그린 후 Options Bar(옵션 바)에서 'Fill(칠): #660033'으로 지정하고 [Enter]를 눌러 Shape 레이어를 생성한다. 레이어 패널 하단의 [Add a Layer style(레이어 스타일 추가,)] – [Stroke(획)]를 클릭한다.

> **조건**
>
> • 자전거 모양: [All Legacy Default Shapes(모든 레거시 기본 모양)] – [Symbols(기호)] – [Bicycle(자전거)]
> • Stroke(획) ▶ Size(크기): 2px, Color(색상): #ffcccc

03 Custom Shape Tool(사용자 정의 모양 도구,)을 클릭하고, 폭발 모양을 찾아 드래그하여 그린 후 Options Bar(옵션 바)에서 'Fill(칠): #66cc33'으로 지정하고 Enter 를 눌러 Shape 레이어를 생성한다. 레이어 패널 하단의 [Add a Layer style(레이어 스타일 추가,)] – [Inner Shadow(내부 그림자)]를 클릭한다.

조건

- 폭발 모양: [All Legacy Default Shapes(모든 레거시 기본 모양)] – [Symbols(기호)] – [Boom 1(폭발 1)]
- Inner Shadow(내부 그림자) ▶ 체크

5 문자 입력하기

01 Type Tool(수평 문자 도구,)을 클릭하고 출력형태 의 문자 부분과 같은 지점을 클릭한다. No Parking을 입력하고 Properties(속성) 패널에서 조건 과 같이 세부정보를 입력한다. 레이어 패널 하단의 [Add a Layer style(레이어 스타일 추가,)] – [Gradient Overlay(그레이디언트 오버레이)]를 클릭한다.

조건

- Font(글꼴): Times New Roman, Style(스타일): Bold, Size(크기): 45pt
- Gradient Overlay(그레이디언트 오버레이) ▶ Gradient(그레이디언트) – 시작점: #ffffff, 끝점: #66ff00, Style(스타일): Linear(선형), Angle(각도): −90°
- Drop Shadow(드롭 섀도) ▶ 체크

02 Options Bar(옵션 바)에서 Create Warped text(뒤틀어진 텍스트 만들기,)를 클릭한다. [Warped text(텍스트 뒤틀기)] 대화상자에 문제지의 출력형태 와 같이 세부정보를 입력한다. Ctrl + T 를 누르고 출력형태 와 같이 배치한 후 Enter 를 누른다.

조건

Style(스타일): Shell Lower(아래가 넓은 조개), Bend(구부리기): 30%

6 저장 및 파일 전송하기

01 작업이 완료되면 문제지의 출력형태와 작업 파일을 비교하여 레이어의 순서, 이미지 위치를 최종 점검한다.

02 [File(파일)] - [Save As a Copy(사본 저장)](Alt+Ctrl+S)를 선택하고, '저장 경로: 내 PC\문서\GTQ, 파일형식: JPEG, 파일이름: 수험번호-성명-2'로 저장한다.

03 제출용 PSD 파일을 만들기 위해 [Image(이미지)] - [Image Size(이미지 크기)](Alt+Ctrl+I)를 클릭한다. [Image Size(이미지 크기)] 대화상자가 열리면 문제지의 조건을 확인하여 세부정보를 입력하여 작업 사이즈의 1/10 사이즈로 축소한다.

> **조건**
>
> Constrain as pect ratio(종횡비 제한): 체크, Width(폭): 40px, Height(높이): 50px

04 [File(파일)] - [Save As(다른 이름으로 저장)](Shift+Ctrl+S)를 선택하고, '저장 경로: 내 PC\문서\GTQ, 파일형식: PSD, 파일이름: 수험번호-성명-2'로 저장한다.

05 답안 전송 프로그램을 이용하여 저장된 jpg, psd 파일을 감독관 컴퓨터로 전송한다.

문제 3 실무응용 포스터 제작

✔ 문제 풀이 순서

1 새 작업 파일 만들기 → **2** 혼합 모드와 레이어 마스크 적용하기 → **3** 클리핑 마스크 적용하기 → **4** 이미지 배치 및 색상 보정하기 → **5** 문자 입력하기 → **6** 모양 도구 배치하기 → **7** 저장 및 파일 전송하기

✔ 감점방지 TIP

- 필터 갤러리에 없는 필터는 필터 메뉴에서 찾아 적용한다.
- 비슷한 색상의 이미지 영역을 선택할 때 Magic Wand Tool(자동 선택 도구, 🪄)을 이용한다.

1 새 작업 파일 만들기

01 새로운 작업 파일을 만들기 위해 [File(파일)] – [New(새로 만들기)]([Ctrl]+[N])를 선택한다. [New Document(새로운 문서 만들기)] 대화상자가 열리면 문제지의 조건 을 참고하여 작업 파일 세부정보를 입력한다.

> **조건**
> Width(폭): 600, Height(높이): 400, 단위: Pixels(픽셀), Resolution(해상도): 72(Pixel/Inch), Color Mode(색상 모드): RGB, 8bit, Background Contents(배경 내용): White(흰색)

02 [File(파일)] – [Save As(다른 이름으로 저장)]([Shift]+[Ctrl]+[S])를 선택한다. '저장 경로: 내 PC\문서\GTQ, 파일명: 수험번호-성명-3.psd'으로 저장한다.

03 작업 파일에 눈금자를 표시하기 위해 [View(보기)] – [Rulers(눈금자)]([Ctrl]+[R])를 선택한다.

04 [View(보기)] – [Show(표시)] – [Grid(격자)]([Ctrl]+['])를 눌러 격자를 표시한다.

2 혼합 모드와 레이어 마스크 적용하기

01 Tool Box(도구 상자) 하단의 전경색을 더블클릭한다. [Color Picker(색상 피커)] 대화상자가 열리면 #006666 를 입력하고 [OK(확인)]를 클릭한다. 작업영역을 전경색으로 채우기 위해 [Alt]+[Delete]를 누른다.

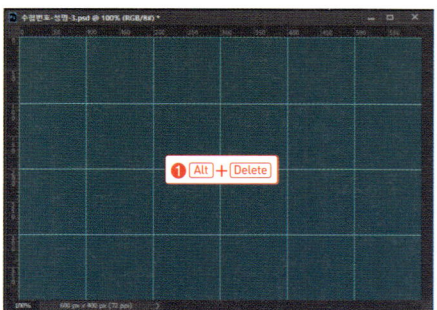

02 [File(파일)] – [Place Embedded(포함 가져오기)]를 선택하여 1급-7.jpg~1급-11.jpg를 순서대로 불러온다. [Shift]를 누르고 1급-7.jpg, 1급-11.jpg을 클릭하여 불러온 모든 이미지를 선택한 후, 마우스 오른쪽을 클릭하여 [Rasterize Layer(레이어 래스터화)]를 눌러 일반 레이어로 변환한다. 불러온 모든 이미지를 감추기 상태로 만든다.

03 '1급-7' 레이어의 보이기 버튼을 활성화시키고, 레이어 패널의 'Blending Mode(혼합 모드): Screen(스크린), Opacity(불투명도): 80%'으로 입력한다.

04 '1급-8' 레이어의 보이기 버튼을 활성화시키고, Ctrl+T를 누르고 출력형태와 같이 배치한 후 Enter를 누른다. [Filter(필터)] 메뉴에서 [Filter Gallery(필터 갤러리)]를 선택한다. [Filter Gallery(필터 갤러리)] 대화상자가 열리면 [Artistic(예술 효과)] – [Film Grain(필름 그레인)]을 선택한다.

05 레이어 패널 하단에 [Add a Layer Mask(레이어 마스크 추가, ▢)]를 클릭한다. Gradient Tool(그레이디언트 도구, ▬)을 선택하고, Option Bar(옵션 바)에서 'Black, White(검정, 흰색)', 'Linear Gradient(선형 그레이디언트)'로 지정하고 출력형태와 같이 왼쪽에서 오른쪽으로 드래그한다.

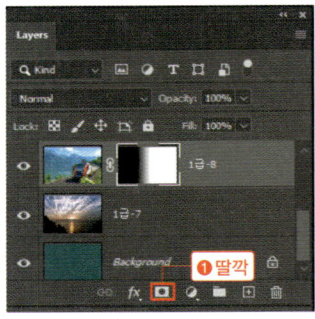 

3 클리핑 마스크 적용하기

01 Custom Shape Tool(사용자 정의 모양 도구, ⛉)을 클릭하고, 꽃 모양을 찾아 드래그하여 그린 후 Options Bar(옵션 바)에서 'Fill(칠): 임의의 색'으로 지정하고 Enter를 눌러 Shape 레이어를 생성한다. 레이어 패널 하단의 [Add a Layer style(레이어 스타일 추가, fx)] – [Stroke(획)]를 클릭한다.

조건
- 꽃 모양: [All Legacy Default Shapes(모든 레거시 기본 모양)] – [Nature(자연)] – [Flower 6(꽃 6)]
- Stroke(획) ▶ Size(크기): 5px, Fill Type(칠 유형): Gradient(그레이디언트) – 시작점: #003366, 끝점 – Opacity: 0%, Style(스타일): Linear(선형) Angle(각도): 0°

02 '1급-9' 레이어의 보이기 버튼을 활성화시키고, Ctrl+T를 출력형태와 같이 배치한 후 Enter를 누른다. 필터 효과를 적용하기 위해 [Filter(필터)] – [Stylize(스타일화)] – [Wind(바람)]를 선택한다.

03 '1급-9' 레이어를 선택하고 꽃 모양 레이어 위로 드래그한다. '1급-9' 레이어를 선택하고 클리핑 마스크 영역으로 설정한 레이어 사이에 마우스를 놓고 Alt를 누른 채 클릭한다. Ctrl+T를 누르고 출력형태와 같이 이미지를 배치한 후 Enter를 누른다.

4 이미지 배치 및 색상 보정하기

01 '1급-10' 레이어의 보이기 버튼을 활성화시키고, Quick Selection Tool(빠른 선택 도구,)로 1급-10.jpg 이미지의 배경을 선택한 후, Delete를 눌러 배경을 삭제한다. Ctrl+D를 눌러 영역설정을 해제한다. Ctrl+T를 누르고 마우스 오른쪽을 클릭하여 [Flip Horizontal(가로로 뒤집기)]을 선택하고 출력형태와 같이 배치한 후 Enter를 누른다.

02 '1급-10' 레이어가 선택된 상태에서 레이어 패널 하단의 [Add a Layer style(레이어 스타일 추가, fx)] – [Outer Glow(외부 광선)]를 클릭한다.

조건
- Outer Glow(외부 광선) ▶ 체크
- Drop Shadow(드롭 섀도) ▶ 체크

03 '1급-11' 레이어의 보이기 버튼을 활성화시키고, Quick Selection Tool(빠른 선택 도구,)로 1급-11.jpg 이미지의 배경을 선택한 후, Delete를 눌러 배경을 삭제한다. Ctrl+D를 눌러 영역설정을 해제한다. Ctrl+T를 눌러 출력형태와 같이 배치한 후 Enter를 누른다.

04 Magic Wand Tool(자동 선택 도구,)을 선택하고 Option Bar(옵션 바)에서 'Tolerance(허용치): 100, Contiguous(인접): 체크'로 설정한 후, 이미지의 빨간색 부분을 선택한다. 빨간색 영역 중 선택되지 않은 부분은 Quick Selection Tool(빠른 선택 도구,)로 추가로 선택한다.

05 레이어 패널 하단의 [Create new fill or adjustment layer(새 칠 또는 조정 레이어 생성, ◐)] – [Hue/Saturation(색조/채도)]을 선택한다. Properties(속성) 패널에서 'Colorize(색상화): 체크, Hue(색조): 240, Saturation(채도): 50, Lightness(명도): -10'으로 입력하여 파란색 계열로 변경한다.

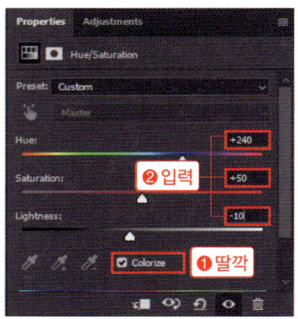

> **알아두면 좋은 TIP**
> 선택 영역으로 지정한 뒤 작업이 끝났다면, Ctrl+D를 눌러 선택 영역을 해제하는 습관을 길러야 한다.

06 레이어 패널 하단의 [Add a Layer style(레이어 스타일 추가, fx)] – [Bevel and Emboss(경사와 엠보스)]를 클릭한다.

5 문자 입력하기

01 Type Tool(수평 문자 도구, T)을 클릭하고 출력형태의 문자 부분과 같은 지점을 클릭한다. 동해안 기차 여행을 입력하고 Options Bar(옵션 바) 또는 Properties(속성) 패널에서 조건과 같이 세부정보를 입력한다. 레이어 패널 하단의 [Add a Layer style(레이어 스타일 추가, fx)] – [Gradient Overlay(그레이디언트 오버레이)]를 클릭한다.

> **조건**
> - Font(글꼴): 궁서, Size(크기): 42pt
> - Gradient Overlay(그레이디언트 오버레이) ▶ Gradient(그레이디언트) – 시작점: #cc33ff, 중간점: #006666, 끝점: #ff9900, Style(스타일): Linear(선형), Angle(각도): 0°
> - Stroke(획) ▶ Size(크기): 2px, Color(색상): #99ccff
> - Drop Shadow(드롭 섀도) ▶ 체크

02 Options Bar(옵션 바)에서 Create Warped text(뒤틀어진 텍스트 만들기, ⊥)를 클릭한다. [Warped text(텍스트 뒤틀기)] 대화상자에 문제지의 출력형태와 같이 세부정보를 입력한다. Ctrl+T를 누르고 출력형태와 같이 배치한 후 Enter를 누른다.

> **조건**
> Style(스타일): Flag(깃발), Bend(구부리기): -50%

03 Type Tool(수평 문자 도구, T.)을 클릭하고 출력형태의 문자 부분과 같은 지점을 클릭한다. A journey to the East Sea by train을 입력하고 Options Bar(옵션 바) 또는 Properties(속성) 패널에서 조건과 같이 세부정보를 입력한다. 레이어 패널 하단의 [Add a Layer style(레이어 스타일 추가, fx)] – [Stroke(획)]를 클릭한다.

> 조건
> - Font(글꼴): Arial, Style(스타일): Regular, Size(크기): 18pt, Color(색상): #003366
> - Stroke(획) ▶ Size(크기): 2px, Color(색상): #ffffff

04 Options Bar(옵션 바)에서 Create Warped text(뒤틀어진 텍스트 만들기, 工)를 클릭한다. [Warped text(텍스트 뒤틀기)] 대화상자에 문제지의 출력형태와 같이 세부정보를 입력한다. Ctrl+T를 누르고 출력형태와 같이 회전하고 배치한 후 Enter를 누른다.

> 조건
> - Style(스타일): Flag(깃발), Bend(구부리기): -50%

05 Type Tool(수평 문자 도구, T.)을 클릭하고 출력형태의 문자 부분과 같은 지점을 클릭한다. 열차가 들어오고 있습니다를 입력하고 Options Bar(옵션 바) 또는 Properties(속성) 패널에서 조건과 같이 세부정보를 입력한다. 레이어 패널 하단의 [Add a Layer style(레이어 스타일 추가, fx)] – [Gradient Overlay(그레이디언트 오버레이)]를 클릭한다.

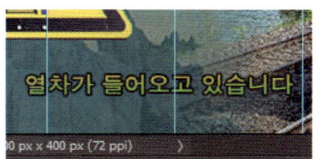

> 조건
> - Font(글꼴): 돋움, Size(크기): 18pt
> - Gradient Overlay(그레이디언트 오버레이) ▶ Gradient(그레이디언트) – 시작점: #66cc00, 끝점: #ffcc00, Style(스타일): Linear(선형), Angle(각도): 90°
> - Stroke(획) ▶ Size(크기): 2px, Color(색상): #333333

06 Type Tool(수평 문자 도구, T.)을 클릭하고 출력형태의 문자 부분과 같은 지점을 클릭한다. 경로 안내 / 승차 정보를 입력하고 Options Bar(옵션 바) 또는 Properties(속성) 패널에서 조건과 같이 세부정보를 입력한다. 레이어 패널 하단의 [Add a Layer style(레이어 스타일 추가, fx)] – [Stroke(획)]를 클릭한다.

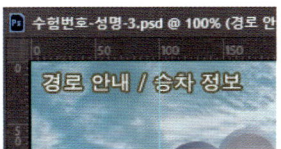

> 조건
> - Font(글꼴): 돋움, Size(크기): 16pt, Color(색상): #ffffff
> - Stroke(획) ▶ Size(크기): 2px, Color(색상): #666633

6 모양 도구 배치하기

01 Custom Shape Tool(사용자 정의 모양 도구,)을 클릭하고, 스피커 모양을 찾아 드래그하여 그린 후 Options Bar(옵션 바)에서 'Fill(칠): 임의의 색'으로 지정하고 Enter를 눌러 Shape 레이어를 생성한다. 레이어 패널 하단의 [Add a Layer style(레이어 스타일 추가, fx)] − [Gradient Overlay(그레이디언트 오버레이)]를 클릭한다.

조건
- 스피커 모양: [All Legacy Default Shapes(모든 레거시 기본 모양)] − [Web(웹)] − [Volume(볼륨)]
- Gradient Overlay(그레이디언트 오버레이) ▶ Gradient(그레이디언트) − 시작점: #66cc00, 끝점: #ff9900, Style(스타일): Linear(선형), Angle(각도): 90°
- Drop Shadow(드롭 섀도) ▶ 체크

02 Custom Shape Tool(사용자 정의 모양 도구,)을 클릭하고, 학교 모양을 찾아 드래그하여 그린 후 Options Bar(옵션 바)에서 'Fill(칠): #000000'으로 지정하고 Enter를 눌러 Shape 레이어를 생성한다. 레이어 패널 하단의 [Add a Layer style(레이어 스타일 추가, fx)] − [Outer Glow(외부 광선)]를 클릭한다. 레이어 패널 상단에 'Opacity(불투명도): 60%'를 입력한다.

조건
- 학교 모양: [All Legacy Default Shapes(모든 레거시 기본 모양)] − [Symbols(기호)] − [School(학교)]
- Outer Glow(외부 광선) ▶ 체크

03 Custom Shape Tool(사용자 정의 모양 도구,)을 클릭하고, 새 모양을 찾아 드래그하여 그린 후 Options Bar(옵션 바)에서 'Fill(칠): #ffff00'로 지정하고 Enter를 눌러 Shape 레이어를 생성한다. 레이어 패널 하단의 [Add a Layer style(레이어 스타일 추가, fx)] − [Drop Shadow(드롭 섀도)]를 클릭한다. 레이어 패널 상단에 'Opacity(불투명도): 80%'를 입력한다.

조건
- 새 모양: [All Legacy Default Shapes(모든 레거시 기본 모양)] − [Animals(동물)] − [Bird 1(새 1)]
- Drop Shadow(드롭 섀도) ▶ 체크

04 'Bird 1(새 1)' 레이어를 선택하고 Ctrl+J를 눌러 복사한다. 복사된 'Bird 1(새 1) copy' 레이어를 선택하고 Ctrl+T를 눌러 출력형태와 같이 배치한 후, 레이어의 썸네일을 더블클릭하여 'Color(색상): #ffffff'로 지정한다.

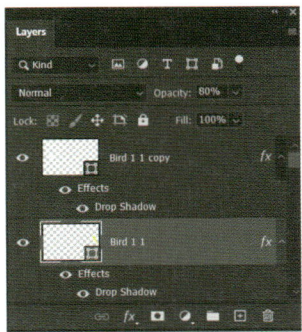 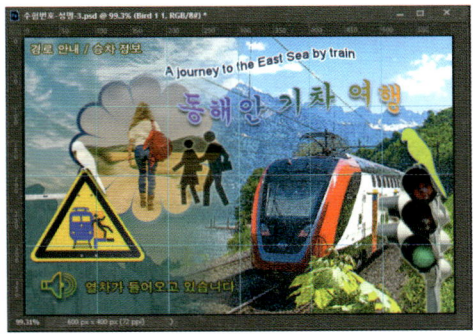

7 저장 및 파일 전송하기

01 작업이 완료되면 문제지의 출력형태와 작업 파일을 비교하여 레이어의 순서, 이미지 위치를 최종 점검한다.
02 [File(파일)] - [Save As a Copy(사본 저장)](Alt+Ctrl+S)를 선택하고, '저장 경로: 내 PC₩문서₩GTQ, 파일형식: JPEG, 파일이름: 수험번호-성명-3'으로 저장한다.
03 제출용 PSD 파일을 만들기 위해 [Image(이미지)] - [Image Size(이미지 크기)](Alt+Ctrl+I)를 클릭한다. [Image Size(이미지 크기)] 대화상자가 열리면 문제지의 조건과 같이 세부정보를 입력하여 작업 사이즈의 1/10 사이즈로 축소한다.

> 조건
> Constrain as pect ratio(종횡비 제한): 체크, Width(폭): 60px, Height(높이): 40px

04 [File(파일)] - [Save As(다른 이름으로 저장)](Shift+Ctrl+S)를 선택하고, '저장 경로: 내 PC₩문서₩GTQ, 파일형식: PSD, 파일이름: 수험번호-성명-3'으로 저장한다.
05 답안 전송 프로그램을 이용하여 저장된 jpg, psd 파일을 감독관 컴퓨터로 전송한다.

문제 4 　실무응용　웹 페이지 제작

☑ 문제 풀이 순서

1 새 작업 파일 만들기→**2** 이미지 불러오고 패턴 만들기→**3** 레이어 마스크 적용하기→**4** 이미지 보정하기→**5** 색상 보정하기→**6** 패스 작업과 패턴 적용하기→**7** 문자 입력하기→**8** 모양 도구 배치하기→**9** 저장 및 파일 전송하기

☑ 감점방지 TIP

- 경계가 모호한 오브젝트를 선택할 경우, Quick Mask Mode(빠른 마스크 모드, ▣)로 영역을 선택한다.
- 이미지 편집에서 정비례로 크기를 조정하지 않는 경우도 있으니 출력형태를 참고해서 이미지 크기를 조정한다.

1　새 작업 파일 만들기

01 새로운 작업 파일을 만들기 위해 [File(파일)] - [New(새로 만들기)]([Ctrl]+[N])를 선택한다. [New Document(새로운 문서 만들기)] 대화상자가 열리면 문제지의 조건을 참고하여 작업 파일 세부정보를 입력한다.

> **조건**
>
> Width(폭): 600, Height(높이): 400, 단위: Pixels(픽셀), Resolution(해상도): 72(pixel/inch), Color Mode(색상 모드): RGB, 8bit, Background Contents(배경): White(흰색)

02 [File(파일)] - [Save As(다른 이름으로 저장)]([Shift]+[Ctrl]+[S])를 선택한다. '저장 경로: 내 PC\문서\GTQ, 파일명: 수험번호-성명-4.psd'로 저장한다.

03 작업 파일에 눈금자를 표시하기 위해 [View(보기)] - [Rulers(눈금자)]([Ctrl]+[R])를 선택한다.

04 [View(보기)] - [Show(표시)] - [Grid(격자)]([Ctrl]+[´])를 눌러 격자를 표시한다.

2　이미지 불러오고 패턴 만들기

01 Tool Box(도구 상자) 하단의 전경색을 더블클릭한다. [Color Picker(색상 피커)] 대화상자가 열리면 #cccccc를 입력하고 [OK(확인)]를 클릭한다. 작업영역을 전경색으로 채우기 위해 [Alt]+[Delete]를 누른다.

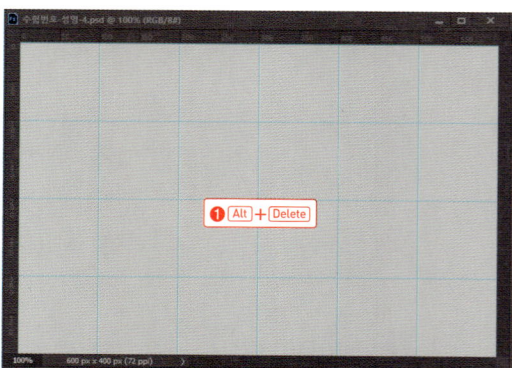

02 [File(파일)] – [Place Embedded(포함 가져오기)]를 선택하여 1급-12.jpg부터 1급-17.jpg까지 불러온다. Shift를 누르고 1급-12.jpg, 1급-17.jpg를 클릭하여 불러온 모든 이미지를 선택한 후, 마우스 오른쪽을 클릭하여 [Rasterize Layer(레스터화)]를 눌러 일반 레이어로 변환한다. 불러온 모든 이미지를 감추기 상태로 만든다.

03 패턴을 만들기 위해 [File(파일)] – [New(새로 만들기)](Ctrl+N)를 선택한다. [New Document(새로운 문서 만들기)] 대화상자가 열리면 문제지의 조건을 참고하여 작업 파일 세부정보를 입력한다.

> **조건**
> Width(폭): 50, Height(높이): 50, 단위: Pixels(픽셀), Resolution(해상도): 72(pixel/inch), Color Mode(색상 모드): RGB, 8bit, Background Contents(배경): Transparent(투명)

04 Custom Shape Tool(사용자 정의 모양 도구,)을 클릭하고, 물음표 모양을 찾아 작업영역 오른쪽 하단에 드래그하여 그린 후 Options Bar(옵션 바)에서 'Fill(칠): #ffffff'로 지정하고 Enter를 눌러 Shape 레이어를 생성한다.

> **조건**
> 물음표 모양: [All Legacy Default Shapes(모든 레거시 기본 모양)] – [Symbols(기호)] – [Help(도움말)]

05 Custom Shape Tool(사용자 정의 모양 도구,)을 클릭하고, 돋보기 모양을 찾아 작업영역 오른쪽 하단에 드래그하여 그린 후 Options Bar(옵션 바)에서 'Fill(칠): #9900ff'로 지정하고 Enter를 눌러 Shape 레이어를 생성한다.

> **조건**
> 돋보기 모양: [All Legacy Default Shapes(모든 레거시 기본 모양)] – [Web(웹)] – [Search(검색)]

06 [Edit(편집)] – [Define Pattern(사용자 패턴 정의)]을 클릭한다. 'Pattern Name(패턴 이름): 물음표_돋보기'로 입력하고 [OK(확인)]를 클릭한 후 '4번 문제 작업 문서'로 돌아간다.

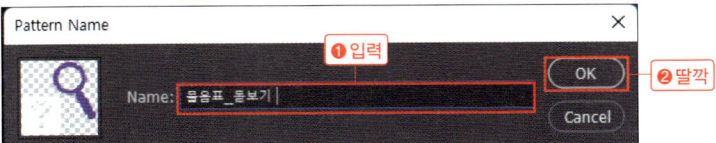

3 레이어 마스크 적용하기

01 '1급-12' 레이어의 보이기 버튼만 활성화시키고 해당 레이어를 선택한다. Ctrl+T를 누르고 출력형태와 같이 배치한 후 Enter를 누른다.

02 레이어 패널에서 'Blending Mode(혼합 모드): Hard Light(하드 라이트)'로 변경한 후, 레이어 패널 하단에 [Add a Layer Mask(레이어 마스크 추가, ◻)]를 클릭한다. Gradient Tool(그레이디언트 도구, ▇)을 선택하고, Option Bar(옵션 바)에서 'Black, White(검정, 흰색)', 'Linear Gradient(선형 그레이디언트)'로 지정하고 [출력형태]와 같이 오른쪽 상단에서 왼쪽 하단으로 드래그한다.

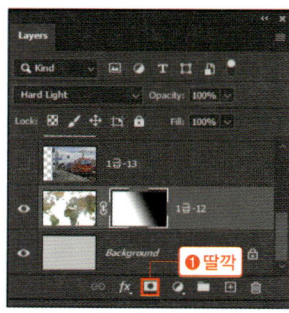 

03 '1급-13' 레이어의 보이기 버튼을 활성화시키고, [Ctrl]+[T]를 누르고 [출력형태]와 같이 배치한 후 [Enter]를 누른다. [Filter(필터)] – [Filter Gallery(필터 갤러리)]를 선택한다. [Filter Gallery(필터 갤러리)] 대화상자가 열리면 [Artistic(예술 효과)] – [Dry Brush(드라이 브러시)]를 선택한다.

04 레이어 패널 하단에 [Add a Layer Mask(레이어 마스크 추가, ◻)]를 클릭한다. Gradient Tool(그레이디언트 도구, ▇)로 [출력형태]와 같이 왼쪽에서 오른쪽으로 드래그한다.

4 이미지 보정하기

01 '1급-14' 레이어의 보이기 버튼을 활성화시키고, Quick Selection Tool(빠른 선택 도구, ▨)로 배경 부분을 드래그하여 선택 영역으로 지정한다. [Delete]를 눌러 배경부분을 삭제한다. [Ctrl]+[T]를 누르고 [출력형태]와 같이 배치한 후 [Enter]를 누른다. 레이어 패널 하단의 [Add a Layer style(레이어 스타일 추가, fx)] – [Bevel and Emboss(경사와 엠보스)]를 클릭한다.

> **조건**
> • Bevel and Emboss(경사와 엠보스) ▶ 체크
> • Drop Shadow(드롭 섀도) ▶ 체크

> **알아두면 좋은 TIP**
> 이미지 크기를 조정할 때 정비례로 수정하지 않는 경우가 있으니 출력형태를 확인하고 작업한다.

02 '1급-15' 레이어의 보이기 버튼을 활성화시키고, Quick Selection Tool(빠른 선택 도구,)로 필요한 영역을 선택한 뒤 Quick Mask Mode(빠른 마스크 모드,)를 클릭하여 Brush Tool(브러시 도구,)와 Eraser Tool(지우개 도구,)로 세밀하게 선택 영역을 지정한다.

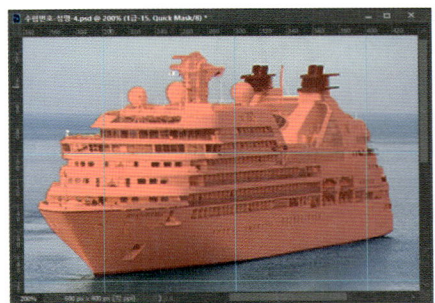

03 사용할 영역을 복사(Ctrl+C)한 후, 작업 파일로 돌아와 붙여넣기(Ctrl+V)한다. Ctrl+T를 누르고 마우스 오른쪽을 클릭하여 [Flip Horizontal(가로로 뒤집기)]을 선택하고 출력형태와 같이 배치한 후 Enter를 누른다.

04 [Filter(필터)] - [Filter Gallery(필터 갤러리)]를 선택한다. [Filter Gallery(필터 갤러리)] 대화상자가 열리면 [Artistic(예술 효과)] - [Film Grain(필름 그레인)]을 선택한다. 레이어 패널 하단의 [Add a Layer style(레이어 스타일 추가, fx)] - [Outer Glow(외부 광선)]를 클릭한다.

조건
Outer Glow(외부 광선) ▶ 체크

5 색상 보정하기

01 '1급-16' 레이어의 보이기 버튼을 활성화시키고, Quick Selection Tool(빠른 선택 도구,)로 사용할 영역 외곽 부분을 선택한 후, Delete를 눌러 외곽 부분을 삭제한다. Ctrl+T를 눌러 출력형태와 같이 배치한 후 Enter를 누른다.

02 Quick Selection Tool(빠른 선택 도구,)로 빨간색으로 변경해야 할 영역을 선택하고, 레이어 패널 하단의 [Create new fill or adjustment layer(새 칠 또는 조정 레이어 생성,)] – [Hue/Saturation(색조/채도)]을 선택한다. Properties(속성) 패널에서 'Colorize(색상화)': 체크, Hue(색조): 0, Saturation(채도): 60, Lightness(명도): −15'로 입력하여 빨간색 계열로 변경한다.

03 레이어 패널 하단의 [Add a Layer style(레이어 스타일 추가,)] – [Bevel and Emboss(경사와 엠보스)]를 클릭한다.

04 '1급-17' 레이어의 보이기 버튼을 활성화시키고, Quick Selection Tool(빠른 선택 도구,)로 사용할 영역 외곽 부분을 선택한 후, Delete 를 눌러 외곽 부분을 삭제한다. Ctrl + T 를 눌러 출력형태 와 같이 배치한 후 Enter 를 누른다.

6 패스 작업과 패턴 적용하기

01 Custom Shape Tool(사용자 정의 모양 도구,)을 클릭하고, 물방울 모양을 찾아 드래그하여 그린 후 Options Bar(옵션 바)에서 'Fill(칠): #ffcc99'로 지정하고 Enter 를 눌러 Shape 레이어를 생성한다. Ctrl + T 를 눌러 출력형태 와 같이 배치한 후 Enter 를 누른다. Options Bar(옵션 바)에서 'Path operations(패스 작업): Subtract Front Shape(전면 모양 빼기,)'로 변경하고, Ellipse Tool(타원 도구,)로 출력형태 와 같이 원을 그려 삭제한다.

조건

물방울 모양: [All Legacy Default Shapes(모든 레거시 기본 모양)] – [Nature(자연)] – [Raindrop(빗방울)]

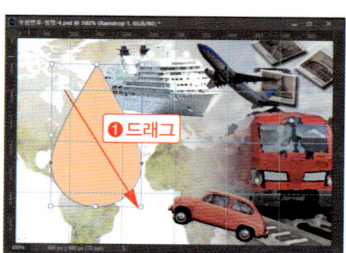 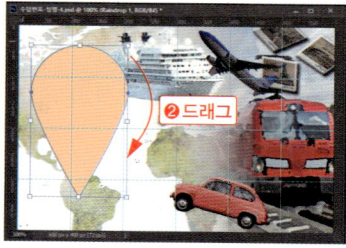 

02 Ellipse Tool(타원 도구, ◯)를 선택하고 Options Bar(옵션 바)에서 'Fill(칠): #33cccc, Path operations(패스 작업): New Layer(새 레이어, ▫)'로 변경하고 타원을 그린다. Ctrl+Alt를 누르면서 드래그하여 타원 모양을 복사한다. Ctrl+T를 눌러 출력형태와 같이 배치한 후 Options Bar(옵션 바)에서 'Path operations(패스 작업): Subtract Front Shape(전면 모양 빼기, ▫)'를 선택하여 그려놓은 타원을 링 모양으로 만든다.

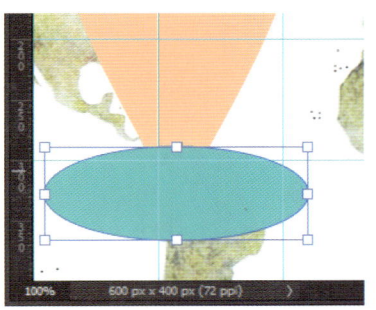 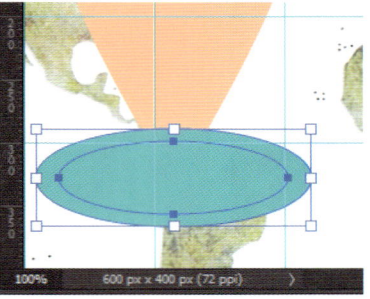

03 링 모양 레이어를 선택하고, Ctrl+J를 눌러 복사한다. 복사된 링 모양 레이어를 선택하고 Ctrl+T를 눌러 출력형태와 같이 배치한 후 Enter를 누른다. 레이어 썸네일을 더블클릭하여 'Color(색상): #cc66cc'로 변경한다.

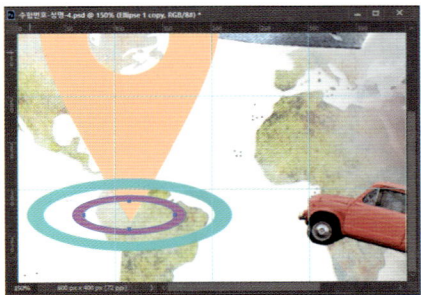

04 두 개의 링 모양 레이어를 하나의 레이어로 만들기 위해 레이어 패널에서 Shift를 누른 채로 클릭하여 동시 선택한다. 레이어가 선택된 상태에서 마우스 오른쪽을 클릭하여 [Rasterize Layer(레스터화)]를 눌러 일반 레이어로 변환한다. 선택된 레이어에서 마우스 오른쪽을 클릭하여 [Merge Shapes(모양 병합)](Ctrl+E)를 적용한다.

05 레이어 패널에서 두 개의 링 모양 레이어를 선택하고 Polygonal Lasso Tool(다각형 올가미 도구, ▱)로 물방울 모양의 뾰족한 부분과 겹치는 부분을 선택 영역으로 지정 후 Delete를 눌러 삭제한다.

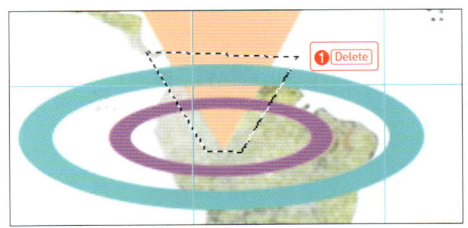

06 물방울, 두 개의 링 모양 레이어를 각각 선택하고 레이어 패널 하단의 [Add a Layer style(레이어 스타일 추가, fx)] - [Drop Shadow(드롭 섀도)]를 클릭한다.

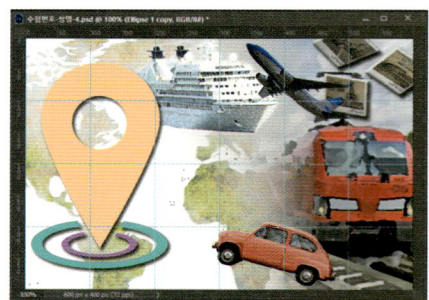

07 레이어 패널 하단의 [Create a new layer(새 레이어 생성, ⊞)]를 클릭한다. 새 레이어가 선택된 상태로 Rectangular Marquee Tool(사각형 선택 윤곽 도구, ▭)을 선택하고 그려놓은 물방울 부분이 덮일 만한 크기의 사각형 선택 영역을 드래그하여 그린다.

08 [Edit(편집)] - [Fill(칠)]을 선택한다. [Fill(칠)] 대화상자가 열리면 'Contents(내용): Pattern(패턴)'으로 변경하고 Custom Pattern(사용자 정의 패턴) 항목에서 등록한 '물음표_돋보기' 패턴을 찾아 선택한 뒤 [OK(확인)]를 눌러 적용한다. 물방울 모양 레이어를 선택하고 패턴 레이어 사이에 마우스를 놓고 Alt를 누른 채 클릭한다. 레이어 패널 상단에 'Opacity(불투명도): 60%'를 입력한다.

7 문자 입력하기

01 Type Tool(수평 문자 도구, T)을 클릭하고 출력형태의 문자 부분과 같은 지점을 클릭한다. 교통정보 알림 서비스를 입력하고 Options Bar(옵션 바) 또는 Properties(속성) 패널에서 조건과 같이 세부정보를 입력한다. 레이어 패널 하단의 [Add a Layer style(레이어 스타일 추가, fx)] - [Gradient Overlay(그레이디언트 오버레이)]를 클릭한다.

> 조건
> - Font(글꼴): 굴림, Size(크기): 45pt
> - Gradient Overlay(그레이디언트 오버레이) ▶ Gradient(그레이디언트) - 시작점: #3300ff, 끝점: #ff6600, Style(스타일): Linear(선형), Angle(각도): 0°
> - Stroke(획) ▶ Size(크기): 3px, Color(색상): #ccccff

02 Options Bar(옵션 바)에서 Create Warped text(뒤틀어진 텍스트 만들기,)를 클릭한다. [Warped text(텍스트 뒤틀기)] 대화상자가 열리면 문제지의 출력형태와 같이 세부정보를 입력한다. Ctrl + T 를 눌러 출력형태와 같이 배치한 후 Enter 를 누른다.

조건

- Style(스타일): Fish(물고기), Bend(구부리기): 30%

03 Type Tool(수평 문자 도구,)을 클릭하고 출력형태의 문자 부분과 같은 지점을 클릭한다. Global Traffic Information을 입력하고 Options Bar(옵션 바) 또는 Properties(속성) 패널에서 조건과 같이 세부정보를 입력한다. 레이어 패널 하단의 [Add a Layer style(레이어 스타일 추가,)] – [Stroke(획)]를 클릭한다.

조건

- Font(글꼴): Times New Roman, Style(스타일): Bold, Size(크기): 23pt, Color(색상): #330066
- Stroke(획) ▶ Size(크기): 2px, Color(색상): #ffffff

04 Options Bar(옵션 바)에서 Create Warped text(뒤틀어진 텍스트 만들기,)를 클릭한다. [Warped text(텍스트 뒤틀기)] 대화상자가 열리면 문제지의 출력형태와 같이 세부정보를 입력한다. Ctrl + T 를 눌러 출력형태와 같이 회전하고 배치한 후 Enter 를 누른다.

조건

- Style(스타일): Flag(깃발), Bend(구부리기): 50%

05 Type Tool(수평 문자 도구,)을 클릭하고 출력형태의 문자 부분과 같은 지점을 클릭한다. 나라별 교통 안내를 입력하고 Options Bar(옵션 바) 또는 Properties(속성) 패널에서 조건과 같이 세부정보를 입력한다. 레이어 패널 하단의 [Add a Layer style(레이어 스타일 추가,)] – [Drop Shadow(드롭 섀도)]를 클릭한다.

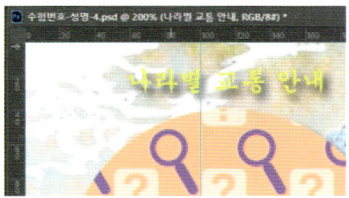

조건

- Font(글꼴): 궁서, Size(크기): 15pt, Color(색상): #ffff00
- Drop Shadow(드롭 섀도) ▶ 체크

8 모양 도구 배치하기

01 Custom Shape Tool(사용자 정의 모양 도구, ▨)을 클릭하고, 출력형태 의 버튼 모양을 찾아 드래그하여 그린 후 Enter 를 눌러 Shape 레이어를 생성한다. 레이어 패널 하단의 [Add a Layer style(레이어 스타일 추가, fx)] – [Gradient Overlay(그레이디언트 오버레이)]를 클릭한다.

> **조건**
> - 버튼 모양: [All Legacy Default Shapes(모든 레거시 기본 모양)] – [Banners & Awards(배너 및 상장)] – [Banner 3(배너 3)]
> - Gradient Overlay(그레이디언트 오버레이) ▶ Gradient(그레이디언트) – 시작점: #99cccc, 끝점: #ffffff, Style(스타일): Linear(선형), Angle(각도): 90°
> - Stroke(획) ▶ Size(크기): 2px, Color(색상): #339999

02 Type Tool(수평 문자 도구, T)을 클릭하고 출력형태 의 문자 부분과 같은 지점을 클릭한다. 교통안내 를 입력하고 Options Bar(옵션 바) 또는 Properties(속성) 패널에서 조건 과 같이 세부정보를 입력한다. 레이어 패널 하단의 [Add a Layer style(레이어 스타일 추가, fx)] – [Stroke(획)]를 클릭한다.

> **조건**
> - Font(글꼴): 돋움, Size(크기): 18pt, Color(색상): #000000
> - Stroke(획) ▶ Size(크기): 2px, Color(색상): #99ffff

03 완성된 메뉴 버튼을 구성하는 배너 모양 레이어와 문자 레이어를 Ctrl 을 누르며 클릭하여 동시에 선택한 후 Ctrl + J 를 눌러 복사한다. Move Tool(이동 도구, ✥)을 클릭하여 복사된 메뉴 버튼을 드래그하여 하단으로 복사하여 출력형태 와 같이 배치한다. 같은 방법으로 한 번 더 복사하여 출력형태 와 같이 배치한다. Type Tool(수평 문자 도구, T)을 클릭 후 드래그하여 예약하기, 탑승정보로 수정한다.

04 Custom Shape Tool(사용자 정의 모양 도구,)을 클릭하고, 자동차 모양을 찾아 드래그하여 그린 후 Options Bar(옵션 바)에서 'Fill(칠): #cccc33'으로 지정하고 Enter를 눌러 Shape 레이어를 생성한다. 레이어 패널 하단의 [Add a Layer style(레이어 스타일 추가,)] – [Inner Shadow(내부 그림자)]를 클릭한다. 레이어 패널 상단에 'Opacity(불투명도): 80%'로 입력한다.

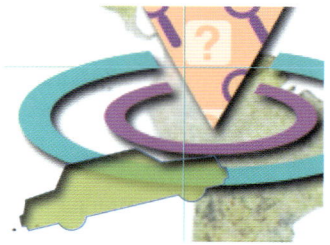

> 조건
> • 자동차 모양: [All Legacy Default Shapes(모든 레거시 기본 모양)] – [Symbols(기호)] – [Car 1(자동차 1)]
> • Inner Shadow(내부 그림자) ▶ 체크

05 Custom Shape Tool(사용자 정의 모양 도구,)을 클릭하고, 저장 모양을 찾아 드래그하여 그린 후 Options Bar(옵션 바)에서 'Fill(칠): #ffff00'으로 지정하고 Enter를 눌러 Shape 레이어를 생성한다. 레이어 패널 하단의 [Add a Layer style(레이어 스타일 추가,)] – [Drop Shadow(드롭 섀도)]를 클릭한다.

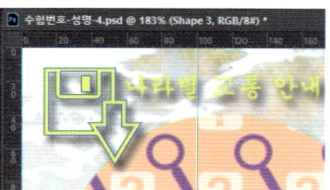

> 조건
> • 저장 모양: [All Legacy Default Shapes(모든 레거시 기본 모양)] – [Web(웹)] – [Save(저장)]
> • Drop Shadow(드롭 섀도) ▶ 체크

9 저장 및 파일 전송하기

01 작업이 완료되면 문제지의 출력형태와 작업 파일을 비교하여 레이어의 순서, 이미지 위치를 최종 점검한다.
02 [File(파일)] – [Save As a Copy(사본 저장)](Alt+Ctrl+S)를 선택하고, '저장 경로: 내 PC₩문서₩GTQ, 파일형식: JPEG, 파일이름: 수험번호-성명-4'로 저장한다.
03 제출용 PSD 파일을 만들기 위해 [Image(이미지)] – [Image Size(이미지 크기)](Alt+Ctrl+I)를 클릭한다. [Image Size(이미지 크기)] 대화상자가 열리면 문제지의 조건과 같이 세부정보를 입력하여 작업 사이즈의 1/10 사이즈로 축소한다.

> 조건
> Constrain as pect ratio(종횡비 제한): 체크, Width(폭): 60px, Height(높이): 40px

04 [File(파일)] – [Save As(다른 이름으로 저장)](Shift+Ctrl+S)를 선택하고, '저장 경로: 내 PC₩문서₩GTQ, 파일형식: PSD, 파일이름: 수험번호-성명-4'로 저장한다.
05 답안 전송 프로그램을 이용하여 저장된 jpg, psd 파일을 감독관 컴퓨터로 전송한다.

제8회 GTQ 기출문제

급수	문제유형	시험시간	수험번호	성명
1급	A	90분		

수험자 유의사항

- 수험자는 문제지를 받는 즉시 응시하고자 하는 과목 및 급수가 맞는지 확인한 후 수험번호와 성명을 작성합니다.
- 파일명은 본인의 "수험번호-성명-문제번호"로 공백 없이 정확히 입력하고 답안폴더(내 PC₩문서₩GTQ)에 jpg 파일과 psd 파일의 2가지 포맷으로 저장해야 하며, jpg 파일과 psd 파일의 내용이 상이할 경우 0점 처리됩니다. 답안문서 파일명이 "수험번호-성명-문제번호"와 일치하지 않거나, 답안 파일을 전송하지 않아 미제출로 처리될 경우 불합격 처리됩니다.
- 문제의 세부조건은 '영문(한글)' 형식으로 표기되어 있으니 유의하시기 바랍니다.
- 수험자 정보와 저장한 파일명, 저장 위치가 다를 경우 전송이 되지 않으므로, 주의하시기 바랍니다.
- 답안 작성 중에도 주기적으로 '저장'과 '답안 전송'을 이용하여 감독위원 PC로 답안을 전송하셔야합니다.(※ 작업한 내용을 저장하지 않고 전송할 경우 이전의 저장내용이 전송되오니 이점 반드시 유념하시기 바랍니다.)
- 답안문서는 지정된 경로 외의 다른 보조기억장치에 저장하는 행위, 지정된 시험 시간 외에 작성된 파일을 활용한 행위, 기타 통신수단(이메일, 메신저, 네트워크 등)을 이용하여 타인에게 전달 또는 외부 반출하는 행위는 부정으로 간주되어 자격기본법 제32조에 의거 본 시험 및 국가공인 자격시험을 2년간 응시할 수 없습니다.
- 시험 중 부주의 또는 고의로 시스템을 파손한 경우와 〈수험자 유의사항〉에 기재된 방법대로 이행하지 않아 생기는 불이익은 수험자의 책임임을 알려 드립니다.
- 시험을 완료한 수험자는 최종적으로 저장한 답안파일이 전송되었는지 확인한 후 감독위원의 지시에 따라 문제지를 제출하고 퇴실합니다.

답안 작성요령

- 온라인 답안 작성 절차

    수험자 등록 ⇒ 시험 시작 ⇒ 답안파일 저장 ⇒ 답안 전송 ⇒ 시험 종료

- C:₩에듀윌 GTQ 1급₩Step 3₩8회₩Image폴더에 있는 그림 원본파일을 사용하여 답안을 작성하시고 최종답안을 답안폴더(내 PC₩문서₩GTQ)에 저장하여 답안을 전송하시고, 이미지의 크기가 다른 경우 감점 처리됩니다.
- 배점은 총 100점으로 이루어지며, 점수는 각 문제별로 차등 배분됩니다.
- 각 문제는 주어진 조건 에 따라 작성하고, 언급하지 않은 조건은 출력형태 와 같이 작성합니다.
- 배치 등의 편의를 위해 주어진 눈금자의 단위는 '픽셀'입니다.

    그 외는 출력형태(효과, 이미지, 문자, 색상, 레이아웃, 규격 등)와 같게 작업하십시오.
- 문제 조건에 서체의 지정이 없을 경우 한글은 굴림이나 돋움, 영문은 Arial로 작업하십시오.

    (단, 그 외에 제시되지 않은 문자 속성을 기본값으로 작성하지 않은 경우는 감점 처리됩니다.)
- Image Mode(이미지 모드)는 별도의 처리조건이 없을 경우에는 RGB(8비트)로 작업하십시오.
- 모든 답안 파일은 해상도 72 pixels/inch로 작업하십시오.
- Layer(레이어)는 각 기능별로 분할해야 하며, 임의로 합칠 경우나 각 기능에 대한 속성을 해지할 경우 해당 요소는 0점 처리됩니다.

문제 1 기능평가 고급 Tool(도구) 활용 [20점]

다음의 조건에 따라 아래의 출력형태와 같이 작업하시오.

출력형태

조건

원본 이미지			C:\에듀윌 GTQ 1급\Step 3\8회\Image\1급-1.jpg, 1급-2.jpg, 1급-3.jpg
파일 저장 규칙	JPG	파일명	문서\GTQ\수험번호-성명-1.jpg
		크기	400×500 pixels
	PSD	파일명	문서\GTQ\수험번호-성명-1.psd
		크기	40×50 pixels

1. 그림 효과
   ① 1급-1.jpg : 필터 - Cutout(오려내기)
   ② Save Path(패스 저장) : 카메라 모양
   ③ Mask(마스크) : 카메라 모양, 1급-2.jpg를 이용하여 작성
      레이어 스타일 - Stroke(선/획)(3px, 그라디언트(#ffff00, #cc0099)),
      Inner Shadow(내부 그림자)
   ④ 1급-3.jpg : 레이어 스타일 - Bevel and Emboss(경사와 엠보스)
   ⑤ Shape Tool(모양 도구) :
      - 별 모양 (#993333, 레이어 스타일 - Inner Shadow(내부 그림자))
      - 물결 모양 (#ccff00, #ffffff, 레이어 스타일 - Outer Glow(외부 광선))

2. 문자 효과
   ① 드론 비행 체험 (돋움, 50pt, 레이어 스타일 - 그라디언트 오버레이
      (#990099, #ffff00), Drop Shadow(그림자 효과))

문제 2 기능평가 사진편집 응용 [20점]

다음의 조건에 따라 아래의 출력형태와 같이 작업하시오.

출력형태

조건

원본 이미지			C:\에듀윌 GTQ 1급\Step 3\8회\Image\1급-4.jpg, 1급-5.jpg, 1급-6.jpg
파일 저장 규칙	JPG	파일명	문서\GTQ\수험번호-성명-2.jpg
		크기	400×500 pixels
	PSD	파일명	문서\GTQ\수험번호-성명-2.psd
		크기	40×50 pixels

1. 그림 효과
   ① 1급-4.jpg : 필터 - Texturizer(텍스처화)
   ② 색상 보정 : 1급-5.jpg - 녹색, 파란색 계열로 보정
   ③ 1급-5.jpg : 레이어 스타일 - Drop Shadow(그림자 효과)
   ④ 1급-6.jpg : 레이어 스타일 - Outer Glow(외부 광선)
   ⑤ Shape Tool(모양 도구) :
      - 원 모양 (#660033, 레이어 스타일 - Stroke(선/획)(2px, #ffffff))
      - 폭발 모양 (#ff9966, 레이어 스타일 - Inner Shadow(내부 그림자))

2. 문자 효과
   ① Play Zone (Times New Roman, Bold, 48pt, 레이어 스타일 -
      그라디언트 오버레이(#ff9900, #66ff00, #003366), Drop Shadow(그림자 효과))

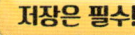

문제 3 [실무응용] 포스터 제작 [25점]

다음의 조건에 따라 아래의 출력형태와 같이 작업하시오.

조건

원본 이미지		C:₩에듀윌 GTQ 1급₩Step 3₩8회₩Image₩1급-7.jpg, 1급-8.jpg, 1급-9.jpg, 1급-10.jpg, 1급-11.jpg
파일 저장 규칙	JPG 파일명	문서₩GTQ₩수험번호-성명-3.jpg
	크기	600×400 pixels
	PSD 파일명	문서₩GTQ₩수험번호-성명-3.psd
	크기	60×40 pixels

1. 그림 효과
① 배경 : #ccccff
② 1급-7.jpg : Blending Mode(혼합 모드)-Screen(스크린), Opacity(불투명도)(80%)
③ 1급-8.jpg : 필터-Dry Brush(드라이 브러쉬), 레이어 마스크-세로 방향으로 흐릿하게
④ 1급-9.jpg : 필터-Texturizer(텍스처화)
⑤ 1급-10.jpg : 레이어 스타일-Stroke(선/획)(5px, 그라디언트(#003366, #ff9900))
⑥ 1급-11.jpg : 색상 보정-보라색 계열로 보정, 레이어 스타일-Bevel and Emboss(경사와 엠보스)
⑦ 그 외 출력형태 참조

2. 문자 효과
① 축하공연 / 드론시연 (돋움, 16pt, #ffffff, 레이어 스타일-Stroke(선/획)(2px, #666633))
② 드론 챌린지 코리아 (궁서, 42pt, 레이어 스타일-그라디언트 오버레이(#cc33ff, #006666, #ff9900), Stroke(선/획)(2px, #99ccff), Drop Shadow(그림자 효과))
③ Drone Challenge Korea (Arial, Regular, 18pt, 25pt, #003366, #cc33cc, 레이어 스타일-Stroke(선/획)(2px, #ffffff))
④ 관람 및 드론 체험이 가능합니다 (돋움, 18pt, 레이어 스타일-그라디언트 오버레이(#66cc00, #ffcc00), Stroke(선/획)(2px, #333333))

출력형태

Shape Tool(모양 도구) 사용
#ffff00, #ffffff, 레이어 스타일-
Drop Shadow(그림자 효과),
Opacity(불투명도)(80%)

Shape Tool(모양 도구) 사용
레이어 스타일-그라디언트
오버레이(#66cc00, #ff9900),
Drop Shadow(그림자 효과)

Shape Tool(모양 도구) 사용
#000000, 레이어 스타일-
Outer Glow(외부 광선),
Opacity(불투명도)(60%)

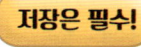

문제 4 [실무응용] 웹 페이지 제작 [35점]

다음의 조건에 따라 아래의 출력형태와 같이 작업하시오.

조건

원본 이미지		C:₩에듀윌 GTQ 1급₩Step 3₩8회₩Image₩1급-12.jpg, 1급-13.jpg, 1급-14.jpg, 1급-15.jpg, 1급-16.jpg, 1급-17.jpg
파일 저장 규칙	JPG 파일명	문서₩GTQ₩수험번호-성명-4.jpg
	크기	600×400 pixels
	PSD 파일명	문서₩GTQ₩수험번호-성명-4.psd
	크기	60×40 pixels

1. 그림 효과
① 배경 : #ccffff
② 패턴(원, 표적 모양) : #ff6666, #ff0066, Opacity(불투명도)(60%)
③ 1급-12.jpg : Blending Mode(혼합 모드)-Multiply(곱하기), 레이어 마스크 - 가로 방향으로 흐릿하게
④ 1급-13.jpg : 필터-Dry Brush(드라이 브러쉬), 레이어 마스크 - 대각선 방향으로 흐릿하게
⑤ 1급-14.jpg : 레이어 스타일-Bevel and Emboss(경사와 엠보스), Drop Shadow(그림자 효과)
⑥ 1급-15.jpg : 필터-Texturizer(텍스처화), 레이어 스타일 - Drop Shadow(그림자 효과)
⑦ 1급-16.jpg : 색상 보정 - 빨간색 계열로 보정, 레이어 스타일-Bevel and Emboss(경사와 엠보스)
⑧ 그 외 출력형태 참조

2. 문자 효과
① International Drone Expo (Times New Roman, Bold, 23pt, #330066, 레이어 스타일-Stroke(선/획)(2px, #ffffff))
② 국제 드론 박람회 (굴림, 45pt, 레이어 스타일-그라디언트 오버레이(#000000, #ff0066), Stroke(선/획)(2px, #ffcc00))
③ 사전등록 바로가기 (궁서, 15pt, #ffff00, 레이어 스타일-Stroke(선/획)(2px, #000000))
④ 행사개요 등록하기 공지사항 (돋움, 18pt, #000000, 레이어 스타일 - Stroke(선/획)(2px, #99ffff, #ffccff))

출력형태

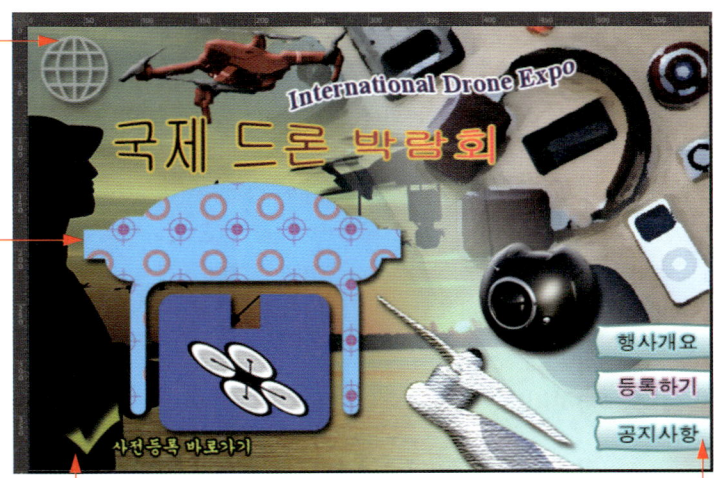

Shape Tool(모양 도구) 사용
#cccccc, 레이어 스타일 -
Drop Shadow(그림자 효과),
Opacity(불투명도)(60%)

Pen Tool(펜 도구) 사용
#66ccff, #3366ff,
레이어 스타일 -
Drop Shadow(그림자 효과)

Shape Tool(모양 도구) 사용
#ffff00, 레이어 스타일 -
Inner Shadow(내부 그림자),
Opacity(불투명도)(70%)

Shape Tool(모양 도구) 사용
레이어 스타일 - Stroke(선/획)(2px, #339999),
그라디언트 오버레이(#99cccc, #ffffff)

저장은 필수!

제8회 GTQ 기출문제 함께 보는 간단해설

문제 1 [기능평가] 고급 Tool(도구) 활용

☑ **문제 풀이 순서**

1 새 작업 파일 만들기 → **2** 필터 적용하기 → **3** 카메라 모양 패스 작업하기 → **4** 클리핑 마스크 적용하기 → **5** 이미지 및 모양 도구 배치하기 → **6** 문자 입력하기 → **7** 저장 및 파일 전송하기

☑ **감점방지 TIP**

여러 개의 패스 오브젝트는 한 개의 레이어로 병합 후에, Path Selection Tool(패스 선택 도구, ▶)로 선택 후 Options Bar(옵션 바)의 Aligned(맞춤) 기능을 사용한다.

1 새 작업 파일 만들기

01 새로운 작업 파일을 만들기 위해 [File(파일)] – [New(새로 만들기)]([Ctrl]+[N])를 선택한다. [New Document(새로운 문서 만들기)] 대화상자가 열리면 문제지의 조건을 참고하여 작업 파일 세부정보를 입력한다.

> **조건**
> Width(폭): 400, Height(높이): 500, 단위: Pixels(픽셀), Resolution(해상도): 72(Pixel/Inch), Color Mode(색상 모드): RGB, 8bit, Background Contents(배경 내용): White(흰색)

02 [File(파일)] – [Save As(다른 이름으로 저장)]([Shift]+[Ctrl]+[S])를 선택한다. '저장 경로: 내 PC\문서\GTQ, 파일명: 수험번호-성명-1.psd'로 저장한다.
03 작업 파일에 눈금자를 표시하기 위해 [View(보기)] – [Rulers(눈금자)]([Ctrl]+[R])를 선택한다.
04 [Edit(편집)] – [Preference(환경 설정)] – [General(일반)]([Ctrl]+[K])을 선택한다. [Preference(환경 설정)] 대화상자가 열리면 왼쪽 옵션 중 [Guides, Grid & Slices(안내선, 격자 및 분할 영역)] 클릭 후 [Grid(격자)] 세부 항목의 'Gridline Every(격자 간격): 100, pixels(픽셀), Subdivisions(세분): 1'로 입력, 'Grid Color(색상)'을 클릭해 색상을 채도가 높은 색상으로 설정한다.
05 [View(보기)] – [Show(표시)] – [Grid(격자)]([Ctrl]+[`])를 눌러 격자를 표시하고 색상을 확인한다.

2 필터 적용하기

01 [File(파일)] – [Open(열기)]([Ctrl]+[O])을 선택하여 1급-1.jpg를 불러온다. [Ctrl]+[A]를 눌러 전체 이미지를 선택하여 복사([Ctrl]+[C])하고, 작업 파일에 붙여넣기([Ctrl]+[V]) 한다. [Ctrl]+[T]를 누르고 출력형태를 참고하여 이미지 크기를 조절한다.
02 [Filter(필터)] – [Filter Gallery(필터 갤러리)]를 선택한다. [Filter Gallery(필터 갤러리)] 대화상자가 열리면 [Artistic(예술 효과)] – [Cutout(오려내기)]를 적용한다.

3 카메라 모양 패스 작업하기

01 Rectangle Tool(사각형 도구, ▭)을 선택하고 Options Bar(옵션 바)에서 Path(패스) 설정을 'Pick tool mode(선택 도구 모드): Shape(모양), Fill(칠): 임의의 색, Stroke(획): No color(없음)'로 지정 후 직사각형을 그린다. Properties(속성) 패널에서 Appearance(모양) 항목의 모서리 옵션에서 하단 부분만 둥글게 조정한다.

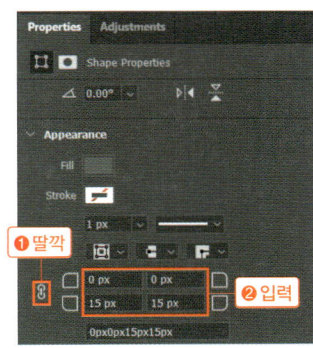 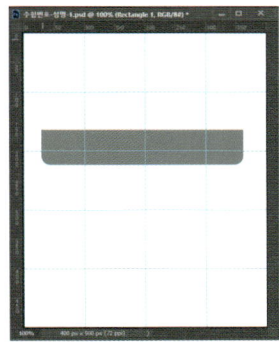

02 Rectangle Tool(사각형 도구, ▭)로 추가로 둥근 모서리 사각형을 그리고, Ellipse Tool(타원 도구, ○)로 그려 놓은 둥근 모서리 사각형과 겹치게 그린다. Options Bar(옵션 바)에서 'Path operations(패스 작업): Subtract Front Shape(전면 모양 빼기, ⬚)'로 변경하고, Rectangle Tool(사각형 도구, ▭)로 원 윗부분을 삭제한다.

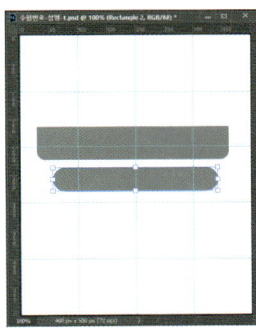 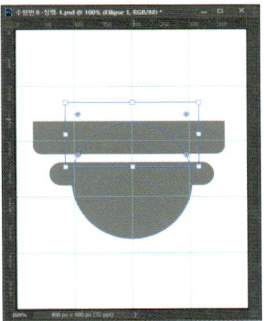

03 Options Bar(옵션 바)에서 'Path operations(패스 작업): Subtract Front Shape(전면 모양 빼기, ⬚)'로 변경하고, Ellipse Tool(타원 도구, ○)로 원 부분을 삭제한다. Options Bar(옵션 바)에서 'Path operations(패스 작업): Combine Shapes(모양 결합, ⬚)'로 변경하고 삭제된 영역 가운데 새로운 원을 그린 후, 같은 방법으로 출력형태 의 렌즈 모양으로 원을 추가로 그린다.

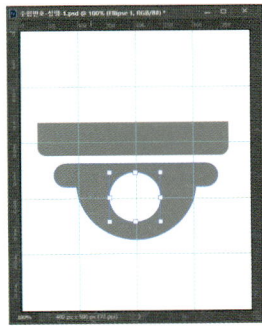 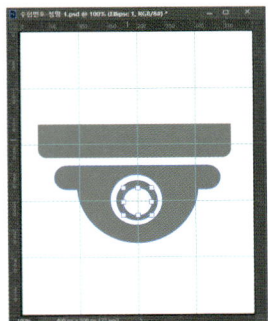

04 레이어 패널에서 만들어 놓은 레이어를 Shift를 누른 채로 클릭하여 동시 선택한다. 선택된 레이어에서 마우스 오른쪽을 클릭하여 [Merge Shapes(모양 병합)](Ctrl+E)를 적용한다. Path Selection Tool(패스 선택 도구,)로 카메라 렌즈용 원형 3개를 선택하고, Options Bar(옵션 바)의 Path alignment(패스 정렬)에서 'Align(맞춤): Align horizontal center(수평 중앙 맞춤,), Align vertical centers(수직 가운데 맞춤,)'를 선택해 정렬한다.

05 Path Selection Tool(패스 선택 도구,)로 드래그하여 모든 패스를 선택하고, Options Bar(옵션 바)에서 'Merge Shape Components(모양 병합 구성 요소,)'를 클릭한다.
06 화면 오른쪽의 Paths(패스) 패널에서 'Work Path(작업 패스)'를 더블클릭한 후, [Save Path(패스 저장)] 대화 상자가 열리면 카메라 모양을 입력하여 저장한다.

4 클리핑 마스크 적용하기

01 [File(파일)] – [Open(열기)](Ctrl+O)을 선택하여 1급-2.jpg를 불러온다. Ctrl+A를 눌러 전체 이미지를 선택하여 복사(Ctrl+C)하고, 작업 파일에 붙여넣기(Ctrl+V)한다. Ctrl+T를 누르고 출력형태와 같이 카메라 모양 패스 레이어 위에 배치한 후 Enter를 누른다.
02 카메라 모양 레이어와 '1급-2' 레이어 사이에 마우스 커서를 놓고 Alt를 누른 상태로 마우스 클릭하여 Clipping Mask(클리핑 마스크)를 적용한다. 카메라 모양 레이어를 선택하고 레이어 패널 하단의 [Add a Layer style(레이어 스타일 추가, fx)] – [Stroke(획)]를 클릭한다.

> **조건**
> • Stroke(획) ▶ Size(크기): 3px, Fill Type(칠 유형): Gradient(그레이디언트) – 시작점: #ffff00, 끝점: #cc0099, Style(스타일): Linear(선형), Angle(각도): 90°
> • Inner Shadow(내부 그림자) ▶ 체크

 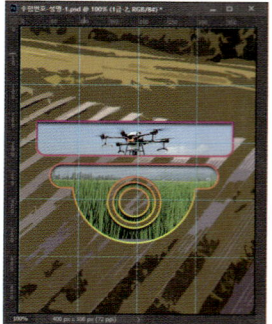

5 이미지 및 모양 도구 배치하기

01 [File(파일)] – [Open(열기)]([Ctrl]+[O])을 선택하여 1급-3.jpg를 불러온다. Polygonal Lasso Tool(다각형 올가미 도구, ▱)로 직선 모서리 부분을 클릭해가며 선택한 후, 선택 영역을 복사([Ctrl]+[C])하고 작업 파일에 붙여넣기([Ctrl]+[V])한다. [Ctrl]+[T]를 누르고 마우스 오른쪽을 클릭하여 [Flip Horizontal(가로로 뒤집기)]을 선택한 후, 출력형태를 참고하여 배치한 후 [Enter]를 누른다. 레이어 패널 하단의 [Add a Layer style(레이어 스타일 추가, fx)] – [Bevel and Emboss(경사와 엠보스)]를 클릭한다.

> 조건
> Bevel and Emboss(경사와 엠보스) ▶ 체크

02 Custom Shape Tool(사용자 정의 모양 도구, ▱)을 클릭하고, Options Bar(옵션 바)에서 'Fill(칠): #993333'으로 지정한 후, '별' 모양을 찾아 드래그하여 그린 후 [Enter]를 눌러 Shape 레이어를 생성한다. 레이어 패널 하단의 [Add a Layer style(레이어 스타일 추가, fx)] – [Inner Shadow(내부 그림자)]를 클릭한다.

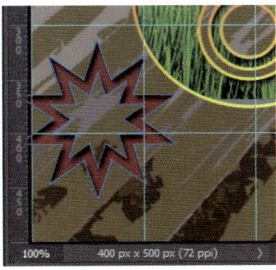

> 조건
> • 별 모양: [All Legacy Default Shapes(모든 레거시 기본 모양)] – [Shapes(모양)] – [10 Point Star Frame(10포인트 별 프레임)]
> • Inner Shadow(내부 그림자) ▶ 체크

03 Custom Shape Tool(사용자 정의 모양 도구, ▱)을 클릭하고, Options Bar(옵션 바)에서 'Fill(칠): #ffffff'로 지정한 후, 물결 모양을 찾아 드래그하여 그린 후 [Enter]를 눌러 Shape 레이어를 생성한다. 레이어 패널 하단의 [Add a Layer style(레이어 스타일 추가, fx)] – [Outer Glow(외부 광선)]를 클릭한다.

> 조건
> • 물결 모양: [All Legacy Default Shapes(모든 레거시 기본 모양)] – [Nature(자연)] – [Waves(파형)]
> • Outer Glow(외부 광선) ▶ 체크

04 물결 모양 레이어를 [Ctrl]+[J]를 눌러 복사한다. 복사된 물결 모양 레이어를 선택하고 [Ctrl]+[T]를 눌러 출력형태와 같이 배치한 후, 레이어의 썸네일을 더블클릭하여 'Color(색상): #ccff00'으로 변경한다.

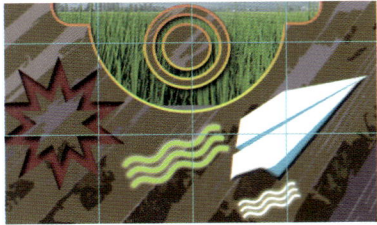

6 문자 입력하기

01 Type Tool(수평 문자 도구, T)을 클릭하고 출력형태의 문자 부분과 같은 지점을 클릭한다. 드론 비행 체험을 입력하고 Properties(속성) 패널에서 조건과 같이 세부정보를 입력한다. 레이어 패널 하단의 [Add a Layer style(레이어 스타일 추가, fx)] – [Gradient Overlay(그레이디언트 오버레이)]를 클릭한다.

> 조건
> - Font(글꼴): 돋움, Size(크기): 50pt
> - Gradient Overlay(그레이디언트 오버레이) ▶ Gradient(그레이디언트) – 시작점: #990099, 끝점: #ffff00, Style(스타일): Linear(선형), Angle(각도): 90°
> - Drop Shadow(드롭 섀도) ▶ 체크

02 Options Bar(옵션 바)에서 Create Warped text(뒤틀어진 텍스트 만들기, T)를 클릭한다. [Warped text(텍스트 뒤틀기)] 대화상자에 문제지의 출력형태와 같이 세부정보를 입력한다. Ctrl+T를 누르고 출력형태와 같이 회전하고 배치한 후 Enter를 누른다.

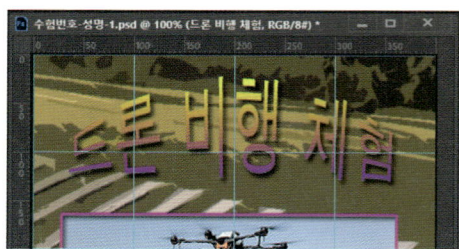

> 조건
> Style(스타일): Arc Upper(위 부채꼴), Bend(구부리기): 50%

7 저장 및 파일 전송하기

01 작업이 완료되면 문제지의 출력형태와 작업 파일을 비교하여 레이어의 순서, 이미지 위치를 최종 점검한다.

02 [File(파일)] – [Save As a Copy(사본 저장)](Alt+Ctrl+S)를 선택하고, '저장 경로: 내 PC₩문서₩GTQ, 파일형식: JPEG, 파일이름: 수험번호-성명-1'로 저장한다.

03 제출용 PSD 파일을 만들기 위해 [Image(이미지)] – [Image Size(이미지 크기)](Alt+Ctrl+I)를 클릭한다. [Image Size(이미지 크기)] 대화상자가 열리면 문제지의 조건과 같이 세부정보를 입력하여 작업 사이즈의 1/10 사이즈로 축소한다.

> 조건
> Constrain aspect ratio(종횡비 제한): 체크, Width(폭): 40px, Height(높이): 50px

04 [File(파일)] – [Save As(다른 이름으로 저장)](Shift+Ctrl+S)를 선택하고, '저장 경로: 내 PC₩문서₩GTQ, 파일형식: PSD, 파일이름: 수험번호-성명-1'로 저장한다.

05 답안 전송 프로그램을 이용하여 저장된 jpg, psd 파일을 감독관 컴퓨터로 전송한다.

문제 2 　기능평가　사진편집 응용

☑ 문제 풀이 순서

1 새 작업 파일 만들기 → **2** 필터 적용하기 → **3** 색상 보정하기 → **4** 이미지 및 모양 도구 배치하기 → **5** 문자 입력하기 → **6** 저장 및 파일 전송하기

☑ 감점방지 TIP

배경과 오브젝트의 구분이 모호한 경우, Quick Mask Mode(빠른 마스크 모드, ▣)를 활용하여 이미지 선택 영역을 추가하거나 삭제한다.

1　새 작업 파일 만들기

01 새로운 작업 파일을 만들기 위해 [File(파일)] - [New(새로 만들기)]([Ctrl]+[N])를 선택한다. [New Document(새로운 문서 만들기)] 대화상자가 열리면 문제지의 조건을 참고하여 작업 파일 세부정보를 입력한다.

> **조건**
>
> Width(폭): 400, Height(높이): 500, 단위: Pixels(픽셀), Resolution(해상도): 72(Pixel/Inch), Color Mode(색상 모드): RGB, 8bit, Background Contents(배경 내용): White(흰색)

02 [File(파일)] - [Save As(다른 이름으로 저장)]([Shift]+[Ctrl]+[S])를 선택한다. '저장 경로: 내 PC₩문서₩GTQ, 파일명: 수험번호-성명-2.psd'로 저장한다.
03 작업 파일에 눈금자를 표시하기 위해 [View(보기)] - [Rulers(눈금자)]([Ctrl]+[R])를 선택한다.
04 [View(보기)] - [Show(표시)] - [Grid(격자)]([Ctrl]+[´])를 눌러 격자를 표시한다.

2　필터 적용하기

01 [File(파일)] - [Place Embedded(포함 가져오기)]를 선택하여 1급-4.jpg를 불러온 후, [Ctrl]+[T]를 누르고 출력형태와 같이 배치한 후 [Enter]를 눌러 이미지를 고정한다.
02 [Filter(필터)] - [Filter Gallery(필터 갤러리)]를 선택한다. [Filter Gallery(필터 갤러리)] 대화상자가 열리면 [Texture(텍스처)] - [Texturizer(텍스처화)]를 선택한다.

3　색상 보정하기

01 [File(파일)] - [Open(열기)]([Ctrl]+[O])을 선택하여 1급-5.jpg를 불러온다. Quick Selection Tool(빠른 선택 도구, ▨)로 드론 부분을 드래그하여 선택 영역으로 지정한다. 사용할 영역을 복사([Ctrl]+[C])한 후, 작업 파일로 돌아와 붙여넣기([Ctrl]+[V])한다. [Ctrl]+[T]를 누르고 출력형태와 같이 배치한 후 [Enter]를 누른다.

02 Quick Selection Tool(빠른 선택 도구,)로 출력형태의 프로펠러에서 파란색 계열을 선택하고, 레이어 패널 하단의 [Create new fill or adjustment layer(새 칠 또는 조정 레이어 생성,)] – [Hue/Saturation(색조/채도)]을 선택한다. Properties(속성) 패널의 [Hue/Saturation(색조/채도)] 항목에서 'Colorize(색상화): 체크, Hue(색조): 230, Saturation(채도): 60'으로 입력하여 파란색 계열로 변경한다.

03 Quick Selection Tool(빠른 선택 도구,)로 출력형태의 프로펠러에서 녹색 계열을 선택하고, 레이어 패널 하단의 [Create new fill or adjustment layer(새 칠 또는 조정 레이어 생성,)] – [Hue/Saturation(색조/채도)]을 선택한다. Properties(속성) 패널의 [Hue/Saturation(색조/채도)] 항목에서 'Colorize(색상화): 체크, Hue(색조): 120, Saturation(채도): 50'으로 입력하여 녹색 계열로 변경한다.

04 레이어 패널 하단의 [Add a Layer style(레이어 스타일 추가,)] – [Drop Shadow(드롭 섀도)]를 클릭한다.

4 이미지 및 모양 도구 배치하기

01 [File(파일)] - [Open(열기)]([Ctrl]+[O])을 선택하여 1급-6.jpg를 불러온다. Quick Selection Tool(빠른 선택 도구,)로 필요한 영역을 선택하고, 선택 영역을 복사([Ctrl]+[C])한 후, 작업 파일로 돌아와 붙여넣기 ([Ctrl]+[V])한다. [Ctrl]+[T]를 누르고 출력형태와 같이 배치한 후 [Enter]를 누른다. 레이어 패널 하단의 [Add a Layer style(레이어 스타일 추가, fx)] - [Outer Glow(외부 광선)]를 클릭한다.

> **알아두면 좋은 TIP**
> Quick Mask Mode(빠른 마스크 모드,)를 선택하고 Brush Tool(브러시 도구,)와 Eraser Tool(지우개 도구,)로 세밀하게 선택 영역을 지정하면 수월하다.

02 Custom Shape Tool(사용자 정의 모양 도구,)을 클릭하고, '원' 모양을 찾아 드래그하여 그린 후 Options Bar(옵션 바)에서 'Fill(칠): #660033'으로 지정하고 [Enter]를 눌러 Shape 레이어를 생성한다. 레이어 패널 하단의 [Add a Layer style(레이어 스타일 추가, fx)] - [Stroke(획)]를 클릭한다.

> **조건**
> • 원 모양: [All Legacy Default Shapes(모든 레거시 기본 모양)] - [Symbols(기호)] - [Bull's Eye(과녁)]
> • Stroke(획) ▶ Size(크기): 2px, Color(색상): #ffffff

03 Custom Shape Tool(사용자 정의 모양 도구,)을 클릭하고, '폭발' 모양을 찾아 드래그하여 그린 후 Options Bar(옵션 바)에서 'Fill(칠): #ff9966'으로 지정하고 [Enter]를 눌러 Shape 레이어를 생성한다. 레이어 패널 하단의 [Add a Layer style(레이어 스타일 추가, fx)] - [Inner Shadow(내부 그림자)]를 클릭한다.

> **조건**
> • 폭발 모양: [All Legacy Default Shapes(모든 레거시 기본 모양)] - [Symbols(기호)] - [Boom 1(폭발 1)]
> • Inner Shadow(내부 그림자) ▶ 체크

5 문자 입력하기

01 Type Tool(수평 문자 도구, T)을 클릭하고 `출력형태`의 문자 부분과 같은 지점을 클릭한다. Play Zone을 입력하고 Properties(속성) 패널에서 `조건`과 같이 세부정보를 입력한다. 레이어 패널 하단의 [Add a Layer style(레이어 스타일 추가, fx)] – [Gradient Overlay(그레이디언트 오버레이)]를 클릭한다.

> **조건**
> - Font(글꼴): Times New Roman, Style(스타일): Bold, Size(크기): 48pt
> - Gradient Overlay(그레이디언트 오버레이) ▶ Gradient(그레이디언트) – 시작점: #ff9900, 중간점: #66ff00, 끝점: #003366, Style(스타일): Linear(선형), Angle(각도): -90°
> - Drop Shadow(드롭 섀도) ▶ 체크

02 Options Bar(옵션 바)에서 Create Warped text(뒤틀어진 텍스트 만들기, T)를 클릭한다. [Warped text(텍스트 뒤틀기)] 대화상자에 문제지의 `출력형태`와 같이 세부정보를 입력한다. Ctrl+T를 누르고 `출력형태`와 같이 배치한 후 Enter를 누른다.

> **조건**
> Style(스타일): Shell Lower(아래가 넓은 조개), Bend(구부리기): 50%

6 저장 및 파일 전송하기

01 작업이 완료되면 문제지의 `출력형태`와 작업 파일을 비교하여 레이어의 순서, 이미지 위치를 최종 점검한다.
02 [File(파일)] – [Save As a Copy(사본 저장)](Alt+Ctrl+S)를 선택하고, '저장 경로: 내 PC₩문서₩GTQ, 파일형식: JPEG, 파일이름: 수험번호-성명-2'로 저장한다.
03 제출용 PSD 파일을 만들기 위해 [Image(이미지)] – [Image Size(이미지 크기)](Alt+Ctrl+I)를 클릭한다. [Image Size(이미지 크기)] 대화상자가 열리면 문제지의 `조건`을 확인하여 세부정보를 입력하여 작업 사이즈의 1/10 사이즈로 축소한다.

> **조건**
> Constrain as pect ratio(종횡비 제한): 체크, Width(폭): 40px, Height(높이): 50px

04 [File(파일)] – [Save As(다른 이름으로 저장)](Shift+Ctrl+S)를 선택하고, '저장 경로: 내 PC₩문서₩GTQ, 파일형식: PSD, 파일이름: 수험번호-성명-2'로 저장한다.
05 답안 전송 프로그램을 이용하여 저장된 jpg, psd 파일을 감독관 컴퓨터로 전송한다.

| 문제 3 | 실무응용 포스터 제작 |

☑ 문제 풀이 순서

1 새 작업 파일 만들기 → **2** 혼합 모드와 레이어 마스크 적용하기 → **3** 색상 보정하기 → **4** 이미지 배치 및 클리핑 마스크 적용하기 → **5** 문자 입력하기 → **6** 모양 도구 배치하기 → **7** 저장 및 파일 전송하기

☑ 감점방지 TIP

Stroke(획) 레이어 스타일을 지정해야 하는 이미지는 외곽처리를 할 때 픽셀의 계단 현상이 나타나지 않도록 유의해야 한다.

1 새 작업 파일 만들기

01 새로운 작업 파일을 만들기 위해 [File(파일)] - [New(새로 만들기)]([Ctrl]+[N])를 선택한다. [New Document(새로운 문서 만들기)] 대화상자가 열리면 문제지의 조건을 참고하여 작업 파일 세부정보를 입력한다.

> 조건
>
> Width(폭): 600, Height(높이): 400, 단위: Pixels(픽셀), Resolution(해상도): 72(Pixel/Inch), Color Mode(색상 모드): RGB, 8bit, Background Contents(배경 내용): White(흰색)

02 [File(파일)] - [Save As(다른 이름으로 저장)]([Shift]+[Ctrl]+[S])를 선택한다. '저장 경로: 내 PC₩문서₩GTQ, 파일명: 수험번호-성명-3.psd'으로 저장한다.

03 작업 파일에 눈금자를 표시하기 위해 [View(보기)] - [Rulers(눈금자)]([Ctrl]+[R])를 선택한다.

04 [View(보기)] - [Show(표시)] - [Grid(격자)]([Ctrl]+[`])를 눌러 격자를 표시한다.

2 혼합 모드와 레이어 마스크 적용하기

01 Tool Box(도구 상자) 하단의 전경색을 더블클릭한다. [Color Picker(색상 피커)] 대화상자가 열리면 #ccccff를 입력하고 [OK(확인)]를 클릭한다. 작업영역을 전경색으로 채우기 위해 [Alt]+[Delete]를 누른다.

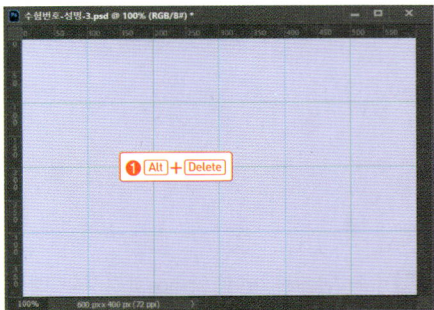

02 [File(파일)] - [Place Embedded(포함 가져오기)]를 선택하여 1급-7.jpg부터 1급-11.jpg까지 순서대로 불러온다. [Shift]를 누르고 1급-7.jpg, 1급-11.jpg를 클릭하여 불러온 모든 이미지를 선택한 후, 마우스 오른쪽을 클릭하여 [Rasterize Layers(레이어 레스터화)]를 눌러 일반 레이어로 변환한다. 불러온 모든 이미지를 감추기 상태로 만든다.

03 '1급-7' 레이어의 보이기 버튼을 활성화시키고, 레이어 패널의 'Blending Mode(혼합 모드): Screen(스크린), Opacity(불투명도): 80%'로 입력한다.

04 '1급-8' 레이어의 보이기 버튼을 활성화시키고, Ctrl + T 를 누르고 출력형태 와 같이 배치한 후 Enter 를 누른다. [Filter(필터)] 메뉴에서 [Filter Gallery(필터 갤러리)]를 선택한다. [Filter Gallery(필터 갤러리)] 대화상자가 열리면 [Artistic(예술 효과)] − [Dry Brush(드라이 브러시)]를 선택한다.

05 레이어 패널 하단에 [Add a Layer Mask(레이어 마스크 추가, ▢)]를 클릭한다. Gradient Tool(그레이디언트 도구, ▨)을 선택하고, Option Bar(옵션 바)에서 'Black, White(검정, 흰색)', 'Linear Gradient(선형 그레이디언트)'로 지정하고 출력형태 를 참고하여 위쪽에서 아래쪽으로 드래그한다.

3 색상 보정하기

01 '1급-11' 레이어의 보이기 버튼을 활성화시키고, Quick Selection Tool(빠른 선택 도구, ▨)로 외곽 부분을 선택 후 Delete 를 눌러 삭제한다. Ctrl + T 를 누르고 마우스 오른쪽을 클릭하여 [Flip Horizontal(가로로 뒤집기)]을 선택하고, 출력형태 와 같이 배치한 후 Enter 를 누른다.

02 Quick Selection Tool(빠른 선택 도구, ▨)로 출력형태 의 보라색 계열을 선택하고, 레이어 패널 하단의 [Create new fill or adjustment layer(새 칠 또는 조정 레이어 생성, ◐)] − [Hue/Saturation(색조/채도)]을 선택한다. Properties(속성) 패널에서 'Hue(색조): 70'으로 입력하여 보라색 계열로 변경한다.

03 레이어 패널 하단의 [Add a Layer style(레이어 스타일 추가, fx)] − [Bevel and Emboss(경사와 엠보스)]를 클릭한다.

4 이미지 배치 및 클리핑 마스크 적용하기

01 '1급-11' 레이어를 선택하고 Elliptical Marquee Tool(원형 선택 윤곽 도구, ◯)로 클리핑 마스크가 적용될 영역을 지정한다. 클리핑 마스크를 적용할 영역이 선택되면 복사(Ctrl+C)한 후, 붙여넣기(Ctrl+V)한다.

02 '1급-9' 레이어의 보이기 버튼을 활성화시키고, Ctrl+T를 눌러 출력형태와 같이 배치한 후 Enter를 누른다. 필터 효과를 적용하기 위해 [Filter(필터)] - [Filter Gallery(필터 갤러리)]를 선택한다. [Filter Gallery(필터 갤러리)] 대화상자가 열리면 [Texture(텍스처)] - [Texturizer(텍스처화)]를 선택한다.

03 '1급-9' 레이어를 선택하고 클리핑 마스크 영역으로 설정한 레이어 위로 드래그한다. '1급-9' 레이어를 선택하고 클리핑 마스크 영역으로 설정한 레이어 사이에 마우스를 놓고 Alt를 누른 채 클릭한다.

04 '1급-10' 레이어의 보이기 버튼을 활성화시키고, Quick Selection Tool(빠른 선택 도구, ◢)로 외곽 부분을 선택 후 Delete를 눌러 삭제한다. Ctrl+T를 누르고 출력형태와 같이 배치한 후 Enter를 누른다. 레이어 패널 하단의 [Add a Layer style(레이어 스타일 추가, fx)] - [Stroke(획)]를 클릭한다.

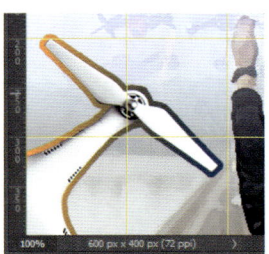

조건

Stroke(획) ▶ Size(크기): 5px, Fill Type(칠 유형): Gradient(그레이디언트) - 시작점: #003366, 끝점: #ff9900, Style(스타일): Linear(선형), Angle(각도): 180°

5 문자 입력하기

01 Type Tool(수평 문자 도구, T)을 클릭하고 출력형태의 문자 부분과 같은 지점을 클릭한다. 드론 챌린지 코리아를 입력하고 Options Bar(옵션 바) 또는 Properties(속성) 패널에서 조건과 같이 세부정보를 입력한다. 레이어 패널 하단의 [Add a Layer style(레이어 스타일 추가, fx)] - [Gradient Overlay(그레이디언트 오버레이)]를 클릭한다.

조건

- Font(글꼴): 궁서, Size(크기): 42pt
- Gradient Overlay(그레이디언트 오버레이) ▶ Gradient(그레이디언트) - 시작점: #cc33ff, 중간점: #006666, 끝점: #ff9900, Style(스타일): Linear(선형), Angle(각도): 0°
- Stroke(획) ▶ Size(크기): 2px, Color(색상): #99ccff
- Drop Shadow(드롭 섀도) ▶ 체크

02 Options Bar(옵션 바)에서 Create Warped text(뒤틀어진 텍스트 만들기,)를 클릭한다. [Warped text(텍스트 뒤틀기)] 대화상자에 문제지의 출력형태와 같이 세부정보를 입력한다. Ctrl + T 를 누르고 출력형태와 같이 배치한 후 Enter 를 누른다.

> 조건
> Style(스타일): Bulge(돌출), Bend(구부리기): 20%

03 Type Tool(수평 문자 도구,)을 클릭하고 출력형태의 문자 부분과 같은 지점을 클릭한다. Drone Challenge Korea를 입력하고 Options Bar(옵션 바) 또는 Properties(속성) 패널에서 조건과 같이 세부정보를 입력한다. 레이어 패널 하단의 [Add a Layer style(레이어 스타일 추가,)] – [Stroke(획)]를 클릭한다.

> 조건
> • Font(글꼴): Arial, Style(스타일): Regular, Size(크기) – Drone Challenge: 18pt, Korea: 25pt Color(색상) – Drone, Korea: #003366, Challenge: #cc33cc
> • Stroke(획) ▶ Size(크기): 2px, Color(색상): #ffffff

04 Options Bar(옵션 바)에서 Create Warped text(뒤틀어진 텍스트 만들기,)를 클릭한다. [Warped text(텍스트 뒤틀기)] 대화상자에 문제지의 출력형태와 같이 세부정보를 입력한다. Ctrl + T 를 누르고 출력형태와 같이 배치한 후 Enter 를 누른다.

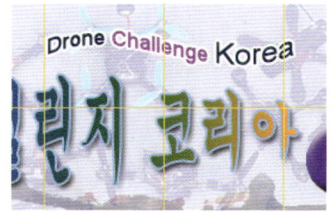

> 조건
> Style(스타일): Flag(깃발), Bend(구부리기): 50%

05 Type Tool(수평 문자 도구,)을 클릭하고 출력형태의 문자 부분과 같은 지점을 클릭한다. 축하공연 / 드론시연을 입력한다. Options Bar(옵션 바) 또는 Properties(속성) 패널에서 조건과 같이 세부정보를 입력한다. 레이어 패널 하단의 [Add a Layer style(레이어 스타일 추가,)] – [Stroke(획)]를 클릭한다.

> 조건
> • Font(글꼴): 돋움, Size(크기): 16pt, Color(색상): #ffffff
> • Stroke(획) ▶ Size(크기): 2px, Color(색상): #666633

06 Type Tool(수평 문자 도구, T)을 클릭하고 출력형태의 문자 부분과 같은 지점을 클릭한다. 관람 및 드론 체험이 가능합니다를 입력하고 Options Bar(옵션 바) 또는 Properties(속성) 패널에서 조건과 같이 세부정보를 입력한다. 레이어 패널 하단의 [Add a Layer style(레이어 스타일 추가, fx)] – [Gradient Overlay(그레이디언트 오버레이)]를 클릭한다.

> 조건
> - Font(글꼴): 돋움, Size(크기): 18pt
> - Gradient Overlay(그레이디언트 오버레이) ▶ Gradient(그레이디언트) – 시작점: #66cc00, 끝점: #ffcc00, Style(스타일): Linear(선형), Angle(각도): 90°
> - Stroke(획) ▶ Size(크기): 2px, Color(색상): #333333

6 모양 도구 배치하기

01 Custom Shape Tool(사용자 정의 모양 도구,)을 클릭하고, '장식' 모양을 찾아 드래그하여 그린 후 Options Bar(옵션 바)에서 'Fill(칠): #ffff00'으로 지정하고 Enter를 눌러 Shape 레이어를 생성한다. 레이어 패널 하단의 [Add a Layer style(레이어 스타일 추가, fx)] – Drop Shadow(드롭 섀도)를 클릭한다. 레이어 패널 상단에 'Opacity(불투명도): 80%'로 입력한다.

> 조건
> - 장식 모양: [All Legacy Default Shapes(모든 레거시 기본 모양)] – [Ornaments(장식)] – [Ornament 5(장식 5)]
> - Drop Shadow(드롭 섀도) ▶ 체크

02 'Ornament 5(장식 5)' 레이어를 선택하고 Ctrl+J를 눌러 복사한다. 복사된 'Ornament 5(장식 5) copy' 레이어를 선택하고 Ctrl+T를 눌러 출력형태와 같이 배치한 후, 레이어의 썸네일을 더블클릭하여 'Color(색상): #ffffff'로 변경한다.

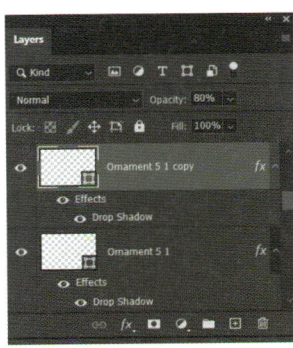

03 Custom Shape Tool(사용자 정의 모양 도구,)을 클릭하고, '화살표' 모양을 찾아 드래그하여 그린 후 Options Bar(옵션 바)에서 'Fill(칠): 임의의 색'으로 지정하고 Enter 를 눌러 Shape 레이어를 생성한다. 레이어 패널 하단의 [Add a Layer style(레이어 스타일 추가,)] – [Gradient Overlay(그레이디언트 오버레이)]를 클릭한다.

> 조건
> • 화살표 모양: [All Legacy Default Shapes(모든 레거시 기본 모양)] – [Arrows(화살표)] – [Arrow 2(화살표 2)]
> • Gradient Overlay(그레이디언트 오버레이) ▶ Gradient(그레이디언트) – 시작점: #66cc00, 끝점: #ff9900, Style(스타일): Linear(선형), Angle(각도): 90°
> • Drop Shadow(드롭 섀도) ▶ 체크

04 'Arrow 2(화살표 2)' 레이어를 '관람 및 드론 체험이 가능합니다' 레이어 아래로 드래그한다.

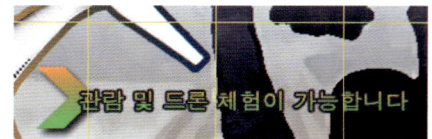

05 Custom Shape Tool(사용자 정의 모양 도구,)을 클릭하고, '학교' 모양을 찾아 드래그하여 그린 후 Options Bar(옵션 바)에서 'Fill(칠): #000000'으로 지정하고 Enter 를 눌러 Shape 레이어를 생성한다. 레이어 패널 하단의 [Add a Layer style(레이어 스타일 추가,)] – [Outer Glow(외부 광선)]를 클릭한다. 레이어 패널 상단에 'Opacity(불투명도): 60%'로 입력한다.

> 조건
> • 학교 모양: [All Legacy Default Shapes(모든 레거시 기본 모양)] – [Symbols(기호)] – [School(학교)]
> • Outer Glow(외부 광선) ▶ 체크

7 저장 및 파일 전송하기

01 작업이 완료되면 문제지의 출력형태 와 작업 파일을 비교하여 레이어의 순서, 이미지 위치를 최종 점검한다.
02 [File(파일)] – [Save As a Copy(사본 저장)](Alt + Ctrl + S)를 선택하고, '저장 경로: 내 PC₩문서₩GTQ, 파일형식: JPEG, 파일이름: 수험번호-성명-3'으로 저장한다.
03 제출용 PSD 파일을 만들기 위해 [Image(이미지)] – [Image Size(이미지 크기)](Alt + Ctrl + I)를 클릭한다. [Image Size(이미지 크기)] 대화상자가 열리면 문제지의 조건 과 같이 세부정보를 입력하여 작업 사이즈의 1/10 사이즈로 축소한다.

> 조건
> Constrain as pect ratio(종횡비 제한): 체크, Width(폭): 60px, Height(높이): 40px

04 [File(파일)] – [Save As(다른 이름으로 저장)](Shift + Ctrl + S)를 선택하고, '저장 경로: 내 PC₩문서₩GTQ, 파일형식: PSD, 파일이름: 수험번호-성명-3'으로 저장한다.
05 답안 전송 프로그램을 이용하여 저장된 jpg, psd 파일을 감독관 컴퓨터로 전송한다.

문제 4   실무응용   웹 페이지 제작

☑ 문제 풀이 순서

1 새 작업 파일 만들기 → **2** 이미지 불러오고 패턴 만들기 → **3** 레이어 마스크 적용하기 → **4** 이미지 보정하기 → **5** 색상 보정하기 → **6** 패스 작업과 패턴 적용하기 → **7** 문자 입력하기 → **8** 모양 도구 배치하기 → **9** 저장 및 파일 전송하기

☑ 감점방지 TIP

- 패스 작업에서 패턴 클리핑 패스와 색상만 지정되는 패스를 별도로 제작한다.
- 시험지에 언급되지 않은 '1급-17.jpg'는 출력형태 를 참고하여 작업한다.

1   새 작업 파일 만들기

01 새로운 작업 파일을 만들기 위해 [File(파일)] - [New(새로 만들기)](Ctrl + N)를 선택한다. [New Document(새로운 문서 만들기)] 대화상자가 열리면 문제지의 조건 을 참고하여 작업 파일 세부정보를 입력한다.

> **조건**
>
> Width(폭): 600, Height(높이): 400, 단위: Pixels(픽셀), Resolution(해상도): 72(Pixel/Inch), Color Mode(색상 모드): RGB, 8bit, Background Contents(배경): White(흰색)

02 [File(파일)] - [Save As(다른 이름으로 저장)](Shift + Ctrl + S)를 선택한다. '저장 경로: 내 PC\문서\GTQ, 파일명: 수험번호-성명-4.psd'로 저장한다.

03 작업 파일에 눈금자를 표시하기 위해 [View(보기)] - [Rulers(눈금자)](Ctrl + R)를 선택한다.

04 [View(보기)] - [Show(표시)] - [Grid(격자)](Ctrl + ')를 눌러 격자를 표시한다.

2   이미지 불러오고 패턴 만들기

01 Tool Box(도구 상자) 하단의 전경색을 더블클릭한다. [Color Picker(색상 피커)] 대화상자가 열리면 #ccffff를 입력하고 [OK(확인)]를 클릭한다. 작업영역을 전경색으로 채우기 위해 Alt + Delete 를 누른다.

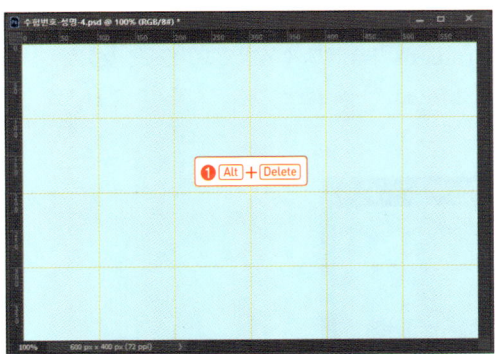

02 [File(파일)] - [Place Embedded(포함 가져오기)]를 선택하여 1급-12.jpg부터 1급-17.jpg까지 불러온다. Shift 를 누르고 1급-12.jpg, 1급-17.jpg를 클릭하여 불러온 모든 이미지를 선택한 후, 마우스 오른쪽을 클릭하여 [Rasterize Layers(레스터화)]를 눌러 일반 레이어로 변환한다. 불러온 모든 이미지를 감추기 상태로 만든다.

03 패턴을 만들기 위해 [File(파일)] – [New(새로 만들기)](Ctrl+N)를 선택한다. [New Document(새로운 문서 만들기)] 대화상자가 열리면 문제지의 조건을 참고하여 작업 파일 세부정보를 입력한다.

> 조건
>
> Width(폭): 50, Height(높이): 50, 단위: Pixels(픽셀), Resolution(해상도): 72(Pixel/Inch), Color Mode(색상 모드): RGB, 8bit, Background Contents(배경): Transparent(투명)

04 Custom Shape Tool(사용자 정의 모양 도구, 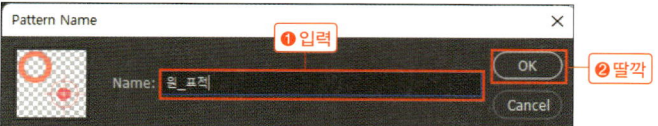)을 클릭하고, '원 틀' 모양을 찾아 작업영역 왼쪽 상단에 드래그하여 그린 후 Options Bar(옵션 바)에서 'Fill(칠): #ff6666'으로 지정하고 Enter를 눌러 Shape 레이어를 생성한다.

> 조건
>
> 원 틀 모양: [All Legacy Default Shapes(모든 레거시 기본 모양)] – [Shapes(모양)] – [Circle Frame(원 프레임)]

05 Custom Shape Tool(사용자 정의 모양 도구,)을 클릭하고, '표적' 모양을 찾아 작업영역 왼쪽 상단에 드래그하여 그린 후 Options Bar(옵션 바)에서 'Fill(칠): #ff0066'으로 지정하고 Enter를 눌러 Shape 레이어를 생성한다.

> 조건
>
> 표적 모양: [All Legacy Default Shapes(모든 레거시 기본 모양)] – [Symbols(기호)] – [Registration Target 1(등록 대상 1)]

06 [Edit(편집)] – [Define Pattern(사용자 패턴 정의)]을 클릭한다. 'Pattern Name(패턴 이름): 원_표적'으로 입력하고 [OK(확인)]를 클릭한 후 '4번 문제 작업 문서'로 돌아간다.

3 레이어 마스크 적용하기

01 '1급-12' 레이어의 보이기 버튼만 활성화시키고 해당 레이어를 선택한다. Ctrl+T를 누르고 출력형태와 같이 배치한 후 Enter를 누른다.

02 레이어 패널에서 'Blending Mode(혼합 모드): Multiply(곱하기)'로 변경한 후, 레이어 패널 하단에 [Add a Layer Mask(레이어 마스크 추가,)]를 클릭한다. Gradient Tool(그레이디언트 도구,)을 선택하고, Option Bar(옵션 바)에서 'Black, White(검정, 흰색)', 'Linear Gradient(선형 그레이디언트)'로 지정하고 출력형태를 참고하여 오른쪽에서 왼쪽으로 드래그한다.

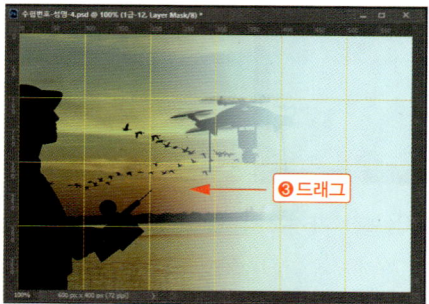

03 '1급-13' 레이어의 보이기 버튼을 활성화시키고, Ctrl+T를 누르고 출력형태와 같이 배치한 후 Enter를 누른다. [Filter(필터)] – [Filter Gallery(필터 갤러리)]를 선택한다. [Filter Gallery(필터 갤러리)] 대화상자가 열리면 [Artistic(예술 효과)] – [Dry Brush(드라이 브러시)]를 선택한다.

04 레이어 패널 하단에 [Add a Layer Mask(레이어 마스크 추가, ▣)]를 클릭한다. Gradient Tool(그레이디언트 도구, ▣)로 출력형태와 같이 왼쪽 하단에서 오른쪽 상단으로 드래그한다.

4 이미지 보정하기

01 '1급-14' 레이어의 보이기 버튼을 활성화시키고, Elliptical Marquee Tool(원형 선택 윤곽 도구, ○)을 선택한 후, 오브젝트를 선택 영역으로 지정한다. [Select(선택)] – [Inverse(반전)](Shift+Ctrl+I)로 선택 영역을 반전시킨 후, Delete를 눌러 배경부분을 삭제한다. Ctrl+T를 눌러 출력형태와 같이 배치한 후 Enter를 누른다. 레이어 패널 하단의 [Add a Layer style(레이어 스타일 추가, fx)] – [Bevel and Emboss(경사와 엠보스)]를 클릭한다.

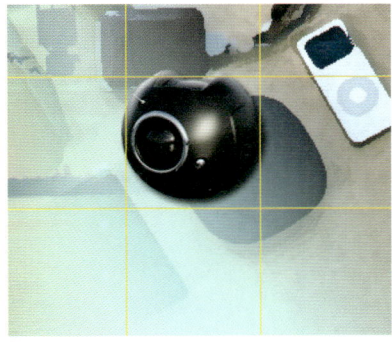

조건
- Bevel and Emboss(경사와 엠보스) ▶ 체크
- Drop Shadow(드롭 섀도) ▶ 체크

02 '1급-15' 레이어의 보이기 버튼을 활성화시키고, Quick Selection Tool(빠른 선택 도구, ▨)로 오브젝트를 선택 영역으로 지정한다. [Select(선택)] – [Inverse(반전)](Shift+Ctrl+I)로 선택 영역을 반전시킨 후, Delete를 눌러 배경부분을 삭제한다. Ctrl+T를 누르고 마우스 오른쪽을 클릭하여 [Flip Horizontal(가로로 뒤집기)]을 선택하고 출력형태와 같이 배치한 후 Enter를 누른다.

03 [Filter(필터)] – [Filter Gallery(필터 갤러리)]를 선택한다. [Filter Gallery(필터 갤러리)] 대화상자가 열리면 [Texture(텍스처)] – [Texturizer(텍스처화)]를 선택한다. 레이어 패널 하단의 [Add a Layer style(레이어 스타일 추가, fx)] – [Drop Shadow(드롭 섀도)]를 클릭한다.

조건

Drop Shadow(드롭 섀도) ▶ 체크

5 색상 보정하기

01 '1급-16' 레이어의 보이기 버튼을 활성화시키고, Quick Selection Tool(빠른 선택 도구,)로 사용할 영역 외곽 부분을 선택한 후, Delete 를 눌러 외곽 부분을 삭제한다. Ctrl + T 를 누르고 마우스 오른쪽을 클릭하여 [Flip Horizontal(가로로 뒤집기)]을 선택하고 출력형태 와 같이 배치한 후 Enter 를 누른다.

02 Quick Selection Tool(빠른 선택 도구,)로 빨간색으로 변경해야 할 영역을 선택하고, 레이어 패널 하단의 [Create new fill or adjustment layer(새 칠 또는 조정 레이어 생성,)] – [Hue/Saturation(색조/채도)]을 선택한다. Properties(속성) 패널에서 'Colorize(색상화): 체크, Hue(색조): 0, Saturation(채도): 60, Lightness(명도): 10'으로 입력하여 빨간색 계열로 변경한다.

Quick Mask Mode(빠른 마스크 모드,)를 선택하고 Brush Tool(브러시 도구,)와 Eraser Tool(지우개 도구,)로 세밀하게 선택 영역을 지정하면 수월하다.

03 레이어 패널 하단의 [Add a Layer style(레이어 스타일 추가, fx)] – [Bevel and Emboss(경사와 엠보스)]를 클릭한다.

6 패스 작업과 패턴 적용하기

01 Rectangle Tool(사각형 도구, ▭)을 선택하고 Options Bar(옵션 바)에서 Path(패스) 설정을 'Pick tool mode(선택 도구 모드): Shape(모양), 'Fill(칠): 임의의 색, Stroke(획): No color(없음)'로 지정 후 [출력형태]에서 제시한 드론 몸통의 둥근 모서리 사각형을 그린다. [Alt]를 누르면서 그려놓은 둥근 모서리 사각형과 겹쳐지게 사각형을 그려 삭제한다.

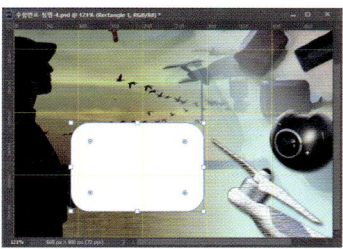
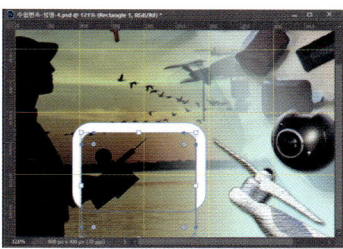

02 Options Bar(옵션 바)에서 'Path operations(패스 작업): Combine Shapes(모양 결합, ▫)'로 변경하고 Rectangle Tool(사각형 도구, ▭)로 둥근 모서리 사각형을 그려 위에서 그려놓은 사각형의 뾰족한 부분을 덮어 준다. Rectangle Tool(사각형 도구, ▭)과 Ellipse Tool(타원 도구, ◯)로 드론 모양을 그린다.

03 생성된 Shape(모양) 레이어를 하나의 레이어로 만들기 위해 레이어 패널에서 [Shift]를 누른 채로 클릭하여 동시 선택한다. 선택된 레이어에서 마우스 오른쪽을 클릭하여 [Merge Shapes(모양 병합)]([Ctrl]+[E])를 적용한다.

04 하나의 패스로 병합하기 위해 Path Selection Tool(패스 선택 도구, ▶)를 선택한다. 드래그하여 모든 패스를 선택한 후, Options Bar(옵션 바)에서 'Merge Shape Components(모양 병합 구성 요소, ▫)'를 클릭한다.

05 Rectangle Tool(사각형 도구, ▭)로 드론 빈 공간에 둥근 모서리 사각형을 그린 후, [Alt]를 누르면서 작은 사각형을 그려 일부분을 삭제한다.

06 Path Selection Tool(패스 선택 도구,)로 드론 아래쪽 패스를 드래그하여 선택한 후, Options Bar(옵션 바)에서 'Merge Shape Components(모양 병합 구성 요소,)'를 클릭한다.

07 드론 윗 부분 레이어 썸네일을 더블클릭하여 'Color(색상): #66ccff', 드론 아래 부분 레이어 썸네일을 더블클릭하여 'Color(색상): #3366ff'로 변경한다. 드론의 윗 부분, 아래 부분 레이어에 각각 [Add a Layer style(레이어 스타일 추가,)] − [Drop Shadow(드롭 섀도)]를 클릭한다.

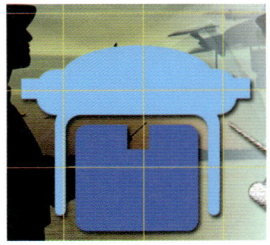

08 '1급−17' 레이어의 보이기 버튼을 활성화시키고, Quick Selection Tool(빠른 선택 도구,)로 사용할 영역 외곽 부분을 선택한 후, Delete 를 눌러 외곽 부분을 삭제한다. Ctrl + T 를 눌러 출력형태 와 같이 배치한 후 Enter 를 누른다.

09 레이어 패널 하단의 [Create a new layer(새 레이어 생성,)]를 클릭한다. 새 레이어가 선택된 상태로 Rectangular Marquee Tool(사각형 선택 윤곽 도구,)로 그려놓은 드론 윗부분이 덮힐 만한 크기의 사각형 선택 영역을 드래그하여 그린다.

10 [Edit(편집)] − [Fill(칠)]을 선택한다. [Fill(칠)] 대화상자가 열리면 'Contents(내용): Pattern(패턴)'으로 변경하고 Custom Pattern(사용자 정의 패턴) 항목에서 등록한 '원_표적' 패턴을 찾아 선택하고 [OK(확인)]를 눌러 적용한다. 레이어 패널 상단에 'Opacity(불투명도): 60%'로 입력한다. 드론 윗 부분 모양 레이어를 선택하고 패턴 레이어 사이에 마우스를 놓고 Alt 를 누른 채 클릭한다.

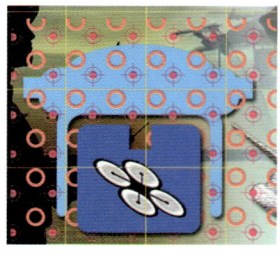
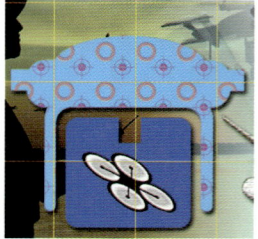

7 문자 입력하기

01 Type Tool(수평 문자 도구, T.)을 클릭하고 [출력형태]의 문자 부분과 같은 지점을 클릭한다. 국제 드론 박람회를 입력하고 Options Bar(옵션 바) 또는 Properties(속성) 패널에서 [조건]과 같이 세부정보를 입력한다. 레이어 패널 하단의 [Add a Layer style(레이어 스타일 추가, fx)] – [Gradient Overlay(그레이디언트 오버레이)]를 클릭한다.

> [조건]
> - Font(글꼴): 굴림, Size(크기): 45pt
> - Gradient Overlay(그레이디언트 오버레이) ▶ Gradient(그레이디언트) – 시작점: #000000, 끝점: #ff0066, Style(스타일): Linear(선형), Angle(각도): 0°
> - Stroke(획) ▶ Size(크기): 2px, Color(색상): #ffcc00

02 Options Bar(옵션 바)에서 Create Warped text(뒤틀어진 텍스트 만들기, T.)를 클릭한다. [Warped text(텍스트 뒤틀기)] 대화상자가 열리면 문제지의 [출력형태]와 같이 세부정보를 입력한다. Ctrl+T를 눌러 [출력형태]와 같이 배치한 후 Enter를 누른다.

> [조건]
> Style(스타일): Fish(물고기), Bend(구부리기): 30%

03 Type Tool(수평 문자 도구, T.)을 클릭하고 [출력형태]의 문자 부분과 같은 지점을 클릭한다. International Drone Expo를 입력하고 Options Bar(옵션 바) 또는 Properties(속성) 패널에서 [조건]과 같이 세부정보를 입력한다. 레이어 패널 하단의 [Add a Layer style(레이어 스타일 추가, fx)] – [Stroke(획)]를 클릭한다.

> [조건]
> - Font(글꼴): Times New Roman, Style(스타일): Bold, Size(크기): 23pt, Color(색상): #330066
> - Stroke(획) ▶ Size(크기): 2px, Color(색상): #ffffff

04 Options Bar(옵션 바)에서 Create Warped text(뒤틀어진 텍스트 만들기, T.)를 클릭한다. [Warped text(텍스트 뒤틀기)] 대화상자가 열리면 문제지의 [출력형태]와 같이 세부정보를 입력한다. Ctrl+T를 눌러 [출력형태]와 같이 회전하고 배치한 후 Enter를 누른다.

> [조건]
> Style(스타일): Flag(깃발), Bend(구부리기): 50%

05 Type Tool(수평 문자 도구, T.)을 클릭하고 출력형태의 문자 부분과 같은 지점을 클릭한다. 사전등록 바로가기를 입력하고 Options Bar(옵션 바) 또는 Properties(속성) 패널에서 조건과 같이 세부정보를 입력한다. 레이어 패널 하단의 [Add a Layer style(레이어 스타일 추가, fx)] – [Stroke(획)]를 클릭한다.

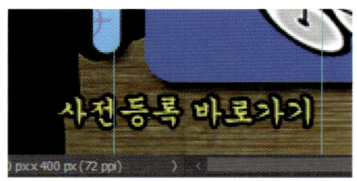

> 조건
> - Font(글꼴): 궁서, Size(크기): 15pt, Color(색상): #ffff00
> - Stroke(획) ▶ Size(크기): 2px, Color(색상): #000000

8 모양 도구 배치하기

01 Custom Shape Tool(사용자 정의 모양 도구, ✿)을 클릭하고, 출력형태의 '버튼' 모양을 찾아 드래그하여 그린 후 Enter 를 눌러 Shape 레이어를 생성한다. 레이어 패널 하단의 [Add a Layer style(레이어 스타일 추가, fx)] – [Gradient Overlay(그레이디언트 오버레이)]를 클릭한다.

> 조건
> - 버튼 모양: [All Legacy Default Shapes(모든 레거시 기본 모양)] – [Banners & Awards(배너 및 상장)] – [Banner 3(배너 3)]
> - Gradient Overlay(그레이디언트 오버레이) ▶ Gradient(그레이디언트) – 시작점: #99cccc, 끝점: #ffffff, Style(스타일): Linear(선형), Angle(각도): 90°
> - Stroke(획) ▶ Size(크기): 2px, Color(색상): #339999

02 Type Tool(수평 문자 도구, T.)을 클릭하고 출력형태의 문자 부분과 같은 지점을 클릭한다. 행사개요를 입력하고 Options Bar(옵션 바) 또는 Properties(속성) 패널에서 조건과 같이 세부정보를 입력한다. 레이어 패널 하단의 [Add a Layer style(레이어 스타일 추가, fx)] – [Stroke(획)]를 클릭한다.

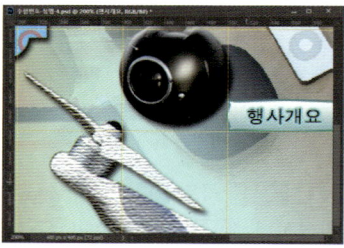

> 조건
> - Font(글꼴): 돋움, Size(크기): 18pt, Color(색상): #000000
> - Stroke(획) ▶ Size(크기): 2px, Color(색상): #99ffff

03 완성된 메뉴 버튼을 구성하는 배너 모양 레이어와 문자 레이어를 Ctrl 을 누르며 클릭하여 동시에 선택한 후 Ctrl + J 를 눌러 복사한다. Move Tool(이동 도구, ✥)로 복사된 메뉴 버튼을 드래그하여 하단으로 복사하여 출력형태와 같이 배치한다. 같은 방법으로 한 번 더 복사하여 출력형태와 같이 배치한다. Type Tool(수평 문자 도구, T.)로 드래그하여 등록하기, 공지사항으로 수정한다.

04 레이어 패널에서 '등록하기' 텍스트 레이어의 [Stroke(획)] 효과를 더블클릭하여 대화상자가 열리면 'Color(색상): #ffccff'로 변경한다.

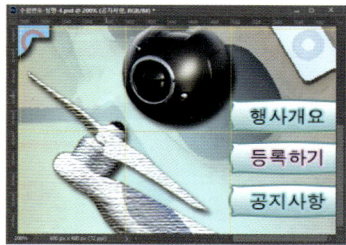

05 Custom Shape Tool(사용자 정의 모양 도구,)을 클릭하고, '지구' 모양을 찾아 드래그하여 그린 후 Options Bar(옵션 바)에서 'Fill(칠): cccccc'로 지정하고 Enter를 눌러 Shape 레이어를 생성한다. 레이어 패널 하단의 [Add a Layer style(레이어 스타일 추가,)] - [Drop Shadow(드롭 섀도)]를 클릭한다. 레이어 패널 상단에 'Opacity(불투명도): 60%'로 입력한다.

> 조건
> - 지구 모양: [All Legacy Default Shapes(모든 레거시 기본 모양)] - [Web(웹)] - [World Wide Web(WWW)]
> - Drop Shadow(드롭 섀도) ▶ 체크

06 Custom Shape Tool(사용자 정의 모양 도구,)을 클릭하고, '체크' 모양을 찾아 드래그하여 그린 후 Options Bar(옵션 바)에서 'Fill(칠): #ffff00'으로 지정하고 Enter를 눌러 Shape 레이어를 생성한다. 레이어 패널 하단의 [Add a Layer style(레이어 스타일 추가,)] - [Inner Shadow(내부 그림자)]를 클릭한다. 레이어 패널 상단에 'Opacity(불투명도): 70%'로 입력한다.

> 조건
> - [All Legacy Default Shapes(모든 레거시 기본 모양)] - [Symbols(기호)] - [Checkmark(체크 표시)]
> - Inner Shadow(내부 그림자) ▶ 체크

9 저장 및 파일 전송하기

01 작업이 완료되면 문제지의 출력형태와 작업 파일을 비교하여 레이어의 순서, 이미지 위치를 최종 점검한다.
02 [File(파일)] - [Save As a Copy(사본 저장)]([Alt]+[Ctrl]+[S])를 선택하고, '저장 경로: 내 PC₩문서₩GTQ, 파일형식: JPEG, 파일이름: 수험번호-성명-4'로 저장한다.
03 제출용 PSD 파일을 만들기 위해 [Image(이미지)] - [Image Size(이미지 크기)]([Alt]+[Ctrl]+[I])를 클릭한다. [Image Size(이미지 크기)] 대화상자가 열리면 문제지의 조건을 확인하여 세부정보를 입력하여 작업 사이즈의 1/10 사이즈로 축소한다.

> 조건
> Constrain as pect ratio(종횡비 제한): 체크, Width(폭): 60px, Height(높이): 40px

04 [File(파일)] - [Save As a Copy(다른 이름으로 저장)]([Shift]+[Ctrl]+[S])를 선택하고, '저장 경로: 내 PC₩문서₩GTQ, 파일형식: PSD, 파일이름: 수험번호-성명-4'로 저장한다.
05 답안 전송 프로그램을 이용하여 저장된 jpg, psd 파일을 감독관 컴퓨터로 전송한다.

제9회 GTQ 기출문제

제한시간 85min

급수	문제유형	시험시간	수험번호	성명
1급	A	90분		

수험자 유의사항

- 수험자는 문제지를 받는 즉시 응시하고자 하는 과목 및 급수가 맞는지 확인한 후 수험번호와 성명을 작성합니다.
- 파일명은 본인의 "수험번호-성명-문제번호"로 공백 없이 정확히 입력하고 답안폴더(내 PC₩문서₩GTQ)에 jpg 파일과 psd 파일의 2가지 포맷으로 저장해야 하며, jpg 파일과 psd 파일의 내용이 상이할 경우 0점 처리됩니다. 답안문서 파일명이 "수험번호-성명-문제번호"와 일치하지 않거나, 답안 파일을 전송하지 않아 미제출로 처리될 경우 불합격 처리됩니다.
- 문제의 세부조건은 '영문(한글)' 형식으로 표기되어 있으니 유의하시기 바랍니다.
- 수험자 정보와 저장한 파일명, 저장 위치가 다를 경우 전송이 되지 않으므로, 주의하시기 바랍니다.
- 답안 작성 중에도 주기적으로 '저장'과 '답안 전송'을 이용하여 감독위원 PC로 답안을 전송하셔야합니다.(※ 작업한 내용을 저장하지 않고 전송할 경우 이전의 저장내용이 전송되오니 이점 반드시 유념하시기 바랍니다.)
- 답안문서는 지정된 경로 외의 다른 보조기억장치에 저장하는 행위, 지정된 시험 시간 외에 작성된 파일을 활용한 행위, 기타 통신수단(이메일, 메신저, 네트워크 등)을 이용하여 타인에게 전달 또는 외부 반출하는 행위는 부정으로 간주되어 자격기본법 제32조에 의거 본 시험 및 국가공인 자격시험을 2년간 응시할 수 없습니다.
- 시험 중 부주의 또는 고의로 시스템을 파손한 경우와 〈수험자 유의사항〉에 기재된 방법대로 이행하지 않아 생기는 불이익은 수험자의 책임임을 알려 드립니다.
- 시험을 완료한 수험자는 최종적으로 저장한 답안파일이 전송되었는지 확인한 후 감독위원의 지시에 따라 문제지를 제출하고 퇴실합니다.

답안 작성요령

- 온라인 답안 작성 절차
  수험자 등록 ⇒ 시험 시작 ⇒ 답안파일 저장 ⇒ 답안 전송 ⇒ 시험 종료
- C:₩에듀윌 GTQ 1급₩Step 3₩9회₩Image폴더에 있는 그림 원본파일을 사용하여 답안을 작성하시고 최종답안을 답안폴더(내 PC₩문서₩GTQ)에 저장하여 답안을 전송하시고, 이미지의 크기가 다른 경우 감점 처리됩니다.
- 배점은 총 100점으로 이루어지며, 점수는 각 문제별로 차등 배분됩니다.
- 각 문제는 주어진 조건 에 따라 작성하고, 언급하지 않은 조건은 출력형태 와 같이 작성합니다.
- 배치 등의 편의를 위해 주어진 눈금자의 단위는 '픽셀'입니다.
  그 외는 출력형태(효과, 이미지, 문자, 색상, 레이아웃, 규격 등)와 같게 작업하십시오.
- 문제 조건에 서체의 지정이 없을 경우 한글은 굴림이나 돋움, 영문은 Arial로 작업하십시오.
  (단, 그 외에 제시되지 않은 문자 속성을 기본값으로 작성하지 않은 경우는 감점 처리됩니다.)
- Image Mode(이미지 모드)는 별도의 처리조건이 없을 경우에는 RGB(8비트)로 작업하십시오.
- 모든 답안 파일은 해상도 72 pixels/inch로 작업하십시오.
- Layer(레이어)는 각 기능별로 분할해야 하며, 임의로 합칠 경우나 각 기능에 대한 속성을 해지할 경우 해당 요소는 0점 처리됩니다.

문제 1 기능평가 고급 Tool(도구) 활용 [20점]

다음의 조건 에 따라 아래의 출력형태 와 같이 작업하시오.

조건

원본 이미지	C:\에듀윌 GTQ 1급\Step 3\9회\Image\1급-1.jpg, 1급-2.jpg, 1급-3.jpg		
파일 저장 규칙	JPG	파일명	문서\GTQ\수험번호-성명-1.jpg
		크기	400×500 pixels
	PSD	파일명	문서\GTQ\수험번호-성명-1.psd
		크기	40×50 pixels

출력형태

1. 그림 효과
  ① 1급-1.jpg : 필터 – Film Grain(필름 그레인)
  ② Save Path(패스 저장) : 붓과 팔레트 모양
  ③ Mask(마스크) : 붓과 팔레트 모양, 1급-2.jpg를 이용하여 작성
     레이어 스타일 – Inner Shadow(내부 그림자),
     Stroke(선/획)(3px, 그라디언트(#990000, #009933))
  ④ 1급-3.jpg : 레이어 스타일 – Drop Shadow(그림자 효과)
  ⑤ Shape Tool(모양 도구) :
     – 꽃 모양 (#9999cc, 레이어 스타일 – Bevel and Emboss(경사와 엠보스))
     – 나뭇잎 모양 (#669933, #99cccc, 레이어 스타일 – Inner Shadow(내부 그림자))

2. 문자 효과
  ① 수채화 그림 (궁서, 45pt, 레이어 스타일 – 그라디언트 오버레이
     (#660066, #00cc33), Stroke(선/획)(2px, #cccccc))

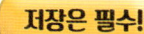

문제 2 기능평가 사진편집 응용 [20점]

다음의 조건 에 따라 아래의 출력형태 와 같이 작업하시오.

조건

원본 이미지	C:\에듀윌 GTQ 1급\Step 3\9회\Image\1급-4.jpg, 1급-5.jpg, 1급-6.jpg		
파일 저장 규칙	JPG	파일명	문서\GTQ\수험번호-성명-2.jpg
		크기	400×500 pixels
	PSD	파일명	문서\GTQ\수험번호-성명-2.psd
		크기	40×50 pixels

출력형태

1. 그림 효과
  ① 1급-4.jpg : 필터 – Dry Brush(드라이 브러시)
  ② 색상 보정 : 1급-5.jpg – 녹색, 빨간색 계열로 보정
  ③ 1급-5.jpg : 레이어 스타일 – Drop Shadow(그림자 효과)
  ④ 1급-6.jpg : 레이어 스타일 – Inner Shadow(내부 그림자)
  ⑤ Shape Tool(모양 도구) :
     – 꽃 모양 (#ffcc66, #6699ff, 레이어 스타일 – Stroke(선/획)(2px, #333333))
     – 잎 모양 (#ffffff, 레이어 스타일 – Outer Glow(외부 광선))

2. 문자 효과
  ① 재미있는 물감 세상 (굴림, 36pt, 레이어 스타일 – 그라디언트 오버레이
     (#ffffcc, #0099ff, #ff99cc), Stroke(선/획)(2px, #333300))

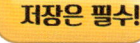

문제 3 [실무응용] 포스터 제작 [25점]

다음의 조건에 따라 아래의 출력형태와 같이 작업하시오.

조건

원본 이미지		C:₩에듀윌 GTQ 1급₩Step 3₩9회₩Image₩1급-7.jpg, 1급-8.jpg, 1급-9.jpg, 1급-10.jpg, 1급-11.jpg
파일 저장 규칙	JPG 파일명	문서₩GTQ₩수험번호-성명-3.jpg
	크기	600×400 pixels
	PSD 파일명	문서₩GTQ₩수험번호-성명-3.psd
	크기	60×40 pixels

1. 그림 효과
   ① 배경 : #ccffff
   ② 1급-7.jpg : Blending Mode(혼합 모드) – Linear Burn(선형 번)
   ③ 1급-8.jpg : 필터 – Rough Pastels(거친 파스텔 효과), 레이어 마스크 – 대각선 방향으로 흐릿하게
   ④ 1급-9.jpg : 레이어 스타일 – Drop Shadow(그림자 효과)
   ⑤ 1급-10.jpg : Blending Mode(혼합 모드) – Multiply(곱하기)
   ⑥ 1급-11.jpg : 색상 보정 – 빨간색 계열로 보정, 레이어 스타일 – Drop Shadow(그림자 효과)
   ⑦ 그 외 출력형태 참조

2. 문자 효과
   ① 서울 수채화 대회 (궁서, 42pt, 60pt, 레이어 스타일 – 그라디언트 오버레이(#3399ff, #ff66ff, #999900), Stroke(선/획)(2px, #ffffcc), Drop Shadow(그림자 효과))
   ② 우편물 / 택배 접수 (돋움, 16pt, #cc0000, #003300, 레이어 스타일 – Stroke(선/획)(2px, #ffffff))
   ③ Seoul Watercolor Contest (Arial, Regular, 18pt, #003366, 레이어 스타일 – Stroke(선/획)(2px, #99cccc))
   ④ 접수 : 1인 1점 대상 : 모든 창작품 (돋움, 18pt, 레이어 스타일 – 그라디언트 오버레이(#003300, #ff0000), Stroke(선/획)(2px, #ffffff))

출력형태

Shape Tool(모양 도구) 사용
#ff3333, 레이어 스타일 –
Drop Shadow(그림자 효과)

Shape Tool(모양 도구) 사용
#66cc99, #339999,
레이어 스타일 –
Inner Shadow(내부 그림자),
Opacity(불투명도)(80%)

Shape Tool(모양 도구) 사용
#ffcc33, 레이어 스타일 – Drop Shadow(그림자 효과)

문제 4 실무응용 웹 페이지 제작 [35점]

다음의 조건에 따라 아래의 출력형태와 같이 작업하시오.

조건

원본 이미지	C:₩에듀윌 GTQ 1급₩Step 3₩9회₩Image₩1급-12.jpg, 1급-13.jpg, 1급-14.jpg, 1급-15.jpg, 1급-16.jpg, 1급-17.jpg		
파일 저장 규칙	JPG	파일명	문서₩GTQ₩수험번호-성명-4.jpg
		크기	600×400 pixels
	PSD	파일명	문서₩GTQ₩수험번호-성명-4.psd
		크기	60×40 pixels

1. 그림 효과
① 배경 : #cccc99
② 패턴(꽃, 달 모양) : #cccccc, #ffccff
③ 1급-12.jpg : Blending Mode(혼합 모드) – Hard Light(하드 라이트), 레이어 마스크 – 가로 방향으로 흐릿하게
④ 1급-13.jpg : 필터 – Crosshatch(그물눈), 레이어 마스크 – 대각선 방향으로 흐릿하게
⑤ 1급-14.jpg : 레이어 스타일 – Stroke(선/획)(3px, 그라디언트(#ff66ff, #ffff00))
⑥ 1급-15.jpg : 필터 – Texturizer(텍스처화), 레이어 스타일 – Bevel and Emboss(경사와 엠보스)
⑦ 1급-16.jpg : 색상 보정 – 주황색 계열로 보정, 레이어 스타일 – Drop Shadow(그림자 효과)
⑧ 그 외 출력형태 참조

2. 문자 효과
① Watercolor Exhibition (Times New Roman, Regular, 24pt, #0099ff, #669933, 레이어 스타일 – Stroke(선/획)(2px, #ffffff))
② 서울갤러리 수채화전시회 (굴림, 30pt, 레이어 스타일 – 그라디언트 오버레이(#000099, #ff3399), Stroke(선/획)(2px, #ffffff), Drop Shadow(그림자 효과))
③ 오늘의 작가 (궁서, 20pt, #ffffff, 레이어 스타일 – Drop Shadow(그림자 효과))
④ 전시 뉴스 갤러리 (돋움, 14pt, #ffffff, 레이어 스타일 – Stroke(선/획)(2px, #666666, #993333))

출력형태

Shape Tool(모양 도구) 사용 #ffffff, 레이어 스타일 – Drop Shadow(그림자 효과)

Shape Tool(모양 도구) 사용 #66ccff, 레이어 스타일 – Inner Shadow(내부 그림자)

Pen Tool(펜 도구) 사용 #9966cc, #669966, 레이어 스타일 – Drop Shadow(그림자 효과)

Shape Tool(모양 도구) 사용 레이어 스타일 – 그라디언트 오버레이(#cccc66, #ffffff), Stroke(선/획)(2px, #009933, #ff33cc)

제9회 GTQ 기출문제 함께 보는 간단해설

문제 1 [기능평가] 고급 Tool(도구) 활용

☑ 문제 풀이 순서

1 새 작업 파일 만들기 → **2** 필터 적용하기 → **3** 붓과 팔레트 모양 패스 작업하기 → **4** 클리핑 마스크 적용하기 → **5** 이미지 및 모양 도구 배치하기 → **6** 문자 입력하기 → **7** 저장 및 파일 전송하기

☑ 감점방지 TIP

Pen Tool(펜 도구, ✎)로 패스 작업 시 Ctrl+Alt를 누른 채 드래그하여 복사 기능을 사용할 수 있다. Path Selection Tool(패스 선택 도구, ▶)가 선택되어 있다면 Alt만 눌러 패스를 복사할 수 있다.

1 새 작업 파일 만들기

01 새로운 작업 파일을 만들기 위해 [File(파일)] - [New(새로 만들기)](Ctrl+N)를 선택한다. [New Document(새로운 문서 만들기)] 대화상자가 열리면 문제지의 조건을 참고하여 작업 파일 세부정보를 입력한다.

> **조건**
> Width(폭): 400, Height(높이): 500, 단위: Pixels(픽셀), Resolution(해상도): 72(Pixel/Inch), Color Mode(색상 모드): RGB, 8bit, Background Contents(배경 내용): White(흰색)

02 [File(파일)] - [Save As(다른 이름으로 저장)](Shift+Ctrl+S)를 선택한다. '저장 경로: 내 PC₩문서₩GTQ, 파일명: 수험번호-성명-1.psd'로 저장한다.

03 작업 파일에 눈금자를 표시하기 위해 [View(보기)] - [Rulers(눈금자)](Ctrl+R)를 선택한다.

04 [Edit(편집)] - [Preference(환경 설정)] - [General(일반)](Ctrl+K)을 선택한다. [Preference(환경 설정)] 대화상자가 열리면 왼쪽 옵션 중 [Guides, Grid & Slices(안내선, 격자 및 분할 영역)] 클릭 후 [Grid(격자)] 세부 항목의 'Gridline Every(격자 간격): 100, pixels(픽셀), Subdivisions(세분): 1'로 입력, 'Grid Color(색상)'을 클릭해 색상을 채도가 높은 색상으로 설정한다.

05 [View(보기)] - [Show(표시)] - [Grid(격자)](Ctrl+`)를 눌러 격자를 표시하고 색상을 확인한다.

2 필터 적용하기

01 [File(파일)] - [Open(열기)](Ctrl+O)를 선택하여 1급-1.jpg를 불러온다. Ctrl+A를 눌러 전체 이미지를 선택하여 복사(Ctrl+C)하고, 작업 파일에 붙여넣기(Ctrl+V)한다. Ctrl+T를 누르고 출력형태를 참고하여 Shift를 누른 채 이미지 크기를 조절한다.

02 [Filter(필터)] - [Filter Gallery(필터 갤러리)]를 선택한다. [Filter Gallery(필터 갤러리)] 대화상자가 열리면 [Artistic(예술 효과)] - [Film Grain(필름 그레인)]을 적용한다.

3 붓과 팔레트 모양 패스 작업하기

01 Rectangle Tool(사각형 도구, ▭)을 선택하고 Options Bar(옵션 바)에서 Path(패스) 설정을 'Pick tool mode(선택 도구 모드): Shape(모양), Fill(칠): 임의의 색, Stroke(획): No color(없음)'로 지정 후 [출력형태]에서 제시한 붓 모양의 손잡이 부분의 사각형을 그린다.

02 Add Anchor Point Tool(기준점 추가 도구, ✏)로 직사각형 중간 지점을 클릭하여 기준점을 추가해주고, 추가된 기준점을 드래그하여 붓 손잡이 모양을 수정한다. 같은 방법으로 손잡이를 완성한 뒤 Pen Tool(펜 도구, ✏) 로 붓 모양을 완성한다.

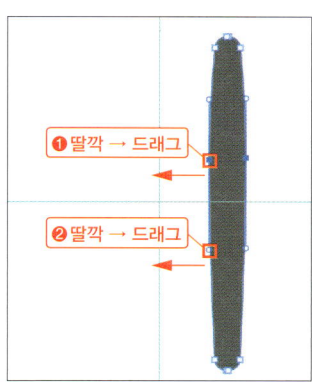
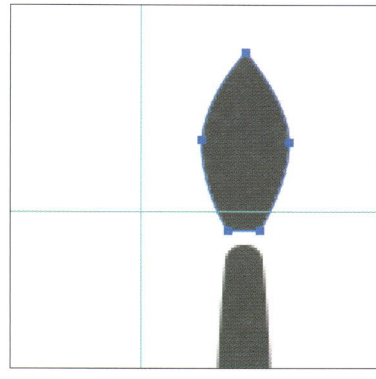

03 Pen Tool(펜 도구, ✏)로 팔레트 모양을 그린다. 레이어 패널에서 레이어를 클릭하여 패스 선택을 해제하고 Options Bar(옵션 바)에서 'Path operations(패스 작업): Subtract Front Shape(전면 모양 빼기, ▫)'로 변경하고, Ellipse Tool(타원 도구, ⬭)로 팔레트에 삭제될 부분을 그린다. 그린 원을 Ctrl + Alt 를 누르면서 드래그 하여 [출력형태]와 같이 복사한다.

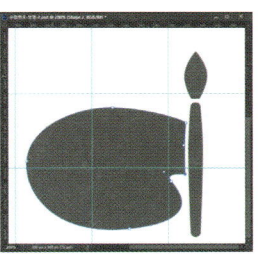

알아두면 좋은 TIP

패스 작업 단축키
- Alt + 도형 그리기: Subtract Front Shape(전면 모양 빼기, ▫)
- Shift + 도형 그리기: Combine Shapes(모양 결합, ▫)

04 레이어 패널에서 Shift 를 누른 채로 그려놓은 패스들을 클릭하여 동시 선택한다. 선택된 레이어에서 마우스 오른쪽을 클릭하여 [Merge Shapes(모양 병합)](Ctrl + E)를 적용한다.

05 Path Selection Tool(패스 선택 도구,)를 선택한다. 드래그하여 모든 패스를 선택한 후, Options Bar(옵션 바)에서 'Merge Shape Components(모양 병합 구성 요소, ▫)'를 클릭한다.

06 화면 오른쪽의 Paths(패스) 패널에서 'Work Path(작업 패스)'를 더블클릭한 후, [Save Path(패스 저장)] 대화상자가 열리면 붓과 팔레트 모양을 입력하여 저장한다.

4 클리핑 마스크 적용하기

01 [File(파일)] – [Open(열기)]([Ctrl]+[O])을 선택하여 1급-2.jpg를 불러온다. [Ctrl]+[A]를 눌러 전체 이미지를 선택하여 복사([Ctrl]+[C])하고, 작업 파일에 붙여넣기([Ctrl]+[V])한다. [Ctrl]+[T]를 누르고 출력형태와 같이 붓과 팔레트 모양 패스 레이어 위에 배치한 후 [Enter]를 누른다.

02 붓과 팔레트 모양 레이어와 '1급-2' 레이어 사이에 마우스 커서를 놓고 [Alt]를 누른 상태로 클릭하여 Clipping Mask(클리핑 마스크)를 적용한다. 붓과 팔레트 모양 레이어를 선택하고 레이어 패널 하단의 [Add a Layer style(레이어 스타일 추가, fx)] – [Stroke(획)]를 클릭한다.

> 조건
> - Stroke(획) ▶ Size(크기): 3px, Fill Type(칠 유형): Gradient(그레이디언트) – 시작점: #990000, 끝점: #009933, Style(스타일): Linear(선형), Angle(각도): 90°
> - Inner Shadow(내부 그림자) ▶ 체크

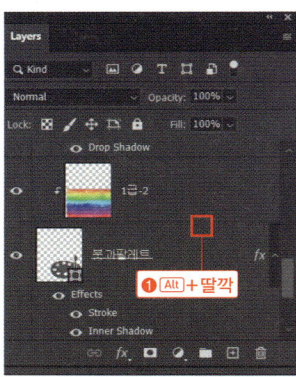

5 이미지 및 모양 도구 배치하기

01 [File(파일)] – [Open(열기)]([Ctrl]+[O])을 선택하여 1급-3.jpg를 불러온다. Quick Selection Tool(빠른 선택 도구,)로 이미지 내의 오브젝트를 선택한다. 선택 영역을 복사([Ctrl]+[C])한 후, 작업 파일에 붙여넣기([Ctrl]+[V])한다. [Ctrl]+[T]를 누르고 출력형태와 같이 배치한 후 [Enter]를 누른다. 레이어 패널 하단의 [Add a Layer style(레이어 스타일 추가, fx)] – [Drop Shadow(드롭 섀도)]를 클릭한다.

> 조건
> Drop Shadow(드롭 섀도) ▶ 체크

02 Custom Shape Tool(사용자 정의 모양 도구,)을 클릭하고, Options Bar(옵션 바)에서 'Fill(칠): #9999cc'로 지정한 후, '꽃' 모양을 찾아 드래그하여 그린 후 Enter를 눌러 Shape 레이어를 생성한다. 레이어 패널 하단의 [Add a Layer style(레이어 스타일 추가,)] – [Bevel and Emboss(경사와 엠보스)]를 클릭한다.

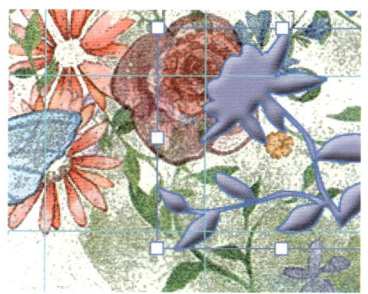

조건
- 꽃 모양: [All Legacy Default Shapes(모든 레거시 기본 모양)] – [Nature(자연)] – [Flower 2(꽃 2)]
- Bevel and Emboss(경사와 엠보스) ▶ 체크

03 Custom Shape Tool(사용자 정의 모양 도구,)을 클릭하고, Options Bar(옵션 바)에서 'Fill(칠): #669933'으로 지정한 후, '나뭇잎' 모양을 찾아 드래그하여 그린 후 Enter를 눌러 Shape 레이어를 생성한다. 레이어 패널 하단의 [Add a Layer style(레이어 스타일 추가,)] – [Inner Shadow(내부 그림자)]를 클릭한다.

조건
- 나뭇잎 모양: [All Legacy Default Shapes(모든 레거시 기본 모양)] – [Nature(자연)] – [Leaf 2(나뭇잎 2)]
- Inner Shadow(내부 그림자) ▶ 체크

04 잎 모양 레이어를 선택하고 Ctrl+J를 눌러 복사한다. 복사된 잎 모양 레이어를 선택하고 Ctrl+T를 눌러 출력형태와 같이 배치한 후, 레이어의 썸네일을 더블클릭하여 'Color(색상): #99cccc'로 변경한다.

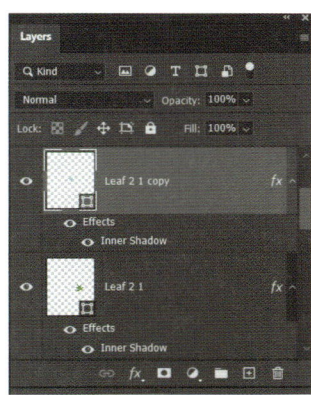 

6 문자 입력하기

01 Type Tool(수평 문자 도구, T)을 클릭하고 [출력형태]의 문자 부분과 같은 지점을 클릭한다. 수채화 그림을 입력하고 Properties(속성) 패널에서 [조건]과 같이 세부정보를 입력한다. 레이어 패널 하단의 [Add a Layer style(레이어 스타일 추가, fx)] – [Gradient Overlay(그레이디언트 오버레이)]를 클릭한다.

> [조건]
> - Font(글꼴): 궁서, Size(크기): 45pt
> - Gradient Overlay(그레이디언트 오버레이) ▶ Gradient(그레이디언트) – 시작점: #f660066, 끝점: #00cc33, Style(스타일): Linear(선형), Angle(각도): 90°
> - Stroke(획) ▶ Size(크기): 2px, Color(색상): #cccccc

02 Options Bar(옵션 바)에서 Create Warped text(뒤틀어진 텍스트 만들기, T)를 클릭한다. [Warped text(텍스트 뒤틀기)] 대화상자에 문제지의 [출력형태]와 같이 세부정보를 입력한다. Ctrl+T를 누르고 [출력형태]와 같이 회전하고 배치한 후 Enter를 누른다.

> [조건]
> Style(스타일): Rise(상승), Bend(구부리기): -50%

7 저장 및 파일 전송하기

01 작업이 완료되면 문제지의 [출력형태]와 작업 파일을 비교하여 레이어의 순서, 이미지 위치를 최종 점검한다.

02 [File(파일)] – [Save As a Copy(사본 저장)](Alt+Ctrl+S)를 선택하고, '저장 경로: 내 PC₩문서₩GTQ, 파일형식: JPEG, 파일이름: 수험번호-성명-1'로 저장한다.

03 제출용 PSD 파일을 만들기 위해 [Image(이미지)] – [Image Size(이미지 크기)](Alt+Ctrl+I)를 클릭한다. [Image Size(이미지 크기)] 대화상자가 열리면 문제지의 [조건]과 같이 세부정보를 입력하여 작업 사이즈의 1/10 사이즈로 축소한다.

> [조건]
> Constrain aspect ratio(종횡비 제한): 체크, Width(폭): 40px, Height(높이): 50px

04 [File(파일)] – [Save As(다른 이름으로 저장)](Shift+Ctrl+S)를 선택하고, '저장 경로: 내 PC₩문서₩GTQ, 파일형식: PSD, 파일이름: 수험번호-성명-1'로 저장한다.

05 답안 전송 프로그램을 이용하여 저장된 jpg, psd 파일을 감독관 컴퓨터로 전송한다.

문제 2 [기능평가] 사진편집 응용

☑ **문제 풀이 순서**
  1 새 작업 파일 만들기 → **2** 필터 적용하기 → **3** 색상 보정하기 → **4** 이미지 및 모양 도구 배치하기 → **5** 문자 입력하기 → **6** 저장 및 파일 전송하기

☑ **감점방지 TIP**
  레이어의 순서는 출력형태를 참고하여 조정한다.

1 새 작업 파일 만들기

01 새로운 작업 파일을 만들기 위해 [File(파일)] - [New(새로 만들기)]([Ctrl]+[N])를 선택한다. [New Document(새로운 문서 만들기)] 대화상자가 열리면 문제지의 조건 을 참고하여 작업 파일 세부정보를 입력한다.

> **조건**
> Width(폭): 400, Height(높이): 500, 단위: Pixels(픽셀), Resolution(해상도): 72(Pixel/Inch), Color Mode(색상 모드): RGB, 8bit, Background Contents(배경 내용): White(흰색)

02 [File(파일)] - [Save As(다른 이름으로 저장)]([Ctrl]+[Shift]+[S])를 선택한다. '저장 경로: 내 PC\문서\GTQ, 파일명: 수험번호-성명-2.psd'로 저장한다.
03 작업 파일에 눈금자를 표시하기 위해 [View(보기)] - [Rulers(눈금자)]([Ctrl]+[R])를 선택한다.
04 [View(보기)] - [Show(표시)] - [Grid(격자)]([Ctrl]+[˝])를 눌러 격자를 표시한다.

2 필터 적용하기

01 [File(파일)] - [Place Embedded(포함 가져오기)]를 선택하여 1급-4.jpg를 불러온다. [Ctrl]+[T]를 누르고 출력형태 와 같이 배치한 후 [Enter]를 누른다.
02 [Filter(필터)] - [Filter Gallery(필터 갤러리)]를 선택한다. [Filter Gallery(필터 갤러리)] 대화상자가 열리면 [Artistic(예술 효과)] - [Dry Brush(드라이 브러시)]를 선택한다.

3 색상 보정하기

01 [File(파일)] - [Open(열기)]([Ctrl]+[O])을 선택하여 1급-5.jpg를 불러온다. Quick Selection Tool(빠른 선택 도구, ☑)로 가운데 종이 부분을 드래그하여 선택 영역으로 지정한다. [Select(선택)] - [Inverse(반전)]([Shift]+[Ctrl]+[I])로 선택 영역을 반전시키고 사용할 영역을 복사([Ctrl]+[C])한 후, 작업 파일로 돌아와 붙여넣기([Ctrl]+[V])한다. [Ctrl]+[T]를 누르고 출력형태 와 같이 배치한 후 [Enter]를 누른다.

02 Quick Selection Tool(빠른 선택 도구,)로 출력형태의 녹색 계열 부분을 선택하고, 레이어 패널 하단의 [Create new fill or adjustment layer(새 칠 또는 조정 레이어 생성,)] – [Hue/Saturation(색조/채도)]을 선택한다. Properties(속성) 패널의 [Hue/Saturation(색조/채도)] 항목에서 'Colorize(색상화): 체크, Hue(색조): 120, Saturation(채도): 50, Lightness(명도): −10'으로 입력하여 녹색 계열로 변경한다.

03 Quick Selection Tool(빠른 선택 도구,)로 출력형태의 빨간색 계열 부분을 선택하고, 레이어 패널 하단의 [Create new fill or adjustment layer(새 칠 또는 조정 레이어 생성,)] – [Hue/Saturation(색조/채도)]을 선택한다. Properties(속성) 패널의 [Hue/Saturation(색조/채도)] 항목에서 'Colorize(색상화): 체크, 'Hue(색조): 0, Saturation(채도): 50'으로 입력하여 빨간색 계열로 변경한다.

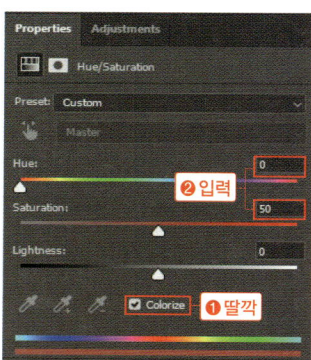

04 레이어 패널 하단의 [Add a Layer style(레이어 스타일 추가,)] – [Drop Shadow(드롭 섀도)]를 클릭한다.

4 이미지 및 모양 도구 배치하기

01 [File(파일)] – [Open(열기)](Ctrl + O)을 선택하여 1급-6.jpg를 불러온다. Quick Selection Tool(빠른 선택 도구,)로 사용할 영역을 복사(Ctrl + C)한 후, 작업 파일로 돌아와 붙여넣기(Ctrl + V) 한다. Ctrl + T 를 누르고 출력형태와 같이 배치한 후 Enter 를 누른다. 레이어 패널 하단의 [Add a Layer style(레이어 스타일 추가,)] – [Inner Shadow(내부 그림자)]를 클릭한다.

02 Custom Shape Tool(사용자 정의 모양 도구,)을 클릭하고, '꽃 장식' 모양을 찾아 드래그하여 그린 후 Options Bar(옵션 바)에서 'Fill(칠): #ffcc66'으로 지정하고 Enter 를 눌러 Shape 레이어를 생성한다. 레이어 패널 하단의 [Add a Layer style(레이어 스타일 추가,)] – [Stroke(획)]를 클릭한다.

> 조건
> • 꽃 장식 모양: [All Legacy Default Shapes(모든 레거시 기본 모양)] – [Ornaments(장식)] – [Floral Ornament 3(꽃 장식 3)]
> • Stroke(획) ▶ Size(크기): 2px, Color(색상): #333333

04 '꽃 장식' 레이어를 선택하고 Ctrl + J 를 눌러 복사한다. 복사된 '꽃 장식' 레이어를 선택하고 Ctrl + T 를 눌러 출력형태 와 같이 배치한 후, 레이어의 썸네일을 더블클릭하여 'Color(색상): #6699ff'로 변경한다. 레이어 패널에서 'Floral Ornament 3(꽃 장식 3) copy' 레이어를 'Floral Ornament 3(꽃 장식 3)' 레이어 아래로 드래그한다.

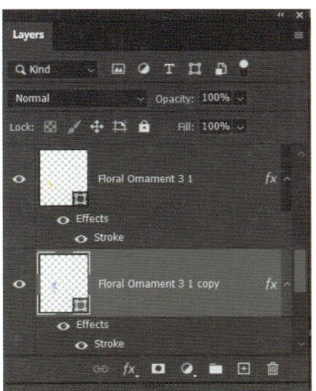

05 Custom Shape Tool(사용자 정의 모양 도구,)을 클릭하고, '잎 장식' 모양을 찾아 드래그하여 그린 후 Options Bar(옵션 바)에서 'Fill(칠): #ffffff'로 지정하고 Enter 를 눌러 Shape 레이어를 생성한다. 레이어 패널 하단의 [Add a Layer style(레이어 스타일 추가,)] – [Outer Glow(외부 광선)]를 클릭한다.

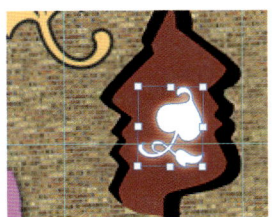

> 조건
> • 잎 모양: [All Legacy Default Shapes(모든 레거시 기본 모양)] – [Ornaments(장식)] – [Hedera 2(헤데라 2)]
> • Outer Glow(외부 광선) ▶ 체크

5 문자 입력하기

01 Type Tool(수평 문자 도구, T)을 클릭하고 출력형태의 문자 부분과 같은 지점을 클릭한다. 재미있는 물감 세상을 입력하고 Properties(속성) 패널에서 조건과 같이 세부정보를 입력한다. 레이어 패널 하단의 [Add a Layer style(레이어 스타일 추가, fx)] – [Gradient Overlay(그레이디언트 오버레이)]를 클릭한다.

> **조건**
> - Font(글꼴): 굴림, Size(크기): 36pt, Paragraph(단락): Center Text(텍스트 중앙 정렬)
> - Gradient Overlay(그레이디언트 오버레이) ▶ Gradient(그레이디언트) – 시작점: #ffffcc, 중간점: #0099ff, 끝점: #ff99cc, Style(스타일): Linear(선형), Angle(각도): 90°
> - Stroke(획) ▶ Size(크기): 2px, Color(색상): #333300

02 Options Bar(옵션 바)에서 Create Warped text(뒤틀어진 텍스트 만들기, ꕅ)를 클릭한다. [Warped text(텍스트 뒤틀기)] 대화상자에 문제지의 조건을 확인하여 세부정보를 입력한다. Ctrl+T를 누르고 출력형태와 같이 회전하고 배치한 후 Enter를 누른다.

> **조건**
> Style(스타일): Shell Upper(위가 넓은 조개), Bend(구부리기): 50%

6 저장 및 파일 전송하기

01 작업이 완료되면 문제지의 출력형태와 작업 파일을 비교하여 레이어의 순서, 이미지 위치를 최종 점검한다.

02 [File(파일)] – [Save As a Copy(사본 저장)](Alt+Ctrl+S)를 선택하고, '저장 경로: 내 PC\문서\GTQ, 파일형식: JPEG, 파일이름: 수험번호-성명-1'로 저장한다.

03 제출용 PSD 파일을 만들기 위해 [Image(이미지)] – [Image Size(이미지 크기)](Alt+Ctrl+I)를 클릭한다. [Image Size(이미지 크기)] 대화상자가 열리면 문제지의 조건과 같이 세부정보를 입력하여 작업 사이즈의 1/10 사이즈로 축소한다.

> **조건**
> Constrain aspect ratio(종횡비 제한): 체크, Width(폭): 40px, Height(높이): 50px

04 [File(파일)] – [Save As(다른 이름으로 저장)](Shift+Ctrl+S)를 선택하고, '저장 경로: 내 PC\문서\GTQ, 파일형식: PSD, 파일이름: 수험번호-성명-1'로 저장한다.

05 답안 전송 프로그램을 이용하여 저장된 jpg, psd 파일을 감독관 컴퓨터로 전송한다.

문제 3 [실무응용] 포스터 제작

☑ 문제 풀이 순서

1 새 작업 파일 만들기→**2** 혼합 모드와 레이어 마스크 적용하기→**3** 클리핑 마스크 적용하기→**4** 이미지 배치 및 색상 보정하기→**5** 문자 입력하기→**6** 모양 도구 배치하기→**7** 저장 및 파일 전송하기

☑ 감점방지 TIP

수채화처럼 투명효과를 살려 영역을 선택하기 위해 [Select(선택)] – [Modify(수정)] – [Feather(페더)]를 활용한다.

1 새 작업 파일 만들기

01 새로운 작업 파일을 만들기 위해 [File(파일)] – [New(새로 만들기)](Ctrl + N)를 선택한다. [New Document(새로운 문서 만들기)] 대화상자가 열리면 문제지의 조건을 참고하여 작업 파일 세부정보를 입력한다.

> **조건**
> Width(폭): 600, Height(높이): 400, 단위: Pixels(픽셀), Resolution(해상도): 72(Pixel/Inch), Color Mode(색상 모드): RGB, 8bit, Background Contents(배경 내용): White(흰색)

02 [File(파일)] – [Save As(다른 이름으로 저장)](Ctrl + Shift + S)를 선택한다. '저장 경로: 내 PC\문서\GTQ, 파일명: 수험번호-성명-3.psd'로 저장한다.
03 작업 파일에 눈금자를 표시하기 위해 [View(보기)] – [Rulers(눈금자)](Ctrl + R)를 선택한다.
04 [View(보기)] – [Show(표시)] – [Grid(격자)](Ctrl + ')를 눌러 격자를 표시한다.

2 혼합 모드와 레이어 마스크 적용하기

01 Tool Box(도구 상자) 하단의 전경색을 더블클릭한다. [Color Picker(색상 피커)] 대화상자가 열리면 #ccffff를 입력하고 [OK(확인)]를 클릭한다. 작업영역을 전경색으로 채우기 위해 Alt + Delete 를 누른다.

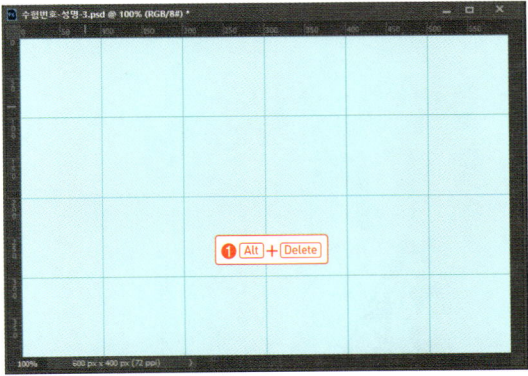

02 [File(파일)] – [Place Embedded(포함 가져오기)]를 선택하여 1급-7.jpg부터 1급-11.jpg까지 순서대로 불러온다. Shift 를 누르고 1급-7.jpg, 1급-11.jpg를 클릭하여 불러온 모든 이미지를 선택한 후, 마우스 오른쪽을 클릭하여 [Rasterize Layers(레이어 레스터화)]를 눌러 일반 레이어로 변환한다. 불러온 모든 이미지를 감추기 상태로 만든다.

03 '1급-7' 레이어의 보이기 버튼을 활성화시키고, 레이어 패널의 'Blending Mode(혼합 모드): Linear Burn(선형 번)'으로 변경한다.

04 '1급-8' 레이어의 보이기 버튼을 활성화시키고, Ctrl+T를 누르고 출력형태와 같이 배치한 후 Enter를 누른다. [Filter(필터)] 메뉴에서 [Filter Gallery(필터 갤러리)]를 선택한다. [Filter Gallery(필터 갤러리)] 대화상자가 열리면 [Artistic(예술 효과)] – [Rough Pastels(거친 파스텔 효과)]를 선택한다.

05 레이어 패널 하단에 [Add a Layer Mask(레이어 마스크 추가, ▢)]를 클릭한다. Gradient Tool(그레이디언트 도구)을 선택하고, Option Bar(옵션 바)에서 'Black, White(검정, 흰색)', 'Linear Gradient(선형 그레이디언트)'로 지정하고 출력형태를 참고하여 오른쪽 상단에서 왼쪽 하단으로 드래그한다.

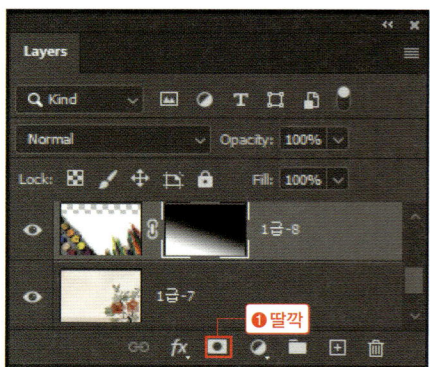

3 클리핑 마스크 적용하기

01 '1급-9' 레이어의 보이기 버튼을 활성화시키고, Quick Selection Tool(빠른 선택 도구, ⬚)로 외곽 부분을 선택 후 Delete를 눌러 삭제한다. Ctrl+T를 누르고 출력형태와 같이 배치한 후 Enter를 누른다. 레이어 패널 하단의 [Add a Layer style(레이어 스타일 추가, fx)] – [Drop Shadow(드롭 섀도)]를 클릭한다.

02 '1급-10' 레이어의 보이기 버튼을 활성화시키고, Ctrl+T를 누르고 출력형태와 같이 배치한 후 Enter를 누른다. 레이어 패널의 'Blending Mode(혼합 모드): Multiply(곱하기)'로 변경한다. '1급-10' 레이어를 선택하고 '1급-9' 레이어 위로 드래그한 뒤, '1급-9' 레이어를 선택하고 클리핑 마스크 영역으로 설정한 레이어 사이에 마우스를 놓고 Alt를 누른 채 클릭한다.

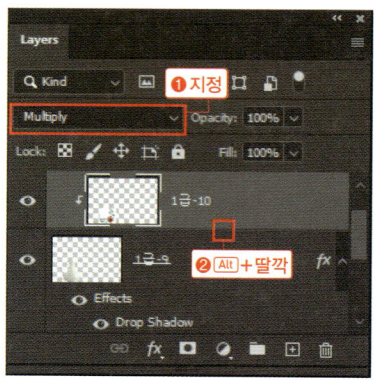

4 이미지 배치 및 색상 보정하기

01 '1급-11' 레이어의 보이기 버튼을 활성화시키고, Magic Wand Tool(자동 선택 도구, 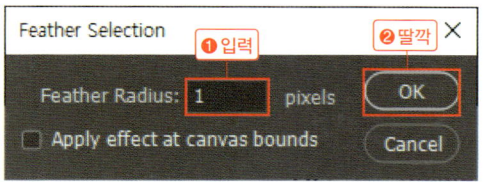)을 선택하고, Options Bar(옵션 바)에서 'Tolerance(허용치): 32, Contiguous(인접): 체크 해제'로 설정한 후, 이미지의 하얀 배경 부분을 선택한다.

02 수채화의 이미지를 살려 외곽을 부드럽게 처리하기 위해 배경이 선택된 상태에서 [Select(선택)] – [Modify(수정)] – [Feather(페더)]를 선택한다. [Feather Selection(선택 영역 페더)] 대화상자가 열리면 'Feather Radius(페더 반경): 1'을 입력한다.

TIP 알아두면 좋은
선택 영역 외곽 경계를 부드럽게(투명 효과) 처리하려면 [Select(선택)] – [Modify(수정)] – [Feather(페더)]를 활용한다.

03 선택 영역이 선택된 상태에서 Delete를 눌러 배경을 삭제한다. Ctrl+D를 눌러 영역설정을 해제한다. Ctrl+T를 눌러 출력형태와 같이 배치한 후 Enter를 누른다.

04 Quick Selection Tool(빠른 선택 도구,)로 출력형태의 빨간색 계열 부분을 선택하고, 레이어 패널 하단의 [Create new fill or adjustment layer(새 칠 또는 조정 레이어 생성,)] – [Hue/Saturation(색조/채도)]을 선택한다. Properties(속성) 패널의 [Hue/Saturation(색조/채도)] 항목에서 'Colorize(색상화): 체크, 'Hue(색조): 0, Saturation(채도): 60, Lightness(명도): -10'으로 입력하여 빨간색 계열로 변경한다.

05 레이어 패널에서 '1급-11' 레이어를 '1급-9' 레이어 아래로 드래그하여 이동시킨 후, 레이어 패널 하단의 [Add a Layer style(레이어 스타일 추가,)] – [Drop Shadow(드롭 섀도)]를 클릭한다.

5 문자 입력하기

01 Type Tool(수평 문자 도구, T)을 클릭하고 출력형태의 문자 부분과 같은 지점을 클릭한다. 서울 수채화 대회를 입력한다. Options Bar(옵션 바) 또는 Properties(속성) 패널에서 조건과 같이 세부정보를 입력한다. 레이어 패널 하단의 [Add a Layer style(레이어 스타일 추가, fx)] – [Gradient Overlay(그레이디언트 오버레이)]를 클릭한다.

> 조건
> - Font(글꼴): 궁서, Size(크기) – 서울, 대회: 42pt, 수채화: 60pt
> - Gradient Overlay(그레이디언트 오버레이) ▶ Gradient(그레이디언트) – 시작점: #3399ff, 중간점: #ff66ff, 끝점: #999900, Style(스타일): Linear(선형), Angle(각도): 0°
> - Stroke(획) ▶ Size(크기): 2px, Color(색상): #ffffcc
> - Drop Shadow(드롭 섀도) ▶ 체크

02 Options Bar(옵션 바)에서 Create Warped text(뒤틀어진 텍스트 만들기, T)를 클릭한다. [Warped text(텍스트 뒤틀기)] 대화상자가 열리면 문제지의 출력형태와 같이 세부정보를 입력한다. Ctrl+T를 눌러 출력형태와 같이 배치한 후 Enter를 누른다.

> 조건
> Style(스타일): Arc Upper(위 부채꼴), Bend(구부리기): 30%

03 Type Tool(수평 문자 도구, T)을 클릭하고 출력형태의 문자 부분과 같은 지점을 클릭한다. Seoul Watercolor Contest를 입력하고 Options Bar(옵션 바) 또는 Properties(속성) 패널에서 조건과 같이 세부정보를 입력한다. 레이어 패널 하단의 [Add a Layer style(레이어 스타일 추가, fx)] – [Stroke(획)]를 클릭한다.

> 조건
> - Font(글꼴): Arial, Style(스타일): Regular, Size(크기): 18pt, Color(색상): #003366
> - Stroke(획) ▶ Size(크기): 2px, Color(색상): #99cccc

04 Options Bar(옵션 바)에서 Create Warped text(뒤틀어진 텍스트 만들기, T)를 클릭한다. [Warped text(텍스트 뒤틀기)] 대화상자가 열리면 문제지의 출력형태와 같이 세부정보를 입력한다. Ctrl+T를 눌러 출력형태와 같이 배치한 후 Enter를 누른다.

> 조건
> Style(스타일): Flag(깃발), Bend(구부리기): −80%

05 Type Tool(수평 문자 도구, T)을 클릭하고 출력형태의 문자 부분과 같은 지점을 클릭한다. 우편물 / 택배 접수를 입력하고 Options Bar(옵션 바) 또는 Properties(속성) 패널에서 조건과 같이 세부정보를 입력한다. 레이어 패널 하단의 [Add a Layer style(레이어 스타일 추가, fx)] – [Stroke(획)]를 클릭한다.

조건

Font(글꼴): 돋움, Size(크기): 16pt, Color(색상) – 우편물 /: #cc0000, 택배 접수: #003300
Stroke(획) ▶ Size(크기): 2px, Color(색상): #ffffff

06 Type Tool(수평 문자 도구, T)을 클릭하고 출력형태의 문자 부분과 같은 지점을 클릭한다. 접수 : 1인 1점 대상 : 모든 창작품을 입력한다. Options Bar(옵션 바) 또는 Properties(속성) 패널에서 조건과 같이 세부정보를 입력한다. 레이어 패널 하단의 [Add a Layer style(레이어 스타일 추가, fx)] – [Gradient Overlay(그레이디언트 오버레이)]를 클릭한다.

조건

- Font(글꼴): 돋움, Size(크기): 18pt
- Gradient Overlay(그레이디언트 오버레이) ▶ Gradient(그레이디언트) – 시작점: #003300, 끝점: #ff0000, Style(스타일): Linear(선형), Angle(각도): 90°
- Stroke(획) ▶ Size(크기): 2px, Color(색상): #ffffff

6 모양 도구 배치하기

01 Custom Shape Tool(사용자 정의 모양 도구, ✦)을 클릭하고, '스피커' 모양을 찾아 드래그하여 그린 후 Options Bar(옵션 바)에서 'Fill(칠): #ff3333'으로 지정하고 Enter를 눌러 Shape 레이어를 생성한다. 레이어 패널 하단의 [Add a Layer style(레이어 스타일 추가, fx)] – [Drop Shadow(드롭 섀도)]를 클릭한다.

조건

- 스피커 모양: [All Legacy Default Shapes(모든 레거시 기본 모양)] – [Web(웹)] – [Volume(볼륨)]
- Drop Shadow(드롭 섀도) ▶ 체크

02 Custom Shape Tool(사용자 정의 모양 도구, ✦)을 클릭하고, '잎' 모양을 찾아 드래그하여 그린 후 Options Bar(옵션 바)에서 'Fill(칠): #66cc99'로 지정하고 Enter를 눌러 Shape 레이어를 생성한다. 레이어 패널 하단의 [Add a Layer style(레이어 스타일 추가, fx)] – [Inner Shadow(내부 그림자)]를 클릭한다. 레이어 패널 상단에 'Opacity(불투명도): 80%'를 입력한다.

조건

- 잎 모양: [All Legacy Default Shapes(모든 레거시 기본 모양)] – [Nature(자연)] – [Leaf 2(나뭇잎 2)]
- Inner Shadow(내부 그림자) ▶ 체크

03 'Leaf 2(잎 2)' 레이어를 선택하고 Ctrl+J를 눌러 복사한다. 복사된 'Leaf 2(잎 2) copy' 레이어를 선택하고 Ctrl+T를 눌러 출력형태와 같이 배치한 후, 레이어의 썸네일을 더블클릭하여 'Color(색상): #339999'로 지정한다.

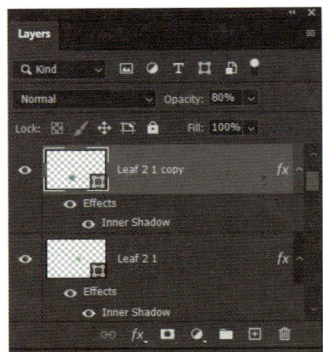

04 Custom Shape Tool(사용자 정의 모양 도구,)을 클릭하고, '편지' 모양을 찾아 드래그하여 그린 후 Options Bar(옵션 바)에서 'Fill(칠): #ffcc33'으로 지정하고 Enter를 눌러 Shape 레이어를 생성한다. 레이어 패널 하단의 [Add a Layer style(레이어 스타일 추가,)] – [Drop Shadow(드롭 섀도)]를 클릭한다.

> 조건
> • 편지 모양: [All Legacy Default Shapes(모든 레거시 기본 모양)] – [Web(웹)] – [Mail(우편)]
> • Drop Shadow(드롭 섀도) ▶ 체크

7 저장 및 파일 전송하기

01 작업이 완료되면 문제지의 출력형태와 작업 파일을 비교하여 레이어의 순서, 이미지 위치를 최종 점검한다.
02 [File(파일)] – [Save As a Copy(사본 저장)](Alt+Ctrl+S)를 선택하고, '저장 경로: 내 PC\문서\GTQ, 파일형식: JPEG, 파일이름: 수험번호-성명-3'으로 저장한다.
03 제출용 PSD 파일을 만들기 위해 [Image(이미지)] – [Image Size(이미지 크기)](Alt+Ctrl+I)를 클릭한다. [Image Size(이미지 크기)] 대화상자가 열리면 문제지의 조건을 확인하여 세부정보를 입력하여 작업 사이즈의 1/10 사이즈로 축소한다.

> 조건
> Constrain as pect ratio(종횡비 제한): 체크, Width(폭): 60px, Height(높이): 40px

04 [File(파일)] – [Save As(다른 이름으로 저장)](Alt+Ctrl+S)를 선택하고, '저장 경로: 내 PC\문서\GTQ, 파일형식: PSD, 파일이름: 수험번호-성명-3'으로 저장한다.
05 답안 전송 프로그램을 이용하여 저장된 jpg, psd 파일을 감독관 컴퓨터로 전송한다.

문제 4 〔실무응용〕 웹 페이지 제작

✓ 문제 풀이 순서
1 새 작업 파일 만들기→**2** 이미지 불러오고 패턴 만들기→**3** 레이어 마스크 적용하기→**4** 이미지 보정하기
→**5** 이미지 배치 및 색상 보정하기→**6** 문자 입력하기→**7** 패스 작업과 패턴 적용하기→**8** 모양 도구 배치하기
→**9** 저장 및 파일 전송하기

✓ 감점방지 TIP
- 색상속성이 다른 패스 오브젝트를 하나의 모양 레이어로 병합하기 위해 [Convert to Smart Object(고급 개체로 변환)]을 활용한다.
- 패스 작업의 경우 크기나 위치를 가늠하기 어렵다면 문자를 먼저 입력한 후 작성하면 수월하다.
- 수채화같이 부드러운 외곽 처리를 위해서 [Feather(페더)] 기능을 사용한다.

---

1 새 작업 파일 만들기

01 새로운 작업 파일을 만들기 위해 [File(파일)] - [New(새로 만들기)]([Ctrl]+[N])를 선택한다. [New Document(새로운 문서 만들기)] 대화상자가 열리면 문제지의 조건을 참고하여 작업 파일 세부정보를 입력한다.

조건

Width(폭): 600, Height(높이): 400, 단위: Pixels(픽셀), Resolution(해상도): 72(Pixel/Inch), Color Mode(색상 모드): RGB, 8bit, Background Contents(배경): White(흰색)

02 [File(파일)] - [Save As(다른 이름으로 저장)]([Ctrl]+[Shift]+[S])를 선택한다. '저장 경로: 내 PC₩문서₩GTQ, 파일명: 수험번호-성명-4.psd'로 저장한다.
03 작업 파일에 눈금자를 표시하기 위해 [View(보기)] - [Rulers(눈금자)]([Ctrl]+[R])를 선택한다.
04 [View(보기)] - [Show(표시)] - [Grid(격자)]([Ctrl]+[']를 눌러 격자를 표시한다.

2 이미지 불러오고 패턴 만들기

01 Tool Box(도구 상자) 하단의 전경색을 더블클릭한다. [Color Picker(색상 피커)] 대화상자가 열리면 #cccc99를 입력하고 [OK(확인)]를 클릭한다. 작업영역을 전경색으로 채우기 위해 [Alt]+[Delete]를 누른다.

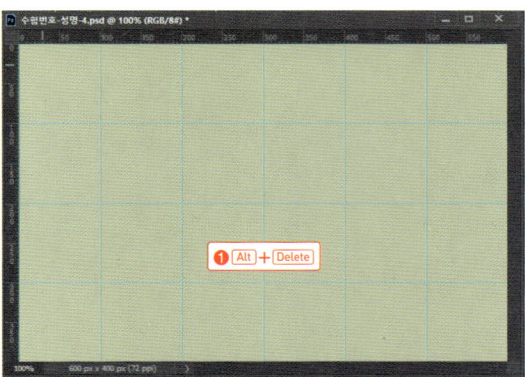

02 [File(파일)] - [Place Embedded(포함 가져오기)]를 선택하여 1급-12.jpg부터 1급-17.jpg까지 불러온다. Shift를 누르고 1급-12.jpg, 1급-17.jpg를 클릭하여 불러온 모든 이미지를 선택한 후, 마우스 오른쪽을 클릭하여 [Rasterize Layer(레스터화)]를 눌러 일반 레이어로 변환한다. 불러온 모든 이미지를 감추기 상태로 만든다.

03 패턴을 만들기 위해 [File(파일)] - [New(새로 만들기)](Ctrl+N)를 선택한다. [New Document(새로운 문서 만들기)] 대화상자가 열리면 문제지의 조건을 참고하여 작업 파일 세부정보를 입력한다.

> 조건
>
> Width(폭): 30, Height(높이): 30, 단위: Pixels(픽셀), Resolution(해상도): 72(Pixel/Inch), Color Mode(색상 모드): RGB, 8bit, Background Contents(배경): Transparent(투명)

04 Custom Shape Tool(사용자 정의 모양 도구,)을 클릭하고, '꽃' 모양을 찾아 작업영역 오른쪽 하단에 드래그하여 그린 후 Options Bar(옵션 바)에서 'Fill(칠): #cccccc'로 지정하고 Enter를 눌러 Shape 레이어를 생성한다.

> 조건
>
> 꽃 모양: [All Legacy Default Shapes(모든 레거시 기본 모양)] - [Nature(자연)] - [Flower 7(꽃 7)]

05 Custom Shape Tool(사용자 정의 모양 도구,)을 클릭하고, '달' 모양을 찾아 작업영역 왼쪽 상단에 드래그하여 그린 후 Options Bar(옵션 바)에서 'Fill(칠): #ffccff'로 지정하고 Enter를 눌러 Shape 레이어를 생성한다.

> 조건
>
> 달 모양: [All Legacy Default Shapes(모든 레거시 기본 모양)] - [Shapes(모양)] - [Crescent Moon(초승달)]

06 [Edit(편집)] - [Define Pattern(사용자 패턴 정의)]을 클릭한다. 'Pattern Name(패턴 이름): 꽃_달'로 입력하고 [OK(확인)]를 클릭한 후 '4번 문제 작업 문서'로 돌아간다.

3 레이어 마스크 적용하기

01 '1급-12' 레이어의 보이기 버튼만 활성화시키고 해당 레이어를 선택한다. Ctrl+T를 누르고 출력형태와 같이 배치한 후 Enter를 누른다.

02 레이어 패널에서 'Blending Mode(혼합 모드): Hard Light(하드 라이트)'로 변경한 후, 레이어 패널 하단에 [Add a Layer Mask(레이어 마스크 추가, ▢)]를 클릭한다. Gradient Tool(그레이디언트 도구, ▢)을 선택하고, Option Bar(옵션 바)에서 'Black, White(검정, 흰색)', 'Linear Gradient(선형 그레이디언트)'로 지정하고 출력형태를 참고하여 오른쪽에서 왼쪽으로 드래그한다.

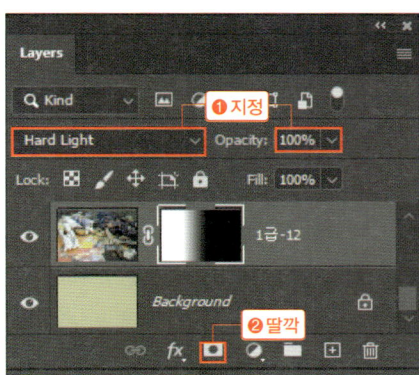
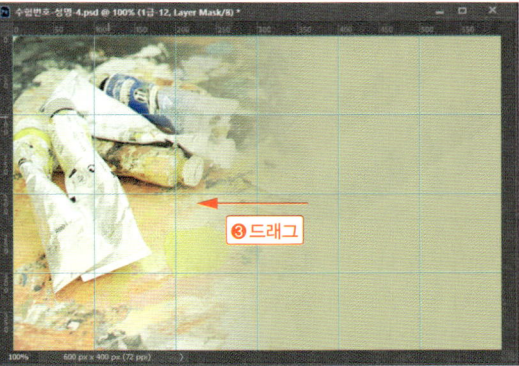

03 '1급-13' 레이어의 보이기 버튼을 활성화시키고, Ctrl+T를 누르고 마우스 오른쪽을 클릭하여 [Flip Horizontal(가로로 뒤집기)]을 선택한 후, 출력형태와 같이 배치한 후 Enter를 누른다. [Filter(필터)] - [Filter Gallery(필터 갤러리)]를 선택한다. [Filter Gallery(필터 갤러리)] 대화상자가 열리면 [Brush Strokes(브러시 선)] - [Crosshatch(그물눈)]를 선택한다.

04 레이어 패널 하단에 [Add a Layer Mask(레이어 마스크 추가, ▢)]를 클릭한다. Gradient Tool(그레이디언트 도구, ▢)로 출력형태와 같이 왼쪽 상단에서 오른쪽 하단으로 드래그한다.

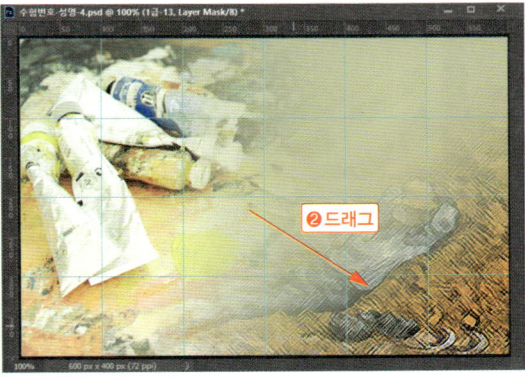

4 이미지 보정하기

01 '1급-14' 레이어의 보이기 버튼을 활성화시키고, Quick Selection Tool(빠른 선택 도구,)로 배경부분을 드래그하여 선택 영역으로 지정한다. Delete 를 눌러 배경부분을 삭제한다. Ctrl + T 를 누르고 출력형태 와 같이 배치한 후 Enter 를 누른다. 레이어 패널 하단의 [Add a Layer style(레이어 스타일 추가,)] – [Stroke(획)]를 클릭한다.

조건

Stroke(획) ▶ Size(크기): 3px, Fill Type(칠 유형): Gradient(그레이디언트) – 시작점: #ff66ff, 끝점: #ffff00, Style(스타일): Linear(선형), Angle(각도): –180°

02 '1급-15' 레이어의 보이기 버튼을 활성화시키고, Quick Selection Tool(빠른 선택 도구,)로 배경부분을 드래그하여 선택 영역으로 지정한다. Delete 를 눌러 배경부분을 삭제한다. Ctrl + T 를 누르고 출력형태 와 같이 배치한 후 Enter 를 누른다.

03 [Filter(필터)] – [Filter Gallery(필터 갤러리)]를 선택한다. [Filter Gallery(필터 갤러리)] 대화상자가 열리면 [Texture(텍스처)] – [Texturizer(텍스처화)]을 선택한다. 레이어 패널 하단의 [Add a Layer style(레이어 스타일 추가,)] – [Bevel and Emboss(경사와 엠보스)]를 클릭한다.

조건

Bevel and Emboss(경사와 엠보스) ▶ 체크

5 이미지 배치 및 색상 보정하기

01 '1급-16' 레이어의 보이기 버튼을 활성화시키고, Quick Selection Tool(빠른 선택 도구,)로 사용할 영역 외곽 부분을 선택한 후, Delete 를 눌러 외곽 부분을 삭제한다. Ctrl + T 를 눌러 출력형태 와 같이 배치한 후 Enter 를 누른다.

02 Quick Selection Tool(빠른 선택 도구,)로 주황색 계열로 변경해야 할 영역을 선택하고, 레이어 패널 하단의 [Create new fill or adjustment layer(새 칠 또는 조정 레이어 생성,)] - [Hue/Saturation(색조/채도)]을 선택한다. Properties(속성) 패널에서 'Colorize(색상화): 체크, Hue(색조): 15, Saturation(채도): 60, Lightness(명도): -5'로 입력하여 주황색 계열로 변경한다.

03 레이어 패널 하단의 [Add a Layer style(레이어 스타일 추가,)] - [Drop Shadow(드롭 섀도)]를 클릭한다.

04 '1급-17' 레이어의 보이기 버튼을 활성화시키고, Magic Wand Tool(자동 선택 도구,)을 선택하고, Option Bar(옵션 바)에서 'Tolerance(허용치): 32, Contiguous(인접): 체크 해제'로 설정한 후, 이미지의 하얀 배경 부분을 선택한다.

05 외곽을 부드럽게 처리하기 위해 배경이 선택된 상태에서 [Select(선택)] - [Modify(수정)] - [Feather(페더)]를 선택한다. [Feather Selection(선택 영역 페더)] 대화상자가 열리면 'Feather Radius(페더 변경): 2'를 입력한다. 선택 영역이 선택된 상태에서 Delete 를 눌러 배경을 삭제한다. Ctrl + D 를 눌러 영역설정을 해제한 뒤 Ctrl + T 를 눌러 출력형태 와 같이 배치한 후 Enter 를 누른다.

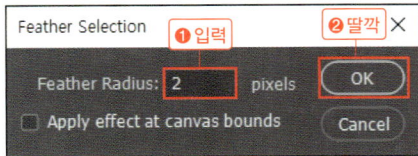 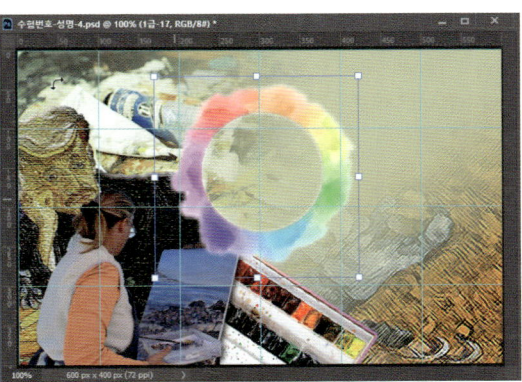

6 문자 입력하기

01 Type Tool(수평 문자 도구, T)을 클릭하고 출력형태의 문자 부분과 같은 지점을 클릭한다. 서울갤러리 수채화 전시회를 입력하고, Options Bar(옵션 바) 또는 Properties(속성) 패널에서 조건과 같이 세부정보를 입력한다. 레이어 패널 하단의 [Add a Layer style(레이어 스타일 추가, fx)] – [Gradient Overlay(그레이디언트 오버레이)]를 클릭한다.

> 조건
> - Font(글꼴): 굴림, Size(크기): 30pt
> - Gradient Overlay(그레이디언트 오버레이) ▶ Gradient(그레이디언트) – 시작점: #000099, 끝점: #ff3399, Style(스타일): Linear(선형), Angle(각도): 90°
> - Stroke(획) ▶ Size(크기): 2px, Color(색상): #ffffff
> - Drop Shadow(드롭 섀도) ▶ 체크

02 Options Bar(옵션 바)에서 Create Warped text(뒤틀어진 텍스트 만들기, ⌁)를 클릭한다. [Warped text(텍스트 뒤틀기)] 대화상자가 열리면 문제지의 출력형태와 같이 세부정보를 입력한다. Ctrl+T를 눌러 출력형태와 같이 배치한 후 Enter를 누른다.

> 조건
> Style(스타일): Bulge(돌출), Bend(구부리기): 50%

03 Type Tool(수평 문자 도구, T)을 클릭하고 출력형태의 문자 부분과 같은 지점을 클릭한다. Watercolor Exhibition을 입력하고 Options Bar(옵션 바) 또는 Properties(속성) 패널에서 조건과 같이 세부정보를 입력한다. 레이어 패널 하단의 [Add a Layer style(레이어 스타일 추가, fx)] – [Stroke(획)]를 클릭한다.

> 조건
> - Font(글꼴): Times New Roman, Style(스타일): Regular, Size(크기): 24pt, Color(색상) – Watercolor: #0099ff, Exhibition: #669933
> - Stroke(획) ▶ Size(크기): 2px, Color(색상): #ffffff

04 Options Bar(옵션 바)에서 Create Warped text(뒤틀어진 텍스트 만들기, ![])를 클릭한다. [Warped text(텍스트 뒤틀기)] 대화상자가 열리면 문제지의 출력형태 와 같이 세부정보를 입력한다. Ctrl+T를 눌러 출력형태 와 같이 배치한 후 Enter 를 누른다.

조건
Style(스타일): Arc(부채꼴), Bend(구부리기): -60%

05 Type Tool(수평 문자 도구, ![])을 클릭하고 출력형태 의 문자 부분과 같은 지점을 클릭한다. 오늘의 작가 를 입력하고 Options Bar(옵션 바) 또는 Properties(속성) 패널에서 조건 과 같이 세부정보를 입력한다. 레이어 패널 하단의 [Add a Layer style(레이어 스타일 추가, ![])] – [Drop Shadow(드롭 섀도)]를 클릭한다.

조건
• Font(글꼴): 궁서, Size(크기): 20pt, Color(색상): #ffffff
• Drop Shadow(드롭 섀도) ▶ 체크

7 패스 작업과 패턴 적용하기

01 Pen Tool(펜 도구, ![])을 선택하고 Options Bar(옵션 바)에서 Path(패스) 설정을 'Pick tool mode(선택 도구모드): Shape(모양)', 'Fill(칠): #9966cc, Stroke(획): No color(없음)'로 지정 후 출력형태 에서 제시한 꽃 모양의 받침 부분을 그린다.

02 Ellipse Tool(타원 도구, ○)을 선택하고 Options Bar(옵션 바)에서 'Fill(칠): #669966'으로 지정 후 원을 하나 그린다. 'Path operations(패스 작업): Subtract Front Shape(전면 모양 빼기, ⊡)'로 변경한 뒤, 작은 원을 겹치게 그려 꽃 봉우리의 한 부분을 만들고 Options Bar(옵션 바)에서 'Merge Shape Components(모양 병합 구성 요소, ⊡)'를 클릭한다.

03 완성된 꽃 봉우리 레이어를 선택한 뒤, Ctrl+J를 눌러 레이어를 복사하고 Ctrl+T를 누르고 출력형태와 같이 배치한 후 Enter를 누른다.

04 꽃 봉우리 레이어를 레이어 패널에서 Shift를 누른 채로 클릭하여 동시 선택한다. 선택된 레이어에서 마우스 오른쪽을 클릭하여 [Merge Shapes(모양 병합)](Ctrl+E)를 적용한다.

05 하나의 패스로 병합하기 위해 Path Selection Tool(패스 선택 도구, ▶)로 모든 패스를 선택한 후, Options Bar(옵션 바)에서 'Merge Shape Components(모양 병합 구성 요소, ⊡)'를 클릭한다.

06 꽃 봉우리 레이어와 꽃 받침 레이어를 모두 선택하고 마우스 오른쪽을 클릭하여 [Convert to Smart Object(고급 개체로 변환)]를 선택한다.

알아두면 좋은 TIP

[Convert to Smart Object(고급 개체로 변환)]의 기능은 다양하지만, 이 문제에서는 병합된 레이어 속성을 유지하면서 하나의 레이어로 병합하기 위한 용도로 사용할 수 있다.

07 레이어 패널 하단의 [Add a Layer style(레이어 스타일 추가, fx)] – [Drop Shadow(드롭 섀도)]를 클릭한다.

조건

Drop Shadow(드롭 섀도) ▶ 체크

08 레이어 패널 하단의 [Create a new layer(새 레이어 생성,)]를 클릭한다. 새 레이어가 선택된 상태에서 Rectangular Marquee Tool(사각형 선택 윤곽 도구,)로 그려놓은 꽃 부분이 덮힐만한 크기의 사각형 선택 영역을 드래그하여 그린다.

알아두면 좋은 TIP

패턴을 넣을 영역을 지정하지 않고 패턴을 칠하면 문서 전체에 패턴에 칠해진다. 클리핑 마스크 영역을 규정하지 않고 전체에 패턴을 칠해도 감점이 되지 않는다.

09 [Edit(편집)] – [Fill(칠)]을 선택한다. [Fill(칠)] 대화상자가 열리면 'Contents(내용) : Pattern(패턴)'으로 변경하고 Custom Pattern(사용자 정의 패턴) 항목에서 등록한 '꽃_달' 패턴을 찾아 선택하고 [OK(확인)]를 눌러 적용한다. 꽃 모양 레이어를 선택하고 패턴 레이어 사이에 마우스를 놓고 Alt를 누른 채 클릭한다.

8 모양 도구 배치하기

01 Rectangle Tool(사각형 도구, ▢)로, [출력형태]의 버튼 크기의 사각형을 그린다. 레이어 패널 하단의 [Add a Layer style(레이어 스타일 추가, fx)] – [Gradient Overlay(그레이디언트 오버레이)]를 클릭한다.

> **조건**
> • Gradient Overlay(그레이디언트 오버레이) ▶ Gradient(그레이디언트) – 시작점: #cccc66, 끝점: #ffffff, Style(스타일): Linear(선형), Angle(각도): 90°
> • Stroke(획) ▶ Size(크기): 2px, Color(색상): #009933

02 Type Tool(수평 문자 도구, T)을 클릭하고 [출력형태]의 문자 부분과 같은 지점을 클릭한다. 전시를 입력하고 Options Bar(옵션 바) 또는 Properties(속성) 패널에서 [조건]과 같이 세부정보를 입력한다. 레이어 패널 하단의 [Add a Layer style(레이어 스타일 추가, fx)] – [Stroke(획)]를 클릭한다.

> **조건**
> • Font(글꼴): 돋움, Size(크기): 14pt, Color(색상): #ffffff
> • Stroke(획) ▶ Size(크기): 2px, Color(색상): #666666

03 완성된 메뉴 버튼을 구성하는 배너 모양 레이어와 문자 레이어를 Ctrl을 누르며 클릭하여 동시에 선택한 후 Ctrl+J를 눌러 복사한다. Move Tool(이동 도구, ✥)로 복사된 메뉴 버튼을 드래그하여 하단으로 복사하여 [출력형태]와 같이 배치한다. 같은 방법으로 한 번 더 복사하여 [출력형태]와 같이 배치한다. Type Tool(수평 문자 도구, T)로 드래그하여 뉴스, 갤러리로 수정한다.

04 레이어 패널에서 '뉴스' 레이어와 버튼 모양 사각형 레이어의 [Stroke(획)] 효과를 더블클릭하여 대화상자가 열리면 문제지의 [조건]을 확인하여 세부정보를 수정한다.

> **조건**
> • 뉴스 레이어 ▶ Color(색상): #993333
> • 버튼 모양 사각형 레이어 ▶ Color(색상): #ff33cc

05 Custom Shape Tool(사용자 정의 모양 도구,)을 클릭하고, '체크' 모양을 찾아 드래그하여 그린 후 Options Bar(옵션 바)에서 'Fill(칠): #ffffff'로 지정하고 Enter 를 눌러 Shape 레이어를 생성한다. 레이어 패널 하단의 [Add a Layer style(레이어 스타일 추가,)] – [Drop Shadow(드롭 섀도)]를 클릭한다.

> 조건
> • 체크 모양: [All Legacy Default Shapes(모든 레거시 기본 모양)] – [Symbols(기호)] – [Checked Box(확인란)]
> • Drop Shadow(드롭 섀도) ▶ 체크

06 Custom Shape Tool(사용자 정의 모양 도구,)을 클릭하고, '붓' 모양을 찾아 드래그하여 그린 후 Options Bar(옵션 바)에서 'Fill(칠): #66ccff'로 지정하고 Enter 를 눌러 Shape 레이어를 생성한다. 레이어 패널 하단의 [Add a Layer style(레이어 스타일 추가,)] – [Inner Shadow(내부 그림자)]를 클릭한다.

> 조건
> • 붓 모양: [All Legacy Default Shapes(모든 레거시 기본 모양)] – [Objects(물건)] – [Paintbrush(페인트브러시)]
> • Inner Shadow(내부 그림자) ▶ 체크

9 저장 및 파일 전송하기

01 작업이 완료되면 문제지의 출력형태 와 작업 파일을 비교하여 레이어의 순서, 이미지 위치를 최종 점검한다.
02 [File(파일)] – [Save As a Copy(사본 저장)](Alt + Ctrl + S)를 선택하고, '저장 경로: 내 PC₩문서₩GTQ, 파일형식: JPEG, 파일이름: 수험번호-성명-4'로 저장한다.
03 제출용 PSD 파일을 만들기 위해 [Image(이미지)] – [Image Size(이미지 크기)](Alt + Ctrl + I)를 클릭한다. [Image Size(이미지 크기)] 대화상자가 열리면 문제지의 조건 과 같이 세부정보를 입력하여 작업 사이즈의 1/10 사이즈로 축소한다.

> 조건
> Constrain as pect ratio(종횡비 제한): 체크, Width(폭): 60px, Height(높이): 40px

04 [File(파일)] – [Save As(다른 이름으로 저장)](Shift + Ctrl + S)를 선택하고, '저장 경로: 내 PC₩문서₩GTQ, 파일형식: PSD, 파일이름: 수험번호-성명-4'로 저장한다.
05 답안 전송 프로그램을 이용하여 저장된 jpg, psd 파일을 감독관 컴퓨터로 전송한다.

제10회 GTQ 기출문제

급수	문제유형	시험시간	수험번호	성명
1급	A	90분		

수험자 유의사항

- 수험자는 문제지를 받는 즉시 응시하고자 하는 과목 및 급수가 맞는지 확인한 후 수험번호와 성명을 작성합니다.
- 파일명은 본인의 "수험번호-성명-문제번호"로 공백 없이 정확히 입력하고 답안폴더(내 PC\문서\GTQ)에 jpg 파일과 psd 파일의 2가지 포맷으로 저장해야 하며, jpg 파일과 psd 파일의 내용이 상이할 경우 0점 처리됩니다. 답안문서 파일명이 "수험번호-성명-문제번호"와 일치하지 않거나, 답안 파일을 전송하지 않아 미제출로 처리될 경우 불합격 처리됩니다.
- 문제의 세부조건은 '영문(한글)' 형식으로 표기되어 있으니 유의하시기 바랍니다.
- 수험자 정보와 저장한 파일명, 저장 위치가 다를 경우 전송이 되지 않으므로, 주의하시기 바랍니다.
- 답안 작성 중에도 주기적으로 '저장'과 '답안 전송'을 이용하여 감독위원 PC로 답안을 전송하셔야합니다.(※ 작업한 내용을 저장하지 않고 전송할 경우 이전의 저장내용이 전송되오니 이점 반드시 유념하시기 바랍니다.)
- 답안문서는 지정된 경로 외의 다른 보조기억장치에 저장하는 행위, 지정된 시험 시간 외에 작성된 파일을 활용한 행위, 기타 통신수단(이메일, 메신저, 네트워크 등)을 이용하여 타인에게 전달 또는 외부 반출하는 행위는 부정으로 간주되어 자격기본법 제32조에 의거 본 시험 및 국가공인 자격시험을 2년간 응시할 수 없습니다.
- 시험 중 부주의 또는 고의로 시스템을 파손한 경우와 〈수험자 유의사항〉에 기재된 방법대로 이행하지 않아 생기는 불이익은 수험자의 책임임을 알려 드립니다.
- 시험을 완료한 수험자는 최종적으로 저장한 답안파일이 전송되었는지 확인한 후 감독위원의 지시에 따라 문제지를 제출하고 퇴실합니다.

답안 작성요령

- 온라인 답안 작성 절차
  수험자 등록 ⇒ 시험 시작 ⇒ 답안파일 저장 ⇒ 답안 전송 ⇒ 시험 종료
- C:\에듀윌 GTQ 1급\Step 3\10회\Image폴더에 있는 그림 원본파일을 사용하여 답안을 작성하시고 최종답안을 답안폴더(내 PC\문서\GTQ)에 저장하여 답안을 전송하시고, 이미지의 크기가 다른 경우 감점 처리됩니다.
- 배점은 총 100점으로 이루어지며, 점수는 각 문제별로 차등 배분됩니다.
- 각 문제는 주어진 조건 에 따라 작성하고, 언급하지 않은 조건은 출력형태 와 같이 작성합니다.
- 배치 등의 편의를 위해 주어진 눈금자의 단위는 '픽셀'입니다.
  그 외는 출력형태(효과, 이미지, 문자, 색상, 레이아웃, 규격 등)와 같게 작업하십시오.
- 문제 조건에 서체의 지정이 없을 경우 한글은 굴림이나 돋움, 영문은 Arial로 작업하십시오.
  (단, 그 외에 제시되지 않은 문자 속성을 기본값으로 작성하지 않은 경우는 감점 처리됩니다.)
- Image Mode(이미지 모드)는 별도의 처리조건이 없을 경우에는 RGB(8비트)로 작업하십시오.
- 모든 답안 파일은 해상도 72 Pixels/Inch로 작업하십시오.
- Layer(레이어)는 각 기능별로 분할해야 하며, 임의로 합칠 경우나 각 기능에 대한 속성을 해지할 경우 해당 요소는 0점 처리됩니다.

문제 1 기능평가 고급 Tool(도구) 활용 [20점]

다음의 조건에 따라 아래의 출력형태와 같이 작업하시오.

[조건]

원본 이미지	C:₩에듀윌 GTQ 1급₩Step 3₩10회₩Image₩1급-1.jpg, 1급-2.jpg, 1급-3.jpg	
파일 저장 규칙	JPG	파일명	문서₩GTQ₩수험번호-성명-1.jpg
		크기	400×500 pixels
	PSD	파일명	문서₩GTQ₩수험번호-성명-1.psd
		크기	40×50 pixels

[출력형태]

1. 그림 효과
   ① 1급-1.jpg : 필터 – Poster Edges(포스터 가장자리)
   ② Save Path(패스 저장) : 환율 모양
   ③ Mask(마스크) : 환율 모양, 1급-2.jpg를 이용하여 작성
       레이어 스타일 – Stroke(선/획)(3px, 그라디언트(#ffff00, #6633ff)),
       Inner Shadow(내부 그림자)
   ④ 1급-3.jpg : 레이어 스타일 – Bevel and Emboss(경사와 엠보스)
   ⑤ Shape Tool(모양 도구) :
       - 지구 모양 (#cc66cc, 레이어 스타일 – Inner Shadow(내부 그림자))
       - 폭발 모양 (#ccff00, #ffffff, 레이어 스타일 – Outer Glow(외부 광선))

2. 문자 효과
   ① Coronomy Shock (Times New Roman, Regular, 45pt, 레이어 스타일
       – 그라디언트 오버레이(#ff0000, #333366), Stroke(선/획)(2px, #ffffff))

문제 2 기능평가 사진편집 응용 [20점]

다음의 조건에 따라 아래의 출력형태와 같이 작업하시오.

[조건]

원본 이미지	C:₩에듀윌 GTQ 1급₩Step 3₩10회₩Image₩1급-4.jpg, 1급-5.jpg, 1급-6.jpg	
파일 저장 규칙	JPG	파일명	문서₩GTQ₩수험번호-성명-2.jpg
		크기	400×500 pixels
	PSD	파일명	문서₩GTQ₩수험번호-성명-2.psd
		크기	40×50 pixels

[출력형태]

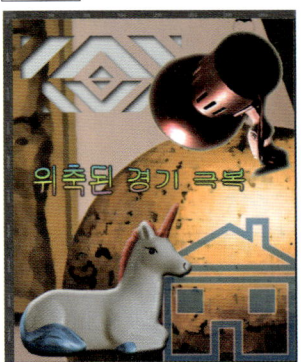

1. 그림 효과
   ① 1급-4.jpg : 필터 – Dry Brush(드라이 브러시)
   ② 색상 보정 : 1급-5.jpg – 빨간색, 파란색 계열로 보정
   ③ 1급-5.jpg : 레이어 스타일 – Bevel and Emboss(경사와 엠보스)
   ④ 1급-6.jpg : 레이어 스타일 – Inner Glow(내부 광선)
   ⑤ Shape Tool(모양 도구) :
       - 집 모양 (#006699, 레이어 스타일 – Stroke(선/획)(2px, #ffcccc),
         Opacity(불투명도)(60%))
       - 타일 모양 (#cccccc, 레이어 스타일 – Inner Shadow(내부 그림자))

2. 문자 효과
   ① 위축된 경기 극복 (굴림, 40pt, 레이어 스타일 – 그라디언트 오버레이
       (#cc66cc, #ffff00, #00ccff), Stroke(선/획)(2px, #333333))

문제 3 실무응용 포스터 제작 [25점]

다음의 조건에 따라 아래의 출력형태와 같이 작업하시오.

조건

원본 이미지	C:₩에듀윌 GTQ 1급₩Step 3₩10회₩Image₩1급-7.jpg, 1급-8.jpg, 1급-9.jpg, 1급-10.jpg, 1급-11.jpg		
파일 저장 규칙	JPG	파일명	문서₩GTQ₩수험번호-성명-3.jpg
		크기	600×400 pixels
	PSD	파일명	문서₩GTQ₩수험번호-성명-3.psd
		크기	60×40 pixels

1. 그림 효과
① 배경 : #006666
② 1급-7.jpg : Blending Mode(혼합 모드) – Screen(스크린), Opacity(불투명도)(80%)
③ 1급-8.jpg : 필터 – Add Noise(노이즈 추가), 레이어 마스크 – 세로 방향으로 흐릿하게
④ 1급-9.jpg : 필터 – Texturizer(텍스처화)
⑤ 1급-10.jpg : 레이어 스타일 – Inner Glow(내부 광선), Drop Shadow(그림자 효과)
⑥ 1급-11.jpg : 색상 보정 – 빨간색 계열로 보정, 레이어 스타일 – Bevel and Emboss(경사와 엠보스)
⑦ 그 외 출력형태 참조

2. 문자 효과
① 강소기업 연구개발 지원사업 (궁서, 32pt, 44pt, 레이어 스타일 – 그라디언트 오버레이(#cc33ff, #006666, #cc6600), Stroke(선/획)(2px, #ffffcc), Drop Shadow(그림자 효과))
② 창업 / 양성 / 교육 (돋움, 16pt, #ffffff, #ff9900, 레이어 스타일 – Stroke(선/획)(2px, #333300))
③ Small hidden company R&D support project (Arial, Regular, 18pt, #003366, 레이어 스타일 – Stroke(선/획)(2px, #ffffff))
④ '코로노미' 쇼크로 어려움을 겪고 있는 중소기업을 돕기 위해
   (돋움, 14pt, #336600, 레이어 스타일 – Stroke(선/획)(2px, 그라디언트(#66cc00, #ffcc00))

출력형태

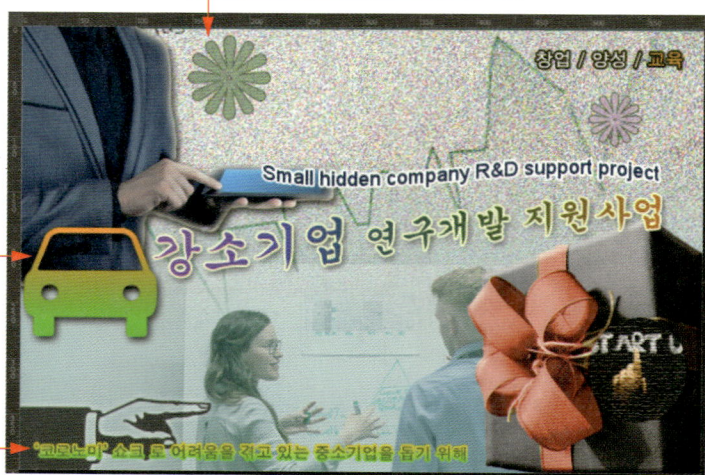

Shape Tool(모양 도구) 사용
#669966, #cc99cc, 레이어 스타일 –
Stroke(선/획)(1px, #003300),
Opacity(불투명도)(60%)

Shape Tool(모양 도구) 사용
레이어 스타일 – 그라디언트
오버레이(#66cc00, #ff9900),
Drop Shadow(그림자 효과)

Shape Tool(모양 도구) 사용
#000000, 레이어 스타일 –
Outer Glow(외부 광선),
Opacity(불투명도)(60%)

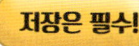

문제 4 [실무응용] 웹 페이지 제작 [35점]

다음의 조건 에 따라 아래의 출력형태 와 같이 작업하시오.

조건

원본 이미지		C:₩에듀윌 GTQ 1급₩Step 3₩10회₩Image₩1급-12.jpg, 1급-13.jpg, 1급-14.jpg, 1급-15.jpg, 1급-16.jpg, 1급-17.jpg
파일 저장 규칙	JPG 파일명	문서₩GTQ₩수험번호-성명-4.jpg
	크기	600×400 pixels
	PSD 파일명	문서₩GTQ₩수험번호-성명-4.psd
	크기	60×40 pixels

1. 그림 효과
① 배경 : #cccccc
② 패턴(장식, 클립 모양) : #333366, #ffffff
③ 1급-12.jpg : Blending Mode(혼합 모드) – Overlay(오버레이), 레이어 마스크 – 대각선 방향으로 흐릿하게
④ 1급-13.jpg : 필터 – Sponge(스폰지), 레이어 마스크 – 세로 방향으로 흐릿하게
⑤ 1급-14.jpg : 레이어 스타일 – Bevel and Emboss(경사와 엠보스), Drop Shadow(그림자 효과)
⑥ 1급-15.jpg : 레이어 스타일 – Outer Glow(외부 광선), Drop Shadow(그림자 효과)
⑦ 1급-16.jpg : 색상 보정 – 파란색 계열로 보정, 레이어 스타일 – Bevel and Emboss(경사와 엠보스)
⑧ 그 외 출력형태 참조

2. 문자 효과
① 소상공인마당 자영업 지원 포털 (굴림, 35pt, 레이어 스타일 – 그라디언트 오버레이(#3300ff, #ff6600), Stroke(선/획)(2px, #ffffff), Drop Shadow(그림자 효과))
② 600만 소상공인과 전통시장의 꿈과 희망 (궁서, 15pt, 27pt, #993300, #336600, 레이어 스타일 – Stroke(선/획)(2px, #ffffcc))
③ https://www.sbiz.or.kr (Times New Roman, Bold, 16pt, #330066, 레이어 스타일 – Stroke(선/획)(2px, #ffffff))
④ 창업지원 경영성장 재기지원 (돋움, 18pt, #000000, 레이어 스타일 – Stroke(선/획)(2px, #ffffff, #ff9900))

출력형태

Pen Tool(펜 도구) 사용
#ffcc99, 레이어 스타일 –
레이어 스타일 –
그라디언트 오버레이
(#33cccc, #ffffff),
Drop Shadow(그림자 효과)

Shape Tool(모양 도구) 사용
레이어 스타일 –
그라디언트 오버레이
(#993333, #ffff99),
Drop Shadow(그림자 효과)

Shape Tool(모양 도구) 사용
#ffff00, 레이어 스타일 –
Drop Shadow(그림자 효과),
Opacity(불투명도)(70%)

Shape Tool(모양 도구) 사용
레이어 스타일 – 그라디언트 오버레이
(#996699, #ff9900, #ffffff),
Stroke(선/획)(2px, #996699, #ff9900)

제10회 GTQ 기출문제 함께 보는 간단해설

문제 1 [기능평가] 고급 Tool(도구) 활용

✓ 문제 풀이 순서

1 새 작업 파일 만들기 → **2** 필터 적용하기 → **3** 환율 모양 패스 작업하기 → **4** 클리핑 마스크 적용하기 → **5** 이미지 및 모양 도구 배치하기 → **6** 문자 입력하기 → **7** 저장 및 파일 전송하기

✓ 감점방지 TIP

- 모서리가 곡선으로 이루어진 패스는 먼저 직선으로 도형을 완성한 후 곡선으로 변환하면 수월하다.
- 직선을 곡선으로 변경할 때 Convert Point Tool(기준점 변환 도구, ▶)을 사용한다.

1 새 작업 파일 만들기

01 새로운 작업 파일을 만들기 위해 [File(파일)] − [New(새로 만들기)]([Ctrl]+[N])를 선택한다. [New Document(새로운 문서 만들기)] 대화상자가 열리면 문제지의 [조건]을 참고하여 작업 파일 세부정보를 입력한다.

> **조건**
> Width(폭): 400, Height(높이): 500, 단위: Pixels(픽셀), Resolution(해상도): 72(Pixel/Inch), Color Mode(색상 모드): RGB, 8bit, Background Contents(배경 내용): White(흰색)

02 [File(파일)] − [Save As(다른 이름으로 저장)]([Shift]+[Ctrl]+[S])를 선택한다. '저장 경로: 내 PC₩문서₩GTQ, 파일명: 수험번호−성명−1.psd'로 저장한다.

03 작업 파일에 눈금자를 표시하기 위해 [View(보기)] − [Rulers(눈금자)]([Ctrl]+[R])를 선택한다.

04 [Edit(편집)] − [Preference(환경 설정)] − [General(일반)]([Ctrl]+[K])을 선택한다. [Preference(환경 설정)] 대화상자가 열리면 왼쪽 옵션 중 [Guides, Grid & Slices(안내선, 격자 및 분할 영역)] 클릭 후 [Grid(격자)] 세부 항목의 'Gridline Every(격자 간격): 100, Pixels(픽셀), Subdivisions(세분): 1'로 입력, 'Grid Color(색상)'을 클릭해 색상을 채도가 높은 색상으로 설정한다.

05 [View(보기)] − [Show(표시)] − [Grid(격자)]([Ctrl]+[']) 를 눌러 격자를 표시하고 색상을 확인한다.

2 필터 적용하기

01 [File(파일)] − [Open(열기)]([Ctrl]+[O])을 선택하여 1급−1.jpg를 불러온다. [Ctrl]+[A]를 눌러 전체 이미지를 선택하여 복사([Ctrl]+[C])하고, 작업 파일에 붙여넣기([Ctrl]+[V])한다. [Ctrl]+[T]를 누르고 [출력형태]를 참고하여 이미지 크기를 조절한다.

02 [Filter(필터)] − [Filter Gallery(필터 갤러리)]를 선택한다. [Filter Gallery(필터 갤러리)] 대화상자가 열리면 [Artistic(예술 효과)] − [Poster Edges(포스터 가장자리)]를 선택한다.

3 환율 모양 패스 작업하기

01 Pen Tool(펜 도구, ∅)을 선택하고 Options Bar(옵션 바)에서 Path(패스) 설정을 'Pick tool mode(선택 도구 모드): Shape(모양), Fill(칠): 임의의 색, Stroke(획): No color(없음)'로 지정 후 출력형태에서 제시한 환율 모양의 S를 그린다. Rectangle Tool(사각형 도구, ▭)로 둥근 모서리 사각형을 그려 달러 모양을 완성한다.

02 Pen Tool(펜 도구, ∅)로 아래로 향하는 화살표 모양을 그린다. Convert Point Tool(기준점 변환 도구, ▷)로 화살표의 모서리 부분을 살짝 드래그하여 곡선 형태의 모서리로 변형한다.

 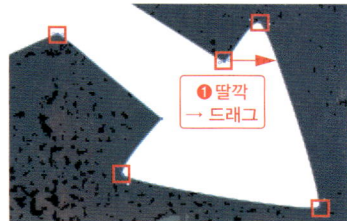 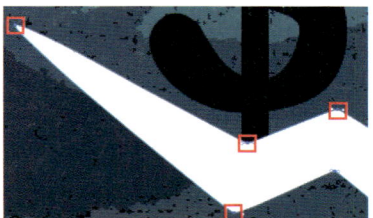

03 레이어 패널에서 Shift를 누른 채로 그려놓은 패스들을 클릭하여 동시 선택한다. 선택된 레이어에서 마우스 오른쪽 클릭을 하여 [Merge Shapes(모양 병합)](Ctrl+E)를 적용한다.

04 Path Selection Tool(패스 선택 도구, ▶)를 선택한다. 드래그하여 모든 패스를 선택한 후, Options Bar(옵션 바)에서 'Merge Shape Components(모양 병합 구성 요소, ▣)'를 클릭한다.

05 화면 오른쪽의 Paths(패스) 패널에서 'Work Path(작업 패스)'를 더블클릭한 후, [Save Path(패스 저장)] 대화 상자가 열리면 환율 모양을 입력하여 저장한다.

4 클리핑 마스크 적용하기

01 [File(파일)] – [Open(열기)](Ctrl + O)을 선택하여 1급-2.jpg를 불러온다. Ctrl + A 를 눌러 전체 이미지를 선택하여 복사(Ctrl + C)하고, 작업 파일에 붙여넣기(Ctrl + V)한다. Ctrl + T 를 누르고 Shift 를 누른 채 출력형태 와 같이 환율 모양 패스 레이어 위에 배치한 후 Enter 를 누른다.

02 환율 모양 레이어와 '1급-2' 레이어 사이에 마우스 커서를 놓고 Alt 를 누른 상태로 클릭하여 Clipping Mask(클리핑 마스크)를 적용한다. 환율 모양 레이어를 선택하고 레이어 패널 하단의 [Add a Layer style(레이어 스타일 추가, fx)] – [Stroke(획)]를 클릭한다.

> 조건
>
> • Stroke(획) ▶ Size(크기): 3px, Fill Type(칠 유형): Gradient(그레이디언트) – 시작점: #ffff00, 끝점: #6633ff, Style(스타일): Linear(선형), Angle(각도): 90°
> • Inner Shadow(내부 그림자) ▶ 체크

5 이미지 및 모양 도구 배치하기

01 [File(파일)] – [Open(열기)](Ctrl + O)을 선택하여 1급-3.jpg를 불러온다. Quick Selection Tool(빠른 선택 도구,)로 '1급-3.jpg'의 선인장을 선택한다. 선택 영역을 복사(Ctrl + C)한 후, 작업 파일에 붙여넣기(Ctrl + V)한다. Ctrl + T 를 누르고 출력형태 와 같이 배치한 후 Enter 를 누른다. 레이어 패널 하단의 [Add a Layer style(레이어 스타일 추가, fx)] – [Bevel and Emboss(경사와 엠보스)]를 클릭한다.

> 조건
>
> Bevel and Emboss(경사와 엠보스) ▶ 체크

02 Custom Shape Tool(사용자 정의 모양 도구, ✦)을 클릭하고, Options Bar(옵션 바)에서 'Fill(칠): #cc66cc'로 지정한 후, '지구' 모양을 찾아 드래그하여 그린 후 Enter를 눌러 Shape 레이어를 생성한다. 레이어 패널 하단의 [Add a Layer style(레이어 스타일 추가, fx)] – [Inner Shadow(내부 그림자)]를 클릭한다.

조건
- 지구 모양: [All Legacy Default Shapes(모든 레거시 기본 모양)] – [Web(웹)] – [World Wide Web(WWW)]
- Inner Shadow(내부 그림자) ▶ 체크

03 Custom Shape Tool(사용자 정의 모양 도구, ✦)을 클릭하고, Options Bar(옵션 바)에서 'Fill(칠): #ccff00'으로 지정한 후, '폭발' 모양을 찾아 드래그하여 그린 후 Enter를 눌러 Shape 레이어를 생성한다. 레이어 패널 하단의 [Add a Layer style(레이어 스타일 추가, fx)] – [Outer Glow(외부 광선)]를 클릭한다.

조건
- 폭발 모양: [All Legacy Default Shapes(모든 레거시 기본 모양)] – [Symbols(기호)] – [Boom 2(폭발 2)]
- Outer Glow(외부 광선) ▶ 체크

04 '폭발' 모양 레이어를 선택하고 Ctrl+J를 눌러 복사한다. 복사된 '폭발' 모양 레이어를 선택하고 Ctrl+T를 눌러 출력형태와 같이 배치한 후, 레이어의 썸네일을 더블클릭하여 'Color(색상): #ffffff'로 변경한다.

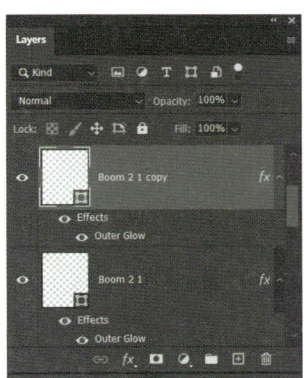

6 문자 입력하기

01 Type Tool(수평 문자 도구, T)을 클릭하고 출력형태의 문자 부분과 같은 지점을 클릭한다. Coronomy Shock을 입력하고 Options Bar(옵션 바) 또는 Properties(속성) 패널에서 조건과 같이 세부정보를 입력한다. 레이어 패널 하단의 [Add a Layer style(레이어 스타일 추가, fx)] - [Gradient Overlay(그레이디언트 오버레이)]를 클릭한다.

> 조건
> - Font(글꼴): Times New Roman, Style(스타일): Regular, Size(크기): 45pt
> - Gradient Overlay(그레이디언트 오버레이) ▶ Gradient(그레이디언트) – 시작점: #ff0000, 끝점: #333366, Style(스타일): Linear(선형), Angle(각도): -180°
> - Stroke(획) ▶ Size(크기): 2px, Color(색상): #ffffff

02 Options Bar(옵션 바)에서 Create Warped text(뒤틀어진 텍스트 만들기,)를 클릭한다. [Warped text(텍스트 뒤틀기)] 대화상자에 문제지의 출력형태와 같이 세부정보를 입력한다. Ctrl+T를 누르고 출력형태와 같이 배치한 후 Enter를 누른다.

> 조건
> Style(스타일): Rise(상승), Bend(구부리기): -50%

7 저장 및 파일 전송하기

01 작업이 완료되면 문제지의 출력형태와 작업 파일을 비교하여 레이어의 순서, 이미지 위치를 최종 점검한다.
02 [File(파일)] - [Save As a Copy(사본 저장)](Alt+Ctrl+S)를 선택하고, '저장 경로: 내 PC₩문서₩GTQ, 파일형식: JPEG, 파일이름: 수험번호-성명-1'로 저장한다.
03 제출용 PSD 파일을 만들기 위해 [Image(이미지)] - [Image Size(이미지 크기)](Alt+Ctrl+I)를 클릭한다. [Image Size(이미지 크기)] 대화상자가 열리면 문제지의 조건과 같이 세부정보를 입력하여 작업 사이즈의 1/10 사이즈로 축소한다.

> 조건
> Constrain aspect ratio(종횡비 제한): 체크, Width(폭): 40px, Height(높이): 50px

04 [File(파일)] - [Save As(다른 이름으로 저장)](Shift+Ctrl+S)를 선택하고, '저장 경로: 내 PC₩문서₩GTQ, 파일형식: PSD, 파일이름: 수험번호-성명-1'로 저장한다.
05 답안 전송 프로그램을 이용하여 저장된 jpg, psd 파일을 감독관 컴퓨터로 전송한다.

문제 2 **기능평가** 사진편집 응용

☑ **문제 풀이 순서**

1 새 작업 파일 만들기→**2** 필터 적용하기→**3** 색상 보정하기→**4** 이미지 및 모양 도구 배치하기→**5** 문자 입력하기→**6** 저장 및 파일 전송하기

☑ **감점방지 TIP**

레이어의 순서는 출력형태를 참고하여 조정한다.

1 새 작업 문서 만들기

01 새로운 작업 파일을 만들기 위해 [File(파일)] - [New(새로 만들기)](Ctrl+N)를 선택한다. [New Document(새로운 문서 만들기)] 대화상자가 열리면 문제지의 조건을 참고하여 작업 파일 세부정보를 입력한다.

> **조건**
> Width(폭): 400, Height(높이): 500, 단위: Pixels(픽셀), Resolution(해상도): 72(Pixel/Inch), Color Mode(색상 모드): RGB, 8bit, Background Contents(배경 내용): White(흰색)

02 [File(파일)] - [Save As(다른 이름으로 저장)](Ctrl+Shift+S)를 선택한다. '저장 경로: 내 PC₩문서₩GTQ, 파일명: 수험번호-성명-2.psd'로 저장한다.
03 작업 파일에 눈금자를 표시하기 위해 [View(보기)] - [Rulers(눈금자)](Ctrl+R)를 선택한다.
04 [View(보기)] - [Show(표시)] - [Grid(격자)](Ctrl+')를 눌러 격자를 표시한다.

2 필터 적용하기

01 [File(파일)] - [Place Embedded(포함 가져오기)]를 선택하여 1급-4.jpg를 불러온 후, Ctrl+T를 누르고 출력형태와 같이 배치한 후 Enter를 눌러 이미지를 고정한다.
02 [Filter(필터)] - [Filter Gallery(필터 갤러리)]를 선택한다. [Filter Gallery(필터 갤러리)] 대화상자가 열리면 [Artistic(예술 효과)] -[Dry Brush(드라이 브러시)]를 선택한다.

3 색상 보정하기

01 [File(파일)] - [Open(열기)](Ctrl+O)을 선택하여 1급-5.jpg를 불러온다. Quick Selection Tool(빠른 선택 도구,)로 유니콘을 드래그하여 선택 영역으로 지정한다. 사용할 영역을 복사(Ctrl+C)한 후, 작업 파일로 돌아와 붙여넣기(Ctrl+V)한다. Ctrl+T를 누르고 출력형태와 같이 배치한 후 Enter를 누른다.

02 Quick Selection Tool(빠른 선택 도구, )로 [출력형태]의 빨간색 계열 부분을 선택하고, 레이어 패널 하단의 [Create new fill or adjustment layer(새 칠 또는 조정 레이어 생성, )] - [Hue/Saturation(색조/채도)]을 선택한다. Properties(속성) 패널의 [Hue/Saturation(색조/채도)] 항목에서 'Colorize(색상화): 체크, Hue(색조): 0, Saturation(채도): 60, Lightness(명도): 10'으로 입력하여 빨간색 계열로 변경한다.

03 Quick Selection Tool(빠른 선택 도구, )로 [출력형태]의 파란색 계열 부분을 선택하고, 레이어 패널 하단의 [Create new fill or adjustment layer(새 칠 또는 조정 레이어 생성, )] - [Hue/Saturation(색조/채도)]을 선택한다. Properties(속성) 패널의 [Hue/Saturation(색조/채도)] 항목에서 'Colorize(색상화): 체크, Hue(색조): 200, Saturation(채도): 50'으로 입력하여 파란색 계열로 변경한다.

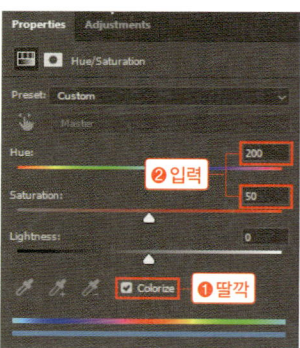 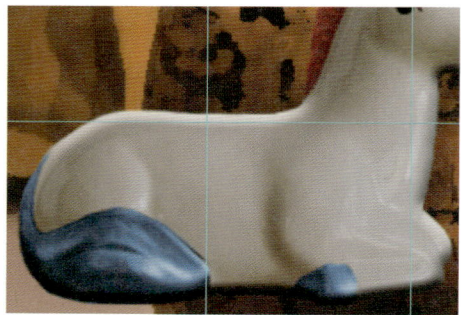

04 레이어 패널 하단의 [Add a Layer style(레이어 스타일 추가, )] - [Bevel and Emboss(경사와 엠보스)]를 클릭한다.

4 이미지 및 모양 도구 배치하기

01 Custom Shape Tool(사용자 정의 모양 도구,)을 클릭하고, '집' 모양을 찾아 드래그하여 그린 후 Options Bar(옵션 바)에서 'Fill(칠): #006699'로 지정하고 Enter를 눌러 Shape 레이어를 생성한다. 레이어 패널 하단의 [Add a Layer style(레이어 스타일 추가, fx)] – [Stroke(획)]를 클릭한다. 레이어 패널 상단에 'Opacity(불투명도): 60%'를 입력한다.

조건
- 집 모양: [All Legacy Default Shapes(모든 레거시 기본 모양)] – [Web(웹)] – [Home(집)]
- Stroke(획) ▶ Size(크기): 2px, Color(색상): #ffcccc

02 Custom Shape Tool(사용자 정의 모양 도구,)을 클릭하고, '타일' 모양을 찾아 드래그하여 그린 후 Options Bar(옵션 바)에서 'Fill(칠): #cccccc'로 지정하고 Enter를 눌러 Shape 레이어를 생성한다. 레이어 패널 하단의 [Add a Layer style(레이어 스타일 추가, fx)] – [Inner Shadow(내부 그림자)]를 클릭한다.

조건
- 타일 모양: [All Legacy Default Shapes(모든 레거시 기본 모양)] – [Tiles(타일)] – [Tile 1(타일 모양 1)]
- Inner Shadow(내부 그림자) ▶ 체크

03 '타일' 모양 레이어를 선택하고 Ctrl+J를 눌러 복사한다. 복사된 '타일' 모양 레이어를 선택하고 Ctrl+T를 눌러 출력형태와 같이 배치한다.

04 [File(파일)] – [Open(열기)](Ctrl+O)을 선택하여 1급-6.jpg를 불러온다. Quick Selection Tool(빠른 선택 도구,)로 사용할 영역을 복사(Ctrl+C)한 후, 작업 파일로 돌아와 붙여넣기(Ctrl+V)한다. Ctrl+T를 누르고 출력형태와 같이 배치한 후 Enter를 누른다. 레이어 패널 하단의 [Add a Layer style(레이어 스타일 추가, fx)] – [Inner Glow(내부 광선)]를 클릭한다.

5 문자 입력하기

01 Type Tool(수평 문자 도구, T)을 클릭하고 출력형태의 문자 부분과 같은 지점을 클릭한다. 위축된 경기 극복을 입력하고 Options Bar(옵션 바) 또는 Properties(속성) 패널에서 조건과 같이 세부정보를 입력한다. 레이어 패널 하단의 [Add a Layer style(레이어 스타일 추가, fx)] - [Gradient Overlay(그레이디언트 오버레이)]를 클릭한다.

> 조건
> - Font(글꼴): 굴림, Size(크기): 40pt
> - Gradient Overlay(그레이디언트 오버레이) ▶ Gradient(그레이디언트) - 시작점: #cc66cc, 중간점: #ffff00, 끝점: #00ccff, Style(스타일): Linear(선형), Angle(각도): 90°
> - Stroke(획) ▶ Size(크기): 2px, Color(색상): #333333

02 Options Bar(옵션 바)에서 Create Warped text(뒤틀어진 텍스트 만들기, ㅈ)를 클릭한다. [Warped text(텍스트 뒤틀기)] 대화상자에 문제지의 조건을 확인하여 세부정보를 입력한다. Ctrl+T를 누르고 출력형태와 같이 회전하고 배치한 후 Enter를 누른다.

> 조건
> Style(스타일): Fish(물고기), Bend(구부리기): 30%

6 저장 및 파일 전송하기

01 작업이 완료되면 문제지의 출력형태와 작업 파일을 비교하여 레이어의 순서, 이미지 위치를 최종 점검한다.
02 [File(파일)] - [Save As a Copy(사본 저장)](Alt+Ctrl+S)를 선택하고, '저장 경로: 내 PC\문서\GTQ, 파일형식: JPEG, 파일이름: 수험번호-성명-2'로 저장한다.
03 제출용 PSD 파일을 만들기 위해 [Image(이미지)] - [Image Size(이미지 크기)](Alt+Ctrl+I)를 클릭한다. [Image Size(이미지 크기)] 대화상자가 열리면 문제지의 조건과 같이 세부정보를 입력하여 작업 사이즈의 1/10 사이즈로 축소한다.

> 조건
> Constrain as pect ratio(종횡비 제한): 체크, Width(폭): 40px, Height(높이): 50px

04 [File(파일)] - [Save As(다른 이름으로 저장)](Shift+Ctrl+S)를 선택하고, '저장 경로: 내 PC\문서\GTQ, 파일형식: PSD, 파일이름: 수험번호-성명-2'로 저장한다.
05 답안 전송 프로그램을 이용하여 저장된 jpg, psd 파일을 감독관 컴퓨터로 전송한다.

문제 3 실무응용 포스터 제작

☑ 문제 풀이 순서

1️⃣ 새 작업 파일 만들기→2️⃣ 혼합 모드와 레이어 마스크 적용하기→3️⃣ 색상 보정하기→4️⃣ 이미지 배치 및 클리핑 마스크 적용하기→5️⃣ 문자 입력하기→6️⃣ 모양 도구 배치하기→7️⃣ 저장 및 파일 전송하기

☑ 감점방지 TIP

- 클리핑 마스크에 대한 부분이 문제지에 표기되어 있지 않으니 출력형태를 보고 사용자 정의 모양 도구를 이용하여 작업해야 한다.
- Magic Wand Tool(자동 선택 도구)로 유사색상 영역을 선택할 때, 근접영역 이외의 부분까지 동시 선택하고자 한다면 옵션 바에서 Contiguous(인접) 항목을 '체크 해제' 한다.
- 그레이디언트 색상의 투명도 지시사항은 그레이디언트 색상 편집 모드에서 지정한다.

1 새 작업 파일 만들기

01 새로운 작업 파일을 만들기 위해 [File(파일)] - [New(새로 만들기)]([Ctrl]+[N])를 선택한다. [New Document(새로운 문서 만들기)] 대화상자가 열리면 문제지의 조건을 참고하여 작업 파일 세부정보를 입력한다.

> **조건**
>
> Width(폭): 600, Height(높이): 400, 단위: Pixels(픽셀), Resolution(해상도): 72(Pixel/Inch), Color Mode(색상 모드): RGB, 8bit, Background Contents(배경 내용): White(흰색)

02 [File(파일)] - [Save As(다른 이름으로 저장)]([Shift]+[Ctrl]+[S])를 선택한다. '저장 경로: 내 PC₩문서₩GTQ, 파일명: 수험번호-성명-3.psd'로 저장한다.

03 작업 파일에 눈금자를 표시하기 위해 [View(보기)] - [Rulers(눈금자)]([Ctrl]+[R])를 선택한다.

04 [View(보기)] - [Show(표시)] - [Grid(격자)]([Ctrl]+[ˋ])를 눌러 격자를 표시한다.

2 혼합 모드와 레이어 마스크 적용하기

01 Tool Box(도구 상자) 하단의 전경색을 더블클릭한다. [Color Picker(색상 피커)] 대화상자가 열리면 #006666 를 입력하고 [OK(확인)]를 클릭한다. 작업영역을 전경색으로 채우기 위해 [Alt]+[Delete]를 누른다.

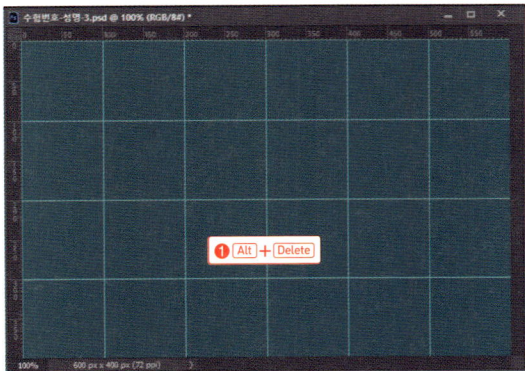

02 [File(파일)] - [Place Embedded(포함 가져오기)]를 선택하여 1급-7.jpg부터 1급-11.jpg까지 순서대로 불러온다. Shift 를 누르고 1급-7.jpg, 1급-11.jpg를 클릭하여 불러온 모든 이미지를 선택한 후, 마우스 오른쪽을 클릭하여 [Rasterize Layers(레이어 레스터화)]를 눌러 일반 레이어로 변환한다. 불러온 모든 이미지를 감추기 상태로 만든다.

03 '1급-7' 레이어의 보이기 버튼을 활성화시키고, 레이어 패널의 'Blending Mode(혼합 모드): Screen(스크린), Opacity(불투명도): 80%'로 입력한다.

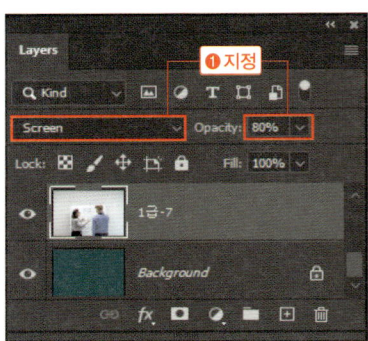 

04 '1급-8' 레이어의 보이기 버튼을 활성화시키고, Ctrl + T 를 누르고 출력형태 와 같이 배치한 후 Enter 를 누른다. [Filter(필터)] 메뉴에서 [Noise(노이즈)] - [Add Noise(노이즈 추가)]를 선택한다.

05 레이어 패널 하단의 [Add a Layer Mask(레이어 마스크 추가, ▢)]를 클릭한다. Gradient Tool(그레이디언트 도구)을 선택하고, Options Bar(옵션 바)에서 'Black, White(검정, 흰색)', 'Linear Gradient(선형 그레이디언트)'로 지정하고 출력형태 를 참고하여 하단에서 상단으로 드래그한다.

3 색상 보정하기

01 '1급-11' 레이어의 보이기 버튼을 활성화시키고, Quick Selection Tool(빠른 선택 도구,)로 1급-11.jpg 이미지의 배경을 선택한 후, Delete 를 눌러 배경을 삭제한다. Ctrl + D 를 눌러 영역설정을 해제한다. Ctrl + T 를 눌러 출력형태 와 같이 배치한 후 Enter 를 누른다.

02 Quick Selection Tool(빠른 선택 도구,)로 출력형태 의 빨간색 계열 부분을 선택하고, 레이어 패널 하단의 [Create new fill or adjustment layer(새 칠 또는 조정 레이어 생성,)] - [Hue/Saturation(색조/채도)]을 선택한다. Properties(속성) 패널의 [Hue/Saturation(색조/채도)] 항목에서 'Colorize(색상화): 체크, Hue(색조): 0, Saturation(채도): 65'로 입력하여 빨간색 계열로 변경한다.

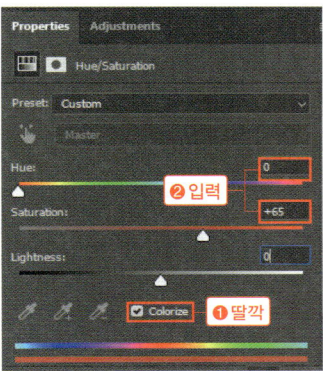
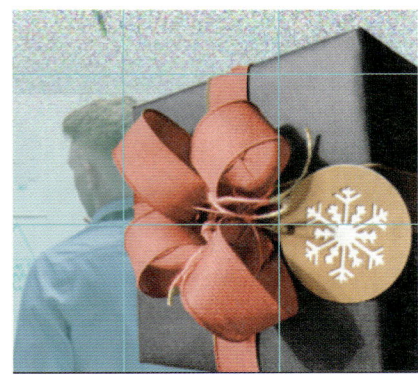

03 레이어 패널 하단의 [Add a Layer style(레이어 스타일 추가,)] - [Bevel and Emboss(경사와 엠보스)]를 클릭한다.

4 이미지 배치 및 클리핑 마스크 적용하기

01 Ellipse Tool(타원 도구,)로 클리핑 마스크가 적용될 영역에 드래그하여 타원을 만든다. '1급-9' 레이어의 보이기 버튼을 활성화시키고, Ctrl + T 를 눌러 출력형태 와 같이 배치한 후 Enter 를 누른다. 필터 효과를 적용하기 위해 [Filter(필터)] - [Filter Gallery(필터 갤러리)]를 선택한다. [Filter Gallery(필터 갤러리)] 대화상자가 열리면 [Texture(텍스처)] - [Texturizer(텍스처화)]를 선택한다.

02 '1급-9' 레이어를 선택하고 클리핑 마스크 영역으로 설정한 레이어 위로 드래그한다. '1급-9' 레이어를 선택하고 클리핑 마스크 영역으로 설정한 레이어 사이에 마우스를 놓고 Alt 를 누른 채 클릭한다.

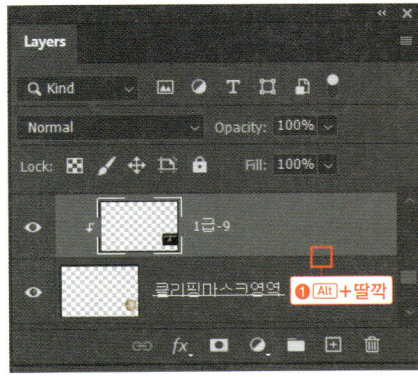
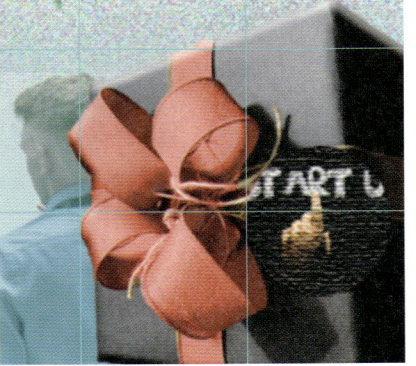

03 '1급-10' 레이어의 보이기 버튼을 활성화시키고, Quick Selection Tool(빠른 선택 도구,)로 이미지의 배경을 선택한 후, Delete를 눌러 배경 부분을 삭제한다. Ctrl+T를 눌러 출력형태와 같이 배치한 후 Enter를 누른다. 레이어 패널 하단의 [Add a Layer style(레이어 스타일 추가, fx)] – [Inner Glow(내부 광선)]를 클릭한다.

조건
- Inner Glow(내부 광선) ▶ 체크
- Drop Shadow(드롭 섀도) ▶ 체크

5 문자 입력하기

01 Type Tool(수평 문자 도구, T)을 클릭하고 출력형태의 문자 부분과 같은 지점을 클릭한다. 강소기업 연구개발 지원사업을 입력한다. Options Bar(옵션 바) 또는 Properties(속성) 패널에서 조건과 같이 세부정보를 입력한다. 레이어 패널 하단의 [Add a Layer style(레이어 스타일 추가, fx)] – [Gradient Overlay(그레이디언트 오버레이)]를 클릭한다.

조건
- Font(글꼴): 궁서, Size(크기) – 강소기업: 44pt, 연구개발 지원사업: 32pt
- Gradient Overlay(그레이디언트 오버레이) ▶ Gradient(그레이디언트) – 시작점: #cc33ff, 중간점: #006666, 끝점: #cc6600, Style(스타일): Linear(선형), Angle(각도): 0°
- Stroke(획) ▶ Size(크기): 2px, Color(색상): #ffffcc
- Drop Shadow(드롭 섀도) ▶ 체크

02 Options Bar(옵션 바)에서 Create Warped text(뒤틀어진 텍스트 만들기,)를 클릭한다. [Warped text(텍스트 뒤틀기)] 대화상자가 열리면 문제지의 출력형태와 같이 세부정보를 입력한다. Ctrl+T를 눌러 출력형태와 같이 배치한 후 Enter를 누른다.

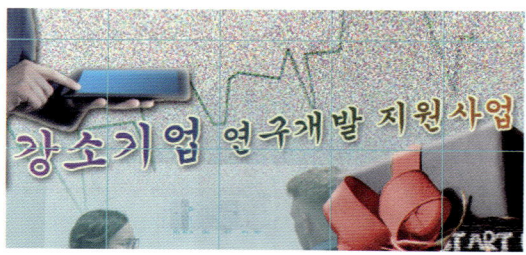

조건
Style(스타일): Rise(상승), Bend(구부리기): 50%

03 Type Tool(수평 문자 도구, T)을 클릭하고 출력형태의 문자 부분과 같은 지점을 클릭한다. Small hidden company R&D support project를 입력하고 텍스트 레이어를 클릭한다. Options Bar(옵션 바) 또는 Properties(속성) 패널에서 조건과 같이 세부정보를 입력한다. 레이어 패널 하단의 [Add a Layer style(레이어 스타일 추가, fx)] – [Stroke(획)]를 클릭한다.

> 조건
> • Font(글꼴): Arial, Style(스타일): Regular, Size(크기): 18pt, Color(색상): #0003366
> • Stroke(획) ▶ Size(크기): 2px, Color(색상): #ffffff

04 Options Bar(옵션 바)에서 Create Warped text(뒤틀어진 텍스트 만들기, ⊥)를 클릭한다. [Warped text(텍스트 뒤틀기)] 대화상자가 열리면 문제지의 출력형태와 같이 세부정보를 입력한다. Ctrl+T를 눌러 출력형태와 같이 배치한 후 Enter를 누른다.

> 조건
> Style(스타일): Flag(깃발), Bend(구부리기): -50%

05 Type Tool(수평 문자 도구, T)을 클릭하고 출력형태의 문자 부분과 같은 지점을 클릭한다. '코로노미' 쇼크로 어려움을 겪고 있는 중소기업을 돕기 위해를 입력한다. Options Bar(옵션 바) 또는 Properties(속성) 패널에서 조건과 같이 세부정보를 입력한다. 레이어 패널 하단의 [Add a Layer style(레이어 스타일 추가, fx)] – [Stroke(획)]를 클릭한다.

> 조건
> • Font(글꼴): 돋움, Size(크기): 14pt, Color(색상): #336600
> • Stroke(획) ▶ Size(크기): 2px, Fill Type(칠 유형): Gradient(그레이디언트) – 시작점: #66cc00, 끝점: #ffcc00, Style(스타일): Linear(선형), Angle(각도): 90°

06 Type Tool(수평 문자 도구, T)을 클릭하고 출력형태의 문자 부분과 같은 지점을 클릭한다. 창업 / 양성 / 교육을 입력한다. Options Bar(옵션 바) 또는 Properties(속성) 패널에서 조건과 같이 세부정보를 입력한다. 레이어 패널 하단의 [Add a Layer style(레이어 스타일 추가, fx)] – [Stroke(획)]를 클릭한다.

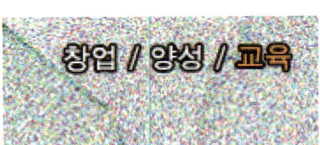

> 조건
> • Font(글꼴): 돋움, Size(크기): 16pt, Color(색상) – 창업 / 양성 /: #ffffff, 교육: #ff9900
> • Stroke(획) ▶ Size(크기): 2px, Color(색상): #333300

6 모양 도구 배치하기

01 Custom Shape Tool(사용자 정의 모양 도구,)을 클릭하고, '자동차' 모양을 찾아 드래그하여 그린 후 Options Bar(옵션 바)에서 'Fill(칠): 임의의 색'으로 지정하고 Enter를 눌러 Shape 레이어를 생성한다. 레이어 패널 하단의 [Add a Layer style(레이어 스타일 추가,)] – [Gradient Overlay(그레이디언트 오버레이)]를 클릭한다.

> **조건**
> - 자동차 모양: [All Legacy Default Shapes(모든 레거시 기본 모양)] – [Symbols(기호)] – [Car 2(자동차 2)]
> - Gradient Overlay(그레이디언트 오버레이) ▶ Gradient(그레이디언트) – 시작점: #66cc00, 끝점: #ff9900, Style(스타일): Linear(선형), Angle(각도): 90°
> - Drop Shadow(드롭 섀도) ▶ 체크

02 Custom Shape Tool(사용자 정의 모양 도구,)을 클릭하고, '손가락' 모양을 찾아 드래그하여 그린 후 Options Bar(옵션 바)에서 'Fill(칠): #000000'으로 지정하고 Enter를 눌러 Shape 레이어를 생성한다. 레이어 패널 하단의 [Add a Layer style(레이어 스타일 추가,)] – [Outer Glow(외부 광선)]를 클릭한다. 레이어 패널 상단에 'Opacity(불투명도): 60%'를 입력한다.

> **조건**
> - 손가락 모양: [All Legacy Default Shapes(모든 레거시 기본 모양)] – [Ornaments(장식)] – [Point Right(오른쪽 표시)]
> - Outer Glow(외부 광선) ▶ 체크

03 Custom Shape Tool(사용자 정의 모양 도구,)을 클릭하고, '꽃' 모양을 찾아 드래그하여 그린 후 Options Bar(옵션 바)에서 'Fill(칠): #669966'으로 지정하고 Enter를 눌러 Shape 레이어를 생성한다. 레이어 패널 하단의 [Add a Layer style(레이어 스타일 추가,)] – [Inner Shadow(내부 그림자)]를 클릭한다. 레이어 패널 상단에 'Opacity(불투명도): 60%'를 입력한다.

> **조건**
> - 꽃 모양: [All Legacy Default Shapes(모든 레거시 기본 모양)] – [Nature(자연)] – [Flower 7(꽃 7)]
> - Stroke(획) ▶ Size(크기): 1px, Color(색상): #003300

04 'Flower 7(꽃 7)' 레이어를 선택하고 Ctrl+J를 눌러 복사한다. 복사된 'Flower 7(꽃 7) copy' 레이어를 선택하고 Ctrl+T를 눌러 출력형태와 같이 배치한 후, 레이어의 썸네일을 더블클릭하여 'Color(색상): #cc99cc'로 지정한다.

7 저장 및 파일 전송하기

01 작업이 완료되면 문제지의 출력형태 와 작업 파일을 비교하여 레이어의 순서, 이미지 위치를 최종 점검한다.
02 [File(파일)] – [Save As a Copy(사본 저장)](Alt + Ctrl + S)를 선택하고, '저장 경로: 내 PC₩문서₩GTQ, 파일형식: JPEG, 파일이름: 수험번호-성명-3'으로 저장한다.
03 제출용 PSD 파일을 만들기 위해 [Image(이미지)] – [Image Size(이미지 크기)](Alt + Ctrl + I)를 클릭한다. [Image Size(이미지 크기)] 대화상자가 열리면 문제지의 조건 과 같이 세부정보를 입력하여 작업 사이즈의 1/10 사이즈로 축소한다.

> 조건
> Constrain as pect ratio(종횡비 제한): 체크, Width(폭): 60px, Height(높이): 40px

04 [File(파일)] – [Save As(다른 이름으로 저장)](Shift + Ctrl + S)를 선택하고, '저장 경로: 내 PC₩문서₩GTQ, 파일형식: PSD, 파일이름: 수험번호-성명-3'으로 저장한다.
05 답안 전송 프로그램을 이용하여 저장된 jpg, psd 파일을 감독관 컴퓨터로 전송한다.

문제 4 실무응용 웹 페이지 제작

☑ 문제 풀이 순서

1 새 작업 파일 만들기→**2** 이미지 불러오고 패턴 만들기→**3** 레이어 마스크 적용하기→**4** 이미지 보정하기
→**5** 이미지 배치 및 색상 보정하기→**6** 패스 작업과 패턴 적용하기→**7** 문자 입력하기→**8** 모양 도구 배치하기
→**9** 저장 및 파일 전송하기

☑ 감점방지 TIP

- 명도가 낮은 이미지의 색상 보정의 경우, Ligntness(명도)를 밝게 조정해야 색상이 변경된다.
- 형태가 복잡한 패스 작업을 위해 기본 도형으로 가이드를 만들어 사용하면 크기와 위치가 대략 설정되어 패스 작업을 좀 더 원활하게 할 수 있다.

1 새 작업 파일 만들기

01 새로운 작업 파일을 만들기 위해 [File(파일)] – [New(새로 만들기)](Ctrl + N)를 선택한다. [New Document(새로운 문서 만들기)] 대화상자가 열리면 문제지의 조건을 참고하여 작업 파일 세부정보를 입력한다.

> **조건**
>
> Width(폭): 600, Height(높이): 400, 단위: Pixels(픽셀), Resolution(해상도): 72(Pixel/Inch), Color Mode(색상 모드): RGB, 8bit, Background Contents(배경): White(흰색)

02 [File(파일)] – [Save As(다른 이름으로 저장)](Shift + Ctrl + S)를 선택한다. '저장 경로: 내 PC₩문서₩GTQ, 파일명: 수험번호-성명-4.psd'로 저장한다.
03 작업 파일에 눈금자를 표시하기 위해 [View(보기)] – [Rulers(눈금자)](Ctrl + R)를 선택한다.
04 [View(보기)] – [Show(표시)] – [Grid(격자)](Ctrl + ')를 눌러 격자를 표시한다.

2 이미지 불러오고 패턴 만들기

01 Tool Box(도구 상자) 하단의 전경색을 더블클릭한다. [Color Picker(색상 피커)] 대화상자가 열리면 #cccccc를 입력하고 [OK(확인)]를 클릭한다. 작업영역을 전경색으로 채우기 위해 Alt + Delete 를 누른다.

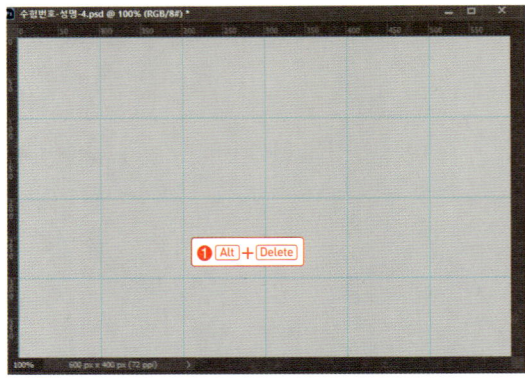

02 [File(파일)] - [Place Embedded(포함 가져오기)]를 선택하여 1급-12.jpg부터 1급-17.jpg까지 불러온다. Shift 를 누르고 1급-12.jpg, 1급-17.jpg를 클릭하여 불러온 모든 이미지를 선택한 후, 마우스 오른쪽을 클릭하여 [Rasterize Layers(레스터화)]를 눌러 일반 레이어로 변환한다. 불러온 모든 이미지를 감추기 상태로 만든다.

03 패턴을 만들기 위해 [File(파일)] - [New(새로 만들기)](Ctrl + N)를 선택한다. [New Document(새로운 문서 만들기)] 대화상자가 열리면 문제지의 조건 을 참고하여 작업 파일 세부정보를 입력한다.

> **조건**
>
> Width(폭): 50, Height(높이): 50, 단위: Pixels(픽셀), Resolution(해상도): 72(Pixel/Inch), Color Mode(색상 모드): RGB, 8bit, Background Contents(배경): Transparent(투명)

04 Custom Shape Tool(사용자 정의 모양 도구,)을 클릭하고, '장식' 모양을 찾아 작업영역 오른쪽 하단에 드래그하여 그린 후 Options Bar(옵션 바)에서 'Fill(칠): #333366'으로 지정하고 Enter 를 눌러 Shape 레이어를 생성한다.

> **조건**
>
> 장식 모양: [All Legacy Default Shapes(모든 레거시 기본 모양)] - [Ornaments(장식)] - [Ornament 4(장식 4)]

05 Custom Shape Tool(사용자 정의 모양 도구,)을 클릭하고, '클립' 모양을 찾아 작업영역 왼쪽 상단에 드래그하여 그린 후 Options Bar(옵션 바)에서 'Fill(칠): #ffffff'로 지정하고 Enter 를 눌러 Shape 레이어를 생성한다.

> **조건**
>
> 클립 모양: [All Legacy Default Shapes(모든 레거시 기본 모양)] - [Objects(물건)] - [Paper Clip(색종이 조각)]

06 [Edit(편집)] - [Define Pattern(사용자 패턴 정의)]을 클릭한다. 'Pattern Name(패턴 이름): 장식_클립'으로 입력하고 [OK(확인)]를 클릭한 후 '4번 문제 작업 문서'로 돌아간다.

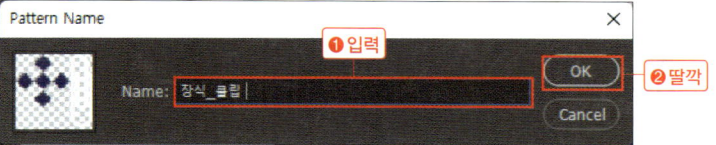

3 레이어 마스크 적용하기

01 '1급-12' 레이어의 보이기 버튼만 활성화시키고 해당 레이어를 선택한다. Ctrl+T를 누르고 출력형태와 같이 배치한 후 Enter를 누른다.

02 레이어 패널에서 'Blending Mode(혼합 모드): Overlay(오버레이)'로 변경한 후, 레이어 패널 하단에 [Add a Layer Mask(레이어 마스크 추가, ▢)]를 클릭한다. Gradient Tool(그레이디언트 도구, ▢)을 선택하고, Option Bar(옵션 바)에서 'Black, White(검정, 흰색)', 'Linear Gradient(선형 그레이디언트)'로 지정하고 출력형태와 같이 오른쪽 하단에서 왼쪽 상단으로 드래그한다.

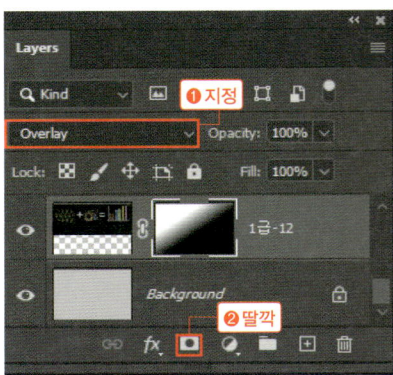
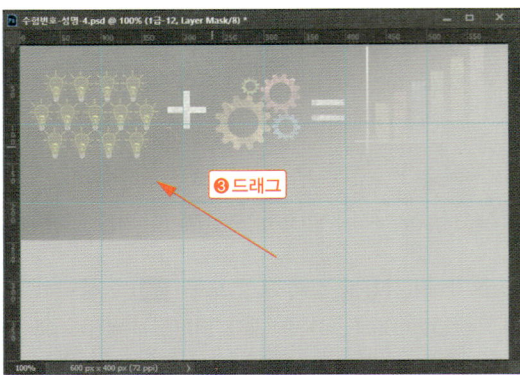

03 '1급-13' 레이어의 보이기 버튼을 활성화시키고, Ctrl+T를 누르고 출력형태와 같이 배치한 후 Enter를 누른다. [Filter(필터)] - [Filter Gallery(필터 갤러리)]를 선택한다. [Filter Gallery(필터 갤러리)] 대화상자가 열리면 [Artistic(예술 효과)] - [Sponge(스폰지)]를 선택한다.

04 레이어 패널 하단에 [Add a Layer Mask(레이어 마스크 추가, ▢)]를 클릭한다. Gradient Tool(그레이디언트 도구, ▢)로 출력형태와 같이 상단에서 하단으로 드래그한다.

4 이미지 보정하기

01 '1급-14' 레이어 보이기 버튼을 활성화시키고, Magic Wand Tool(자동 선택 도구,)을 선택하고, Option Bar(옵션 바)에서 'Tolerance(허용치): 100, Contiguous(인접): 체크 해제'로 설정한 후, 하얀 배경을 클릭한 후 Delete 를 눌러 삭제한다. Ctrl + D 를 눌러 영역설정을 해제한다. Ctrl + T 를 눌러 출력형태 와 같이 배치한 후 Enter 를 누른다. 레이어 패널 하단의 [Add a Layer style(레이어 스타일 추가, fx)] - [Bevel and Emboss(경사와 엠보스)]를 클릭한다.

조건
- Bevel and Emboss(경사와 엠보스) ▶ 체크
- Drop Shadow(드롭 섀도) ▶ 체크

02 '1급-15' 레이어의 보이기 버튼을 활성화시키고, Quick Selection Tool(빠른 선택 도구,)로 배경 부분을 드래그하여 선택 영역으로 지정한다. Delete 를 눌러 배경 부분을 삭제한다. Ctrl + T 를 누르고 출력형태 와 같이 배치한 후 Enter 를 누른다. 레이어 패널 하단의 [Add a Layer style(레이어 스타일 추가, fx)] - [Outer Glow(외부 광선)]를 클릭한다.

조건
- Outer Glow(외부 광선) ▶ 체크
- Drop Shadow(드롭 섀도) ▶ 체크

5 이미지 배치 및 색상 보정하기

01 '1급-16' 레이어의 보이기 버튼을 활성화시키고, Quick Selection Tool(빠른 선택 도구,)로 사용할 영역 외곽 부분을 선택한 후, Delete를 눌러 외곽 부분을 삭제한다. Ctrl+T를 눌러 출력형태와 같이 배치한 후 Enter를 누른다.

02 Quick Selection Tool(빠른 선택 도구,)로 파란색 계열로 변경해야 할 영역(S, O)을 선택하고, 레이어 패널 하단의 [Create new fill or adjustment layer(새 칠 또는 조정 레이어 생성,)] – [Hue/Saturation(색조/채도)]을 선택한다. Properties(속성) 패널에서 'Colorize(색상화): 체크, Hue(색조): 220, Saturation(채도): 50, Ligntness(명도): 30'으로 입력하여 파란색 계열로 변경한다.

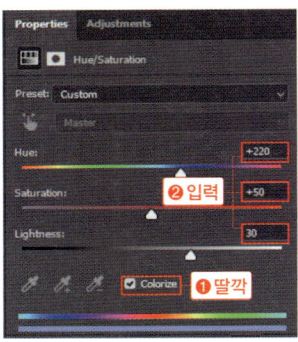 

03 레이어 패널 하단의 [Add a Layer style(레이어 스타일 추가,)] – [Bevel and Emboss(경사와 엠보스)]를 클릭한다.

04 '1급-17' 레이어의 보이기 버튼을 활성화시키고, Quick Selection Tool(빠른 선택 도구,)로 사용할 영역 외곽 부분을 선택한 후, Delete를 눌러 외곽 부분을 삭제한다. Ctrl+T를 눌러 출력형태와 같이 배치한 후 Enter를 누른다.

05 레이어 패널에서 '1급-17' 레이어를 '1급-14' 레이어 아래로 드래그한다.

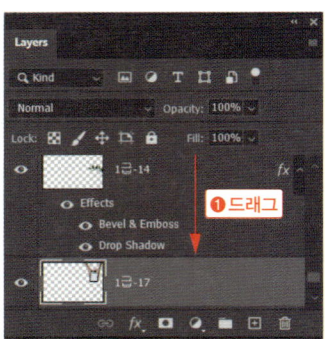 

6 패스 작업과 패턴 적용하기

01 Ellipse Tool(타원 도구, ◯)을 선택하고 Options Bar(옵션 바)에서 Path(패스) 설정을 'Pick tool mode(선택 도구 모드): Shape(모양)', 'Fill(칠): #ffcc99, Stroke(획): No color(없음)'로 지정 후 출력형태에서 제시한 돼지 저금통의 몸통 부분을 그린다. 그려놓은 원에 맞춰 Pen Tool(펜 도구, ✏)로 저금통을 그린다.

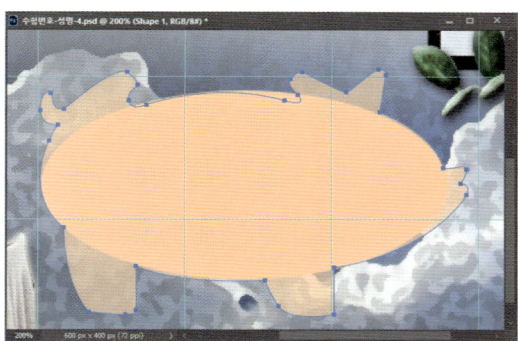 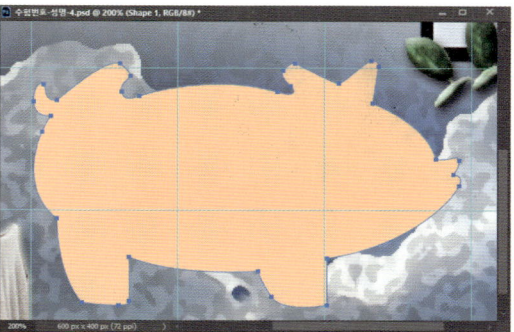

02 Ellipse Tool(타원 도구, ◯)을 선택하고 Options Bar(옵션 바)에서 'Fill(칠): 임의의 색'으로 지정 후 원을 그린다. Options Bar(옵션 바)에서 'Path operations(패스 작업): Subtract Front Shape(전면 모양 빼기, ▣)'로 변경한 뒤, 그려놓은 원 아래에 원을 겹치게 그려 일부분을 삭제한다.

03 Type Tool(수평 문자 도구, T)로 ₩를 입력하고 Options Bar(옵션 바)에서 'Font(글꼴): Arial, Style(스타일): Bold'로 설정한다. 문자 레이어를 선택하고 마우스 오른쪽을 클릭하여 [Convert to Shape(모양으로 변환)]를 선택한다. Options Bar(옵션 바)에서 'Path operations(패스 작업): Combine Shapes(모양 결합, ▣)'로 변경하고 Rectangle Tool(사각형 도구, ▣)로 ₩ 모양을 만든다.

04 레이어 패널에서 Shift 를 누른 채로 원 모양과 ₩ 모양 패스들을 클릭하여 동시에 선택한다. 선택된 레이어에서 마우스 오른쪽을 클릭하여 [Merge Shapes(모양 병합)](Ctrl + E)를 적용한다.

05 Path Selection Tool(패스 선택 도구, ▶)로 ₩ 모양 패스를 선택한 후, Options Bar(옵션 바)에서 'Path operations(패스 작업) : Subtract Front Shape(전면 모양 빼기, ▣)'로 변경하여 동전 모양 패스로 완성시킨다.

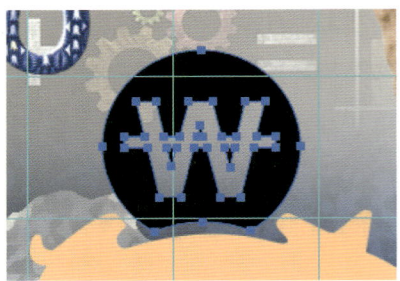

06 동전 모양 레이어가 선택된 상태에서 레이어 패널 하단의 [Add a Layer style(레이어 스타일 추가, fx)] – [Gradient Overlay(그레이디언트 오버레이)]를 클릭한다.

> 조건
> - Gradient Overlay(그레이디언트 오버레이) ▶ Gradient(그레이디언트) – 시작점: #33cccc, 끝점: #ffffff, Style(스타일): Linear(선형), Angle(각도): 120°
> - Drop Shadow(드롭 섀도) ▶ 체크

07 돼지 저금통 모양 레이어가 선택된 상태에서 레이어 패널 하단의 [Add a Layer style(레이어 스타일 추가, fx)] – [Drop Shadow(드롭 섀도)]를 클릭한다.

> 조건
> - Drop Shadow(드롭 섀도) ▶ 체크

08 돼지저금통 모양 레이어를 선택하고 레이어 패널 하단의 [Create a new layer(새 레이어 생성, ▣)]를 클릭한다. Rectangular Marquee Tool(사각형 선택 윤곽 도구, ▭)로 그려놓은 돼지 저금통 부분이 덮힐만한 크기의 사각형 선택 영역을 드래그하여 그린다.

09 [Edit(편집)] - [Fill(칠)]을 선택한다. [Fill(칠)] 대화상자가 열리면 'Contents(내용): Pattern(패턴)'으로 변경하고 Custom Pattern(사용자 정의 패턴) 항목에서 등록한 '장식_클립' 패턴을 찾아 선택하고 [OK(확인)]를 눌러 적용한다. 구름 모양 레이어를 선택하고 패턴 레이어 사이에 마우스를 놓고 Alt 를 누른 채 클릭한다.

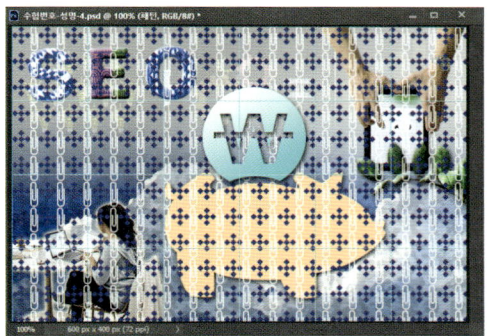 

7 문자 입력하기

01 Type Tool(수평 문자 도구, T)을 클릭하고 출력형태 의 문자 부분과 같은 지점을 클릭한다. 소상공인마당 자영업 지원 포털을 입력하고, Options Bar(옵션 바) 또는 Properties(속성) 패널에서 조건 과 같이 세부정보를 입력한다. 레이어 패널 하단의 [Add a Layer style(레이어 스타일 추가, fx)] - [Gradient Overlay(그레이디언트 오버레이)]를 클릭한다.

> 조건
> - Font(크기): 굴림, Size(크기): 35pt, Paragraph(단락): Right align text(텍스트 오른쪽 맞춤)
> - Gradient Overlay(그레이디언트 오버레이) ▶ Gradient(그레이디언트) – 시작점: #3300ff, 중간점: #ff6600, 끝점: #3300ff, Style(스타일): Linear(선형), Angle(각도): 0°
> - Stroke(선) ▶ Size(크기): 2px, Color(색상): #ffffff
> - Drop Shadow(드롭 섀도) ▶ 체크

02 Options Bar(옵션 바)에서 Create Warped text(뒤틀어진 텍스트 만들기, T)를 클릭한다. [Warped text(텍스트 뒤틀기)] 대화상자가 열리면 문제지의 출력형태 와 같이 세부정보를 입력한다. Ctrl + T 를 눌러 출력형태 와 같이 배치한 후 Enter 를 누른다.

> 조건
> Style(스타일): Fish(물고기), Bend(구부리기): 30%

03 Type Tool(수평 문자 도구, T)을 클릭하고 출력형태의 문자 부분과 같은 지점을 클릭한다. 600만 소상공인과 전통시장의 꿈과 희망을 입력하고 Options Bar(옵션 바) 또는 Properties(속성) 패널에서 조건과 같이 세부정보를 입력한다. 레이어 패널 하단의 [Add a Layer style(레이어 스타일 추가, fx)] - [Stroke(획)]를 클릭한다.

> 조건
> - Font(글꼴): 궁서, Size(크기) - 600만 소상공인과 전통시장의: 15pt, 꿈과 희망: 27pt, Color(색상) - 600만 소상공인과 전통시장의: #993300, 꿈과 희망: #336600, Paragraph(단락): Right Text(텍스트 오른쪽 맞춤)
> - Stroke(획) ▶ Size(크기): 2px, Color(색상): #ffffcc

04 Options Bar(옵션 바)에서 Create Warped text(뒤틀어진 텍스트 만들기, T)를 클릭한다. [Warped text(텍스트 뒤틀기)] 대화상자가 열리면 문제지의 출력형태와 같이 세부정보를 입력한다. Ctrl + T 를 눌러 출력형태와 같이 배치한 후 Enter 를 누른다.

> 조건
> Style(스타일): Flag(깃발), Bend(구부리기): -30%

03 Type Tool(수평 문자 도구, T)을 클릭하고 출력형태의 문자 부분과 같은 지점을 클릭한다. https://www.sbiz.or.kr을 입력하고 Options Bar(옵션 바) 또는 Properties(속성) 패널에서 조건과 같이 세부정보를 입력한다. 레이어 패널 하단의 [Add a Layer style(레이어 스타일 추가, fx)] - [Stroke(획)]를 클릭한다.

> 조건
> - Font(글꼴): Times New Roman, Style(스타일): Bold, Size(크기): 16pt, Color(색상): #330066
> - Stroke(획) ▶ Size(크기): 2px, Color(색상): #ffffff

8 모양 도구 배치하기

01 Custom Shape Tool(사용자 정의 모양 도구, ✦)을 클릭하고, '우표' 모양을 찾아 드래그하여 그린 후 Enter 를 눌러 Shape 레이어를 생성한다. 레이어 패널 하단의 [Add a Layer style(레이어 스타일 추가, fx)] - [Gradient Overlay(그레이디언트 오버레이)]를 클릭한다.

> 조건
> - 우표 모양: [All Legacy Default Shapes(모든 레거시 기본 모양)] - [Objects(물건)] - [Stamp 1(도장 1)]
> - Gradient Overlay(그레이디언트 오버레이) ▶ Gradient(그레이디언트) - 시작점: #996699, 끝점: #ffffff, Style(스타일): Linear(선형), Angle(각도): 90°
> - Stroke(획) ▶ Size(크기): 2px, Color(색상): #996699

02 Type Tool(수평 문자 도구, T.)을 클릭하고 출력형태 의 문자 부분과 같은 지점을 클릭한다. 창업지원을 입력하고 Options Bar(옵션 바) 또는 Properties(속성) 패널에서 조건 과 같이 세부정보를 입력한다. 레이어 패널 하단의 [Add a Layer style(레이어 스타일 추가, fx.)] – [Stroke(획)]를 클릭한다.

조건
- Font(글꼴): 돋움, Size(크기): 18pt, Color(색상): #000000
- Stroke(획) ▶ Size(크기): 2px, Color(색상): #ffffff

03 완성된 메뉴 버튼을 구성하는 배너 모양 레이어와 문자 레이어를 Ctrl 을 누르며 클릭하여 동시에 선택한 후 Ctrl + J 를 눌러 복사한다. Move Tool(이동 도구, ✥)로 복사된 메뉴 버튼을 드래그하여 오른쪽으로 복사하여 출력형태 와 같이 배치한다. 같은 방법으로 한 번 더 복사하여 출력형태 와 같이 배치한다. Type Tool(수평 문자 도구, T.)로 드래그하여 경영성장, 재기지원으로 수정한다.

04 레이어 패널에서 '경영성장' 레이어와 우표 모양 레이어의 [Stroke(획)] 효과를 더블클릭하여 대화상자가 열리면 문제지의 조건 을 확인하여 세부정보를 수정한다.

조건
- 경영성장 레이어 – Stroke(획) ▶ Color(색상): #ff9900
- 우표 모양 레이어
  – Gradient Overlay(그레이디언트 오버레이)
    ▶ 시작점: #ff9900, 끝점: #ffffff
  – Stroke(획) ▶ Color(색상): #ff9900

05 Custom Shape Tool(사용자 정의 모양 도구, ⬥.)을 클릭하고, '전구' 모양을 찾아 드래그하여 그린 후 Enter 를 눌러 Shape 레이어를 생성한다. 레이어 패널 하단의 [Add a Layer style(레이어 스타일 추가, fx.)] – [Gradient Overlay(그레이디언트 오버레이)]를 클릭한다.

조건
- 전구 모양: [All Legacy Default Shapes(모든 레거시 기본 모양)] – [Objects(물건)] – [Light Bulb 1(백열 전구 1)]
- Gradient Overlay(그레이디언트 오버레이) ▶ Gradient(그레이디언트) – 시작점: #993333, 끝점: #ffff99, Style(스타일): Linear(선형), Angle(각도): 120°
- Drop Shadow(드롭 섀도) ▶ 체크

06 Custom Shape Tool(사용자 정의 모양 도구,)을 클릭하고, '스피커' 모양을 찾아 드래그하여 그린 후 Options Bar(옵션 바)에서 'Fill(칠): #ffff00'으로 지정하고 Enter를 눌러 Shape 레이어를 생성한다. 레이어 패널 하단의 [Add a Layer style(레이어 스타일 추가,)] – [Drop Shadow(드롭 섀도)]를 클릭한다. 레이어 패널 상단에 'Opacity(불투명도): 70%'를 입력한다.

> 조건
> • 스피커 모양: [All Legacy Default Shapes(모든 레거시 기본 모양)] – [Web(웹)] – [Volume(볼륨)]
> • Drop Shadow(드롭 섀도) ▶ 체크

9 저장 및 파일 전송하기

01 작업이 완료되면 문제지의 출력형태와 작업 파일을 비교하여 레이어의 순서, 이미지 위치를 최종 점검한다.
02 [File(파일)] – [Save As a Copy(사본 저장)](Alt+Ctrl+S)를 선택하고, '저장 경로: 내 PC\문서\GTQ, 파일형식: JPEG, 파일이름: 수험번호-성명-4'로 저장한다.
03 제출용 PSD 파일을 만들기 위해 [Image(이미지)] – [Image Size(이미지 크기)](Alt+Ctrl+I)를 클릭한다. [Image Size(이미지 크기)] 대화상자가 열리면 문제지의 조건과 같이 세부정보를 입력하여 작업 사이즈의 1/10 사이즈로 축소한다.

> 조건
> Constrain as pect ratio(종횡비 제한): 체크, Width(폭): 60px, Height(높이): 40px

04 [File(파일)] – [Save As(다른 이름으로 저장)](Shift+Ctrl+S)를 선택하고, '저장 경로: 내 PC\문서\GTQ, 파일형식: PSD, 파일이름: 수험번호-성명-4'로 저장한다.
05 답안 전송 프로그램을 이용하여 저장된 jpg, psd 파일을 감독관 컴퓨터로 전송한다.

삶의 순간순간이
아름다운 마무리이며
새로운 시작이어야 한다.

– 법정 스님

에듀윌 EXIT GTQ 포토샵 1급 ver.CC

발 행 일	2023년 3월 16일 초판 | 2024년 8월 6일 2쇄
편 저 자	김봄봄
펴 낸 이	양형남
펴 낸 곳	(주)에듀윌
등록번호	제25100-2002-000052호
주 소	08378 서울특별시 구로구 디지털로34길 55 코오롱싸이언스밸리 2차 3층

* 이 책의 무단 인용 · 전재 · 복제를 금합니다.

www.eduwill.net
대표전화 1600-6700

여러분의 작은 소리 에듀윌은 크게 듣겠습니다.

본 교재에 대한 여러분의 목소리를 들려주세요.
공부하시면서 어려웠던 점, 궁금한 점,
칭찬하고 싶은 점, 개선할 점, 어떤 것이라도 좋습니다.

에듀윌은 여러분께서 나누어 주신 의견을
통해 끊임없이 발전하고 있습니다.

EXIT 합격 서비스 exit.eduwill.net
- 부가학습자료 및 정오표: EXIT 합격 서비스 → 자료실 / 정오표 게시판
- 교재문의: EXIT 합격 서비스 → 실시간 질문답변 게시판(내용)/
  Q&A 게시판(내용 외)

업계 최초 대통령상 3관왕, 정부기관상 19관왕 달성!

2010 대통령상   2019 대통령상   2019 대통령상

대한민국 브랜드대상 국무총리상   국무총리상   문화체육관광부 장관상   농림축산식품부 장관상   과학기술정보통신부 장관상   여성가족부장관상

서울특별시장상   과학기술부장관상   정보통신부장관상   산업자원부장관상   고용노동부장관상   미래창조과학부장관상   법무부장관상

- **2004**
  서울특별시장상 우수벤처기업 대상
- **2006**
  부총리 겸 과학기술부장관 표창 국가 과학 기술 발전 유공
- **2007**
  정보통신부장관상 디지털콘텐츠 대상
  산업자원부장관 표창 대한민국 e비즈니스대상
- **2010**
  대통령 표창 대한민국 IT 이노베이션 대상
- **2013**
  고용노동부장관 표창 일자리 창출 공로
- **2014**
  미래창조과학부장관 표창 ICT Innovation 대상
- **2015**
  법무부장관 표창 사회공헌 유공
- **2017**
  여성가족부장관상 사회공헌 유공
  2016 합격자 수 최고 기록 KRI 한국기록원 공식 인증
- **2018**
  2017 합격자 수 최고 기록 KRI 한국기록원 공식 인증
- **2019**
  대통령 표창 범죄예방대상
  대통령 표창 일자리 창출 유공
  과학기술정보통신부장관상 대한민국 ICT 대상
- **2020**
  국무총리상 대한민국 브랜드대상
  2019 합격자 수 최고 기록 KRI 한국기록원 공식 인증
- **2021**
  고용노동부장관상 일·생활 균형 우수 기업 공모전 대상
  문화체육관광부장관 표창 근로자휴가지원사업 우수 참여 기업
  농림축산식품부장관상 대한민국 사회공헌 대상
  문화체육관광부장관 표창 여가친화기업 인증 우수 기업
- **2022**
  국무총리 표창 일자리 창출 유공
  농림축산식품부장관상 대한민국 ESG 대상

에듀윌 EXIT
GTQ
포토샵 1급 ver.CC

Eduwill X IT
에듀윌은 가장 빠른 IT자격증 합격출구입니다.

합격을 위한 지원사격! EXIT 무료 합격 서비스!

저자에게 바로 묻는
실시간 질문답변

핵심만 모은
무료강의

더 공부하고 싶다면?
PDF 학습자료

직접 따라하며 공부하는
실습파일

시험장처럼 연습하는
답안 전송 프로그램

바로 확인하는
정오표

베스트셀러 1위 YES24 IT 모바일 컴퓨터 수험서 그래픽 관련 GTQ 베스트셀러 1위
(2023년 12월 월별 베스트)

고객의 꿈, 직원의 꿈, 지역사회의 꿈을 실현한다

EXIT 합격 서비스 exit.eduwill.net
- 부가학습자료 및 정오표: EXIT 합격 서비스 → 자료실/정오표 게시판
- 교재문의: EXIT 합격 서비스 → 실시간 질문답변 게시판(내용)/Q&A 게시판(내용 외)